现代服务管理系列丛书

现代服务业管理
原理、方法与案例
Modern Service Industry Management
Principles, Methods and Cases

马 勇　陈小连　马世骏　编著
Ma Yong, Chen Xiaolian, Ma Shijun (Eds)

内 容 简 介

本书是作者集二十多年现代服务业研究与管理咨询经验而撰写的一部力作。作者以独特的视角全面审视了现代服务业经营管理中的一系列问题,所以本书对现代服务业的发展有着重大的理论借鉴价值和实践推动作用。全书分为三篇含十七章内容。第一篇共分两章,着重介绍了现代服务业的基本特征,并对现代服务业未来的发展趋势进行了展望,以确立全书的基调;第二篇为共分九章,集中阐述了现代服务业发展管理的基本原理与基本方法,以及现代服务业国际化发展的基本模式,是全书的重要组成部分;第三篇共分六章,是全书的重点,具体针对物流、金融、文化创意、会展、IT、咨询等热门现代服务业领域,围绕其商业模式、管理模式、赢利模式等进行了专章阐述。同时本书还列举了大量经典的案例进行深入解析,具有极强的借鉴价值。

图书在版编目(CIP)数据

现代服务业管理原理、方法与案例/马勇,陈小连,马世骏编著. —北京:北京大学出版社,2010.10
(现代服务管理系列丛书)
ISBN 978-7-301-17817-1

Ⅰ.①现… Ⅱ.①马…②陈…③马… Ⅲ.①服务业—经济管理 Ⅳ.①F719

中国版本图书馆 CIP 数据核字(2010)第 186646 号

书　　　名:	现代服务业管理原理、方法与案例
著作责任者:	马　勇　陈小连　马世骏　编著
总　策　划:	第六事业部
执行策划:	李　虎
责任编辑:	程志强
标准书号:	ISBN 978-7-301-17817-1/F · 2584
出　版　者:	北京大学出版社
地　　　址:	北京市海淀区成府路 205 号　100871
网　　　址:	http://www.pup.cn　http://www.pup6.com
电　　　话:	邮购部 010-62752015　发行部 010-62750672　编辑部 010-62750667　出版部 010-62754962
编辑部邮箱:	pup6@pup.cn
总编室邮箱:	zpup@pup.cn
印　刷　者:	北京虎彩文化传播有限公司
发　行　者:	北京大学出版社
经　销　者:	新华书店
	787 毫米×1092 毫米　16 开本　26.5 印张　606 千字
	2010 年 10 月第 1 版　2023 年 8 月第 19 次印刷
定　　　价:	69.00 元

未经许可,不得以任何方式复制或抄袭本书之部分或全部内容。
版权所有　侵权必究　　举报电话: 010-62752024
　　　　　　　　　　　电子邮箱: fd@pup.pku.edu.cn

Brief Introduction

This book is a masterpiece written by authors for twenty years' experience in research and management field of modern service industry. The authors comprehensively examined a range of issues in the operation and management of modern service industry, so this book has great theoretical and practical value in promoting the development of modern service industry. The book is divided into three sections with seventeen chapters. The first section includes two chapters, mainly introducing the basic characteristics and development prospects of its future trends, to establish the tone of this book. The second section includes nine chapters and it's an important part of the book. This section is focusing on the basic principles and methods of modern service industry management, and the basic models of its internationalization. The third includes six chapters and it's the core of the book. This part makes special chapters on popular areas in modern service industry, such as logistics, financial, cultural and creative industries, MICE Industry, IT, consulting and so on, to discuss their business models, management modes and profit modes, etc. Meanwhile, this book lists a large number of classical cases, making in-depth analysis of them, so it has a strong reference value.

《现代服务管理系列丛书》编委会

总 主 编：马　勇　湖北大学
编　　委：俞　华　商务部国际贸易经济合作研究院
　　　　　田　里　云南大学
　　　　　梁文慧　澳门科技大学
　　　　　魏　卫　华南理工大学
　　　　　熊元斌　武汉大学
　　　　　刘　纯　上海大学
　　　　　徐　虹　南开大学
　　　　　刘静艳　中山大学
　　　　　高　峻　上海师范大学
　　　　　李志飞　北京大学/湖北大学
　　　　　黄其新　江汉大学
　　　　　郑耀星　福建师范大学
　　　　　李　昕　大连大学
　　　　　周　明　湖北大学
　　　　　许传宏　上海工程技术大学
　　　　　于干千　云南财经大学
　　　　　董观志　暨南大学
　　　　　王　浩　广东药学院
　　　　　刘名俭　湖北大学
　　　　　周　娟　宁波大学
　　　　　谢　苏　武汉职业技术学院
　　　　　陈雪均　重庆交通大学
　　　　　周　霄　武汉工业学院

《现代服务管理系列丛书》总前言

第二次世界大战以后,西方发达国家相继进入后工业化发展阶段,现代服务业在国民经济中的地位日益重要。时至今日,现代服务业已经成为许多西方发达国家的核心产业。从 20 世纪 60 年代开始,一些西方学者开始把学术研究的眼光转向"服务"这一新的领域。1990 年,首届服务管理国际学术会议在法国召开,这次会议第一次明确提出了服务管理的学科概念。其后,经过来自市场营销、生产运营、人力资源管理等不同学科的学者的努力,服务管理作为一门新兴的管理分支学科的地位逐步得到确立。目前,对服务管理的研究逐步从发达国家向发展中国家拓展,服务管理的理论体系日渐成熟,这门新学科对世界经济发展所起的推动作用也越来越显著。

我国现代服务业发展的历史较短,总体水平还有待提高,相关的理论研究也落后于实践的发展,因此尚不能很好地满足我国国民经济发展和现代服务业管理人才培养的需要。当前,我国党和政府已将大力发展现代服务业作为国家发展战略,现代服务业管理人才培养和理论研究的紧迫性日益凸显。为此,在湖北大学中国服务管理研究中心主任马勇教授的精心策划下,由北京大学出版社牵头组织了一批长期从事服务管理理论和教学研究的著名专家教授和学科带头人共同编写了这套能够适应中国现代服务业发展需要的系列丛书。马勇教授是我国现代服务业管理学科的开拓者之一,教育部工商管理学科教学指导委员会委员,教育部授予的国家级精品课程和国家级教学团队获得者兼首席教授,博士生导师。

本套丛书的宗旨是,立足现代服务业发展和相关从业人员的现实需要,强调理论与实践的有机结合,从"服务管理基础理论"和"服务行业应用指导"两个层面切入进行编写,力求涵盖服务管理研究和应用的主要领域,希望以此推进中国服务管理理论发展和学科体系建设,并有助于提高我国现代服务业从业人员的专业素养。

在编写本套丛书的过程中,我们力求系统完整和准确地介绍服务管理方面的基本理论和专业知识,并体现资料全、观点新和体系完整的特色,尽可能地把当前国内外现代服务业发展的前沿理论和热点、焦点问题收纳进来。北京大学出版社还特别邀请了全国服务管理领域的知名专家和教授对丛书进行了严格的审定,借此机会对支持和参与本套丛书编写、审读工作的专家学者表示由衷的感谢!

本套丛书既可以作为高等院校相关专业的教材和参考书使用,也可以作为现代服务业相关行业部门和企业的培训教材使用。

欢迎全国高等院校相关专业的师生和现代服务业相关行业人士选用本套丛书,并请提出宝贵意见,以利于本套丛书的修订和完善。

丛书编委会
2009 年 9 月

前　言

人类进入21世纪以来，现代服务业所表现出来的强劲经济增长趋势和产业带动能力已经引起世人的广泛关注，世界各国和地区纷纷把现代服务业作为国民经济和社会发展的支柱产业或先导产业来培育发展。比如，以现代服务业发展而闻名全球的"金砖四国"之一的印度就是其典型代表。摩根士丹利全球首席经济学家史蒂芬·罗奇认为，发展现代服务业，印度不仅避免了大量的基础设施建设投入，而且还在全球形成了很强的竞争力。国际上很多专家学者常常把印度与中国进行比较，并把印度的崛起模式称为"印度服务"，而把中国的崛起模式称为"中国制造"，尽管这一说法不太全面，因为一个国家的崛起是由很多因素共同造成的，但从中我们还是可以或多或少地看出，中印两国经济社会的发展模式和侧重点是有所不同的。特别是随着后金融危机时代的到来，以IT、物流、金融等为首的现代服务业更需要得到进一步的提升与发展。从发达国家看，现代服务业的增长对GDP贡献的比重就普遍已经达到60%以上，现代服务业已经为它们带来了巨额利润和经济的空前繁荣。从我国而言，北京、上海、杭州、大连、厦门等市政府都把现代服务业列为当地经济发展新的增长点，并率先编制了地区性的现代服务业发展规划。伴随着现代服务业的高速发展，服务经济对中国各地旅游、城建、科技、经济等多个方面也产生了重要影响。但是由于我国现代服务业起步较晚，与西方发达国家的现代服务业相比较，在发展理念、管理水平以及服务质量上都有很大差距。因此，要促进我国现代服务业的发展，就必须加强现代服务业高素质专业人才的教育和培训，人才是我国现代服务业发展制胜的关键所在。

本书正是本着加快提升我国现代服务业的发展水平，着力提高我国现代服务业的从业人员素质，以便更好地服务于IT、金融、物流、旅游、会展、咨询等现代服务业，促进我国现代服务业的持续快速发展而撰写的。本书不仅重点解读了现代服务业管理的理论与方法，更结合IT、金融、物流、旅游、会展、咨询等现代服务业相关行业的特点及实践，内容涉及现代服务业管理的各个方面。全书总共分三篇，概念篇、管理篇和行业篇，其中概念篇共两章，主要围绕着现代服务业的起源、概念及分类进行阐述；管理篇共九章，主要结合现代管理理论，围绕现代服务业各项职能部门，比如人力资源、客户关系、流程控制、质量管理等方面提出综合性的管理思路；行业篇共六章，选取了现代服务业中比较有代表性的行业，如物流、金融、会展、咨询等进行具有针对性的论述。本书在内容体系上尽可能地涵盖现代服务业管理活动的各个方面内容，同时又结合当前金融、物流等现代服务业中各相关行业自身发展的特点，进行一定的梳理和创新。此外，本书还非常注重案例的分析，在每章的结尾均附有经典案例的评述，这有利于读者在学习现代服务业理论的同时，了解现实操作。在每章的开头，本书还向读者介绍了该章的基本内容以及核心概念，以帮助读者了解和掌握该章的学习内容。

现代服务业管理 原理、方法与案例

　　本书的写作过程中参考和借鉴了大量的国内外相关资料，并吸收了国内外学者的相关研究成果，在此表示感谢！本书由国内外著名的现代服务业管理专家、教育部工商管理教指委委员、国际服务业管理协会候任主席、湖北大学现代服务业管理研究中心主任马勇教授、博士生导师和湖北大学中国现代服务业管理研究中心陈小连、马世骏共同撰写完成，全书由马勇教授统稿。我们期待这本著作能够得到国内外广大读者的选读和热爱，能够在现代服务业教育方面，特别是现代服务业管理高级人才的培养上发挥积极的作用，为中国的现代服务业发展作出卓越的贡献。

编著者

2010 年 7 月

目　录

概　念　篇

第1章　服务与服务业的概念体系 ... 3

1.1 服务业的概念及分类 ... 3
　1.1.1 服务的概念及特征 ... 3
　1.1.2 服务业的概念及分类方法 ... 7
1.2 现代服务业的相关概念 ... 12
　1.2.1 生产性服务业的概念及特征 ... 12
　1.2.2 知识密集型服务业的概念与特征 ... 14
　1.2.3 现代服务业的概念界定 ... 16
1.3 现代服务业研究的集中领域 ... 17
　1.3.1 基础理论研究 ... 18
　1.3.2 拓展研究 ... 19
　1.3.3 发展对策研究 ... 19
本章小结 ... 25
思考题 ... 25

第2章　现代服务业的源起、发展及趋势 ... 26

2.1 现代服务业的源起及发展特点 ... 26
　2.1.1 现代服务业产生的背景及提出 ... 26
　2.1.2 现代服务业产生的原因 ... 27
　2.1.3 中国现代服务业发展概况 ... 28
　2.1.4 中国现代服务业的国际比较 ... 29
　2.1.5 中国现代服务业在发展过程中呈现的特点 ... 30
2.2 现代服务业的主要特征与创建模式 ... 31
　2.2.1 现代服务业的主要特征 ... 32
　2.2.2 现代服务业的主要功能 ... 34
　2.2.3 现代服务业的创建模式 ... 34
2.3 现代服务业的分类与发展趋势 ... 36
　2.3.1 现代服务业的分类 ... 36
　2.3.2 发展现代服务业的意义 ... 39
　2.3.3 现代服务业的发展趋势 ... 40
本章小结 ... 42
思考题 ... 42

管　理　篇

第3章　现代服务业管理的基础理论 ... 45

3.1 人本管理原理及其应用 ... 45
　3.1.1 人本管理的概念及其思想演变 ... 45
　3.1.2 人本管理的基本原理 ... 46
　3.1.3 现代服务业的人本化管理 ... 48
3.2 系统管理原理及其应用 ... 52
　3.2.1 系统管理的基本概念 ... 52
　3.2.2 系统管理的理论原理 ... 53
　3.2.3 系统管理原理在现代服务业管理中的应用——现代服务管理系统 ... 55
3.3 现代服务业管理新的理论趋势 ... 59
　3.3.1 现代企业理论 ... 59
　3.3.2 柔性管理 ... 60
　3.3.3 风险管理 ... 61
　3.3.4 核心能力 ... 61
　3.3.5 管理信息化 ... 61
　3.3.6 项目管理 ... 62
　3.3.7 业务流程再造 ... 62
　3.3.8 学习型组织 ... 63
本章小结 ... 67
思考题 ... 67

第4章 现代服务业战略管理 68

4.1 现代服务业战略管理概述 68
- 4.1.1 现代服务业战略管理的概念和意义 68
- 4.1.2 现代服务业战略管理的特征 71

4.2 现代服务业战略管理的过程和内容体系 72
- 4.2.1 战略制定 73
- 4.2.2 战略实施 75
- 4.2.3 战略评估 76

4.3 现代服务业竞争环境分析 76
- 4.3.1 现代服务企业外部环境分析 76
- 4.3.2 现代服务企业内部条件分析 79

4.4 现代服务业的主要竞争战略 81
- 4.4.1 集中经营战略 81
- 4.4.2 总成本领先战略 82
- 4.4.3 服务产品差别化战略 83

本章小结 85

思考题 85

第5章 现代服务业人力资源管理 86

5.1 现代服务业人力资源管理的特点与目标 86
- 5.1.1 现代服务业人力资源管理的概念与特点 86
- 5.1.2 现代服务业人力资源管理的重要性 88
- 5.1.3 现代服务业人力资源管理的目标 90

5.2 现代服务业人力资源管理的基本内容 91
- 5.2.1 现代服务业人力资源规划 91
- 5.2.2 工作分析与职位设计 96
- 5.2.3 现代服务业人员招聘 100
- 5.2.4 培训与发展 102
- 5.2.5 绩效考评 106
- 5.2.6 薪酬管理 109
- 5.2.7 沟通与激励 111
- 5.2.8 劳动关系 114

5.3 现代服务业人力资源开发现状与趋势 115
- 5.3.1 中国现代服务业人力资源现状分析 115
- 5.3.2 现代服务业人力资源开发的趋势 116

5.4 现代服务业人力资源职业生涯设计 118
- 5.4.1 职业生涯的基本概念 118
- 5.4.2 职业生涯设计的步骤 119
- 5.4.3 职业生涯的阶段管理 121

本章小结 122

思考题 122

第6章 现代服务业客户关系管理 123

6.1 客户关系管理概述 123
- 6.1.1 CRM 的定义与内涵 123
- 6.1.2 CRM 的基本功能与作用 125

6.2 现代服务业客户关系管理的背景与意义 127
- 6.2.1 现代服务业 CRM 的导入背景 127
- 6.2.2 现代服务业 CRM 的实施意义 128

6.3 现代服务业客户关系管理实施流程与策略 130
- 6.3.1 现代服务企业 CRM 的实施流程 130
- 6.3.2 现代服务企业 CRM 的基本策略 132

6.4 现代服务业客户关系管理实施保障体系 135
- 6.4.1 信息技术保障 135
- 6.4.2 人员团队保障 137
- 6.4.3 管理组织保障 137
- 6.4.4 合理规划保障 138
- 6.4.5 企业文化保障 138
- 6.4.6 专业化管理保障 139

本章小结 141

思考题 141

第 7 章　现代服务业质量管理 ... 142

7.1　现代服务业质量管理概述 ... 142
- 7.1.1　现代服务企业质量管理的概念与特性 ... 142
- 7.1.2　现代服务企业质量管理的目标 ... 144
- 7.1.3　现代服务企业质量管理的意义 ... 145

7.2　现代服务业质量管理体系 ... 147
- 7.2.1　现代服务业质量管理体系的内涵 ... 147
- 7.2.2　现代服务业质量管理指标体系的构成 ... 148
- 7.2.3　现代服务业质量管理体系的构成 ... 151

7.3　现代服务业质量管理方法 ... 155
- 7.3.1　宏观管理方法 ... 155
- 7.3.2　微观管理方法 ... 157

本章小结 ... 162

思考题 ... 162

第 8 章　现代服务业流程管理与再造 ... 163

8.1　业务流程再造理论概述 ... 163
- 8.1.1　业务流程再造的提出背景 ... 163
- 8.1.2　业务流程再造的概念及内涵 ... 164
- 8.1.3　业务流程再造的一般步骤 ... 169

8.2　服务流程再造的基本理念 ... 170
- 8.2.1　服务流程再造的概念及内涵 ... 170
- 8.2.2　现代服务业服务流程再造中存在的误区 ... 172

8.3　现代服务业服务流程再造的基本步骤 ... 173
- 8.3.1　现代服务企业实施流程再造的基本步骤 ... 173
- 8.3.2　现代服务业服务流程再造的原则 ... 174
- 8.3.3　现代服务企业实施流程再造需要注意的问题 ... 175

本章小结 ... 177

思考题 ... 177

第 9 章　现代服务业管理创新 ... 178

9.1　现代服务业管理创新概述 ... 178
- 9.1.1　现代服务业管理创新的内涵 ... 178
- 9.1.2　现代服务业管理创新原则 ... 179
- 9.1.3　现代服务业管理创新的范畴 ... 180
- 9.1.4　现代服务业管理创新的特征 ... 182
- 9.1.5　现代服务业管理创新的必要性 ... 183

9.2　现代服务业企业组织创新 ... 184
- 9.2.1　现代服务业企业组织概述 ... 184
- 9.2.2　现代服务企业组织结构设计 ... 186
- 9.2.3　现代服务业企业典型的组织类型 ... 187
- 9.2.4　现代服务业企业组织创新模式 ... 190

9.3　现代服务企业服务创新 ... 193
- 9.3.1　现代服务企业服务创新概述 ... 193
- 9.3.2　现代服务业创新的基本类型 ... 193
- 9.3.3　影响现代服务企业服务创新的因素 ... 195
- 9.3.4　现代服务业服务创新中存在的问题及解决思路 ... 196

本章小结 ... 198

思考题 ... 198

第 10 章　现代服务业国际化模式选择 ... 199

10.1　服务业国际化发展概述 ... 199
- 10.1.1　服务业国际化的背景 ... 199
- 10.1.2　服务业国际化的主要原因 ... 200
- 10.1.3　服务业国际化的特点 ... 202
- 10.1.4　国际服务业发展的新趋势 ... 203

10.2 现代服务业国际化模式选择的
　　　理论基础 204
　　10.2.1 交易成本理论 204
　　10.2.2 行为科学理论 206
　　10.2.3 资源基础理论 207
　　10.2.4 动力能力理论 209
10.3 现代服务业的国际化模式选择 211
　　10.3.1 中国现代服务业国际化
　　　　　面临的挑战 211
　　10.3.2 中国现代服务业国际化
　　　　　存在的主要问题 212
　　10.3.3 国外现代服务业国际化
　　　　　模式借鉴 213
　　10.3.4 中国现代服务业国际化
　　　　　模式选择 214
本章小结 220
思考题 220

第 11 章　现代服务业信息管理 221

11.1 现代服务业信息管理概述 221
　　11.1.1 信息的概念及属性 221
　　11.1.2 现代服务业信息管理的
　　　　　概念、意义和内容 222
11.2 现代服务业管理信息系统 225
　　11.2.1 系统与信息系统的概念及
　　　　　特征 225
　　11.2.2 现代服务业管理信息系统的
　　　　　分析 228
11.3 现代服务业信息系统的安全管理 230
　　11.3.1 现代服务业信息系统安全的
　　　　　概念 230
　　11.3.2 影响现代服务业信息系统
　　　　　安全的因素分析 230
　　11.3.3 现代服务业信息系统运行与
　　　　　维护的安全管理 231
　　11.3.4 现代服务业信息系统安全
　　　　　维护的对策与措施 232
本章小结 234
思考题 234

行 业 篇

第 12 章　现代物流业发展与管理 237

12.1 现代物流业发展概述 237
　　12.1.1 物流的历史及定义 237
　　12.1.2 物流管理的概念与程序 242
　　12.1.3 现代物流的概念及分类 244
　　12.1.4 现代物流的七大特征 245
12.2 国内外物流业发展现状与趋势 250
　　12.2.1 国外物流业发展概况 250
　　12.2.2 中国物流业发展简史 254
　　12.2.3 中国物流业发展现状 255
　　12.2.4 中国物流业发展中存在的
　　　　　问题 257
　　12.2.5 现代物流业的发展趋势 258
12.3 现代物流赢利模式与价值
　　　提升策略 260
　　12.3.1 赢利模式解读 260
　　12.3.2 现代物流赢利模式类型 261
　　12.3.3 现代物流价值要素构成 262
　　12.3.4 现代物流价值提升策略 263
本章小结 266
思考题 266

第 13 章　现代金融服务业
　　　　　　发展与管理 267

13.1 现代金融服务管理的概况 267
　　13.1.1 现代金融服务管理的定义 .. 267
　　13.1.2 现代金融服务管理的发展 .. 269
　　13.1.3 现代金融服务管理的内容 .. 270
　　13.1.4 现代金融服务管理的特征 .. 274
13.2 现代国内外金融服务业发展
　　　现状与趋势 275
　　13.2.1 国外金融服务业发展概况 .. 275
　　13.2.2 我国金融服务业发展 282
　　13.2.3 各国金融服务业的发展对
　　　　　我国的启示 285

13.3 现代服务发展趋势和管理功能及
　　 价值创新 286
　　 13.3.1 金融服务业发展趋势 286
　　 13.3.2 金融服务业管理功能 288
　　 13.3.3 金融服务业价值创新 289
本章小结 292
思考题 292

第 14 章　现代文化创意产业发展与管理 293

14.1 文化创意产业的概念、产生与发展 ...293
　　 14.1.1 文化创意产业的基本概念 ...293
　　 14.1.2 文化创意产业的产生和
　　　　　 发展 295
　　 14.1.3 文化创意产业的分类及
　　　　　 特征 297
　　 14.1.4 文化创意产业的战略意义 301
14.2 文化创意产业的国际借鉴 302
　　 14.2.1 欧美国家文化创意产业 302
　　 14.2.2 亚洲国家文化创意产业 308
　　 14.2.3 国外文化创意产业对中国的
　　　　　 启示 314
14.3 中国文化创意产业的发展 316
　　 14.3.1 中国文化创意产业的
　　　　　 发展现状 316
　　 14.3.2 中国文化创意产业的
　　　　　 存在问题 318
　　 14.3.3 中国文化创意产业的
　　　　　 发展对策 321
14.4 文化创意产业的商业模式与
　　 价值提升策略 323
　　 14.4.1 文化创意产业模式创新 323
　　 14.4.2 文化创意产业价值要素
　　　　　 构成 325
　　 14.4.3 文化创意产业价值
　　　　　 提升策略 325
本章小结 327
思考题 328

第 15 章　现代会展服务业发展研究 329

15.1 会展业发展沿革 329
　　 15.1.1 古代集市 330
　　 15.1.2 近代展览活动 331
　　 15.1.3 现代会展业 332
15.2 国外会展业发展现状及运作模式 ... 332
　　 15.2.1 欧洲会展业 333
　　 15.2.2 北美会展业 339
　　 15.2.3 亚太地区会展业 342
　　 15.2.4 其他地区会展业概况 346
15.3 中国会展业现状分析与趋势展望 ... 346
　　 15.3.1 北京会展业：一马当先 346
　　 15.3.2 上海会展业：迅速崛起 349
　　 15.3.3 广州会展业：百展争雄 352
　　 15.3.4 香港会展业 354
　　 15.3.5 中国会展业发展的趋势 358
本章小结 362
思考题 362

第 16 章　现代信息服务业的发展与管理 363

16.1 现代信息服务业的发展概述 363
　　 16.1.1 信息服务的发展及定义 363
　　 16.1.2 现代信息服务业的内涵 366
16.2 现代信息服务业的典型发展模式 ... 368
　　 16.2.1 现代信息服务业的产业
　　　　　 集群发展模式 368
　　 16.2.2 现代信息服务业的IT 软件
　　　　　 服务外包模式 370
　　 16.2.3 现代信息服务业的集团化
　　　　　 发展模式 371
16.3 现代信息服务业的发展趋势分析 ... 373
　　 16.3.1 各国信息服务的特点 373
　　 16.3.2 现代信息服务业
　　　　　 发展展望 376
本章小结 379
思考题 379

第 17 章 现代咨询服务业
发展与管理.................380
17.1 咨询服务业.....................380
17.1.1 咨询业的起源与发展..........380
17.1.2 咨询服务业的内涵及特征...382
17.1.3 现代咨询服务业的分类.......384
17.2 国外咨询服务业发展现状与启示....387
17.2.1 国外咨询服务业发展态势与特征..........................387
17.2.2 国外咨询服务业知名企业例举.....................389

17.2.3 国外著名咨询公司成功秘诀.........................393
17.3 我国咨询服务业的发展历程...........394
17.3.1 我国咨询服务业发展历程..394
17.3.2 我国咨询服务业发展现状与问题.........................395
17.3.3 现代咨询服务业的发展趋势.........................398
本章小结..............................403
思考题..............................403

后记..................................405

Contents

Definition Part

Chapter I   The Conceptual System of Service and Service Industry
Chapter II   The Origins, Development and Tendency of Modern Service Industry

Management Part

Chapter III   The Fundamentals of Modern Service Management
Chapter IV   The Strategic Management of Modern Service Industry
Chapter V   The Human Resource Management of Modern Service Industry
Chapter VI   The Customer Relationship Management of Modern Service Industry
Chapter VII   The Quality Control and Management of Modern Service Industry
Chapter VIII   The Process Management and Reengineering of Modern Service Industry
Chapter IX   The Management Innovation of Modern Service Industry
Chapter X   The Mode Choice of Modern Service Industry Internationalization
Chapter XI   The Information Management of Modern Service Industry

Industry Part

Chapter XII   Development and Management of Modern Logistics Industry
Chapter XIII   Development and Management of Modern Financial Services Industry
Chapter XIV   Development and Management of Modern Cultural and Creative Industry
Chapter XV   Development and Management of Modern MICE Industry
Chapter XVI   Development and Management of Modern Information Services Industry
Chapter XVII   Development and Management of Modern Consulting Services Industry

概念篇

　　改革开放以来的三十年是中国服务业发展不平凡的三十年。中国服务业基本理论研究经历了从无到有、从薄弱到繁荣的发展过程。本篇为概念篇，该篇旨在总结并完善服务业与现代服务业的概念体系及分类方法，在此基础上进一步阐述了现代服务业的产生背景与原因、发展现状与特点，以及当前现代服务业研究领域备受学者们关注的话题，通过总结比较国内现代服务业发展的不同特征，对未来现代服务业的发展趋势进行了展望。

第1章 服务与服务业的概念体系

导　读:

服务经济的异军突起是20世纪中后期世界经济发展的一个十分显著的特征。早在1989年，著名经济学家西蒙·库兹涅兹就揭示了国民生产总值中最大的比例从第一产业转向第二产业，进而向第三产业转化的重要经济规律。在发达国家，服务业产值已经占到国内生产总值的55%左右，个别发达国家甚至达到75%以上。相对于发达国家而言，服务业在发展中国家的国内生产总值中所占比重并不高，以中国为例，2009年，中国服务业占国内生产总值的比重为42.6%，低于全球平均水平，但是发展中国家对于服务业的重视程度正在逐步提高，服务业体制改革也在不断深化；开放力度也在不断加强。尽管服务业的地位如此重要，但如何给服务与服务业确定一个准确的概念却不是件容易的事。

关键词:

第一产业　第二产业　第三产业　服务业　经济增长　体制改革

1.1 服务业的概念及分类

在了解服务业的概念及起源之前，有必要对"服务"的概念和基本特征进行一个全面的回顾，这将有助于人们能够更深刻地理解服务业的概念和起源。服务业之所以能够发展成为一个独立的行业，主要还是归功于各种服务活动的空前繁荣。

1.1.1 服务的概念及特征

关于服务的概念，国外有很多学者试图通过找出服务和商品的区别来对服务进行定义，也有一些学者通过否定的形式(即"服务不是什么")来对服务进行定义，比较有代表性的人物有奎恩(Quinn)和伽格诺(Gagnon)，他们认为"服务是指原始产出既不是产品也不是结构物的一种经济活动。"[1]这一概念正是通过说明服务不是什么来定义的。为了使服务的概

---

[1] Quinn,J.B.and Vagnon,C.E.(1986)'Will service follow manufacturing into decline?', Havard Business Review, Nov-Dec: 95-103.

念更加明确,科特勒(Kotler)从服务的重要特征——无形性入手,对服务进行了界定,他认为"服务是一方向另一方提供的基本上是无形的任何活动或者利益,并且不导致任何所有权的产生。它的产生可能与某种有形产品密切关联,也可能毫无关系"。[2]

1. 服务的概念

在中国,对于服务的定义,各种著作中都有不同的解释,各个学者也对自己的观点进行了论述,但都存在一定的片面性。随着中国市场经济的不断发展以及服务产品和服务业走向国际市场的需要,服务和服务业需要有一个统一的概念。因此,中国引进了ISO 9004-2关于服务的统一概念,表述为:服务指为满足顾客需要,在与顾客接触中,供方活动和供方内部活动所产生的结果。

从上面的描述中可以看出,其中包含了3层内容:一是指出了服务目的——满足顾客需要,这里的顾客指产品和服务的接受者。二是指明了服务条件——必须在供方与顾客的接触中进行。关于"与顾客接触",ISO 9004-2 中有这样的解释:"在接触中供方和顾客可能由人员或装备来代表"。也就是说"与顾客接触"可以分为"面对面"服务和非"面对面"服务两种情况:"面对面"服务即消费者与服务提供者直接进行实际接触才能实现的服务;非"面对面"服务指需要通过一定媒介(如存取款机等)来实现的服务。三是指出了服务内容——服务活动和服务活动所产生的结果,两者缺一不可,这里的"结果"是指顾客的反馈信息,即顾客对所提供服务的满意程度。如图1.1所示是一个对服务理解的例子。

图1.1 服务是什么

从上面的分析可以看出,服务是无形产品和有形产品的有机结合,ISO 9004-2 在该标准的适用范围中做了清晰的论述:"本标准所阐述的各种概念、原则和质量体系要素适用于各种服务类型,不管是只提供单一的服务,还是具备制造和供应某种产品两重性的综合体,它可以用一个连续的区间来表示,其范围包括直接有关产品的服务到几乎不涉及产品的服务,如图1.2所示。"[3]

---

[2] Kotler,P.(1997)Marketing Management:Analysis,planning,implementation and control.Englewood Cliffs,Nj:Prentice-Hall.

[3] 朱立恩. 中国标准化[J]. 服务与服务业初探,1994(8):11-12.

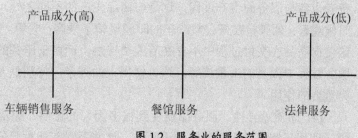

图1.2 服务业的服务范围

2. 服务的特征

从上述定义中可以看出,服务是一种过程或行为,它并不像商品交易那样会发生所有权的转让,消费者能带走的是由服务所带来的体验。例如,旅游者出去旅游,并不能把享受到的服务带走,却在旅游的过程中得到了放松,留下了深刻的记忆。通过对比服务与商品交易之间的区别,可以得出服务具有如下特征。

(1) 无形性。服务具有无形性的特征,这并不是说整个服务过程都不需要借助于有形物体,事实上,100%完全无形的服务也是很少存在的。以星级酒店为例,服务员的举止态度、酒店营造的氛围和酒店的形象等无形成分,与酒店所提供的食品是同等重要的,有时甚至更重要。服务本质上是无形的,服务不能被触摸,不能被品尝,不能被嗅到,亦不能被看到,这与商品的实质或有形性形成了鲜明的对比。服务除了其物理性质上的无形性外,也很难被人们领会,因此,服务在精神上也是无形的。[4]服务的无形性特征使得消费者在购买商品之前很难通过技术的手段去判断服务产品的质量。

小知识

里兹·卡尔顿酒店集团的创始人里茨常说:人们喜欢有人服务,但是要不露痕迹。他把他的服务方法归纳为四点:看在眼里而不形于色,听在心中而不流于言表,服务周到而不卑躬屈膝,承志上意而不自作主张。

(2) 不可储存性。服务的不可储存性也是服务区别于商品的一大重要特征,商品在被生产出来之后可以被储存,可以在需要的时候从货架上拿下来出售。同时,消费者在购买商品之后可以自己决定什么时候享受。正是由于服务的无形性以及受生产和消费同时进行的制约,使得服务具有不可储存性,有些学者将之称为易逝性,其实道理是一样的。因为服务一经生产就必须被消费掉,否则就变得毫无用处。

(3) 不可分离性。服务的不可分离性是指服务的生产和消费通常是同时进行的。商品先被生产,再被消费,在逻辑上存在着一个先后顺序;服务则是生产的同时被消费的。消

---

[4] Bateson,J.E.G.(1977)'Do we need service marketing?',in Eiglier,P.,Langeard,E.,Lovelock,C.and Bateson,J. (eds) Marketing Service: New insights.Cambridge: Marketing Science Institute.

费者也参与服务的生产过程,这是与商品生产的不同之处。例如,观众必须在电影上演的时候观看;驾驶员在开公共汽车的时候运输了乘客;等等。而商品的生产和消费可以分离,这使得商品在交付过程中不存在着人员接触,而由于服务的生产和消费的重叠就不能避免服务过程中人员的大量接触,这也使得人的因素,特别是人的主观情绪在服务中发挥着尤为重要的作用。

(4) 品质差异性。服务品质受到很多因素的影响,如消费群体的不同、服务人员的差异、外部环境以及服务时间的不同等,这些因素都能对服务的品质产生一定的影响。有形产品的标准化生产无法在服务中精确地进行,由同一个服务人员进行的每一次服务给顾客带来的效用和感知都存在这样或那样的差异,造成这些差异的主要来源可以分为以下4种。

① 服务人员的原因。人不可能像机器那样总是不犯错误地进行同一个动作,每个人都会有情绪起伏,这些都会影响到消费者的服务体验。例如,服务人员在情绪低落的时候就极有可能用不太友好的方式对待消费者。这种品质的差异性在很多服务性企业中都有体现。又如银行可以要求其职员行动一致,步调一致,但不同员工提供的服务在质量上却有很大的不同。员工的情绪会在很大程度上影响服务质量,银行没有能力控制其员工的情绪,只能采取一定的手段去调动员工的情绪。

② 消费者的原因。每一位消费者都有各自的特点和个性特征,因此,即使是对于同一种服务,每位消费者感受到的服务质量都是不一样的。个性因素会极大地影响消费者的行为,更会影响到消费者对于服务质量的评价。在一个群体之中,某个特定消费者还会影响到其他消费者的行为和表现。例如,旅游团对于导游人员服务水平的感知就会受到旅游团中比较有影响力的游客的影响。又如教师给一个班的学生上课,有的人听得津津有味,有的人则是昏昏欲睡。如何给消费者一种持久而均衡一致的服务体验,已经成为摆在服务管理者面前的一大难题。

③ 环境因素。有很多外部因素都可能会影响到消费者对于服务质量的感知与评价。如天气因素,旅游者出去爬山的时候是晴天还是雨天;汽车在行驶过程中是否颠簸;消费者去银行是否要排队;等等。这些环境因素都会对消费者的心理产生很大影响,但是它们却又很难被服务提供者所控制,图1.3和图1.4所示均显示了排队现象。

图 1.3 某银行排队队伍

图 1.4 银行排队漫画

(资料来源: http://www.cnhan.com/gb/content/2007-08/09/content_816295.htm, http://news.qq.com/a/20070717/003179.htm)

④ 互动因素。很多服务都需要服务人员与消费者进行沟通。正是由于服务人员与消费者之间的相互作用，他们相互之间的情绪也会影响到对方，从而导致在由同一服务人员向同一顾客提供的多次服务中，顾客对于服务质量的评价也会各不相同。

(5) 不可感知性。这是服务最为显著的特征之一，正是由于服务的无形性、不可储存性、不可分离性以及品质差异性，才导致了服务的不可感知性。这里的不可感知是指消费者在享受服务之前无法预知服务的质量，造成服务的不可感知性的因素大致有 3 点：①服务元素的不可感知性，有很多服务元素是人们看不见、摸不着、嗅不到的；②大多数服务都很难以描述，消费者在购买服务之前，往往不能肯定自己能得到什么样的服务；③顾客在接受服务后通常很难察觉或立即感受到服务所带来的利益，也难以对服务的质量作出客观准确的评价。但是服务的"不可感知性"并不是指所有的服务产品都是完全不可感知的，它只是提供了一个把服务产品同有形的消费品或工业品区分开来的判断方法。

1.1.2　服务业的概念及分类方法

自从人类进入文明社会以来，3 次大的社会生产分工就形成了三大劳动部门，即农业、工业和服务业，因此，农产品、工业产品和服务产品就构成了社会劳动产品的 3 个重要组成部分。虽然国内外学者对服务业的定义有很大差异，但对于服务业的历史以及服务业的产生还是达成了基本共识，服务业是随着商品经济和社会生产专业化的发展而从生产领域和生活领域独立出来的专门产业。

1. 服务业的概念起源及分类

提到"服务业"这个概念，就不得不提及"第三产业(Tertiary Industry)"，因为西方"第三产业"的概念是服务业概念的最早起源。最早提出"第三产业"这个概念的是英国经济学家、新西兰奥塔哥大学教授埃伦·费希尔(Allan.G.B.Fisher)。他在对世界经济历史发展的考察中发现，第一产业和第二产业并没有把所有的经济活动都包含进去。于是，在 1935 年出版的《安全与进步的冲突》中，他根据自己的调查和简介，提出了一种新的产业分类方法："综观世界经济史可以发现，人类生产活动的发展有三个阶段。在初级生产阶段上，生产活动主要以农业和畜牧业为主——迄今世界上许多地区还停留在这个阶段上。第二阶段是以工业生产大规模的迅速发展为标志的。纺织、钢铁和其他制造业商品生产为就业和投资提供了广泛的机会。显然，确定这个阶段开始的确切时间是困难的，但是很明确，英国是在 18 世纪末进入这个阶段的。第三阶段开始于 20 世纪初。大量的劳动和资本不是继续流入初级生产和第二级生产中，而是流入旅游、娱乐服务、文化艺术、保健，教育和科学、政府等活动中。"他认为，处于初级阶段生产的产业是第一产业，处于第二阶段生产的产业是第二产业，处于第三阶段生产的产业就是第三产业。

费希尔的理论得到在澳大利亚政府担任多种高级职务的英国经济学家科林·克拉克(Colin Clack)的赞同，他在继承费希尔研究成果的基础之上，进一步地概括了三次产业理论，他在 1940 年出版的著作《经济进步的条件》中进行了详细阐述，他还详细而全面地划分出了国民经济的三大部门。他的观点从 20 世纪 50 年代后期开始就被西方经济学和资本主义各国的经济统计部门所接受。三次产业分类法在联合国经济统计中一直被使用。1985 年中国也开始采用这种分类方法。费希尔和克拉克为该方法的普及做出了重要贡献，是该方法的创始人,事实上,它已成为国际通行的国民经济结构的重要分类方法。

很多文章和书籍中都把服务业等同于第三产业,认为它们大体上是一个概念。事实上,服务业和第三产业在日常应用上是有区别的。一般来说,通过国民经济具体产业部门如农业、工业、建筑业等来描述国民经济产业部门时,就采用"服务业";通过国民经济产业发展层次如第一次产业(简称第一产业,下同)、第二产业等描述国民经济产业部门时,就采用"第三产业"。服务业是国际通行的产业分类概念,指那些提供非实物产品为主的行业。也有学者认为,服务业是指利用一定的场所、设备和工具,通过服务性劳动为满足消费者生活上某些需要而为之服务的行业。可是这只能用来定义传统的消费型服务业,随着市场经济的发展,服务业的范围早已经扩大了。但不管是哪一种概念都是从服务业的属性出发来对其进行定义的。在总结以往学者的定义并分析服务业与其他行业的区别,人们认为:服务业是从生产和生活领域独立出来的,以获得经济效益为目的的,提供无形性产品为主的行业。

2. 国外服务业分类方法

关于服务业的分类,国内外也有不同的分类方法,服务业分类的方案因分类目的的不同而不同,每一种分类方法都有其适用范围和划分原则。随着经济的发展与技术的进步,社会分工越来越细,新兴服务业也随着社会分工的加深而不断增加,又加上服务业服务内容的复杂性,这就给服务业的分类研究带来了很多困难。就不同国家而言,经济发展水平存在很明显的差异,因此要建立一套适用于世界各国的标准化服务业分类体系并不容易,到目前为止,还尚未出现。国际上常见的服务业分类方法主要有辛格曼分类法、联合国统计署的国际标准产业分类(ISIC)(1990 年版)、北美产业分类体系(NAICS)(1997 年版)、《服务贸易总协定》(GATS)关于国际服务贸易的分类等。[5]其中比较典型的服务业分类大致有两种:一种将服务业划分为 3 部分,另一种将服务业划分为 4 部分。详细内容如下。

1) 三分法

三分法是美国经济学家格鲁伯和沃克在其名著《服务业的增长:原因及影响》(1993)中的分类,他们从服务的对象出发,将服务业分为 3 部分:为个人服务的消费者服务业、为企业服务的生产者服务业和为社会服务的政府(社会)服务业。[6]

2) 辛格曼分类法

辛格曼分类法是目前国际上用得比较多的分类方法,美国经济学家布朗宁(Browning)和辛格曼(Singelmann)于 1975 年根据联合国标准产业分类(SIC)的规则,以商品和服务的产品性质和功能作为分类标准,将商业产业和服务产业加以分类,他们将服务业分为消费者服务业、生产者服务业和分配服务业。这种分类虽然显得不是那么完善,但是为后来的服务业四分法的提出奠定了基础。1978 年,经济学家辛格曼在 1975 年分类的基础上,根据服务的性质、功能特征,在《服务社会的兴起:美国劳动力的部门转换的人口与社会特征》中对服务业重新进行了分类,将服务业分为:生产者服务业、流通服务业、个人服务业和社会服务业 4 类。生产者服务业(商务和专业服务业、金融服务业、保险业、房地产业等);流通服务业(又叫分销或分配服务业,包括零售业、批发、交通运输业、通信业等);个人服务(又叫消费者服务,包括旅馆、餐饮业、旅游业、文化娱乐业等)和社会服务业(政府部

---

[5] 柳成洋,曹俐莉,李涵. 世界标准化与质量管理[J]. 服务业分类研究,2008(6):47.

[6] http://www.hnjmw.gov.cn/prog/infor/publish/MsgView.jsp?MsgID=2238.

门、医疗、健康、教育、国防等)。这种分类方法得到了联合国标准产业分类的支持,按照联合国标准产业分类,服务业的4大部门是消费者服务业、生产者服务业、分配服务业以及由政府和非政府组织提供的公共服务。[7]同时,这种分类也反映了经济发展过程中服务业内部结构的变化。后来,西方学者将布朗宁和辛格曼的分类法进行综合,提出了生产者服务业、分配性服务业、消费性服务业和社会性服务业四分法,其内容大体上与辛格曼的分类法相同,但在二级分类中存在细微差别,比较而言,后者的二级分类更为简化。

3) 联合国统计署的国际标准产业分类(ISIC)

联合国统计署的国际标准产业分类自1948年制定以后,先后经历了1958年、1969年和1989年三次比较大的修订,1958年修订是在原有框架下的调整,1969年的修订将一级分类分为四种:商业,交通仓储通讯业,服务业,其他;二级分类有14种。1989年的修订发表于1990年,修正后的分类结构发生了很大变化,其中服务业大类有11类,包括商业及零售业,酒店旅游业,交通仓储、通讯业,金融中介,房地产、租赁和经济活动,公共行政与国防,教育,医疗及相关社会服务,其他社会社区服务,家庭雇佣服务,国际及跨国组织;小类有19类,随着经济的不断发展,联合国统计署已对ISIC又进行了第四次修订。修订版草案(ISIC/Rev.4 draft)的定稿已于2005年8月发布,此次修订主要增加了信息和通讯业、行政管理及相关支持服务、科学研究和技术服务、艺术和娱乐、其他服务业等5个门类。这反映了服务业发展及其在经济活动中重要性增强的国际背景。[8]

4) 北美产业分类体系(NAICS)

北美产业分类体系(NAICS)是由美国、加拿大、墨西哥于1967年制定的一种新的产业分类法,这种分类方法与以往的分类方法所关注的角度和领域不太一样,它主要是从服务的生产或供给角度出发,依据生产技术的差异进行的分类,它将20世纪80年代服务经济理论发展的最新研究成果纳入到了该分类体系之中,其结构变化主要表现在:①计算机和电子产品制造部门作为信息产业的硬件部门被列入制造业;原来的出版业则列入了新设置的信息业;服务业中的柔性生产被列入制造业。②独立建立了"信息业"。③原来的服务业细分为11个一级部门。[9]

3. 中国服务业分类方法

在中国,传统上对服务业的分类是将其分为生活服务业与生产服务业。生活服务业属于消费领域,其发展可以体现为人民的生活水平、生活质量、生活内容的改善和充实;生产服务业则是生产性的,它可以通过多种途径促进生产的完善和发展,促进技术进步和生产力水平的提高。中国服务业分类的历史沿革大致经历了如下几个阶段。

1) 新中国成立至1985年的服务业分类

新中国成立之初,中国的各项经济制度都仿造苏联和东欧一些国家的模式,并不重视第三产业的发展,因为东欧和苏联一些国家都认为某些服务业部门属于非生产力或称之为资产阶级经济。因此,苏联和东欧国家实行的物质产品平衡体系(MPS)也被沿用到中国进行产业分类,在该体系下,核算范围仅局限于物质产品,即实物产品和第三产业中的物质

---

[7] http://www.2008red.com/member_pic_586/files/jjykj/html/article_2067_1.shtml.

[8] 方远平,毕斗斗. 国际经贸探索[J]. 国内外服务业分类探讨, 2008(1): 72.

[9] 黄少军. 服务业与经济增长[M]. 北京: 经济科学出版社, 2000: 50-52.

生产部门，而对于非物质生产部门的第三产业没有受到重视。随着经济的发展与国际经济比较研究的深入，该核算体系的缺陷日益显现。[10]

2) 20世纪80年代的服务业分类

1985年3月19日，国家统计局正式向国务院提交了《关于建立第三产业统计的报告》，第一次提出了第三产业的分类体系。国务院于1985年批准建立了国内生产总值和第三产业统计的《国民经济行业分类与代码》，从此，中国才真正开始有了自己的第三产业分类体系。[11]在这个分类体系中，第三产业共被分为4个层次，各种类型服务业都被划入了这4个层次之中，见表1-1。因此，在中国国民经济核算中，第三产业作为服务业的同义语就是从1985年开始的。尽管这一分类体系并不十分完整、科学、准确，有的还存在着行业交叉、界限模糊的现象，也无法与国际产业分类接轨，却为后面的分类体系奠定了基础。

3) 20世纪90年代的服务业分类

20世纪90年代，随着中国改革开放的逐步推进，经济发展的进程有所加快，服务业在改革春风的吹拂下蓬勃发展，服务业的发展促进了产业内部分化，为适应这一新的经济形势和服务业发展的现状，1994年国家统计局在《中国统计年鉴》中首次细分了行业统计，公布中国在业职工人数等指标，并对第三产业做了两级分类，其中共有51个三级分类和11个二级分类，见表1-1。《国民经济行业分类与代码》(GB/T 4754—1994)自实施以来，对我国国民经济核算和统计工作起到了规范化、标准化的作用，同时对行业和部门管理起到了指向性的作用。然而，随着我国产业结构调整的逐步深入和社会主义市场经济的不断发展，大量新兴行业陆续涌现。特别是近几年，我国服务业发展较快，信息技术、商务经济、中介代理、资源与环境保护、知识产权等活动迅速发展。同时，我国对外开放的扩大和国际交往的日益增多，尤其是加入WTO以后，与国际标准接轨的需求越来越迫切，1994年的标准已经难以满足这些需求。[12]

4) 现行的服务业分类

2002年10月1日，国家统计局正式公布了新《国民经济行业分类与代码》(GB/T 4754—2002)，其中包含《第三产业划分规定》，第三产业共有15个二级分类，48个三级分类[13]，见表1-1。进入21世纪，受新的信息技术革命的影响，中国已经进入经济发展的转型期，由于信息技术的发展，服务业发展速度加快，新兴服务业也随之不断涌现。与此同时，传统服务业也呈现出前所未有的新特点，为了满足经济统计和研究的需要，以便更好地适应经济发展的新形势，更重要的是满足与国际产业分类接轨的需要，该分类法颁布的同时，1985年制定的关于三次产业的划分同时废止。2002年新《国民经济行业分类与代码》是参照国际通行的经济活动同质性原则划分的，对原标准中符合这一准则的分类进行了适当调整，并且打破了原有第三产业部门管理的界限。与1994年相比，在第三产业门类方面有如下变化：第一，增加了6个服务业门类：信息传输、计算机服务和软件业；租赁和商务服

---

[10] 李冠霖. 第三产业投入产出分析[M]. 北京：中国物价出版社，2002：11.

[11] 李江帆. 第三产业经济学[M]. 广州：广东人民出版社，1990：40.

[12] 国家统计局设管司. 就新《国民经济行业分类》国家标准的发布和实施答记者问[EB/OL]2003. http://www.stats.gov.cn/tjbz/hyflbz/xgwj/t20030613_402154085.htm.

[13] 中华人民共和国国家质量监督检验检疫总局. GB/T 4754—2002 国民经济行业分类[S]. 北京：中国标准出版社，2002.

务业；住宿和餐饮业；水利、环境和公共设施管理业；教育；国际组织。第二，调整了有关服务业门类的名称和内容：交通运输、仓储和邮政业；批发和零售业；金融业；居民服务和其他服务业；卫生、社会保障和社会福利业；文化、体育和娱乐业；公共管理和社会组织。第三，取消了地质勘查业、水利管理业和其他行业。将这些活动分别划入科学研究、技术服务和地质勘察业，水利、环境和公共设施管理业，以及其他相关行业。[8] 从表1-1可以看出，中国2002年服务业分类体系着重加强了第三产业中的新兴活动类别，特别是计算机服务业、软件业、科技交流和推广服务业和证券业等服务业大类，在中类和小类上范围有所拓展。现行的服务业分类体系在分类原则、分类基本结构和编码方法等方面与第三版的国际标准产业分类(ISIC/Rev.3)基本保持一致，如：划分行业的基本原则是经济活动的同质性；划分行业的基本统计单位是产业活动单位，联合国的基层单位原则上一致；分类的基本结构和编码方法采用了相同的线分类法和分层编码方法，将全部经济活动划分为4级。[14]

表1-1 中国服务业分类体系与国际比较表

1985我国服务业分类		1994我国服务业分类		2002年我国服务业分类		国际标准产业分类
流通部门：交通运输、邮电通信、商业饮食、物资供销和仓储	F	地质勘察、水利管理	F	交通运输、仓储和邮政		批发和零售贸易；机动车辆、摩托车和私人及家用商品的修理
	G	交通运输、仓储和邮电通信	G	信息传输、计算机服务和软件	G	
	H	批发和零售贸易、餐饮	H	批发和零售	H	饭店和餐馆
为生产、生活服务的部门：金融、保险、地质普查、房地产、公用事业、居民服务、旅游、咨询信息和各类技术服务业等	I	金融、保险	I	住宿和餐饮	I	运输、仓储和通信
	J	房地产	J	金融	J	金融媒介
	K	社会服务	K	房地产	K	房地产、租赁和商业活动
	L	卫生、体育和社会福利	L	租赁和商务服务	L	公共管理和防卫；强制性社会保险
为提高科学文化水平与居民素质服务的部门：教育、文化艺术、广播电视、科学研究、卫生、体育、社会福利等	M	教育、文化艺术及广播电影电视	M	科学研究、技术服务和地质勘查	M	教育
	N	科学研究和综合技术服务		水利、环境和公共设施管理	N	卫生和社会工作
	O	国家机关、党政机关和社会团体	O	居民服务和其他服务	O	社区、社会和私人的其他服务活动
为社会需要服务部门：国家机关、党政机关、社会团体、军队警察等	P	其他行业	P	教育	P	有雇工的私人家庭
			Q	卫生、社会保障和社会福利	Q	域外组织和机构
			R	文化、体育和娱乐		
			S	公共管理和社会组织		
			T	国际组织		

资料来源：http://www.oecd.org/dataoecd/32/25/33982328.pdf

2002年服务业分类体系在主要类别上与国际标准基本一致，在具体类别上实现了与ISIC/Rev.3的完全转换，从而可以使中国的服务业分类体系在4位码层次上最终实现与国

---

[14] 柳成洋，曹俐莉，李涵. 世界标准化与质量管理[J]. 服务业分类研究，2008(6)：49.

际标准的对接,以便于对服务业进行深入而广泛的研究,同时,也有利于增强国际交流,增加相互之间的可比性和可操作性。

1.2 现代服务业的相关概念

前一节论述了服务及服务业的概念、特征以及主要类型,本节将深入探讨一下现代服务业的概念,在引入现代服务业的概念之前,有必要对一些与现代服务业有着紧密联系的概念(如生产性服务业、知识密集型服务业等)进行一个简单的梳理和回顾,因为生产性服务业和知识密集型服务业是中国现代服务业的两大主要来源。了解生产性服务业和知识密集型服务业的基本概念和主要特征,将有助于人们更好地去理解现代服务业的概念与特征。

1.2.1 生产性服务业的概念及特征

1. 生产性服务业的概念[15]

与以满足居民消费需求或基本民生要求的消费性服务业相比,生产性服务业更加具有现代化的特征,与现代服务业的联系更为密切。因此,这里有必要专门论述一下生产性服务业的概念与特征。

生产性服务业是社会化大分工的结果,理解生产性服务业有助于人们深入地了解现代服务业。国内外关于生产性服务业的研究开展得比较早,研究成果颇为丰富,关于生产性服务业的范围界定已经基本达成了较为一致的共识,生产性服务业一般被认为是一种中间投入。美国经济学家 H.Greenfield 于 1966 年在研究服务业及其分类时,最早提出了生产性服务业(Producer Services)的概念。1975 年,Browning 和 Singelman 在对服务业进行功能性分类时,也提出了生产性服务业(Producer Services)的概念,并认为生产性服务业包括金融、保险、法律工商服务、经纪等具有知识密集性和为客户提供专门性服务的行业。Hubbard 和 Nutter(1982)、Daniels(1985)等人认为服务业可分为生产性服务业和消费性服务业,指出生产性服务业的专业领域是消费性服务业以外的服务领域,并将货物储存与分配、办公清洁和安全服务也包括在内。Howells 和 Green(1986)认为生产性服务业包括保险、银行、金融和其他商业服务业,如广告和市场研究以及职业和科学服务,如会计、法律服务、研究与开发等为其他公司提供的服务。香港贸易发展局认为生产者服务包括专业服务、信息和中介服务、金融保险服务以及与贸易相关的服务。

中国政府在《国民经济和社会发展第十一个五年规划纲要》(以下简称《十一五纲要》)中将生产性服务业分为交通运输业、现代物流业、金融服务业、信息服务业和生产性服务业。以上是一些学者和机构从服务活动的角度对生产性服务业的认识。

还有一些学者和机构从服务功能的角度对生产性服务业进行了定义。Gruble 和 Walker(1989)、Coffer(2000)认为生产性服务业不是直接用来消费的,也不是直接可以产生效用的,它是一种中间投入而非最终产出,扮演着一个中间连接的重要角色,用来生产其

---

[15] http://www.pinggu.org/bbs/viewthread.php?tid=389872&page=1.

他的产品或服务。同时，他们还进一步指出，这些生产者大部分使用人力资本和知识资本作为主要的投入，因而他们的产出包含有大量的人力资本和知识资本的服务。生产性服务能够促进生产专业化，扩大资本和知识密集型生产，从而提高劳动效率与其他生产要素的生产率。

Hansen(1990，1994)指出生产性服务业作为货物生产或其他服务的投入而发挥着中间功能，其定义包括上游的活动(如研发)和下游的活动(如市场)。美国商务部又进一步将这种中间功能的形态分为两类：① "联合生产性服务业"，总部与外国生产性服务业子公司之间的交易(占生产性服务业总量的10%)；② "独立的生产性服务业"，生产性服务业直接与国外厂商、私人企业、国外政府的合作(占生产性服务业总量的90%)。

中国学者钟韵、闫小培(2005)认为生产性服务业是为生产、商务活动和政府管理提供的，而非直接向消费性服务的个体使用者提供的服务，它不直接参与生产或者物质转化，但又是任何工业生产环节中不可缺少的活动。

综合上述学者的研究可以大致得出如下结论：生产性服务业又称为生产者服务业，在理论内涵上是指市场化的中间投入服务，即可用于商品和服务的进一步生产的非最终消费服务。生产性服务业是生产者在生产者服务业市场上购买的服务，是为生产、商务活动而非直接向个体消费者提供的服务。生产性服务也可理解为服务生产的外部化或者市场化，即企业内部的生产服务部门从企业分离和独立出去的发展趋势，分离和独立的目的是降低生产费用、提高生产效率、提高企业经营的专业化程度。

2. 生产性服务业的类别及特征[16]

上海市经委的一项研究表明：生产性服务业总体上可以划分为：资本服务类、会计服务类、信息服务类、经营组织类、研发技术类、人力资源类、法律服务类 7 大类别。在这 7 大类别下，又可以分出 43 个行业。

(1) 资本服务类：银行、信托、保险、典当、评估、投资、融资、拍卖、资信、担保等。
(2) 会计服务类：会计代理、审计事务、资产管理、信用管理、财务公司等。
(3) 信息服务类：会展、电子商务、战略咨询、信息咨询、品牌代理、公共关系、广告等。
(4) 经营组织类：企业托管、物流、配送、产品批发、商品代理、监理、经纪、租赁、环保等。
(5) 研发技术类：产品研发、技术转让、软件开发、知识产权交易服务等。
(6) 人力资源类：人才招募、人才培训、人力资源配置、岗位技能鉴定等。
(7) 法律服务类：律师事务、涉讼代理、公证、调解等。

需要指出的是，无论国外还是国内，迄今为止，国民经济统计核算中的分类都与理论定义不完全吻合，这反映出统计标准和理论定义的不同步。特别是消费者服务和生产者服务经常有交叉重合，如金融统计中既有个人存款数据，也有企业存款数据，不可能完全隔离；餐饮消费如果是为商务人士服务，则为生产性服务，如果是为一般人士服务，则为消费性服务。

---

[16] http://www.hnjmw.gov.cn/prog/infor/publish/MsgView.jsp?MsgID=2238.

同消费者服务业相比,生产性服务业是一种高智力、高集聚、高成长、高辐射、高就业的现代服务业。它具有以下 5 个方面的特征。

1) 知识性

生产性服务业是人力资本和知识资本进入生产过程的渠道,通过这一渠道,知识的积累和技术的进步产生了更高的生产率并改进了商品和其他服务的质量。高素质人才的集聚进入制造业和生产领域,能够提供高智力、高效率的知识技术服务。基于这个道理,格鲁伯和沃克将生产性服务业形象地比喻为"将日益专业化的人力资本和知识资本引进商品生产的飞轮"。

2) 创新性

生产性服务业是高新技术和新产品研发的重要推动者,并能引导制造业部门的技术变革和产品创新。生产性服务业是整个经济中最为活跃、创新能量最为强劲的一个部分。创新才能生存,激烈的市场竞争推动了制造型企业向服务型企业的转型。例如,通用电器(GE)通过发展金融业为其客户提供贷款等金融服务而提高产品销量;HP 公司通过兼并服务性企业能够为客户提供从硬件到软件、从销售到咨询的全套服务;IBM 公司由制造大型机转向 PC 设计服务业和更大范围内的全球 IT 服务业成为"服务业和制造业一体化的企业"。

3) 专业性

企业根据自己的核心业务决定自身的边界和规模,而将自身不擅长或者赢利性较弱的业务外包(BPO)出去,因而生产性服务业依赖于专门知识和专业技术。

4) 国际性

跨国跨界生产网络和营销网络将制造业和配套服务业连接起来,使得"全球生产"的同时,出现了"全球服务",特别是技术贸易和服务贸易在国际贸易中占有越来越大的市场份额,技术人才也能够在全球流动。

5) 协同性

在整个产业链中上下游各种服务相互关联,相互依存,服务提供与客户消费密不可分,生产性服务业的发展既降低了企业的生产经营成本,又使得制造敏捷、零库存、虚拟企业成为可能。

1.2.2 知识密集型服务业的概念与特征

1. 知识密集型服务业(KIBS,Knowledge-Intensive Business Services)的概念

相对于劳动密集型服务业而言,知识创新是新型服务业发展的重要基础和动力源泉。在很多发达国家,知识密集型服务业对 GDP 的贡献率已经高达 50%以上。Hipp 等学者认为,知识密集型服务业具有顾客专业化、雇员知识化、高增值性、手段高科技性等特征,已经成为知识经济社会、知识基础结构的重要组成部分,承担了基础性知识生产和重新配置的双重功能。近 20 年来,中国也涌现了一批新兴的知识密集型服务业,而且这些服务业在 GDP 的比重正在逐渐加大,要对它们进行深入研究,必须首先弄清楚究竟什么才是真正的知识密集型服务业,它具有哪些重要特征以及如何对其进行分类等问题。只有搞清楚这些根本性的问题,对于知识密集型服务业的研究才能深入而有效地进行。

以往的关于专业服务业、知识服务业概念的研究为知识密集型服务业概念的提出奠定了重要基础。知识密集型服务业。关于知识密集型服务业比较有代表性的定义有以下几种。

(1) Miles 认为，"KIBS 是指那些显著依赖于专门领域的专业性知识，向社会和用户提供以知识为基础的中间产品或服务的公司和组织，在以知识为基础的知识经济社会中扮演着主动且关键的作用。"该定义强调了知识密集型服务业的 3 个重要维度：①KIBS 是私人企业或组织；②KIBS 非常依赖于专业化知识，即特定领域或学科的相关知识和技术能力；③KIBS 提供的是以知识为基础的中间产品和服务。[17]

(2) Haukness 认为，"KIBS 是有能力和技术密集型的、以信息为导向的服务，具有很高的顾客参与性。"[18]

(3) Muller 和 Zenker 认为，"KIBS 是提供高知识附加值服务给其他企业的行业，是"顾问性"的公司。"[19]

(4) 中国台湾学者王健全认为"知识密集型服务企业是指以提供技术知识或专利权为主，并支援制造业发展的服务业，或具有技术背景的服务业。"[20]

(5) 国务院发展研究中心于 2001 年 8 月 1 日公布的研究报告"大力发展服务业是实现现代化建设的第三步战略目标的需要"将知识密集型服务业定义为"运用互联网、电子商务等信息化手段的现代知识服务产业，其产品价值体现在信息服务的输送和知识产权上。"

除了这些学者们的研究之外，许多国家的组织还根据自身发展的实际情况对 KIBS 的概念进行了界定，如世界经济合作与发展组织认为，KIBS 就是那些技术及人力资本投入密度较高、附加值大的服务行业。目前，学术界用得比较多的还是 Miles 的定义，其他定义主要是在这一基础上的进一步深化。

2. 知识密集型服务业的特征

知识密集型服务业不同于流水作业的制造业，也不同于提供非知识密集产品的普通服务业，魏江等学者对知识密集型服务业的特征进行了较为详尽的阐述。他们认为知识密集型服务业有四大主要特征，可以概括为"四高"。[21]

(1) 高知识度。从知识创新过程来看，KIBS 服务产品的性质是知识密集的，这些"产品"作为要素参加到客户的知识创造和知识整合过程中(Hauknes，1998)。Antonelli(1999)从考察 KIBS 的知识特性出发，认为 KIBS 服务产品中包含大量的隐性知识，这些知识来源于它们与客户间的持续知识互动过程。从人员知识化专业化程度来看，Hauknes(1998)认为 KIBS 作为特定知识的提供者，其雇员结构中通常有较高比例的接受过高等教育或相应培训的人才，他们是公司与客户之间知识交换的界面，KIBS 的知识能力与从业人员密切相关(Fiocca，Gianola，2003)。

(2) 高技术度。KIBS 就像一个纽带，将技术知识与产业发展连接起来，它一方面积极地使用新技术为企业提供服务(如金融、保险、广告)，另一方面创造并扩散新技术(如软件开发)。KIBS 包含了特殊领域的技术知识，IT 咨询、工程咨询、管理咨询都聚集了

---

[17] I.Miles,N.Krastrinos,K.Flannagan,R.Bilderbeek,P.Hertog,W.Huntink,M.Bouman,"Knowledge-intensive business services:users,carriers and sources of innovation",Raport pour DG13 SPRINT-EIMS,March,1995:15.

[18] Haukness,Service in Innovation-Innovation in Services,SI4S Final report,STEP Group,Oslo,1998:32.

[19] Muller,E,Zenker,A.Innovation interavtion between knowdege-intensive business services and small-and medium-sized enterprises-analysis in terms of evolution,knowledge and Territories,NewYork: Physica-Verlag, 2001:3.

[20] 王建全. 台湾知识型服务业的发展及其推动策略[J]. 经济法制论丛，2002(29)：2.

[21] http://www.cma.zju.edu.cn/weijiang/Article_Show.asp?ArticleID=121.

大量的知识。其中最明显的例子是信息和通信技术(ICT)的高度使用(Lee，2003)，KIBS 创新活动在很大程度上依赖于 ICT 的使用，这在芬兰林业集群案例中也得到充分证实(Viitamo，2003)。

(3) 高互动度。Antoelli(1998)在研究知识密集型服务业同用户的交互关系时发现，第二次世界大战后建立起来的以实验室为基础的垂直知识生产结构，已经逐渐被实时的、在线的用户和知识生产者交互作用互动式知识生产结构所取代。Muller 和 Zenker(2001)也指出强烈的交互性和客户相关性是知识密集型服务业最主要的共同特征之一。之所以会有频繁的互动，是因为客户本身拥有很多知识和能力，能帮助 KIBS 交付最佳解决方案(Bettencourt，Ostrom，Roundtree，2002)。KIBS 同用户的互动越紧密持久，就越有可能将组织和技术的诀窍结合到用户的创新过程之中(Fiocca，Gianola，2003)。

(4) 高创新度。知识密集型服务业在许多方面，尤其在 R&D 和创新方面与普通服务业存在着差异(Lee，2003；Windrum，Tomlinson，1999)。Baark(1998)在研究工程咨询业创新特征时认为 KIBS 在客户提供服务的同时，自身必须不断创新，吸收新知识、学习新技术，创造出适合技术和生产发展新要求的知识应用模式，推动客户的创新和发展。

1.2.3 现代服务业的概念界定

服务业的发展已经有相当长的一段历史，虽然研究者们对于服务业进行过很多的研究，但是对于服务业的定义和范围界定还是存在着一定的争议，而且随着社会经济的发展，服务业的概念、内涵和外延也在不断地扩大，特别是随着现代服务业的产生和发展壮大，原有的服务业的概念与特征似乎不能再用来界定现代服务业，于是便诞生了今天的现代服务业这个新的概念。

尽管目前中国关于现代服务业的论著、课题项目日益增多，但是大多数研究都没有对"服务业"、"传统服务业"、"现代服务业"这 3 个概念进行比较清晰明确的界定和类别划分。迄今为止，也没有人能够给现代服务业下一个极为明确的定义。在西方，现代服务业这个概念本身就是不存在的，只是在中国人们为了进行一定区分，才创造出了这么一个名词。中国信息协会常务副会长高新民在"服务创新和服务科学学科建设"研讨会上发言明确指出，"现代服务业是中国的特点，国际上没有叫现代服务业的"，"现代服务业是中国专门提出来的"，"在国外又叫知识密集服务业"。中国"现代服务业"的提法最早出现于 1997 年 9 月党的十五大报告上。该报告指出"社会主义初级阶段，是逐步摆脱不发达状态，基本实现社会主义现代化的历史阶段；是由农业人口占很大比重、主要依靠手工劳动的农业国，逐步转变为非农业人口占多数、包含现代农业和现代服务业的工业化国家的历史阶段"。在中国共产党举行的第十五届五中全会上制定的《中共中央关于制定"十五"计划的建议》中曾明确指出：在"十五"期间，要发展现代服务业，改组改造传统服务业，明显提高服务业增加值占国内生产总值的比重和从业人员占全社会从业人员的比重。该建议还进一步说明："现代服务业要提高服务水平和技术含量，大力发展信息、金融、会计、咨询、法律服务等行业，带动服务业整体水平和技术含量，传统服务业要运用现代经营方式和服务技术进行改造，着重发展商贸流通、交通运输、市政服务等行业，推行连锁经营、物流配送、多式联运、网上销售等组织形式和服务方式，提高服务质量和经营效益。"很多研究者将该建议中提到的"信息、金融、会计、咨询、法律服务"等行业作为分类依据的标准，并在此基础上加入了房地产、电信、物流等，但是仅仅以此依据分类显然是不科学的。2007 年

3月，国务院还进一步下发了《关于加快发展服务业的若干意见》。当前，国内许多城市的现代服务业正蓄势待发，举国上下迎来了一个现代服务业发展的新时期。

关于现代服务业还有如下几种比较有代表性的定义。

(1) 庞毅、宋冬英认为"现代服务业是指依托电子信息和其他新兴高技术，以及现代经营方式和组织形式而发展起来的服务业，既包括新兴服务业，又包括对传统服务业的技术改造和升级，其本质是实现服务业的现代化。"[22]

(2) 刘有章、肖腊珍认为"现代服务业是与传统服务业相区别的内涵极广的概念。它主要是指依托现代信息技术和现代管理理念而发展起来的，为社会提供高质量生活服务和生产服务的国民经济新兴领域。"[23]

(3) 朱春明认为"现代服务业是指与现代技术密集、产业分工深化和经济社会发展相伴随的信息服务、研发服务、人力资源服务、现代物流、市场营销服务等，但主要是为生产者服务的商业服务业。"[24]

(4) 国务院发展中心产业部来有为博士认为"现代服务业即现代生产服务业，指为生产、商务活动和政府管理而非直接为最终消费提供的服务，主要包括金融业、保险业、不动产业、咨询业、信息服务、科技开发、商务服务、教育培训等行业。"[25]

目前，使用较多并得到广泛认可与应用的定义是在"十五大"报告的基础上提出的，该定义为："现代服务业是伴随着信息技术和知识经济的发展产生，用现代化的新技术、新业态和新服务方式改造传统服务业，创造需求，引导消费，向社会提供高附加值、高层次、知识型的生产服务和生活服务的服务业。"本书将现代服务业定义为：现代服务业是采用现代科学技术和现代管理理念组织和发展起来的服务业，其中，新兴服务业是现代服务业的主要代表，改造后的传统服务业也是现代服务业的重要组成部分。

1.3 现代服务业研究的集中领域

现代服务业对于中国来说是一个新型的研究领域，随着中国市场经济的发展，现代服务业也逐渐成长起来，关于现代服务业的研究文献也在不断增多。而且随着服务业对经济贡献率的增加，特别是现代服务业在经济贡献率中的异军突起，使得它受到了国家和地区的重视，国家和地方政府纷纷出台相关政策鼓励现代服务业的发展。中国共产党第十六届五中全会通过的《中共中央关于制定国民经济和社会发展第十一个五年规划的建议》中提到："促进服务业加快发展。制定和完善促进服务业发展的政策措施，大力发展金融、保险、物流、信息和法律服务等现代服务业，积极发展文化、旅游、社区服务等需求潜力大的产业，运用现代经营方式和信息技术改造提升传统服务业，提高服务业的比重和水平"。这是中国政府首次在重要文件中提出要大力发展现代服务业，这充分说明现代服务业的发展已经引起了党和国家的高度重视。国家的重视和现代服务业的发展也开始引导学术界对其进行更为广泛地研究。

---

[22] 庞毅，宋冬英. 北京现代服务业发展研究[J]. 经济与管理研究，2005(10)：40.
[23] 刘有章，肖腊珍. 湖北现代服务业的发展现状及对策研究[J]. 中南财经政法大学学报，2004(3)：24-25.
[24] 朱春明. 关于我国服务业发展中的几个战略问题的思考[J]. 中国经贸导刊，2004(13)：24-25.
[25] 来有为. 当前我国需大力发展现代服务业[J]. 改革，2004(5)：40.

1.3.1 基础理论研究

目前，学术界关于现代服务业理论研究的文献数目虽然在不断增多，但归纳起来还是可以简要概括为以下6个方面。

(1) 围绕现代服务业的概念、特征、内涵、分类方法进行的理论研究。朱晓青等(2004)认为现代服务业具有高技术性、知识性、新兴性3个特点，并指出对于现代服务业这三大服务特性的描述，是针对服务业整体而言的，但具体到某一实际的服务行业，它可能同时具有三大特性，也可能只具有某一特性。杨翠兰(2005)认为传统经济学关于服务含义与特征以及生产劳动与非生产劳动的划分标准，已难以适应现代化生产力发展的需要，扩大生产劳动的范围成为实践发展的要求。刘重(2005)探讨了现代服务业理论发展的历史过程，提出现代服务业是一个相对动态的概念，是第三产业的延伸和发展。现代服务业在第三产业中是一种类别，即第三产业可以划分为现代服务业和传统服务业。现代服务业有广义和狭义区分：广义的现代服务业包括传统服务业的升级和新型的服务业；狭义的现代服务业主要指依托信息技术、现代化科学技术和技能发展起来的，信息、知识和技能相对密集的服务业。

(2) 现代服务业发展背景、发展阶段和发展趋势的研究。朱晓青等(2004)对北京市现代服务业发展的基本情况进行了描述和分析，指出北京市现代服务业发展的原因、发展趋势和发展中存在的主要问题。刘辉群(2005)分析了世界现代服务业的发展趋势，提出信息化和网络化是现代服务业的主要特征，服务业的开放是大势所趋，服务贸易成为经济全球化的重要内容。

(3) 现代服务业发展与工业化的关系研究。现代服务业是随着工业化的发展而不断成长起来的。裴(2006)研究了企业外包与现代服务业发展的问题，认为现代服务业与新型工业化之间存在耦合现象，生产性服务形成企业的中间需求，随着专业化分工的加深，企业外包成为一种趋势。郑吉昌等认为服务业与工业并非简单的因果关系而是一种不断加强的唇齿相依的双向互动关系，主要体现在两个方面：服务业构成工业生产中间投入的重要部分，制造业企业活动外置带动现代服务业的发展；新形势下制造业与服务业出现了耦合现象，它们既相互支撑，又相互交织，从而推动经济增长。

(4) 现代服务业发展与经济增长的关系。盛世豪于2006提出，自20世纪60年代初起，服务业在经济增长中的作用不断提升，全球产业结构在总体上已呈现出从"工业经济"向"服务经济"转型的趋势，服务业特别是现代服务业已经成为推动当代经济增长的重要力量。为顺应产业结构的"服务化"趋势，世界各国纷纷把发展现代服务业作为推动经济增长的重要途径。在发达国家，以知识创新为动力的知识经济已成为国民经济的主旋律，其服务业的内部结构也越来越多地体现知识经济的特征：①现代服务业增加值份额和就业份额不断增加；②知识型服务业发展迅速；③服务业成为新技术重要的促进者。朱珍华、夏训峰(2006)研究了现代制造业与现代服务业的融合，提出产业融合发展已经成为现代服务业发展的必由之路和全球经济增长的基本趋势。

(5) 总结中国现代服务业发展中存在的问题。常修泽(2005)分析了中国现代服务业发展中存在的四大问题，即总量问题、结构问题、竞争力问题和体制问题，提出以产权制度创新为重点的现代服务业创新发展思路。

(6) 现代服务业与传统服务业的对比研究。主要集中在概念、包括的范围、发展的方式等方面的对比研究。

1.3.2 拓展研究

拓展研究的第一个方向就是研究现代服务业的集群现象。张树林(2006)研究了现代服务业的聚集优势和聚集效应。代文、秦远建(2006)认为现代服务业产业集群是依托信息技术和现代化管理理念发展起来的、信息和知识相对密集的现代服务业的聚集体。在这一聚集体中，基础服务、生产和市场服务、个人消费服务、公共服务等相关联的服务企业及相关支撑机构在某一特定区域形成的空间集聚现象，提出了虚拟化产业集群发展模式、生态化产业集群发展模式和链群化产业集群发展模式。韩云(2005)研究了产业集聚与现代服务业发展问题，提出工业化加速了产业集聚，发展产业及其产业集聚需要服务业的支持，特别是需要现代服务业的支持，发展现代服务业是推进产业集聚的重要举措。

另外，以周勇、李廉为代表的一些学者还研究了都市圈现代服务业空间分布的市场作用机制及现代服务业发展的阶段性特征。

第二个方向是研究现代服务业与其他行业的关系问题。当前在拓展研究方面还有很多学者正在着力于研究现代服务业与其他相关产业的关系，如现代服务业与旅游业发展的关系、现代服务业与制造业的关系主要集中在产业融合等方面。刘晖、张信(2006)研究发现高新技术产业和服务业出现了融合发展的新趋势，尤其是高新技术的带动使得这两个产业的表现形态发生了新的变化，主要表现在高新技术产业服务化、服务业高技术化和新型现代服务业态的出现。朱珍华、夏训峰(2006)研究了现代制造业与现代服务业的融合，提出产业融合发展已经成为全球经济发展的基本趋势。

对于现代服务业的拓展研究还有很多方面，笔者只是就当前研究比较多的方面进行了一些简述。

1.3.3 发展对策研究

发展对策主要是集中在一些政策性的举措方面，通过总结可以发现关于中国现代服务业的研究主要集中在以下两点。

(1) 关于战略和对策的研究较多。郑吉昌(2004)提出了加快现代服务业发展的5大政策建议，即大力发展现代信息技术服务业、推进现代服务业的改革与重组进程、放宽服务业市场准入和经济规制，消除服务业发展的体制障碍、加强政府在促进现代服务业发展中的作用以及大力发展民营经济，形成有序竞争格局等。除了在学术研究方面研究政策比较多以外，各级地方政府也制定了很多关于发展现代服务业的建议和政策。同时，一些政府在关于现代服务业的政策和文件中进一步对现代服务业的概念做了深入界定，例如，在龙岩市第三届人大第三次会议与龙岩市政协第三届委员会第二次会议中，提出了加快龙岩市现代服务业发展的建议，在该文件中，现代服务业是指在工业化比较发达的阶段产生的，是工业产品的大规模消费阶段以后快速增长的服务业，现代服务业既包括新兴服务业，又包括对传统服务业的改造与升级，其本质是实现服务业的现代化。主要包括两大类：一类是伴随工业化的展开而加速发展的服务业，也称为补充性服务业，如银行、证券、信托、保险、基金、租赁等现代金融业；开发、建筑、装饰、物业、交易等房地产业；会计、审计、评估、法律服务等中介服务业。另一类是工业化后期大规模发展的新兴服务业，如移动通信、网络、传媒、咨询等信息服务业;教育培训、展览商务、现代物流等新兴行业。[26]

(2) 关于制定现代服务业发展规划的建议和对策的文献也较多。在中国政府制定了国民经济和社会发展的"十一五"规划中提出加快发展现代服务业的政策之后,各省市地方政府也根据地方经济发展的现状对于"十五"期间现代服务业的发展做出了总结,找出了发展中存在的相关问题,并制定了"十一五"现代服务业发展规划。比较有代表性的有《厦门思明区"十一五"现代服务业规划》、《上海市现代服务业发展规划》和《广州市现代服务业发展规划》等。2008年11月1日,上海市委听取了该市发改委、市经委关于推进现代服务业发展和编制《关于上海加速发展现代服务业的若干政策意见》的情况汇报。据透露,《关于上海加速发展现代服务业的若干政策意见》共分8个部分,包括降低准入门槛、加快改革开放、推动技术创新、聚焦重点领域、建设重点区域、构筑人才高地、实施品牌战略、营造发展环境等,共30条,重点提出了6大重点领域"3带19区"布局加速发展现代服务业。[27]

总而言之,在目前的研究中,针对北京、上海、南京等大城市和经济发达地区如何发展现代服务业的研究较多,这也反映了现代服务业是在工业化高度发展的阶段发展起来的,主要是为企业提供专业化的生产性服务这样一个现实。经济发达地区现代服务业的发展往往受到研究者的重视,这是因为:一方面这些地区拥有培植现代服务业发展所需要的"土壤",即各种必要的经济、文化和科学技术条件;另一方面作为学术研究来说,选取这些地区往往更具有代表性,研究起来也比较容易收集到相关资料。

案例

福田区现代服务业发展"十一五"规划(节选)

前　言

未来5~10年,是中国全面建设小康社会的重要阶段,也是深圳市全面推进城市现代化和国际化进程的关键时期,从中央到地方都提出了加快服务业发展的意见和建议。为推进福田区服务业全面、快速和协调发展,特别是为现代服务业的产业集群开拓更为广阔的空间,充分发挥现代服务业在推动经济增长和促进经济增长方式转变进程中的重要作用,编制本规划。本规划中现代服务业是指在工业化高度发展阶段,为了满足生产经营活动的功能强化和职能外化的需要,主要依托信息技术和现代管理理念、现代经营业态和组织形式发展起来的相关行业。它既包括新兴的服务业,也包括采用现代高新技术实现高附加值的传统服务业,其本质是实现现代化。

根据联合国统计署《全部经济活动的国际标准产业分类》(ISIC/Rev.3)的划分,遵照国家统计局和国家质量监督总局共同颁布的《国民经济行业分类》

---

[26] http://www.longyan.gov.cn/rdzt/08lh/wygz/200803/t20080324_35630.htm2008-3-24.
[27] http://www.fsa.gov.cn/web_db/sdzg2006/BOOK/it/BCSAL/csal50-01.htm.

(GB/T 4754—2002)行业标准,第三产业即为服务业(F/51-T/98),而关于现代服务业则无标准化的定义和分类。结合经济发展现状和未来发展趋势及功能定位,本规划确定福田区在"十一五"期间应重点和优先发展的现代服务业如下。

(1) 金融业(J/68-71)包括银行业、证券业、保险业和其他金融活动(金融信托与管理、金融租赁、财务公司和邮政储蓄等);

(2) 信息服务业(G/60-62)包括电信及其他信息传输服务业(电信、互联网信息服务、广播电视传输服务和卫星传输服务)、软件业和计算机服务业(计算机系统服务、数据处理和计算机维修等);

(3) 商务服务业(L/74)包括企业管理服务、法律服务、咨询与调查(会计审计及税务服务、市场调查和社会经济咨询等)、广告业、知识产权服务、职业中介服务、市场管理、旅游业和其他商务服务(会议及展览服务、保安服务和办公服务等);

(4) 文化业(R/88-90)包括新闻出版、广播电视电影及音像业、文化艺术(文艺创作与表演、艺术场馆、图书馆与档案馆、文物及文化保护、博物馆、群众文化活动、文化艺术经纪代理等);

(5) 科研与技术服务业(M/75-77)包括研究与实验发展(R&D)、专业技术服务业(技术检测、工程技术与规划管理和环境监测等)和科技交流及推广服务业。

文化业规划已由文化部门专项编制,本规划不再涉及,只编制金融业、信息服务业、商务服务业和科研与技术服务业四大现代服务业发展规划。

一、福田区现代服务业的发展基础与环境

(一) 发展基础

1. "十五"发展成就

(1) 发展迅速,比重上升。现代服务业的增加值从2000年的132.73亿元增加到2005年的287.89亿元,年均增长13.8%;增加值占本区生产总值的比重逐年增长,从2001年的26.4%上升到2005年的28%,成为本区经济发展的重要组成部分。现代服务业发展优势显现,在服务业中主导地位确立。2005年金融、信息、商务、文化和科研与技术等行业实现的增加值依次为166.54亿元、27.31亿元、53.8亿元、9.39亿元和30.85亿元,占服务业的比重合计达41.1%;同时,会展、中介、总部经济等新兴服务业迅速崛起,成为本区经济发展的新亮点。

(2) 一批重大项目建成,发展基础进一步夯实。2003—2005年全社会固定资产投资中服务业投资累计达到667亿元,占投资总额的93.8%,房地产、交通、通信等公共设施和社会事业成为服务业投资的重点领域。地铁1号线和部分4号线已投入运营,城市轨道交通进展顺利;会展中心已落成使用,极大地提升了会展业的硬件水平;青少年宫、彩电中心、图书馆、音乐厅等文化设施奠定了本区文化中心地位;新世界中心、国际商会大厦、邮电枢纽大厦、大中华广场等高档楼宇为现代服务业落户提供了现代化场所。中央商务区(CBD)的建设,为发展现代服务业提供了高端载体。部分行业在全市领军发展,优势凸现,产业体系不断完善。

① 金融业优势显著。
② 信息服务业高速成长。
③ 科研与技术服务业产业化速度加快。
④ 会展业蓬勃发展。

(3) 总部经济渐具雏形。中央商务区的建设,为总部经济提供了发展环境和信息资源,作为扩散效应不断增强的国际性商务活动平台,逐渐成为跨国公司的地区总部和大企业集团进入深圳的首选之地。区内已经落实的项目近百项,整体规划建设完成50%。在本区投资的世界500强企业已达55家。随着CBD的发展,其特有的聚集和辐射功能不断吸引更多的总部机构落户。

2. 在深圳市的地位及其对福田区经济发展的意义

(1) 在全市的地位举足轻重。
(2) 对本区经济增长的贡献增大。
(3) 增创新优势、转变经济发展模式的必经之路。
(4) 对于完善城区功能、提升区域竞争力和发挥扩散效应具有重大作用。

(二) 发展环境

1. 发展优势

实施"大经济、大文化、大环境、大服务"发展战略以来成效显著,环境不断优化。随着"城中村"改造的启动,中央商务区及其周边基础设施进一步完善,发展现代服务业优势明显。

(1) 得天独厚的区位优势。
(2) 实力雄厚的经济基础。
(3) 较为优化的产业结构。
(4) 可遇难求的外部环境。

2. 主要挑战

(1) 制度建设不健全,政策环境不完善。
(2) 发展水平较低,应对服务业国际竞争能力不足。
(3) 专业人才较匮乏。
(4) 市场竞争愈演愈烈,资源空间稀缺受限。

二、福田区现代服务业发展规划的总体思路

(一) 指导思想

以邓小平理论和"三个代表"重要思想为指导,落实科学发展观,深入实施"大经济、大文化、大环境、大服务"战略,加快创建现代服务业管理体制和创新机制;强化现代服务业发展的规模意识和效益意识,积极运用高新技术和信息化手段,做大做强现代服务业,加快实现"效益福田、和谐福田"。

(二) 发展定位

到"十一五"期末,明显改善现代服务业发展的"大环境",完善产业体系和布局，进一步提高聚集、扩散和辐射能力；将现代服务业打造为本区经济发展的支柱产业，成为经济增长的主要亮点；强化"5个中心"的地位，把本区建设成为国际化的现代服务业聚集区。

(三) 发展目标

2010年福田区现代服务业主要目标预测如下所述。

现代服务业增加值力争达到 529 亿元，占第三产业的比重达到 45%，占本区生产总值的比重达到 32%，年均增长速度达到 12%。金融业增加值力争达到 268 亿元，年均增长速度 9%；信息服务业增加值力争达到 68 亿元，年均增长速度 19%；商务服务业增加值力争达到 99 亿元，年均增长速度 12%；科研及技术服务业增加值达到 71 亿元，年均增长速度 17%。

三、福田区现代服务业发展的主要任务和发展策略

(一) 主要任务

(1) 加快发展步伐，提高整体竞争力。
(2) 培育优势行业，形成规模经济。
(3) 优化政策环境，深化政府服务。
(4) 协调区域布局，打造聚集基地。

(二) 发展策略

(1) 环境创新策略。
(2) 人才先导策略。
(3) 高新技术带动策略。
(4) 规模效益优先策略。
(5) 面向国际策略。

四、福田区现代服务业各行业发展主要措施

(一) 金融业发展主要措施

"十一五"期间，金融业基本建成全面开放、监管有力、竞争比较充分和功能齐备的国际化金融体系，包括以全国性商业银行和跨国银行集团总部为主体的银行业组织体系，以深交所为主体、集证券交易、融资于一体的证券市场体系，以全国性保险公司和跨国保险集团驻华总部为主体、具备强大的保险和再保险能力的保险市场体系。为此，采取以下主要措施。

(1) 规划建设金融中心区，吸引金融机构聚集发展。
(2) 加强深港金融合作，增强金融业辐射内地的能力。
(3) 加大人才引进和开发力度，吸引更多高层次的金融专才。
(4) 申请成为国家金融创新试验区，率先发展、打造创新典范。
(5) 极力提高金融业的数字化和现代化水平，构建数字金融功能区。

(二) 信息服务业发展主要措施

"十一五"期间，信息服务业要建立、完善社会服务和社会事业的信息化体系，建成覆盖全区的应急指挥电子监控系统和电子政务数据中心，建设

重点的电子政务应用系统,基本建成区内完善的信息网络,实现各类信息的快速传递和信息数字化、网络化、社会化和商品化。为促进信息服务业的健康、快速发展,采取如下的主要措施。

(1) 推进电子政务建设,提供高水准的信息服务。
(2) 推动信息化建设,促进信息服务业向深度和广度发展。
(3) 建设现代化公共信息平台,大力推进对不同行业的专业服务。
(4) 继续完善软件园区建设,大力促进软件产业的规模扩张。

(三) 商务服务业发展主要措施

"十一五"期间,基本形成门类比较齐全的现代商务服务体系。会展、中介、咨询等行业初具规模,与香港同类行业形成一定的互动性,在国际市场上享有一定的知名度;会展业保持较快发展速度,基本实现会展的市场化、规模化、品牌化和专业化,形成有国际竞争力的会展经济,创建国际会展名城;基本形成种类齐全、分布合理、运作规范与国际接轨的现代中介服务业体系,拥有一批颇具知名度和影响力的品牌,成为立足本省、辐射"泛珠三角"的中介服务中心。为促进商务服务业进一步发展,采取如下主要措施。

(1) 加快建设和推介中央商务区,促进总部经济发展。

① 加大 CBD 的推介力度。让国内外更多知名企业了解中央商务区优越的软、硬环境。在机场、海关入口、火车站、地铁入口以及中心区的交通汇集处设立大型宣传广告,发放宣传资料,向往来游客介绍 CBD 的基本环境;组建由专业人士组成的深圳 CBD 推介团,在国内外的各种大型会议上做推介活动;与香港旅游公司合作,对前往深圳旅游的团体宣传深圳 CBD 的情况;利用电视台、互联网等媒体通过专题短片做好宣传深圳 CBD 的展播推介,吸引更多的世界 500 强企业、跨国公司地区总部、全球分销中心和采购中心、大型企业集团总部、金融机构总部等落户区内,尽力汇聚人才流、资金流、信息流和技术流,打造"总部经济品牌"。

② 构建亚中央商务区。抓住中央商务区周边"城中村"改造机会,建设集办公、商贸、休闲娱乐、餐饮服务等多功能为一体的"亚中央商务区",强化两者融合补充,形成相得益彰的商务大环境,吸引国内外著名的会计、法律、咨询、评估等商务服务机构入驻,促进总部经济的发展。

(2) 推动会展业的产业化发展,增强带动作用。
(3) 创新商务服务产品,提升服务能力。
(4) 积极实施品牌战略。
(5) 推进电子商务广泛运用,加快实现商务数字化。

(四) 科研与技术服务业发展主要措施

"十一五"期间,以推进自主创新为主要手段,实现科研与技术服务业组织网络化、功能社会化和服务产业化,加大改革力度,全面提高实验与发展水平,完善产品研发、孵化、检测和评估体系。主要措施如下。

(1) 完善科研与技术服务体系。
(2) 建立科研与技术开发的合作平台,大力促进专业化和国际化。

(3) 建立"中介+投资"的运作模式，加速科技成果有效产业化。

五、福田区现代服务业发展重大政策

根据《深圳市现代服务业发展"十一五"规划》和《深圳市福田区经济和社会发展"十一五"规划纲要》，结合福田区的实际情况，要实现本规划发展目标，需要争取一些重大政策与之相配套。具体包括如下几个方面。

(一) 关于科研及技术服务业的相关政策

(二) 关于金融业的相关政策

(1) 加快金融创新品种试验区建设。

(2) 促进创业板市场及相关市场的发展。

(3) 加快保险创新试验区建设。

(三) 福田保税自由贸易区政策

(资料来源: http: //www.sz.gov.cn/ftq/ghjh/gmjjshfzghjh/200809/t20080903_1557.htm/2009/10/27)

思考: 现代服务业发展规划包含哪些方面的内容？

本章小结

随着经济全球化的发展以及产业发展重心由第一、二产业开始向第三产业的逐渐转移，服务业在GDP中的比重逐渐增加。在发达国家，服务业的比重已经远远超出制造业的比重，目前全球服务业在GDP中比重的平均水平约为60%，中国才接近40%，与服务业比较发达国家相比，中国还存在着一定差距。本章主要是一些基础知识的介绍，主要包括: (1)对服务业的起源、概念、特征、国外服务业的分类方法(如三分法、辛格曼分类法、联合国标准产业分类、北美产业分类体系等)以及中国服务业分类体系的演变进行了必要阐述；(2)在本章还对与现代服务业相关的一些概念，如生产性服务业、知识型服务业的概念及特征进行了介绍，因为与消费性服务业、劳动密集型服务业相比，这两者是现代服务业的重要组成部分，除此之外，在阐述国内对于现代服务业比较有代表性的定义之后，本书给出了对于现代服务业的界定；(3)通过查阅相关文献，总结了目前现代服务业研究较为集中的领域。

思 考 题

1. 服务的概念是什么？服务的特征有哪些？
2. 现代服务业的概念是什么？
3. 知识密集型服务业的特征主要有哪些？
4. 现代服务业研究的主要集中在哪些领域？

第 2 章 现代服务业的源起、发展及趋势

导　读： 本章从现代服务业的提出背景及产生原因入手，总结了中国现代服务业发展的基本情况，及其在发展过程中呈现的一些特点。在此基础上深入剖析了现代服务业区别于传统服务业的"两新"、"三高"、"四低"特征，及其在促进经济发展、优化产生结构等方面的重要功能，并对现代服务业进行分类，最后还预测了现代服务业的未来发展趋势。

关键词：

现代服务业　主要特征　创立模式　发展趋势

2.1　现代服务业的源起及发展特点

作为现代服务业的管理者，十分有必要了解现代服务业的产生背景、产生原因及其在发展过程中所呈现的一些主要特点，只有全面了解这些知识，才能对未来现代服务业的发展趋势进行有效预测，并在管理过程中做到游刃有余。

2.1.1　现代服务业产生的背景及提出

在中国，现代服务业产生的首要背景就是中国经济的快速发展以及信息技术的进步所形成的中国产业结构深刻的变革。特别是改革开放以来，随着中国市场经济体制改革的逐步深化，中国产业结构的变化也顺应了世界其他国家产业结构演变的基本规律，第二、三产业的比重逐步上升，而第一产业的比重则逐渐下降。与此同时，在第三产业内部也出现了更加精细的分工，新技术、新的生产方式、新的经营方式、新的服务方式、新的生活方式在第三产业的扩散和应用，逐渐构成人们新的消费基础，特别是知识经济时代的到来，第三产业内部结构分化日趋明显，新兴服务业不断涌现。

现代服务业的产生和提出还是社会经济发展转型和消费者需求逐渐细化的结果。事实上，发达国家根本就没有现代服务业这种提法，它是中国国内学者自己创造的一个新名词，提出这个概念是因为中国目前还是一个发展中国家，产业发展的二元结构特征比在西方一些发达国家更加明显，后发的或现代的产业就崭露头角并形成了良好的发展势头。为了把这两者区别开来，就有了现代服务业与先进制造业的提法。所以现代服务业的提法仅仅是为了将其与传统产业区分开来。

现代服务业的产生和发展也是高新技术和服务业融合发展的结果。一方面，通过高新技术对传统服务业的改造与提升，使得传统服务业不断精细化并有了更大的市场发展空间。而另一方面，高新技术与服务业的耦合又产生了一批新的现代服务行业和新业态，比如创意产业、信息服务业、金融业等。现代服务业就是在这样一些背景下产生和发展起来的。

"现代服务业"的提法最早出现在1997年9月党的十五大报告中，2000年中央经济工作会议提出："既要改造和提高传统服务业，又要发展旅游、信息、会计、咨询、法律服务等新兴服务业"，所以，现代服务业在中国的发展和研究也就是最近这几年的事情。经济的发展、社会进步和分工的专业化以及人们生活水平的提高，促进了现代服务业的产生。现代服务业不仅包含新兴的服务业，而且还包含对传统服务业的技术升级和改造，其核心要求是服务业的现代化。

2.1.2 现代服务业产生的原因

现代服务业尽管与制造业存在着很大的不同，但它也和制造业一样，是特定历史条件和特定历史阶段的产物，是顺应社会经济发展的需要而兴旺和发展起来的。通过对其产生条件的分析，大致可以总结出现代服务业产生的四大主要原因。

1. 现代信息技术的发展

以往的经济发展史表明，新技术的诞生总能催生出一批新型的产业，同时也会导致一部分新型服务业的出现，如发生在18世纪下半叶的工业革命不仅使人们的生产生活方式发生了翻天覆地的变化，同时也带来了铁路运输服务业的大发展，孕育着铁路物流行业的诞生。而现代信息技术的发展，造就了信息产业迅猛的发展态势。随着各行各业管理者开始在企业内部大力地推行信息化管理，对于信息技术的需求也在不断加大，于是很大一批基于现代信息技术发展的现代服务业逐步涌现，如通信业、IT服务业等。它使得企业的内外部管理更加迅速而有效。因此，无法否认，信息技术为现代服务业的发展提供了强有力的技术支持。

2. 社会分工的日益精细

社会分工的日益精细化是现代服务业产生的一个基本原因。消费者需求的复杂多变和市场竞争的日趋激烈，使得很多企业更愿意将自己的主要精力集中在关系到生产过程的关键环节和关键技术，以使自己在核心技术、核心能力、核心顾客群体等方面能够在市场竞争中立于不败之地，基于这种考虑，人们更愿意将自己的某些业务外包给那些在该领域做得更专业的企业，由此也导致了很多现代服务业类型的出现，越来越多的这种类似的服务外包活动，促进了社会分工更加精细，进一步带动了现代服务业的发展。

3. 经济全球化带动明显

经济全球化的发展也促进了国际服务贸易的发展。制造业的国际化推动了国际物流、法律、管理、咨询等现代服务业走向国际化。加入WTO后，随着中国市场经济的进一步发展，市场开放程度逐步增加，国外比较先进的现代服务业也开始加快向中国转移的步伐，很多知名的现代服务企业已经进驻中国市场，如咨询业的巨头麦肯锡、波士顿等。

4. 政府政策的刺激作用

政府的政策干预也会对现代服务业的发展产生极为重要的影响。政府政策对现代服务业的刺激作用主要表现在两个方面：一个是直接刺激作用；另一个是间接刺激作用。直接刺激作用即政府出台相关鼓励现代服务业发展的政策和具体措施，例如，在当前金融危机影响下，政府投资 4 万亿以拉动内需，就有一部分投资是用于与现代服务业有关的行业。在国务院出台的"十大产业振兴规划"中，物流业也被纳入其中，这势必会刺激到物流等现代服务业的发展；间接刺激作用主要表现在：在经济发展过程中出现了一些必须有政府出面才能解决的环境问题，如生态安全等问题，为避免此类危害的蔓延，政府出面进行管制，由此导致一些新兴服务行业的诞生。

2.1.3 中国现代服务业发展概况

1. 发展规模不断扩大

改革开放以来，中国服务业获得了长远发展，服务业的规模不断扩大，水平逐步提高。中国服务业增加值从 1978 年的 861 亿元增加到 2008 年的 12.05 万亿元，服务业增加值占 GDP 的比重由 1978 年的 23.7% 上升到 42.9%，服务业年均增长速度超过 10%，超过同期经济增长速度，2008 年，中国服务业的就业人数达到 2.57 亿人，占到全部就业人数的比重由 1978 年的 12.2% 提高到 33.2%，是同期第二产业净增就业人数的两倍，已经成为吸纳就业的重要渠道。从表 2-1 中，可以看出改革开放政策和市场经济的发展对中国服务业的发展产生了重要影响。

表 2-1 2004—2008 年我国第三产业占 GDP 的比重和年增长率

	GDP 增长率/%	服务业增长率/%
2004 年	10.11	10
2005 年	10.40	9.6
2006 年	11.61	10
2007 年	13.01	11.5
2008 年	9.05	10.4
年平均	10.5	10.8

数据来源：中国统计年鉴 2009

2. 新型行业不断涌现

很多新型服务业从无到有，并迅速崛起，如文化创意产业、现代物流业、远程教育、电子商务等。同时，中国政府和社会各界对现代服务业的重视程度也日渐提高，党的十七大报告明确指出：要发展现代服务业，提高服务业的比重和水平。2007 年 3 月国务院又出台了《关于加快发展服务业的若干意见》，在该文件中明确指出：适应新型工业化和居民消费结构升级的新形势，重点发展现代服务业，使中国现代服务业呈现快速发展态势。随后，各省、市纷纷出台了相应的促进现代服务业发展的规划，全中国掀起了一片发展现代服务业的热潮。

3. 区域发展差距较大

中国现代服务业区域发展差异主要体现在：①东西部地区现代服务业发展水平差距明显，以中国现代服务业较发达的北京、上海地区 2007 年的数据为例，人均服务业增加值最高的上海是西部直辖市重庆的 7 倍；②中西部地区现代服务业的发展水平与经济发展速度并不完全一致，中部地区经济发展水平较高的山西省，服务业的增加值尚不及宁夏和青海等西部城市；③部分地区现代服务业的经济带动效益不明显，这可以从中国各省服务业所得税税率看出来，现代服务业对于国民经济发展的拉动作用还没有完全被挖掘出来；④部分地区现代服务业增加就业的比重与现代服务业发展的速度不协调。全国各省市除了北京，其他地区服务业在增加就业方面的比重都赶不上服务业增加值提升的速度，因此服务业在增加就业方面所发挥的作用还不太明显。

2.1.4 中国现代服务业的国际比较

尽管中国服务业增长速度很快，但是中国服务业的发展与发达国家相比还存在着很大差距，全球高收入国家服务业增加值的平均水平已经达到 70%以上，中国经过 20 多年的发展，服务业的增加值已经增长了近 10 倍，但是目前在整个国民经济中的总量只占到 40%，不仅远低于发达国家的水平，而且还低于一些收入比较低的国家，如印度。

总体水平偏低仅仅是问题的一方面，在这些增长中，还存在着结构比例失调的问题，主要表现在两个方面：第一，服务业产业内部结构比例失衡。中国传统服务业如零售业、餐饮业、交通运输等仍然占据服务业的主导地位，这几项增加值的总比重已经占到了整个服务业增加值的 60%，而现代服务业如咨询业、教育与科研、文化产业、旅游等所占的比重依然较小，而且在解决就业问题上，与传统服务业相比，现代服务业所发挥的作用还没有显现出来，这表明中国服务业的内部结构存在着一定的失衡现象；第二，国际服务贸易与国内贸易发展水平不均衡。尽管国内服务贸易发展比较迅速，但是中国国际服务贸易总体发展水平仍然比较落后。自 1980 年到如今的三十年间，全球服务贸易已经增长了近 6 倍，同时国际服务贸易的结构也在发生着变化，现代服务贸易已经占到了全球服务贸易的 1/2 以上，而中国国际服务贸易的发展还不及世界 1/4 的水平。

1. 起步相对较晚，发展较为迅速

虽然全球产业结构正在进行转型，已经呈现出由"工业型经济"向"服务型经济"转变的总体趋势，并且这一趋势正由发达国家在向一些发展中国家进行扩展，以印度等发展中国家的表现最为明显，与一些发达国家相比，中国现代服务业的发展还比较落后，在改革开放后相当长的一段时间内，中国服务业的发展速度低于经济增长的平均水平，从而导致经济结构中服务业所占比重明显偏低，与世界平均水平(60%以上)和发达国家的水平还有很大差距，服务业整体水平不高，因而现代服务业在整个经济结构中所占的比重也比较低。最近几年，特别是在当前全球性金融危机之后，现代服务业因其对金融危机的免疫力和对解决就业问题的拉动力而受到了党中央国务院以及各级地方政府的重视。当前，各地区都在纷纷编制现代服务业发展规划，这也说明现代服务业在中国的发展受到了广泛重视，还有很大的发展前景和广阔的市场。

2. 支撑体系不完善，结构不合理

现代服务业特别是其中的服务外包行业对于现代制造业具有很强的支持能力，它能够快速有效、综合配套地满足这一大产业的需求。但问题在于：就中国当前的服务支撑条件来看，体系还不完善，效率也有待提升，从而也使工业部门的发展在一定程度上受到了较大约束，进一步影响到中国企业参与国际竞争。现代服务业的发展不仅支撑体系不健全，而且结构也不太合理，就数量而言，中国服务业企业数量总体偏少；就内部结构而言，其组成也不太合理，特别是在产品结构方面表现尤为突出。当前中国服务业集中在商贸、仓储、餐饮等传统服务业的企业数量较多，但是对于那些真正能代表现代服务业的金融、电信、文化创意、现代物流和信息服务等行业不仅数量少而且发育不太完整，从而使中国服务业仍然处于较低的层次水平。

3. 技术含量不够高，国际竞争力较低

尽管我国现代服务业发展已经取得初步成效，但是也面临着现代服务业技术含量不高，国际竞争力较低的客观现实。当前，我国现代服务业技术含量不高具体体现在：一是现代服务业内部结构比例失调。劳动力密集型企业仍然占据主导地位，知识、技术和智力密集型企业所占的比重相对不足，这是制约中国现代服务业走向国际化的重要障碍；二是缺乏知识储备和服务技能相互协调的中高端专业服务管理人才，从而出现服务水平参差不齐，服务质量较低的局面；三是部分现代服务企业在提供服务的过程中，没有及时使用创新型的服务方式和服务手段，导致赢利能力低下，无法参与国际竞争；四是已经采用高新技术的现代服务企业，在管理理念上没有做到与技术的同步更新，致使企业缺少现代化的运营模式、商业模式和赢利模式，高新技术在企业中的应用效果不佳等现象。

2.1.5 中国现代服务业在发展过程中呈现的特点

1. 发展快

现代服务业在中国起步较晚，但发展较快。根据国家统计局调查显示，2008年通过对全国12个服务业行业大类中的多家服务业营业收入的比较分析发现，其中发展速度最快的前3个行业都是现代服务业，从利润的增速上看，现代服务业的发展势头也十分强劲。传统服务业的发展在金融危机的影响下，受到很大的挑战，大规模出现亏损的局面。而现代服务业的发展依旧平稳，甚至在某些服务行业出现了比以往更好的发展态势，因为有越来越多的企业在金融危机之后不得不开始大规模的削减成本，特别是削减在非主营业务上的开支。所以，作为企业中非核心业务的IT服务、人力资源、办公、培训等业务的外包市场大规模盛行，这种市场向好的因素很容易传导到现代服务业的层面。从某种程度上说，金融危机也催生了一批现代服务企业的发展。

互联网技术的日新月异为现代服务业的快速发展提供了技术支持，与传统服务业相比，其发展进程的一个不同点是，现代服务业在发展过程中较短时间内就会出现一些新的服务业态。除此之外，经济全球化的发展和中国市场的不断开放，很多国外已经成熟的现代服务业业态也被快速引入中国，这也在一定程度上加快了中国现代服务业的发展。

2. 多元化

现代服务业发展的多元化主要体现在业态的多元化、服务方式的多元化、服务范围和服务领域的多元化。以信息技术为核心的高新技术的发展,使大规模生产分工得以有效展开,产业之间的边界逐渐变得模糊甚至消失,在产业边界处发展出新的业态在现代服务业中也十分常见,很多现代服务业就是这样产生的。服务方式的多元化也是基于消费者消费需求的多样化和个性化产生的,同行业竞争对手的多元化服务产品和服务方式在一定程度上加剧了现代服务企业服务方式的多元化进程。一方面,有一部分现代服务业是将传统服务业的一个或几个环节独立出来,当作一个流程或者系统来进行专门的研发和管理,体现出其精细化、专业化的一面;另一方面,在将服务流程做熟练之后,为满足消费者的多样化和个性化需求,很多现代服务企业也开始走向多元化,涉足新的服务领域。

3. 人性化

现代服务业发展的人性化特点主要表现在:①人性化服务即企业能够为消费者提供人性化服务;②人性化管理即企业对内部员工采用的是人性化的管理理念。其目的在于为企业员工营造一个良好的工作氛围,以便更加有效地实现对客服务。它是将挖掘人的潜能作为主要任务的一种管理模式。它是一种将人性学的基本理论应用到管理实践当中来的价值理念。在考虑消费者需求的同时,也要考虑到员工的价值需求。人性化服务最重要的一点就是分析消费者特点和细分消费者需求,根据不同需求来进行服务流程和服务方案的设计,人性化服务还要考虑到的一点就是重视细节,细节很容易被忽视,而事实往往就是赢得细节就赢得成功。现代服务企业只有实施人性化服务和执行人性化管理,才能赢得员工满意和顾客忠诚,最终实现双赢。

4. 科技化

科技和先进工具的发展已经在一定程度上引起了服务性质的改变。通过利用现代咨询技术,将企业资源与内部流程紧密结合,一方面可以提升管理效率和增强企业竞争力,另一方面,现代服务企业也需要不断进行服务产品的研发创新,从而给消费者全新的服务体验,这些都需要信息技术提供科技支持。事实上,信息科技技术究其本质而言,也是属于现代服务业的范畴。当然,科技化并不排斥人性化,不能认为在现代服务业中大量引进现代科学技术会对人性化服务理念产生影响。因为科学技术特别是互联网技术在服务企业的大量使用,可以缩短一些以往比较烦琐的耗费大量人力资源的时间,使得服务企业的管理者和员工有更多时间和精力去关注服务中较为细致的关键环节,从而能进一步提高消费者满意度。在一些比较繁杂的环节使用信息技术,一方面可以减少人工错误,另一方面又能节省时间,往往能起到事半功倍的效果,事实上并不会影响到服务的人性化。

2.2 现代服务业的主要特征与创建模式

在 2.1 节,已经基本了解了现代服务业的产生背景、产生原因及中国现代服务业在发展过程中呈现的主要特点,本节将阐述现代服务业区别于其他行业的一些特征及其创立的主要模式，为下一节将要讲述的现代服务业的分类奠定基础，因为只有在了解其区别于其他行业的特征之后，才能准确地对其进行分类。

2.2.1 现代服务业的主要特征

现代服务业与传统服务业同属于服务业的范畴，因此，它也拥有传统服务业所具有的特性，如服务产品的无形性、异质性、不可储存性等，但与此同时，它还拥有不同于传统服务业的特性，也正是因为这些特性的存在，才将其称为现代服务业。现代服务业具有新的服务领域、新的服务业模式和低污染、低能耗、低物耗以及高附加值、高技术含量、高素质人力资源结构和高集群性的"两新"、"三低"、"四高"的特征，具体而言，表现在以下几个方面。

1. 高附加值

关于服务产品的价值及其衡量标准，学术界以往一直存在着较大的争议。尽管已经得到广泛的认同，对于其衡量标准还存在很多不同的观点。事实上，现代服务业处在整个利润链的最高端，是获得利润的极为有效的途径。随着人们对体验消费的日益重视，在发达国家中，很多行业80%的利润都来自于服务过程，而非生产过程，尽管最大的销售额依然来自于制造业，但是销售额并不意味着利润，相反，高利润来自于服务行业。与传统服务业直接面向消费者相比，现代服务业所产出的服务产品往往是中间品，然而，不能忽视这个中间产品在价值增值中发挥的巨大作用，正是这个中间环节，使得最终消费品大大增值。

2. 高技术含量

现代服务业中的"现代"强调的是现代科学技术，因为现代服务业的发展正是依赖于专门领域的专业性技术知识的增长，从而向社会和用户提供以知识为核心的中间产品或者服务的，现代服务业中包含着以新技术、新知识的应用为基础的知识密集型服务业，如IT服务业，还包含着通过使用现代科学技术对传统服务业进行改造升级后的新兴服务业，如金融业等。信息技术的发展，使得现代服务业成为使用现代信息技术最多也最为广泛的产业之一。同时，现代服务业中大量使用现代信息技术在某种程度上也进一步促进了科学技术的发展。

3. 高素质人才

高素质人才是现代服务业发展的"软件资源"。现代服务业是以高新技术为主要特征的，现代高科技技术只能为现代服务业的发展提供硬件方面的支持，还必须拥有高素质、专业化的人才，才能有效地驾驭这些硬件资源。现代服务业需要与客户之间进行大量的交互活动，这些交互活动对于专业知识和业务能力的要求较高，高素质人才已经逐渐成为现代服务业投入最高的成本，而且随着现代服务业的竞争逐渐演变成为人才之间的竞争，是否拥有高素质人才已经成为决定现代服务业经营成败的关键，目前很多现代服务业在人才招聘方面都要进行全方位的测试，如图2.1，图2.2则显示了现代服务业对高素质人才的迫切需求。

图 2.1 招聘漫画

图 2.2 人才需求

(资料来源：http://www.ncss.org.cn/news_files/110003/2009914796.html, http://news.xinhuanet.com/employment/2005-09/19/content_3510290.htm)

4. 高集群性

现代服务业有其特定的符合自身条件的区位选择。在空间分布上，现代服务业主要集中在大城市的中央商务区，如纽约、洛杉矶、伦敦、东京等已经建设了国际性的现代服务业发展中心；在中国的香港、上海的陆家嘴也正在致力于打造现代服务业发展中心，见表 2-2。现代服务业之所以倾向于集中在大城市的中心商务区，主要是基于以下几个因素的考虑：第一，大城市客户资源较为丰富。大城市居民消费水平相对较高，对服务的需求也较大。根据马斯洛的需求层次理论，人只有在基本生存需求得到满足之后才会进一步产生精神层面的需求。同时，从企业区位选择的角度来看，在中心城市与客户之间的距离更为接近，便于服务的有效完成。第二，大城市有比较良好的基础设施。大城市良好的基础设施，相对开放的经济政策和管理制度，为现代服务业的发展创造了良好的外部条件。第三，大城市还是人才、技术和资金等资源汇聚的场所，这些都能为现代服务业的发展提供必要的人才、资金、技术支持。

表 2-2 部分国际大都市现代服务业积聚程度

城市功能 \ 城市	纽约	伦敦	东京	巴黎	芝加哥	米兰	法兰克福	日内瓦	新加坡	香港
跨国总部或区域聚集地	显著	显著	显著	一般	显著	不显	显著	不显	一般	一般
国际金贸中心	显著	显著	显著	一般	显著	显著	一般	不显	显著	显著
国际信息枢纽	显著	显著	显著	显著	显著	显著	一般	不显	一般	一般
国际物流中心	显著	显著	一般	显著	一般	不显	显著	不显	显著	显著
国际制造业中心	一般	一般	显著	一般	显著	不显	一般	不显	不显	一般
国际观光、会议中心	显著	显著	一般	显著	一般	不显	一般	显著	一般	一般
国际文化与科研中心	显著	显著	一般	显著	不显	一般	显著	不显	不显	不显
多外国籍人口聚集地	显著	显著	一般	显著	显著	一般	显著	显著	一般	一般
国内经济中心	显著	显著	显著	显著	一般	显著	一般	一般	显著	显著
国内金融中心	显著	显著	显著	一般	一般	显著	一般	一般	显著	显著
国内物流中心	显著	一般	一般	显著	显著	一般	显著	一般	显著	显著
国内文化与科研中心	显著	显著	显著	显著	不显	一般	一般	一般	显著	一般

资料来源：黄建富，《现代服务业的特征、趋势与上海发展》，2005.

2.2.2 现代服务业的主要功能

1. 促进经济发展

中国服务业在"十五"期间对 GDP 的贡献率比在"八五"期间增加了近 7 个百分点，达到了 36%左右，呈现出了较快的上升趋势。与此同时，第一、二产业则有下降的趋势，在很大程度上反映出了第一、二产业对经济发展的拉动作用正在逐步减弱，并逐渐让位于正在蓬勃发展的第三产业，目前，已经形成了第二、三产业共同主导国民经济发展的新格局。同时，由于现代服务业的发展，提高了整个国民经济的运行效率，并在一定程度上缓解了市场经济发展中的各种矛盾，促进了整个国民经济的协调发展。

2. 优化产业结构

随着现代服务业的快速发展，整个服务业总量和规模在不断扩大，中国第一、二、三产业增加值的构成比例以及这三大产业的就业结构都发生了重要的变化，最近几年，尽管中国服务业增加值在国内生产总值的比重出现了震荡，特别是受 2008 年金融危机的影响，服务业的比重存在一定程度的下滑，但是总体而言，中国三大产业发展不协调的矛盾已经有所缓解，整个国民经济的结构在一定程度上得到了优化升级。

3. 提高生活水平

现代服务业的发展，一方面提高了城乡居民的收入，另一方面还为居民提供了更多消费方式和更优质的服务，如保健服务、交通通信、文化、教育、娱乐等，大大改善了居民的生活条件和生活方式，满足了人们对于生活、娱乐等较高层次的需求。目前，中国居民在医疗保健、交通通信、文化教育、体育、旅游等方面的消费支出已经达到了其全部支出的 1/2 左右。

2.2.3 现代服务业的创建模式

通过细致梳理现代服务业的发展历程，对其在发展过程中产生的各种新型业态进行深入观察与密切透视，在此基础上总结并吸收国内外学者的学术观点，我们拟将现代服务业划分为原创型、派生型和重组型三种创建模式。

1. 原创型

原创型模式是指部分来自科研机构、高等院校以及知名企业的资深专家，利用自己多年在某一领域的研究专长及从业经验，创建的具有现代服务业特征的新型企业。很多计算机软件企业、网络策划公司都是起源于这种模式，这些创业者们大都掌握有某一专业领域的独门"武功秘籍"，这些"秘籍"正是他们创立现代服务企业的专业基础，比如，获斯坦福大学博士学位的埃里克斯·奥就利用他在美国硅谷积累的工作经验，在台湾创建了一家计算机芯片公司。除此之外，还有很多咨询公司原先也是通过这样一种模式创立，然后才逐渐发展壮大的，比如，国际知名的管理咨询公司 CSC Index 就是由最早提出企业流程再造理念的两位学者 Michael Hammer 和 James Champy 创办的。

2. 派生型

派生型模式按照不同的派生渊源可以划分为两种类型：一类是由政府、教育机构和科甲院所派生。它主要是指政府部门迫于财政预算压力，将原来具有公共服务性质的部门推向市场，使之转变成为具有商业性质的服务企业，如一些民营的高等教育机构、远程教育机构和科技园等的出现。以美国为例，现有的多家直接从事咨询服务的企业，有将近10%来自于大学，作为斯坦福大学下属机构的美国斯坦福国际研究所就是其中之一，它实行的是董事会和理事会管理制度，其成员则来自于科技界、教育界、企业界和政界知名人士。另一类则是由企业内部某一特殊部门所派生。这一模式的出现是由于企业内部由某一向其他部门提供特定服务的部门，其功能在发展过程中逐渐"外部化"，能够面向更大规模的市场提供更为专业化的服务。这一模式在IT服务、营销策划及工程服务等领域比较常见。比如，宝洁公司就通过与Worldwide Magnifi有限公司合资创建了一家独立的公司来提供专门的营销咨询服务，而不是满足于建立一个专门的营销部门，将营销知识捆绑进汰渍的箱子里、佳洁士牙膏管中或者潘婷的瓶子里(如图2.3所示)。宝洁全球营销经理(如图2.4所示)鲍勃·威灵说："创建这家新公司的目的是与宝洁要从研究开发发明和营销实际知识等核心资产中获得更大财务价值的愿望相一致的。"

图 2.3　宝洁公司的相关品牌

图 2.4　宝洁全球营销经理

3. 重组型

重组型也可以划分为两种类型即内部改造型和优化重组型。内部改造型是指传统服务型企业或者先进的制造业部门通过使用现代科学技术和管理理念对企业进行重新定位改造而成的现代服务企业。比如，很多大型IT企业最初定位为制造企业，通过不断经营发现，其利润来源大部分存在于软件和系统整合的服务功能中，因此它极有可能通过内部业务流程再造将其自身定位为现代服务业。IBM公司就是这种模式的典型代表之一。IBM曾是PC制造业的龙头，经过不断发展和探索，现在则将其业务集中在服务领域，旨在为客户提供一整套的解决方案。目前IBM公司通过服务所获得的营业收入已经超过软硬件及其他部门，占到公司营业收入总额的59%。优化重组型是指原有涉及领域较为广泛的现代服务企业，迫于市场的专业化需求和来自政府政策的压力，将某些领域进行重组并拆分成为相对独立的企业。这模式比较有代表性的例子之一就是四大会计师事务所审计业务与咨询业务的分离。毕博(Bearing Point)管理咨询公司，就是从毕马威会计师事务所分离出来而单独成立的一个新的服务企业品牌。

现代服务业管理原理、方法与案例

2.3 现代服务业的分类与发展趋势

第 1 章对国内外关于服务业分类的主要方法已经进行了一个基本介绍，这有助于理解服务业分类的基本思路，本节将在第 1 章的基础上重点阐述现代服务业的主要类别以及发展趋势。

2.3.1 现代服务业的分类

1. 世界贸易组织关于服务业的分类

世界贸易组织通过与各成员国进行磋商，并经过服务贸易理事会的评审认可，最终由统计和信息系统局于 1995 年公布了国际服务贸易的具体分类表，该表将服务贸易归纳为 12 个部门 155 个分部门，见表 2-3。从该表中，通过分析可以看出，该服务业分类标准界定了现代服务业的 12 大分类，即商业服务，通信服务，建筑及有关工程服务，教育服务，环境服务，金融服务，健康与社会服务，与旅游有关的服务，娱乐、文化与体育服务等。

表 2-3 WTO 中服务贸易的 12 大类

服务贸易	商务服务	专业性服务业；计算机及相关服务；研究与开发服务；不动产服务；设备租赁服务；其他服务
	通信服务	邮电服务；信使服务；电信服务；视听服务；其他电信服务
	建筑服务	选址服务；建筑物安装及装配工程；工程项目施工建筑；固定建筑物的维修服务；其他服务
	销售服务	批发业务；零售业务；与销售有关的代理费用及佣金；特许经营服务；其他销售服务
	教育服务	高等教育；中等教育；初等教育；学前教育；继续教育；特殊教育和其他教育中的服务交往
	环境服务	污水处理服务、废物处理服务；卫生及相似服务
	金融服务	银行及相关的服务；保险服务
	健康及社会服务	医疗服务、其他与人类健康相关的服务、社会服务等
	旅游及相关服务	旅馆、饭店提供的住宿、餐饮服务、膳食服务及相关的服务；旅行社及导游服务
	文化、娱乐及体育服务	不包括广播、电影、电视在内的一切文化、娱乐、新闻、图书馆、体育服务
	交通运输服务	货物运输服务；航天发射以及运输服务；客运服务；附属于交通运输的服务
	其他服务	

2. 中国关于现代服务业的分类

现代服务业是相对于传统服务业而言，适应现代人和现代城市发展的需求而产生和发展起来的具有高技术含量和高文化含量的服务业。中国到目前还没有统一的现代服务业分类标准，表 2-4 中列出的是一个初步的分类方案。

表 2-4 我国现代服务业行业的分类标准

行业门类	行业大类	行业名称
G		信息传输、计算机服务和软件业
	60	电信和其他电信传输服务业
	61	计算机服务
	62	软件业
J		金融业
		银行业
		证券业
		保险业
		其他金融活动
K		房地产业
	72	房地产业
		租赁和商务服务业
	73	租赁业
	74	商务服务业
M		科学研究、技术服务和地质勘探业
	75	研究与实验发展
	76	专业技术服务
	77	科技交流与推广服务业
	78	地质勘查业
N		水利、环境和公共设施管理业
	80	环境管理业
P		教育
	84	教育
Q		卫生、社会保障和社会福利业
	85	卫生
	86	社会保障
R		文化、体育和娱乐业
	88	新闻出版业
	89	广播、电视、电影和音像业
	90	文化艺术业
	91	体育
	92	娱乐业

资料来源：北京统计局《现代服务业标准浮出水面》，载《统计时代》，2005(9)：45.

事实上，这一初步的分类标准也存在着一些值得商榷的地方。这一标准虽已经基本涵盖了服务业的所有门类，但不够精细。拿教育而言，并不是所有的教育事业都能纳入到现代服务业的范畴，只有那些采用了信息和科技手段的教育行业(如远程教育)才能被纳入现代服务业的范畴。

除此之外，上海财经大学统计学系教授徐国祥、常宁以中国第三产业分类标准为蓝本，借鉴和参考了发达国家和地区现代服务业发展的实际情况，设计了中国现代服务业统计分类标准的一个基本框架，见表 2-5。

表 2-5 我国现代服务业分类标准框架

大类类别、名称	编号	详细内容
物流与速递业		
物流业	58	数码仓库、配送中心、第三方物流、连锁商业和配送服务
速递业	59	城际速递、跨区域速递、国际速递
信息传输、计算机服务和软件业		
电信和其他信息传输服务业	60	电话、电报、移动通信、互联网信息服务、数据传输、图文传真、卫星通信等电信业务和电信传输服务
计算机服务业	61	数据库开发、数据存储、数据库维护;楼宇智能化等计算机网络服务、数据处理业务、系统集成、计算机主设备维护咨询业
软件业	62	系统软件、中文信息处理软件、专业应用软件、管理软件、通信软件等计算机软件开发及其咨询
电子商务		
批发业	63	电子商情服务、网络仓库、虚拟市场
零售业	65	网上商城、网上书店
金融保险业		
银行业	68	网络银行、无线移动银行、电子支票、电子钱包
证券业	69	实时行情查询、网上证券交易
保险业	70	网上保险服务
其他金融活动	71	基于互联网提供服务的国际国内信托投资业务、财务公司、典当行、拍卖行、期货交易等活动
房地产		
房地产业	72	各类房地产开发、经营、交易和租赁等业务;住宅发展管理、物业管理;房地产咨询服务、房地产顾问代理、当地产交易所、房地产股价所等房地产中介服务业
租赁和商业服务业		
租赁业	73	人才租赁、融资租赁、汽车租赁、工程机械租赁、金融工具租赁
咨询服务业	74A	法律咨询、统计咨询、管理咨询、决策咨询、会计服务、税务策划、审计服务、工程评估、质量认证、资产评估
会展业	74B	项目策划、广告策划、广告设计、广告代理、市场推广、国际、国内会议服务、博览展示服务
科学研究、技术服务业		
研究与实验发展	75	信息、材料、生物、医药等领域的原创性成果
专业技术服务业	76	技术监测、检定、质量监督、标准制定以及计量;环境保护、监测;技术推广和科技交流服务等科技中介服务业;各行业的工程设计;专利代理、产品设计等其他综合技术服务、科研项目评估
科技交流和推广服务业	77	科技信息中介服务、科学技术咨询
远程教育		
学历教育与非学历教育	84	广播电视大学、教育频道教学、网络学院、网上知识库、网上培训社区、国际远程教学

与前一种分类相比，这种分类更加突出了现代服务业的科技化、现代化特征，显得更加具有针对性。事实上，将上述两种分类综合起来看，结合自己的观点，笔者认为现代服务业大致上可以分为十大类，即金融、物流、房地产、租赁、商业服务业(咨询、会展等)、电子商务、信息产业、专业服务业、文化创意产业(动漫、传媒等)、远程教育。但随着时间的推移，会有很多新业态的出现，这些新业态都可以归结到这十大类之下，当然也不排除会有增加类别的可能。

2.3.2 发展现代服务业的意义

1. 发展现代服务业是实现经济可持续发展的重要战略举措

传统工业大多是以牺牲环境为代价来换取经济发展的，随着资源消耗的加大，环境问题日趋严重，人们逐渐意识到，这种经济发展方式如果长期持续下去，将会产生毁灭性的影响，新型工业化道路于是应运而生，新型工业化道路强调生态建设和环境保护，强调要处理好经济发展与人口资源、环境之间的关系，走一条资源消耗低、环境污染少的道路。而现代服务业在中国新型工业化道路中发挥着举足轻重的作用，发展现代服务业，不仅有利于第三产业的整体升级，而且还有利于提高国民经济的素质和整体运行质量，现代服务业低能耗、低污染的特征，有助于实现中国经济的可持续发展。

2. 发展现代服务业是实现自主创新和缓解就业压力的渠道

现代服务业素以高技术、高知识含量著称，其中有很大部分行业都是知识密集型的服务业，具有很强的自主研发和创新能力。在2008年金融风暴之后，人们逐渐认识到自主创新能力的重要性，因为在经历了金融风暴"洗礼"之后能够幸存下来的企业，大部分都是拥有自主创新能力的企业。所以，发展现代服务业是增强中国企业自主创新能力的一条重要渠道，除此之外，现代服务业在缓解就业压力方面也发挥着巨大的作用。以北京为例，北京2004年服务业创造的生产总值比重已经基本达到50%，服务业吸纳的就业人数已经超过了制造业。

3. 发展现代服务业能够促进生产制造型企业的发展

由于社会分工的专业化和精细化，现代服务业才能不断发展壮大；反过来，现代服务业的发展也刺激了社会的专业化分工，为制造业提供中间服务，在降低了生产成本的同时也提高了劳动生产率，促进制造业的规模化发展。事实上，现代服务业是制造业劳动生产率提高的重要前提，制造业只有依赖于现代服务业提供的强大服务，才能提高产品的市场竞争力，真正壮大自己。

4. 发展现代服务业是实现经济增长方式有效转变的重要途径

随着全球产业结构由"工业经济"向"体验经济"的转变，越来越多的国家和地区，都把发展现代服务业作为新的经济增长点来进行培植。现代服务业是一个产业簇群，它的崛起不仅促进着传统服务业的创新和发展，带动了第三产业内部的结构调整，同时，还促进了国民经济三大产业之间的关联与调整。因此，可以说，现代服务业在实现经济增长方式由粗放型向集约型，由劳动密集型向知识技术密集型转变方面发挥着举足轻重的作用。

5. 发展现代服务业能改变人们生活方式并提高人们生活质量

人类社会经济发展模式的转变,与人的需求层次是一致的。从传统的自给自足的农业经济,到工业经济,一直到现在的服务经济,事实上也反映了人类需求层次的提高和人们生活方式的变化,开始从满足生存需要向自我实现需求发展。现代服务业的发展,极大地改变了人们的工作方式,出现了很多自由职业者,很多从业者只需要一台计算机就可以工作。以旅游业为例,旅游业的发展也出现大众化的趋势,随着国民休闲计划的出台,大众休闲旅游时代已经到来。毫无疑问,发展现代服务业有助于提升人们需求层次,改变人们生活方式并改善人们生活质量。

6. 发展现代服务业是建设现代化国际大都市的必要条件

只有大城市才拥有发展现代服务业赖以生存的土壤,因为大城市具有良好的基础设施、相对开放的经济政策以及活跃的市场,这些都是支撑现代服务业发展的必要条件。同时,现代服务业的发展和国际市场的逐步拓展不仅能够促进制造业的国际化,而且也会促进大都市的进一步繁荣。当今世界,没有哪一个现代化的国际大都市能够离开现代服务业的发展支撑,没有现代服务业基础的城市很难走向国际化,现代服务业在大都市的集群现象是城市拥有国际竞争力的一种表现。因此,发展现代服务业是建设现代化国际化大都市的必要条件。

2.3.3 现代服务业的发展趋势

1. 国际化趋势

随着经济全球化进程的加快,世界各国经济已经紧密地融为一体,各国间的各项合作也在逐渐加深。在这种形势之下,国际服务贸易的发展也十分迅速,现代服务业的国际化趋势已经锐不可当,尽管受2008年金融风暴的影响,当前全球经济走势还不明显,但是现代服务业的发展仍然呈现一片生机,如文化创意产业等。当然,在现代服务业逐步走向国际化的同时,中国还面临着来自发达国家现代服务业的冲击,如何在激烈的国际市场中占据一席之地,并成长壮大仍然是值得人们深入研究的课题。

2. 科技化趋势

科学技术是第一生产力。21世纪以来,世界范围内新科技革命的迅猛发展,促进了人类社会生产力的大幅度提高,对人类生活的众多领域都产生了广泛而深刻的影响,对于现代服务业的发展也不例外,在当前知识经济时代,知识和科技作为第一生产力的重要作用已经显现,毫无疑问,在现代服务业今后的发展过程中,企业之间竞争优势的高低将直接取决于企业科技化和信息化的有效程度。

3. 集群化趋势

现代服务业集群是指现代服务企业在一定地理空间上的集聚现象。在发达国家现代服务业的集群化趋势已经十分明显,如纽约、伦敦、东京等。在中国这种趋势已经初见端倪,如北京、上海、深圳等,这种趋势将会长期持续下去。现代服务业集群的形成主要是基于供给和需求两个方面的考虑。从需求的角度来看，现代服务业需要选择人流量大的地方集聚，这是现代服务业与制造业等传统工业在区位选择上的最大不同，究其原因主要在于大城市中心商务区人流量大，消费能力强的缘故；从供给的角度来看，集群有助于企业降低成本，例如，可以低成本地与其他企业共用城市的基础设施。可以预见现代服务业在今后的发展过程中，集群的规模和范围都会越来越大。

4. 品牌化趋势

对于现代服务企业来说，拥有强势品牌就意味着具有较高的知晓度、美誉度、效益度和扩张度。知晓度是建立强势品牌的基础，较高的知晓度将有助于现代服务企业在国际市场上树立良好的形象，从而为其赢得良好的市场业绩，如国际上很多知名的咨询公司如麦肯锡、波士顿等。因此，较高的知晓度已经成为现代服务企业强势品牌的重要构成要素。美誉度是指顾客对于现代服务企业好感的程度。较高的知晓度并不意味着较高的美誉度。美誉度依赖于现代服务企业所提供的产品或服务的特定优势。因此，现代服务企业要走向国际市场，品牌化是不可逆转的发展趋势。

5. 创新化趋势

现代服务业的产生本身就是一种创新。同时，在不断的发展过程中，还逐渐产生了一些新业态、新概念，如创意产业、服务外包等，使得现代服务业所包含的内容以及可以创新的范围更加广泛。现代服务业的发展也离不开一系列创新活动的展开，有很多现代服务企业的产品本身就是一种创新成果的展示。可以预见，持续不断地创新将是推动现代服务业不断向前发展的主动力。

6. 融合化趋势

这里的融合化主要是指产业融合，所谓产业融合，就是产业边缘地带的对接。随着服务业不断地向工业和农业渗透，尤其是一些与生产过程相关的服务实现外包之后，这种产业之间的融合发展得更加迅速，服务业与制造业之间的界限日渐模糊，因为在社会分工日益细化的今天，生产过程中服务投入的比重和价值显著比生产过程本身还重要，这就在很大程度上推动了整个社会制造业生产的柔性化，从而使得服务业与制造业融合程度进一步加深。目前，大力开展的制造业服务外包活动正在推动新兴服务业的诞生，例如，企业人力资源服务、会计和税收服务的外包等，这些都体现了现代服务业与其他产业逐渐融合发展的趋势。

案例

惠普外包服务

基于对客户需求的研究和自身的实力优势，HP提供6个层次的管理服务：综合外包、网络和架构管理、应用运作和管理、访问和支持服务、需求计算、业务流程外包、外包服务平均能为客户节省20%的成本，HP管理服务成就了企业核心竞争力。

为何宝洁、诺基亚、通用医疗……都选择了IT外包？并且都选择了HP

管理服务？因为，他们深知，专注核心业务是企业赢得核心竞争优势、获得持续发展的要义。

因为，借助HP的专家级服务，他们提升了IT服务质量，并有效降低成本。

十多年来，HP管理服务为百余家企业提供IT管理运营服务，它们分布于30多个国家，涉及制造、电信、银行和电子等行业。宝洁、诺基亚、爱立信、加拿大帝国银行、爱尔兰商业银行……均是HP管理服务的长年签约客户。

在中国，HP管理服务已有近6年的本地化服务经验。HP管理服务专为中国设计了三大服务：

亚太区IT电话响应中心：提供跨多个地域、支持多语种的IT技术热线支持服务。帮助国际企业统一亚太区IT服务流程及服务级别，加快服务启动速度，降低成本，最终提高企业用户的IT服务效率和满意度；

企业级IT环境管理服务：目前，HP在亚太地区管理着5500多台服务器；28个数据中心，总面积超过1万平方米；7万多台桌面终端，每月提供超过15000次桌面呼叫支持；支持6万个email用户，2万个应用用户；12000千个网络节点；

应用支持运营服务：HP是全球ERP系统管理服务的领导者，结合在全球管理数百套ERP系统的丰富经验，为企业提供全方位的ERP系统日常运营和管理服务。

HP管理服务 全球客户满意度第一
——《Information Week》调查结果

资料来源：http://it.sohu.com/20040820/n221642902.shtml

思考：结合案例，谈谈你对现代服务业未来发展趋势的认识。

本章小结

本章主要阐述了现代服务业产生的背景、原因以及中国现代服务业的发展概况，发展过程呈现的一些特点。除了追源溯流外，还进行了一个横向对比，将中国现代服务业的发展与发达国家进行了比较，指出中国现代服务业在发展中还存在的主要问题。同时，本章还介绍了现代服务业区别于传统服务业的一些特征及其主要功能，并进一步探讨了现代服务业的主要创立模式。最后论述了现代服务业的分类和发展趋势。

思 考 题

1. 与发达国家相比，中国现代服务业存在的问题有哪些？
2. 中国现代服务业是如何诞生的？
3. 中国现代服务业的创立模式主要有哪几种类型？

管理篇

本篇主要是从金融、物流、租赁、房地产等行业中总结出现代服务业管理的普遍原理和普遍规律，这些行业与制造业相比，在管理的侧重点上有所不同。所以，尽管国内外在管理学，特别是在以制造企业为主的管理学方面研究方面已经相当成熟，但是，目前国民经济的整体结构已经发生了较大变化，现代服务业所占的比重正在逐渐加大，教育和研究应当及时地反映这一经济社会现实，使社会各界的关注焦点从制造业扩大到现代服务业领域，特别是对于从事现代服务业管理工作的人来说，用符合科学的现代服务管理理念来指导企业的发展是尤为重要的，于是有了本篇的产生。

第 3 章 现代服务业管理的基础理论

导　读：

尽管从管理的角度来看，现代服务业是指采用了新型的现代企业管理理念来指导企业运营的服务业，但是现代服务业管理的基础理论依然很重要，因为这些基础理论才是现代服务管理理念的重要源泉。了解这些基础理论，一方面有助于人们进一步巩固管理学的一些基础知识，尽管随着社会实践的发展，在现代服务业中会逐步涌现出许多新型的业态，但是管理学的基本知识、基础理论对于现代服务业的发展依然有着重要作用，因为服务业的基本管理思路和有些重要的管理方法对现代服务业也适用；另一方面这些理论将能更好地指导人们展开现代服务业管理的实践。至于这些基本的管理，在诸如金融、物流、租赁等行业中具体是如何体现的，将在本书的行业管理篇中进行详细阐述。

关键词：

基础理论　人本管理　系统管理

3.1　人本管理原理及其应用

把人本管理单独列出来，放在基本原理的首位，其主要原因有 3 点：①人本管理的提出是整个社会发展的大趋势；②人本管理的提出，在管理学发展史上也是一次重要的变革，它对科学管理过分强调"物"的作用进行了必要修正；③作为现代服务业必须把人本管理作为企业管理的根基来抓。人本管理的基本原理和基本理念对于企业的发展显得尤为重要，这是由服务行业重在与人打交道的特点所决定的。因此，在阐述现代服务业管理的基础理论时，有必要将人本管理放在首要位置。

3.1.1　人本管理的概念及其思想演变

1. 人本管理的概念及内涵

人本管理主要是指一种把"人"作为管理活动的核心和组织的最重要资源之一，把组织内全体成员作为管理的主体，围绕如何充分利用和开发组织的人力资源，服务于组织内外的利益相关者，从而实现组织目标和组织成员个人目标的管理理论和管理实践活动的总称。

人本管理的基本内涵是把人看成组织管理的中心和最重要的资源之一，组织的成员既是组织管理的第一客体，又是组织管理的主体，组织生存与发展的根本途径是获取、利用、开发人力资源，组织的宗旨和使命是服从服务于组织的利益相关者，协调统一地谋求组织目标和组织成员个人目标的共同实现。

2. 人本管理的思想演变

任何一种管理理论方法或实践均以一定的人性假设为基础，如何认识人的本质或本性，是管理学上理论纷争及其发展的本源。人本管理是时代发展的产物，与"以物为本"、"以技术为本"等传统管理思想有着根本区别，它是在20世纪的50年代提出的，并经过不断地发展与完善，最终于20世纪80年代得以确立的，始于对人性的假设。

从管理思想的发展史来看，对人性的认识假设大致经历了古典时期的"完全理性人"假设、西蒙的"有限理性人"假设、泰勒的"经济人"假设、梅奥的"社交人"假设、马斯洛的"自我实现人"假设、史克思的"复杂人"假设，以及基于这些假设而产生的X理论、Y理论、超Y理论(权变理论)等多种管理理论。人本管理的人性假定是"主观理性人"，这一观念融合了以上几种假设。它认为人具有客观理性——人的行为的客观后果有利于最充分实现自身的利益；还具有主观理性——每一个人都依据自我偏好对各种事物做出独立的主观价值判断，并依照这种主观价值判断做出趋利避害的行为决策，力求能最大化地实现自己的利益。这种客观与主观相统一的人性假定，既承认个体主观效用的多维性，又认识到客观上满足需要的实际效果，便于人本管理采用多种激励方法，运用经济的物质手段或非经济的精神手段，最大限度地创造企业员工的主观能动性。在现实中，这种"主观理性人"假设更符合个人价值取向多元化的现状，体现个人目标理性与工具理性的辩证关系，从而为企业人本管理奠定了较为全面且真实的思想基础。

3.1.2 人本管理的基本原理

人本管理在不同的时代、不同的组织里表现出不同的形式，但其核心价值观即管理的基本原理始终围绕"以人为本"，重视人、尊重人、依靠人、发展人、服务于人，满足人的合理需要。

1. 人是管理的主体

在管理的要素构成中，人(尤其是普通员工)的地位和作用是逐步被认识的。直到人本管理思想形成，人(尤其是普通员工)在管理中的主体地位才被揭示。这个过程大致经历了3个阶段。

1) 要素研究阶段——人是机器的附属物

基于"经济人"的假设，管理科学的奠基人泰勒认为人只是为了经济上获得利益才去工作，缺乏主动性，因此，在工作中只能作为机器的附属物。他全部管理理论和研究工作的目的，都是致力于从经济激励的角度挖掘作为机器附属物的人的潜能。他仔细研究工人操作的每个动作，精心设计出最合理的操作程序，要求所有工人严格地执行，而不用自己再去创造和革新。他坚信，工人只要按照规范程序去作业，就能实现最高的劳动生产率，从而获得最多的劳动报酬。这样对工人和企业双方都是有利的。

2) 行为研究阶段——人是管理的客体

第二次世界大战时期，有一部分管理学家和心理学家，开始认识到劳动者的行为对企业生产的影响作用。在此基础上，他们对影响劳动者行为的因素进行了大量的分析、研究，结果发现在导致劳动者行为的动机产生过程中，需要来自于多个方面，经济需要只是其中的一个方面。所以他们强调，管理者要从多方面去激励劳动者的劳动热情，引导他们的行为，使其符合企业的要求。这一阶段的认识有其科学合理的一面，但其基本出发点仍然是把劳动者作为管理的客体。

3) 主体研究阶段——人是管理的主体

20世纪70年代以来，随着日本经济的崛起，人们通过对日本成功企业的经验剖析，进一步认识到以员工为代表的人在企业生产经营活动中的重要作用，逐渐形成了以人为中心的管理思想。中国管理学家蒋一苇在20世纪80年代末发表了著名论文"职工主体论"，明确提出"职工是社会主义企业的主体"的观点，从而把对人(尤其是员工)在管理中地位和作用的认识提到了一个新的高度。根据这种观点，人既是管理的客体，又是管理的主体；管理既是对人的管理，也是为人的管理。

2. 人的全面发展是管理的目的

人本管理的出发点和着眼点是"人的目的"。人的目的即人的全面而自由的发展是人追求的最高价值。人本管理就是以谋求人的全面自由发展为终极目的的管理。它通过人在企业管理活动中以尽可能少地消耗获取尽可能多的产出的实践，来锻炼人的意志、智力和体力，通过竞争性的生产经营活动，完善人的意志和品格，提高人的智力，增强人的体力，使人获得超越受缚于生存需要的更为全面的自由发展。

同时需要指出的是，把人作为目的的人本管理在处理人与组织的关系时，并不否定和排斥组织的目标；相反，把人的自我发展和自我完善作为组织目标的组成部分，通过提高人的素质、发展人的才干、改善人的价值观念和人格系统、增强人的创造力和意志力，以及提高人的生活质量等来促进人类文明，加速组织目标的实现。以人为目的的人本管理是把人本身当作成就，奉行强者逻辑，认为人越强大，强大的人越多，管理就越有效。因此，它致力于人的建设，把挖掘人潜在的创造力，并且将使其转化为贡献作为一个至高无上的目标来看待。

3. 员工参与是有效管理的关键

明确了员工在管理中的主体地位以及以人为目的管理核心，管理者通过实施适度分权、民主管理，依靠科学管理和员工参与，可以使个人利益与企业利益紧密结合，使企业全体员工为了共同的目标而自觉地努力奋斗，从而实现高度的工作效率。员工是家庭、企业乃至一个行业和整个社会的核心，如图3.1所示。

正是由于企业全体员工的共同努力，企业各项资源(包括劳动力本身)才得到最合理的利用，才使企业生产经营活动得以正常进行，才创造出了产品、利润和财富。所以，企业全体员工都有权参与企业管理。企业员工中的一部分(经营者和管理人员)其职业就是管理。所以，要特别重视非专职管理的员工(普通工人、职员和技术人员等)参与管理的问题。具体的途径和形式是多种多样的。但有3种形式是最基本的。

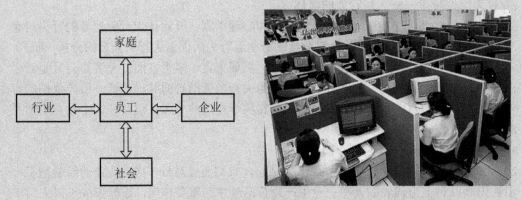

图 3.1 员工是企业的核心

(1) 通过职工代表大会选举代表参加企业的最高决策机构——管理委员会或董事会。职工代表在管委会和董事会中应占有一定比例，并享有与其他代表同等的权利和义务。

(2) 由职工代表大会选举代表参加企业的最高监督机构——监事会。职工代表在监事会中应占有较多名额，并与其他监事一样，享有监督企业生产经营活动的职权。

(3) 广泛参加日常生产管理活动(如质量管理、设备管理、成本管理、现场管理等)。由于劳动者最了解自己直接参与的那部分生产经营活动的实际情况，因此，在参与日常生产管理活动时应有更大的发言权，并且一定能取得更好的效果。

4. 管理是为人服务的

人本管理提倡服务于人，包括服务内部员工和服务外部客户。为内部员工的服务体现在致力于人的建设，促进员工的全面发展。服务于客户则是市场经济条件下对企业管理意识的创新要求。

在市场经济条件下，客户是企业存在的社会土壤，是企业利润的来源。销售收入与销售利润的实现是以市场消费者愿意接受和购买企业产品为前提的，而用户是否愿意接受和购买企业的产品，则取决于这些产品的消费和使用能否满足他们希望得到满足的需要。因此，为客户服务，满足用户的需要，是企业实现其社会存在的基本条件。在人本管理思想的指导下，企业管理向着满足客户需求、建立客户关系、形成客户忠诚的方向发展，企业竞争力得到不断提升。

3.1.3 现代服务业的人本化管理

1. 现代服务业实施人本化管理的意义

1) 有利于确保服务生产的顺利运行

服务产品的有效供给取决于两方面的资源状况。一是物质资源，二是人力资源。其中人是最活跃最重要的资源，物质资源只有和人力资源相结合才能发挥作用。人的服务是现代服务业服务产品的重要组成部分，在现代服务业生产中发挥着重要作用。人的积极性和创造性不同，将产生截然不同的生产结果。所以，现代服务企业要加强对员工的人本化管理，从而实现人和物的最佳结合。

2) 有利于增强现代服务企业的国际竞争力

中国加入 WTO 后，传统服务业已不能较好地适应国际化市场的需要，这对中国传统服务业而言，是前所未有的挑战。因此，在传统服务业的基础上，催生了现代服务业，传统服务企业必须在经营战略、管理水平等发面取得突破，才能获得较高的市场占有率，取得竞争优势。而这些工作要靠具有创新能力的高素质员工来实现。同时，在知识经济条件下，传统服务业的竞争优势不是直接取决于资源与资本的数量和规模，而是直接依赖于智力和知识拥有量的多少及其开发利用程度的高低。同时，人是知识的拥有者和使用者。因此，中国现代服务业也要跟上知识经济时代步伐，通过实施人本管理培育一大批具有主动性、积极性和创造性的员工，增强国际竞争力。

3) 有利于提高现代服务业的服务质量

服务质量关键取决于员工的服务意识、精神状态、心理素质、身体状况及服务艺术等。这些因素与现代服务企业的培训、激励制度以及企业文化、发展环境密切相关。同时，员工的劳动不是孤立的个体劳动，而是分工协作的社会劳动，这就要求服务企业创造良好的工作环境，激发员工的创造才能。实施人本管理可以有效提高员工素质，激发员工积极性与创造性，从而提高服务质量。

4) 有利于关键时刻留住人才

加入 WTO 给中国现代服务业带来的最大挑战就是人才的缺乏与流失。跨国企业为了自身发展，大都实施"人才本土化"战略，利用丰厚的薪水、诱人的发展机会、良好的工作环境，吸引了中国的大批服务人才。据有关资料表明，员工之所以跳槽，25%的人是因为工资低，如图 3.2 所示，而 50%的人是因为前途的渺茫和对上司的不满。因此，中国现代服务业迫切需要加强人本管理，以增强员工的凝聚力和归属感，关键时刻留住人才。

图 3.2　员工跳槽漫画

(资料来源：http://www.zgv.cc/newsview.asp?id=522)

2. 现代服务业人本化管理的方法途径

1) 树立人本化管理理念

(1) 顾客服务人本化。对顾客服务树立"以人为本"的理念，从而在完全市场化的竞争条件下,赢得更多顾客,并增强顾客的忠诚度。惠普企业、海尔企业(如图3.3所示)都在产品设计中坚持以人为本原则,很快在市场上抓住顾客的心,迅速占领市场。这种人本化在现代服务企业的顾客服务中主要体现在服务产品的设计与提供上,充分考虑顾客的生理、心理的潜在需求以及个性化消费需求,提供温情化服务。

图3.3 惠普企业、海尔企业

(资料来源: http://www.nipic.com/show/2/29/978b674f9d57684e.html, http://www.ycwb.com/ycwb/2007-12/27/content_1735931.htm)

(2) 员工管理人本化。正确认识员工在现代服务企业发展中的主导地位,人文关怀精神逐渐从"员工对顾客"延伸到"企业对员工"。对员工的管理体现人本化的理念表现为:企业以员工为第一,通过有效的激励与约束机制,培养员工对企业的忠诚,加强集团内部的凝聚力。深圳华侨城集团,按照21世纪大型跨国企业集团发展的目标要求,坚持"以人为本"的企业理念,致力于企业与员工共同成长,培养了一支观念新、素质较高、结构合理的集团骨干队伍,成为华侨城集团最宝贵的财富。未来市场,企业的竞争就是人才的竞争,通过人本化的员工管理提高企业的人才资源水平是国内外服务企业提升竞争力的有效途径。

2) 完善人本化管理组织

基于中国服务企业的现状,要想实现人本管理,必须建立并完善与之相适应的管理结构。

(1) 突出人力资源管理部门在现代服务企业管理中的地位和作用,扩大和强化人力资源管理部门的职能。首先,在管理地位上,提升人力资源管理部门在管理组织中的层次,不再是与其他管理部门并列的业务工作部门,而是高于其他管理部门的决策部门。其次,在管理职能上,一方面强化原有的人力资源管理职能,尤其要强化人力资源规划、素质测评、激励、培训等开发性职能;另一方面扩大人力资源管理部门的职能,即在人力资源管理的基础上扩大到企业管理,要参与企业重大经营活动的决策,要对企业其他部门和单位的活动进行指导和监督。

(2) 在服务企业内部建立学习型组织。所谓学习型组织,是指一种按照人性化原则建立起来的、具有浓厚学习气氛的、能够自我管理的、不断创新和进步的企业构成单元。它是知识经济时代促进服务企业人本化管理发展的优化组织形式。首先,营造开放式的学习氛围,激励员工自己学习、互相学习,在学习中认识自己,发现不足,增强能力。其次,塑造知识式的新型员工,改变对员工"只用不养"的陈旧观念,加强对员工的培训,特别是新知识、新方法、新技能的培训,使员工得到全面发展。

3. 实施人本化管理模式

(1) 完善培训制度。首先，在培训目的上，着眼于提高员工对外部环境的适应性和对市场的驾驭能力及竞争能力，同时扩大员工的知识结构，提高员工的整体素质。充分考虑员工个人的发展规划，并使之与企业发展规划有机结合。其次，在培训内容上，从企业的实际需要、员工的实际需要和社会的需求出发设置培训课程，既着眼于现在，又放眼于未来。同时充分考虑企业文化建设、企业发展方向、员工个人素质、企业现存主要问题等因素。再次，在培训方法上，针对不同的内容采用不同的方法，尽量采取"启发式"培训方法，培养员工的创新能力。

(2) 优化激励机制。采取民主化、多样化的激励手段和方法，把以控制为主，让员工被动地行动的管理方式转变为以激励为主，鼓励人们发挥主观能动性的管理方式。强调让员工共同参与管理，强调企业的发展与员工共命运的关系，调动员工参加管理的积极性，增强员工的责任感，使员工感受到自己是企业的一员。在激励方法上完善日常交往中的融通式激励、布置工作时的发问式激励、委派任务时的授权式激励、令行禁止时的影响式激励以及评价功过时的期望式激励等。

(3) 加强沟通管理。保持服务企业内部良好的沟通管理(如图 3.4 所示)，通过信息分享，缩短员工与企业的心理距离，增强感情交流，让员工参与决策，实现心理换位。长期坚持，可以增强员工对企业的认同感，从而在确定目标、制定政策、做出决策、实施重大计划等方面与员工取得共识。只有达到共识，才能达到共和，才能增强企业的凝聚力和应变力。这就要求现代服务企业建立良好的信息传递渠道，真正做到"上情下达"和"下情上达"，使企业的意图和员工的要求达到和谐统一。

(4) 培育团队精神。团队精神是团队成员共同认可的一种集体意识，是显现的团队成员的工作心理状态和士气，是团队成员共同价值观念和理想信念的体现，是凝聚团队、推动团队发展的精神力量和共同意愿，如图 3.5 所示。团队精神的培育要通过企业文化建设逐步实现，包括精神文化建设、制度文化建设和物质文化建设三部分。其中，精神文化是企业文化深层次的、具有隐性的内核，决定了制度文化和物质文化。

图 3.4 沟通漫画

图 3.5 团队漫画

(资料来源：http://bbs1.paipai.com/g40071c3i264537s0p0.html，http://www.hezhici.com/sort/manage07/2008-5/28/164551889.html)

3.2 系统管理原理及其应用

现代服务业具有区别于一般服务业的特征,但是,也有很多特点是与一般服务业相似的,如服务的无形性以及生产和消费的同时性特征,那么这也就更加强调了系统管理原理在现代服务业中的重要作用。将每一个服务流程都当成一个系统来看,无论是在企业内部管理,还是在对客服务上,都要充分发挥系统管理原理的作用。

3.2.1 系统管理的基本概念

1. 系统的概念与分类

系统是具有特定功能的、相互间具有有机联系的许多要素所构成的一个整体。在自然界和人类社会中,一切事物都是以系统的形式存在的,任何事物都可以看做一个系统。根据系统的不同属性,可以对系统的类型进行 5 种划分。

1) 按系统的自然属性分类

根据系统的自然属性,可以将系统分为自然系统和人造系统。前者是由自然物生成的系统,如生态系统、气象系统等,如图 3.6、图 3.7 所示;后者是由人在一定的目的驱动下,按一定的需要组成的非自然系统,如生产系统、管理系统等。在现实生活中,人类为了实现某一目的,有时会在系统设计中利用自然物,于是形成了两者结合的混合系统。

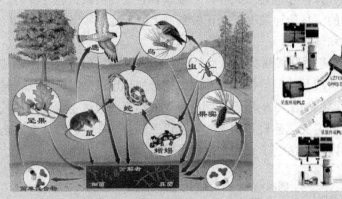
图 3.6 生态系统

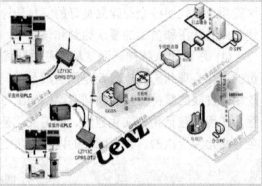
图 3.7 气象系统

(资料来源:http://www.iwatertech.com/Natural-biological-treatment/4740.htm, http://showseas.blog.sohu.com/148257962.html)

2) 按系统的状态属性分类

根据系统的状态属性,可以将系统分为静态系统和动态系统。凡是系统的状态随时间推移而变化的系统就称为动态系统,否则就是静态系统。系统的动态是绝对的,而静态则是相对的,它是动态系统的极限状态。

3) 按系统的物质属性分类

根据系统的物质属性,可以将系统分为实体系统和概念系统。前者是由物质实体组成的系统;后者则是由概念、原理、方法、制度等观念性、意志性的非特质实体组成的系统。

概念系统是以实体系统为基础加以抽象化研究形成的，又进一步指导实体系统的动作。

4) 按系统的循环属性分类

根据系统的循环属性，可以将系统分为开环系统和闭环系统。前者是指系统的输出对系统的输入不产生任何反馈影响的系统，在现实生活中多数指在输出某种服务后，不再反馈给再输入的系统；后者则是具有反馈特性的循环系统，系统的输出影响系统的再输入。

5) 按系统的环境关系属性分类

根据系统与环境的关系，可以将系统分为开放系统和封闭系统。前者是指系统与环境不断进行物质、能量、信息等交换的系统；后者则相反，系统的物质、能量、信息等处于封闭的状态中，外界环境的任何因素都不能影响系统的运行。在现实生活中，封闭系统只是一种相对系统、一种理想系统，大多数系统都是开放式的。

2. 系统管理的内涵

任何社会组织都是由人、物、信息组成的系统，任何管理都是对系统的管理，没有系统，也就没有管理。系统原理为认识管理的本质和方法提供了新的视角。

所谓系统管理，是指依据系统论的思想，以确定的系统为研究对象，把所需要研究和管理的对象作为有机组合的整体，综合运用控制论、信息论、系统工程和运筹学的基本原理与方法，求得技术上先进、经济上合算、时间上最省的管理效果。

背景知识

系统管理(systems management)是指管理企业的信息技术系统。它包括收集要求、购买设备和软件、将其分发到使用的地方、配置它、使用改善措施和服务更新维护它、设置问题处理流程，以及判断是否满足目的。系统管理通常由企业的最高信息主管(CIO)全权负责。执行系统管理的部门有时称管理信息系统(MIS)或简称为信息系统(IS)。

资料来源：http://baike.baidu.com/view/635537.htm?fr=ala0_1_1

3.2.2 系统管理的理论原理

1. 整体性管理原理

所谓整体性管理原理是指管理系统要素之间的相互关系以及要素与系统之间的关系都要以系统整体为主体进行协调，局部服从整体，使整体效果最优。在它的指导下，服务管理要从整体着眼、部分着手、统筹考虑、各方协调，达到整体的最优化。

1) 系统管理目标的整体性

从系统管理目标上分析，任何系统的局部管理目标和整体管理目标之间都存在着复杂的联系和交叉效应。大多数情况下，两者是一致的。但有时，管理局部认为有利的事，从管理整体上来看并不一定有利，甚至有害。因此，当局部目标和整体目标发生矛盾时，局部利益必须服从整体利益，体现系统管理目标的整体性。

2) 系统管理功能的整体性

从系统管理功能上分析，系统的整体功能不等于要素功能的简单相加，而是往往要大于各部分功能的总和，即"1+1>2"。这种总体功能的产生是一种质变，它的功能大大超过了各个部分功能的总和。因此，系统要素的功能必须服从系统整体的功能，体现系统管理功能的整体性。否则，就要削弱整体功能，从而也就失去了系统功能的作用。

2. 动态性管理原理

所谓动态性管理原理，是指系统作为现实生活中的一个有机体，其稳定状态是相对的，运动状态则是绝对的。因此，前文在根据状态属性对系统的划分中提出，静态系统是相对的，它是动态系统的极限状态。系统不仅作为一个功能实体而存在，而且作为一种运动而存在。在它的指导下，可以预见服务管理系统的发展趋势，树立超前的管理意识，减少偏差，掌握主动，使系统向期望的目标顺利发展。

1) 系统管理要素的动态性

系统管理要素的动态性表现在两个方面。一是系统管理要素之间存在着纷繁复杂的联系，这种联系就是一种运动。系统要完成功能输出，需要内部要素相互作用，相互影响，形成一定的输出模式，这个过程本身是动态的。二是系统管理要素与环境的相互作用是一种运动。由于现实生活中封闭系统是相对的，开放系统则是多数，因此，系统与环境之间会存在信息、能量或者物质的交换活动，这个相互作用过程也是动态的。

2) 系统管理功能的动态性

系统的管理功能是时间的函数，它随系统要素状态的变化、环境状态的变化、各要素之间联系以及要素与环境间联系的变化而变化。例如，企业是社会经济系统中的子系统，它为了适应外部社会经济系统的需要，必须不断地完善和改变自己的功能，而企业内部各子系统的功能及其相互关系也必须随之相应地发展变化。企业系统就是在这种不断变化的动态过程中生存和发展的，如图 3.8 所示。

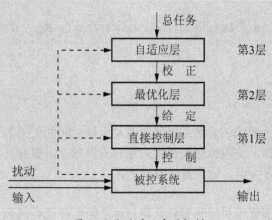

图 3.8 企业系统多层控制

3. 开放性管理原理

所谓开放性管理原理是指在非理想状态下，不存在一个与外部环境完全没有物质、能量、信息交换的系统。即所有的系统都是开放性的，在管理工作中，任何试图把系统封闭起来与外界隔绝的做法，都只会导致失败。系统管理的开放性源于系统本身的耗散结构。任何有机系统都是一个耗散结构系统，只有与外界不断交流物质、能量和信息，才能维持其生命。并且只有当系统从外部获得的能量大于系统内部消耗散失的能量时，系统才能不断发展壮大。所以，对外开放是系统的生命。在它的指导下，服务企业管理者应当充分估计外部对系统的种种影响，努力从开放中扩大系统从外部吸入的物质、能量和信息，如图3.8所示。

4. 环境适应性管理原理

所谓环境适应性管理原理是指系统不是孤立存在的，它会与环境发生各种联系，只有能够适应环境的系统才是有生命力的。同时，系统对环境的适应并不都是被动的，也有改善环境的能动行为。如构成社会系统的人类具有改造环境的能力，没有条件可以创造条件，没有良好的环境可以改造环境。这种能动地适应和改造环境的可能性，受到一定时期人类掌握科学技术(包括组织管理)知识和经济力量的限制。在环境适应性管理原理的指导下，服务企业管理者进行管理决策时既要清醒地认识系统本身的局限性，又要把握一切能动地改变环境的机会，实事求是做出科学的判断和决策。

5. 综合性管理原理

所谓综合性管理原理是指任何一个系统都是由许多要素为特定目的组合而成的综合体，在进行系统管理时，要把系统的所有要素联系起来，综合考察其中的共同性和规律性。

系统的综合性管理原理包括两方面的含义：一是系统最优化目标的综合性。系统最优化目标的确定，是综合系统各方面因素得出的结果。综合得好，系统目标确定得当，系统内外的各种关系能够协调一致，就能最大程度地发挥系统的作用和效益。反之，如果在综合过程中忽视了某个因素或目标，有时会造成极其严重的后果。如在服务管理系统中，环境后果就是一个易被忽视的目标。二是系统实施方案的综合性。为了达到系统目标，有多种可供选择的实施方案，最优方案的确定同样是综合研究各种途径和方法的结果。

同时综合性管理原理还揭示了两种规律：一是系统可以分解。由于系统都是由许多要素综合起来形成的，因此，任何复杂的系统都是可以分解的。二是综合可以创造新事物。现有的事物或要素通过特定的综合可能生成新的事物和系统。"量的综合导致质的飞跃"正是基于这一规律。

3.2.3 系统管理原理在现代服务业管理中的应用——现代服务管理系统

现代服务管理系统，是现代服务业管理者为了实现既定的服务管理目标而将管理对象内部相互作用、相互依存的服务管理要素组织起来形成的一种社会系统。它是系统管理理论在现代服务业管理中的运用。现代服务业微观管理系统按照管理内容的不同可以分为不同的种类，如组织管理系统、决策管理系统、财务管理系统、质量管理系统等。现代服务业宏观管理系统则是以上述系统为子系统的系统集合体。虽然不同的服务管理系统研究服务管理问题的角度不同，系统构成不同，具体的系统管理方法也不尽相同，但在系统构建上，它们具有相同的构建要素和构建特征，其系统管理方法可以统归为三大类。

1. 现代服务管理系统的构建要素

1) 系统管理目标

不论是哪一类的服务管理系统，在构建时首先要明确系统管理的整体目标，然后通过目标导向对系统整体目标进行分解，形成各个子系统的分目标，再运用科学管理方法，促使各个子系统为实现既定目标努力工作，从而完成现代服务管理系统的整体管理目标。

2) 系统管理资源

系统管理目标一经确定，就要根据目标实现的要求和各子系统的实际需要，组织人、财、物等各种管理资源，使各种资源在各子系统的分布达到一个合理的比例，使资源的投入产出比达到最大化。现代服务管理系统只有在合理的管理资源组织保障下，才能高效实现管理目标，完成管理任务。

3) 系统管理控制

现代服务管理系统属于人造系统，只有配备系统控制环节，才能保证各个子系统的工作切实地向着目标实现的方向协调发展。所谓系统管理控制是指以服务管理系统的信息反馈为前提，根据各子系统功能和管理目标的不同，采取不同的控制方法对服务管理各子系统的运作过程实施监控，以确保现代服务管理系统的正常运行。

4) 系统管理环境

系统和环境有着不可分割的密切联系。任何一种服务管理系统都是存在于一定的环境之中的。现代服务管理系统在构建过程中的一项重要任务就是研究系统的管理环境，以及两者之间的互动关系。如市场环境、社会环境、地区经营环境等。以确保所构建的现代服务管理系统对外界环境有充分的适应性。

2. 现代服务管理系统的构建特征

1) 集合性

现代服务管理系统不是由单一的或固定数量的元素所组成的，而总是由两个或两个以上的互相区别的要素根据所要解决问题的不同组成的各种集合体，体现了现代服务管理系统构建的集合性特征。集合性表达了现代服务管理系统构建要素的"大"、"多"、"杂"特点；表达了现代服务管理系统始终面对"群体"而不是"个体"，始终面对复杂的多方面的元素，而不是简单的单方面的元素的思想，如产品设计过程中也体现出系统管理理念的运用，如图 3.9 所示。

2) 相关性

现代服务管理系统的所有构建元素或子系统之间都是相互联系、相互作用的，充分体现了现代服务管理系统构建的相关性特征。具体而言，这种相关性表现在 3 个方面：①各子系统、各元素之间互相关联，互相依存；②各子系统、各元素与系统整体相互作用、相互影响；③各子系统、各元素对系统整体的影响方式和途径受其他元素制约。

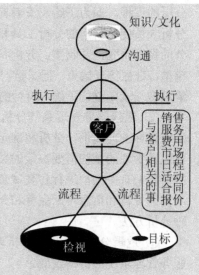

图 3.9 产品设计过程

3) 有序性

现代服务管理系统作为一个大的社会系统，有显著的结构上的序和运行上的序，体现了现代服务管理系统在构建过程中的有序性特征。结构上的序表现为一个现代服务管理系统包括多个子系统，每个子系统又由多个更小的子系统构成，依次分解，规范有序；运行上的序表现为服务管理过程的顺序性，现代服务企业管理者按照一定的程序开展各项服务管理工作。

4) 环境适应性

现代服务管理系统总是存在于一个不断变化的外界环境中，只有适应环境才能获得生存和发展。因此，现代服务管理系统在构建过程中体现出很强的环境适应性。具体表现为现代服务管理系统在资源组织上具备灵活性、转向性和适应性，随时根据系统环境的变化调整资源分配结构，始终保持管理资源投入产出的最大化。

5) 开放性

现代服务管理系统是一个需要与外界环境不断进行物质、信息交流的开放式系统，因此，在构建过程中体现出多维的和全方位的开放性特征。包括管理目标的不断调整，管理资源的不断更新，管理信息的输出与反馈以及系统能量的开放与展示等。这种开放性是与现代服务业的产业特征相适应的，也是促进现代服务业发展的必然选择。

6) 社会性

现代服务管理系统是经济社会发展到一定阶段的产物，在系统构建上体现出极强的社会性：①从属性上看，它是一种人造系统，人是社会的元素，因此它是一种社会系统；②从要素上看，系统管理目标与现代服务业的社会发展息息相关，系统管理资源中的人、财、物都来源于社会，系统管理环境也是社会化的环境，其社会性不言而喻。

3. 现代服务管理系统的管理方法

1) 现代服务管理系统分析

(1) 系统分析。所谓系统分析，就是一个有目的、有步骤地对系统进行比较、考察和分析的过程。即为了给决策者提供直接判断和决定最优系统方案所需的信息和资料,系统分析人员使用科学的分析工具和方法,对系统的目的、功能、环境、费用、效益等进行充分的调查研究,并收集、分析和处理有关的资料和数据,据此建立若干替代方案和必要的模型,进行仿真试验;把试验、分析、计算的各种结果同早先制订的计划进行比较和评价;最后整理成完整、正确与可行的综合资料,作为决策者选择最优系统方案的主要依据。

(2) 现代服务管理系统分析。所谓现代服务管理系统分析,是指在明确现代服务管理系统目标的前提下,分析和确定现代服务管理所应具备的功能和相应的环境条件,抓住现代服务管理的某些需要决策的关键问题,根据其性质和要求,相应地建立有关模型,再根据需要把有关模型进行仿真试验。进一步将所得信息通过反馈,使现代服务管理系统设计所需的资料和信息不断完善和充实,以保证系统最优方案的选择。在此过程中主要运用 4 种分析方法。

① 逻辑分析法。用来分析现代服务管理系统与各个子系统之间的逻辑关系,保持现代服务管理系统的协调发展。

② 目标分析法。用来分析现代服务管理系统总体目标和各子系统目标之间的关系,形成合理的目标层次,并采用一定方法确保各级目标的逐一实现。

③ 对比分析法。用来比较分析现代服务管理系统预定目标、各子系统目标和管理现状三者的差异,同时通过分析现代服务管理系统与外界环境,如政治环境、经济环境以及市场环境等的互动关系,寻找促使现代服务管理系统适应外界环境变化,实现系统管理目标的途径与方案。

④ 专题分析法。用来针对性研究现代服务管理系统中存在的某些问题。

2) 现代服务管理系统工程

(1) 系统工程。所谓系统工程,是指在系统分析思想指导下,从整体出发,把复杂的对象作为一项工程来处理,协调系统中各组成部分的关系,控制系统进程,以达到预先确定目标的一门综合管理工程技术,如化工系统工程,如图 3.10 所示。

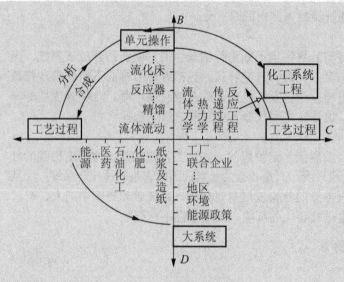

图 3.10 化工系统工程

系统工程的技术方法是多种多样的,如计划协调技术(PERT)、图示协调技术(GERT)、关键线路法(CPM)、计划程序预算法(PPBS)等。这些方法都主要是借助于计算机,通过计算机完成系统分析所需大量信息的收集、处理、分析、汇总、传递和储存等任务。例如,利用最优化方法,如规划论,排队论等,来求系统的各种模型的解,通过对解的评价,为系统设计方案的决定提供足够的信息和依据。

(2) 现代服务管理系统工程。所谓现代服务管理系统工程,就是把现代服务管理看成一个整体,从系统观念出发组织各项服务管理活动,并正确处理现代服务业各方面的管理关系,保证管理活动的协调发展。

现代服务管理系统工程一般按以下步骤来进行。首先,要分析和确定现代服务管理的目的。分析围绕现代服务管理系统的环境等有关的约束条件,如环境、资金、材料、信息、技术等对现代服务管理系统的制约,在此基础上,建立管理系统的概略模型,并根据概略模型反复进行仿真试验,评价功能的完成程度,探讨现代服务管理目的和目标成功的可能性。其次,搞好现代服务管理系统模型化。分析现代服务管理模型的使用目的和要求,并确定模型的功能,根据目的要求,从时间、空间等观点来明确系统和环境的边界条件,确定构成系统功能的最小单位,把系统划分为若干可以模型化的要素,分析和掌握模型化对象的特性,建立模型。再次,应用最优化理论和方法对现代服务管理模型进行最优化,求出几个替换解。最后,从技术和经济两个方面对所设计的各种服务现代管理方案进行评价,通过分析和评价,从中选择出技术先进、经济合理的最优系统方案。

3.3 现代服务业管理新的理论趋势

前面两节主要回顾和阐述了对现代服务业管理而言,较为重要的两大基础管理理论,这两大管理理论在现代服务企业中的应用较为普遍,与此同时,现代服务业自身在不断发展的过程中,也在不断借鉴和吸收一些新的管理理论,这就是下面要讲到的现代服务业管理的新理论。

3.3.1 现代企业理论

现代企业理论是由科斯(Coase)最早提出来的,它又被称为"企业的契约理论"(The Contractual Theory Of The Firm),该理论在过去的20年里发展极为迅速,是主流经济学研究中最富有成果的理论之一,它与博弈论、信息经济学、激励机制设计理论及新制度经济学相互交叉、极大地丰富了微观经济学的研究内容和研究领域,也进一步改进了人们对于市场机制及企业运行制度的认识。

现代企业的核心观点主要有:企业是一系列(不完全)契约(合同)的有机组合(Nexus Of Incomplete Contracts),是人们之间进行产权交易的一种方式。该理论认为企业之间是一种人与人之间的交易关系,同时企业行为是所有企业成员及企业与企业之间博弈的结果,这里的企业成员的目标函数是指约束条件下的个人效用最大化。

现代企业理论主要用于解决3个问题:一是企业为什么存在?企业的本质是什么?如

何界定企业与市场的边界？二是什么是企业所有权(Ownership)或委托权(Principalship)的最优安排？企业内谁应该是委托人(Principal)？谁应该是代理人(Agent)？三是委托人与代理人之间的契约是如何安排的？委托人如何管理和控制代理人？对于上述问题的不同回答将现代企业理论分成了两个分支——交易成本理论和代理理论。交易成本理论侧重于研究企业和市场之间的关系；代理理论则侧重于研究企业内部组织结构与企业具体成员之间的代理关系。两者都强调了企业的契约性契约的不完全性及由此导致的企业所有权的重要性。

现代企业理论从一种全新的视角出发，对企业的基本问题进行了探讨。帮助人们从企业的最根本问题——企业性质入手，探索企业的本质。运用现代企业理论对现代服务企业性质及其本质进行深入认识，有助于按照经济学的客观规律来进行生产经营活动。

3.3.2 柔性管理

"柔性管理"是相对于以"规章制度为中心"的"刚性管理"提出来的一种人性化管理方法。关于"柔性管理"，早在《墨攻》就有运用，如图 3.11 所示。它是依据企业共同的价值观和文化、精神氛围进行的人格化管理，它是在研究人的心理行为规律的基础上，采用非强制性方式，在员工心目中产生一种潜在的说服力，从而把组织意志变为个人的自觉行动。

图 3.11　墨子攻略

柔性管理的实施必须具备三大要素，即人、组织结构和信息。这三大要素在企业的生产经营活动的各个环节都相互交错，其中人是最具柔性的资源，因为人是企业的主体，人通过自己的创造能力、选择能力和分析能力具备了柔性，同时人能够主动地感觉、学习和适应环境；合理的组织结构能够促进企业各个环节的柔性，适应外部环境的变化；信息是企业获取柔性、实施各项措施和行动的强有力支持，快速收集、存储、传播信息有助于企业迅速作出正确的决策并付诸实施。因此，企业应该与消费者建立有效的沟通渠道，生产满足消费者需求的产品，同时企业还应加强内部组织之间的交流，尽量减少组织之间的信息不对称。从中可以看出柔性管理的一个最大的特点是它主要依靠人性解放、权力平等、民主管理，从内心深处来激发每个员工的内在潜力、主动性和创造性，积极为企业开拓新的业绩，并在激烈的市场化竞争中取得优势的力量源泉。

现代服务业管理的基础理论 第3章

尽管柔性管理最早是在汽车制造业中提出来的，并在劳动密集型且产品以劳务为主的制造型企业中发挥着重要作用，但不意味着它无法应用于现代服务业中来，从本质上，它要求企业在管理上更多地从人性管理的角度出发，创造出具有凝聚力和向心力的企业精神和企业文化，从而更好地激发员工的积极性和创造性。

3.3.3 风险管理

风险管理是由美国宾夕法尼亚大学的所罗门·许布纳博士于1930年在美国提出的，该理论提出企业在科学系统全面的风险管理措施保障之下，通过科学地实施风险识别、评估、控制与预防，以最小的成本达到最大的安全保障的管理过程。该理论提出后受到各国政府以及经济学界、企业家的重视，因此迅速发展成为一门新兴的管理学科。

现代服务业由于所处环境有较大的变数，因此风险在所难免。企业所面临的风险一般包括决策风险、财务风险与运营风险，现代服务企业风险的大小主要是由其实际产出和预期目标之间的差距决定的。风险管理的目的，是对现代服务企业面临的不确定性进行更为积极主动的管理，从而使企业以更加有效的方式，达到目标并完成其使命。

现代服务企业所面临的风险虽然带有很多不确定性和偶然性，但应对风险的措施和步骤依然是有章可循的，这些措施主要包括：建立风险管理的机构、设定风险管理的目标、对风险进行有效测评、控制风险活动、进行信息沟通与反馈等。根据现代服务业面对风险的具体情况，还可以将风险处理的对策与方法分为风险防范、风险回避、进一步减少风险、接受风险、转移风险等，也就是说，要尽最大努力将风险的影响减少到最低程度，从而保持现代服务业的持续发展能力。例如，对于一些不可抗拒的灾害，如海啸、SARS等危机事件，作为现代服务企业能做的只有尽力去减少风险、接受风险，同时不断增强自身应对突发性事件的能力。

3.3.4 核心能力

核心能力是由美国学者普拉哈拉德和英国学者哈默于1990年在《哈佛商业评论》上发表的《企业的核心竞争力》一文中提出的，并且正式确立了该理论在管理学上的理论和实践地位。核心能力又被称为核心竞争力，普拉哈拉德和哈默认为："核心能力是在组织内部经过整合的知识和技能，尤其是关于怎样协调多种生产技能和整合不同技术的知识和技能。"

企业自身核心竞争力的形成需要经过企业内部资源、知识、技术等的长期积累和整合，并且要等到这些资源显现出其价值性、稀缺性、异质性、垄断性等特质时，企业的核心竞争力才会真正被展示出来。企业核心能力理论认为企业竞争力来自于企业的竞争优势及其持续性。企业竞争优势是以企业资源和能力作为基础支撑的，持续竞争优势则来源于企业核心能力，因此，企业要表现出其长期竞争优势，企业核心竞争力是必不可少的条件。

3.3.5 管理信息化

信息时代的到来以前所未有的速度改变着企业的经营方式和人们的消费观念，企业管理信息化正是应这一变化而产生的。随着网络技术的不断发展，它们为企业管理信息化提供了技术支持,并导致了管理的信息化。企业的信息化也经历了好几个发展阶段,如电子数据处理阶段、综合数据处理阶段和系统数据处理阶段,目前正朝着网络化、信息技术集成化的方向发展。企业管理信息化实现了从个人计算机到群体计算机网络、从孤立系统到联合系统以及从内部计算机网络到跨企业计算机网络的飞跃。

管理信息化对企业做出了重要贡献,它使企业能够突破传统生产模式的限制,灵活地安排企业内部资源,高效率地完成客户需要的产品,同时,可以节约大量的原料和劳动力成本。目前出现的虚拟企业也是基于信息技术而诞生的,是管理信息化的最直接应用。通过信息技术连接和协调把不同地区的现有资源迅速组合成一种超越时空约束、依靠信息网络手段联系和统一指挥的经营实体,以最快速度提供高质量、低成本的产品和服务。服务产品与其他产品相比具有无形性的特点,使其成为信息化比较适宜发展而且发展比较迅速的领域。如会展业、物流业、电子商务就是基于管理信息化平台而建立起来的,它为现代服务企业与客户之间、现代服务企业与合作企业之间及现代服务企业内部管理构建的服务于管理网络,以整合现代服务企业技术、资金、人力资源和管理等资源,将有效的资金、先进的技术、适合的人才与高校的管理运行系统有机结合,从而实现现代服务业、顾客与合作商的协调发展。

3.3.6 项目管理

项目是一项独特的具有主体性的工作。在现代经济社会中项目随处可见,常见的有贸易洽谈、研讨会、联谊活动等。项目具有目标性、独特性、约束性、对象性、风险性、不可逆性等特点。它要求人们按照某种特定的规范及应用标准去导入或生产某种新产品或新服务。

由于项目在社会经济生活中的广泛存在,项目管理也逐渐被提炼成了一种具有普遍规律的现代化理论模式。项目管理是 20 世纪 50 年代管理学的一个重要分支。所谓项目管理,就是在特定的组织环境中,为有效实现项目的特定目标而制定的一整套原则、方法、辅助手段和技巧。企业项目管理强调企业不同部门的合作,通过整合资源,达到完成企业任务的目的。

现代项目管理与传统的经验性项目管理有很大的区别。主要体现在管理理念、管理组织、管理方法和管理手段上,因为项目管理是在有限的资源条件下进行的,所以它具有复杂性、创造性、专业性等特征。基于这些特征,在实施项目管理时应该注意的要素主要有:①企业的资源基础;②规范化的工作执行程序;③具有团队精神的企业文化;④合理有效的授权体系;⑤矩阵式组织结构;⑥有效的沟通渠道;⑦集成化项目管理技术。

3.3.7 业务流程再造

业务流程再造是一种重要的管理思想,它是由美国麻省理工学院的计算机教授迈克尔·哈默提出的,此概念的产生对于传统的改善生产经营系统、管理组织结构的思想都提出了挑战。该思想强调以业务流程为改造对象和中心,以关心客户的需求和满意度为目标,来对现行的业务流程进行根本的再思考和彻底的再设计,并且利用先进的制造技术、信息技术以及现代化的管理手段，最大限度地实现技术上的功能集成和管理上的职能集成，从而实现企业经营在成本、质量、服务和速度等方面的巨大改善。其中心就是认为企业必须采取激烈的手段，彻底改变工作方法，如图 3.12 所示。

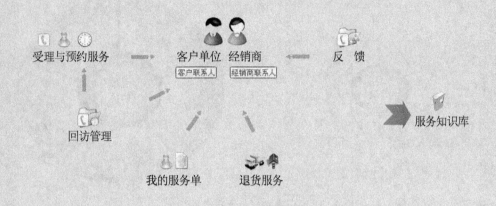

图 3.12　服务管理业务流程图

业务流程再造对企业的作用主要体现在：①它使企业能够更加全面地贴近市场，了解市场需求，并对市场的变化作出及时的反应；②有助于减少成本，业务流程再造将全面质量管理贯穿于整个过程之中，从市场调研就开始注意成本的投入，剔除了无效作业，从而降低了成本；③全面提升了质量；④进一步提高了服务质量和水平。

3.3.8　学习型组织

放眼望去，全球各个企业无论是运用什么理论来进行管理，都可以被归结为两种类型：①等级权力控制型；②非等级权力控制型，即学习型企业。等级权力控制型企业的最大特点就是强调以等级为基础，以权力为主要特征，是一种垂直单向线性系统。它强调制度在企业中的重要作用，这种权力控制型企业管理模式在工业及国际时代前期发挥了重要作用，但是在进入知识经济、信息经济时代后，这种管理模式越来越不能适应科技发展和市场变化的需要。很多管理学家、经济学家就在探讨这样一种能够顺应发展需要的新的管理模式，即非等级权力控制型管理模式，学习型组织理论就是在这样的背景下诞生的。

学习型组织最初的构想源于美国麻省理工大学佛瑞斯特教授。1965 年，他发表了一篇题为《企业的新设计》的论文，运用系统动力学原理，非常具体地构想出未来企业组织的理想形态——层次扁平化、组织信息化、结构开放化，逐渐由从属关系转向为工作伙伴关系，不断学习，不断重新调整结构关系。这是关于学习型企业的最初构想。1990 年美国学者彼得·圣吉在其所著的《第五项修炼》一书中首次将其理论化、系统化，如图 3.13 所示。他强调"21 世纪企业间的竞争，实质上是企业学习能力的竞争，而竞争唯一的优势是来自于比对手更快的学习能力。"由此学习型组织受到越来越多企业的推崇。

所谓学习型组织,是通过培养整个组织的学习气氛、充分发挥员工的创造性思维能力而建立起来的一种有机的、高度柔性的、扁平的、符合人性的、能持续发展的组织。这种组织具有持续学习的能力,具有高于个人绩效总和的综合绩效。

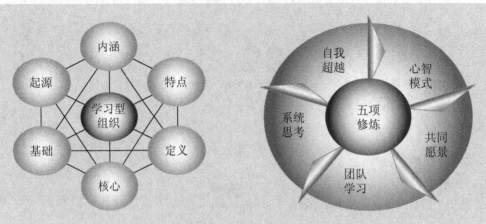

图 3.13 学习型组织与五项修炼[1]

"学习型组织"理论认为,要把企业从传统的"权力控制组织"改造成为"学习型组织"的企业,必须进行五项修炼:①建立共同的愿景目标,进行这一项修炼的目的是建立生命共同体,它包括企业愿景、企业价值观、企业目的和使命以及具体目标等内容;②加强团队学习,其目的是为了激发群体智慧,强化团队的向心力;③改善心智模式,这项修炼要求企业领导者和职工打破旧的思维障碍,用创新的眼光看世界;④培养系统思考能力,将企业看成一个系统,考虑问题既要看到局部,又要顾及整体;既要看到当前利益,又要兼顾长远利益;⑤追求自我超越,鼓励人们不断挑战自我,挖掘潜力,实现人生价值,如图 3.14 所示。

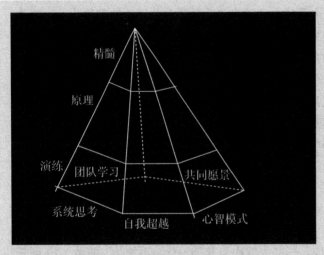

图 3.14 学习五项修炼的方法[1]

---

[1] http://cva.usts.edu.cn/wdc/isd/istrucai/peixun/uploadfile/wdcsz/2005311121808.ppt.

案例

金蝶软件集团的学习型组织

"中国IT行业10佳雇主"评选活动中，金蝶(国际)软件集团、联想、华为等著名IT企业入围十佳名单，而在主办单位所进行的网络调查中，金蝶软件更是以44.99%的得票率高居榜首，成为"最佳雇主"。"最佳雇主"，这无疑是对一个企业内部管理尤其是人力资源管理工作的最高赞赏，因为"人才"是知识经济时代，软件企业最核心的竞争力之一。只是，成长不过10年的金蝶，何以高居"中国IT行业10佳雇主"之榜首？

持续创新：学习型组织帮助重塑"自我"

《执行力》一书曾提出现代企业成功的要素有3个：战略、人、运营。知识经济时代，人才无疑是第一竞争力。而金蝶学习型组织的建立，就体现了其对人才的重视和尊重。学习型的组织是通过培养整个企业的学习气氛，充分发挥员工的创造性思维能力而建立起来的一种有机的、高度柔性、横向网络式的、符合人性的、能持续创新发展的组织。具体为：将个人的愿景整合为企业的共同愿景，将全体员工凝聚在同一旗帜下，形成企业强大的生命力；同时，公司将通过整合个人的学习，形成企业前进的动力。在这一过程中，公司要创造良好的学习环境，使员工终身学习。因为，只有学习才能提高素质、持续创新。加强对员工的培训，建立学习型组织，是金蝶产品、理念不断出新，与用户、合作伙伴共同成长的动力源泉。

2002年底，金蝶启动了"TOP100计划"。根据"二八原则"，将全员总数的20%左右的比例列入关键员工关注计划和接班人计划，将80%的资源投入到他们身上，对他们进行重点培养，把他们纳入人才储备池，作为今后提拔、任职的主要人选来源。主管人事的副总裁罗明星在解释"TOP100"计划时说："这是金蝶对员工进行个性化培养的一种措施。我们要让有价值的员工得到更多关注，给他更好的培训，为他量身定做职业发展计划，管理层会定期和他交流，他的名字、他的背景、能力特长、思想动态将随时被公司管理层掌握，他感受到一种被聚集式的关注。这些关注让他感受到公司的期待，他会成长得更快，发展得更好。"每年，金蝶都会从销售额中提取3%～5%用于员工培训，而这种培训紧密围绕当年公司长期战略所需要提升的组织能力展开，一般每年都着重在提升几项能力上。如2003年，金蝶着重提升的就是产品经理/产品管理能力、管理人员素质能力以及渠道销售能力等。此外，所有管理者的绩效考核纬度里面都有能力纬度的要求，要求其主动提升下属团队的能力和自身能力，并不定期地委派技术骨干出国培训，委派一定数量的管理人员参加EMBA培训，特设"总裁学堂"，邀请企业家、社会知名人士为员工授课，开拓视野，广博见识。真正构建起一个开放自由的学习型组织。而这恰恰是从事创造性工作的金蝶员工的深层次精神需要。

激情管理

"激情管理"是金蝶文化的核心,也是其有别于其他IT企业最显著的"性格"。不断地打破现有的条条框框,永远追求创新,向员工发放期权、建立学习型组织,就都是金蝶"激情文化"的体现。

针对金蝶员工平均年龄不到28岁,IT人才流动性大,并且年轻人总希望在最短的时间内最大程度地实现自我的愿望、特点,金蝶认识到,对知识员工以及知识"资本"的管理,传统的"控制"或"限制"管理模式已经不适应了,强调开放与授权的"激情管理"应运而生。"激情管理"是指"通过建立一种以激发知识工作者潜能为主要特征的管理模式,给知识工作者注入激情,使知识工作者更富有创造力和灵感,并为知识工作者提供足够能力和平台,获得企业效益的最大化,知识资本=能力×激情。"并且,金蝶注重将"激情管理"与另一管理模式为"数字化管理"相结合。"数字化管理"是指"以数字和信息化的手段,建立企业预测修正体系,使企业面向市场需求,及时调整各项业务,同时以工作流方式控制企业的业务过程。"数字化管理的技术手段,加上激情管理的文化元素形成了金蝶所倡导的现代化管理体系。

"激情管理"是指"通过建立一种以激发知识工作者潜能为主要特征的管理模式,给知识工作者注入激情,使知识工作者更富有创造力和灵感,并为知识工作者提供足够能力和平台,获得企业效益的最大化,知识资本=能力×激情。"并且,金蝶注重将"激情管理"与另一管理模式为"数字化管理"相结合。"数字化管理"是指"以数字和信息化的手段,建立企业预测修正体系,使企业面向市场需求,及时调整各项业务,同时以工作流方式控制企业的业务过程。"数字化管理的技术手段,加上激情管理的文化元素形成了金蝶所倡导的现代化管理体系。

如今,"激情文化"已经融入金蝶每一位员工生活和工作的点滴中。在金蝶,爱心、诚信、创新是激情文化的内核。爱心就是满足需要、真情回报,推崇真心关心员工职业发展的人,反对只管自己不管他人死活的人;诚信就是诚实、忠诚、信任,推崇实事求是、言必行,行必果的人,反对弄虚作假、挖公司墙角的人;创新就是敢想、敢干、敢当,推崇胆大心细,勇挑重担的人,反对缩头乌龟。

在某种意义上,企业文化本身就是一种激励,是提高员工积极性,以企业为家,找到心灵归属的重要方面。金蝶的激情文化,造就了金蝶的"最佳雇主"。

(资料来源:http://www.gci-corp.com/Article/rlzy/200611/50283.html)

思考:金蝶集团是如何应用学习型组织理论的?

现代服务业管理的基础理论　第3章

本 章 小 结

　　本章主要阐述了现代服务业管理的基础原理。尽管大部分原理依然借用的是管理学的理论，但是在侧重点上有所差异。因为现代服务业毕竟不同于制造业和传统服务业，它着重强调了"人"在整个企业中的重要作用，于是，在这一章突出了人本原理。同时现代服务业之所以现代，在很大程度上还在于在管理的过程中较多地使用了现代科学技术和现代管理思想，于是，本章也介绍了管理学的一些前沿理论(如柔性管理、学习型组织等)。

思 考 题

1. 现代服务业实施人本化管理的方法路径是什么？
2. 现代服务业管理系统的构成要素有哪些？
3. 在现代服务业管理中，应用的新的管理理论有哪些？以实例说明。

第4章 现代服务业战略管理

导　读：

企业管理经历了生产管理、经营管理、战略管理等阶段。现代企业管理已经全面进入战略管理时代，在现代服务业中实行战略管理是大势所趋。现代服务业实施战略管理不仅可以促使现代服务企业将内部资源和外部环境结合起来，而且能够真正做到资源的有效配置，最大限度地利用和发挥资源的有效功能，增强企业的协调、沟通和控制职能。本章主要介绍战略管理理论的基本原理，通过建立战略管理框架，阐述现代服务企业应该如何建立战略管理系统，增强企业的核心竞争能力。

关键词：

战略管理　战略制定　战略实施　战略评估

4.1　现代服务业战略管理概述

当今世界上众多成功的现代服务业企业，无一不是科学的运用了战略管理理论。可见现代服务业战略管理在企业发展过程中起着举足轻重的作用。因此明确战略管理的内涵和意义，掌握其特征，为深入运用此战略打下坚实的基础。

4.1.1　现代服务业战略管理的概念和意义

1. 现代服务业战略

战略(strategy)一词最早是军事方面的概念。在西方，"strategy"一词源于希腊语"strategos"，意为军事将领、地方行政长官。后来演变成军事术语，指军事将领指挥军队作战的谋略。"战略"一词被用于管理学是在20世纪60年代。巴纳德在西方经营学名著《经理的职能》一书中，为充分说明企业组织的决策机制，从分析有关企业要素中产生了"战略"因素的构想，但当时该词语并未得到广泛应用。直到1965年美国经济学家安索夫著《企业战略论》一书，受到关注后，企业战略一词才得以流行，而且"战略"一词还被广泛应用于社会、经济、文化、教育等诸多领域。

纵观当今世界，众多经营得比较成功的现代服务企业，无一不是正确应用战略管理理

现代服务业战略管理 第4章

论所获得的结果。现代服务业战略是指在市场经济条件下，现代服务企业为谋求长期生存和发展，在外部环境和内部条件分析的基础上，以正确的指导思想，对企业的主要目标、经营方向、重大经营方针、策略和实施步骤做出长远的、系统的和全局的谋划。

背景知识

战略管理的鼻祖：伊戈尔·安索夫

安索夫在战略管理中的特殊地位最主要表现在对战略管理(Strategic Management)的开创性研究，由于他的开创性研究终于使他成为这门学科的一代宗师。作为战略管理的一代宗师，他首次提出公司战略概念、战略管理概念、战略规划的系统理论、企业竞争优势概念以及把战略管理与混乱环境联系起来的权变理论。因此，管理学界把安索夫尊称为战略管理的鼻祖。

资料来源：http://www.chinavalue.net/Wiki/ShowContent.aspx?TitleID=393998

2. 现代服务业战略管理

企业战略管理是确定企业使命，根据企业外部环境和内部经营要素确定企业目标，保证目标的正确落实并使企业使命最终得以实现的一个动态过程，如图 4.1 所示，它是一种崭新的管理思想和管理方式，其关键是动态的管理。

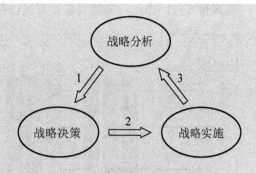

图 4.1 战略实施的三角闭合环

基于现代服务企业自身的特色和战略管理的基本理论，现将现代服务业战略管理定义为：现代服务企业为确定其使命，根据组织外部环境和内部条件设定企业的战略目标，为保证目标的正确落实和实现进行谋划，并依靠现代服务企业内部能力将这种谋划和决策付诸实施，以及在实施过程中进行控制的一个动态管理过程。从中可以看出，现代服务企业战略管理是一个动态的过程，是对现代服务企业经营全过程的管理，需要根据现代服务企业经营的内外部环境和条件的变化来进行调整。

3. 现代服务业战略管理的意义

总体而言，企业管理经历了由传统的生产管理、经营管理向战略管理的逐渐演变。无论是生产管理、经营管理，还是战略管理，都是应市场条件而诞生的。在市场经济发展的初期，市场主要是卖方市场，企业只要生产，产品就一定能卖出去，所以生产管理在这一时期大行其道。而随着经济的发展和技术的进步，市场上的产品越来越多，种类也越来越新颖，市场开始由卖方市场向买方市场转变，企业的发展方式也开始有所转变，企业管理的侧重点开始由简单的生产管理转向综合考虑经营的管理方式。但是随着市场经济的发展，企业之间的竞争愈演愈烈，经营管理已经不能适应市场的激烈竞争态势。在这种情况下，战略管理理论诞生并开始在一些企业逐渐被使用，自20世纪70年代中期开始，以美国为首的西方国家大规模采用战略管理帮助高层管理者进行战略决策，取得了良好的效果。随着中国现代服务业的发展，战略管理作为一种重要的企业管理方式也日益受到服务企业管理者的重视，那么，作为现代服务企业采用战略管理有哪些意义呢？

1) 实施战略管理有助于实现企业资源的合理有效配置

实施战略管理可以将现代服务企业的各项发展活动纳入到日益变化的市场环境之中，将未来的环境也考虑进来有助于企业管理者未雨绸缪，重视对于企业内外部环境的研究，以便能够更加准确地对企业未来的发展方向和经营领域进行定位，从而规避可能出现的风险，进而合理有效地配置企业资源，增强企业对于环境的适应性，实现企业的可持续发展。

2) 实施战略管理可以更好地指导现代服务业的日常经营活动

战略实施是现代服务业进行战略管理很重要的一部分，如图4.2所示，在日常生产经营活动中充分发挥了其纲领性的作用。在现代服务企业的外部环境和内部经营条件发生变化的情况下，战略会根据环境的变化被调整和修改，逐步得到完善，再在战略实施的过程中加以检验，这种不断调整完善的过程大大增加了战略管理对现代服务业日常经营活动的实践指导性。因此，实施战略管理可以帮助企业在变化的环境中抓住主动权。

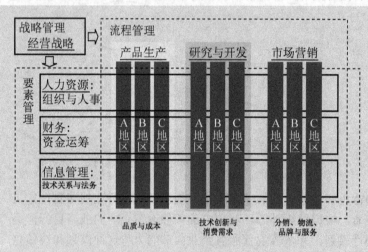

图4.2 企业战略管理

3) 实施战略管理有助于将企业的近期目标和远期目标进行有效地结合

通过战略计划、战略实施、战略评价与控制等一系列流程，可以将企业的长远目标与近期目标有机结合起来，也有利于将企业的战略目标与战术目标统一起来，从而充分调动各级管理人员的积极性和创造性，提高整体经营绩效。

4) 实施战略管理有助于增强企业的创新意识

现代服务企业战略是现代服务企业对自身总体和长远发展的分析和规划，它是在对现代服务企业所面临的内外部环境进行深入分析的基础之上制定的，同时还随着环境的变化而变化，这就使企业能够自始至终站在新的起点上对外界环境和企业战略进行及时更新，从而增强创新意识。

4.1.2 现代服务业战略管理的特征

1. 全局性

战略管理并不是以现代服务企业里的某一个事业部或者某一个职能部门作为重点规划对象，而是以现代服务企业这个整体作为研究对象，根据企业总体发展情况而制定相应的战略。它所追求的是现代服务企业发展的总体效果，企业的一些局部活动仅仅是总体活动的有机组成部分。因此，现代服务企业必须以整个企业的全局作为对象，来制定和实施企业发展的总体战略。

2. 科学性

从战略设计阶段来讲，由于每一个机构的资源有限，战略家提供何种战略将更适合于某一企业或机构，并达到最佳效益，这就要从科学准确的角度，提出一个机构或企业的专门产品市场占有率与开发研究技术的可能性和可行性，以及确定长期的竞争优势。经验表明，较高的决策成功率建立在科学的基础上，成功或失败的决策，关系到一个企业或机构的兴衰。

从战略评估的阶段讲，如何科学地、客观地判断战略实施过程的成绩和不足，这对一个企业或机构今后发展目标的确定关系重大。随着信息高速公路的不断发展，战略管理的决策更加依赖于信息来源的准确性。分析过程的科学和准确，对战略实施关系重大，如果设计的目标没有建立在较科学的基础上，这样的目标注定是不能够实现的。

3. 长远性

战略管理是对企业未来较长时间内的生存和发展问题进行的统筹规划，是以企业所处的现实外部环境和内部条件作为依据而对企业未来发展方向进行的判断。尽管这种决策对于现代服务企业当前的生产经营活动具有一定的指导作用，但是其最终目的是为了实现长远发展，是以企业长远发展作为出发点的。因此，可以说战略管理是面向未来的管理，在迅速变化和竞争性的环境里，长期性的战略规划对于一个不断追求卓越的企业来说是必不可少的前提条件。

4. 系统性

战略管理是一个过程管理，它包括战略设计、战略选择、战略实施和战略的评估等几个阶段。由于这几个阶段是相互联系、相辅相成、融为一体的，因此不能将其割裂开来，战略设计是战略实施的基础，战略实施又是战略评估的依据，而战略评估反过来又为战略设计和实施提供经验和教训。只有通过这3个阶段的系统设计和衔接，才可以保证取得整体效益和最佳结果，如图4.3所示。

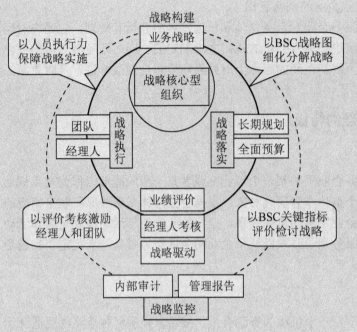

图 4.3　人力资源管理中的战略管理过程

5. 复杂性

战略管理涉及企业大量资源的配置问题。企业的资源，包括人力资源、实体财产和资金，或者在企业内部进行调整，或者从企业外部来筹集。在任何一种情况下，战略决策都需要在相当长的一段时间内致力于一系列的活动，而实施这些活动需要有充足的资源作为保障。因此，这就需要为保证战略目标的实现，对企业的资源进行统筹规划，合理配置。同时现代服务企业实行战略管理还需要考虑企业外部环境中的诸多因素。现今的企业都存在于一个开放的系统中，它们影响着这些因素，但更通常地是受这些不能由企业自身控制的因素所影响。因此，在未来的竞争性环境中，企业要使自己占据有利地位并取得竞争优势，就必须考虑与其相关的因素，这包括竞争者、顾客、资金供给者、政府等外部因素，以使企业的行为适应不断变化中的外部力量，从而使企业能够继续生存下去。内部资源的复杂性和外部环境的不可控性决定战略管理的复杂性特征。

4.2　现代服务业战略管理的过程和内容体系

"战略"自 20 世纪 60 年代初被引入到经济学领域以后，便很快地运用于企业管理。战略既是企业全局性的行动方针，又是企业的发展指南。因此，战略管理过程的得当与否，关系到企业经营成败的关键，它决定了企业在未来一段较长的时期内的经营方案和目标。具体来讲，从战略管理的制定→实施→评估都需要有明确的界定，以确保企业健康、快速、持续的发展。

4.2.1 战略制定

1. 战略目标确定

战略目标的确立是企业的首要任务，战略目标要解决的主要问题有：现代服务业是否放弃某种旧的业务、进入新的领域，是否应该利用现有资源扩大业务或多种经营，是否进入国际市场，是否兼并企业或举办合资企业，如何避免被别的企业敌意收购等。战略目标的制定是指在对现代服务企业内外部环境进行分析的基础上，根据企业自身的资源和能力，结合现代服务企业的目标愿景来确定企业的经营方向和发展任务。战略目标是对于企业愿景和使命的阐述，战略目标的确立是实行战略管理的首要任务。

2. 战略管理分类

战略管理的概念适用于现代服务企业，只是在具体的行业实施时有所差异，现代服务业主要包括金融业、会展业、物流业等行业，它们各自有适合自身的不同的战略管理体系和管理方法，但无一例外的是，它们都是为消费者服务的。

美国战略学家安索夫将战略管理分为：企业总体战略和企业经营战略。总体战略是指导性、宏观性、长远性战略，它决定着企业的远景和生命，经营战略是微观性、操作性战略，它是为总体战略服务的，总体战略是经营战略的基础。总体战略研究的对象是由一些相对独立的业务部门组成的现代服务业的整体。总体战略是企业整体的战略总纲，是现代服务企业最高管理层决定企业发展方向的依据。现代服务企业的部门发展战略是为执行并支持公司战略与经营战略而在企业特定的职能管理领域制定的战略。现代服务企业的部门战略主要包括：①财务战略，即财务预算与控制、投资与资金融通战略、资产管理战略。企业战略也可按时间跨度分为短期、中期、长期战略；②营销战略，即市场细分战略、市场定位、市场进入战略、产品战略、定价战略、促销战略等；③人力资源战略，即人力资源规划、员工的选拔、培训、考核及发展等。

3. 战略管理的原则

1) 环境分析原则

战略的制定与实施必须与企业发展的环境相适应，企业发展的环境分外部环境和内部环境现代服务企业必须重视企业与其所处环境的互动关系，这是为了企业能够更加适应和改造外部环境必须坚持的一项重要原则。

小知识

企业中的"二八原则"

二八原则法就是"巴莱多定律"(也叫二八定律)，有些地方也译为"帕累托定律"是19世纪末20世纪初意大利经济学家巴莱多(帕累托)发现的，最初起源是市场经济领域，有"二八定律"、生活中的"二八开"、企业管理的"二八法则"……，企业中的"二八法则"

一是"二八管理法则"。

企业主要抓好20%的骨干力量的管理,再以20%的少数带动80%的多数员工,以提高企业效率。

二是"二八决策法则"。

抓住企业普遍问题中的最关键性的问题进行决策,以达到纲举目张的效应。

三是"二八融资法则"。

管理者要将有限的资金投入到经营的重点项目,以此不断优化资金投向,提高资金使用效率。

四是"二八营销法则"。

经营者要抓住20%的重点商品与重点用户,渗透营销,牵一发而动全身。

总之,"二八法则"要求管理者在工作中不能"胡子眉毛一把抓",而是要抓关键人员、关键环节、关键用户、关键项目、关键岗位。

资料来源:http://baike.baidu.com/view/530734.htm

2) 系统性原则

战略管理包括战略制定、战略实施、战略控制等过程,然而整个战略管理过程的各个环节并不是相互独立的,它们是一个互相联系的系统。现代服务企业的优秀管理者大都是将企业战略的制定、实施、控制、评价作为一个完整的过程来进行管理的,根据下面的企业战略管理框架图,即可看出现代服务业战略管理的系统性,如图4.4所示。

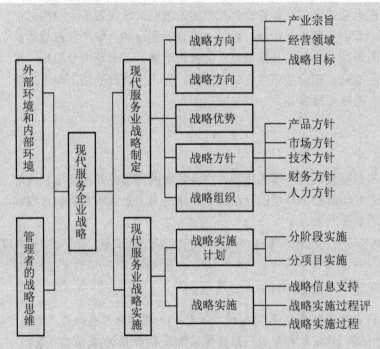

图4.4 现代服务业战略管理框架图

3) 最优原则

最优原则是指在战略制定、战略实施过程中要着重强调企业整体价值的最大化。这就要求管理者在制定和实施战略的过程中将企业当做一个整体来看待，目的是要提高企业整体水平，不是强调企业某一个战略经营单位的重要性，而是重视企业整体效益的最大、最优，如图 4.5 所示。

4) 全员参与原则

全员参与原则如图 4.6 所示，它有两层含义：①战略的制定过程要有尽可能多的员工参与；②战略的实施过程需要全员参与。这样在战略制定和实施的过程中才能发挥企业员工的积极作用，减少阻力，从而增强战略实施的效果。事实上，在很多时候战略管理的效果在很大程度上取决于中下层是否认真贯彻执行。

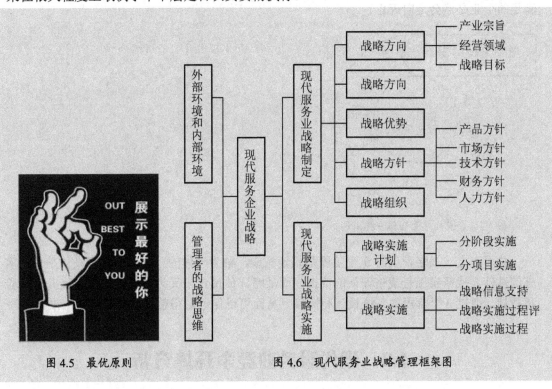

图 4.5　最优原则　　　　　　　图 4.6　现代服务业战略管理框架图

4.2.2　战略实施

在战略实施过程中，要求现代服务企业制定好年度目标、政策、激励员工和有效配置企业各种资源，督促各个职能部门制定出与总体战略相对应的具体战术，以便使制定的战略得以贯彻执行。战略实施需要通过战术的具体运用来实现，主要包括培育支持战略实施的现代服务业文化、建立有效的组织结构、制定预算、建立和使用各种现代服务信息系统等方案和具体计划措施。战术运用往往被称为战略管理的行动阶段，意味着动员雇员和管理者将已制定的战略付诸行动，战略的具体实施受到现代服务企业组织结构、战略变革等因素的影响，而战术运用活动也会受到现代服务业中的所有雇员及管理者的素质和行为的直接影响,往往被看成战略管理过程中难度最大的一个关键环节之一,因此,在该阶段中要特别重视人力资源的开发和利用,通过制定相应政策,调动每一位员工的积极性。

4.2.3 战略评估

战略评估是战略管理中的最后一个阶段,如图 4.7 所示。由于现代服务企业外部及内部各要素都处于不断地变化之中,因此,所制定出来的战略需要不断地调整和修改才能适应环境。战略评估包含的工作有回顾和评价外部和内部的因素,作为战略方针选择的基础,判断战略实施的成绩和争取正确的行动解决实施过程中所出现的未曾预料的各种问题。评估的重要性从根本上讲是告诫每一位企业管理者,企业需要不断进步和创新,因为今天的成功并不代表明天会继续成功,成功的背后同样会存在各种各样的问题,实践证明:自我满足的企业必然会走向灭亡。

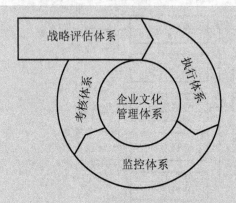

图 4.7　企业战略管理体系构成图

总而言之,战略管理的 3 个阶段是相辅相成,融为一体的。其中,战略设计是战略实施的基础,战略实施是战略评估的依据,而战略评估反过来又为战略设计和实施提供经验和教训。通过 3 个阶段的系统设计和衔接,从而可以保证取得整体效益和最佳结果。

4.3　现代服务业竞争环境分析

随着经济一体化和科技发展的影响,现代服务业的发展面临着前所未有的竞争局势,特别是在全球金融危机之后,如何使服务业重新焕发出生机,是国内外服务企业需要解决的重大问题。本节通过对服务企业外部环境、经营环境以及内部条件进行深入的剖析,从而为服务企业如何危中生机提供借鉴,提高自身竞争力。

4.3.1 现代服务企业外部环境分析

1. 一般环境分析

现代服务企业的外部环境主要是指存在于现代服务企业组织外部,但影响现代服务企

现代服务业战略管理　第4章

业经营环境活动的各项因素的组合，这些因素一般不是现代服务企业在短期内可以控制或改变的，但是对于企业的经营成果却会有很大的影响。外部环境是存在于一定时空和社会中的各类社会组织所面临的环境，其大致可以归纳为政治、经济、科技、社会、自然5个方面。

1) 政治环境

政治环境主要指一个国家的社会制度、执政党的性质以及政府的方针、政策和法令等。特别是对于跨国的现代服务企业来说，外国的政治法律环境显得尤其重要。因为不同的国家有不同的社会性质，不同的社会制度对组织活动有着完全不同的限制和要求。即便是同种社会性质的国家，因为执政党的不同，其所采取的方针政策也是不同的，这些都会影响到企业的经营活动。这里还只是谈到政治活动对于企业的影响。

事实上，相关法律的出台对于企业的影响更加明显。政府通过制定财政、金融、工资、物价、就业、工作安全、环境保护等方面的法规和政策，来影响现代服务企业的经营活动，以此增加企业经营事业发展的机会，或者限制某些企业经营活动，对企业发展构成威胁。由于现代服务企业的综合性，现代服务企业涉及很多行业和很多部门之间关系的协调，因此，它除了要遵循一般的行业法律法规之外，还受到其他一些法律法规的制约。同时，国家相关政策的出台可以为现代服务业提供很多有利的发展机会。特别是在2008年金融风暴的影响下，国家推出的十大产业振兴规划，这种政策导向就在很大程度上促进了这些行业的振兴和发展。因此，政策对于企业发展具有重要的影响，现代服务企业需要深入地研究企业的政治环境，并对其变化做出迅速的反应，才能立于不败之地。

 背景知识

国家十大产业振兴规划是哪十大产业？

汽车产业、钢铁产业、纺织工业、装备制造、船舶工业、电子信息、轻工业、石化产业、有色金属、物流产业。

资料来源：http://zhidao.baidu.com/question/88087428.html?fr=qrl&cid=153&index=2&fr2=query

2) 经济环境

经济环境是现代服务企业在经营过程中所面临的各种经济条件、经济特征和经济联系等客观因素。由于现代服务业活动是一种经济活动，因此经济环境在影响现代服务业经营的众多因素中，是最重要、最根本的要素。概括而言，它包括宏观和微观两个方面的内容，宏观经济环境主要是指一个国家整个国民经济的运行情况。衡量国民经济运行情况的主要指标有经济增长速度、国民收入、国民生产总值及其变化情况。微观经济环境主要是指现代服务企业所在地区的消费者收入水平、消费偏好、储蓄情况、就业程度等因素，现代服务企业通过对这些指标的调查分析可以了解市场的规模、市场潜力以及市场购买力，从而根据市场购买力来制定自己的产品和服务。

3) 科技环境

科技环境是指企业所在国家或地区的科技实力的大小。科学技术的革命性成果极大地改变了社会生产的方式、生活方式乃至人口结构。在具体的分析过程中要从两个方面对企业面临的科技环境进行分析。一方面要密切关注与企业所处领域密切相关的技术手段的发展变化;另一方面还要深入地关注国家对科技开发的投资和支持的重点项目,要关注科技的每一次进步,利用最新科技为企业服务,因为现代服务业本身就是一个需要采用大量先进技术的行业,是以现代科学技术作为其重要标志之一的。

4) 社会环境

社会环境主要指一个国家或地区居民的受教育程度、文化传统、宗教信仰、社会结构、风俗习惯、审美观念和价值观等。社会文化水平会在很大程度上影响到居民的需求层次,而宗教信仰和风俗习惯又会抵制某些活动的进行,价值观念会影响居民对组织目标、组织活动及组织存在本身的认可与否;审美观念则会影响人们对组织活动内容、活动方式以及活动成果的态度。[1]

5) 自然环境

自然环境决定了企业所处地区的地理位置、气候条件和资源禀赋等。自然环境也是现代服务企业在经营活动必须考虑的重要环境要素之一。例如,某些物流企业在自然环境较为恶劣,可进入性不高的地区不设网点,就是考虑到成本和安全风险等因素。又如在当前甲型 H1N1 流感病毒蔓延之后,很多现代服务企业,特别是跨国性的现代服务企业就受到了一定的冲击。

2. 现代服务企业的经营环境分析

现代服务企业的经营环境包括诸多因素,它是现代服务企业生存和发展的一个基本环境,是与现代服务企业产、供、销、人、财、物、信息发生紧密联系的客观环境,包括现代服务业与顾客、竞争对手以及资金、原材料、劳动力等要素的供应商、中间商以及现代服务企业所在社区之间的关系。其中最主要的是竞争对手、顾客、供应商、政府及公众等。

1) 行业性质

随着服务业在国民经济中的比重不断增加,特别是与制造业相配套的一系列生产性服务业的迅速发展,中国政府和全国各大省市和地区均把大力发展现代服务业当作一项重要政策来执行,在一些发达地区甚至已经将现代服务业作为支柱产业和重点产业来培植。现代服务业已逐渐成为中国重要的经济增长点。中国即将进入现代服务业的大发展时期,国家已经出台了一系列促进现代服务业发展的政策措施,各省市已经开始着手编制现代服务业发展规划,这种环境必将促进中国现代服务业的蓬勃发展。中国工业化的进程也为现代服务业的发展提供了重要基础,同时中国居民可自由支配收入的增加,居民作为市场运行主体的力量也大大增强,这些对于中国现代服务业的发展来说都是一次难得的机遇。

2) 竞争状况

竞争是影响现代服务企业经营策略的一个重要因素。现代服务企业间的市场关系和组织形态,即市场结构和产业组织状况,是决定现代服务企业竞争状况的主要因素,对于现代服务企业竞争状况的分析,一般采用波特的五力模型理论,如图 4.8 所示,现代服务企业的行业竞争状况主要取决于 5 个方面,或者说是 5 个要素:供给方议价能力、买方议价能力、潜在竞争者、替代品和现有竞争者之间的争夺,这几个因素共同决定一个行业的竞

---

[1] 周三多. 管理学——原理与方法[M]. 4 版. 复旦大学出版社,2004:301.

争程度和竞争性质。同时，这 5 个因素还通过影响企业选择的范围(如市场定位、产品定价)进而对企业的战略制定施加影响。由此，可以知道在现代服务业中，当这 5 种要素的力量越薄弱时，该行业就越可能存在潜在的利润吸引新的竞争者进入，反过来，当这些力量相当强大时，这就是一种威胁，因为现代服务企业可能要花费较高的成本、较低的价格，或者两者皆有。

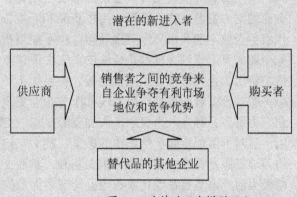

图 4.8　波特的五力模型理论

3) 顾客

现代服务企业经营的目的就是要不断地满足顾客的各种消费需求，因此，顾客的消费需求特点和消费结构的变化趋势应该是现代服务企业必须首先考虑和重视的问题。随着网络技术的发展，中国服务业的行业结构发生了很大的变化，传统服务业的体位受到重大挑战，同时，在现代服务业中不断有新的消费需求和新的业态涌现。因此，中国现代服务业要特别重视客源市场的新需求和行业内的新变化，才能做到"以不变应万变"。

4) 政府

由于现代服务业的业态广泛性和变化发展的日新月异，以及在现代服务业中扮演重要角色的金融、通信等行业在中国市场上还是大量以垄断形式存在，政府在中国现代服务业中发挥的作用和影响还是十分广泛的，它不仅能为现代服务企业创造一个良好的外部环境，而且政府所制定的产业政策、投资计划、法律法规等都会对现代服务业的经营产生重要影响。

5) 其他公众

其他公众是指与现代服务企业发生作用和影响的相关社会群体，这些群体之间存在着共同利益，也存在着一些需要共同解决的问题，它们也会在一定程度上影响到现代服务企业的经营活动和企业形象。因此，现代服务企业在经营的过程中也应重视与公众的沟通并协调好各方关系，为企业树立一个良好的公众形象。

4.3.2　现代服务企业内部条件分析

现代服务企业内部条件分析也叫做内部条件审视，主要是要找出自己与竞争对手的优势与劣势，它是现代服务企业制定战略的基础和出发点、依据和条件。准确分析现代服务企业内部经营条件是使现代服务企业在内外部环境复杂多变的情况下求得企业长远生存与发展的重要环节之一。现代服务企业内部环境分析主要包括现代服务企业的资源分析、现代服务企业能力分析、现代服务企业组织结构以及企业文化等方面的分析。

1. 现代服务企业资源分析

根据战略管理资源学派的观点,现代服务企业资源分为有形资源、无形资源和人力资源。有形资源一般是指可以在财务报表上明确查找得到的一类资产,它主要包括现代服务企业的财力资源、物力资源、市场资源和环境资源等,现代服务企业无形资源主要是指现代服务企业不能从市场上直接获得,也不能用货币直接进行衡量的一类资产,它同现代服务企业的有形资源一样都是稀缺的,它主要包括技术资源、商标权、专利权、客户资源、信誉资源、企业形象、企业文化等。在当代市场竞争中,无形资源的作用越来越受到现代服务企业管理者的重视,因为现代服务企业更重要的是传达一种服务理念和服务精神。企业人力资源又称为人力资本,人力资源是指一定时期内组织中的人所拥有的能够被企业所用,且对价值创造起贡献作用的教育、能力、技能、经验、体力等的总称。现代服务企业的各项资源是构成企业实力的重要基础,然而企业的资源往往有限,如何以最少的投入获得最大的产出是摆在现代服务企业管理者面前的一大难题。对于现代服务企业资源的分析和使用应该注重从战略全局的角度来进行考虑,才能有效地盘活企业资源。

2. 现代服务企业能力分析

对现代服务企业进行能力分析主要可以从以下几个方面着手。

(1) 资源能力。现代服务企业的资源能力主要包括企业从外部获取资源的能力和从内部储蓄资源的能力。企业资源能力的强弱将直接影响到现代服务企业的发展方向和发展速度,而这些都将关系到企业的生存并决定着企业战略的制定和实施。现代服务企业从外部获得资源的能力主要取决于这些因素:①现代服务企业所处的地理位置;②企业与资源供应商之间的关系;③资源供应商讨价还价的能力;④资源供应商前向一体化的趋势;⑤企业供应部门人员的素质和办事效率等。

(2) 生产能力。生产是现代服务企业进行资源转换的中心环节,只有在数量、质量、成本和时间等方面符合要求的情况下,才能形成具有竞争性的生产能力。生产能力主要包括以下几个方面的要素:生产工艺与服务流程是否高效率?企业是否具有有效的生产控制体系、库存控制体系及质量控制体系?

(3) 营销能力。从战略的角度考虑,营销能力主要包括 3 个方面的内容:第一,市场定位的能力。它直接表现为现代服务企业生产定位的准确性,还取决于现代服务企业的市场调查和研究的能力、评价和确定目标市场的能力、把握市场细分标准的能力、占据和保持市场位置的能力 4 个方面;第二,市场营销组合的有效性。评价市场营销组合的有效性主要应把握两个方面:企业的经营业务是否与目标市场中的有效需求相一致?是否与目标市场产品生命周期相一致?第三,营销管理能力。主要是指企业对营销各项工作管理的能力,具体包括营销团队队伍的建设与培训,营销人员的考核与激励,应收账款的管理等一系列工作。

(4) 科研与开发能力。科研与开发能力是现代服务业一项十分重要的能力。对于现代服务企业科研与开发能力的分析主要从以下几个方面来进行:第一,科研与开发能力分析。

科研与开发能力就是指企业是否有能力根据企业的发展需要开发和研制新产品,是否有能力改进生产设备的生产工艺;第二,科研与开发组合分析。一个好的科研或开发部门,应该能够根据企业战略的要求和自身研发实力决定选择哪种层次的有效组合。第三,企业科研成果与开发成果分析。现代服务企业已有的科研与开发带来的经济效益等。第四,科研经费分析。现代服务企业的科研设施、科研人才和科研活动要有足够的科研经费予以支持,因此,需要根据企业的财务实力作出预算。

3. 现代服务企业其他能力分析

这里的其他能力主要指现代服务企业的组织文化、组织结构分析等。组织文化是指现代服务企业在长期的经营和实践过程中逐步形成的为全体员工所认同、遵守并带有本企业特色的价值观念、经营准则、经营作风、企业精神、道德规范、发展目标等的总和,在现代服务企业实施战略管理的过程中,注重分析企业文化,了解和掌握企业文化形成的特性。就可以从中找出能够支持或制约企业经营战略的关键要素,从而使企业在文化环境方面具有优势。组织结构也是一个值得分析的重要因素,组织结构是指现代服务企业全体员工为完成企业组织目标,在工作中进行分工协作,也是现代服务企业战略管理得以实施的组织保证。

图4.9所示是微软公司及其"一对一服务"领导小组的组织结构图。

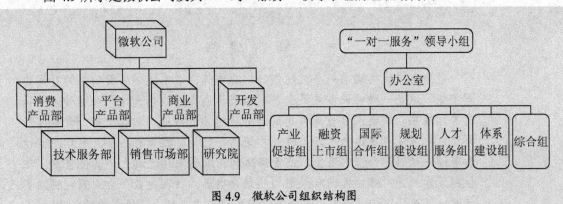

图4.9 微软公司组织结构图

4.4 现代服务业的主要竞争战略

知识经济时代中的服务企业追求的不仅是如何提升生产力,更重要的是如何运用科学的竞争战略来创造竞争优势,从而增加企业经营的效益。现代服务企业需根据自身的特点和所处的发展环境来制定不同的发展战略,这里将重点介绍三种基本经营战略。

4.4.1 集中经营战略

集中经营战略是指现代服务企业应将经营活动集中于供应链的某一特定的环节,或者是将目标集中于某一个特定的购买集团或者抓主要客户,其关键在于对特定的目标能够比

现代服务业管理原理、方法与案例

竞争对手提供更为有效的和更为优质的服务。集中经营战略也可以呈现出多种形式。这种战略比较适合于现代服务企业中规模较小的企业，同时要求企业在某一特定的业务领域，如市场销售、广告宣传、供应链系统等方面具有一定的比较优势，又或者对于某个专项服务市场有非常深厚的经验。

现代服务企业采用集中经营战略的优势主要表现在：①它有利于将企业有限的资源和力量集中起来，在特定的业务范围内形成比较优势，能够在某一项业务上做专做强，从而增强企业的竞争力；②它能使企业的发展目标不断聚焦，管理过程更加容易控制，经济效果相对而言也比较易于评价；③现代服务企业实施集中经营战略可以将有限资源集中在特定的目标市场，以便更好地研究特定消费者的需求情况，并进行有针对性的技术开发，从而持续地巩固市场，实现逐步规模化及可持续发展。

与此同时，现代服务企业实施集中经营战略也存在一定的风险和劣势。这些风险主要表现在：①现代服务企业将全部资源集中在一个特定市场或特定产品，则当目标市场的需求发生变化，又或者在市场有创新替代产品出现时，企业往往会受到很大的冲击；②现有竞争者可能会凭借其规模或其他优势占领企业选定的特定市场，而使企业失去足够维持生存的市场份额；③特定市场对产品或服务需求的不断更新，可能使企业为维持足够的市场而背负较高的成本负担，进而使获利空间不断缩小。

 小知识

集 中 战 略

采用集中战略瞄准一个大规模的细分市场，运用统一的营销努力开发广阔市场，这是一种对许多决策者都有极大诱惑力的战略选择。在这种选择和决策过程中，决策人员首先考虑的是那些潜力和规模在数量上够"大"的消费群体，更多地考虑这个市场上较为广泛的一致性。因为在一个具有广泛共性和普遍一致性的"大"市场上，消费群体的需求量同样远远大于其他市场。但值得注意的是，那些大的有吸引力的细分市场，往往是多个企业同时瞄准了的市场，而那些相对较小的市场却没有人试图去占领。这通常被称之为"大多数谬论"。

资料来源：http://www.cmic.zju.edu.cn/cmkj/web-xdggch/5/1/2.html

4.4.2 总成本领先战略

总成本领先战略又称低成本战略，即现代服务企业的总成本低于竞争对手的成本，甚至达到同行业的最低成本水平，成本控制管理是实施该战略的重要核心环节，围绕这一核心需要进行一系列的具体战略活动，诸如紧缩成本开支、控制间接费用、尽量减少研发、广告、服务、销售等方面的投入，但是有一个值得注意的关键点就是很多企业往往以牺牲和降低服务质量为代价来获取成本最低的效果，这将很可能使企业面临失去市场份额的危机。

总成本领先的理论基石是规模效益，即产品或服务成本随着生产规模的增大而下降。对于特定的现代服务企业而言，实施总成本领先战略需具备一定的条件：第一，现代服务企业自身需具有较大规模。以现代物流行业为例，这就要求其在业务领域范围内以及供应链的各个环节都要节约成本；第二，企业自身产品或服务拥有较高的市场占有率。这在一方面可以降低企业由于市场开发、吸引客户的成本开支，另一方面又可以使企业在开发新的市场和拓展新业务方面获得较为廉价的资源；第三，现代服务企业必须拥有经验较为丰富的专业员工。对于现代服务企业来说，员工经验的积累对于降低成本的贡献比其他行业更加明显，因为这样不仅可以提高劳动效率、节约时间、改善服务质量，而且促进对生产要素投入的更为合理有效的组合，减少操作服务中不必要的开支，从而使成本得到合理、有效的控制。

对于现代服务企业而言，成本领先战略的优势主要有：①处于低成本领先地位的现代服务企业可以拥有比竞争对手更多的让利空间，即在竞争对手不能赢利、甚至是亏损的价格条件下，企业仍然会有一定的利润；②可以增强现代服务企业与消费者，也就是卖方市场讨价还价的能力；③当供应链上的供方因某种原因而抬高价格时处于低成本地位的现代服务企业还会有更大的灵活性来处理困境；④现代服务企业还可以利用已经造成的规模和成本优势造成行业进入的障碍，减少新兴行业进入的竞争。

同样，现代服务企业实施成本领先战略也存在一定的风险，这些风险主要表现在：①如果企业只是集中力量于如何降低成本，可能会导致预见市场变化的能力较弱，导致即使在产品价格降低的情况下也不能满足市场的需要，一旦不为消费者所认同，企业不可能经营成功，这也是企业在实施总成本领先战略时会遇到的一个瓶颈；②竞争对手会模仿企业的行为，采用类似战略使成本更低，这时企业就会丧失其原有的成本领先地位；③企业投入的成本有限而技术和经验又没有得到及时更新，这在很大程度可能会被其他新的技术经验所有者所替代而成为无效资源。

4.4.3 服务产品差别化战略

服务产品差异化战略是指现代服务企业致力于将自己的产品或服务与竞争对手的产品或服务区分开来，使企业更好地为市场所识别进而被认同而取得竞争优势。在实施该战略时，企业可以选取多方面来体现差异，如产品品牌的差异化，企业形象的差异化，设施技术的差异化以及营销方式、营销渠道的差异化等。

一般而言，实施差异化战略的现代服务企业也需要具备一定的条件。主要包括：①现代服务企业要有较强的研发能力，同时研发人员还需具备较强的市场洞察力和创造性思维；②现代服务企业的研发部门应该加强与组织策划部门、市场营销部门间保持较强的协调性；③现代服务企业还应具备较强的市场宣传及营销能力；④现代服务企业还应具有较高的市场声誉或者拥有市场认同度较高的品牌。

现代服务企业实施差异化战略的优势主要有：①实施差异化战略可以使该现代服务企业与竞争对手之间得以有效区分，而且一旦企业的服务为市场所接受，则可以建立起较为稳固的竞争地位，并使企业获得高于同行业平均水平的收益；②现代服务企业差异化战略还有益于建立起客户对产品或者服务的认识和信赖，降低服务的价格弹性，同时，还可以使买方具有较高的转换成本而对企业及其服务产生一定的依赖；③差异化战略可以使现代服务企业的产品或服务对竞争对手形成一定的壁垒，同时，还增加了新进入者参与竞争的难度；④现代服务企业通过差异化战略获得的高收益，可增强与供方和买方讨价还价能力。

现代服务业管理原理、方法与案例

当然，现代服务企业在实施差异化战略时也面临着一定的风险。主要表现在：①实施差异化战略的现代服务企业往往需要在设计、研发、宣传等方面需要进行较大的投入，而这种投入如果不能使产品的吸引力对价格产生足够的替代效应，则可能使购买者宁愿放弃差异而选择价格较低的产品或服务；②伴随着现代服务业整体的发展与进步，差异化产品或者服务也很可能为竞争对手所模仿，而使企业失去原有的竞争优势。

总而言之，上述的每一种战略都有其自身的优势和劣势，也有其自身适用的条件，现代服务企业在选择战略时应根据其自身的条件和内外部环境进行选择。

 案例

福特汽车品牌战略管理

汽车品牌管理人员通常会将绝大部分的营销费用用在推出新车型的运动上。福特汽车首席营销官吉姆·法利(Jim Farley)就采用了这种做法。但是吉姆也试图告诉广大受众"福特汽车公司是多么善于管理"(其中隐含的信息是，福特汽车要优于通用和克莱斯勒等汽车企业，福特汽车以外的其他汽车制造商都是靠着纳税人的钱生存的)，吉姆想通过传达这样的信息提升福特汽车的可靠性。由于福特汽车的大多数购买者为小企业主和雇员，因此，吉姆对如何管理相关的信息传播十分重视。他说："人们会信任一家他们认为运营得很好的企业。"

福特汽车的营销费用通常被用于折扣促销，还有就是作为公关开支。福特汽车有全职负责的员工，他们的任务是登录到各个社交网站，在网上发布各种关于福特汽车的有利信息。这些信息包括可靠的品质、与众不同的设计风格、燃油经济性等。而且，譬如说福特汽车取得了比预期更好的业绩，也会通过Fackbook、微博和各类博客不停地传播。与此同时，福特汽车传播部门的员工挖掘、创造了一些故事，以此说明福特汽车的运营比竞争对手更具有智能性和优越性，其中包括福特汽车为了缩减成本，开发了一款适用于多个市场的汽车。"另外，在与政府保持良好关系的同时保持企业的独立性，这是福特汽车一大引以为豪之处，这让我们能有专业经营企业的指导思想。"吉姆说。

同时，福特当前的广告看起来与以前的风格截然不同。以前的广告让人觉得温暖而且鼓舞人心，但这家公司不再像以往那样在自己105年的企业悠久历史上做文章——他们曾经制作了一个专辑，让总裁比尔·福特(Bill Ford)谈论新车型与以往不同的独特创意。相反，如今福特汽车更注重消费者理性的左脑思维逻辑，坚持不懈地宣传一些主题以提升自己的街头信誉，譬如新技术、燃油经济性、过硬的质量等主题。

汽车品牌管理人员通常会将绝大部分的营销费用用在推出新车型的运动上。福特汽车首席营销官吉姆·法利(Jim Farley)就采用了这种做法。但是吉姆也试图告诉广大受众"福特汽车公司是多么善于管理"(其中隐含的信息是，福特汽车要优于通用和克莱斯勒等汽车企业，福特汽车以外的其他汽车制造商都是靠着纳税人的钱生存的)，吉姆想通过传达这样的信息提升福特汽车的可靠性。由于福特汽车的大多数购买者为小企业主和雇员，因此，吉姆对如何管理相关的信息传播十分重视。他说："人们会信任一家他们认为运营得很好的企业。"

福特汽车的营销费用通常被用于折扣促销，还有就是作为公关开支。福特汽车有全职负责的员工，他们的任务是登录到各个社交网站，在网上发布各种关于福特汽车的有利信息。这些信息包括可靠的品质、与众不同的设计风格、燃油经济性等。而且，譬如说福特汽车取得了比预期更好的业绩，也会通过Fackbook、微博和各类博客不停地传播。与此同时，福特汽车传播部门的员工挖掘、创造了一些故事，以此说明福特汽车的运营比竞争对手更具有智能性和优越性，其中包括福特汽车为了缩减成本，开发了一款适用于多个市场的汽车。"另外，在与政府保持良好关系的同时保持企业的独立性，这是福特汽车一大引以为豪之处，这让我们能有专业经营企业的指导思想。"吉姆说。

思考：福特汽车是如何进行资源规划的？ 资源规划的重要性？

资料来源：http://baike.china.alibaba.com/doc/view-d1680169.html 2009-06-03

本章小结

本章主要阐述了现代服务业战略管理的意义、特征、过程以及内容体系，并从企业外部环境、经营环境、自身条件等方面对现代服务业所处的竞争环境进行了分析，最后阐述了现代服务业在战略管理过程中所采用的 3 种主要竞争战略即集中经营战略、总成本领先战略以及服务产品差别化战略。

思 考 题

1．简述现代服务业战略管理的意义。
2．现代服务业战略管理的原则主要有哪些？
3．实施服务产品差别化战略的现代服务企业应当具备什么样的条件？

第5章 现代服务业人力资源管理

导　读：

由于中国现代服务业起步相对比较晚，服务人才比较缺乏，无论是服务业的发展程度还是服务业从业人员的素质方面，都与服务业较发达的国家存在一定的差距，人才问题已经成为制约中国现代服务业持续快速发展的一大"瓶颈"。本章主要阐述了现代服务业人力资源的概念，提出了现代服务业人力资源体系的构成，分析了现代服务业人力资源开发现状及其未来发展趋势，并提出了如何实现现代服务业人力资源的管理创新。

关键词：

人力资源管理　人员招聘　培训

5.1 现代服务业人力资源管理的特点与目标

在阐述现代服务业人力资源管理的基本原理和基本方法之前，有必要了解一下现代服务业人力资源管理有别于其他行业人力资源管理的一些特点，以及现代服务企业人力资源管理究竟要达到一个什么样的目标。

5.1.1 现代服务业人力资源管理的概念与特点

1. 人力资源的概念

人力资源管理理论是由以前的人事管理发展演变而来的，如今，企业已将人力资源的管理放到与生产、营销、财务管理等同的地位，人力资源管理已经成为组织的一项必不可少的基本管理职能。因此，可以将资源分为两大类，即物质资源和人力资源。人力资源是指具有智力劳动和体力劳动能力的人们的总和，它反映了一个国家或地区人口总体所拥有的劳动能力。人力资源包括数量与质量两个方面，可以分为3个层次：①理论人力资源，即一个国家或地区可以利用的全部人力资源；②现实人力资源，即现实国民经济活动可以利用的就业人口和谋求职业人口的总和，也称"经济活动人口"；③直接人力资源，即已经被使用的资源，它表现为就业人口。人力资源质量是指一个国家或地区拥有劳动能力的人口的身体素质、文化素质、思想道德与专业劳动技能水平的统一。[1]

---

[1] 赵西萍. 旅游企业人力资源管理[M]. 天津：南开大学出版社，2001.

2. 现代服务业人力资源管理

现代服务业人力资源管理，是指促进现代服务业的快速健康发展，结合现代服务企业自身的行业特点，将现代人力资源管理理论应用到现代服务业之中，为现代服务业从业人员提供的包括人力资本升值在内的培训和服务，通过满足员工需求，从而实现顾客满意进而实现企业的发展。现代服务企业人力资源管理的内涵就是要着重强调以人的价值观作为中心，为处理人与人、人与工作、人与企业以及人与环境之间的各种复杂关系而采取的一系列开发与管理活动。总体而言，现代服务业人力资源部管理具有以下特点。

1) 服务性

服务性是现代服务业区别于其他行业的重要特征之一，也是现代服务业人力资源管理的重要特征和理念，"顾客就是上帝"的传统观念一直被作为服务行业信奉的信条，相信大家已经耳熟能详，但是美国罗森帕斯旅游管理公司总裁罗森帕斯就曾对这一传统观念提出挑战，依据他的观点"员工第一、顾客第二"(Employees Come first, Customers Second)才是企业真正的成功之道。他认为只有把员工放在第一位，员工才有顾客至上的意识。只有存在满意的员工，才会有满意的顾客。由此可见，现代服务业人力资源管理就是现代服务企业在实施服务竞争战略的过程中，高质量地完成服务过程、有效率地实现组织目标的必要手段。现代服务业人力资源管理应始终贯穿着"以人为本"的管理理念，当然，所谓人力资源管理并非是指行政式的"管"人，而是指在营造企业良好的组织文化和竞争氛围的同时，还要从员工的实际需求出发，谋求员工利益和企业利益共同发展，所以，现代服务业人力资源管理体现的是一种为员工服务的特点，构建的是学习型服务企业。

背景知识

"员工第一，顾客第二"

美国罗森帕斯旅游管理公司总裁罗森帕斯向"顾客就是上帝"的传统观念挑战，认为"员工第一，顾客第二"是其成功之道。他认为企业走向衰退，始于出错率的增加，意味员工的不愉快，接着员工抱怨，最后才是顾客抱怨，只有把员工放在第一位，员工才有顾客至上的意识。要顾客满意，首先要使员工满意。

资料来源：http://www.hotel520.com/hotel_1/19252_2.html

2) 综合性

现代服务企业人力资源管理是一项综合性很强的工作。在对人力资源进行开发与管理的过程中，需要考虑来自各方面的因素，如心理因素、生理因素、政治因素、经济因素等，还要考虑相关学科在现代服务业人力资源管理过程中的应用，在现代服务业人力资源管理过程中会涉及的学科主要有心理学、经济学、管理学、组织行为学、社会学等。除此之外，在实际操作过程，还需要考虑一些不确定性要素的影响，如果组织中的其他管理，如财务、采购等要求专业人才方可担任，那么现代服务企业的人力资源管理则要求通才来担任。

3) 系统性

现代服务企业人力资源管理的重要目的之一，就是要使服务业从业人员所承担的各项工作，都能为企业共同的目标和远景服务。现代服务业涉及面很广，牵扯的各方面因素很多。为了满足消费者的多重需要，就需要为消费者提供量身定做的个性化服务。因此，现代服务企业人力资源管理表现出很强的系统性。在整个系统中任一方面、任一层次工作的不足，都会对整个系统产生不利影响。因此，如何最充分的调动员工的积极性，促使行业内部系统的整体协调，是现代服务业人力资源管理的显著特点，也是工作的难点。

4) 复杂性

现代服务企业人力资源管理的对象是人，而且现代服务业本身是一个劳动密集型行业，其主要产品由人所提供的服务构成，人是有思想、感情和意识的，所以其心理状态和情绪上的变化往往很复杂，而且人的行为往往受其感情的支配，在情绪高涨时，工作效率和工作质量很高；在情绪低落时，则相反。这种情感思想上的复杂性往往给现代服务企业人力资源管理工作带来较大的困难。甚至是相同的管理方法对于不同的人或在不同时间对于同一个人，所产生的服务效果也可能大不一样。因此，在人力资源的开发与管理问题上，往往有多种选择，最佳方案并不唯一，这就要求一定要对问题进行具体分析，要根据现时情况进行灵活处理，否则是不能很好地解决问题的。

5) 互动性

现代服务企业人力资源管理的互动性是人力资源与物质资源的重要区别之一。所谓互动性是指现代服务企业人力资源管理的对象具有能动性，能与周围环境及管理系统发生交互作用，产生双向交流。一方面表现在人会主动并有意识地去调节自身与系统、环境的关系，担负起应变、进取、创新发展的任务，而一般物质资源往往处于一种很被动的状态，只能被动地去接受系统的控制与管理；另一方面，人在工作中往往处于主动地位，是支配其他一切资源的主导因素，人可以通过自己的知识和能力创造相应的工具，使自己的器官得到延伸和扩大，从而进一步增强自己的能力，同时也使环境和系统得以改造并升级。

5.1.2 现代服务业人力资源管理的重要性

中国自古以来就有"重人"的思想，古代先贤老子在《道德经》中说到"道大、天大、地大、人亦大"、"域中有四大，而人居其一焉"(如图5.1所示)，这足以可见人本思想观念是中国传统文化思想之一。进入21世纪，企业对于人力资源更加重视了，企业如何吸引高素质的人才？如何发挥每个人的潜能？如何赢得员工的献身精神，实现企业长久稳定的发展，已是摆在管理者面前的重要选择。现代服务业人力资源的重要性主要表现在以下几个方面。

图 5.1 《道德经》

1. 人力资源是现代服务企业的核心资源

人力资源是与自然资源或物质资源相对应的概念,在具体含义上有广义人力资源与狭义人力资源之分。从广义来说,只要是智力正常的人都是人力资源;狭义的人力资源则是指智力和体力劳动能力的总称,也可以理解成是为社会创造物质文化财富的人。

诺贝尔经济学奖获得者、芝加哥大学教授西奥多·舒尔茨经过多年研究,曾提出了人力资本的理论,他用这种理论解决了古典经济学家长期以来未曾解决的俄经济增长的源泉难题,解开了当代财富之谜。他认为人力资本才是国家和地区的富裕之泉。这种理论突破了只有厂房、机器等物质性资源才是资本的概念,把国家、地区和组织在教育、保健、人口、迁移等方面投资所形成的人的能力的提高和生命周期的延长也看成资本的某一种形态。舒尔茨认为,人力资本是通过对人力资源投资而体现在劳动者身上的体力、智力和技能,它是另一种形态的资本,与物质资本共同构成了国民财富,而这种资本的有形形态就是人力资源。这种资源是组织、地区和国家生产和发展的要素之一。[2]

当代经济学家普遍接受了舒尔茨的观点。经济学家认为,土地、厂房、机器、资金等已经不再是国家、地区和组织致富的源泉,唯独人力资源才是企业和国家发展的根本。[3]

就现代服务业而言,由于其提供的产品是服务产品,而且主要是由人的活动完成,员工的素质、态度等要素会直接影响到产品的质量,这些都将会成为现代服务企业的核心资源。

2. 人力资源是现代服务企业经营成功的关键要素

成功的企业往往十分重视员工的利益,并视员工为企业的第一资源,将人才是资源、是资本,是企业的核心竞争优势等观念一以贯之,并使之深入人心,在企业的经营理念和各项制度中也处处体现以人为本,尊重和爱护员工,这些都取得了重大成效。然而也有很多企业仅仅将员工视为企业的成本,不断降低员工成本成为这些企业追求的目标,当然如果能从提高劳动生产率的角度降低员工成本也是很好的办法之一,但是,在实际操作中这些企业只是简单地削减员工,变相降低员工的工资待遇,或加大员工的工作量而得不到相应的补偿,长此以往,必然会导致员工增加对企业的不满,其结果是员工不是跳槽到其他企业,就是在工作中发泄,受 2008 年金融危机的影响企业裁员的现象更加明显,也受到了国家重视,往往是一些在竞争中遭受挫败的企业才采取裁员这样的下下策。

3. 人力资源成为国内外现代服务企业争夺的对象

经过 30 多年的改革开放,中国的经济实力在不断增强,各行各业都在努力与国际接轨,加上中国"入世"、奥运会和世博会的相继举办,这些都给中国现代服务业带来了机遇和挑战,很多国外的现代服务企业进军中国,并在不断扩大他们在中国的经营空间和市场占有份额,可以想象在不久的将来会有更多的外资企业进入中国,这些外资企业为了成功,势必会在人才上狠下功夫,甚至会以高薪向相关企业"挖人",特别是企业的核心人才和骨干人才,势必会演绎成一场人才大战,因此,国内人才国际化、国际人才本土化将成为必然。人力资源管理运作体系和组织战略中"人"的定位分别如图 5.2 和图 5.3 所示。

---

[2] 魏卫,邓念梅. 旅游企业管理[M]. 北京:清华大学出版社,2006:177-178.
[3] 余凯成等. 人力资源管理[M]. 大连:大连理工出版社,2001.

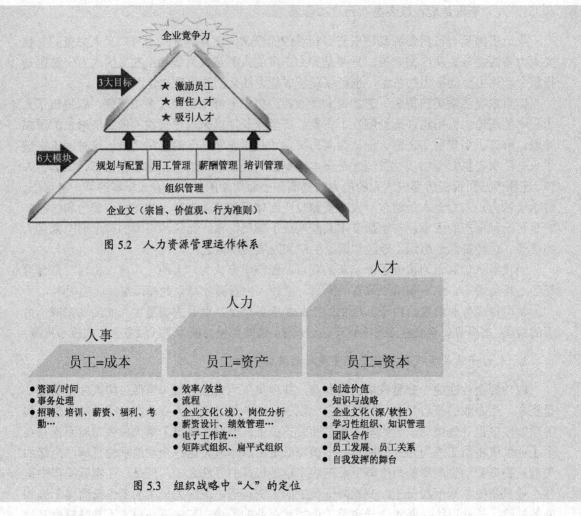

图 5.2 人力资源管理运作体系

图 5.3 组织战略中"人"的定位

5.1.3 现代服务业人力资源管理的目标

现代服务业人力资源管理就是要通过对现代服务企业人力资源进行有效的利用、管理、挖掘和激励,并制定相关的人力保障体系,使人力得到最优化的组合和积极性的最大发挥,以保证企业高效率运转,提供优质服务,从而提高企业的经济效益和社会效益。可以看出,现代服务业人力资源管理的目标就是通过其管理职能的落实,进而实现企业的效益。具体来说,即提高员工和企业的工作绩效和效益,在实现企业目标的基础上,努力实现员工的个人目标,使企业与员工实现共同发展。[4] 现代服务业人力资源管理的目标体系主要可以分成3个层次,即员工绩效、组织绩效以及员工和企业的协调发展。

1. 员工绩效

现代服务企业所提供的是面对面的服务,造就一支高素质的员工队伍是企业经营的基础。现代服务企业人力资源管理的基本目标就是要做好人力资源开发工作,充分调动员工

---

[4] 赵西萍. 旅游企业人力资源管理[M]. 天津:南开大学出版社,2001:40.

的积极性、主动性和创造性，做到人适其职、职得其人、人尽其才、才尽其用。员工绩效主要体现在员工满意度和员工稳定性上。工作满意度既是员工工作成果的表现，也是激发其继续不懈努力的动力之一；工作稳定性则能体现企业和员工之间的信任关系。

2. 组织绩效

优秀的员工并不代表企业就会有好的效益，只有在良好的组织文化和工作氛围下，帮助员工进行职业规划，并提供很好的发展机会，将素质良好的员工个体整合成高效率的组织体系，从而形成组织绩效大于个人工作绩效之和的企业绩效状态。组织绩效主要体现在生产率的提高和企业形象的塑造上。

3. 协调发展

员工的忠诚度是员工主观上有强烈的忠诚于企业的愿望，这种愿望往往是由于组织与员工目标的高度协调一致，组织帮助员工发展自我和实现自我等因素造成的。这就是员工与组织协调发展的直接表现，这也是企业人力资源管理所追求的最终目标。

5.2 现代服务业人力资源管理的基本内容

现代服务业人力资源管理的基本内容包括：人力资源规划、工作分析、人员招聘、培训与发展、绩效考评、薪酬管理、沟通与激励、劳动关系等。现就上述几个重要方面做一些简述。

5.2.1 现代服务业人力资源规划

1. 人力资源规划的含义和种类

人力资源规划是人力资源管理的重要组成部分，是指根据组织的目标和发展战略，适应组织内外环境变化，预测未来的组织任务和环境对组织的要求，为完成这些任务和满足这些要求而提供人力资源的过程。现代服务业人力资源规划，是现代服务业发展战略及年度计划的重要组成部分，是人力资源管理各项工作的依据。

人力资源规划是一种战略性和长期性的活动，与企业的总体经营战略目标有很大的关系。因此，人力资源规划必须保持与内、外部环境的一致，从组织的目标和任务出发，实施动态的规划，使企业内部员工的招募、甄选、配置、培训以及绩效考评等人力资源规划的设计相互匹配和协调的同时，还应与外部的业务动态和人力资源市场相一致，从而保障企业未来发展所需的人力资源配置，实现企业与员工个人的同步发展。现代服务业人力资源规划具体包括人员招聘计划、员工培训和使用计划、薪酬计划、离退休计划等提供人力资源的行动计划和预算，其实质在于选择所追求的目标和实现目标的最佳方案，如图 5.4 所示。

人力资源规划有以下几种分类方法。[5]

---

[5] 马勇. 旅游经济管理[M]. 天津：南开大学出版社，1999：138.

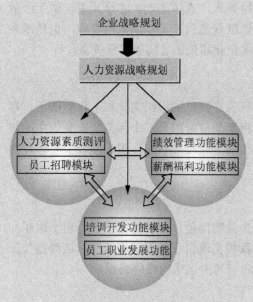

图 5.4　人力资源规划图

1) 按时间分

按时间长短，可分为长期规划、中期规划和短期规划。长期规划又称为战略规划，主要规定行业的发展方向和战略目标，时间为 3 年以上；短期规划属于执行型规划，具有协调功能；中期规划介于前两者之间。

2) 按范围分

按规划范围，可分为企业整体人力资源规划、各部门人力资源规划、某项工作或任务的专项人力资源规划。

3) 按性质分

按规划性质，可分为战略性人力资源规划和战术性人力资源规划。前者具有总体性、方向性、概括性等特点；后者一般指具体的短期规划。

2. 现代服务业人力资源规划的作用和意义

现代服务业属于劳动密集型的行业，员工在企业的经营过程中起到了核心的作用。通过人力资源规划的各项活动，实施人力资源定性和定量的规划，努力使员工需要与组织需要相吻合，帮助企业实现经营的战略目标。现代服务业人力资源规划的制定有以下作用和意义。

1) 明确企业人力资源管理在日常管理中的重要性

在组织运行的过程中，其他各大管理职能的发挥，都离不开人力资源的保障。通过科学的规划，行业内各类人力资源的比例及其与财、物等其他资源间的比例关系得到合理的配置，从而确保了各个企业正常经营管理活动的进行。

2) 满足变化的现代服务业组织对人力资源的需求

随着环境的变化，现代服务业的经营活动也在不断地变化，对人力资源的要求也在不断地变化。人力资源规划的任务不仅要研究现有劳动力在原有规模上的更新，还要分析各方面因素所引起的对人力资源的新要求，使现代服务业内部人力供给和运作维持适当的流动和稳定，从而优化企业的人员结构，最大限度地实现人才的价值。

3) 促使人力资源管理活动与企业的战略方向和目标相一致

制定人力资源规划可以使企业管理者和员工都能明确人力资源管理的目标以及实现目标的步骤和方法，并使人力资源管理的目标与企业的战略方向和目标保持一致。在客观实践中，能有效地沟通，使管理层与员工共同参与其中，达成共识，自觉地为实现目标而努力。从而人力资源规划成为员工开发和利用的激励力量，便于谋求改善人员配置的措施，形成良好气氛。

4) 有效预测未来企业人力资源供需状况

人力资源的规划除了要对现有人力资源状况的分析，还要对未来一定时期内，企业人力资源结构的变化做出预测，从而按时、适时、适量地从人力资源上保证现代服务业经营活动的正常进行。规划可以科学预测内、外环境和市场状况对企业未来经营过程中人力资源的要求，了解企业人力发展的趋势，还可及早发现各种问题，对企业需要的人力资源作适当的储备，对紧缺的人力资源发出引进与培训的预警，使得人力资源管理有条不紊地进行。另外，还可提高对紧急事件的处理能力，预防紧急事件所带来的负面影响，从而全面保障企业的人力资源。

3. 现代服务业人力资源规划的内容

人力资源规划的内容一般包括广义的人力资源规划和狭义的人力资源规划两部分。广义的现代服务业人力资源规划包括以下内容。

1) 现代服务业人力资源的发展

现代服务业人力资源的发展是指现代服务业人力资源的增补和素质的提高。人力资源规划的任务之一就是根据对现有人员状况的分析，预测诸如自然减员、竞争等造成的职位空缺，拟定人员的增减、调整与培训计划。随着业务的变更和组织的变动，需要通过增补来改变人员素质结构，或通过培训等手段来提高员工的素质，进而提高组织整体的人员素质。

2) 现代服务业人力资源的转移

适当的人员流动，是企业维持自身活力和组织先进性的保证。人力资源规划也包括职业转移的规划，是现代服务企业编制员工招聘、培训计划的基础之一。职业的转移一般包括转移原因、职业转移的工种和人数、安置的去向和措施等内容。进而了解人员流动的根本原因，进一步为企业员工的利益着想，维持人力资源管理更好地持续进行。

3) 代服务业人力资源的保护

规划人力资源的保护能有效地提高员工工作能力，给予他们充分的民主权利，免去工作的后顾之忧，使其在工作中保持旺盛的精力和热情。它包括安全规划、卫生规划、保健规划、福利规划等。

狭义的现代服务业人力资源规划包含两个层次。

(1) 现代服务业人力资源总体规划，即在计划期限内人力资源开发与管理的总体目标、总政策、实施方案和总预算的安排。

(2) 现代服务业人力资源业务计划。包括人员的招聘计划、补充计划、分配计划、提升计划、培训计划、工资计划、保险福利计划、离退休计划、劳动关系计划等。

4. 现代服务业人力资源规划的程序

现代服务业人力资源规划的程序可分为 4 个阶段、7 个步骤，如图 5.5 所示。

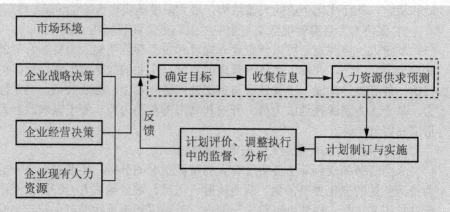

图 5.5 人力资源规划的程序模型图

准备阶段——确定目标、收集信息、预测人力资源需求、预测人力资源供给；

编制阶段——综合平衡并制定人力资源规划；

审批执行阶段——经审批后，实施人力资源规划；

反馈阶段——收集反馈信息。

1) 准备阶段

包括 3 个步骤。首先，人力资源规划的第一步就是根据外在的市场环境、内部企业的经营战略决策和人力资源现状等多项因素对员工提出的不同要求，弄清企业人力资源发展的方向，并确定出人力资源规划所要达到的目标。其次，在已经确定的目标下，广泛收集现代服务业内部和外部的各种相关信息，包括企业人力资源的数量、分布、利用及潜力状况等，还包括政府相关法规、行业发展趋势、竞争者的人力状况等，将这些信息进行汇集、整理和分析。再者，就是对人力资源供求的预测。根据现代服务业的组织结构状况和未来经营的发展，对企业的人力资源需求进行估算，确定企业所需人才的类型和数量，把握各个岗位权责的划分，以便做到优化员工素质、提前培养所需的专项人才。而对内外部的人力资源供给情况也要进行估算。经过人力资源的供需分析，便于预防现代服务业未来人力剩余和短缺情况的出现。

2) 编制阶段

通过对初期调查收集所得的各种信息和资料进行仔细的分析、整理和判断，制定出具体而合适的人力资源规划，确定规划的组织和技术措施，保证规划实施的可行性、科学性和客观性。

3) 审批执行阶段和信息反馈阶段

将编制的人力资源规划报有关部门审批，经审批后，下达给企业内各有关单位贯彻执行。规划一经批准，必须依靠各个部门的共同合作，严格认真执行。在执行过程中，还需要进行密切的监督，分析、评价规划的质量，若发现其中的问题和漏洞，及时予以补充、修改和调整，维持人力资源管理和作业的良性循环，保证企业经营目标的实现。

基于战略的人力资源规划流程如图 5.6 所示。

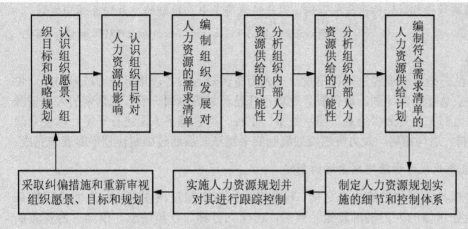

图 5.6 基于战略的人力资源规划流程

5. 现代服务业人力资源规划的方法[6]

1) 资料收集法

资料收集即对现有现代服务业的人力资源进行调查与核实。收集资料是编制人力资源规划的前提条件之一，现代服务业可以从以下 3 方面收集资料：①人员使用的资料；②年龄结构的资料；③人员素质的资料。

2) 预测法

人力资源的预测是建立在对未来人力需要的准确预测上，并进行系统的人力资源安排。人力资源的预测是一项技术性很强、难度很大的工作，其准确度直接关系到人力资源规划的效果，是规划中的关键性工作。在充分考虑影响因素的情况下，预测应采用以定量为主，结合定性分析的各种科学预测方法。例如，对人力资源需求的预测，就有总体需求结构分析预测法、人力资源成本分析预测法、人力资源学习曲线分析预测法、比例法、分合性预测法、团体预测法等多种科学预测法。

 小知识

分合性预测法

分合性预测法是企业人力资源管理中常见的一种先分后合的预测方法。先分是指一个企业组织要求下属各个部门、单位根据各自的生产任务、技术设备等变化情况先对本单位将来对各种人员的需求进行预测，在此基础上，组织的专门人力资源计划人员再把下属各单位的预测数进行综合平衡，从中得出(预测出)整个组织将来某一时期内对各种人员的总需求数。这种方法能够发挥下属各级管理人员在人力资源预测规划中的作用，但是人事部门或专职人力资源计划人员要给予下属一定的指导作用。

分合性预测法有较大的局限性，由于受到各层管理人员阅历、知识的限制，

---

[6] 马勇. 旅游经济管理[M]. 天津：南开大学出版社，1999：141-142.

很难对长期规划作出准确预测，因此较适用于中、短期的人力资源预测规划。

资料来源：http://baike.baidu.com/view/2757524.htm?fr=ala0_1

3) 平衡法

所谓平衡法是指从客观经济规律出发，对人力资源规划的各项指标进行统筹安排，使其与现代服务业总体经营计划，现代服务业项目开发计划等协调一致，规划期的人力资源需求量与企业内部人力资源供给量，需从数量、工种、岗位等各方面进行平衡，以便余缺调剂、合理安排、适当招聘。人力资源规划编制的平衡法一般通过编制计划平衡表来完成。

6. 现代服务业人力资源规划方案的制定

在人力资源具体规划方案出台之前，需要根据人力资源短缺或富余状态的不同情景而灵活把握企业总体的人力资源政策。然后，在确立目标、收集信息、预测人力资源供求状况的基础上，就可以根据人力资源规划所应包括的内容，开始制定详细的人力资源规划。

7. 现代服务业人力资源规划的实施与控制

人力资源规划的实施与控制是规划制定之后的重要环节，主要包括4个步骤：执行、检查、反馈和修正。实际上，执行是检验人力资源规划客观性和科学性的过程，而检查的任务就是发现这个过程中不科学、不完善、不理想、甚至错误的东西，然后及时、真实、客观地反馈到人力资源管理层，以便进一步地修正和完善人力资源规划，从而保证人力资源管理职能的巨大效用。

5.2.2 工作分析与职位设计

工作分析是现代服务业人力资源开发与管理最基本的作业，是人力资源开发与管理的基础。工作分析又称为职务分析，是指通过观察和研究，对组织中各项工作职务的特征、规范、要求、流程以及对完成此工作的员工的素质、知识、技能要求进行描述的过程。通过工作分析，可以根据不同的工作内容设计不同的职位，并确定每个职位应承担的职责和工作条件等。简言之，就是研究该项职务的性质和胜任该职务的条件，它的结果主要是工作描述和任职说明。

1. 工作分析的目的和作用

不同的组织，或者同一组织的不同阶段，工作分析的目的有所不同。总体而言，工作分析是为了对现有的工作内容与要求更加明确或合理化，以便制定切合实际的奖励制度，调动员工的积极性，从而实现人与工作之间的最佳匹配。还有的企业进行工作分析是因为遭遇了某种危机，而设法改善工作环境，提高组织的安全性和抗危机的能力。在现实中，现代服务业人力资源管理部门只有明确了工作分析的目的，才不会出现单纯为了工作分析而工作分析的怪现象，而是将工作分析全面、系统地进行开来。

现代服务业人力资源管理的一切职能，都要以工作分析为基础。只有做好了工作分析与设计工作，才能据此完成企业人力资源规划、绩效评估、职业生涯设计、薪酬设计管理、招聘、甄选、录用工作人员等工作。其作用表现在以下几个方面。[7]

---

[7] 赵西萍. 旅游人力资源管理[M]. 天津：南开大学出版社，2001：71.

1) 为制定有效的人力资源规划提供科学依据

工作分析的结果，可以为有效的人力资源规划提供可靠的依据。工作分析能够准确把握企业岗位的数量和这些岗位的人员配备状况，了解岗位的工作特点和能胜任该工作岗位的人员特点。在人力资源规划涉及的人力资源状况预测时，工作分析能提供高信度的参考意见，预测职务特点和岗位任务的变化，从而确定人力资源招聘计划、补充计划、分配计划、提升计划、培训计划等。

2) 为选拔合格的人才提供客观标准

现代服务企业在选拔和任用人员时，除考虑人员的思想素质和身体条件之外，还需要考虑人员的个体差异，包括能力、气质和性格等多方面的差异。通过工作分析，能够掌握工作任务的静态与动态特点，提出有关人员能力、气质和性格等多方面的要求。根据这些要求，在人才的选拔和任用中就会有准可依，做到人适其职、职得其人，如图 5.7 所示。

图 5.7 人才选拔漫画

(资料来源：http://edu.cnool.net/news_10763.html)

3) 为设计人员培训与开发方案提供依据

在实践中，现代服务企业人员的选拔和任用并不一定能够在知识、能力、技能、个性特征等方面完全达到理想的工作要求，而且随着现代服务业的发展，不同工作岗位的职务会发生一些变化，会对员工的素质和能力有新的、高的要求。所以，企业员工的培训和开发能使人与工作进一步完美匹配。通过工作分析，可以了解到从事各项工作所应具备的各方面能力和素质，从而根据工作岗位的要求和受训人员的不同情况，有区别、有针对性地设计和制定培训方案。

4) 为绩效考评提供科学标准

工作分析明确各项工作的权、责、利，参考工作说明，就可以合理、准确和客观地制定考核标准及方案，科学开展绩效考核工作。建立在工作说明基础上的绩效考评，更加公平、有效。

5) 为薪酬制度提供公平性保障

通过工作分析，工作职责分明，目标清楚，并能找到最佳的工作程序和操作方法，提高了工作效率。但最后，要将高效率转化成员工对工作的高满意度，就必须有一套公平的薪酬体系和激励措施。

2. 工作分析的内容

工作分析一般包括两个方面的内容：确定工作的具体特征；找出工作对任职人员的各

种要求。其中涉及多方面的要素，现代服务业可以利用工作分析公式(The Job Analysis Formula)中确定的七项要素包括以下内容。

工作主体(Who)——特定工作岗位对与其相匹配员工的个体特征描述；

工作内容(What)——所要完成工作的任务、职责、流程等具体行为过程；

工作时间(When)——完成工作的具体时间要求；

工作环境(Where)——包括工作作业的硬件物理环境和企业组织文化氛围等软件社会环境；

工作方式(How)——高质量完成工作所需的设备条件和物质材料，以及工作的方法和程序；

工作原因(Why)——说明工作的性质和重要性；

工作关系(for Whom)——工作的隶属关系和企业内、外与工作内容相关的各个对象之间的关系。

通过全面、系统的分析，结果主要表现为工作描述和任职说明。规范的工作描述书包括工作名称、工作活动、工作程序、物理环境、社会环境、聘用条件等6个方面，它主要是要解决工作内容与特征、工作责任与权力、工作目的与结果、工作标准与要求、工作时间与地点、工作岗位与条件、工作流程与规范等问题。而任职说明书，旨在说明担任某项职务的人员必须具备的生理要求和心理要求，主要包括一般要求：年龄、性别、学历、工作经验；生理要求：健康状况、力量与体力、运动的灵活性、感觉器官的灵敏度；心理要求：观察能力、学习能力、解决问题的能力、语言表达能力、人际交往能力、性格、气质、兴趣爱好等。

随着现代科技、知识的不断发展，在现代服务业中，每个人在企业中的位置，已经开始尝试按照现代数学进行模糊定位。传统的工作说明书当遇到跨部门、跨职能的团队合作问题时就无法发挥很好的作用，而且无法清楚地确定一个人在企业中的定位。取而代之的是角色说明书，即对人力资源进行分层分类的管理，在不同层次不同类别上来确定员工的任职资格、行为标准、工作规范。

3. 工作分析的程序

工作分析是对工作一个全面的评价过程，这个过程可以分为6个阶段，各个阶段的主要工作如下所述。

1) 准备阶段

明确目的；成立工作小组；确定样本(选择具有代表性的工作)；分解工作为工作元素和环节，确定工作的基本难度、制定工作分析规范。

2) 设计阶段

选择信息来源；选择工作分析人员；选择收集信息的方法和系统。

3) 调查阶段

编制各种调查问卷和提纲；广泛收集各种资源(7"W")。

4) 分析阶段

审核已收集的各种信息；创造性地分析，发现有关工作或工作人员的关键成分；归纳、总结出工作分析的必需材料和要素。具体可从 4 个方面进行：①职务名称分析：职务名称标准化，以求通过名称就能了解职务的性质和内容。②工作规范分析：工作任务分析；工作关系分析；工作责任分析；劳动强度分析。③工作环境分析：工作的物理环境分析；工作的安全环境分析；社会环境。④工作执行人员必备条件分析：必备知识分析；必备经验分析；必备操作能力分析；必备心理素质分析。

5) 运用阶段

促进工作分析结果的使用。

6) 反馈调整阶段

组织的经营活动不断变化，会直接或间接地引起组织结构和分工协作体系的相应调整，因此，可能产生新的职务以及部分原有职务的消失。

背景知识

所谓工作分析，是指确定完成各项工作所需技能、责任和知识的系统过程，是一种重要而普遍的人力资源管理技术。工作分析是对某特定的工作作出明确规定，并确定完成这一工作所需要的知识技能等资格条件的过程。工作分析是具体通过系统全面的情报收集手段，工作分析是人力资源管理工作的基础，其分析质量对其他人力资源管理模块具有举足轻重的影响。工作分析在人力资源管理中的位置，如图所示：

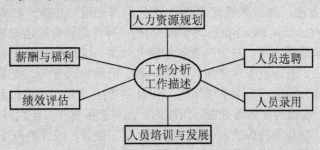

资料来源：http://baike.baidu.com/view/2757524.htm?fr=ala0_1

4. 工作分析的方法

工作分析的方法多种多样，但现代服务业在进行具体的工作分析时要根据工作分析的目的、不同工作分析方法的利弊，针对不同人员的工作分析选择不同的方法。一般来说，工作分析主要有资料分析法、问卷调查法、面谈法、工作日记法、现场观察法、工作参与法、关键事件法等。

资料分析法，主要是对企业已有的各种涉及工作分析的历史资料，以及行业内相似职位的数据统计进行分析的一种方法。这种方法实行的成本较低，但缺乏准确性。

问卷调查法，是由工作分析人员编制设计的问卷或陈述，要求相关人员以书面形式回答，从而快速、有效获得工作相关信息的一种调查方法。问卷调查法费用低、速度快；节省时间、不影响工作；调查范围广，可用于多种目的的职务分析。缺点是需经说明，否则会理解不同，产生信息传递误差。

现代服务业管理原理、方法与案例

面谈法，是与担任有关工作职务的人员一起讨论工作的特点和要求，以获取相关工作信息的一种调查方法。面谈法易于控制，可获得更多的职务信息，但工作信息的判断易受分析者观点的影响；面谈者易从自身利益考虑而导致工作信息失真；职务分析者所问问题的质量影响信息的收集；且不能单独使用，要与其他方法连用。

工作日记法，是让员工用工作日记的方式记录每天的工作活动和工作中出现的问题并作为分析资料的方法。这种方法要求员工在一段时期内对自己的工作情况进行系统地记录，记录的细节可能对工作分析有很重要的作用，但也可能因个人因素而使得某些信息失真。

现场观察法，是在工作现场运用感觉器官或其他工具，通过观察员工的实际工作活动和行为，并以文字、图表和影像等多种方式来记录的工作信息收集方法。要求观察者需要足够的实际操作经验，虽可了解广泛、客观的信息，但它不适用于工作循环周期很长的、脑力劳动的工作，偶然、突发性工作也不易观察，且不能获得有关任职者要求的信息。

工作参与法，是工作分析者亲自体验工作的整个过程，从中获取工作信息的方法。此方法获得信息真实，只适用于短期内可掌握的工作，不适用于需进行大量的训练或有危险性工作的分析。

关键事件法，通过管理人员和工作人员的回忆，获取比较关键的工作特征和事件的资料。所研究的工作可观察、衡量，故所需资料适用于大部分工作，但归纳事例需耗大量时间，易遗漏一些不显著的工作行为，难以把握整个工作实体。

人力资源管理者除要根据工作分析方法本身的优缺点来选取外，还要根据工作分析的对象来选择方法，如针对管理者的工作分析可选取 MPDQ 和海方案法。所谓 MPDQ(Management Position Description Question)是一种管理职位描述问卷方法，它是一种以工作为中心的工作分析方法，是国外近年的研究成果。这种问卷法是对管理者的工作进行定量化测试的方法，它涉及管理者所关心的问题、所承担的责任、所受的限制以及管理者的工作所具备的各种特征，共 197 项问题，分为 13 类：产品、市场与财务规划；与其他组织与人员的协调；组织内部管理控制；组织的产品与服务责任；公众与顾客的关系；高级咨询；行为的自制；财务委托的认可；员工服务；员工监督；工作的复杂性与压力；高层财务管理责任；海外员工人事管理责任。海方案法是一种通过工作分析专家与管理岗位上的在职人员的面谈，对管理工作进行分析的方法。它主要用于对工作评估和报偿系统，利用它可以提高员工管理、招聘、绩效评估的水平，可以使管理者更加容易地参照责任标准检查工作的执行情况，进而给予合理的报偿。

5.2.3 现代服务业人员招聘

1. 员工招聘的原则

现代服务业员工招聘，是根据现代服务业的经营目标、人力资源规划及业务部门对所需员工的工作要求，由人力资源管理部门主持进行的征聘、考核与挑选优秀、合适员工的业务活动过程。人员招聘是确保员工队伍良好素质的基础，关系到现代服务业的生存和发展。因此，员工的招聘工作是十分复杂的，需要遵循一定的原则。

1) 遵守法律法规原则

人才的招聘要符合国家的相关法律、政策，坚持劳动法所规定的相关用人条款，实现平等就业、照顾特殊群体、男女平等、有效订立劳动合同等。《劳动合同法》如图 5.8 所示。

图 5.8 《劳动合同法》

2) 双向选择原则

在企业和劳动者之间建立起来的平等选择机制，是劳动力资源配置的基本原则。它一方面促使企业为招收人才而不断提高效益，提高应聘率；另一方面又能使劳动者努力提高科学文化知识和专业技能，增强竞争力。

3) 公开竞争原则

以广告或其他方式发布招聘公告，造成社会舆论，形成竞争局面，达到广招人才的目的。公开招聘提高了招聘的透明度，体现了机会均等，人人平等的公平竞争原则。同时，公开招聘为求职人员提供了信息，便于他们选择中意的企业和工种。

4) 考核择优原则

考核是对应聘者业务水平、工作能力和工作态度的考查，考核择优是在对应聘者进行全面考核的基础上选优任用，做到任人唯贤。这是保证所招人员质量的前提，也是应聘者平等竞争的重要条件。

5) 效率优先原则

力争用尽可能少的招聘成本争取到适应企业需求的高素质人才。其中，招聘成本包括招聘费用；因招聘不慎而重新招聘时所花费用，即重置成本；因人员离职给企业带来的损失，即机会成本。高的招聘效率体现在用最低的招聘成本，招聘到相对于岗位的最适合者。

2. 员工招聘的程序

员工招聘的程序是否科学、合理，直接关系到最后录用人员的质量，同时，也影响着整个招聘工作的效率。人员招聘包括两个环节，即招募和甄选。招募是现代服务业为吸引更多更好的人员前来应聘而进行的一系列前期活动；甄选则是通过各种方法和手段，选取最符合工作需求的应聘者。人员招聘也可分为 4 个阶段。

1) 筹划阶段

这一阶段是员工招聘的起点。主要包括：①根据现代服务业经营情况和内、外劳动力资源状况，制订招聘计划；②根据招聘量的大小和招聘对象的重要程度成立招聘小组，并挑选和培训工作人员；③确定招募途径，是内部选拔还是外部聘用，是员工推荐还是广告招聘，是聘用应届毕业生还是有工作经验者等，并拟定招聘简章。

2) 宣传阶段

这一阶段承上启下，直接影响着招聘的效果。主要包括：①大力宣传、吸引和鼓励求职者踊跃应聘；②应聘者填写求职申请书，通过求职申请书，现代服务业可以大致了解应聘者的基本条件。

3) 测试阶段

这一阶段是招聘工作的关键所在。主要包括：①核查应聘者个人资料；②初次面谈，通过与应聘者面对面地接触可以确定应聘者仪表、表达能力等是否符合企业的要求，面谈包括无计划的、结构化的、复式及团体面谈、压力式面谈等；③测试，目的是了解应聘者的知识和专业技能的水平，测试的内容与方式以职务所要求的范围和标准为基础。

4) 录用阶段

将多种考核和测验结果进行综合评定，确定出录取的人员名单。主要包括：①任用面谈，在应聘者被基本确定后，在任用之前还要对应聘者的个性、经验、兴趣、技能、抱负做进一步的了解，确保人适其职；②体格检查，体检是现代服务业招聘中非常重要的一环；③审查批准，确定录用名单；④以书面形式通知应聘者，签订劳动合同；⑤对未被录用者表示感谢；⑥进行岗前培训、适用与安置。人力资源战略图和人力资源规划图分别如图5.9、图5.10所示。

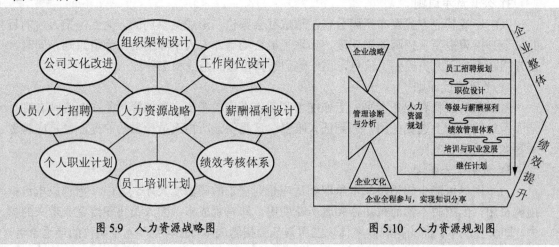

图 5.9　人力资源战略图　　　　　　图 5.10　人力资源规划图

5.2.4　培训与发展

1. 员工培训的意义

现代服务业是劳动密集型企业，因此尤为强调员工的个体素质和组织群体素质。现代服务业通过对内部提升、调职和外部招聘所得的人才进行培训，不断地给员工提供获取新知识、新技术的机会，并培养其独创性，使企业中创新性的高素质人才不断地涌现。现代服务业员工培训，是指现代服务业为适应业务工作和人才培养的需求，对员工采取训练、进修等方式促使员工加强思想道德素质和职业道德修养，增进知识和技能，以适应工作发展的需要。现代服务业员工培训的意义和作用可以从两个方面得到体现，即企业角度和员工角度。

从企业角度来说，第一，现代服务业市场竞争不断升级，竞争的核心集中到了人才的竞争。人员培训是企业人力资本的投资，目的是通过提高员工队伍的素质来提高劳动生产率，从而适应环境的变化，满足市场的需求。第二，员工培训可以提高管理人员的管理决策水平。"管理就是决策",高层管理者的决策正确与否关系到企业经济效益和社会效益是否实现,培训可以提高管理者的素质和管理能力。第三,员工培训可以降低损耗和劳动成本。通过培训,员工对业务操作更加熟练、技术性更高,可以减少不必要的资源损耗,降低失误和事故的发生率,大量节约了企业的成本支出。第四,员工培训可以促进员工掌握新技术和先进正确的工作方法,从而大大提高服务质量。

从员工的角度来说,首先,员工培训提高了员工素质。员工除了为完成本岗位工作任务而取得的专业知识和相关知识,以及相应的管理技能和服务技能,都必须不断地补充和加强。只有通过"培训——工作——再培训——再工作"持续的循环,才能逐步得到提高。其次,员工培训为员工的自身发展提供了条件,培训就是为员工提供的人力资本增值服务。通过培训,员工扩大了视野、增长了知识、提高了技能、提高了服务质量,不仅能出色地完成本职工作,还能跨出本职位的限制,很好地完成更复杂和困难的工作,为员工职业人生进一步发展提供了条件和保障。

2. 员工培训的类型[8]

1) 按培训性质划分

(1) 岗前培训。岗前培训即对新招聘的员工在正式上岗之前的企业文化和业务培训。目的是让员工能最快适应岗位职责的要求,能顺利完成本职工作。岗前培训为现代服务业提供一个专业的、高素质的员工队伍,以保证企业服务的质量。如酒店的岗前礼仪培训,如图5.11所示。

图 5.11 酒店岗前礼仪培训

(资料来源:http://www.news365.com.cn/wxpd/nx/nxkt/200906/t20090617_2360240.htm)

(2) 在职培训。在职培训是对在职职工进行的、以提高本岗位工作能力为主的不脱产训练形式。在职培训有利于改善现有人员素质不适应工作需要的局面,从多方面提高员工的业务水平,同时又不影响正常工作的进行和企业的运转。

(3) 转岗培训。转岗培训是指员工由于工作需要或是个人能力的突出体现,需要从一个岗位转向另一个岗位,使转岗人员在短时间内能适应新工作岗位的培训。

(4) 技术等级培训。技术等级培训是按国家或行业颁布的技术等级标准,为受训人员达到相应级别的技术水平而进行的有关级别的训练活动。培训的内容集中在与所评技术等级相关的内容和技能上。

---

[8] 马勇. 旅游经济管理[M]. 天津:南开大学出版社,1999:149-152.

2) 按培训对象划分

(1) 职业培训。职业培训主要针对基层员工,培训的重点放在基层员工的具体操作能力和服务技巧上。

(2) 发展培训。发展培训主要针对管理层员工,培训的重点放在培养和发展管理人员的观念意识与决策督导技能。要求管理者全面了解和掌握企业内外的经营环境和企业自身的竞争实力,扩大管理者的经营视角,从而更好地实施各项管理服务职能。

3) 按培训内容划分

(1) 道德培训。注重员工的思想素质培养,从社会公德和职业道德方面对员工进行培训。职业道德认识、情感、意志和信念是员工对职业道德现象的感知、理解与接受的程度。只有员工有了高的思想道德素质,现代服务业的对客户服务才能真正做到体贴入微,企业的形象才能得到社会各界人士的认可和好评。

(2) 知识培训。知识培训是按岗位要求对培训者进行专业知识和相关知识的教育活动。内容具有很强的专业性和客观操作性,从而提高员工的岗位作业能力。不同知识层次的员工,要进行不同的知识培训,力求每个员工经过了知识培训之后,都能有不同程度的提高。

(3) 能力培训。知识是基础,能力是关键和重心。现代服务业从业人员的能力表现在多个方面:观察能力、记忆能力、思维能力、想象能力、操作能力、应变能力、交际能力、艺术欣赏能力等。能力的培训就是使员工在具体工作中,能综合运用多项能力,保证服务产品的质量。

4) 按培训地点划分

(1) 企业内培训。企业内培训(如图 5.12 所示)是利用本企业的培训资源对员工进行的脱产、半脱产或在职培训活动。由于企业对员工比较了解,在本企业培训能针对实际作业中出现的问题进行专门的培训,且费用较低,对组织的正常运作影响不大。

图 5.12 某企业内部培训

(资料来源:http://image.baidu.com/i?ct=503316480&z=0&tn=baiduimagedetail&word=%C5%E0%D1%B5&in=2350&cl=2&cm=1&sc=0&lm=-1&pn=8&rn=1&di=5307903255&ln=2001&fr=&ic=0&s=0&se=1&sme=1)

(2) 企业外培训。企业外培训包括输送员工到培训院校进修、参加培训和到国外有关单位考察学习等,还包括组织各种训练营的集训活动。有助于员工系统学习专业知识、开阔视野、交流经验、团结合作,并有良好的激励作用。

3. 员工培训的特点[9]

现代服务业的行业特点决定了现代服务业员工培训具有不同于一般企业的特点,主要

---

[9] 赵西萍. 旅游业人力资源管理[M]. 天津:南开大学出版社,2001:146-149.

包括以下几点。

1) 思想性

由于现代服务业的开放性和时代性，使得现代服务业的员工所接触的人和物都是现代经济最前端的体现，所以，要经常对员工进行思想教育、职业道德教育和心理教育，以免在认识上产生偏差。

2) 实用性

现代服务业的员工培训是根据员工的需要和岗位的需要进行培训，针对不同岗位特征所提出的不同要求，紧密结合岗位的实际工作，围绕提高本职业务能力，进行跟踪培训。

3) 多样性

由于现代服务业涉及面很广，不同的对象和业务范围的工作特点都截然不同，所以，现代服务业的员工培训需要分为不同层次和采取不同方法进行。针对第一线为顾客提供服务的员工和后台辅助性工作的员工的不同，就必须制订多样的培训计划，实现培训形式灵活化和培训渠道多样化。

4) 标准性

服务就是现代服务业的产品，产品的无形性使产品无法量化和工作过程不稳定，这不易于产品质量的控制。因此，标准对现代服务业有着至关重要的作用，员工的培训也体现了严格的标准性。

4. 员工培训的方法[10]

1) 操作示范法

操作示范法是对专业操作技能要求较高的岗位培训所设置的，为了使受训者熟练掌握正确的操作方法，安排部门专业操作技能很好的员工在工作现场或模拟的工作环境中利用实际使用的器材，进行讲解和示范的培训方法。包括讲授示范操作与模仿两道基本程序。

2) 职务轮换法

职务轮换法是对有潜力的员工实施在不同部门相应职位或不同职位上轮岗工作，以提高员工整体素质和能力，发现其优势所在，从而充分发挥其工作的积极性，提高工作效率。

3) 见习带职培训法

见习带职培训法是现代服务业对新聘用员工的一种试用机制，在见习期内实施岗位的培训工作，见习期满后进行考察，合格者方能进一步留在企业就职。

4) 角色扮演法

角色扮演法是让员工模拟实际情景，扮演工作中的不同角色进行训练的一种方法。培训者可以选取工作中主要的、常见的、特殊的场景，要求员工扮演工作所涉及的不同角色，实现角色互换，让受训者体会到工作的不同侧面，从而提高服务的质量和水平。

5) 参观考察法

参观考察法是组织受训员工参观本企业或其他企业，甚至是出国考察学习的一种方法。让员工在参观考察中进行横向和纵向的比较，发现自身的不足和先进者的优势所在，学习

---

[10] 马勇. 旅游经济管理[M]. 天津：南开大学出版社，1999：152-154.

借鉴别人的先进工作经验和工作方法。

6) 案例研讨法

案例研讨法是针对一些工作中的重要问题进行集体讨论的培训形式。在对特定的案例分析和辩证中，受训员工集思广益、畅所欲言、各抒己见、不断汲取新的思想，让员工开阔了视野，学习了经验和方法。案例研讨法的案例需要具有典型性、普遍性和实用性，提高员工解决实质性问题的能力和技巧。

7) 视听教学法

视听教学法是运用现代高科技电子的技术和成果，将影像、网络等运用于培训教学中，提高培训的质量和效率，还可以降低成本。

5. 员工职业生涯开发

员工的职业发展规划是企业人力资源管理部门的一项重要工作，也是留住优秀人才的重要手段，有利于强化员工对企业的归属感和忠诚度。可以从 3 个层次来实现员工职业的发展：①规划企业未来主要骨干的发展计划，确认组织发展所需的人才类别，建立事业途径；②结合企业发展系统，评估企业培训要求，设计培训课程及有关制度配合组织的发展；③提供培训课程，执行工作教导，帮助规划个人职业生涯。企业人力资源管理部门在设计核心员工的职业生涯时，一定要注意核心员工对其职业生涯的自我控制，使个人有可能选择一条适合其核心能力和价值观的职业道路，从此保证其成就感和成长。

美国微软公司在这方面是个成功的例子。公司的人力资源部制定了"职业阶梯"文件，其中详细列出了员工从进入公司开始，一级级向上发展的可选择职务及不同职务所需具备的能力和经验。这样，员工可以在到公司之初就对以后的职业发展有明确的目标，激发其发挥最大的工作潜能。

5.2.5 绩效考评

现代服务业绩效考评，是企业人力资源管理部门依照一定的工作标准，采取科学的办法，考核评定员工对其职务的理解程度和职责履行程度，以确定其工作成绩的管理办法。

1. 绩效考评的目的与作用

员工绩效考评的主要目的在于通过对员工全面素质的综合评价，判断他们的职务贡献，并以此作为企业人力资源管理的基本依据，切实保证员工培训、报酬、调职、晋升、奖励、惩戒或辞退等工作的科学性。以公开、公正为原则的绩效考评在企业的经营和人力资源管理中起到很大的作用。

1) 绩效考评是员工工作效率的重要保障

对员工的绩效考评，可以让员工发现自身的优势和劣势，从而鞭策绩效不良的员工，鼓励成绩突出的员工，达到维持并提高工作效率的目的。

2) 绩效考评是激励员工和发现人才的手段

绩效考评，可以使员工清楚而客观地认识自身对现任职务的胜任程度，当良好的表现得到公开的承认时，员工会对本职工作产生更加浓厚的兴趣，更好地发挥积极性和主动性。对企业人力资源管理者来说，绩效考评可以发现员工的工作特性，能发现更适合的工作岗位来满足真正人才的需求。如图 5.13 所示。

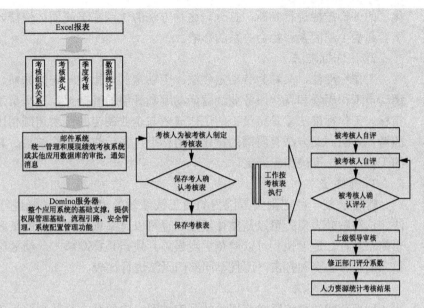

图 5.13 神州数码绩效考评系统解决方案流程图

3) 绩效考评是合理制定人力资源管理计划的依据

员工绩效考评是员工工作表现的总结，也是现代服务业培训工作成效的反馈。这为下一步的人力资源管理工作提供了依据，对员工的不足和缺点进行新一轮的培训，将客观、公正的绩效考评成绩与员工的工资、奖金和福利联系起来，促使部门管理状况得到改善。这对整个人力资源管理过程是一个有效的反馈，促使人力资源的进一步优化。

2. 绩效考评的内容

绩效考评包括员工素质评价和员工业绩评价两个方面。具体内容而言，包括德、能、勤、绩 4 个方面。德，是员工的精神境界、道德品质和思想追求的综合体现。德的衡量标准也是随着时代和行业的发展在不断地变化，它决定了一个人的行为方向、行为的强弱和行为方式，具体化、标准化的德的考评具有重要的意义。能，即员工在工作中所体现的能力素质，包括体能、学识、智能和技能等方面。体能主要指与员工身体状况有关的年龄、性别和健康状况等；学识主要包括文化水平和相应的思维能力等；智能包括记忆、分析、综合、判断、创新等方面的能力；技能主要包括操作能力和组织能力等。勤，指员工的工作态度和敬业精神，如工作热情、积极性和主动性、出勤率等，强调员工的强烈责任感和事业心。绩，指员工的工作业绩，包括工作的数量、质量、经济效益和社会效益，这是员工绩效考评的核心内容。在了解整个企业业务管理流程的基础上，根据不同的考评目的，将德、能、勤、绩分解成若干个子项目予以考评。

3. 绩效考评的方法[11]

1) 业绩评定法

业绩评定法是一种被广泛应用的业绩评定法，要求评价者根据员工的表现来对各个细

---

[11] 国家旅游局人教司. 现代旅游饭店管理[M]. 北京：中国旅游出版社，2002：387-389.

化了的评价指标进行判断、打分。这种方法的优点在于简便、快捷，易于量化。其缺点在于容易受主观因素和社会关系的影响。

2) 工作标准法

工作标准法，又称为劳动定额法。劳动定额是指在一定的物质、技术条件下，在充分调动员工积极性和现代服务业经营活动顺利开展的基础上，每个员工应保证完成的工作量指标。工作标准法就是将员工的工作成效与企业制定的劳动定额相比较，以确定员工绩效的考评方法。此方法有明确的量化参考标准，易于作出评价结果。其缺点是对于难以量化的工作，无法准确作出评定。

3) 排序法

排序法是一种把限定范围内的员工按绩效的表现从高到低进行排列的一种绩效评价法。这种绩效表现既可以是整体绩效，也可以是某项特定工作的绩效。这种方法的优点在于简单易行、速度快，可以避免主观误差。缺点是标准单一，绩效结果偏差较大，容易使员工的自尊心受到打击，而且不同部门无法进行比较。

4) 硬性分配法

硬性分配法是将限定范围内的员工按照一定的分布将其划分为几个等级，每一个等级规定一定的人数。例如，规定10%为优秀，15%为良好，60%为合格，15%稍差，把员工划分到不同类型中。这种方法在实际实行中缺乏公平性和客观性，但可以减少趋中误差。

5) 关键事件法

按照这种方法，管理者把员工在考察期内所有对部门效益产生最大积极或消极影响的关键事件都记录下来，经过汇总后就能反映员工的全面表现。该方法的针对性强，结果不易受主观因素的影响，但是容易产生以偏概全的误差，如果考察期较长，还会给管理者增加很大的工作量。

6) 目标管理法

目标管理法(MBO，Management By Objectives)是考评者与员工经过共同讨论，制定员工在一定时期内所需达到的绩效目标，同时还确定出实现这些目标的方法和步骤。这种考评方法的基本程序包括以下几点。

(1) 管理者和员工联合制定评价期内要实现的工作目标，并为实现特定的目标制定员工所需达到的绩效水平。这些目标常用营业额、利润、竞争地位或企业内人际关系来表示。

(2) 在说明企业员工状况的同时，监督者和员工还根据业务和环境变化修改或调整目标，并经常关注每个员工目标实现的情况，帮助员工制定具体措施以保证目标的实现。

(3) 管理者和员工共同检测目标的实现程度，对照目标衡量成果，并讨论失败的原因。

(4) 当目标管理的循环即将结束时，管理者和员工共同制定下一评价期的工作目标和绩效目标，开始新一轮的循环。

实行目标管理法，绩效评价者起到了提供顾问和咨询的作用，具有充分的民主性和培养性特点，执行过程由下级自主执行。这使员工增强了工作的自主性和独立性，能提高员工的工作满意度，进而以更积极的态度投入工作。

随着对人力资源绩效管理研究的深入，90%的国外企业都采用平衡计分卡的绩效考核制度。这种考核将指标一层层地进行内在合理的分解。它包括很多考核内容，如财务面、客户面、过程面、成长面、短期和长期的影响等。比起目标管理法，此方法可以弥补目标分解不够细化和过程无法了解等缺点。现代服务业可以针对企业自身的不同特点，结合环境的变化，采取科学合理的绩效管理办法，提高员工的工作绩效。

5.2.6 薪酬管理

1. 现代服务业确定薪酬的依据和原则

薪酬是企业对员工给企业所作贡献的一种肯定，是企业给予员工的各种财务报酬，包括薪金、福利及各种奖励。确定报酬制度的依据有以下几点。[12]

1) 绩效考评的结果

绩效考评是评价员工工作成绩、奖励表现优秀者的基本依据。薪酬的确定也要依据绩效考评的结果，使薪酬的发放公平、客观。

2) 职位的相对价值

现代服务业应当系统地评定各个职位的相对价值，依照每一职位的工作对企业的贡献率、相对重要性、工作性质、工作经验、特殊技能、履行职责的风险等来评定各个职位的排列顺序，并以此作为获取薪酬的依据。

3) 劳动力市场供求状况

薪酬相当于劳动力的市场价格，劳动力市场的供求变化直接影响着价格的变化，相应的薪酬水平也会随着变化。因此，要注意劳动力市场的变化趋势，进而确定薪酬的多少。

4) 居民生活水平

社会进步、经济发展的突出体现就是居民生活水平的提高，企业的薪酬水平与当地居民的生活水平也具有客观的可比性。

5) 企业财务状况

企业薪酬发放的资金来源是财务部，只有在企业经营效益可观的前提下，才会有更多的资金进一步地投入到人力资源管理的薪酬上。企业的财务状况，直接影响了企业的薪酬水平，尤其是可以浮动的那一部分，如奖金和福利等。

薪酬的管理要达到预期的效果，还必须遵守以下几个原则。

(1) 公平性原则。公平理论(Equity Theory)是由斯达西·亚当斯(J. Stacey Adams)提出的，认为员工首先思考自己所得与付出的比率，然后将自己的所得与付出与他人的所得与付出进行比较。公平性原则是企业人力资源管理的一条总原则，薪酬制度的设计对内公平取得员工满意和激励，对外公平取得竞争优势。

(2) 激励性原则。薪酬虽不是激励的唯一因素，却是关键性的因素。按劳分配、多劳多得能够促使员工的工作效率，提高员工满意度。

 相关知识

需求层次理论

马斯洛（A.H.Maslow）的需求层次理论。马斯洛从人的需要来研究激励，认为人有生理、安全、社交、尊重、成就五种需要，当低层次需要满足后，

---

[12] 国家旅游局人教司. 旅行社经营管理[M]. 北京：中国旅游出版社，2002；272-273.

高层次需要才会成为主导需要,各层次需要的强度不同。相应的管理措施在于满足员工的个性需要,引导其向高层次需要发展,发挥激励效果。

资料来源：http://www.cjzlk.com/baike/HTML/baike_95003.html

(3) 个性化原则。薪酬制度的制定不一定具有压倒性的竞争优势,可以根据企业自身的特点和资源来确定企业的薪酬水平。高薪酬固然能留住大量优秀的人才,但诸如工作保障、升职机会、工作环境等因素同样也可以影响员工满意。因此,薪酬制度的设计可以有个性化的特征。

(4) 合法性原则。现代服务业人员流动性大,结构复杂,薪酬制度也形式多样,但一定要遵守国家法律、法规,如《劳动法》、《公司法》等。

2. 现代服务业薪酬的结构设计

薪酬有直接和间接两种表现形式。直接薪酬由工资和奖金组成;间接薪酬又称福利,由集体福利、补助、带薪休假和保险组成。

1) 工资

(1) 结构式工资制。结构式工资制是由若干具有不同功能工资组合而成的分配制度。主要由基础工资、职务工资、工龄工资、效益工资、津贴等部分构成。基础工资又称为固定工资,是按国家政策和满足员工基本需求所设计的。职务工资又称为岗位工资,是根据工作分析中,员工所担任的职务或岗位级别来确定的,一般职务越高、责任和风险越大、贡献越多,岗位工资就越高。工龄工资是根据工龄的长短而确定的工资部分。效益工资又称为奖励工资,它根据企业的效益好坏和员工的表现而浮动。结构式工资制在一定程度上体现了按劳分配的原则,具有操作简单、直观简明的特点,适合中、小型现代服务业。

(2) 岗位等级工资制。岗位等级工资制是按照各个不同岗位和每一个岗位中不同等级而确定工资标准的工资制度。根据岗位规模、职责范围、工作复杂程度、人力资源市场价格等方面综合评定各个岗位和岗位内部不同等级的工资水平。其中,岗位规模是指该岗位对企业影响程度和影响范围;职责范围是指完成工作独立性难度,沟通频率和方式;工作复杂程度指任职资格,作业难度,工作环境等;人力资源市场价格是人力资源供求状况和所需人才市场价值的体现。综合评定这些因素,利用点数法分析和测定企业各个岗位的点数,根据不同的点数,将岗位划分为不同的等级以及同级岗位内部的不同等级,从而确定各个等级的工资水平。

(3) 计件工资制。计件工资制,是从工业产品制造中开始的,引用到现代服务业也依然可行。根据员工所完成工作的数量、质量和所规定的计价单价核算而支付劳动报酬的一种形式。工资的数额由工作标准和工作成效所决定,是典型的按劳分配。如饭店可以按客房出租率、餐厅营业额、商品销售量等衡量要素,现代服务业可以按接待游客数量、出团率等衡量要素来确定工资的高低。这种工资制,只有与其他的工资制一起使用,才能达到较好的效果。

2) 奖金

奖金是企业对员工付出的超额劳动或优秀表现而支付的一种劳动报酬。它是员工工资的一种必要的补充形式,能够及时、准确地反映出员工的劳动成效,起到很好的激励作用。按照奖励内容可分为单项奖和综合奖;按奖励的对象可分为个人奖和集体奖;按时间可分为月度奖、季度奖和年终奖。单项奖是以员工完成某一项主要指标的情况作为得奖的条件，该奖项目标单一，考核项目少，简单易行，且通常是一次性奖励，如饭店销售奖等；综合奖则是按照已确定好的考核指标，考虑员工多项指标要素的得分而取得的奖励，如现代服务业员工持股计划等。

3) 福利

福利泛指现代服务业内所有的间接报酬，多以事物或服务的形式支付，是报酬的一种有效补充形式。常见的福利形式有集体福利：子女入托、免费工作餐、职员公寓、医务室、阅览室、活动室等；福利补助：工伤抚恤金、通勤补助、住房补贴、度假现代服务业补贴等；休假：带薪休假、婚丧假、年休假、产假等；保险：劳动保险、医疗保险、养老保险等。福利的主要作用是满足员工的安全需要，同一企业员工所享受的福利差别不明显，如果适当增加员工根据自己需求选择福利项目的权利，会提高员工满意度。

5.2.7 沟通与激励

1. 沟通

1) 沟通的含义和作用

沟通是人际或群体之间传达思想、交换信息和建立理解的社会过程。从某种意义上说，现代服务业的整个运作及管理过程都与沟通有关。沟通可以协调企业的各个单体和要素，使其团结在一起，增强企业的凝聚力；沟通是企业领导者激励下属，实现领导和管理职能的基本途径；沟通是企业内部与外部相互联系的桥梁。在管理中，尤其是人力资源管理中，沟通起到了非常重要的作用。

2) 沟通的分类

按照沟通的方法可分为口头沟通、书面沟通、非言语沟通或体态语沟通、电子媒介沟通等。口头沟通是借助于口头语言进行的沟通，如演讲、讨论、谈话等，信息传递快，但容易失真；书面沟通是借助于书面语言进行的沟通，如报告、备忘录、信件、文件、内部期刊、布告等，特点是正式、准确、持久、具有权威性，但效率低、缺乏反馈；非言语沟通是利用声音、图形和标志、体态、语调等进行的信息交流，信息意义十分明确，内涵丰富，但传送距离有限；电子媒介沟通是传真、闭路电视、计算机网络、电子邮件等形式的沟通，特点是信息传递快、容量大、不受时空限制。沟通的类型举例如图 5.14 所示。

图 5.14 沟通的类型

按照组织系统,沟通可分为正式沟通和非正式沟通。一般来说,正式沟通是以企业正式组织系统为渠道的信息传递;非正式沟通是以非正式组织系统或个人为渠道的信息传递。相比而言,非正式沟通主要传播的是员工所关心的和与其相关的信息。具有信息交流快、准确、效率高等特点,但有可能带有一定的片面性。因此,现代服务业如何利用好非正式沟通的作用,增强员工舆论向导,对调动员工工作积极性非常重要。

按照沟通的流向,沟通可分为下行沟通、上行沟通、平行沟通。下行沟通是自上而下的沟通,即上级将政策、制度、目标、方法等告知下级;上行沟通则是自下而上的沟通,即下级向上级反映情况、提出要求和建议,请求支援等;平行沟通是平等级别组织间的沟通。

现代服务业内部沟通可以根据不同沟通方式的优缺点,针对具体情况进行选择和运用,进而建立起企业的沟通网络体系。一个高效的沟通网络体系能够最大限度地调动员工的精神状态,减少人际误会、矛盾乃至冲突,使全体员工相互信任、团结一致,实现员工与企业组织目标的统一。

2. 激励

人才竞争归根到底是人力资源管理理念和机制的竞争,如何留住人才,并给予良好的发展空间是现代服务业人力资源管理的战略重心。在这个过程中,激励的运用至关重要。有效的激励机制可以充分挖掘员工的潜力,调动他们的工作积极性,提高工作效率。

1) 激励的含义

激励就是激发和鼓励。心理学家一般认为,人的一切行动都是由某种动机引起的。动机是人类的一种精神状态,它对人的行动起激发、推动、加强的作用,因此称为激励。激励的目的是使人的潜力得到最大限度的发挥,而潜能通常不会主动地发挥,需要外界的刺激和引导,形成一种推动力或吸引力,通过自身的消化和吸收,产生一种自动力。这也就是激励的作用过程。因此,激励的实质就是激发人的内在潜力,开发人的能力,充分调动人的积极性,使每个人都感到才有所用,力有所展,劳有所得,功有所赏,从而自觉地努力工作。[13]

2) 激励的类型

按激励的内容,可分为物质激励和非物质激励。物质激励作用于员工的物质生活需求,从马斯洛需求层次可以看到物质的需求是基本需求,只有满足了基本需求,才能很好地进行精神追求,挖掘潜力,完成工作。如奖金、分红、持有公司股份等。非物质激励则是针对人的精神需求,提供精神满足的激励,如上级的夸奖等。

按激励的性质,可分为正激励和负激励。正激励就是对员工目前的行为表示满意,并通过表彰和奖赏来保持、巩固和发展这种行为,以达到激励的目的。负激励则是员工的行为和表现不符合组织的要求,而通过教育批评或惩罚的方式来进行激励的过程。这两种激励的方法都要注意把握"度"的问题,否则会引起员工的反感,导致激励的失败。

按激励的形式,可分为内激励和外激励。内激励是从员工的心理特点出发,通过启发和诱导,激发其主动性和积极性,在工作上投入极大的热情。外激励则是运用外部环境条件来制约员工的行为动机,加强团体合作,从而达到组织和个人目标的一致性。

---

[13] 国家旅游局人教司. 现代旅游饭店管理[M]. 北京:中国旅游出版,2002:394.

3) 激励的机制

(1) 薪酬激励机制。薪酬是员工从事劳动而得到的以货币形式和非货币形式所表现的补偿，是企业支付给员工的劳动报酬，是保障和改善员工生活的基本条件。通过设立科学合理的薪酬制度，充分体现公平性和效益性，对核心人才给予薪酬激励，其中奖金部分所起到的激励作用最为显著，如图 5.15 所示。

图 5.15 激励漫画

（资料来源：http://www.xyzlove.com/CompilationFamousSayingPlatter-JL.htm）

(2) 竞争激励机制。安定的工作环境不利于发挥员工的聪明才智，只有竞争的环境才能有效地调动员工的工作激情，激起奋发向上的工作干劲。员工也希望在工作中得到成长和发展，并获得满意。为了实现这种愿望和要求，企业有必要帮助他们制订好职业发展计划，使其有明确的奋斗目标，在竞争环境中，不断得到发展。

(3) 领导激励机制。一个企业经营的好坏在很大程度上取决于管理者的战略眼光和管理艺术，一个好的人力资源管理者应该具备合格的人力管理专业技术以及良好的 IQ 和 EQ。在人力资源管理过程中，应充分理解员工，关怀员工，信任员工，增强员工的自尊心、自主意识，进行合理的授权，在精神上激励员工，这就是领导激励机制。

(4) 文化激励机制。企业文化，是指企业在适当处理外部环境和内部环境整合过程中所形成的共同思想和价值观念、作风和行为准则。优秀的企业文化能够培育员工的认同感和归属感，建立起成员和组织之间相互依存的关系，使其凝聚在一起，自我激励、自我改造、自我调控、自我完善。

(5) 综合激励机制。综合激励机制，是运用多种手段，多方面、多角度的综合激励机制。例如，综合运用榜样激励、培训激励、任务激励、环境激励、荣誉激励等，针对每个员工的不同特点，使用对员工个体最有效的激励方式，达到最好的激励效果。

 小知识

奖 励 旅 游

英文是 IncentiveTravel，根据国际奖励旅游协会的定义，奖励旅游的目的是协助企业达到特定的目标，并对达到该目标的参与人士，给予一个尽情享受、难以忘怀的旅游假期作为奖励。其种类包括：商务会议旅游、海外教育训练、奖励对公司运营及业绩增长有功人员。需要指出的是，奖励旅游并非一般的员工旅游,而是企业业主提供一定的经费,委托专业旅游业者精心设计的"非比寻常"的旅游活动。用旅游这一形式作为对员工的奖励,会进一步调动员工的积极性,增强企业的凝聚力。

奖励旅游的历史可以追溯到20世纪20、30年代的美国,如今已有百分之五十的美国公司采用该方法来奖励员工。在英国商业组织给员工的资金中,有五分之二是以奖励旅游的方式支付给员工的。在法国和德国,一半以上资金是通过奖励旅游支付给员工。

当今企业经营者面对市场激烈的竞争,必须不断构思新的激励方案,以提升公司的生产力。已在欧美盛行多年以"奖励会议旅游"作为奖励达到营业目标对公司有功人员的激励方式,近年来在中国也日渐受到企业的重视。

资料来源:http://baike.baidu.com/view/247029.htm?fr=ala0_1

5.2.8 劳动关系

劳动关系主要是指企业所有者、经营者、管理者、普通员工及其工会组织之间在企业经营活动中形成的各种权、责、利关系。主要涉及两方面的内容:劳动者同用人单位之间有关工作方面所形成的劳动关系;代表单个劳动者利益的工会同用人单位之间所形成的劳动关系。劳动关系的管理涉及各方的利益,具有一定的复杂性。

1. 劳动合同及其管理

劳动合同是劳动者与企业确定劳动关系、明确双方权利和义务的协议。劳动合同的签订是劳动者与企业劳动关系确立的标志。《劳动法》规定,劳动合同依法订立即具有法律约束力,当事人必须履行劳动合同规定的义务。这对于稳定现代服务业员工劳动关系,减小流动率,建立长期的合作和员工的忠诚提供了可能。

劳动合同的管理包括劳动合同内容的确定、劳动合同的期限、劳动合同的订立与变更、无效合同的判定、劳动合同的终止和解除、违反劳动合同的责任等。

2. 劳动安全与劳动保险

劳动的安全管理在现代服务行业中显得格外重要,从业人员的日常工作中,安全因素需要随时注意。常常因为员工的人为失误、机器故障及危险物质能源储存不当等,造成无法弥补的安全事故。因此,要在实际操作中提高安全意识,实施严格的安全责任制,制定安全操作规范,紧抓安全事故的防范和预防,从而保证全体员工在一个安全的环境中全心投入工作。

劳动保险是一种社会保险,是保证员工在遇到各种特殊困难时,能够得到一定的物质帮助,以尽快恢复正常生活的一种安全保障形式。包括:员工因工负伤、致残、死亡保险;员工非因工负伤、致残、死亡保险;员工疾病的公费医疗保险;员工生育保险;员工退职、退休保险;员工直系亲属的保险;等等。

3. 工会组织与民主管理

工会是以协调雇主与员工之间的关系为宗旨而组成的团体,包括员工工会、雇主商会以及可能是由员工与雇主组成的组织。这里所谈到的工会主要是指员工工会,是以员工利益为基础,取得双方有效沟通的一种组织形式。员工可以通过工会获得教育、援助、福利和优惠服务,参加企业的民主管理,参与政治活动等。

5.3 现代服务业人力资源开发现状与趋势

现代服务业在中国是一个新兴的快速发展起来的行业,与一些发达国家相比还存在着一定差距,其中也包括现代服务业人力资源的培养与建设,同时也应认识到正是由于中国现代服务经济迅速发展与现代服务专业人才教育和培训相对滞后之间的矛盾,才造成了中国现代服务业人才相对短缺的现状。因此,要进一步加快中国现代服务业人才的培养,在人力资源的开发中应坚持"高起点,高定位"的思路,为中国现代服务业积蓄后发人才优势。

5.3.1 中国现代服务业人力资源现状分析

1. 空间分布不均

受中国经济东中西部三大地带的分布影响,中国现代服务业人力资源也呈现出由东至西阶梯递减分布的态势。东部沿海地带开放较早,人才培养的条件相对优越,很容易吸引一批年轻有为的服务人才,很多国外知名的现代服务业人士也在扎根谋求发展。与此同时,中国中西部地区由于开发比较晚,缺少优秀人才的汇集,但随着国家相继出台相关政策鼓励支持中西部地区的开发力度,现代服务业人才空间分布不均匀的态势也将会有一定的改观。

2. 业务骨干流失

中国长期以来的低工资制度和轻服务业管理人才培养的传统思想观念,再加上中国当前服务业市场有限度地开放,使得现代新兴服务业部分高素质的业务骨干严重流失到外资企业,使得中国聚焦和培养高层次的服务人才显得尤为艰难。如中国现代服务业的物流产业将以每年30%的速度迅速增长,而国内物流人才的需求缺口达到600万人,物流专业人才奇缺已成为制约中国物流发展的重要因素,如图5.16所示。

图 5.16 人才流失漫画图
(资料来源: http://opinion.hexun.com/2009-02-17/114540651.html)

3. 素质状况不高

从业人员的素质是指人力资源的特征，对于其进行衡量的指标主要有：健康状况、受教育程度、应变能力及创新能力等。其中，中国现代服务业人力资源中的受教育程度和健康状况两项指标近年来已经有很大提高，但是从业人员的应变能力和创新能力还有待进一步完善，事实上，这两项是最不容易突破的，而且，对于现代服务业从业人员而言，又最为重要的。

4. 数量规模不大

中国现代服务业的运作起步比较晚，在院校中真正开设现代服务业管理专业也是近几年的事情，到目前为止，基本上还没有培养出规模化、专业化的现代服务业管理人才，且现实的从业人员整体业务素质偏低，现代服务业从业人员的专业水平亟待提高，这对中国现代服务业的长远发展来说，是一个障碍。

5.3.2 现代服务业人力资源开发的趋势

1. 开发原则

1) 前瞻性原则

中国现代服务业虽然发展速度较快，但就其发展水平来看，与欧美一些发达国家还存在很大差距。因此，在中国现代服务业人力资源的开发和培育上就应该具有一定的前瞻性，否则就会更加落后，就目前来看，应该将其定位在高起点、高质量的专业培训与职业教育，当然就人力资源开发建设而言，其本身已经带有一定的指导性，但是光有指导性还是不够的，除了能够指导现实工作之外，还应着眼于未来。在培养上不仅要借鉴国内外最新的现代服务业研究成果，而且要根据国内和国际现代服务业发展的动态和趋势，对新事物、新现象、新问题做一些针对性的教育和培训，保证培训内容及时有效地更新。

2) 系统性原则

现代服务业人力资源开发的系统性包括两个方面：一方面是现代服务业培训与教育专业课程的系统性；另一方面是现代服务业培训与教育体系的系统性。

要确保系统性首要任务是要建立一套得到行业内高度认可的权威性教材，这将是决定现代服务业能否走上标准化道路的关键。教材的系统性，一方面是指横向的教材内容体系，即现代服务业教育的教材在内容上应该兼顾宏观和微观，涵盖现代服务业相关知识的方方面面。另一方面是指纵向的教材体系，即针对不同层次的现代服务业培训与教育，在教材内容设计上还应有不同的侧重点，从而进一步增强教材和课程的针对性与实用性。因此，教材体系的建设和课程设计要依据实际需求，有计划、有步骤地开展。

3) 本土化原则

所谓本土化是指要将引进国外的高素质服务人才培养模式与中国现代服务业发展的实践紧密而恰当地进行结合。其原因主要在于中外国情有较大差异，现代服务业发展的程度也很不一样，人力资源开发也不尽相同，因此，着眼于长远发展的角度，富有成效的现代服务业人力资源开发培养必须建立在对本国现代服务业深入研究的基础上。因此，实现人力资源开发的本土化，探索有中国特色的人才发展之路，才是中国现代服务业人力资源开发应遵循的重要原则。

4) 全面化原则

现代服务业人力资源开发的全面化原则主要包括以下两个方面：一是现代服务业人才培养层次结构的全面性，这就要求在服务人才培养上要构建多层次的培训教育输出体系。现代服务业系统中对于服务人才的培养要包括职业技术教育、本科教育、硕士教育甚至博士教育，培养各个层次的管理与操作人才。二是现代服务业培训系统中对于从业人员的培训既要面对高层次管理人员，又要面对具体运作人员；既要有强化的短期培训，又要开设系统全面的长期培训。

5) 一体化原则

一体化原则是指现代服务业人力资源开发的产学研一体化模式。现代服务业是实务性和操作性很强的专业，因此，知识和能力的培养不能仅仅依靠课堂教学和书本学习，参与一些与现代服务业相关的实践课程也是现代服务业教育的重要渠道。同时，在实现现代服务业教育学产结合的前提下，也要重视和抓紧科研的步伐积极探索现代服务业发展的客观规律和趋势、管理经验、运作模式、人才使用效率和培养规律等，用教育推进科研，用科研促进教育。

2. 开发趋势

1) 人才培训专业化、普及化

服务业职业培训是现代服务业人力资源开发建设的重要内容之一。一方面是因为通过培育和完善现代服务业职业培训市场不仅有利于提高现有服务业从业人员的基础理论水平和业务操作能力，同时，还有利于加强业内经验和信息的交流。另一方面是由于现代服务业是新型的第三产业，对现代服务业从业人员必须不停地进行知识的更新，才能促进现代服务业的持续快速发展。目前中国现代服务业职业培训的发展较为滞后，主要表现在培训的内容缺乏系统性，没有形成现代服务业操作和发展的系统理论；主讲专家往往浅尝辄止，对业务素质提高的帮助不大；培训活动的主要目的还停留在信息交流上；等等，整个现代服务业培训市场还处在一种粗放发展状态。

因此，大力促进中国现代服务业人才培训的发展应该从如下几个方面去思考：第一是推行现代服务业的资格认证体系。在现代服务业中推行资格认证，能够使培训工作趋于规范化、制度化和科学化，最后实现个性化，进而把中国现代服务业的发展推上健康发展之路；第二是要提高培训质量。提高培训质量是实现服务人才专业化的关键；第三是提升培训的国际化程度。提升现代服务业培训的国际化程度是指要求现代服务业人才的职业培训要汇集国际服务业发展的前沿理论、最新资讯和有效经验，同时，汲取世界各国的先进风格和趋势，使学员拥有国际化的理念和视野。

2) 人才教育的迅速发展

随着现代服务业的迅速发展，中国现代服务业人才教育也取得了一定的突破，但是教育发展的速度还是跟不上现代服务业对于人才的需求量。专家预测，在未来几年里，中国将迎来现代服务业人才教育迅速发展的阶段。与此同时，中国现代服务业人才教育将在教材、师资、科研成果、认证培训和中外联合办学等方面取得重要突破。

当前发展中国现代服务业人才教育的重要途径主要有如下几种：第一，确立现代服务业高等教育的主导地位。主要是因为从教育发展的一般规律来看，任何一门学科的发展都要确立双重主体：一是确立高校和科研院所教育在学科建设中的主导地位，二是确立个别高校与科研院所在同行教育中的主导地位。第二，建立完善的现代服务业教育课程体系。笔者通过对高校图书馆、北京、上海两地书城以及网络等渠道的综合查询，虽然已经出现了一些与现代服务业教育相关的书籍，但是，目前尚未有权威的教材体系。第三，培育现代服务业教育的师资队伍。师资队伍是决定教育质量的重要因素之一，吸引更多高水平的学者专门从事现代服务业的专业教学与科研工作，是提高中国现代服务业教育水平的关键。[14]

战略性人力资源价值链模型如图 5.17 所示。

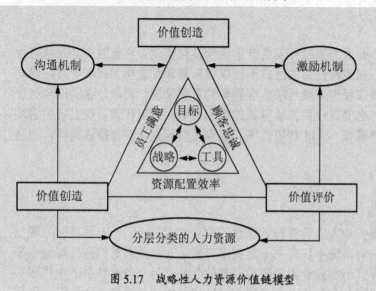

图 5.17　战略性人力资源价值链模型

5.4　现代服务业人力资源职业生涯设计

在现代服务业中，员工流失的现象较其他行业要频繁得多，以旅游酒店为例，基层员工的流失率高达 40%以上，而其他行业的正常流失率只有 5%～10%。员工高流失率对于旅游业而言，是一种巨大损失。本节将探讨职业生涯设计的基本概念、基本理论以及在现代服务业中进行职业生涯设计的意义、步骤和作用。

5.4.1　职业生涯的基本概念

1. 职业生涯和职业生涯管理的定义

职业(Career)也称为职业生涯、职业发展或职业计划，美国组织行为学专家道格拉斯·霍尔认为，生涯是指一个人一生经历中所包括的一系列活动和行为。以此类推，职业生涯是指一个人一生的工作经历，特别是职业、职位变迁及工作理想的实现过程。职业生涯设计是人力资源管理的一项重要活动，它与工作分析、人力资源计划、招聘与选拔、绩效评估、培训等都有着密切联系。

---

[14] 杨鸿雁. 小议中国现代服务业的发展趋势与策略[J]. 经济师，2008：44-45.

职业生涯管理(Career Management)从管理对象角度可以划分为组织的职业生涯管理和个人的职业生涯管理。组织的职业生涯管理是指通过个人发展愿望与组织发展需求的结合实现组织的发展，目的是提高组织人力资源质量发挥人力资源管理效率，进而实现组织的发展目标。个人的职业生涯管理主要是指通过个人兴趣、能力和个人发展目标的有效管理实现个人的发展愿望，最终实现个人价值成就的最大化。个人职业发展必须以组织职业发展为背景，不能与组织发展目标相背离，只有将个人职业发展与企业发展环境结合起来，达成一种平衡并创造一种良好的企业氛围，从而真正达到现代服务企业职业生涯规划的目的。

2. 职业生涯规划的作用

职业生涯规划对于现代服务企业的发展具有如下几方面的意义。

(1) 有助于提高员工满意度，减少流失率。

服务性企业员工流失率一直是困扰企业管理者的一个重大难题。这个问题在现代服务企业中也大量存在，除了行业本身的属性造成流失率较高之外，还有一个重要原因就是企业没有认真研究员工的需要，要知道，给予令他们满意的职业发展需要也是减少流失率的一个重要方法。随着社会的进步发展，在服务企业工作的员工不再仅仅专注于工资福利等待遇问题，他们也有了个人发展的需要，希望他们所从事的工作具有一定的挑战性，并符合其自身发展的兴趣，在工作中也能有一些独立决策的机会，从而能最大限度地发挥自我价值。职业生涯规划将员工的发展需要与组织的发展需要结合起来，重视了解员工的兴趣，开发员工感兴趣的工作任务并进一步去引导他们实现个人价值、个人目标的最大化，这将有利于吸引员工并留住员工。

(2) 有助于开发现代服务业需要的人才，实现双赢。

职业生涯规划是现代服务业开发人才的有效手段。员工职业发展离不开企业这个大的背景环境，因此，员工的发展必须与企业的发展相结合，而现代人力资源管理的重要特点之一就是让员工得到适合自己个性的发展，要让员工的个性得到施展，并实现企业的目标，达到双赢，就需要帮助员工认识自己，分析周围的环境，帮助他们掌握成才的方法，树立适合自己的人生目标，并将自己的发展与企业的发展目标相一致。员工在发展与自我成才的过程中，人力资源部门为其提供必要信息，创造成才的机会并给予必要的指导。这样最终就是要实现员工和现代服务企业双赢。

5.4.2 职业生涯设计的步骤

1. 员工情况分析

员工情况分析是员工职业生涯规划的第一步。了解员工个人条件和情况是职业生涯规划的基础工作，对个人的了解可以通过员工个人评估、企业对员工的评估以及分析影响个人条件和情况的环境因素。所谓员工个人评估是企业给提供条件，引导员工正确分析自己(如可以通过设计员工自我评价问卷等)，帮助员工了解自己。员工个人分析的重点是个人条件，要考虑个人性格与职业的匹配、兴趣与职业的匹配及特长与职业的匹配等要点；企业对员工的评估是指通过利用当前的工作情况包括绩效评估、晋升记录、参加各种培训的情况、利用个人评估的结果等渠道对员工的能力和潜力进行评估，许多公司都通过建立或使用评估中心来直接测评员工将来从事某种职业的潜力；环境分析是指通过对企业环境、社会环境、经济环境等有关问题的分析与讨论，弄清环境对职业发展的作用、影响及要求，以便更好地进行职业选择与职业目标规划。

2. 确立职业生涯目标

员工职业发展的方向是员工职业生涯目标确立的关键。职业生涯目标包括职业选择和职业生涯路线选择两方面的内容。职业选择的正确与否直接关系到人一生事业的成败，同时职业选择也是人生事业发展的起点。正由于其如此重要，企业应该开展必要的职业指导活动，通过对员工的分析与组织岗位的分析，为员工选择适合的岗位。职业生涯路线选择是人生发展的重要环节之一，职业生涯路线选择的重点是组织通过对生涯路线的要素分析，帮助员工确定生涯路线，当然，需要注意的是：企业帮助员工进行职业生涯目标的确立应当要分阶段、分层次、有重点、有主次地来进行，这样才能保持员工工作的相对稳定性。

3. 制定生涯策略

职业生涯策略是指为争取职业生涯目标的实现而采取的各种行动措施。职业生涯策略要根据员工的实际能力情况来制定，作为现代服务企业可以通过对员工进行调查进而制定几种方案来供员工进行参考和选择。

4. 评估与修改职业生涯规划

由于受各种不确定性因素的影响，企业为员工制定的职业目标往往比较抽象和模糊，概括性太强，很难具体把握和操作，甚至还有可能出现误导的情况，因此，经过一段时间的工作之后，企业需要有意识地回顾员工的工作表现，检验员工的职业定位与方向是否合适，只有这样，在实施职业生涯规划的过程中评估现有职业生涯规划，通过不断调整，并不断地反馈与修正，纠正最终职业生涯目标与现有职业生涯目标的偏差，事实上，通过不断地修正还有利于增强员工对于实现职业目标的信心，如图5.18所示。

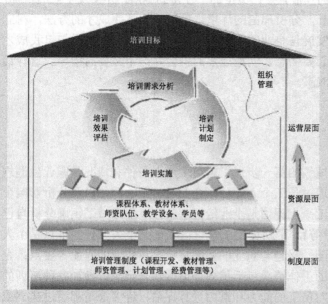

图5.18 培训体系设计图

5.4.3 职业生涯的阶段管理

1. 员工职业生涯发展阶段的划分

对于员工职业生涯发展阶段的划分，不同学者有不同的观点，这里沿用了美国职业学家萨柏的观点，他将员工职业生涯划分成为如下5个阶段。

(1) 成长期。这一阶段是0~14岁，这期间人经历了对职业由好奇、幻想到兴趣，再到有意识地去培养自身职业能力这么一个逐渐成长的过程。同时这个阶段又可以细分为3个时期：①幻想期(10岁以前)，儿童从外界了解到许多职业，对于自己觉得好玩和喜爱的职业充满幻想，并进行模仿；②兴趣期(11~12岁)，以兴趣为中心，理解、评价职业、并开始着手进行职业选择；③能力期(13~14岁)，开始考虑自身条件与喜爱的职业是否相称，并有意识地进行这方面能力的培养。

(2) 探索期。这一阶段是15~24岁，是初就业期。这一阶段也可分为3个阶段，①试验期(15~17岁)，即开始综合考虑自己的兴趣、能力与职业社会价值、就业机会，开始进行择业尝试；②过程期(18~21岁)，即查看劳动力市场，或者进行专门的职业培训；③尝试期即选择工作领域，开始从事某种职业。

(3) 建立期。这一阶段是25~44岁，这段时间是建立稳定职业的阶段。主要可以分为两个阶段：①尝试期(25~30岁)，对初就业选定的职业不稳定，再选择、变换职业工作，变换次数个人不等，也可能满意初选职业而无变换；②稳定期(31~44岁)，是最终职业确定，开始致力于稳定工作的时期。

(4) 维持期。这一阶段是45~64岁，这一时期劳动者已经不再考虑变换职业工作，只力求维持自己已经取得的成就和社会地位。

(5) 衰退期。这一阶段是指65岁以上，这一时期由于个人健康状况和工作能力逐步衰退，即将退出工作并结束职业生涯。

2. 不同阶段职业生涯管理的任务

由于本书主要讲的是现代服务业员工职业生涯管理，所以管理主要是针对在职员工，根据在职员工的现实年龄段，可以将员工的职业生涯分为早期阶段(20~30岁)、中期阶段(25~50岁)、晚期阶段(50岁至退休年龄)。由于员工个人生命特征的不同，不同阶段员工面临的职业生涯发展任务也各不相同。因此，针对员工职业生涯的不同阶段，现代服务企业要确定不同的任务目标，对这些目标各自进行有效地规划、实施、反馈等。例如，在早期阶段由于刚刚进入企业学会工作，个人的主要任务就是要学会独立，并寻找职业锚，进一步完成向成年人的过渡等。[15]

人力资源案例分析

某公司是一家日化产品生产企业。几年来，公司业务一直发展很好，销售量逐年上升。每到销售旺季，公司就会到人才市场大批招聘销售人员，一

---

[15] 魏卫. 旅游企业管理[M]. 北京：清华大学出版社，2006：184.

旦到了销售淡季，公司又会大量裁减销售人员。就这件事，某公司销售经理陈鸿飞曾给总经理蒋明浩提过几次意见，而蒋总却说：人才市场中有的是人，只要我们工资待遇高，还怕找不到人吗？一年四季把他们"养"起来，这样做费用太大了。这样，某公司的销售人员流动性很大，包括一些销售骨干也纷纷跳槽，蒋总对销售骨干还是极力挽留，但没有效果，他也不以为然，仍照着惯例，派人到人才市场中去招人来填补空缺。

终于出事了，在去年某公司销售旺季时，跟随蒋总多年的陈鸿飞和公司大部分销售人员集体辞职，致使某公司销售工作一时近乎瘫痪。这时，蒋总才感到问题有些严重。因为人才市场上可以招到一般的销售人员，但不一定总能找到优秀的销售人才和管理人才。在这种情势下，他亲自到陈鸿飞家中，开出极具诱惑力的年薪，希望他和一些销售骨干能重回某公司。然而，这不菲的年薪，依然没能召回这批老部下。

这时，蒋明浩总经理才有些后悔，为什么以前没有花时间去留住这些人才呢？同时，他也陷入了困惑，如此高薪，他们为什么也会拒绝，企业到底靠什么留住人才呢？

人才流失不单是某公司，也是许多企业普遍头痛的问题。而某公司留不住人才，在激励、内部沟通等机制上存在许多问题，但造成这些问题的关键在于对人才的不重视，缺乏正确的人力资源观。某公司的管理是传统的以"事"为中心，而不是以"人"为中心的管理。这一点，也可以从某公司组织结构中看出，某公司只是在办公室下设了一个人事主管，从事的只是员工的考勤、招聘、档案管理等简单的人事管理。

思考：某公司缺乏的是人力资源观，在实际操作中该公司应从哪几个方面入手构建起人力资源管理体系？

资料来源：http://zhidao.baidu.com/question/96310087.html?fr=ala0 2009-5-23

本章小结

本章首先阐述了现代服务业(如证券、保险、会展等行业)人力资源管理区别于传统服务业以及制造业人力资源管理的特点，并进一步阐述了其重要性；其次阐述了现代服务业人力资源管理的基本内容；再次，分析了当前中国现代服务业人力资源管理实施的现状，在此基础上进一步分析了其未来的发展趋势；最后阐述了现代服务业人力资源职业生涯设计和管理。

思 考 题

1. 详细阐述现代服务业人力资源管理的特点。
2. 现代服务业人力资源管理的主要内容有哪些？
3. 简述职业生涯设计的主要步骤。

第6章 现代服务业客户关系管理

导　读：

随着体验经济的发展，客户关系受到越来越多企业的重视，作为目前正在蓬勃发展中的现代服务业，客户关系管理在整个企业管理中显得尤为重要，鉴于此，本章将对客户关系管理理论以及其在现代服务业中的应用思路、方法和模式进行必要阐述，以期对现代服务业管理者在企业中实施客户管理能够提供必要的帮助。

关键词：

客户关系管理　实施流程　保障体系

6.1 客户关系管理概述

在阐述现代服务业客户关系管理的思路和方法之前，有必要熟悉客户关系管理的基础知识，然后才能将这一理论应用到现代服务业管理的具体实践中来。本节将对客户关系管理的核心概念、核心原理、核心功能等进行必要阐述，需要说明的是，本节所讲的客户关系管理是广义的，并不是指狭义的客户关系管理软件。

6.1.1 CRM 的定义与内涵

1. CRM 的定义

国外的客户关系管理(Customer Relationship Management，CRM)，其研发基础是 20 世纪 90 年代盛行的集成直接营销法(Integrated Directed Marketing)，其传入中国则是由于因特网和电子商务的蓬勃发展。对于 CRM 的定义国外众多著名的研究机构和跨国公司都进行了不同的诠释。其中，第一个提出 CRM 的是 IT 咨询顾问公司 Gartnet Group 对其所下的定义，它认为：所谓的客户关系管理就是为企业提供全方位的管理视角，赋予企业更完善的客户交流能力，最大化客户的收益率。在这个定义提出之后，国外很多学者还对这一定义进行了深入的分析，并在此基础上提出各自的看法。比较有代表性的有如下两种。

(1) CRM 是为了消除企业在与客户交互活动中的"单干"现象，整合销售、营销和服务业功能的一个企业经营策略，它需要企业全方位协调一致的行动。

(2) CRM 是企业的一个商业战略，它按照客户的分割情况有效地组织企业资源，培养以客户为中心的经营方式以及实施以客户为中心的业务流程，并以此为手段来提高企业的获利能力。这说明了 CRM 不仅是 IT 技术，提出建立以客户为中心的经营机制是实现 CRM 目的的重要手段。

中国的众多学者在国外研究的基础上也对 CRM 的定义提出了自己的见解，其中比较有代表性的是三层次定义法，它认为在现实当中 CRM 的定义从 3 个层面来表述可能比较恰当。

(1) CRM 是一种现代的经营管理理念。它起源于西方的市场营销理论，又逐步融合了近年来信息技术为市场营销理念带来的新发展，吸收了许多新的管理思想的一些精华部分，形成了以客户为中心、视客户为资源、通过客户关怀实现客户满意度的现代经营理念。它着重关注客户的个性化需求，通过与客户的个性化交流来达到提供给客户个性化产品与服务的目标，从而提升客户的满意度和忠诚度。

(2) CRM 包含的是一整套解决方案。它集合了当今最新的信息技术，包括：Internet 和电子商务、多媒体技术、数据仓库和数据挖掘、专家系统和人工智能、呼叫中心以及相应的硬件环境，同时还包括与 CRM 相关的专业咨询等。

(3) CRM 意味着一套应用软件系统。它凝聚了市场营销等管理科学的核心理念，又以市场营销、销售管理、客户关怀、服务支持等构成了 CRM 软件的模块基石，从而将管理理念通过信息技术的手段集成在软件上面，使其得以在全球大规模的普及和应用。简言之，互联网的普及使客户关系管理软件得以系统应用和推广，是客户关系管理软件得以普及的催化剂和加速器。

2. CRM 的内涵

不论怎样为 CRM 定义，在它的概念中始终包括这样的内涵。

1) 保持企业与客户之间的良好合作关系

(1) 在传统经济时代，物质极度匮乏，客户无法选择商品，这个市场都是处于卖方市场，企业只是盲目生产，产品单一且供不应求。在这个时候，企业与客户之间的关系是一种简单、短期的买卖关系或者说是一种十分简单的商品交易关系，它在一定程度上制约了企业和整个社会的发展。而在当前全球经济一体化加速、网络经济和体验经济迅速发展的时代，企业则需要按照市场和客户的需求来生产各种产品，这些产品不仅式样繁多，而且更新换代特别快，造就了一个物质极度丰富的时代，从而使得客户也有了很大的自主选择权，企业与客户之间需要保持和建立一种长期、良好的合作关系以加速企业自身和社会的发展。

(2) CRM 提倡并且树立客户是企业资产的理念，成功实现"以产品为中心"的商业模式向"以客户为中心"的商业模式的转化，完善了管理过程。以客户为企业资产的 CRM 帮助各企业最大限度地利用其以客户为中心的资源(包括人员和资产)，并将这些资源集中应用于客户和潜在客户身上，通过缩减销售周期和销售成本，寻求扩展业务所需的新市场和新渠道，改进客户价值、满意度、赢利能力以及客户的忠诚度等手段，来提高企业管理的有效性。

2) CRM 是利用 IT 技术和互联网技术对客户进行整合营销的过程

(1) CRM 的根本来源并不是技术的进步，而是营销管理演变的自然结果。在西方的市场竞争中，企业领导者发现以传统的 4P(Product，Price，Place，Promotion)为核心，由市场部门来实施的营销方法，越来越无法实现企业营销的目标。而以客户为中心的客户关系管理将营销重点从客户需求进一步转移到客户保持上，并且保证企业把适当的时间、资金和管理资源直接集中在这两个关键任务上，实现对客户的整合营销，这样更有利于营销目标的实现。

(2) CRM 在近年来的广泛应用则归功于 IT 技术，尤其是互联网技术的进步。如果没有以互联网为核心的技术进步的推动，CRM 的实施会遇到很大的阻力。从某种意义上说，互联网是 CRM 的加速器，具体的应用包括：数据挖掘、数据仓库、呼叫中心、基于浏览器的个性化服务系统等，这些技术随着 CRM 的应用而飞速发展。因此，CRM 是利用 IT 技术和互联网技术对客户进行整合营销的过程。

3) CRM 视客户资源为现代企业的重要资源

越来越多的企业都认识到客户是企业的生命线，客户资源是现代企业最主要的资源之一，所谓客户资源，主要是指企业与客户的关系、客户的经营发展战略、销售收入、核心竞争力、供应链管理、营销策略、原辅料需求、生产规模、产品质量、研发能力、服务水平和发展瓶颈。当今世界，企业之间竞争的焦点已经由产品的竞争转向品牌的竞争、服务竞争和客户的竞争，企业如果能够与客户建立并保持一种长期、良好的合作关系，并进一步掌握客户资源、赢得客户信任、分析客户需求，那么就能制定出适合企业经营发展战略和市场营销策略，从而生产出适销对路的产品，提供满意的客户服务，提高市场占有率，获得最大利润。

6.1.2 CRM 的基本功能与作用

1. CRM 的基本功能

客户关系管理是一个将客户信息转化为积极的客户关系的循环往复的过程。它的基本功能表现在它可以为企业提供一种创造出产品、服务、及时反应、个性化、大量化定制和客户满意度的能力。具体而言，CRM 系统的基本功能包括以下几个方面。

1) 销售功能

CRM 的基本功能之一，是销售力量自动化(SFA，Sales Force Automation)。SFA 主要是通过提高企业专业销售人员大部分活动的自动化程度来提高其工作效率。它的功能又包括日历和日程安排、账户管理、佣金管理、商业机会和传递渠道管理、销售预测、建议的产生和管理、定价、领域划分、费用报告等。

2) 营销功能

CRM 的又一基本功能是营销自动化，是对 SFA 的补充。它为企业营销提供了独特的能力，如营销活动(包括以网络为基础的营销活动或传统的营销活动)计划的制订和执行；计划结果的分析；清单的产生和管理；预算和预测；营销资料管理(关于产品、定价、竞争信息等的知识库)；对有需求客户的跟踪、分销和管理；等等。

3) 服务功能

CRM 还具备强大的客户服务与支持功能。在很多情况下，客户保持和获利能力依赖于优质服务的提供。因此，客户服务和支持对企业是极为重要的。CRM 在满足客户的个性化要求方面，速度、准确性和效率都令人满意。客户服务与支持的典型应用包括：客户关怀；订单跟踪；现场服务；问题及其解决方法的数据库；维修行为安排和调度；服务协议和合同；服务请求管理；等等。

2. CRM 对企业的作用

基于上述功能，CRM 系统在企业经营与管理中发挥了突出的作用。这里有一组数据。[1]

(1) 客户满意度如果有了 5%的提高，企业的利润将加倍。- Harvard Business Review

(2) 一个非常满意的客户的购买意愿将 6 倍于一个满意的客户。- Xerox Research

(3) 2/3 的客户离开其供应商是因为客户关怀不够。- Yankee Group

(4) 93%的 CEO(Chief Executive Officer)认为客户管理是企业成功和更富竞争力的最重要因素。- Aberdeen Group

同时，根据对那些成功地实现客户关系管理的企业的调查表明，每个销售员的销售额增加 51%，顾客的满意度增加 20%，销售和服务的成本降低 21%，销售周期减少了 1/3，利润增加 2%。

从这些数据中可以归纳出，CRM 对企业的主要作用表现在以下几个方面。

1) 降低客户成本

这一功能体现在两个方面。一是通过大量保持现有客户，降低企业获取客户的成本。研究表明，开发一个新客户的成本比保有一个现有客户的成本高出 5 倍之多。通过实施 CRM，企业将加强与现有客户的联系，大量保持现有客户，从而降低客户成本。二是通过有针对性的获取客户减少企业在盲目获取客户时花费的不必要成本。并非所有的客户都是企业的赢利客户，客户价值也有高低之分，如果盲目获取客户，结果可能入不敷出。通过实施 CRM，企业将明确自己的赢利客户群，从而有针对性的获取客户，减少不必要的成本投入。

2) 减少销售成本

这一功能主要体现在通过提高客户的保持度与忠诚度，形成客户对企业产品的消费偏好，从而减少销售成本中的相关营销费用。企业的销售成本中包含有大量的产品营销与市场推广费用。通过实施 CRM，企业将拥有一批忠诚的消费客户群，企业的产品在市场上占有稳定的份额，因此大大降低了企业在推出新产品时的相关营销费用，从而为企业减少了大量的销售成本。

3) 创造客户价值

这一功能也体现在两个方面。一是通过客户关系赢利能力模型，有效评估客户的赢利能力。CRM 的实施流程为企业提供了基于客户关系赢利能力模型的客户识别方案，不同客户的赢利能力将得到有效评估。二是通过关系策略，在保护赢利客户的同时，改变非赢利客户的购买行为，提高其赢利能力，从而创造客户价值。任何客户都存在赢利的潜力，通过实施 CRM，企业将针对客户不赢利的原因，对不同的客户采取不同的策略，激发其赢利潜能，促使这部分客户向赢利的方向转化，创造新的客户价值。

---

[1] Michael. 客户关系管理研究[J]. 中国营销传播网，2001.

6.2 现代服务业客户关系管理的背景与意义

6.1 节已经对于客户关系管理的基本理论有了一定的了解,本节将深入讨论在现代服务业中引入客户关系管理的背景和重要意义,为 6.3 节具体探讨现代服务业客户关系管理的流程和策略作铺垫。

6.2.1 现代服务业 CRM 的导入背景

1. 现代服务业经营理念更新的需要

现代服务企业,其经营的基本理念应该随着市场环境的变化而不断演变。正如市场营销的发展一样,传统服务企业的经营理念最初以生产为导向,这是适合于服务业产生初期卖方市场的理念;随后服务企业又确立了以销售为导向的理念,这种理念是在市场竞争日趋激烈时形成的;市场经济大潮洗礼服务业后,服务企业又普遍确立了市场为导向的经营理念,强调对市场信号的关注;而在市场竞争更加白热化的现代社会,企业与市场的关系,最重要、最根本地表现为企业与客户的关系相处的如何,因此,现代服务企业应该形成以客户价值为导向的理念,这是一种全新的理念。客户关系管理就是适应以顾客价值为导向的理念而产生的。

2. 现代服务业管理模式创新的需要

随着市场的变化,现代服务企业在目前的制度体系和业务流程下,在客户管理方面出现了种种难以解决的问题。主要表现在由现代服务企业业务人员无法跟踪众多复杂和销售周期长的客户;大量的工作是重复的,常出现人为的错误;在与客户沟通中口径不统一;由于现代服务企业业务人员的离职而丢失重要的客户和销售信息;等等。这一系列的问题表明,服务企业当前的管理模式需要改革和创新,需要进一步提升客户管理在企业管理中的地位,进一步完善客户管理体系、提高客户管理水平,进一步优化客户管理组织,实现专业化管理。这些通过实施客户关系管理都可以得到圆满的解答。

3. 现代服务业核心竞争力提升的需要

随着现代技术的迅猛发展,现代服务业之间产品和技术的差异化程度越来越小,市场竞争越来越激烈,企业竞争的焦点也由产品竞争转向品牌竞争、服务竞争和客户竞争。随着消费者消费观念的成熟,尤其是对产品和服务的个性化、定制化要求也越来越高。如何在更加复杂的客户群体中准确识别客户的不同需求、实现与客户的沟通和互动、建立和保持长期的友好合作关系、培育客户忠诚,成为决定现代服务业核心竞争力的关键要素。因此,客户关系管理的导入成为必然趋势,客户关系管理的水平也成为评价现代服务企业核心竞争力的重要指标。

4. 社会信息技术飞速发展的推动

近年来,随着信息技术的飞速发展,使收集、整理、加工和利用客户信息的质量大大提高。Internet 等信息技术成为日渐成熟的商业手段和工具,越来越广泛地应用于现代服务业领域信息系统的构建。在先进技术的支持下使得 CRM 的实现也成为可能。图 6.1 展示了信息技术在公司的应用。

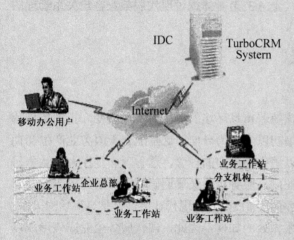

图 6.1 信息技术在公司的应用

客户关系管理正是在上述需求和条件背景下被导入现代服务企业的管理体系之中的。一些领先地位的企业已初步感受到了客户关系管理的理念和它相关的解决方案为企业带来的变化,它们正进一步完善技术、服务等支撑体系,以创建面向客户的、先进的新商业模式。

6.2.2 现代服务业 CRM 的实施意义

随着市场竞争的愈演愈烈,传统服务企业管理系统越来越难以胜任对企业动态客户渠道和关系的管理,CRM 的实施将给传统服务企业带来经营管理方式上的重大变革,提升传统服务企业的市场竞争力。同时,现代服务企业只有继续坚持和完善 CRM,才能在激烈的市场竞争中立于不败之地。

1. 提高现代服务企业的运营效率

CRM 系统通过整合服务企业内的全部业务环节和资源体系,带来企业运营效率的全面提高。一套完整的 CRM 系统在企业资源配置体系中是承前启后的:向前,它可以向企业的全面渠道各方向伸展,既可以综合传统的电话中心、客户机构,又可以结合企业门户网站、网络销售、网上客户服务等电子商务内容,构架"动态"的企业前端;向后,它能逐步渗透至生产、设计、物流配送和人力资源等部门,整合 ERP(Event-Related Potentials)、SIM(Singapore Institute of Management)等系统。因此资源体系的整合,实现了现代服务企业范围内的信息共享,使得业务处理流程的自动化程度和员工的工作能力大大提高,从而使现代服务企业的运营更为通畅、资源配置更为有效。

2. 降低现代服务企业的经营风险

在高度动荡的社会环境下，服务业表现出很强的行业脆弱性，无论是传统服务企业还是现代服务企业的运营都容易受到外界环境的影响，具有较高的经营风险。在这种背景下，改变服务企业传统的"以产品为中心，为产品找客户"的经营理念，积极发展与客户长期的互利关系，以客户为中心来经营企业，成为缓冲市场扰动对现代服务企业造成的冲击、最大限度地降低经营风险的有效途径之一。因此，进一步实施 CRM 将降低现代企业的经营风险。

3. 提升现代服务企业的盈利能力

实施客户关系管理对现代服务企业赢利能力有巨大影响，表现为客户关系管理对客户份额的关注，能为现代服务企业带来更高的投入回报。客户关系管理强调企业客户在该行业的高价值客户总体中所占的份额，这个份额越高，企业的盈利能力就越强。同时客户关系管理对长期价值的重视，增强了企业长期的可持续发展能力。有研究表明，长期的客户关系与企业的长期赢利能力具有高度的正相关关系。而且客户关系管理带来的忠诚客户，对企业有巨大的贡献。客户关系管理强调对客户忠诚的培养，而忠诚客户对企业的贡献已经受到关注。

4. 优化现代服务企业的市场增值链

CRM 的应用使传统服务企业原本"各自为战"的销售人员、市场推广人员、一线服务人员、售后服务人员等开始真正围绕市场需求协调合作，为满足"客户需求"这一中心要旨组成了强大团队。而对于现代服务企业后台的财务、生产、采购和储运等部门而言，CRM 亦成为反映客户需求、市场分布及产品销售状况等信息的重要来源。因此，优化现代服务企业的服务链，增强了现代服务企业的市场增值能力。

5. 转变现代服务企业的商务模式

CRM 的实施为传统服务企业顺利实现由传统企业模式到电子商务(EC，Electronic Commerce)模式的转变奠定了基础。EC 的蓬勃发展客观上需要全新的管理理念，即"以客户为中心"。创造以客户为中心的企业必须要从策略、结构、绩效 3 方面来进行。在传统的企业中，收集客户信息首先就是个问题，即使收集到了，能存储下来并用于企业进行销售决策的也很少。在 EC 环境中，企业在处理信息、从信息中创造价值、信息成为公司资产 3 个层次上超越传统。传统服务企业应用 CRM，有了一个基于 EC 的面向客户的前端工具，为 EC 网站提供了可以满足客户个性需求的工具，能帮助传统服务企业顺利实现由传统企业模式到 EC 模式的转化。

6. 增强现代服务企业的竞争力

有研究表明，在新经济环境下，相对于有形资产，无形资产对企业竞争力的贡献更大，而且其贡献份额呈上升趋势，服务企业特别是现代服务企业更是如此。客户资产作为现代服务企业的一项重要的无形资产，其重要性已经受到了广泛的关注，成为现代服务企业市场的要素之一。客户关系管理的实施对于服务企业在新经济时代有效地管理企业客户资产，增强竞争力具有重大的作用。

6.3 现代服务业客户关系管理实施流程与策略

CRM 是一个通过积极使用信息和不断地从信息中学习，从而将客户信息转化为客户关系的循环过程。这一流程从建立客户知识开始，直到形成高影响的客户互动。期间需要现代服务企业采用各种策略，建立并保持与客户的关系，进而形成客户忠诚。

6.3.1 现代服务企业 CRM 的实施流程

CRM 的实施是一个往复循环的过程，是一个螺旋式提升的过程。现代服务企业 CRM 的实施流程如图 6.2 所示，包括收集客户信息，制定客户方案，实现互动反馈和评估活动绩效 4 个环节，继而上升到新一轮循环。

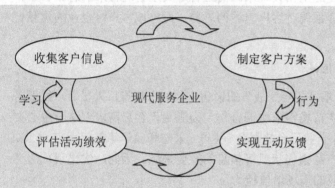

图 6.2 现代服务企业 CRM 循环流程

1. 收集客户信息，发现市场机遇

现代服务企业客户关系管理流程的第一步就是分析市场客户信息以识别市场机遇和制定投资策略。它通过客户识别、客户细分和客户预测来完成。

1) 服务对象识别

现代服务企业所面对的客户市场(即服务对象)是一个广泛复杂的群体，不同的客户有着不同的服务需求。服务对象识别即在广泛的客户群体中，通过各种客户互动途径，包括因特网、客户跟踪系统、呼叫中心档案等，收集详尽的数据，包括客户资料、消费偏好以及交易历史资料等，储存到客户数据库中，然后将不同部门的客户数据库整合成为单一的客户数据库。同时，把它们转化成为管理层和计划人员可以使用的知识和信息，使其从中识别出有服务产品需求的客户。

2) 服务对象细分

通过集中有参展需求的客户信息，现代服务企业可以对所有不同需求信息之间的复杂关系进行分析，按照需求差异进行客户市场的细分，并描述每一类客户的行为模式。通过这样的工作，现代服务企业可以根据针对不同需求的服务对象群体设计和推广不同内容、形式以及功能的服务产品，在此基础上开展一对一营销。

3) 服务对象预测

服务对象预测是通过分析目标客户的历史信息和客户特征，预测客户在本次服务活动中，在各种市场变化与营销活动情况下，可能的服务期望和服务行为的细微变化，并以此作为客户管理决策的依据，如图6.3所示。

图6.3 客户投资与利润分析

2. 制定客户方案，实施定制服务

制定客户方案，实施定制服务即针对客户类别，设计适合客户的服务与市场营销活动。现实中，企业对于各类客户通常是一视同仁的，而且定期进行客户活动。但是从CRM的观念来看，这样做显然是不合算的，CRM要求"看人下菜"。它要求现代服务企业在全面收集客户信息的基础上，针对目标客户，预先确定专门的服务活动，制订服务计划。这就加强了现代服务企业营销人员以及服务团队在客户购买产品前的有效准备和展开的针对性服务，提高了现代服务企业在客户互动中的投资机会。在这一流程中，服务企业通常要使用营销宣传策略，向目标客户输送产品的各项服务信息，以吸引客户的注意力。

3. 实现互动反馈，追踪需求变化

实现互动反馈，追踪需求变化是现代服务企业借助及时信息的提供来执行和管理与客户(或潜在客户)沟通的关键性活动阶段，它使用各种各样的互动渠道和前端办公应用系统，包括客户跟踪系统，销售应用系统，客户接触应用和互动应用系统。通过与客户的互动，现代服务企业可以随时追踪有关参展商的需求变化以及参展后的有关评价不断修改客户方案。以往，市场营销活动一经推出，通常无法及时监控活动带来的反应，最后如何以销售成绩来判定效果。CRM却可以对过去市场营销活动的资料进行相关分析，并且通过客户服务中心或呼叫中心及时地进行互动反馈，实时调整进一步的营销活动。

4. 评估活动绩效，改善客户关系

评估活动绩效，改善客户关系是现代服务企业客户关系管理的一个循环过程即将结束时，对所实施的方案计划进行绩效分析和考核的阶段。CRM透过各种市场活动、销售与客户资料的综合分析，将建立一套标准化的考核模式，考核实行成效；并通过捕捉和分析来自于互动反馈中的数据，理解客户对企业各项营销活动所产生的具体反应，为下一个CRM循环提出新的建议，以此不断改善现代服务企业的客户关系。

6.3.2 现代服务企业 CRM 的基本策略

1. 客户识别策略

客户识别策略即通过广泛收集和分析客户数据,评估不同客户或客户群的终生价值,并进一步以客户终生价值为标准,对企业客户进行细分,识别客户类型,对不同类型的客户采取不同的进攻策略。

客户的价值包括 3 部分:历史价值,即到目前为止已经实现了的客户价值;当前价值,即如果客户当前行为模式不发生改变,将来会给现代服务企业带来的客户价值;潜在价值,即如果公司通过有效的交叉销售调动客户购买积极性或客户向别人推荐产品和服务等,从而可能增加的客户价值。其中客户的当前价值和潜在价值构成了客户终生价值(LIV,Customer Lifetime Value),即一个新客户在未来所能给现代服务企业带来的直接成本和利润的期望净现值。具体的识别策略包括以下几方面内容。

1) 客户数据收集

对于现代服务企业而言,要建立完整的客户信息,必须收集以下数据:个人资料(包括年龄、性别、婚姻、收入、职业等)、住址(包括区号、房屋类型、拥有者等)、生活方式(包括爱好、喜欢的服务方式等)、态度(包括对服务风险、服务产品和服务的态度)、客源地概况(包括经济条件、气候、风俗、历史等)、客户行为方式(包括渠道选择、交易方式等等)、需求(对产品以及服务的期望)、关系(包括家庭、朋友等)。

2) 客户价值评估

对于现代服务企业的客户而言,影响其终生价值的因素包括:所有来自客户初始购买的收益流、所有与客户购买有关的直接可变成本、客户购买服务产品的频率、客户购买的时间长度、客户购买其他产品的喜好及收益流、客户推荐给朋友同事及其他人的可能、适当的贴现率。根据现代服务企业的产业和产品特点,建立客户终生价值的因素分析模型,客观评估不同客户或客户的终生价值。

3) 目标客户细分

合理的客户细分是客户关系经济学的核心,对客户关系管理的实施至关重要。根据现代服务企业的特点制定一套客户终生价值的评判标准,据此采用聚类分析的方法对目标客户进行细分。一般可以根据客户的当前价值(横坐标)和潜在价值(纵坐标)将客户分为 4 类,如图 6.4 所示。

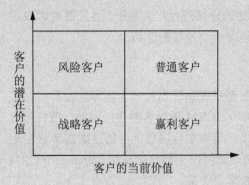

图 6.4 客户价值矩阵

4) 进攻策略确定

针对图 6.4 中位于不同象限的现代服务企业的客户对象，根据客户投资与利润分析(如图 6.5 所示)，将采用不同的进攻策略。

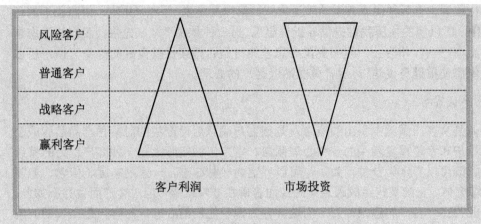

图 6.5 客户投资与利润

对于赢利客户，由于他们是现代服务企业利润的主要来源，应采取稳定发展策略，与其建立长期、稳定的学习型关系；对于战略客户，由于他们将对现代服务企业的长期发展产生重大影响，应采取积极发展策略，与其建立长期、密切的客户联盟型关系；对于普通客户，由于其人数众多，价值较小，应采取维持策略，与其保持原有的交易关系；对于风险客户，由于所需投资多，预期利润小，可采取放弃策略。

2. 客户保留策略

客户保留策略即针对现代服务企业的各级目标客户，实施客户关怀，拉近与客户的关系，提高客户满意度，从而保留价值客户。

1) 与客户密切接触

现代服务企业通过各种途径，保持与客户的密切接触，建立一种亲善的关系。例如，给客户发送生日电子贺卡，这些细微的动作看似与商业行为无关，但可以在客户中间产生一种良好的"人情"感觉，降低了因单纯的商业关系所导致的不信任，有利于给客户提供一种良好的心理感觉。

2) 客户提醒或建议

在客户购买服务产品后的初期，提醒客户可能遇上什么问题，并提供解决方法；在消费产品的过程中，提醒客户还需要做哪些工作，了解客户使用产品的原因以及使用情况；在服务结束后的适当时间，还可以根据产品关联分析，推荐客户新的服务产品。同时，当客户享有积点兑换等权利时，特别提醒他，以免丧失应有的权利。

3) 客户变动趋势追踪

掌握客户服务消费的地点、消费时间、消费方式，进行客户询问或浏览，追踪客户价值等变动，及早避免客户流失。例如，通过服务消费结束后，采取问卷、电话、邮件等方式进行客户满意度调查，及早发现客户投诉，及时推断客户的偏好改变，从而及早消除客户不满，或随之改变产品策略，保留客户。

4) 客户需求定制化满足

对重要客户可制定不同的优惠方案，满足其个性需求。同时，销售人员应站在客户的立场恰当地表达企业对客户的优惠政策，这样会取得更好的效果。例如，一家饭店如果想持续吸引一位旅客，有两种优惠方案的表达方式。第一种是说："××先生，依照我们的记录，您是 VIP，所以您的住房我们提供 6 折优惠"。另一种是说"××先生，我们知道您常常需要往来上海——广州洽公，我们更关心您差旅时是否持续保持良好的健身习惯，所以我们免费提供您使用健身设施"。后者更能贴近客户的心理。

3. 客户忠诚策略

客户忠诚是从客户满意中引出的概念，是指客户满意后而产生的对某种产品品牌或公司的信赖、维护和希望重复购买的一种心理倾向。客户忠诚实际上是一种客户行为的持续性。因此，它既可以界定为一种行为，也可以界定为一种心态，一系列态度、信念、愿望等，是一个综合体。它的某些组成因素对企业而言确实非常琐碎，但对客户而言并不如此。现代服务企业得益于客户的忠诚行为，而这种行为源于他们的心态。与客户建立长期的忠诚合作关系，将为双方带来更多的商业机会。CRM 的实施为现代服务企业提供了新的客户忠诚策略。

1) 赋予"一线员工"足够的操作技能

对于现代服务企业而言，最前线的员工就是现场销售人员和服务人员，以及呼叫中心的客户服务人员，这些一线员工将代表企业与客户面对面地发生接触。因此，他们在客户中留下的印象将是非常深刻的。只有赋予服务的一线员工足够的操作技能，才能确保客户对以他们为代表的服务企业服务的满意。

2) 与服务合作伙伴进行协作

任何一个现代服务企业都无法单独完成对客户的全部服务。通过与服务合作伙伴进行协作，共同维护和提高服务供应链水平，可以培育客户对供应链企业的整体忠诚，从而提升客户对本现代服务企业的忠诚度，并且客户难以被竞争对手夺去。

3) 创造以客户为中心的文化

让客户知道服务企业以他们为重，在服务企业提倡"以客户为中心"的文化。这不仅要求服务企业的市场销售和服务部门建立"以客户为中心"的业务流程，而且需要企业的其他部门积极响应客户需求的变化，建立真正意义上的所有部门运营都"以客户为中心"。图 6.6 展示了"以客户为中心"的整个业务流程。

4) 实现"一对一"服务

在正确的时间、以正确的价格、通过正确的渠道将正确的产品(或服务)提供给正确的客户，通过"一对一"服务，满足客户的个性化需求，从而培育客户忠诚。CRM 的实施，为"一对一"服务的实现提供的技术支持，服务企业可以通过数据库中的客户信息，开发定制产品满足不同客户的需求。

5) 想客户未来之所想

要培育客户忠诚，仅仅做到"想客户之所想"还不够，还应当做到"想客户未来之所想"。CRM 的实施实现了这种可能。CRM 中所建立的预测模型可以帮助现代服务企业通过对客户和市场变化的追踪，制定未来市场开发的准确策略、开展更成功的市场攻势，真正实现"想客户未来之所想"。

图 6.6 以客户为中心

6.4 现代服务业客户关系管理实施保障体系

现代服务企业成功实施 CRM，除了需要技术、人员、资金等资源的注入，同时，还要有适合其实施的业务流程和组织结构，它们构成了现代服务企业 CRM 实施的保障体系。

6.4.1 信息技术保障

CRM 工程的技术核心是利用现代科学技术有效地分析和建立客户数据集成和互动的信息沟通系统，利用相配套的软件为客户提供在线或 24 小时的有效服务。一方面，利用高信息化的数据库将企业内外部客户资料数据集成到同一个系统里，让所有与客户接触的营销、服务人员都能按照授权，实时地更新和共享这些信息。另一方面，利用高效的信息流，使每一个客户的需求都触发一连串规范的内部作业链，使相关业务人员紧密协作，快速而妥善地处理客户需求，从而提升现代服务企业的业绩与客户满意度。

1. 高信息化的数据库

存有客户详尽数据的中央数据库，是现代服务企业内统一的，也是唯一的高信息化的决策支持系统，它需要利用信息技术实现数据与知识的转换。

1）完备的数据信息功能

以客户为中心的企业级数据库是一个现代服务企业客户信息的金矿，是全公司进行决策的信息基础。为了确保客户信息的交流，完善数据的信息功能，数据库自身需要具备以下特征。

(1) 可容纳大量数据。即数据库必须可以容纳大量的详细数据。包括与客户的每一笔交易，每一个客户电话，每一次客户赞赏或投诉等都必须记录在案。

(2) 可持续加载数据。即数据库必须具备因业务和交易的不断进展而持续加载数据的能力。因为随着企业业务和交易的不断进展，客户情况会有新的变动，需要在数据为中添加新的客户信息。

(3) 数据信息可共享。即数据库应该为现代服务企业营销和管理部门以及许多其他部门的大量人员共同使用。因为 CRM 不仅仅是关于市场营销的，而且是关于整个企业处理对客户关系的问题，因此数据信息应该可以共享。

(4) 可不断扩大容量。即数据库必须是可以扩展的。伴随着现代服务企业规模的不断扩大，以及客户交易的不断成功，要求企业数据库随之不断升级，根据营销增长的需要不断扩大容量，容纳更多信息。

(5) 可保护敏感数据。即数据库必须对一些敏感的客户数据提供足够的保护，这是客户正当的权益要求。

(6) 以历史数据为基础。即数据库的成功只能依赖于长期详尽的企业历史数据，围绕未来预期的应用规律去设计数据库必将失败。

2) 完善的信息转换能力

数据库的建立完善了企业的信息结构，但数据本身不能表达客户意愿，在数据库的成功应用中还存在一个信息转换的流程，包括客户知识转化为数据以及数据的解码两个方面。因此，现代服务企业在具备高信息化客户数据库的同时，还必须完善这两种能力。

(1) 将知识转化为数据的能力。客户信息的收集，除了一部分数据可以从内部的或外部的数据文件和数据库中访问、获得、复制或摘录，更多的是直接来源于客户的知识化信息，它不能直接被数据库系统所容纳，必须按照数据库中已有的分类进行转换。这一流程利用商业规则和普遍接受的变换形式把数据转换成共同的特征，它通常需要一些巧妙的处理和业务知识，再加上对数据来源和数据意义的清晰理解，这是数据库应用最艰难的过程之一。

(2) 将数据转化为信息的能力。详细的客户知识，不仅是关于交易的原始数据，而且是成功的现代服务企业用来获得并保持赢利客户的关键所在。要想创造一种能够共享的企业决策环境，就必须把原始数据转化为可以指导行动的信息，这就需要借助信息访问和知识发现工具——信息技术。它可以帮助现代服务企业从所有适当的数据信息来源中获取客户知识，进而引导客户需求，培植客户忠诚。

2. 高效的信息流

在客户关系管理过程中，信息流是现代服务企业与客户之间双向流动的全过程，它贯穿于服务产品生产、交换和消费的各个环节。任何一个环节的信息流动出现问题，都会导致客户的不满。因而通畅高效的信息流程是 CRM 的基础和保障。就网络营销而言，信息流主要是一个技术问题，尽管业内人士称，中国的电子商务技术并不成问题，但是目前，由于中国计算机的普及率有限，电子商务的主要形式是 B to B，而 B to C 业务还受到很大限制。在 B to B 业务中，由于传统企业缺乏技术和专业人员，使信息流系统较为落后。从网站信息平台来看，网站的创意、网站的结构、网站的 CI(Corporate Identify)形象也过于平

现代服务业客户关系管理 第6章

淡，缺少个性。信息的平淡，很难激起购买欲，也很难维系住客户。就一般情况而言，目前，中国普遍存在的是企业与客户间信息严重不对称，缺乏全方位的有效沟通，这是阻碍CRM在现代服务企业实施的一大桎梏。

6.4.2 人员团队保障

现代服务企业在实施CRM中还必须重视人的因素，他们对CRM的成功实施是极为重要的。

1. 获得企业管理层认可

实施CRM应当取得现代服务企业高层领导的支持以及管理层的理解和共同认可。这是CRM实施获取其他保障的基础，否则将成为实施最大的阻碍。作为现代服务企业的高层领导，应当从总体上把握这个CRM的项目实施，并扫除实施道路上的障碍。他们将为实施计划设定明确的目标、向团队提供为达到目标所需的时间、财力、人力和其他资源，并推动该目标从上到下的实施。同时，作为现代服务企业的管理层人员应当具备对实施CRM项目的充分理解和协作支持，才能使CRM项目顺利开展。

2. 成立CRM实施团队

在实施CRM时，现代服务企业要组织一支多功能的团队。这支团队应当在4个方面具有较强的能力。首先是具有进行企业业务流程重组的能力，团队成员需要对其流程的关键部分进行改造，使之符合CRM系统的要求；其次是具有了解系统的客户需求状况的能力，团队成员应该根据企业的工作流程对CRM工具进行修改；第三是具有掌握一定技术，以支持相关功能实现的能力；第四是具有改变管理方式的能力，团队成员可以帮助客户适应和接受新的业务流程。现代服务企业可以从各部门、各咨询公司寻找适当人员充实团队的力量，以保证团队成功实施CRM。

3. 进行全员管理培训

员工对客户关系管理的正确认识以及对相关技术知识的掌握，也是成功实施CRM的重要保障。现代服务企业的培训首先应该通过全员培训，在企业中形成从领导到员工对CRM重要性的正确认识，并积极配合实施，使CRM融入现代服务企业的每个运作环节之中。同时，现代服务企业应通过持续的员工培训，使他们能够成功地运用这一系统并以此建立企业和客户的关系，企业将从对员工的培训和对最终用户的支持中获利。

6.4.3 管理组织保障

CRM系统的实施是一个管理项目，而非仅仅是一个IT项目。要想成为一个"以客户为中心"的服务组织，必须要重新定义企业的业务方法，这需要更多的员工授权，灵活的产品/服务价格模型，以及扩充的产品特征/利益等。因此，CRM的实施不可避免地会引起业务流程的重组和组织结构的调整。

1. 业务流程重组

业务流程重组即利用信息技术，对传统服务企业的业务流程进行彻底的再思考和重新设计，从而提高顾客满意度，取得经营业绩的飞跃。在CRM中，它包括企业的销售实现、市场营销、客户服务3个业务流程的优化；企业与客户接触、交互、合作的业务流程(联络中心管理、业务信息系统、CRM集成管理)优化和重组两个方面。

首先，专业技术人员需要预测客户与竞争对手在未来5年内会如何变化，CRM又是如何跟进并驱动这一变化的。然后，通过调查和业务分析，确定哪些领域最需要自动化，哪些领域需要业务流程的改善。最后，进行战略规划、评估，实现向以客户为中心的业务流程重组。重新设计的业务流程要使每一步都尽可能有效执行，并配合客户的需求。要配合客户的需求，现代服务企业业务流程的设计必须考虑以下4个方面：①向客户推销产品的方式、内容以及所耗费的人、财、物；②如何让客户接收企业信息和客户如何方便地购买企业的产品；③了解如何物色新客户，使之成为回头客；④如何使不满意的客户回心转意。总之，将流程与客户连接到一起，能更好地提高客户满意度，使对客户需求的反应更迅速。

2. 组织结构再造

CRM价值链要求现代服务企业的组织结构必须以客户为重，必须改变过去以产品或品牌为导向的组织形态，形成一个以了解客户、服务客户为目标的组织形态，以便使组织更接近客户。因此，企业组织结构必须体现从以产品为中心的内部导向型组织转向以客户为中心的市场驱动型组织，见表6-1。

表6-1 内部导向型组织与市场驱动型组织的比较

	内部导向型组织	市场驱动型组织
发展战略	被动反应型 短视，目标不体现客户需求	主动出击型 长远，目标体现对客户价值的创造
客户和市场关注程度	不关注或弱关注，以产品为中心	强关注，以客户为中心
对待竞争对手和合作伙伴	缺乏竞争和合作意识 不关注竞争对手 竞争中处于劣势	具有市场竞争和合作意识 对竞争环境有清醒的认识 竞争目标明确，竞争力强
客户关系	与客户关系松散，不了解客户需求	与客户关系紧密，熟知客户需求

6.4.4 合理规划保障

合理的CRM规划也是现代服务企业成功实施客户关系管理的必要保障。客户关系管理的主要目标是建立良好的客户关系，培养忠诚的客户群；在与客户的每一个"接触点"上都更加接近客户、了解客户、关怀客户；最大限度地增加利润，提高市场占有率。要实现这一目标，在战略开发中必须要有明确的远景规划。同时一项完备的CRM系统需要3～5的时间，需要将这一中长期规划分阶段、分步骤地实施，从最迫切、最可行的领域开始，逐步完成。因此，还必须明确各阶段的规划目标。同时，管理者还要分析研究如何将CRM的实施与现代服务企业的中长期战略结合起来，制订较为详细的实施计划。通过合理的规划，科学安排实施进程，严格进行过程控制，以保证CRM项目的成功实施。

6.4.5 企业文化保障

企业文化是现代服务企业的指导思想、经营理念和工作作风。实施客户关系管理的初始阶段，一些员工往往会由于其既得利益和工作习惯受到冲击而拒绝接受和采用，因此，

现代服务业客户关系管理　第6章

搞好企业文化建设，改变企业上下的管理理念、行为准则、传统习惯也是实施客户关系管理的重要保障环节。具体来说，要做好以下3方面的工作：一是培训。侧重于讲解新经营理念、CRM的运作方式、客户沟通技巧等。二是将客户置于企业组织的中心，使现代服务企业各部门围绕客户进行协调与合作。全体员工不断提高团队合作意识，树立整体效益观念，共同满足客户的个性化需求。三是采取由上而下的阶梯传导方式实施客户关系管理，由各级管理层带动本部门员工完成具体任务。

6.4.6　专业化管理保障

客户关系管理涉及企业评价、整体规划、技术集成等多项工作。要实施这一复杂的系统工程，单靠服务企业自身的力量恐怕难以奏效，需要求助于社会专业化客户关系管理组织。一是采用公开招标的形式寻求CRM解决方案，邀请有关专家、技术设备厂商以及电子商务咨询公司等，研究服务企业现状，提出前景好、技术一流并适合服务企业自身特点的CRM产品。同时，求助于他们对服务企业的相关人员进行CRM原理培训和操作培训，协助现代服务企业实施CRM。二是采用CRM"外包"形式，把客户关系管理交给社会力量，由已有成功案例的专业服务公司对现代服务企业客户关系管理的实施进行专业化的运作。

案例

索尼中国CRM实施

1. 索尼的CRM业务

随着人们生活方式的改变，越来越多的人通过网络来获取信息并接受网上购物这一新的生活方式。而索尼(中国)的Cyber Service给客户提供了这样一个平台。只要登录www.sony.com.cn，即可了解索尼在中国最新的动态。无论是产品信息、活动推广；还是维修网络介绍、经销商名录(VAIO)、索尼互动中心联系方法等等，足不出户，尽在掌握。通过链接，您可获得更多有关索尼电子、Sonystyle、索尼音乐、索尼影视、索尼探梦、索尼梦苑(Sony Gallery)等的信息。而其中，ww.sonystyle.com.cn更是定位为"索尼Fans and Customer感受索尼生活和服务的平台"。通过Sonystyle这一不同于传统销售的渠道，索尼(中国)与客户进行着动态，自主和及时的沟通。

通过这一网站，不仅可以推广索尼在中国生产销售的产品和活动并提供销售平台，更为重要的是培养索尼的忠诚客户。通过推进会员升级等多个CRM项目，吸引索尼的fans、培养索尼潜在客户，使他们最终成为索尼的用户；对于已是索尼用户的会员，则根据他们不同的星级，提供不同的服务和互动会员活动，以提升用户对产品进而是索尼品牌的忠诚度，提高销售和交叉销售，并保持忠诚度。还有值得一提的是，因为有了强大的技术支持，使得网站个性化、智能化的功能吸引了更多的重复访问者；而前台和后台数据库的大集中，使前台的数据跟踪和后台的数据分析得以实现，这为更好的收集客户的信息，需求和反馈、评估并制定有针对性的服务提供了科学准确的资料。

针对CRM项目实施，索尼开发了诸如收集网上"客户声音"的调查系统，方便用户取得网上服务的 Common ID 系统等。越来越多的客户可以通过同一个 ID 号享受索尼不同网站的所有服务,并及时通过直邮系统获得感兴趣的信息。而网上订单系统更是将 Sonystyle 网上服务和索尼互动中心的服务连接在一起,大大提高了工作效率和客户满意度。

在享受便捷时尚的网络服务的同时,也随时可通过索尼(中国)不同渠道的客户接触点交流互动。在索尼梦苑(Sony Gallery),索尼为客户精心提供了一个可以直接用个体的心灵和索尼内质沟通的场所,让其体味到科技融汇于人性的理念。互动和体验是"索尼梦苑"(Sony Gallery)最为强调的特征。在这个由最先进产品和解决方案所营造的梦想世界中,人们能够尽情体验全新数码生活所带来的无限创意。

与此同时,不仅局限于电子产品,Sony 品牌下的音乐、影视等娱乐内容产品也在 Sony Gallery 携手合作,实现全方位的 Sony 品牌展示。每天,络绎不绝的参观者置身于幻象隧道里,流连在产品吧前,他们带给索尼最直接最真实的感受和心声,而其中更多的人由此成为索尼的 fans 和用户。索尼梦苑(Sony Gallery)是索尼独有的一个长期而又重要的 CRM 平台。在 DWS(索尼数码工作坊),您不仅可以选购心仪的产品,更可以得到专业的操作指导和参加丰富多彩的会员活动。通过各类媒体,您了解的不只是不断挑战自我、引领潮流的索尼产品,更是 Sony 的企业创造力和"做优秀企业公民"的企业理念。

2. 为客户提供"安心和便利"的服务

在服务方面,索尼更致力于为客户提供"安心和便利"。客户满意是我们的企业文化。遍及全国的维修网络,365 天全年无休的提供支持;从安心便利出发,我们在年初又推出了附件销售的业务,给客户以更多选择的渠道。而作为索尼(中国)统一的对外窗口,索尼互动中心竭诚为您提供售前、售中及售后包括产品咨询、技术支持、顾问式销售服务等全方位的规范服务。

为更好满足客户的需求,我们从 2004 年 4 月 1 日起已实施"365 天全年无休的服务",索尼用户可通过全国免费服务热线、电子邮件、网页留言、信件等多媒体方式及时联络互动中心。随着索尼在中国业务的不断发展,互动中心也不断拓展服务范围。例如,针对不同类型用户的不同需求,我们的 Setup 热线(电视/背投类产品及家庭影院系统调试热线)提供在线调试指导和预约上门调试等区别性的服务。又例如,我们和 Cyber 部门互相配合,改善电话销售和网络订单操作的流程,为客户提供更优质的直销服务。

为了确实提高客户满意度,我们设立了力争业界 CS 第一的 KPI 指标,并通过实施 SSS(Sony Six Sigma)这一有效的管理工具来思考和改变我们的工作方法,改善我们的流程,以最终提高互动中心的绩效。同时,我们利用自动语音调查系统、等三方满意度调查,索尼直销回访,VOC Day 等多种途径来收集客户的声音,员工的声音和公司其他部门的声音,并据此制定和开展有效的改善和跟踪。

通过互动中心自上而下全体工作人员的努力,我们在月平均处理各项业务超过十万件的同时,各项 KPI 指标均达到或超过既定目标,而客户满意度

现代服务业客户关系管理　第6章

也有很大提升。如上所述,及时准确地解答客户的问题并提升客户满意度,是互动中心重要的工作,但对巨大的客户数据库进行有效管理,并最大限度地发掘其价值,也同样至关重要。

索尼互动中心定期地将准确有效的客户信息及关注的问题反馈给各相关部门,对各部门进一步进行产品分析、市场调查、策略制定、质量提升等提供了有力的支持。索尼互动中心所有业务的实施同样离不开系统技术的支持。系统的高度融合,可以方便地将新业务模块集成到系统中;完善的信息库给客户服务代表提供了强有力的信息支持;而用户数据库的管理和分析更体现了互动中心服务的价值。索尼互动中心通过数据网络将生产、制造、销售和服务体系有机地联成了一体,拉进了索尼和用户的距离,达到了更高的客户满意度。同时索尼互动中心将进一步加强和全国维修网络、市场/销售及公司其他职能部门的紧密合作,以互动中心为集中和统一的窗口提供给用户更便捷更优质的服务。

Sony 望通过更多触动人们心灵的高质量、高格调产品为人们带来全新的数码生活方式。

思考:你认为索尼公司在实施 CRM 中运用了哪些策略,并对其进行评价。

资料来源:http://soft.chinabyte.com/39/3498539.shtml

本章小结

本章首先对客户关系管理的基本内容进行了描述,其次,进一步阐述了在现代服务业中实施客户关系管理的必要性以及现代服务业客户关系管理的基本策略,最后论述了现代服务业客户关系管理实施的保障体系。

思 考 题

1. 现代服务业客户关系管理的意义有哪些?
2. 简述现代服务业的实施流程。
3. 现代服务业客户关系实施的保障体系是什么?

第 7 章 现代服务业质量管理

导　读：

纵览当今世界各发达国家，现代服务业已经异军突起，并成为各国新的经济增长点和支柱产业。中国现代服务业的发展才刚刚起步，但随着中国加入 WTO 以及对外开放的进一步加深，中国现代服务业正面临着严峻的挑战，而当前摆在管理者面前的最主要问题是如何实现中国现代服务业的服务质量管理与国际接轨，从而能够更好地为顾客提供优质服务，最终提升人们的生活水平。

关键词：

质量管理　管理体系

7.1　现代服务业质量管理概述

质量管理不仅对于工业生产起着重要作用，而且对于服务行业也具有重要的意义。作为现代服务业，更需要引入质量管理，以实现对服务质量和服务流程的标准化控制，只有在标准化的基础上，才能实现更进一步的超越。本节重点阐述的是现代服务业质量管理的概念、特性、目标以及在现代服务业中实施质量控制的重要意义。

7.1.1　现代服务企业质量管理的概念与特性

1. 质量的概念

事实上，对于"quality"一词最恰当的翻译应该是"品质"，也有很多学者称之为品质管理，只是在中国比较习惯于将其称为"质量"，对于质量的概念阐述是现代质量管理学中最基本的问题。关于质量的定义，不同的学派有不同的观点，其中，最具代表性的有以下几个。

（1）世界著名质量管理专家美国的朱兰博士认为，质量的本质内涵是"适用性"，它包含两层含义：①产品的规格要求必须是客户的需要，而非主观臆断；②适用性的涵盖面比较广，它包括产品多方面的特性，如功能、花色、特质、耐用性等，其中也包括价格、成本等因素。[1]

---

[1] 赵庆波. 质量管理理论的创新过程[J]. 松辽学刊，2000：52-53.

(2) 著名质量管理专家克劳斯比在 1961 提出了"零缺陷管理理论",如图 7.1 所示,他在该理论中阐述了自己对于质量的看法,他认为质量的定义就是符合要求,而不单单是"好","好、独特、卓越、美丽"这些表达都是主观模糊的,他认为缺陷的产生不是必然现象,而是没有执行严格的标准所致,只要有严格的标准,主观的色彩就会随之消失,任何产品、服务或过程只要符合标准就是有质量的产品、服务或过程。

> 我建议不要再使用AQL,而开始专注零缺陷,这就意味着要完全符合要求,而不是浪费时间去计算我们到底偏离了多远,因为问题出在我们自己身上,而不在几率身上。
> ——克劳斯比

图 7.1 零缺陷管理理论

(3) 美国通用电器公司总监著名质量管理专家菲根鲍姆 1961 年在著作《全面质量管理》中提出产品或服务的质量是指营销、设计和服务在使用中能够满足顾客的期望,并认为衡量质量的最主要目的就在于确定和评价产品或服务接近于这一综合体的程度或水平。

(4) 日本著名质量管理专家戴明认为"质量是以最经济的一种手段,制造出市场上最有用的产品。一旦改进了产品质量,生产率就会自动提高"。

从以上几种定义中可以看出对于质量的定义大致可以分为两类:①强调产品和服务以满足顾客期望为中心,主要代表人物有朱兰、戴明、费根鲍姆等;②强调产品和服务的特性应该注重符合特定的规格要求,主要代表人物有克劳斯比等人。同时,伴随着 ISO 9000 质量管理体系认证在全球各大企业的广泛应用,人们开始普遍接受 ISO 9000 关于质量管理的定义。

ISO 9000 对于质量的定义为,质量是指产品或服务所具有的、能用以鉴别其是否合乎规定要求的一切特性和特征的总和。其中,固有的特性是指在某事物中本来就有的永久特性,主要包括产品的适用性、可信性、经济性、美观性和安全性等。

2. 现代服务企业质量的概念和特性

1) 现代服务企业质量定义

根据国际标准化组织(ISO)对于质量的定义可以将现代服务企业质量定义为:现代服务企业所提供的产品或服务所具有的、能用以鉴别其是否合乎规定要求的一切特性和特征的总和。其中,产品或服务质量是指产品和服务满足要求的程度,其中包括满足顾客要求和法律法规规定要求的程度。

2) 现代服务企业质量的特性

根据质量的特性和现代服务企业区别于传统行业的一些特点,可以将现代服务企业质量的特点总结如下。

(1) 综合性。现代服务企业服务质量的控制依赖于多方面的合作与控制,除了需要顾

现代服务业管理原理、方法与案例

客的合作之外,企业内部各部门也需要加强合作,因为整个服务流程的实现取决于多方面的因素,如服务人员的综合素质、服务提供的环境、营销策略、服务定价等都会影响到服务质量的好坏高低。同时,服务业生产与消费的同时性也对服务人员的素质是一个巨大的考验。因此,与其他行业相比,现代服务业服务质量的管理与控制还具有综合性的特点。

(2) 一致性。现代服务企业提供的服务产品涉及众多环节,每个环节的服务好坏都关系到服务质量的优劣。这众多的工序与人员只有能力合作、协调配合,发挥集体的才智与力量,才能够保证实现优质服务。现代服务企业的质量标准是通过制定服务规程这个形式来表现的,因此,服务标准和服务质量是一致的,即产品质量、规格标准、产品价格与服务态度均保持一致。

(3) 主观性。尽管现代服务企业其自身的服务质量水平是客观存在的,但是由于顾客的评价是在顾客享受服务之后,根据自己的心理满足程度做出的,不像实物产品那样具有长时间的占有性,而是带有很强的主观性,因此,顾客的满足程度越高,其对服务质量的评价也就越高,反之亦然。因此,现代服务企业管理者无法要求其顾客对于其服务质量做出与客观实际完全一致的评价。因为这在实际操作中很难办到,即便是使用同样的服务流程,每个顾客受各种因素的影响,对于服务质量的评价往往有很大差异。这就要求现代服务企业管理者在实际服务过程中细心观察,了解并掌握顾客的物质和心理需要,针对顾客采用个性化的服务往往更有效果,实际上,也就是说,要采用符合顾客需要的服务来提高顾客的满意程度。

因此,对于现代服务企业产品和服务的评价可以从上述3个方面来综合考虑。

7.1.2 现代服务企业质量管理的目标

1. 目标内涵

所谓人生目标是指人所要达到的境地,人生需要目标才能过得充实。对于企业来说,发展壮大也需要目标,企业目标与人生目标有某种相似之处,企业目标是指企业的愿景,即企业想要达到的境地或者标准。现代服务企业质量管理的目标,顾名思义,就是指现代服务企业质量管理所要达到的标准,当然,它也有狭义和广义之分。

就狭义的质量管理目标而言,它主要是根据质量方针的要求,在一定时期内所要达到的预期成果。狭义的现代服务企业质量管理目标,其着眼点是现代服务企业,基础是现代服务企业的最高管理层通过市场的调研等技术方法制定并正式颁布,并要求现代服务企业全体员工执行质量职能时必须履行的质量方针,同时它也是制订现代服务企业质量计划的依据,即只有明确了该企业的质量管理目标,方可进一步研究和指定为实现该质量管理目标而必须遵循的服务流程和管理规则,即质量计划。因此,在这个层面来讲,质量管理目标、质量管理计划和质量管理方针基本上是相似的概念。

广义的现代服务企业质量管理目标可以从3个层面来进行理解。首先是从国家的层面来看,它是指国家为规范现代服务企业的发展,保证现代服务企业和其他行业都走上健康持续发展的轨道而对现代服务业进行的宏观调控,通过国家质量监督管理部门和各级行政管理部门制定出各行各业应达到的目标,并出台相应的法律法规约束各个现代服务企业主体的行为,使中国现代服务企业的服务质量逐步与国际接轨。其次从行业的层面来看,主要是通过各种类型的行业协会,如一些官方、半官方以及在业界有一定声望和影响力的民间协会组织,自发地达成一定的协议共同促进现代服务业在质量管理上的突破与创新。最

现代服务业质量管理 第7章

后从单个现代服务企业的角度而言，其质量管理的目标是实现企业自身的可持续发展。

2. 企业目标

现代服务企业在企业层面的目标是促进企业自身的创新发展和可持续经营，最终实现顾客满意和企业获利，达成一种双赢的局面。而质量是形成现代服务企业的核心竞争力的重要要素，也是各个现代服务业迫切追求的重要目标。企业要实现突破和创新，质量控制是关键步骤之一，只有在保证质量的情况下，才有可能被市场认可和接受，从而实现现代服务企业的创新发展和可持续经营的目的。

3. 行业目标

现代服务业要达到的行业目标是通过规范整个现代服务企业各市场主体的行为，促进整个现代服务业的健康发展。由于各个市场主体主要是以自身价值的最大化作为利基点，往往会由于经济利益的驱动而产生一些不规范的行为造成纠纷，使市场运行比较混乱。因此，通过开展现代服务企业的质量管理工作，整个行业的发展进入一个以提高质量为主要驱动力的阶段，是实现整个现代服务业健康快速发展的必由之路。

4. 国家目标

现代服务企业质量管理要达到的国家层面目标是要提高中国企业的整体水平。实现与国际接轨，中国企业的整体质量管理水平与一些发达国家相比，还有较大差距。从"三鹿奶粉"事件以及后来由此而引发的一系列产品不合格事件如强生的洗浴用品等，从中都可以看出，质量管理在中国还没有实现真正意义上的贯彻落实，还需要努力进行整治。

7.1.3 现代服务企业质量管理的意义

1. 现代服务企业质量管理目标确立的重要性

1) 增强凝聚力

企业中存在着各种各样的组织，对于现代服务企业也不例外，只有把这些组织通过各种各样的途径和手段组织起来共同为企业的整体目标服务，才能发挥组织的最大作用。因此，明确的企业目标是增强企业凝聚力的关键，如果企业的组织没有统一的目标，将很难保证企业的有效运转，明确的目标一旦通过适当的渠道反映在组织的各个层面、各个岗位和各员工的工作职责中，将会在全体员工中形成强大的凝聚力，并进一步转化成为巨大的生产力。在现代服务企业质量管理的实际操作过程中，制定质量管理方案的是管理层，但真正落实质量管理方案的是工作在第一线的服务人员，他们的服务能使顾客在第一时间内感受到服务水平的高低，例如，在银行柜台前的业务员的对客服务会直接影响到顾客对银行的第一印象，有时候即使是实施服务补救也很难挽回第一印象。所以，合理而可行的质量管理目标的确立与目标分解后的贯彻执行，能够达到上下一心，增强凝聚力的作用。人和物是现代服务企业中最宝贵的资源，尤其是人，人的重要性始终胜过硬件设施，以人为本的经营理念，是服务行业永远的真理。现代服务企业质量管理目标的确立，必须要能够落实以人为本的经营理念，给员工树立相同的精神追求，自觉以实现目标来规范行为，产生归属感。

2) 提高竞争力

现代服务业虽然发展的比较晚，但是发展到现在已经进入了竞争激烈的阶段，市场竞

现代服务业管理原理、方法与案例

争的激烈要求现代服务企业必须加强自身实力的建设,以便更好地增强竞争力,尽管顾客的需求是多种多样的,但最终也是最重要的一点就是他们无一例外的都要追求优质的服务。各行各业在现代市场竞争中能够独树一帜的都是服务质量过硬的企业,没有哪一家知名企业仅仅是因为产品而取胜的,现代服务业目前大多集中在省会城市的中央商务区,因此竞争更加激烈,但是也很容易通过适时制定口径比较统一的行业质量管理目标,规范市场秩序,改善当地的现代服务企业在全国的形象,从而培育行业竞争力。

2. 现代服务业质量管理目标确立的必要性

1) 确立质量管理目标是现代服务业质量管理工作的首要步骤

任何工作的计划与实施都离不开目标的确立,对现代服务业质量管理工作而言,目标显得尤为重要。目标的确立,是在现代服务业企业质量管理工作的开始,美国质量管理专家戴明博士首创的 PDCA 管理循环(有名戴明环)是质量管理工作程序中公认比较合理的过程管理,同样也适用于现代服务业领域。PDCA(Plan、Do、Check、Action)就是按照 Plan(计划)、Do(执行)、Check(检查)、Action(处理)循环不断地运转,最终达到质量螺旋上升的目的。Plan(计划)作为质量管理工作的第一个阶段,具体而言,也就是确立质量目标、计划、项目,就企业层面的质量管理目标而言,就是分析企业的质量状况,找出存在的现实问题和隐患,并进一步分析得出导致问题产生的原因及影响因素,并分清主次,针对原因制定对策,拟定管理、技术和组织措施,提出改进的目标。可见,确立质量管理工作要达到的目标是实施现代服务业质量管理工作必不可少的步骤。没有确定的目标,现代服务企业质量管理工作将无从下手。

小知识

戴明(W. Edwards. Deming)博士是世界著名的质量管理专家,他因对世界质量管理发展做出的卓越贡献而享誉全球。可以概括为:高层管理的决心及参与;群策群力的团队精神;通过教育来提高质量意识;质量改良的技术训练;制定衡量质量的尺度标准;对质量成本的分析及认识;不断改进活动;各级员工的参与。

精益质量中的PDCA循环

质量管理大师 威廉·爱德华·戴明

大环套小环 上升式循环 — 精益质量改进 — 精益质量设计 — 精益质量制造

质量改进项目基于完善的制造过程控制系统

现代服务业质量管理 第7章

戴明博士有一句颇富哲理的名言:"质量无须惊人之举。"他平实的见解和骄人的成就之所以受到企业界的重视和尊重,是因为若能有系统地、持久地将这些观念付诸行动,几乎可以肯定在全面质量管理上就能够取得突破。

2) 确立质量管理目标是明确现代服务业质量管理内容的必然要求

俗话说"无规矩不成方圆",无明确目标的现代服务业质量管理工作必将是一盘散沙,凌乱无序的,具体内容可能是不连贯的、短暂性的质量过错矫正行为,也有可能根本起不到任何作用。明确的质量管理目标在很大程度上决定了接下来的质量管理工作的内容组成状况。可以说,质量内容在一定程度上是确立目标的分解,建立在目标上重新配置组合现代服务企业的人力、物力、财力、信息,创新技术资源,优化管理水平,监测服务运作的每一个环节与衔接口的过程。目标与执行内容之间存在着必然的因果逻辑联系。

3) 确立质量管理目标是提升现代服务业服务质量的必要环节

质量是现代服务企业的生命线,随着市场竞争的加剧,谁赢得了顾客满意,谁就获得了竞争优势。现代服务企业产品有软硬两个方面:硬的方面主要是指具体的环境设施;软的方面主要是指出售的服务。正是由于服务的无形性和不可储存性,导致了服务质量的重要性,更由于顾客心理感知的复杂性和可能存在的个体差异性,导致了提高服务质量的艰巨性。优质的服务质量决不是偶然性行为,而是严格合理的规章制度,是科学的服务流程,先进的管理工作共同作用下的产物,是刻意"制造"出的必然现象。优质服务质量的制造和维护过程设计到现代服务企业的方方面面,绝非一蹴而就。大量复杂的细节工作必须围绕一个明确的质量管理目标进行。质量管理目标是关键的环节,将提升服务质量的各种纷繁举措似串珠一般串起来,战略目标套着可操作的实施性目标,宏观理念又指导着具体的操作细节,经纬结合,密织有序。所以,确立现代服务企业质量管理目标是提升服务质量的必要环节。

7.2 现代服务业质量管理体系

7.1节已经重点阐述了为什么要在现代服务业中引入质量管理,以及现代服务业在质量控制与管理上有别于传统服务业。本节将介绍现代服务质量管理体系。

7.2.1 现代服务业质量管理体系的内涵

1. 质量管理体系

任何组织、任何企业都需要管理,因此将这一系列与质量有关的管理活动都称为质量管理。质量管理(QM,Quality Management)是指达到质量所必需的全部职能和活动的管理。它主要包括制定质量方针、目标以及质量控制、质量保证和质量改进等活动。而要实现质量管理的方针目标并有效地开展各项质量管理活动,必须建立相应的管理体系,人们就将这一管理体系称为质量管理体系。质量方针的制定和实施,必须建立在对质量准确认识的基础上,因此,质量管理体系的建立也须以现代服务业质量指标体系的建立为基础。质量管理定义的多样性也体现了质量体系的不断完善与发展的过程。从质量检验、统计质量，到全面质量管理，到现在的 ISO 体系质量管理与保证体系的出台，质量管理的职能、过程、方法都在不断发生深刻的变革，质量管理体系也在不断地充实完善。

质量管理体系是指企业内部建立的，为保证产品质量或质量目标所必需的、系统质量的活动。它根据企业特点选用若干体系要素加以组合，加强从设计研制、生产、检验、销售、使用全过程的质量管理活动，并予以制度化、标准化，成为企业内部质量工作的要求和活动程序，它是质量体系对内的功能表现。

2. 现代服务业质量管理体系

现代服务业质量管理体系是结合现代服务业产品质量指标体系，为保证服务产品质量达到质量目标所进行的，适合现代服务企业运转方式和资源特点的，在一定原则指导下的，对服务产品生产过程、程序、现代服务企业资源及组织进行全面管理的活动。现代服务企业质量管理体系有以下要素：现代服务业质量管理原则、现代服务业质量管理客体、现代服务业质量管理过程、现代服务业质量管理标准以及现代服务业质量管理方法五大部分组成，其中现代服务业质量管理方法因专业性强，子体系内涵丰富，将列在第三节予以专门讨论。

7.2.2 现代服务业质量管理指标体系的构成

在构建现代服务业质量体系时，首先要分析现代服务业质量体系的指标构成，即什么样的指标要素构成了现代服务业质量的概念，服务质量有什么特征，这些指标要素之间又有些什么样的系统联系等。现代服务企业质量指标体系是现代服务企业质量体系的基础子系统，它是现代服务企业质量管理体系子系统和质量保证体系子系统的基础，决定了现代服务企业质量管理和保证活动的根本内容、法则与行为方式等重要特征。

1. 服务质量的内涵

1) 质量

质量是现代质量管理学中的基础概念，关于质量的概念较多，各有其表达的偏重、侧重点。国际标准化组织标准化原理研究常设委员会关于质量的定义是"产品或服务所具有的，能用以鉴别其是否符合规定要求的一切特性和特征之和"。世界著名质量管理专家朱兰(Dr.J.M.Juran)的解释更为精炼，即"适用性"。费根鲍姆(A.V.Feigenbaum)的定义则为"产品或服务，是指营销、设计、制造、维修中各种特征的综合体，借助于这一综合体，产品和服务在使用中就能满足顾客的期望。衡量质量的主要目的就在于，确定评价或服务接近于这一综合体的程度或水平。"由此可见，质量涉及的不仅是供给方，考虑供给组织的有关能力、特点，还要考虑需求方面的因素，即支持和限制消费者的方方面面，方可实现对质量的全面认识。

2) 服务质量

服务质量，既有一般质量的共性，也有服务行业的特殊专业性内涵，而作为现代服务业的服务质量也有不同于一般传统服务业的特征。

就共性而言，现代服务企业的产品质量同样包含两方面的内容，即需求方和供给方。一方面，服务质量要符合市场的要求，要准确区分细分市场对服务的特殊要求并提供针对性服务。人们所说的良好的服务产品要"引导市场需求",甚至是"创造市场需求",都是着眼于需求方的角度,从顾客的角度认识服务产品的质量问题。另一方面,不能脱离供给方谈服务质量,不同种类的现代服务企业,不同资金规模水平,不同接待能力的现代服务企业对于他们所生产的服务产品质量也有不同的认识。应该说,既能满足顾客需求,又发挥了企业的经营潜力,实现了企业各种资源的优化合理配置的产品质量,才是真正地实现均衡质量。

就个性而言,服务产品的复杂性和综合性,决定了对服务产品质量,特别是现代服务企业产品质量不能进行主观化的理解。现代服务企业的产品既包括物质设施设备的配套性服务,又有服务人员的服务输出,还有在互动关系中留给顾客深刻的心理感受。因此,现代服务企业的产品质量涉及面相当广,它不同于物质生产部门的产品,也不同于商业部门的交换商品,顾客对产品的认知主要集中于购买前的信息和购买后的使用,有的甚至可以重复多次使用。现代服务企业产品的质量是一种体验,是对整个消费经历的整体印象,既有显性的确定因素(如服务的效率),又有隐性的看似不可控制、不可管理的不确定因素(如博物馆的气氛给不同的顾客可能带来不同的心理感受)。

同时,服务产品的生产和消费的同步性,决定了服务产品的质量更多依赖于过程,因为消费者更重视过程,他们要参与到生产过程当中,以什么样的方式、程序、时间、来进行服务产品的生产,直接影响了消费者对产品质量的认定。此外,服务产品的不可储存性和不可转移性也决定了现代服务企业产品质量的重要性。例如,闲置的客房、餐位,在有效的时间内,不能得到使用,就便失去了这一次的价值,旅游客房的销售并不是出卖所有权,而是使用权,旅游者只能进行异地消费,旅游产品的消费不能传输,只有靠信息流的方式来进行,通过树立质量形象,刺激旅游者消费。就这些意义而言,现代服务企业服务产品的质量就比其他制造行业更为重要,建立良好的现代服务企业服务产品质量难度系数更大。

2. 现代服务业服务质量的主要指标要素

1) 有形设施支撑

现代服务企业的产品不能缺乏有形设施的支撑,如银行大堂的环境氛围,存折或者信用卡的视觉效果等都是服务产品组成部分中不可或缺的因子,这些物质性资源事实上也会影响到消费者的消费经历,伴随着整个服务的过程。因此,优良的有形设施也应成为现代服务企业产品质量指标的要素之一。

2) 温馨的无形服务

服务是现代服务企业向顾客出售的根本产品,它主要是指服务人员凭借一定的素质、技能、技巧,通过相应的物质支持、管理支持、设备设施支持系统向顾客传递的、能够使顾客完成其消费经历并产生美好感受的真正高质量的服务产品。按照服务满足顾客需求的类型,可分为以下两种。

(1) 标准化服务。在当前金融风暴的影响下,竞争尤其激烈,很多金融企业,如银行及证券公司都在试图通过推行标准化服务赢得顾客,顾客的需求有相当的低度多样性,向其提供能获得一定感知认同的服务,需有标准化的礼仪、态度、规章制度、服务程序等的支持。

(2) 个性化服务。人的需求千差万别,完全一样的服务产品不可能适应众多顾客的需求,现代服务企业除了在市场调研预测基础上进行市场细分以区分顾客的需求外,还需要针对个别顾客的特殊化需求提供针对性服务。这种建立在对顾客需求高度多样性认识基础上提供的针对性服务，就是所谓的个性化服务。

显然，服务的高质量化是建立在对标准化服务和个性化服务辩证认识的基础上的。没有标准化服务，个性化服务无从谈起，个性化服务可能因没有一定的科学规章、程序的支持而成为一盘散沙；没有个性化服务，一些僵硬死板的规章制度和条例将阻碍员工为顾客提供优质服务。两者的有机结合点在于对顾客需求的细微把握，个性化理解。如图 7.2 所示为某证券公司标准化客户服务的流程，可以比较对照一下。

某证券公司标准化客户服务流程

对客户(准客户)进行分类，对不同级别的客户提供差异性的服务，详细服务分工如下。
1. 一般服务
① 发送 Email、传真，温馨提示，新股中签、缴款等。
② 场内标准提供各种咨讯、广播股评、股评资料。
③ 场内交易软件和咨讯软件的使用培训。
2. 会员服务(市值在 30 万元以上)
(1) 投资咨讯服务。
① 免费提供当日重要金融、财经新闻。
② 传递每周大势研究、热点板块及个股推荐有关信息(包括妈妈证券及其他媒体)。
③ 通知涉及客户持有股票的重要公告信息。
④ 免费提供行业、个股深度分析报告。
⑤ 免费提供股民培训、计算机常识培训等技术培训(每卡仅限两人参加)。
⑥ 享受妈妈证券电话集团用户待遇。
(2) 业务服务代办新股认购及中签通知。
① 通知并代办配股、分红。
② 客户支票存取款存根的递送。
③ 每月电邮或传真对账单，新业务介绍。
④ 每月至少两次投资者培训、股市沙龙、投资操指导与交流。
⑤ 月度账户情况及简要分析报告，并提出中期投资组合及操作建议。
⑥ 专人负责网上交易设备和交易软件维护和使用指导，上门为会员解决问题。
⑦ 接受会员客户委托办理的合理事务。
3. 贵宾服务(市值在 100 万元以上)
(1) 咨询。
① VIP 会员个股的即时信息。
② 重大政策发布通报及影响分析。
③ 投资深度分析(资金流向、庄家动向及信息、公司研究)。
④ 大盘研判，热点板块及个股追踪，并给出指导性意见。
⑤ 客户指定上市公司的调研，并提交调研报告。
⑥ 国际、国内财经信息，重大事件信息。
(2) 各项服务。
① 月度投资回顾及分析，并提出改进意见。
② 提供量身定做的投资组合及操作建议。
③ 用手机短信等形式提示 VIP 会员客户股票买入卖出点位盘前、盘中提示。
(3) 提供家庭理财投资顾问服务。
(4) 提供与妈妈证券有合作的相关单位的优惠(如银行储蓄、保险、开放基金分析等)。

图 7.2　标准化客户服务流程

现代服务业质量管理　第 7 章

3) 均衡的质量效益

现代服务企业质量指标体系的主要构成要素是服务和有形设施。作为一个开放的系统，必然会有系统地投入与产出，良性的系统运转应当追求高效率、高效益的平衡。为了追求优质的服务产品质量而不计成本、不计能力的投入是无原则、无意义的质量。不管市场需求一味地降低成本，追求支出的最低化，以实现费用的降低，也是不可取的，这实际上是牺牲了现代服务企业的长远利益和信誉形象。两种极端的观点都是对现代服务企业质量指标体系理解不完全造成的。

高水平的服务产品质量和低廉的服务成本之间在理论上存在"二律背反"关系，即不相容关系。究竟应该如何确立标准来衡量现代服务企业产品的最佳质量呢？这就涉及质量体系指标中的另一个重要质量指标——均衡的质量效益，即符合整体效益和满足市场需求的综合经济效益。现代服务企业质量体系各要素活动之间最佳方式的组合，必须对服务总成本进行统一尺度的核算，得出正确的质量决策，以顾客的满意度为核心，兼顾现代服务企业的利益成本，围绕"均衡的质量效益"设计服务。

7.2.3 现代服务业质量管理体系的构成

1. 现代服务企业质量管理原则

全球化竞争的加剧使得质量管理越来越成为组织管理的重点，质量管理原则是组织向顾客提供高质量服务的基本管理依据。要成功地领导和运作现代服务企业 ISO/TC176/SC2/WG15 结合 ISO9000 标准 2000 版制定工作的需要，通过广泛的顾客调查制定成了著名的质量管理八项原则，这八项原则也同样适用于现代服务业。质量管理八项原则最初以 ISO/TC176/SC2/WG/N125 号文件《质量管理原则及其应用指南》发布，在 ISO/TC176 召开的特拉维夫会议前以绝对多数的赞同票得到通过。为了能对质量管理原则的定义取得高度的一致，又编制了仅包含质量管理八项原则的新文件 ISO/TC176/SC2/WG15/N130《质量管理原则》。在 1997 年 9 月 27 日至 29 日召开的哥本哈根会议上，36 个投票国以 32 票赞同、4 票反对通过了该文件，并由 ISO/TC176/SC2/N376 号文件予以发布。

(1) 以顾客为中心。以顾客为中心是现代服务企业质量管理的首要原则。现代服务企业组织的兴旺与否依赖于顾客，因此，正确理解顾客的现实与潜在的需求，满足他们的需求，甚至通过提供超常服务争取超越顾客期望，应当成为现代服务企业管理的首要原则。现代服务企业组织需要通过市场调研等技术手段全面了解顾客对于产品、价格、可靠性等各种要素的需求和期望，并进一步将顾客的期望通过质量方针与战略的制定传达到整个组织，在运作管理上改进组织体系、组织结构使之产生出顾客满意的业绩，谋求在顾客和其他受益者(所有者、员工、供方、社会)的需求和期望之间的平衡。通过目标的设定和运作管理，保证目标直接与顾客的需求和期望相关联，并能够改进组织满足顾客需求的业绩。在人力资源管理上应保证从事前台与后台服务的人员具备满足顾客需求的相应知识、技能。

(2) 领导作用。领导作用是指现代服务企业的领导者应建立较为统一的宗旨、方向，努力进取并发挥模范带头作用，在各个层次树立价值共享和精神道德的典范，通过创造良好环境使得员工能够能动地充分参与实现组织目标的活动，并进一步通过建立信任感和勇于挑战的企业精神，在物质领域制定能使组织未来前景可测量的明确前景，推行战略并努力实现。

(3) 全员参与。质量管理工作并不仅仅是领导层面的事,也不仅仅是从事全台服务的一线工作人员的事,它是上到决策层,下到管理层、操作层的每一位人员充分参与才能实现功效的工作。各级人员都是组织的根本,应当建立一定的岗位责任制,质量责任分解落实到个人,使每位员工都能承担起参与问题、解决问题的责任,关注于为顾客创造一定的价值。为了激发员工的创造性与主动参与精神,应努力建设一支充分授权的员工队伍,参与适当的决策。

(4) 过程方法。现代服务企业的服务过程,往往就是使顾客享受公司产品的过程。服务产品生产与消费的同步性,促使现代服务企业更加重视生产过程,服务流程管理。现代服务企业服务过程,管理过程应该予以明确界定,并规定过程管理的职责、权责和义务,设计过程是应考虑步骤、流程、控制措施、设备、方法、信息等尽可能全面的要素。

(5) 系统原则。针对现代服务企业或组织的战略或具体质量目标,将服务于质量管理工作相关的一系列要素进行有机组合,建成一个相互联系的体系,这将在很大程度上有助于提高组织管理的有效性。当然,体系的制定不是一成不变的,可以是制定—检测—评价—完善—再制定的不断循环过程,是体系持续改进的过程。识别质量管理体系的过程等各要素,理解要素的相互关系和相互作用方式是体系。在采取具体行动之前,要确立关于资源的约束条件,尽可能地减少交叉职能间的障碍。

(6) 持续改进。持续改进是组织永恒的目标。质量的根本内涵是"用户适用性",用户的需求不但具有地域上的多样性,随着时代的进步,环境的改变,用户需求还有时间上的变化,这一时期的质量目标可能与另一时期的用户普遍需求大相径庭。现代服务企业的服务作为一种高层次的心理需求满足,这种需求的微妙性、复杂性、多变性更需要现代服务企业以"持续改进"为原则进行质量管理工作,将持续地对服务改进作为每一个员工的目标,鼓励预防性的活动,向每位员工提供有关持续改进的方法和意识培训。

(7) 依据事实。有效的决策必须建立在一定的数据和信息的基础之上,同时还需要进行合乎逻辑和直观的分析。现代服务企业的质量工作须以审查报告、纠正措施、不合格品、顾客投诉以及其他来源的实际数据和信息作为决策和行动的事实依据。这就要求组织对相关的目标值进行测量,收集数据和信息,确保数据和信息具有足够精确度、可靠性和可获取性,然后使用有效的方法对数据进行合乎逻辑的分析,凭借逻辑分析的客观结果以及相应的管理经验、直接采取行动,并制定出更实际,具有挑战性目标。

(8) 互利共享。即组织和供方之间保持互利关系,增进多个组织创造价值的能力,把与供方的关系建立在兼顾组织有序的短期和长远目标相结合的基础上。对现代服务企业而言,全面受益的质量管理原则的重要性体现在:现代服务企业行业是综合性行业,不同类型的现代服务企业之间互为供方,互相提供客源,分别在承认供方服务与成就的基础上进行自己单个组织的生产服务活动,分别构成整条服务链上的单独一节。物流、咨询、金融、会展等各个部门之间相互建立战略联盟与合作伙伴关系,共同理解顾客的需求,分析市场信息,通力合作,全面受益。

2. 现代服务企业质量管理三部曲

质量管理三部曲是著名质量管理专家 J.M.博士在其经典著作《质量控制手册》中予以论述的,使质量管理的三大理论,即质量计划、质量控制、质量改进,这是 3 个与质量有关的过程，通过这 3 个过程的循环，实现质量的不断提升。质量管理三部曲作为一种通用的提高质量的方法，为质量目标的实现提供了一条有效的途径，同样也适用于现代服务业领域。在具体领域的运用中体现了一般性和特殊性，共性与个性的对立统一。

(1) 质量计划。质量计划是指落实质量目标的具体部署和行动安排，其中包括企业各部门在实现目标中应承担的工作任务、责任、时间和禁毒的要求。它通常是以一系列的计划指标及实现这些指标采取的措施表示出来的。现代服务企业的质量计划又称为质量设计，要从标准的质量设计和个性化质量设计入手。标准的质量设计是对现代服务业质量管理体系三大客体的综合质量设计，追求统一化、一致化，如麦当劳的服务过程的规范化(如图 7.3 所示)，餐饮产品追求无论从外观、数量还是温度得以执行。服务质量设计的个性化是指服务产品质量设计考虑同行企业的水平比较，使质量因个性突出，由于竞争对手而落实到位。例如，餐饮部门对菜单的创新设计，对菜肴的更新换代，都是一种个性化质量设计活动，如图 7.4 所示。

图 7.3　麦当劳员工规范化工作

图 7.4　菜单设计

(资料来源：http://news.xinhuanet.com/newscenter/2007-08/09/content_6500242.htm, http://www.86art.net/sj/ys/zg/200703/20070324215821.html)

(2) 质量控制。质量控制(QC)时为了保证和提高产品质量和工作质量所进行的质量调查、研究、组织、协调、控制等各项工作的总称。为了保证产品和服务质量，必须采取与一系列的作业、技术、组织、管理等有关的活动，都属于质量控制的范畴。无论是标准化还是个性化的质量设计，在实施的过程中都需要不断控制并争取用"数据"作为衡量标准。如为了实现向客人提供安全、舒适、宜人的游泳环境的质量设计，在控制阶段就要实现各项技术指标，室内游泳池水温须保持在 25～27℃，室外泳池水温为 23～24℃。

(3) 质量改进。质量改进反映了质量管理的国际化趋势，这从国际标准化组织在已有的质量管理标准中补充制定并颁布的质量改进的相关篇幅可见一斑。质量改进指的是"为向本组织及其顾客提供增值效益，在这个组织范围内所采取的提高活动和过程的效果与效率的措施。现代服务企业质量改进工作应贯穿于现代服务企业质量管理活动的始终，不断寻求改进的机会，而不是弥补的措施，通过纠正已有的问题弄清产生问题的根本原因，从而减少或消除问题的再发生。例如，银行可以从顾客的投诉中发现服务效率的质量问题，从而采取相应措施提高效率。现代服务企业也可以从平时的经营活动中找到质量差距，在顾客投诉之前予以改进。

小知识

约瑟夫·莫西·朱兰(Joseph M.Juran),质量管理专家。朱兰的质量策划是公司内部实现质量管理方法三步曲中的第一步。除此还有质量控制,它评估质量绩效用已经制定的目标比较绩效,并弥合实际绩效和设定目标之间的差距。朱兰将第三步质量改进作为持续发展的过程,这一过程包括建立形成质量改进循环的必要组织基础设施。他建议使用团队合作和逐个项目运作的方式来努力保持持续改进和突破改进两种形式。

他对实行组织内部质量策划的主要观点包括:识别客户和客户需求;制定最佳质量目标;建立质量衡量方式;设计策划在运作条件下满足质量目标的过程;持续增加市场份额;优化价格,降低公司或工厂中的错误率。

3. 现代服务业服务质量的内容

现代服务企业在提供服务时,顾客也随之参与了服务的制造过程,从顾客的角度讲,顾客购买服务并进行了消费,顾客对服务质量的认识可以从两个方面来进行剖析:①通过消费服务,顾客究竟获得了什么,通常也被称为服务的技术质量,即服务的结果;②服务过程,又称为服务的功能质量,即顾客如何消费服务。所以,现代服务企业服务质量既是服务技术和功能的统一,又是服务过程和结果的统一。

(1) 技术质量。服务的技术方面就是技术质量。它是指顾客在体验现代服务企业提供的服务后得到的结果,这种结果一般是可以用某种方式来进行度量的,银行的服务一方面可以通过花费在等待上面的时间作为评判服务质量好坏的一个依据;另一方面可以通过顾客的投诉次数来衡量其服务的好坏。顾客比较关心他通过服务获得的结果,这在顾客评价企业的服务质量中占有相当重要的地位。

(2) 功能质量。服务过程,即服务的功能质量,它是指顾客比较在意现代服务企业是如何为他们提供服务的。在现代服务企业中,顾客和企业之间存在着很多的相互作用,即顾客直接参与了大部分服务的制造过程,对于顾客而言,消费服务除了能够感受到服务的结果即技术质量外,还对服务的过程非常敏感,虽然消费服务的目的可能仅仅是获得该项服务的技术质量,但如果顾客在得到技术质量的过程中,由于发生不愉快的事情,给顾客留下了不佳的印象,这样即使服务的结果即技术质量是完全一致的,顾客对服务质量的总体评价也存在较大的差异。

服务的技术质量是客观存在的,而服务的功能质量是主观的,是顾客对服务提供过程的主观感觉和认识,顾客评价现代服务企业质量的好坏,是根据其所获得的服务效果和所经历的服务感受两个方面的状况,两者综合在一起形成完整的印象。

7.3 现代服务业质量管理方法

现代服务企业质量体系是一个多层次多系统的综合体系,随着内外条件因素的变更,这个体系也要有持续的改进以适应开放型体系的内在需求和科学技术发展,市场推动的外在需求、现代服务企业质量管理方法要结合现代服务业质量管理体系的内容原则。所以,一方面它与现代服务业质量体系密不可分;另一方面,针对宏观意义上的现代服务行业,与微观意义上不同类型的现代服务企业,质量管理都要发挥不同的职能,运用相异的工具和技术处理手段以达到现代服务行业质量目标和具体的现代服务企业质量目标。本节拟从宏观层面与微观层面对现代服务业质量管理方法进行系统研究。

7.3.1 宏观管理方法

科学技术的发展和经济利益的驱动是现代服务业发展的核心动力。现代服务业的发展壮大是社会经济发展到一定阶段的必然产物,完全由经济利益驱动发展的动机容易导致一系列的问题,所以,应该由行政管理部门和行业组织进行一定的归口管理,以便规范现代服务企业发展的市场。质量是规范市场秩序、维护消费者权益的管理重点,通过各种方式手段来提高行业自律性,规范行业行为,增强行业竞争力,提升质量意识是现代服务业行业管理的根本任务。现代服务业具有极强的广泛性与综合性,边界划分的模糊性也是学术界争鸣的焦点之一。这也使现代服务业进行行业管理面临一定的难度。因此,现代服务业行业进行质量管理时,应注意方式、方法的灵活运用,不拘一格,既关注行业整体利益的质量问题,又使不同类型、对质量管理有不同要求和特点的现代服务企业利益得到兼顾。总体来说,宏观层面的现代服务企业质量管理方法有以下 3 类。

1. 法制建设监督质量把关

监督是行业管理的重要手段。对现代服务企业进行全面、严格的质量监督,提高行业的整体经济效益,并走向更为成熟的现代服务业经济繁荣阶段具有重要意义。监督职能的形式有赖于法制建设的完善。现代服务业应该通过制定一定的行业质量规定,正确按照国家有关质量法规或行业法规的要求不断调整经营方针,提高质量管理水平。

法制建设之所以能起到质量把关的作用,首先是因为法制规章具有较强的权威性。它能使得一些不符合相应质量法则的现代服务企业及其产品在法律的控制之下,无法流通到市场,危害消费者的权益,有可能按奖优罚劣的原则受到公告批评等不同手段的惩治。这种惩治是行业树立行业质量规章来控制市场的闸门,是单个法人企业无法逃避的。其次,在于法制建设的公平性和公开性。质量法规、标准的制定,应公平权衡各方利益、是整体利益格局最优化。它能创造出市场竞争中基于质量管理的相对公平的法治氛围,它的公开性使得消费者作为消费市场的主体在进行产品选择时有了一定的依据和信息。

法制建设监督质量把关主要从两方面入手。其一,制定质量管理的标准,规范作为行业发展规划的重要组成部分。目前很多现代服务企业都还没有针对本行业的专门质量管理条例和标准,除了旅游行业外,其他行业如会展、银行、咨询公司也只有部分企业推行的 ISO 9000 质量管理标准体系。现以现代旅游服务业为例来说明法律建设监督作用。例如,旅行社的《旅行社质量管理条例》中对业务许可制度、年鉴、特种专项旅游产品的报批、旅行社质量认识都做了科学而详尽的规定。除了具体的质量管理法规之外，还应成立相应的质量监督机构与质量检验队伍。如英国、德国、法国等发达国家均有质量监督机构，中国也成立了质量监督局。由国家旅游局颁布的《旅行社质量保证金暂行规定》和《旅行社质量保证金暂行规定实施细则》，旅游行政部门分级设立旅游质量监督管理所，即质监所，也是负责质量管理工作的行政机构。除了国家、地方各级行政机关以外，一些民间性质的质量监督机构的成立与运营也应该得到大力扶助与支持，促使他们发挥积极的质量监督管理功能。

2. 开展活动鼓励质量提升

激励是质量管理的重要手段，是相对于监督、监察等刚性措施而言偏软的管理手段，行业管理部门和行业组织通过酝酿、研究、组织、宣传、策划、试行、反馈、修订等多环节过程进行多样化活动的开展，激励现代服务企业各主体积极主动地参与到这些与质量提升有关的活动中来，是发挥宏观管理与服务手段的相互转化与结合的综合性功能的体现。

多样化活动能起到鼓励质量提升的作用。首先，这些活动能在竞争中驱使质量向更高目标提高，使现代服务企业进一步关注服务质量和管理质量，甚至能促进某个地区整体形象的刷新(因为目前中国现代服务企业大都集中在经济比较发达城市的中央商务区)，品牌的塑造与品牌价值的提高也在很大程度上有赖于富有创新思想而绩效卓越的激励性竞争活动；其次，竞争性的活动并不仅仅奖优罚劣，而且能在一定意义上促进企业与企业之间，地区与地区之间的合作，通过参与这些有益的质量竞争活动，增进它们的了解与友谊，使它们达到质量意识上的一致，操作上的互相支持，信息的互通有无，资源上的优化配置，共同为消费者创造一个高质量的专业而温馨的消费氛围；再次，基于激励机制而策划开展的这些活动体现了更多的民主色彩与经济民主化的倾向，容易为管理客体所接纳，不仅行之有效，而且能有效调动现代服务企业的热情，投身到质量提升的活动中来。

3. 理性消费促进质量水平

无论是刚性的监督、监察、审批等管理手段，还是用柔性的激励机制，这些鼓励性措施、活动都是针对生产主体—各类现代服务企业的质量管理方法，除了这些直接的推动力外，现代服务行业的宏观质量管理还可以从规范市场、培养成熟而理性的消费者入手，使市场主动发挥调节功能，促进质量水平提升。

但目前由于中国很多现代服务企业还处在垄断地位，如银行，还有很大一部分是属于国有的，在质量管理上还存在很大的难度。中国现代服务业一直也没能彻底实现由具体的微观管理转向间接的宏观管理上来，由单一的指令性方式转向复合型指导方式。现代服务行业质量的振兴离不开行业管理的指令与指导，更不能缺乏市场自主的调控。消费者的需求，现代服务企业的利润永远是质量提升的原动力，而市场的调节具有一定的滞后性与盲目性，现代服务企业管理应该创造市场顺利发挥调节作用的通常渠道与环境，并且弥补市场失灵带来的损失，或采取必要措施加以预防，促使市场中存在的垄断竞争转向相对公平的竞争，弱化因经济主体的非理性因素以及信息的不充分、不对称造成的市场机制难以充分发挥作用的负面影响。

现代服务业质量管理 第7章

培养成熟理性的消费品位,通过理性消费促进现代服务企业的质量提升,是现代服务行业进行宏观质量管理的有效方法。可以预见,一旦中国的消费者步入了消费的高级成熟阶段,消费者的选择一定将会更加明确,那些质量过硬,在市场上拥有良好声誉和口碑,获得了消费者熟知的国际质量标准认证或是其他质量嘉奖特殊的现代服务企业才能在消费者"挑剔"选择下生存发展,这就迫使现代服务行业经济主体改变因消费市场急剧扩大,市场秩序比较无序,消费者的消费行为还较盲目下的质量即使较次,也可浑水摸鱼,蒙混过关、以次充好的不正当竞争行为。要加强公众质量意识,提高消费者在质量上的鉴别力,就需要在管理上注重信息渠道的多元化,信息的透明化。

7.3.2 微观管理方法

现代服务业与其他行业不同的一点在于,其他行业是根据行业生产的物品种类予以划分的,而现代服务业是针对消费者而言,凡是为消费者直接或间接提供商品和服务的部门都从属于现代服务业。现代服务业种类的丰富性使进行统一的质量管理较难做出具体具有绝对普遍性的措施和手段。从管理过程而言,都必须经过现代服务业服务质量的评估,即对现有的质量水平运用一定的方法进行评估,并依此找出管理与服务中存在的漏洞,在运用一定的方法进行现代服务业服务质量控制时,控制的内容与手段应与现代服务业质量管理方针与目标相吻合。优秀的企业质量管理,往往通过文化的塑造真正实现管理目标,质量管理也不例外。因此,就企业层面而言,现代服务企业服务质量评估方法、现代服务企业服务质量控制方法都应纳入研究之列。

1. 现代服务企业服务质量评估方法

现代服务企业的服务质量评估可以根据评估主体的不同分为内部评估和外部评估两种。

1) 内部评估

服务质量可以区分为技术型质量和功能型质量:技术型质量的评估有一定的指标依据,较容易进行。功能型质量则是满足人们的某一项或多项具体的功能性需要,是对质量结果的一种描述,具有相当的不确定性。现代服务业的产品是技术型与功能型质量的结合体。因此,服务质量的评估是一项较为复杂、难度系数较大的工作。评估方法可以借鉴一般服务性行业的评估模型,并结合企业自身特点加以修改。

(1) 感受期望评估模型(Perceptions Minus Expections)。感受期望评估模型又称为SERVQUAL模型,是运用范围较广的质量评估方法,由美国的营销专家柏拉所拉门、赛登尔和贝利提出。其程序为:首先通过问卷调查测定顾客期望的服务质量与实际接待过程中感知的服务质量,然后在一定问卷样本量的基础上进行打分,评价顾客期望值与实际感知值的差异,公式为:

$$SQ = \sum (P_i - E_i) \tag{7-1}$$

式中:SQ 为顾客感知的总的服务质量;P_i 为问卷调查中顾客体验得的 i 个问题的分;E_i 为期望的第 i 个问题的得分。

由公式(7-1)得出的 SQ 值除去问卷涉及问题数,则为该顾客的 SERVQUAL 分数。同理,将不同顾客得分总数相加在平均的 SERVQUAL 值即为企业质量评估结果。在现代服业中，消费者对不同的因素有不同的质量期望要求，可能导致公式中因素所占分量比一致，这时可用管理学中的预测方法 Delph(特尔菲法)，测定因素权重，然后用：

$$SQ = \sum W_j \sum (P_i - E_i) \tag{7-2}$$

式中：W_j 为每个服务属性的权重。计算此模型对现代服务业质量评估具备一定实用性。

(2) EP 和 NQ 模型。荞斯将 SERVQUAL 模型中服务质量的五大矢量属性(Vector Attribute)和理想状态属性(Classic Ideal Point Attribute)，对前者，服务水平越高则顾客满意度越高，如餐厅点菜上菜的速度；对后者，服务的满意状态限于一个点或一段水平之内，不达到或超过都不行，如服务人员与顾客之间的服务距离，太远了则被认为是冷漠与疏远，太近了则让人不安。在此基础上，提出了 EP 感知质量模型(Evaluated Performance Perceived Quality Model)，其公式为：

$$Q = I \sum W_j |A_j - I_j| \tag{7-3}$$

式中：Q 感知服务质量；W_j 为感知服务因素的权重；A_j 为属性 j 的顾客体验水平，即服务表现；I_j 为属性 j 的顾客理想水平，即理想状态服务水平；m 为属性数目。NQ 模型则是 EQ 模型的修正深化。

$$NQ = -\left(\sum W_j (|A_j - I_j|) - |A_e - I_j|\right)$$

式中：NQ 为标准质量指数；A_e 为属性 j 在卓越标准下的顾客体验。

2) 外部评估

外部评估事实上相当于第三方质量认证，当前世界各国采用的质量认证制度大部分是以第三方立场对产品质量执行检查与监督，运用较为广泛的有以下 3 种：①技术监督制度；②产品认证制度；③产品质量国家鉴定制度。

在许多西方国家，技术监督与产品认证制度并存，有些技术监督机构监管产品认证工作。对于现代服务企业的质量认证工作而言：①要有一套具有较高水平的国际标准、国家标准或是专业行业标准，这套标准既要与国际接轨，又要反映中国特色结合中国实际，既要体现服务行业的一般质量要求，又要满足消费者的特殊需求；②应由行业主管部门成立或监督责成非官方或半官方性质的权威或公认的第三方质量认证机构；③还要不断建设现代服务企业专业化水平较高的认证队伍。

2. 现代服务企业服务质量控制方法

为了满足消费者的综合需求，现代服务企业必须提供多样化的服务产品，服务过程在一定时空条件下，构筑了多重因素的集合体，对这个集合体的有效控制掌握着现代服务企业的命脉。现代服务企业服务质量的控制方法可以从开展质量活动、遵循一定程序、引进质量控制标准、树立相应质量观念以及运用先进的现代科学技术 5 方面进行。

1) 开展活动

在企业内部开展丰富多彩的质量管理活动是进行服务质量控制的有效方法之一。其中，QC(质量控制)小组活动是相关质量活动的典型代表。QC 小组最早始于日本企业，因其卓有成效的管理功绩而在日本企业界迅速推广，并在亚洲的一些国家，如韩国、中国甚至是欧洲国家广泛传播。尽管各国的 QC 小组根据自己的国情、文化背景都体现出相异特色，但基本活动框架是一致的，即按照员工自愿或半自愿的方式组织大家积极学习质量管理的相关知识,强调调动第一线员工的积极性,主动讨论现场质量改进的方案,充分发挥员工的创造力和创新精神。QC 小组活动的开展在中国现代服务业中还未得到普遍认识和广泛应用,创建有活力的 QC 小组,使其成为坚实的非正式或半正式团体的组织基础,发挥团队凝聚力,对现代服务企业尤为重要。作为现代服务企业内部顾客的大量一线服务人员将在 QC 小组的活动中发挥积极作用,使现代服务企业受益无穷。

2) 遵循程序

现代服务企业质量的控制要遵循相应的程序,依照科学的程序进行质量管理工作,达到质量目标。PDCA 是一种国际著名的循环管理程序代表,PDCA(Plan,Do,Check,Action)即计划,执行,检查和处理。PDCA 管理循环就是按照这样的顺序不断地进行下去,从而达到质量水平螺旋上升的目的。PDCA 管理循环要经历 4 个阶段、8 个步骤,如图 7.5 所示,这种管理循环的特点是大环套小环,一环套一环,通过周而复始地循环,使质量上升到一个新的高度。PDCA 作为质量控制的一种科学方法,可用于现代服务企业的各个环节、各个部门的质量管理工作,使管理有机结合、互相促进,形成一个良性运转的整体。

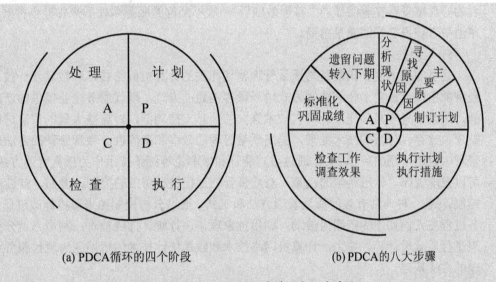

图 7.5　PDCA 循环的四个阶段与八大步骤

3) 引进标准

《产品质量法》规定:"国家鼓励推行科学的质量管理方法"。其中,按照国际标准化组织制定的《质量管理与质量保证系列标准》的要求,引进国外先进管理经验,采用达到甚至是领先国际标准的方法,并以此为依据,推行企业质量体系认证工作,是国际上较为先进、科学并被普遍公认的方法之一。引进国外先进的管理标准、服务标准是中国现代服务业大力挖掘自身潜力、争取早日与国际接轨、迈入国际强国的必由之路。如 ISO 9000 组标准与 ISO 14000 标准都有较适合现代服务企业的可借鉴之处。ISO 9000 是"管理方法的国际统一语言",这一赞誉形象说明了此标准作为质量管理方法的重要性。但应该认识到,任何标准都不是完美无缺的:①它也要随着时代的改变、生产技术的进步、生产力的提高与时俱进;②现代服务业业态的多样性也要求标准的进一步细化,中国的现代服务企业强烈呼唤更多一些既符合国际标准，又体现本土特色的标准出台，并随着现代服务行业的发展要求不断完善。

4) 树立观念

质量观的培养、树立、强化工作关乎企业能否在激烈的市场竞争中生存乃至发展繁荣，事关重大，是现代服务企业质量管理的根本方法。质量管理工作要使全体员工、管理人员、决策人员树立以下3种质量观：一是全面质量观，即引导全体员工认识到质量管理的全员性、全过程性以及全面性的内涵，使质量管理工作人人有责的观念深入人心。二是质量创新观，现代科学管理没有一成不变的统一模式，质量创新是质量发展的新阶段，它促进了质量的内涵更新，是知识经济的必然产物。中国的现代服务企业与一些西方发达国家相比明显存在着创新精神不足的弊端。由于服务行业的产品比较难以申请专利，即使获得暂时的领先也很容易被竞争对手模仿赶超，因此，要想获得持续的市场领跑地位，就要不断的创新，以创新质量获得消费者的认可。三是零缺陷质量观，一次性把服务做到位，而不是通过顾客投诉之后或是过错发生之后进行二次补过，这对于现代服务企业尤为重要，消费者的心理感受存在着明显的"首因效应"，一次不到位的服务即使后来弥补得再好，也不会使消费者获得美好的质量感受。

5) 运用技术

这里的技术主要指的是与质量管理密切相关的计算机网络技术和数理统计技术。网络经济的出现，改变了传统营销方式给予顾客沟通的方式。现代服务企业提供的产品综合性强，质量信息丰富多变，计算机技术强大的信息支持功能，对这些大量的信息进行收集、整理、储存、分析等技术处理，提高质量管理的效率和准确性。数理统计的方法也是质量管理中运用广泛的科学方法，通过数理统计和概率论等统计技术作为质量管理方法的工具，可以发现规律，做出科学的决策，对质量管理过程进行有效的控制。例如，SPC(统计过程控制)就是一种非常有效的质量管理方法和工具，通过分析控制图采取措施改进质量，使服务过程在人们期望的范围内波动；利用抽象理论进行统计抽样检查；利用方差分析和正交表进行质量设计等。总之，计算机网络技术和数理统计技术的运用应为现代服务业质量管理的方法基础。

案例

中国移动通信集团的服务质量管理

中国移动通信集团公司(简称"中国移动")于2000年4月20日成立，注册资本518亿元人民币，拥有全球第一的网络和客户规模，是北京2008年奥运会合作伙伴和2010年上海世博会全球合作伙伴。中国移动建立了完善的服务质量管理系统，始终坚持"网络质量是通信企业的生命线"的核心理念，将打造精品的通信网络、为客户提供满意的服务作为网络工作核心目标。

为建立健全服务质量保障机制流程，进一步完善全面质量管理体系，首先是从制度上切实保障客户权益，严把服务质量关；其次是进一步强化以客户为导向的服务工作流程和支撑系统建设，拓展客户信息收集渠道，进一步健全客户满意度评价体系；最后是进一步细化全面质量管理要求，严格落实对合作伙伴的质量管理工作。

为促进面向客户的全方位网络质量的提升，多角度发现和解决网络中存在的问题，中国移动建立了贴近客户感知的GSM网络质量指标体系，包含网络覆盖、接入性能、保持性能、通话质量等影响客户感知的主要问题，形成了立体化的客户感知评估方法。此外，还进一步完善了应急通信保障体系。从面向业务、面向事件、面向设备等三个纬度梳理应急方案，提升预案的针对性；积极开展"场景模拟为主、实际保障为辅"的通信保障应急演练，并将无准备情况下的应急演练全面推进到地市分公司层面；在全国范围内启动抗灾超级基站的建设工作，全网共完成约1500个超级基站的建设任务，应对大规模自然灾害的能力进一步提高。

中国移动公司为更好地推动G3发展、提升G3网络质量，中国移动在全网范围组织开展了以"质量、创新"为主题的G3网络质量提升大会战活动，并大力推进G3技术和管理方式创新，积极开展G3商用终端测试工作，从客户感知角度发现和定位问题，同时积极推动设备厂家不断完善G3终端与设备，推动G3产业链成熟。目前，中国移动公司已初步建立了较为完善的G3服务质量管理体系，以支撑G3发展大局。具体内容如下：

1. 全面建立G3客户服务体系

中国移动在全国部署建立了覆盖各主要服务渠道的G3服务体系，在自营厅设立G3体验厅、体验区，10086热线设置G3专席，网上营业厅开通G3业务办理专区等，并设置专人专岗处理G3客户服务，开设一站式的客户服务窗口和投诉处理绿色通道，全面建立G3问题反馈优化流程，快速响应和解决客户的服务问题。

2. 开展"G3客户特别关怀计划"行动

为激励客户使用G3服务，着力提高客户满意度，中国移动推出了多项差异化的服务举措解决客户在网络和终端方面的投诉问题，以优质服务改善G3产业初期尚不成熟给客户感知带来的影响。

3. 提升员工G3业务服务能力

为提高一线员工的G3业务服务技能，中国移动充分发挥内训机制作用，利用多种手段强化G3知识培训，全网累计完成13万人次的一线员工G3知识培训，保证了G3业务的顺利铺开。全网开展G3业务服务劳动竞赛，8个省10个城市的一线员工约2万人参加此项竞赛。各级公司还开展了一系列以G3业务为核心的"G3知识擂台赛"、"引领3G我先行"、"G3赢未来，服务我最行"等形式多样、内容丰富的评比评优工作。

4. 强化服务创新，提升G3业务质量

为了更深刻了解客户需求，从客户体验角度提升G3业务质量，2009年中国移动在全网开展了"关注客户体验，提升客户价值"大规模业务体验活动，关注客户感知、业务流程、业务性能、终端间互通、业务使用友好性五个重要纬度，重点针对可视电话、多媒体彩铃、视频留言、视频会议、手机

现代服务业管理 原理、方法与案例

视频等19项业务，组织内部员工端到端测试G3业务，并将此项工作纳入到3G运营的常态化工作范畴，持续为客户提供高质量产品和服务。

(资料来源：http://www.youshang.com/content/2010/03/17/3344.html)

思考：中国移动公司的服务质量管理经验对其他服务行业有何借鉴作用？

本章小结

质量不仅是制造业的"救命草"，更是现代服务业的"生命线"。本章主要阐述了现代服务业实施质量控制与管理的概念、特性、目标以及实施质量控制的意义。在此基础上，构建了现代服务业的质量管理体系，并从宏观和微观的角度对现代服务业质量管理的方法进行了系统阐述。

思 考 题

1. 现代服务业质量控制与管理的意义何在？
2. 现代服务业质量管理体系的构成要素有哪些？
3. 简述现代服务业质量管理的方法。

第8章 现代服务业流程管理与再造

导　读：

"流程再造"这一概念最早是由美国麻省理工的迈克尔·哈默和杰姆斯·钱皮等教授于1990年提出的。该理论一经推出在世界范围内引起了巨大的反响，各行各业都开展了一场非凡的企业流程再造运动，但是，在服务业领域该理论一直都没有得到重视，伴随着传统服务业在市场上逐渐不能满足快速多变的顾客需求，服务业的流程再造也引起了重视，就现代服务业而言，也存在着流程再造的问题，特别是在中国有很大一部分现代服务企业都是由传统服务业经过改造而发展起来的，如银行和邮政等，就面临着严峻的服务流程再造问题，与电信行业、IT行业相比，这些老牌的服务行业已经明显落后了。

关键词：

流程再造　业务流程再造　服务流程再造

8.1　业务流程再造理论概述

20世纪90年代，随着经济全球一体化趋势的加剧，市场竞争越来越激烈，顾客要求的提高和市场变化的加快使很多组织不得不对传统企业的运行模式做一些更为深刻的思考。在这种背景下，业务流程再造理念应运而生，它为企业的改革与发展指明了方向。

8.1.1　业务流程再造的提出背景

1. 传统管理模式的变革

1776年亚当·斯密在《国富论》中首次提出了分工的观点，系统地强调了劳动分工对于提高劳动生产率和增进国民财富的巨大作用，此观点一度与泰勒的科学管理原理一并受到企业管理者的广泛推崇，并在当时以及后来相当长的一段时期内得到广泛应用。然而进入20世纪80年代，这种分工状态下的金字塔组织结构已经逐渐暴露出了许多弊端，组织内部分工过细，各自为政，出现了局部效益较好而企业整体效益较差的状况，同时，由于企业管理层次过多，内部信息沟通不畅，导致了员工积极性和创造性较低，企业反应迟钝等一系列问题。在外部竞争日趋激烈，顾客需求快速变化的情况下，这些问题严重阻碍了企业的生存和发展。

2. 信息技术的发展

信息技术的发展(如图8.1所示)，给人们的生产、生活方式都带来了巨大的变革，对整个人类社会产生了深远影响。它极大地推进了社会进步，也促使企业不断进行管理革新以适应瞬息万变的市场需要。信息技术的发展为业务流程再造理论的出现提供了强有力的技术支持。主要表现在：第一，由于信息技术的发展，使得一些基于信息技术平台的制造系统和现代管理系统(如全面质量管理系统、精细化生产系统、柔性制造系统等)日趋完善，这些系统的完善又进一步为业务流程再造的实施提供了坚实的基础。第二，信息技术的广泛应用使得员工素质有了较大提高，员工熟练的计算机操作技能也是企业成功实施业务流程再造的必要前提，并且在某种程度上，它最终决定了业务流程是否能够在真正意义上成功实施。第三，信息技术能够为企业构建一个实现信息及时传递与共享的网络化平台，能支持并行工作方式，从而使得企业组织结构的扁平化及子系统间的协同工作成为可能。

图8.1 信息技术的发展

(资料来源：http://book.danawa.com.cn/book/3429102.html)

3. 市场竞争的加剧

随着世界市场自由贸易和经济全球一体化的加速，特别是中国加入WTO之后，中国大部分企业已经开始逐步向世界市场开放，这使得企业在经营过程中面临更多的不确定性因素，市场竞争也更加激烈，竞争范围已经由以往的本行业之间的竞争扩大到跨行业竞争和国际竞争。同时，伴随着市场由卖方市场向买方市场的转变，顾客掌握了对于市场的主导权，在信息技术的影响下，顾客能够获得更多关于企业的信息，需求逐渐多样化和个性化，这对企业也形成了一大挑战。正是由于顾客需求的日新月异，使得产品的寿命周期也在缩短，现代企业只有密切把握这些变化并迅速做出反应，才能在激烈的竞争中立于不败之地。

8.1.2 业务流程再造的概念及内涵

1. 业务流程再造的基本概念

1) 流程的概念

要理解业务流程再造的概念，首先需要弄清楚流程这一基本概念，关于流程到底是什么业界内没有一致的说法，关于流程最狭义的理解认为它是一种工作流，持这种理解的人较少，大多数都支持相对狭义的理解，认为流程是一种业务流，一方面表现为工作的上下和前后衔接，另一方面表现为一些强制性活动规则的业务流，如图 8.2 所示。牛津英语字典对"Process"的定义是：一个或者一系列有规律的行动，这些行动以确定的方式发生或者执行，导致特定结果的出现。中国现代汉语词典对流程的定义是：①水流的路程；②工业品生产中，从原料到制成成品各项工序安排的程序。也叫工艺流程。[1]而在 ISO 9000 2000 版中，流程的定义为：使用资源将输入转化为输出的活动系统。虽然这些定义各不相同，但总结起来，其核心意思都大同小异，即流程是指组织为了完成某一目标或任务而进行的一系列逻辑相关活动的有序组合。如图 8.3 所示为某餐馆垃圾处理的工艺流程图。

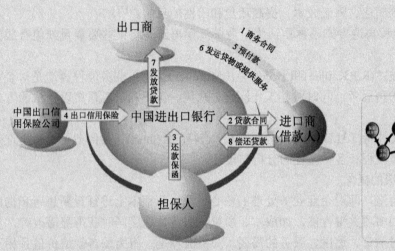

图 8.2　中国进出口银行出口信贷流程图　　　　图 8.3　工艺流程图

　　美国的 Michael Hammer 博士最早于 1990 年在《哈佛商业评论》中发表文章提出了业务流程再造的概念，文章《Reengineering Work：Don' Automated, Obliterate》的发表标志着流程再造的正式开始，随后在 1993 年与 James Champy 合写的著作《Reengineering The Corporation: A Manifesto For Business Revolution》一书中，他更加明确地提出了 BRP 的概念，并对其进行了系统的论述，指出：所谓 BRP 就是针对竞争环境和顾客需求的变化，对业务流程进行根本的重新思考和彻底的再设计，以求在速度、质量、成本、服务(TQCS)等各项当代企业绩效考核关键指标上取得戏剧性的改善。[2]还进一步指出，尽管美国企业经历了目标管理、Z 理论、追求卓越等管理理念和管理思想，但是它们都没能实现美国经济竞争力的真正飞跃，他们认为，只有在现实的企业运行中，对原有的业务流程进行改造，才能真正适应未来社会的激烈竞争。

　　业务流程再造已经引起了企业界和管理界的普遍关注，因此，关于业务再造的概念解读已经出现了百家争鸣的局面。下面就列举出目前最具代表性的几种概念供大家思考。

---

[1] 中国社科院语言研究所词典编辑司. 现代汉语词典. 北京：商务印书馆，1997：811-811.
[2] 胡飞虎，张涛，孙林岩. 业务流程重组成功因素分析[J]. 工业工程，2000(3).

(1) 中国学者芮明杰认为，再造流程是指从顾客需求出发，以企业流程为改造对象，对企业流程进行根本性的思考和分析，通过对企业流程的构成要素重新组合，产生更为有价值的结果，以此实现企业流程彻底的新设计，从而获得企业绩效的巨大改善。

(2) J·佩罗德 P·罗兰认为 BRP 是一种改进(Improvement)哲理，并将其进一步划分为战略流程、经营流程和保障流程三大类。它的目标是通过重新设计组织经营流程，以使这些流程的增值内容最大化，其他方面的内容最小化，从而获得绩效改善的跃进(Step Improvement)。这种做法既使用于单独一个流程，也适用于整个组织。

(3) J·N·洛文沙(J.N.Loewenthal)认为，组织再设计是指以组织核心竞争力为重点，对企业流程和组织结构进行根本性的再思考和再设计，以达到组织业绩的巨大提高。

(4) 毛洛(M.Morrow)和哈哲尔(M.Hazell)认为，企业流程再设计是检查流程中的关键活动和信息流，以达到简化、降低成本、提高质量和柔性的目的。[3]

(5) 日本业务流程再造专家小林裕认为：业务流程再造是将某些要素重新组合成的某些事件。

(6) R·B·坎波兰(R.P.Kaplan)和卜墨多克(I.Murdock)认为：业务流程再造是对企业如何运作进行根本性的再思考，同时对其工作流程、决策、组织和信息系统以集成的方式进行再设计。

(7) T·H·达文波特(T.H.Davenport)和 J·E·肖特(J.E.Short)认为：业务流程再造是组织内和组织之间工作流程和各种流程的分析与设计。

2) 业务流程再造的概念

所谓业务流程再造，即对企业业务处理的核心过程，从根本上进行重新思考和彻底的重新设计，使企业的多项关键性能，如成本、质量、服务及速度同时获得显著改善，从而满足当今不同顾客对质量、速度、服务的需要。业务流程是一组为顾客创造价值且相互关联的活动，哈佛商学院教授 Michael Porter 将企业的业务过程描绘成一个价值链，只有对价值链的各个环节(业务流程)实行有效管理的企业，才有可能真正获得市场下的竞争优势。一切再造都是围绕业务流程展开的，以便实现以流程为核心的跨职能的企业运行机制，并将众多员工、各种任务和不同部门有机结合在一起，企业以业务活动为绩效评估对象而非职能部门，得以在更高层次上实现目标优化，获得整体优势流程再造是对组织运作和工作流程进行根本性的全新设计，它不是一般意义的业绩提升或略有改善，而是要有显著的增长、极大的飞跃，业绩的显著长进是 BPR 的标志与特点。

2. 业务流程再造的基本内涵

上述定义虽然表述各不相同，但是在 BPR 基本内涵的把握上却是基本一致的。BPR 看重的是企业发展的长期战略需要，并把顾客的需要作为出发点，以企业的整个流程作为改造的对象，进行全面的思考和分析，并对构成企业流程的所有构成要素进行重新组合，以产生更多更有价值的成果，使企业绩效得到提高以适应市场需求。企业业务流程再造的进行，需要着重关注两大方面：①技术方面的改造，如技术、标准、程序和控制等；②社会方面的改造，如组织、管理、作业和激励方式等，其中技术和人是转换企业过程中两个最

---

[3] 程亮.上海港口局港航服务流程再造研究[J].上海海事大学硕士学位论文.2006：8-10.

关键的因素，如果只有技术方面的改造，没有社会方面的改造，那么，仅仅是技术方面的自动化，而如果只有社会方面的再造，没有技术的应用，则仅仅是组织的重整，只有同时对过程的技术和社会方面进行改造和联合设计才是真正的业务流程再造。综上所述，业务流程再造的基本内涵应该包含如下几点。

(1) 以提高顾客满意度为目标的组织结构调整。由于市场竞争的加剧，企业的使命就是提供有针对性的产品和服务从而满足顾客的需求，因此就必须削减组织繁杂的中间结构，建立新的以柔性、扁平化和团队为基础的组织结构，这种结构将以信息技术和高素质的人员为依托，实现权力的由上向下移动，与此同时，顾客也被纳入了新流程，权力由企业内部向顾客转移。

(2) 以流程为核心。以流程为中心就是要改变传统的、以职能部门分工为主要架构的各部门分工负责完成工作的模式，因为这种模式容易产生任务的脱节和冲突。同时，在企业中实施新的流程，将原有的因任务分工而被分割的流程进行重新整合为一个面向客户的完整流程，该流程将由一个工作小组共同完成，以利于信息共享，从而使手续更加简化并缩短时间。这种以流程为工作单位设计工作和组织架构的模式，不仅可以大大提高流程的效率，而且还支持多道工序的同步进行。

(3) 重视信息技术的运用。合理有效地运用现代先进的信息技术实现信息的及时获取和共享也是现代企业业务流程重组中十分重要的一个环节。因为它能够突破时间和空间的限制，实现信息流的迅速传递，增强企业内外部的联系和互动。

3. 业务流程再造的基本原则

正确把握流程再造的基本原则，是企业流程再造获得成功的关键。尽管目前已经有很多企业大力实施流程再造，但真正成功的并不多见。其中大部分原因就在于他们没有重视对于流程再造原则内涵的把握，根据对相关书籍资料的整理，可以将流程再造的基本原则概括为如下几个方面。

1) 实施人本管理

实施人本管理是指在对企业的团队进行管理的过程中应坚持以人为本的原则，充分发挥每个人在组织中的能动作用，将员工视为企业的第一资源，尽最大可能地为员工创造愉悦的工作环境和职业规划，给予员工更多能够发挥自己潜能的空间，以充分调动员工的积极性和创造性，只有这样才能真正实现业务流程的优化，从而降低成本和提高顾客满意度，进而增强企业的竞争能力。

2) 强调系统理念

所谓系统理念，究其核心就是要发挥"1+1>2"的整体效应，注重理顺和优化业务流程，使得流程上的每一个环节都做到最优，以减少无效的活动，提高整个流程的运转效率，将流程的全局最优作为最终目标，不仅仅是局部效应，各种活动的设计，都必须保证利益和责任的高度统一。

3) 重视信息技术

现代企业的发展离不开信息技术的应用，毋庸置疑，谁掌握了信息，谁就掌握了市场。企业流程再造的有效实施更是与信息技术的应用息息相关，企业的流程从根本上讲就是一个动态的信息流，只有通过使用先进的信息技术的采集、集成、分析、决策等功能的实现才能真正实现组织信息的优化组合，从而为组织流程的再造创造坚实的技术基础，同时，在组织中使用现代信息技术时要注意处理好信息的集中处理与共享使用之间的关系，解决好数据控制与数据使用之间的矛盾。

4) 实现流程转变

流程的转变是指促进企业由传统的职能管理向流程管理的转变，BPR 管理将业务的审核与决策点定位在流程执行的地方，从而缩短了信息沟通的渠道和时间，提高了对客户的反应速度。

5) 优化组织结构

对市场反应迅速敏捷的组织结构不仅有助于降低企业的管理成本，而且还能够提高组织的运作效率。BPR 就强调要建立这样一种扁平而又高效率的企业组织，尽量缩减中层人员，减少分工衔接不善造成的冲突问题，强调建立一种基于业务流程的团队。

4. 业务流程再造的维度[4]

宏基公司总裁施振荣先生认为业务流程再造可以从以下几个维度进行：①从原有流程中挤压效率，如提高奖励或奖惩；②再造核心业务流程；③改变组织架构，层次最高的是建立新的经营哲学。他从战略的观点对业务流程再造诸维度进行了概括总结，并深入地阐述了再造过程中各自的先后顺序和到达的高度。

抛去业务流程维度层次的高低，业务流程再造维度由观念再造、流程再造、组织再造和技术再造四个层次构成，如图 8.4 所示，其中，流程再造是其核心领域，每个层次内部又有各自相应的过程，各层次之间也交织着彼此作用的关联关系。

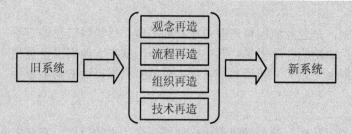

图 8.4　传统业务流程再造四维度

1) 观念再造

观念再造强调重新审视企业现有的经营观念与价值观是否与其所面临的外部环境相契合。在供应链管理环境下，企业的管理者与操作者必须建立适应时代发展需要的新的企业观，并以此来建立和发展企业。这些观念主要有：企业的使命是为顾客创造价值；能为顾客带来价值的是各种流程；公司事业的成功来自优异的流程绩效；优异的流程绩效是通过科学的流程设计、适当的人员配置以及良好的工作环境共同作用达到的，因为科学的流程设计能够对顾客的要求变化迅速做出有效的反应，它是流程本身有效性的根本保障。

2) 流程再造

流程再造是指对企业的现有流程进行调研分析、诊断、再设计，然后重新构建新流程的过程。它主要包括 3 个环节：①业务流程识别与分析：它是对企业现有的业务流程进行分析，诊断其存在的问题；②业务流程的再设计：针对诊断的结果，重新设计流程。主要

---

[4] http://www.dufe-sba.edu.cn/common/Article/UploadFiles/2007122093930267.doc.

表现为将多道工序的人员组合成小组或团队共同工作,将串行式流程改为同步流程等;③业务流程再造的具体实施。

3) 组织再造

组织再造是企业流程再造的硬件支撑体。企业在进行业务流程再造时,它的另一项同步工程便是组织再造。组织再造要以业务流程为中心,建立能不断提高流程本身素质和绩效的组织结构,它的内容主要包括:流程管理、组织运行机制建设以及激励创新机制建设等。流程管理是伴随着企业业务流程重组运动的兴起而提出的,它强调各经营流程之间的相互匹配和对所有流程的总体规划。业务流程重组的组织运行机制强调组织的持续发展,应属于学习型组织,需要进行五项修炼:自我超越、改进新智模式、建立共同愿景、团体学习以及系统思考。激励创新机制是组织重建的重要内容,它需要重新设计员工的考评体系,以激发员工的创新热情与能力为目标,增强整个企业的活力,最终目的是实现组织素质和流程绩效的不断提高。

4) 技术再造

技术再造是企业业务流程重组的前提基础。它以业务流程为基础,主要考虑生产技术、信息技术和技术管理3方面,根据企业自身的技术设备水平、产品特性、信息化状况以及重组后的总体要求进行。企业在采用新的生产技术后,要建立企业内部网络(Intranet),采用网络技术连接各工作单元以协调和管理企业内部的各种资源;再将它与公用信息网(Internet)相连接,以实现供应链成员之间的信息交流与共享,为供应链管理提供信息技术支持。

8.1.3 业务流程再造的一般步骤

自流程再造理论提出以来,由于哈默博士并没有系统地给出流程再造的方法步骤,因此,如何实施流程再造,流程再造需要遵循怎样的步骤等问题也成为众多专家学者研究的热点问题。由于业务流程再造并没有一个固定的框架,公司类型的不同,流程再造的侧重点也各不相同,因此,现就当前比较流行的再造步骤摘录下来,供读者参考,作为企业管理者也可根据这些流程总结出一套适合自己企业的业务流程再造步骤。

1. 国外流程再造的五阶段步骤[3]

经过多年的研究,外国学者佩罗德和罗兰提出了流程再造的5阶段步骤。

(1) 环境营造。营造一个有利于实施流程再造的思想观念和人员环境。
(2) 进行流程的分析、诊断和重新设计。
(3) 组织架构的重新设计。
(4) 试点与转换阶段。
(5) 实现愿景。

2. 中国流程再造的七阶段及其步骤

在中国进行流程再造步骤研究较早的是芮明杰先生和袁安照先生,他们经过进一步细化认为流程再造应该包括7个阶段33个子步骤。[3]

(1) 设定基本方向。分为5个子步骤:明确企业战略目标,将目标分解;成立再造流程的组织机构;设定改造流程的出发点;确定流程再造的基本方针;给出流程再造的可行性分析。

(2) 现状分析。分为5个子步骤:企业外部环境分析;客户满意度调查;现行流程状态分析；改造的基本设想与目标；改造成功的判别标准。

(3) 确定再造方案。分为 6 个子步骤：流程设计创立；流程设计方案；改造的基本路径确定；设定先后工作顺序和重点；宣传流程再造；人员配备。

(4) 解决问题计划。分为 3 个子步骤：挑选出近期应该解决的问题；制定解决此问题的计划；成立一个新小组负责实施。

(5) 制定详细再造工作计划。分为 5 个子步骤：工作计划目标、时间等确认；预算计划；责任、任务分解；监督与考核办法；具体的行动考核办法；具体的行动策略与计划。

(6) 实施再造流程方案。分为 5 个子步骤：成立实施小组；对参加人员进行培训；发动全员配合；新流程实验性启动、检验；全面开展新流程。

(7) 继续改善的行为。分为 3 个子步骤：观察流程运作状态；与预定改造目标比较分析；对不足之处进行修正改善。

杨蔚明提出的业务流程再造 9 大步骤也是中国比较有代表性的业务流程再造的观点之一。[5]

(1) 确定策略，选择建模方法及创建流程再造项目计划；
(2) 基于策略方向，对于受影响的业务领域，明确其现有的业务模式；
(3) 对现有系统所支持的所有流程进行提炼和进一步扩展；
(4) 在现有系统功能及其组成的基础上，整合现有流程的定义；
(5) 确定符合 BPR 项目目标的功能和技术方面的体系结构；
(6) 选择适当的改造策略，重新开发、购买、组网或卸载应用程序；
(7) 保持业务需求和改造的应用程序之间的完整性和一致性；
(8) 在目标应用系统中重复使用仍然适用的组件，如规则、界面和数据等；
(9) 通过对重新设计的流程进行模拟，评估改造后的系统是否符合需求。

8.2 服务流程再造的基本理念

随着服务经济时代的到来，业务流程再造的重要性已经逐渐被企业管理者所重视和接受，同时，随着市场竞争的加剧和服务业新业态的不断涌现，业务流程再造的基本理念也被引入到服务业当中来，并在业务流程再造的基本理论之上发展创造出了服务流程再造理念。

8.2.1 服务流程再造的概念及内涵

1. 服务流程再造的概念

事实上，流程再造理论不仅适用于生产制造型企业，它还适用于服务业和其他公共行政管理部门。因此，继哈默和钱皮提出"流程再造"之后，很多有识之士将这一理论应用到服务业中提出的。通过哈默和钱皮对企业流程再造的精辟定义，可以将服务流程再造(SBPR，Service Business Process Reengineering)定义为服务企业或部门以顾客需求为核心，对服务流程进行的再思考，通过将构成服务流程的各种要素进行有序的重新组合，以形成服务流程的再设计，从而产生更有价值的结果，给企业带来更好的绩效。

---

[5] 杨蔚明. 业务流程再造的九大步骤[J]. 中国计算机报，B09 版. 2007：2.

2. 服务流程再造的特征

由于服务业，特别是现代服务业不同于制造业，因此，在实施流程再造时有其自身的特点。

1) 服务意识强烈

以客户为中心，通过一流的服务来获得大量的客户支持，这就要求在服务流程再造的过程中要特别重视员工服务意识的培养。只有通过培养一线员工强烈的服务意识，才能赢得顾客忠诚，从而为企业带来利润，并促进员工职业生涯目标的实现，达到双赢的局面。

2) 服务目标明确

在现代服务企业中，除了员工要有较强的服务意识以外，还需要有明确的服务目标和服务流程，不然就会出现服务热情过度和服务不达标的情况，服务热情过度和服务不达标一样，都很难令顾客满意。也就是说，明确的服务目标应该对于服务时限、服务程序和服务质量加以控制，在实际工作中，应该不断地对服务流程进行监控和调整，找到最佳平衡点，力求服务流程更加优化。

3) 服务手段先进

信息技术在生产制造企业中的应用主要是实现了生产流程的简化，而其在现代服务业中的应用主要是使得企业的服务手段更加先进。信息技术为现代流行的"一站式"服务提供了强有力的技术支撑。例如，中国各大银行为客户开通的网上银行、咨询公司为客户提供的在线及时咨询、政府部门建立的电子政务、医院提供的专家在线预约等。这样就使客户不论在何时何地都能通过互联网办理各种业务，简化了流程，也减少了客户排队等候的时间，避免了客户因漫长的等待而造成的不满。

4) 服务流程规范

服务流程的规范化是指通过不断对服务流程进行适时监控，减少其中一些不必要的环节，使服务流程的各个环节更科学、更有效、更合理。图 8.5、8.6 分别展示了某咨询企业的服务以及企业年费的某个服务流程。

图 8.5 某咨询企业服务流程

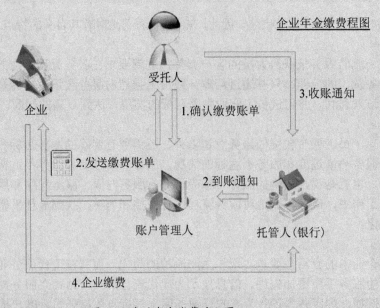

图 8.6　企业年金缴费流程图

5) 服务人员素质高

高素质的服务人才队伍是目前制约中国现代服务企业发展的一大瓶颈。它是构成现代服务业的重要特征之一。只有拥有高素质的服务人才资源，才能真正为客户提供高品质的服务。因此，在现阶段的现代服务业服务流程再造中，必须把构建一批高素质的服务人才队伍作为题中之义。

8.2.2　现代服务业服务流程再造中存在的误区

1. 概念误区

很多现代服务企业管理人员仅仅是把服务流程再造看成一种工作简化的代名词，或者只是当成一种时髦的管理名词经常挂在嘴边而并没有深入而正确地去理解服务流程再造的内涵和外延。事实上，服务流程再造并不是一种简单的机构精简和经营流程的自动化，如果一味强调机构精简和流程的自动化，往往会导致更差的效果，它强调的是资源的有效利用，即以最少的资源获得收益的最大化。当然，它也不同于在第 7 章中提出的全面质量管理，因为全面质量管理的目标是实现经营业绩的持续改善，而服务流程再造强调的是对现有经营程序的全新改造，强调打破常规，实现企业绩效的提升。也就是说，实施现代服务企业服务流程再造的过程中，一方面不能把它看成包治百病的良药，另一方面也不能把它看成是对传统流程实行的换汤不换药的更改。

2. 实施误区

1) 流程改造不彻底

很多企业往往在取得微小成绩后就放弃了更深一步的努力，使得流程改造不彻底，反而造成了资源闲置等一系列后遗症。事实上，在现代服务企业中推行服务流程再造是对管理者勇气和魄力的一种挑战,高风险也意味着高回报,如果企业仅仅是满足于微小的调整,将不能应对激烈的市场变化,使企业失去勇气和活力。

2) 多个项目同时运作

这里的多项目同时运作是指在现代服务企业中同时进行多个服务流程项目的再造。这样做会对企业产生极为不利的影响,因为服务流程再造是对旧有程序的全新调整和突破,需要耗费管理人员大量的精力,如果在同一段时间内多项目并举将会大大地分散管理人员的注意力,这样不仅会削弱流程再造的效果,而且会造成整个企业系统的管理混乱,这将使服务流程的再造不得不半途而废,这势必会浪费大量的资源和时间。因此,管理者在进行服务流程再造的过程中必须优先选择那些会对现代服务企业发展产生重大影响的流程。

3) 实施流程颠倒

部分企业管理者认为实施服务流程再造只是一线员工的事情,只要一线员工做好了服务,那服务流程就做到位了,因此,他们不断地对一线员工进行监督并施加压力,而这样做往往适得其反。因为一线员工并不具有总揽全局的视野,他们并不能决定企业的管理思想和管理理念,不单单是一线员工,即便是中层管理人员,他们也不可能有足够的魄力和权力来进行整个服务流程的全面改造。因此,只有来自高层的领导和支持才能保证服务流程再造在现代服务企业中真正获得成功。

8.3 现代服务业服务流程再造的基本步骤

8.3.1 现代服务企业实施流程再造的基本步骤

通过对企业流程再造的基本步骤理论的回顾,结合现代服务业发展的一些特点,可以进一步总结出实施 SBPR 具有以下基本步骤。

1. 构建服务流程再造团队

在经过论证之后,高层领导一旦决定要在现代服务企业中实施 SBPR 就必须要对这一决策引起足够的重视,构建一个专门负责实施 SBPR 的团队是进行服务流程再造的基本保障。同时,还要保证团队中的每一位成员都对服务流程再造有比较全面的了解,并且还要有较强的创新进取精神,这将为 SBPR 的实施提供强大的智力支持,只有这样才能更好地保证 SBPR 的有效实施。

2. 服务流程识别与诊断

所谓服务流程的识别与诊断,究其目的就是要找出整个服务流程中存在的问题。这就要求现代服务企业的管理者要仔细地掌握和识别整个服务流程的每一个细节,按照较为规范化的操作要求对每一环节进行诊断。与此同时,企业还需要了解竞争对手的服务流程,区分与竞争对手服务之间的差异,只有这样才能做到知己知彼,百战不殆。

3. 新服务流程的设计

新的服务流程的设计必须与企业的战略和愿景相结合,这是新服务流程设计必须把握的根本原则,只有这样,才能根据企业所面临的环境,运用各种科学技术方法构建一个真正适合本企业的服务流程,同时,在设计和实施新服务流程的过程中,要处理好渐进与激进的关系。一方面,不能只是一味地采用渐进手段,这样容易使企业坐失良机;另一方面,又不能太过激进,这样容易给企业造成很大的失误。真正合理的服务流程应当是渐进中存在着激进式的革新,而激进中也存在着渐进式的改变。应当将这两者的优点紧密结合使用,才能设计出真正适合本企业的服务流程。

4. 流程图绘制

绘制流程图是实施现代服务企业服务流程改造必不可少的步骤。目前最著名的流程图绘制方法是休斯切克的"蓝图法"。其基本方法是在蓝图中将一项服务所需要的每一个工作以及各工作之间的相互关系都仔细画出来。这种清晰的流程图将能够更好地显示出服务质量的失误出现的每个环节,方便在计划过程时进行预防和改进。

5. 新流程的实施

新流程的实施要具有人力、物力和财力的保证。其中,人才要素是最基本的要素,这就要求在新流程的实施过程中,首先要对团队中的每一位成员做好培训,通过他们调动其他员工的积极性和创造性,转变旧有的服务技能和价值观点,用新的流程武装他们的头脑。同时,还要在企业中形成一种良好的文化氛围和激励体系,以规范和引导员工的行为,增强他们的学习热情,提高他们的积极性。

6. 评价与反馈

流程实施并不意味着企业服务流程再造的结束,还需要进一步对新流程实施后的效果进行事后检测,看其是否真的给企业带来了效益?这往往是最容易被忽视的而最关键的一个环节,如果新流程确实使企业焕发了活力,那么就继续实施该流程;一旦失误,就必须找出新流程中存在的问题并加以解决。只有不断调整、循环往复,才能真正提高企业的竞争力。

8.3.2 现代服务业服务流程再造的原则

1. 创新型原则

现代服务业服务流程再造是对传统模式的一次彻底变革,而变革就意味着破旧除新,这就要求在实施 SBPR 的过程中要牢牢把握创新原则,事实上,在服务流程改造过程中,除了要进行服务流程的创新之外,最重要的是理念创新,特别是思维模式、思维方法的创新,这将是决定服务流程能否成功再造的关键,因为思想决定行动。有什么样的思想就会产生什么样的行为。

2. 结合实际原则

所谓结合实际原则,就是在实施服务流程再造的过程中不能完全照搬照抄 SBPR 理论,一方面是因为该理论发展到今天并没有完全发展出一套完整的可供借鉴的模式,失败者不胜枚举,而且 SBPR 理论其植根的土壤是发达的资本主义国家——美国,在中国要用的恰到好处还需要进行充分论证;另一方面是现代服务企业有其自身的特色。因此,对于 SBPR 理论,要灵活运用,以最适合现代服务企业的方式来进行服务流程的改造。

现代服务业流程管理与再造　第 8 章

3. 低成本原则

低成本原则主要指在实施服务流程再造的过程中要注重节约成本，在服务流程再造的过程中自然会产生很多资源的重组和调配，同时还需要引进信息技术，相对而言这也是一笔比较昂贵的费用，事实上，信息技术并不是万能的，企业需要量力而行，应从总体最优的角度去考虑实施企业的信息化，以尽量减少不必要的成本。

4. 高效率原则

高效率原则既是实施 SBPR 必须把握的原则，又是实施 SBPR 要达到的目标。没有效率的服务流程是没有价值的，也不可能达到预期的效果。那么，怎么才能保证在实施 SBPR 流程的过程中做到高效率呢？首先就是职责到人，使团队中的每个人明确自己在服务流程改造中所扮演的角色和要承担的责任；其次，保证上下级之间的有效沟通。建立一个能够实现信息集成与共享的系统。保证信息的及时更新，以提高对外界的反应速度。

5. 方便客户原则

要知道客户才是决定服务流程改造是否有效的标准，整个 SBPR 的实施都是围绕客户为中心的，最终也将由客户来评判服务流程是否科学，因此要把客户的需求纳入到服务流程再造考虑的主要因素之中，让客户也参与到现代服务企业服务流程再造的过程中来，学会换位思考。

6. 高服务质量原则

为客户提供高品质服务是现代服务企业的题中之义，也是其核心价值所在，不能因为实施 SBPR 就忘掉了这一原则，而且随着客户需求的日益多元化、个性化，这就对现代服务企业的服务提出了更高的要求，要在提供规范、高效、便捷服务的基础上使服务更加人性化、透明化、服务品质个性化，总而言之，就是要把提升服务质量作为流程再造的核心价值需求。

7. 信息化原则

所谓信息化原则，主要是指服务流程再造要注重信息技术的应用，强调以信息技术为平台，通过对各种信息资源要素进行合理有效的整合，建立一个有助于企业运营的信息管理系统，对传统的运作方式和管理方法进行行之有效的改造。在保证信息准确、及时、无误的前提下，对信息进行有效加工，使之尽最大可能地为现代服务企业服务流程改造服务。

8.3.3　现代服务企业实施流程再造需要注意的问题

1. 把握有效时机

由于服务具有时效性和不可储存性等特征，因此，很难对其进行准确有效的把握，这就要求现代服务企业在实施 SBPR 的过程中要充分考虑到经营的平稳性。同时，对 SBPR 实施的有效范围也要进行控制，不要贪多求快，一般只是先针对企业的核心业务进行流程再造，成果会比较显著。

2. 注重员工满意度

在服务行业，特别是现代服务企业中，客户的满意度与员工的满意度有着紧密联系，"有满意的员工才有满意的客户"这一观点在服务行业中已经得到了广泛验证。事实上，在实际操作过程中，很少有管理者真正去关注员工是否满意。在实施 SBPR 时，应当充分重视这一点，要赢得客户忠诚，首先必须使员工满意，这是首要条件。

3. 重视激励机制构建

现代服务企业激励机制的构建必须要充分考虑到员工的价值需求，改变过去旧有的单一而模棱两可的绩效考评模式，将精神激励与物质激励等手段有效结合起来，对实施 SBPR 后的损益进行综合考评，使企业的价值观与全体员工的利益融为一体。

 案例

凯悦酒店集团的服务流程再造

凯悦酒店凯悦酒店集团(Hyatt Hotels and Resorts)是世界知名的跨国酒店集团，在世界各国管理数百间酒店。现时在全世界43个国家，共有213间凯悦酒店3及度假酒店，共提供超过9万房间，另有29座凯悦酒店正在兴建。凯悦酒店集团之所以能取得如此辉煌的成绩，与其服务流程再造密切相关。

多年来，凯悦饭店一直在会议客源市场上占据着令人艳美的份额，独特的会务接待流程是其成功的关键。在几乎所有的凯悦成员饭店中，都设置有专门的"会议金钥匙"，为会议的主办者和参加者提供全程专项服务。与大多数酒店洽谈、接待与会务分开的会议接待流程不同的是，"会议金钥匙"们从接受顾客现场考察开始，一直到整个会议完满结束，始终不离主办者左右，密切注视着会议进程，及时准备着处理各种意想不到的情形。饭店还授予了"会议金钥匙"们相应权限，以确保其在饭店范围内切实有效地调用各种资源，如人员、设备、车辆、花卉等，各营业部门也被明确要求与"金钥匙"们紧密配合，对于其临时做出的各项指令及时付诸实施，而无须额外的请示和协商……在"会议金钥匙"这种类似于"项目经理"的接待流程推出之后不久，顾客们对于凯悦饭店会议服务的满意度急剧上升。

凯悦的成功，既源自于对顾客消费心理细微之处的精确把握，也离不开"流程再造"技术的巧妙运用。"流程再造"是跳出传统的思维定势，重新审视企业原有的操作及管理流程，并以顾客需求为导向对之进行彻底的、急剧的重塑，以达到服务和管理效率的飞跃。相比企业对于传统管理模式的常规改进而言，流程再造的力度更大、层次更深，涉及企业的组织原则、战略系统和制度体系，是对企业原有流程的根本性反思和革命性创造，所创造出来的是前所未有的全新工作方式，其市场反响往往是戏剧性的。在2000年新版的ISO质量体系认证标准中，流程分析已经成为主要的分析方法。

在凯悦酒店集团成功经验的指导下，目前国内一些具有远见的酒店已经涉足"服务流程再造"。从今年3月开始，东方驿站酒店管理公司已经开始全面启动"流程再造工程"，聘请了大批的酒店、信息管理和质量专家，陆续对前台、客房、管家、餐饮、商务中心和工程等部门的业务整理流程图，编制流程说明，目前已经基本进入了"评估诊断"阶段，其最终目标是要为旗下加盟酒店打造一套独特而高效的业务和管理流程体系。

(资料来源 http://www.canyin168.com/glyy/yg/ygpx/fwkf/200812/13759.html)

思考：凯悦酒店的"会议金钥匙"给了你哪些启示？这些启示还能运用在哪些方面？

本章小结

流程再造最早是从对制造业的研究中发展起来的，在制造业中的应用较多，在服务业中长期以来没有引起重视。本章简述了业务流程再造的提出背景、基本概念、内涵及原则，在此基础上引入了服务流程再造的概念，并进一步提出了现代服务业流程再造的基本步骤、基本原则以及一些需要注意的问题。

思考题

1. 简述业务流程再造应当遵循的一般步骤。
2. 服务流程再造的特征主要有哪些？
3. 现代服务业流程再造中值得注意的问题有哪些方面？

第 9 章 现代服务业管理创新

导　读：
企业的创新由制度创新、技术创新和管理创新 3 个方面相互支撑而成。同时，企业创新的实践证明，越是高层次的创新对企业价值的创造就起着越重要的作用。管理创新就是最高层次的创新，因此，管理创新对于企业的发展起着至关重要的作用。对于现代服务业而言，管理创新尤其重要，因为大部分现代服务企业都是拥有技术密集型企业，技术创新已经不能成为企业之间竞争的重要砝码，在拥有先进技术的同时，进行必要的管理创新已经成为制胜的关键。

关键词：
制度创新　技术创新　管理创新

9.1　现代服务业管理创新概述

无论是对制造业，还是对服务业而言，管理创新都是一个日谈日新的话题。对于主要依托现代管理理念和先进科学技术发展起来的现代服务业而言，管理创新则显得更为重要。离开管理创新，现代服务业的"现代"将无从谈起。

9.1.1　现代服务业管理创新的内涵

1. 创新与管理创新

中国《南史·后妃传上·宋世祖殷淑仪》首出"创新"一词，"据《春秋》，仲子非鲁惠公元嫡，尚得考别宫。今贵妃盖天秩之崇班，理应创新。"在国外经济学领域，创新的概念起源于美籍经济学家熊彼特于 1912 年出版的书籍《经济发展概论》，在该书中，他认为创新是把由新的生产要素和新的生产条件组成的"新的结合体"引入到生产体系中来，从而获得收益。它主要包括 5 种情况：引入一种新产品，引入一种新的生产方法，开辟一个新市场，获得原材料或半成品的一种新的供应来源。[1]因此，创新的过程就是实现经济发展的过程。从整个民族和国家兴旺的角度来看，创新是推动社会不断进步的源泉，是推动民族向前发展的不竭动力。

---

[1] http://baike.baidu.com/view/15381.htm.

现代服务业管理创新 第9章

从字面上理解,创新就是指行事成熟而不守旧,敢于向传统挑战、不迷信、不陈腐。对于企业而言,管理创新就是指对企业的管理体制进行有效的改进、改造甚至完全彻底的革新。当然这种改造和革新必须符合企业的客观要求和现有的科技水平条件。就现代服务业而言,像 IMB、GE 等都从传统的以制造为核心的业务转到提供服务的轨道上来,这种转型就需要注重企业在管理层面的创新。

2. 现代服务业管理创新的重要性

管理创新关系到企业的可持续发展,它是很多企业面临的一个重要课题。对现代服务业而言,由于其高技术,管理创新的重要性主要表现在如下几个方面。

1) 管理创新是现代服务企业应对激烈市场竞争的需要

当今世界,信息技术的发展日新月异,现代服务企业要紧跟时代的步伐,就必须在企业实行技术创新的同时也要进行管理创新,使管理创新与技术创新相协调,才能发挥出创新的最好效果。管理创新与技术创新是相辅相成的,只有管理创新,没有技术创新,或者只有技术创新,没有管理创新,现代服务企业的整体创新能力都会大打折扣。

2) 管理创新是与现代企业管理制度相适应的需要

随着中国市场经济的进一步发展,以及加入 WTO 后,中国经济开放程度的逐步加深,使技术、信息、人才等资源得以在全球范围内进行有效配置,这样企业间的竞争显得更加激烈,在这种优胜劣汰的市场机制之下,现代服务企业只有大力进行管理创新,才能适应现代企业管理制度的需要,只有这样,才能在竞争中求生存、谋发展,并逐步走向国际化。

3) 管理创新是现代服务业实现可持续发展的必然选择

与传统服务业相比,现代服务业之所以称为"现代",就在于它采用现代化的新技术、新业态和新服务方式,它具有传统服务业所不具备的高智力密集度的特点。现代服务业的这些特点和内涵决定了管理创新本身就是现代服务业创新的一种重要方式,是现代服务业之所以现代化的题中之义。

9.1.2 现代服务业管理创新原则

1. 市场需求原则

现代服务业管理创新要与市场需求相一致并依据市场需求的变化而变化,以最大限度地满足顾客需求为标准,由于顾客需求的日趋个性化和多变性等特征,现代服务企业面临着服务过时或失效等问题,因此,在进行管理创新的过程中,应注重对市场的调查和预测,随着顾客需求的变化而选择管理创新的重点,从而减少管理创新的盲目性。

2. 三大效益原则

现代服务企业实施管理创新的目的在于创造价值,带来效益。现代服务企业实施管理创新所带来的效益必须与它吸引顾客的数量多少和质量高低成正比,因此,企业在实施管理创新时,应注意:①应优先对那些关系到顾客需求的管理思想、管理方法和管理原则进行创新改造;②充分利用现有的资源,提高其利用率;③密切关注供求关系,循序渐进地进行管理创新。与此同时,在注重管理创新给企业带来经济效益的同时,还应当考虑到管理创新给企业带来的社会效益和生态效益,因此,在进行管理创新时应将经济、社会、生态环境效益综合起来考虑。

3. 现实性原则

管理创新是一项现实性很强的工作，现代服务企业管理创新在设计上要具备可操作性和经济上的可行性。因此，在现代服务企业实施管理创新时要立足于本企业的实际情况，从市场需求、科技水平、投资来源等多个方面来评价和衡量管理创新的现实性和可行性。

4. 整体优势原则

现代服务企业管理创新要服从全国的、区域性的、经济发展需要，不能盲目地超前发展，应该从整体效益最大化来进行设计，要充分调动可以利用的多种资源来获得区域内的主导地位，并逐步走向国际化。

5. 综合设计原则

所谓综合设计原则，是指在进行管理创新时，要把企业的各项资源看成一个相互影响、相互关联的整体系统，各项资源的不同配置、不同组合，都会对现代服务企业管理创新的效果产生重要影响。综合设计原则还指在管理创新的过程中要注重考虑多方面的需求，提高管理水平，从而在激烈的市场竞争中提高企业的知名度。

9.1.3 现代服务业管理创新的范畴

1. 理念创新

思想决定行为，所以，对于企业的经营而言，管理理念的创新是其他创新的基础。管理大师杜拉克曾经说过"当前社会不是一场技术，也不是一场软件、速度的革命，而是一场观念的革命"。首先，要改变的是对于企业管理创新理念的认识，创新不是一成不变的，如果把创新看成静止的、一成不变的，其本身就违背了创新的本质，创新应该是企业必须永远把握的一个理念，只有持续不断的创新才能真正使企业在激烈的竞争中立于不败之地。其次，在信息技术不断发展的大背景下，各种资讯的传播速度也加快，在这种情况下，企业必须要学会把握速度，提高效率，这里的速度也包括创新的速度，如果创新没有速度，这种创新是无效的，对企业没有价值可言，因为已经失去了创新的最佳时机，市场上类似的技术已经占据了主导地位，所以，企业一定要牢记"速度制胜"的观念。第三，在当前供过于求的市场环境下，消费者的喜好对市场起到决定作用，企业只有始终坚持以顾客为中心的管理理念，把顾客放在首位，才能占据有利地位。第四，同时，在管理过程中，要坚持"以人为本"的管理思想，特别是对待自己的员工更加突出人本思想，并将其作为一种企业文化和企业精神加以贯彻执行，只有满意的员工，才能创造出满意的顾客。

2. 组织创新

传统的组织形式在信息传递上要经过多个环节，容易形成信息传递的失真和实效较差等问题。而随着信息技术在现代服务企业中的广泛应用，这给传统的组织形式带来了极大的冲击，在这种情况下，企业在信息传递和信息处理速度效率方面发生了翻天覆地的变化，大部分信息无须中间环节就可以达到直接沟通的效果，传统单向的"一对多"的信息传递

现代服务业管理创新　第9章

模式已经开始向"多对多"转换，使企业的效率得到明显提高，这对于依赖信息进行管理决策的企业而言，是一个巨大的冲击。

3. 管理方式创新

管理方式必须与组织的结构相适应才能实现协调发展，因此，组织的创新必然带来组织管理方式的革新，这主要体现在如下几个方面：第一，企业的决策将由企业顶层向企业的授权小组或者低层次转移，主要是因为信息技术的发展使得组织能够较好地将高层的专门信息向低层次传递；另一方面企业的决策将由各个授权小组共同拥有，这些授权小组中的成员大都由分散在企业各个层面的专家共同组成。第二，管理的范围也将由企业内部逐渐向企业外部进行延伸，这将有利于有效地整合企业的内外部资源，从而提高企业整体的反应能力和竞争力。第三，管理的流程将实现并行化。传统管理模式采用的是层级式、顺序化的管理流程，必须由上一道工序向下一道工序进行传递，这种管理模式已经不能适应先行的市场环境的需要，而并行化的管理将有助于提高企业的反应能力，提高效率，有效运用信息技术将能帮助企业实现并行化管理，有助于实现部门之间的分工与协作。

4. 信息管理创新

企业管理的核心任务之一在于实现资源的合理有效配置与应用，在传统时代，人、财、物是企业最重要、最核心的资源；而在当前的信息化时代，这种资源观受到了极大的挑战。随着经济全球化的发展，越来越多的企业认识到在企业中不仅仅存在着物质流和资金流，还存在着信息流，而且信息在某种程度上是已经超过了人、财、物的另一种重要资源，甚至有人认为，当今世界谁掌握了信息，谁就发现了商机。信息创造财富的观念已经为人们所普遍接受，随着消费者在购买服务或产品之前花费在信息收集和整理的时间逐渐增多，所以能否及时正确地把握信息、控制信息乃至创造信息，对于企业而言，已经成为一个决定成败的关键环节。所以，企业必须加强信息管理创新，加大对信息的投入和管理力度。

5. 管理手段创新

在内外部环境日益复杂的情况下，企业在管理和决策方面的难度有所增加，特别是外部市场激烈的竞争迫切要求企业能迅速做出应对，并制定相应的策略。同时，信息技术在企业中大规模的应用，不仅带来了企业管理质量和管理效率的变化，而且也带来了业务流程、组织结构和权力布局的调整，这种布局和调整都要求企业采用新的管理手段对各项资源进行运作，以加快决策速度和资源的利用效率，增强企业的竞争力。

6. 知识管理创新

知识经济作为一种新的经济形态在世界范围内逐步兴起，知识经济是一种以知识和信息的生产、分配和使用为核心的经济形态，知识经济作为一种经济产业形态，其地位的真正确立是以比尔·盖茨构建的微软帝国作为主要标志的，微软帝国给人们带来前所未有的震撼。知识经济的兴起，知识作为一种能够被无限利用而带来巨大效益的独具魅力的资源，使管理者逐渐认识到在企业中进行知识管理的重要性，知识资源已经逐步取代物质资源而成为决定现代服务企业核心竞争力的关键要素，这迫切要求现代服务企业知识注重对企业所要的信息和知识进行有效收集、组织、使用、扩散和创新，现代服务企业只有通过实施知识管理才能适应21世纪经济发展的要求，知识管理正在作为一种新的管理模式而风靡全球。

7. 客户管理创新

满足顾客需求是现代服务企业经营的目标之一，但是随着人们生活水平的提高，顾客消费需求逐渐走向个性化、多元化，这种消费偏好的不断变化对企业满足顾客需求的能力提出了挑战。很多企业经营业绩不善，一个重要原因在于他们没有及时了解顾客的需求，在现行激烈的市场竞争条件下，只有能够积极主动为顾客提供满意服务的现代服务企业才能获得长远发展。因此，只有认真落实"以客户为中心"的 CRM 管理理念，通过一系列细致、体贴、周到的服务才能不断在维持老顾客的同时吸引新顾客。只有在不断维持和增进与客户之间关系的基础上，才能扩大企业的市场占有率，实现利润最大化。

8. 员工管理创新

员工是企业智慧的源泉，也是负责执行和制定企业各项战略的主力军。中国是一个人力资源大国，却不是一个人才资源大国。技术和人才的竞争已经成为制约中国企业走向现代化的瓶颈，现代服务企业如何吸引人才、留住人才已经是摆在企业面前的一个重要课题。人才的竞争对现代服务企业人力资源管理部门提出了更高的要求，必须改变对员工薪酬、培训、分工等问题的运作方式，并树立以人为本的管理理念，做到人尽其才、物尽其用。

9. 营销管理创新

随着市场竞争的日益激烈，营销管理在现代服务企业中显得越来越重要。特别是在资讯日益发达的今天，营销创新显得尤其重要。但是在选择营销手段时，要依托于自己企业的实际情况，不能盲目跟风，每一种营销方式都有其适用范围和特点，在网络经济日益发达的今天，网络作为一个重要的宣传窗口和展示平台，对企业有重要影响，网络互动营销、网络整合营销、网络定制营销、网络软营销等营销理念和管理方法在企业广为流传。现代服务企业要充分利用互联网提供的这一平台，不断加强营销管理创新，使企业能够在激烈的市场竞争中立于不败之地。

10. 服务创新

与传统的技术创新相比，服务创新是一个比较宽泛同时又比较新颖的概念。国外关于服务创新比较系统的研究始于20世纪80年代，在中国，目前还处于起步阶段。服务创新不仅仅是指服务业，而且还包括制造业和非营利性的公共部门所有与服务相关的创新行为。中国企业发展到如今，已经经历了一个从关系销售、资金壁垒、技术领先、销售为王、到以人为本的竞争时代。服务理念是现代服务企业贯彻以人为本思想的必要措施之一，服务竞争也已经发展为现代服务企业竞争的重要因素之一。企业通过提高服务质量，赢得顾客忠诚，已经成为扩大规模和提高自身竞争力并走向国际化的重要手段。

9.1.4 现代服务业管理创新的特征

1. 创新团队

构建一个跨多个部门的创新型团队是现代服务业管理创新的一大重要特征，也是重要步骤之一。因为企业的管理创新需要对各个部门进行整合并重新设计和改进企业的业务流程，这些任务单靠一个部门或者企业，力量是远远不够的。跨越多个职能部门构建一个创新型团队，专门负责企业的各种创新活动，是企业进行持续创新的人才保证和团队基础。

2. 文化氛围

这里的文化氛围主要是指要在现代服务企业中营造一种创新型的文化，积极鼓励员工不怕失败，敢于向传统挑战，大胆创新。在现代服务业中营造浓厚的创新氛围是企业进行持续创新的精神基础。

3. 高层支持

毫无疑问，管理创新需要来自高层管理者的大力支持，只有高层管理者才有能力和条件，从战略需要的角度对整个企业的运营模式和管理模式进行评估和改进，也只有高层管理者才能全方位、多层次地调动企业的各种资源，鼓励和实施管理创新。

4. 科学方法

除了需要有创新的理念，还需要有一套符合科学的方法手段来实施管理创新，否则一切只能是盲目的空想，或者是不计成本的胡乱尝试，总之，管理创新需要在科学方法的指导下进行，因此，企业必须建立一套完整的培训机制，组织对于员工科学方法的培训。

9.1.5 现代服务业管理创新的必要性

1. 顾客消费需求的变化

电子商务的发展和体验经济的到来，使得顾客服务消费的个性化趋势更加明显，消费的积极性和主动性也不断增强，网上购物和服务消费需求的多变性和对体验服务的要求增加都对中国现代服务业提出了挑战。顾客消费个性化的增加促进了市场细分，进一步影响到了现代服务企业目标市场的选择与客户关系管理的变化。

2. 企业经营范围的扩大

随着全球经济一体化的发展和中国加入 WTO 之后市场的不断开放，中国很多的现代服务企业都可以在国际市场上开展自己的经营活动，这使得现代服务企业的市场前景和服务品种都更加广阔，特别是信息技术的发展，使交易可以在世界的每个角落进行。

3. 市场竞争的变化

现代服务企业竞争环境的变化对现代服务业产生了巨大的影响，特别是经济全球化和电子商务的发展，现代服务企业的竞争对手增长速度日益加快，因为电子商务的发展使得市场进入壁垒变得越来越低，所以竞争更加激烈。不仅是企业数量的急增，而且通过互联网大量发布自己产品的信息造成了很多传统企业的灭亡和新兴服务企业的诞生，除此之外，在竞争方式上也日趋多元化，价格竞争早已经过时，个性化、高效率的服务已经成为制胜的关键。

4. 虚拟经济的发展

由于电子商务技术发展的不断成熟，使跨国企业和组织不断增加，中国很多现代服务企业为了扩大自己的经营范围和经营规模也在开拓自己的疆土,以降低成本和扩大市场份额,许多企业都在网上创立了自己的网店,通过调整旧有的商业结构和运营模式,以适应新的管理体制的需要。

9.2 现代服务业企业组织创新

当今企业无一不处在一个日新月异的变化环境当中,很多突发事件都会对企业的组织结构产生十分重要的影响。特别是作为现代服务企业,往往面临着比制造企业更为复杂多变的环境,只有采用合理的组织结构,才能灵活应对,化险为夷。

9.2.1 现代服务业企业组织概述

1. 现代服务业企业组织的概念

要弄清现代服务业企业组织的概念,首先要对组织的内涵有一个基本认识。在管理学界,由于研究的视角不同,国内外学者对于组织的概念界定有着较大的差异。组织有广义和狭义之分,还有静态和动态之别。从广义的角度上看,各种各样的社会团体都可以称为组织,组织是人们进行社会活动的必要条件,自人类诞生之日起就存在着组织;从狭义的角度即管理学的视角来看,组织是指具有共同目标和由特定的程序组成的一种权责结构。从静态的意义上讲,它指的是组织框架或者说是组织体系,反映的是人、职位、任务以及它们之间的特定关系的网络,这一网络可以把分工的范围、程度、相互之间的协调配合关系、各自的任务和职责等用部门和层次的方式确定下来,成为组织的框架体系;[2]动态意义的组织是管理的一项重要职能,它是一种管理活动,指在企业的各种资源从时间和空间上有效地组织起来通过生产经营活动,共同实现企业目标的过程。

对组织的概念有一个基本了解之后,现在应该明确的第二个概念就是企业组织,对于企业组织的概念,《中国企业百科全书》里有明确的定义:企业组织是指从事生产、流通等经济活动,为满足社会需要并获取赢利,进行自主经营、实行独立核算、有法人资格的基本经营单位。

现代服务企业组织作为整个企业组织的重要成员,既具备企业组织的共性特征,又有着现代服务行业自身的特点。本书根据对组织及企业组织概念的理解,并结合现代服务业的特点,将现代服务企业组织定义为:通过对现代服务企业各项资源的科学配置从而实现高效率生产和提供服务,并以获取利润为主要目标的人和物的有机组合体。

2. 现代服务业企业组织构成要素

组织的构成要素要解决的问题就是要明确组织应该由哪些要素单位构成并了解各个要素之间的相互关系。对于组织构成的基本要素,学者们有自己不同的见解。作为系统学派的创始人,美国著名学者切斯特·巴纳德(Chester Barnard)从系统的构成要素出发,探讨了组织系统的本质属性,他认为,组织可以分为正式组织和非正式组织,每个正式组织都是

---

[2] http://baike.baidu.com/view/46944.htm.

一个个协作的系统，并且无论规模大小和级别的高低，它们都包含3个基本要素，即协作的意愿、共同的目标和信息联系。弗里蒙特·卡斯特(Fremont E Kast)和詹姆斯·E·罗森茨韦克(James E Rosenzweig)把组织系统看成是一个由5个子系统共同组成的开放的社会技术系统，具体而言包括目标与价值子系统、技术子系统、社会心理子系统、组织结构子系统、管理子系统。亨利·法约尔认为组织的要素包括相互联系的3个因子：人、管理层次与个人能力；人员选择、训练和使用。郑航海在《企业组织学导论》中提出企业组织由7要素组成：目标、协调、人员、职位、职责、相互之间的联系及信息。[3]

作为现代服务企业，笔者认为其组织的构成要素主要包括：环境、目标、人员和其他各种资源。这些要素相互作用构成一个完整的组织。现代服务企业处在一定环境之中，并与周围的环境发生着千丝万缕的联系，如现代服务企业所处的政治环境、经济环境、文化环境、技术环境等都会对企业产生影响。因此，现代服务企业管理者必须高度重视环境因素对组织产生的重要影响，并尽力使现代服务企业与周围的组织环境相协调。现代服务企业组织的目标就是向社会提供满足市场需求的产品和服务，同时为企业获取最多的利润，实现双赢，现代服务企业组织的目标必须得到全体员工的一致认同才符合科学并易于实现。人员是现代服务企业中最活跃的要素，也是最具有能动性的要素，它指在现代服务企业活动中承担着相应的责任与权力，从事管理活动的主体。资源是现代服务企业在生产经营活动中需要使用和掌控的要素和环节，如资金、设备、技术等。

3. 现代服务业企业组织的分类

根据分类标准和分类方法的不同，现代服务企业可以分为下述的几种类型。

(1) 根据企业的经济类型划分，现代服务企业可以划分为全民所有制企业、集团所有制企业、私营企业、外资企业及混合所有制企业。生产资料和劳动成果归其全体劳动者所有或归代表全体劳动者利益的国家所有的企业称为全民所有制企业。依此类推，生产资料和劳动成果归一定范围内的劳动者共同所有的企业称为集体所有制企业。而企业的全部资产都属于私人所有时，称这类企业为私营企业。外资企业是指依照中国有关法律在中国境内设立的全部资本由外国投资者投资的企业，不包括外国企业和其他经济组织在中国的分支机构。现有的现代服务业中已经有很多企业是外资企业，如在会展行业的领军励展集团等就已经开始进驻中国，随着中国市场经济的进一步发展，开放程度的逐渐加大，将会有更多的外资企业涌入中国。混合所有制企业指具体由两种或两种以上所有制经济成分的企业，如中外合资经营企业、中外合作经营企业、国内外具有多种经济成分的股份制企业等。

(2) 根据法律形式划分，现代服务企业可以划分为个体企业、合伙制企业和公司制企业(包括有限责任公司和股份有限公司)。个体企业出资者就是企业主，企业主对企业的财务、业务、人事等重大问题有决定性的权力。他独享企业的利润，独自承担风险，对企业债务负无限责任。合伙企业是由两人或数人约定，共同出资或以技艺共集一处设立的企业。公司制企业指依公司法成立，具有资本联合属性的企业。

关于现代服务企业组织的分类还有很多种划分方法，上述只是比较有代表性的几种，这里就不一一列举了。

---

[3] 任浩. 现代企业组织设计[M]. 北京：清华大学出版社，2005：9-10.

9.2.2 现代服务企业组织结构设计

1. 部门化

部门化是建立起现代服务企业组织架构的首要步骤。部门是指组织中管理人员为完成规定的任务有权实施管辖的一个特定领域。所谓部门化,是指将现代服务企业的职位和人员进行有效组合的方式,它主要是通过一定的逻辑安排将现代服务企业组织中的活动划分成为若干个管理单位。部门划分的主要目的在于确定现代服务企业组织中各项任务的分配以及责任的归属,以便达到分工合理、职责分明,从而为实现组织的目标服务。在进行部门划分时应遵循分工与协作原则,力求部门最少任务分配平衡同时又要确保目标的实现。

划分部门的标准和方法多种多样,如按人数划分、按地区划分、按时序划分、按顾客划分、按产品划分等。现代服务企业一般是按照职能来进行划分,职能划分法是根据生产的专业化原则,以工作或任务的性质作为基础来进行的部门划分。现代服务企业的基本职能主要包括产品或服务的生产、销售等职能;辅助职能主要包括人事职能、后勤管理职能等,他们都是对基本职能的支持和补充。随着市场竞争的日益激烈和现代服务业的独有特性,按照顾客划分部门的方法也越来越流行,按顾客划分部门的方法强调以顾客为中心,它能够更好地对顾客的需求进行有效预测并快速做出反应。

2. 管理幅度

管理幅度指管理者直接指挥下属成员的数目。管理幅度的大小会直接影响到组织层次的多少,因此管理幅度的确立也是现代服务企业组织结构设计的一项重要内容。影响管理幅度的主要因素包括以下几点。[4]

1) 工作环境

如果管理者所处的决策环境是比较稳定的,那么就可以通过提高决策确定性来扩大管理幅度。不过对于现代服务企业而言,由于顾客需求的多变性,也导致管理者所处的决策环境趋于多变。

2) 工作内容和性质

工作性质主要包括工作的变化性、工作的重要性以及下属工作的相似性都会对管理幅度产生影响。工作的重要性越大,管理幅度应越窄;对于复杂多变、富于创造性的工作,管理幅度应窄些;对于下属人员的非相似的工作,管理幅度应窄些。

3) 工作能力

现代服务企业员工的工作能力包括管理者和下属人员的工作能力,对管理幅度也会有一定的影响。管理者工作能力强或者下属人员素质高,管理幅度就可以宽些;反之,如果领导者的工作能力较弱或者下属人员的素质较低,管理幅度则应窄些。

4) 授权程度

主管人员对下属人员授权的多少也是影响管理幅度的重要因素之一。管理者在工作中更多地采用授权的方法,管理幅度可以宽些;反之,授权较少管理幅度就应窄些。

---

[4] 吴金法. 现代企业管理学[M]. 北京:电子工业出版社,2003:81-82.

现代服务业管理创新 第9章

3. 管理层次

管理层次是一个企业组织由上而下设立的行政等级数目。组织中不同级别的管理层次承担着各自不同的管理职能，一般而言，组织的管理层次分为高、中、低3层，企业对于各层的责、权、利都有明确的区分，高层管理者主要负责决策，研究和制定企业发展的总体目标和总体规划，负责统领企业的全局；中层管理者在企业中充当双重角色，一方面他们既是管理者，另一方面他们又是被管理者，主要负责传达和执行高层管理者的决定，起到承上启下的作用；基层管理者主要负责分配任务，安排作业进度，协调下属人员的各项具体业务工作。

4. 影响现代服务企业组织层次的主要因素[5]

1) 管理幅度

管理幅度是影响企业组织层次的最主要因素。管理幅度与现代服务企业组织层次成反比例关系，即在企业员工数量相同的情况下，管理幅度宽松些则组织层次就少；如果管理幅度窄些，则组织层次就多。

2) 企业规模

现代服务企业组织规模越大、业务越复杂，则组织层次越多。例如，其现代服务企业分为总公司和分公司两大层次，总公司由战略决策层和专业管理层组成，分公司则包括经营决策层、专业管理层和作业管理层；而有些单体的现代服务企业则只需要设置经营决策层、专业管理层和作业管理层这3个管理层次就可以。

3) 内部沟通

内部沟通也是企业组织十分重要的一个影响因素，组织在设置时一定要避免沟通不畅，现代服务企业的内部沟通有效程度高，可以缩短企业上下管理层次之间的距离，并大大减少组织的管理层次。

4) 组织变革

现代服务企业组织的变革速度比较慢，即企业的内部政策比较稳定、组织成员固定就意味着组织层次较少；反之，如果组织变革的速度快、频率高，企业就需要加强管理工作，导致组织层次的增加。

9.2.3 现代服务业企业典型的组织类型

1. 直线制

直线制，简言之，就是按直线实行自上而下垂直领导的组织形式，直线制的最大特点是现代服务企业不再另设职能部门，而是实行严格的自上而下的垂直领导，一切管理职能基本上都由行政主管自己执行，下属部门只接受一个上级的命令。它存在着一定的缺陷，主要表现在，它对管理者的要求较高，不仅需要通晓多种知识和技能，还要亲力亲为地处理各种各样的业务，在企业规模比较大、面对比较复杂的外部环境的情况下，就会难以应对。因此，直线制只适用于一些规模比较小的企业，对于技术和管理要求较高的企业并不

---

[5] 许玉林. 组织设计与管理[M]. 上海：复旦大学出版社，2003：290-302.

适用。当然，在中国还存在一部分现代服务企业采用的是直线制形式，如规模较小的旅行社，以下是一家小型旅行社的组织结构图，如图 9.1 所示。它就是一个典型的直线制组织形式。[6]

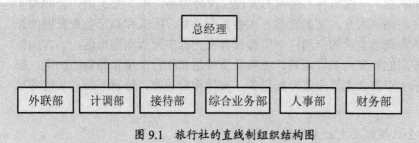

图 9.1 旅行社的直线制组织结构图

2. 直线—职能制

直线—职能制，或称参谋制，它是在总结直线制和职能制优点的基础上发展而来的，这种组织结构形式将企业的管理机构和人员分为两类，即直线领导机构和人员以及职能机构和人员两大类，其中直线领导机构和人员，按照命令统一的原则对各级组织行使指挥权；职能机构和人员则按照专业化原则从事组织的各项职能管理工作，不能对部门直接进行命令，行使职权，只能进行业务上的指导。直线职能制的优点是既能保证集中领导，统一指挥，又能进行专业化的分工与协作。其主要缺点是权力集中在高层，对于部门之间的协助要求较高，一旦协作无法有效达成，就会出现混乱的局面。直线—职能制组织结构的简化图如图 9.2 所示。[7]

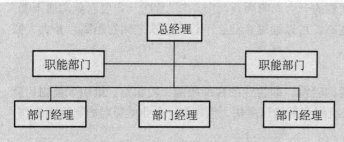

图 9.2 直线—职能制组织结构的简化图

3. 事业部制

通用公司总裁斯隆于 1924 年首次提出了事业部制，这种组织形式也被称为 M 型结构 (Multidivisional Structure)，它实行的是分级管理、分级核算、自负盈亏的组织形式，是一种高层高度集权下的分层管理体制。公司按地区或产品类别分成若干个事业部，每一个事业部建立自己的经营管理机构与队伍，从产品的设计，原料采购，成本核算，产品制造，一直到产品销售，均由事业部及所属公司负责，实行单独核算，独立经营，自负盈亏。[8]

---

[6] 戴斌，杜江. 旅行社管理[M]. 北京：高等教育出版社，2002：124.
[7] 李树民. 旅游企业管理与实践[M]. 经济科学出版社，2004：58.
[8] 任浩. 现代企业组织设计[M]. 北京：清华大学出版社，2005：179-184.

一般来说，企业建立事业部制结构须具备 3 个基本的要素，那就是要有相对独立的市场；相对独立的利益；相对独立的自主权。作为现代服务企业，如一些大的房地产公司、IT 服务公司以及旅游集团等都采用这种组织形式。这种组织结构的优点主要有：总公司领导可以摆脱日常事务，集中精力考虑公司的全局战略问题；独立核算更有助于发挥经营管理者的积极性；事业部之间的比较竞争有助于企业的发展；还有利于企业培养全面管理人才，适应企业的业务扩展和多元化需求。这种组织结构也有其自身的缺点，那就是总公司与事业部之间存在着一定的职能机构重叠的现象，需要更多的管理人员会导致行政费用增加；高层难以控制分部的独立权力；各事业部之间往往只考虑自身利益，忽视公司整体利益，不利于事业部之间的合作。以下是一个以旅游集团为例制作的事业部制组织框架图，如图 9.3 所示。

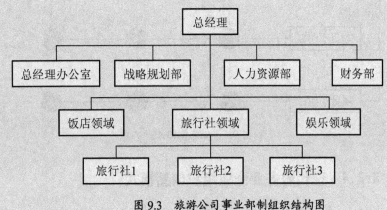

图 9.3　旅游公司事业部制组织结构图

4. 超事业部制

超事业部制也是由通用公司首创的，它是在事业部制组织结构的基础之上，在总公司和事业部之间增加一层管理层级，称为超事业部。超事业部在分权基础上实行适度的集中，由超事业部整合几个相关的事业部进行统一领导，以实现资源共享、优势互补。[9]超事业部这种组织形式对规模很大的公司尤为适用。这种组织结构的优点是便于协调各个事业部之间的关系，同时跟事业部制一样也有利于高层领导集中精力研究企业发展的长远战略问题。缺点主要表现在：管理成本较高；各事业部之间在资源共享方面的冲突加剧。

5. 矩阵制

矩阵式组织结构，或称规划目标结构组织。它由横向和纵向的两套管理系统构成，其中横向的是按产品(项目)划分的项目管理系统；纵向的是按职能划分的垂直领导系统，两者之间是平衡对称的关系，打破了传统的统一指挥原则，具有多重指挥性，是企业在面临复杂多变环境时的一种较为理想的组织形式，如图 9.4 所示。当然，矩阵的结构是相对稳定的，唯一不稳定的是产品项目，在建立一个项目之后，才成立专门的小组，小组成员从

---

[9] 吴金法. 现代企业管理学[M]. 北京：电子工业出版社，2003：82-85.

各职能部门抽调,同时他们要受到职能部门和项目组的双重领导,等到项目完成,相关人员才又被调回原职能部门,这种条块相结合的组织模式不仅机动、灵活、适应性强,而且既能提高效率,又节约了成本,还有助于应对复杂多变的环境。很多中、大型的 IT 服务业都采用这种组织结构形式。

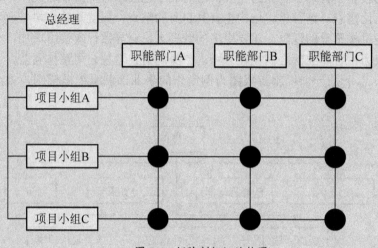

图 9.4　矩阵制组织结构图

9.2.4　现代服务业企业组织创新模式

1. 组织扁平化

管理大师德鲁克认为"未来的企业组织将不再是一种金字塔式的等级制结构,而会逐渐向扁平式组织结构演进。"由于现代信息技术在现代服务企业中的广泛应用,使得传统的主要依赖于分工与协作完成整个任务过程的职能形式向多工程并行的业务模式转化,这同时也导致了现代服务企业内部组织和职能部门之间关系的变化,原有的由上而下的垂直结构正逐渐向平行开放式的矩阵制结构转变,高层与基层之间开始实行直接联系,中层上传下达的功能将会逐步被取消。扁平化的组织结构不仅灵活、方便、快速、高效,而且十分有助于各个部门之间共享信息资源、相互沟通、相互学习,同时还能增强现代服务企业对市场需求以及顾客偏好的反应速度和满足顾客需求的能力,最终实现现代服务企业利益最大化,如图 9.5 所示。

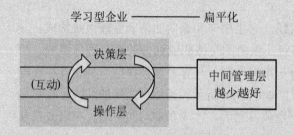

图 9.5　组织扁平化

现代服务企业作为一个充满无限生机和活力的行业，其组织结构的扁平化将会对企业管理产生重大而又深远的影响，主要表现在以下几个方面。[10]

(1) 企业管理更强调整体系统观念。系统学家冯·伯塔朗菲指出"一个企业组织是一个由许多相互作用的部分组成的开放系统，管理人员应用系统方法就可以产品系统目标，确定评价系统工作成绩的标准，并把企业同各种环境系统更好地联系起来"。组织扁平化的核心观念是系统和协作，它旨在打破原有的部门界限，绕过原来的中间管理层次，从而以群体和协作优势赢得市场主导地位。

(2) 减少管理中间层次，简化组织结构。传统组织结构理论认为，管理者受精力、知识、能力、经验的限制，其所能管理的下属人数是有限的，因此，只有增加管理层次才能实现企业的有效管理。而现代信息技术的发展使信息、知识的共享可通过计算机网络高效、快捷地完成，沟通的顺畅能够直接导致主要起传递信息作用的中间管理层次的减少，简化了组织结构。

(3) 知识影响力日益加强。在扁平化组织中，知识、信息、人格魅力等在现代服务企业决策和日常运作过程中发挥着越来越大的作用。

(4) 权力分化。由于企业中间管理层的减少，原来由中层所有的职权向高层和基层转移，加强了高层的集权与基层的分权，使企业变成一个团队取向的、授权给下级的组织，同时，又有一个强力型的领袖自上而下地指挥。

2. 组织分权化

进入互联网时代，组织分权呈现出了前所未有的锐不可当的趋势。组织分权化是与扁平化相对应的。所谓分权主要是指现代服务企业的上级对下级或者总公司对子公司给予较多的权力，使得基层也具有一定的决策权力，因为他们是直接对客户服务的，在紧急情况下，如果还需要向上一级请示，就会让客人不耐烦，失去最佳的服务时机，从而影响整体服务效果。所以，组织分权将有助于调动现代服务企业每一个员工的积极性和主动性，提高企业快速应对市场变化的能力。

海星式分权化组织是目前一种比较流行的组织分权化模式。美国学者奥瑞·布莱福曼和罗德·贝克斯特朗在其所著的畅销书《海星模式》中首次提出了海星型组织的概念，海星的适应能力和生存能力特别强，所以将这种模式取名为海星模式，如图 9.6 所示。海星以 5 条腿站立行走，即便失去其中的几条腿仍然能够生存下去，但当 5 条腿齐全时，海星就会变成一个充满力量甚至凶残的捕食者。以此为隐喻，企业则需要建立虚拟的"5 条腿"，如图 9.7 所示。海星式分权组织早已有其典型者，如美国数量众多的匿名戒酒协会，并非互联网时代的特定产物。只不过互联网的出现为企业建立了虚拟的沟通平台，为企业在集权与分权之间找到了平衡点，提供了前所未有的便利条件。海星分权化组织构建有两种方式：第一种将顾客经验分权化，如便宜卖二手电脑网站、全球电子商务平台(eBay)、亚马逊网络书店、欧普拉读书俱乐部、Google、IBM、升阳电脑等；第二种将公司部门分权化，如通用电气、德丰杰全球创业投资基金等。[11]

---

[10] 王蔷，任庆涛. 经济管理[J]. 2004(5).
[11] http://baike.baidu.com/view/1979706.htm.

图 9.6 《海星模式》

图 9.7 网络为企业模式添置了"第五条腿"

(资料来源：http://www.golden-book.com/booksinfo/81/811487.html)

3. 组织柔性化

组织柔性化，这里的"柔性"主要是指企业适应外界环境变化的能力。为了与外部环境保持高度的一致性，传统的刚性组织体系已经不能适应瞬息万变的市场需求。特别是电子商务得到迅速普及的今天，与客户直接沟通的部门已经不仅仅局限于市场部和销售部，现代服务企业的其他部门也可以通过网络与客户进行较为普遍的沟通，以便能及时全面地了解客户需求。特别是在金融风暴来袭的背景下，组织柔性化还有助于企业灵活自主地应对金融危机。柔性化是一个动态的概念，它在一个组织的内部是指具有不断学习创新，利用内外资源参与环境变化，对环境带来的不稳定性不断做出反应，以及适时根据可预期变化的结果迅速调整的能力。[12]

4. 组织虚拟化

随着顾客需求的日益个性化，特别是对时间和速度的要求越来越高，企业之间的市场竞争已经演变成为一场速度的较量。以质量竞争为主导的时代已经逐渐退出竞争的舞台，取而代之的是企业之间满足消费者需求速度的竞争。特别是网络技术的发展，为虚拟经营提供了有力的技术支持，并为远距离沟通提供条件，它使传统的由于时间和空间局限而无法进行的交易得以实现，同时在企业之间、产业之间、地域之间建立了一种广泛的联系，形成了虚拟组织、虚拟企业。虚拟企业可以是企业内部各要素的整合，也可以是不同地区、上下游企业之间要素的整合。

以旅游企业为例，业务外包在国外早已很流行，如美国运通公司和澳洲的 WebJet 公司就将旅行社代理费的数据输入和处理工作外包给服务公司。除了旅游业外，事实上，许多现代服务企业也正是由于组织虚拟化的发展，很多大型企业为了将主要精力集中在自身的核心业务上而将服务外包给专门的服务企业才出现了今天多种多样的现代服务企业。例如，物流业、咨询业、IT 服务业等都是这样应运而生的。

---

[12] 王满仓，闫奕荣. 柔性组织：企业组织结构的战略性创新[J]. 西北大学学报，1999，(3)：27-30.

9.3 现代服务企业服务创新

9.3.1 现代服务企业服务创新概述

1. 服务创新的概念

自熊彼特提出其著名的创新理论以来,学术界和产业界开始普遍关注制造业的技术创新问题,这在很大程度上促进了科学技术的进步,及其在企业中的广泛应用。同时,随着实践的发展,关于技术创新的理论也不断得到完善,并逐渐形成了一套较为完整的理论体系。由于在过去的一百年里,世界各国对服务业普遍不重视的态度,使学术研究在服务业这一领域显得较为薄弱。伴随着服务业在国民经济中的比重逐步提高及其发展活力的显现,它也逐渐受到世界各国的重视,直到 20 世纪 80 年代,国外对于服务创新的研究才开始有系统地进行,而中国才开始起步。

服务创新所涵盖的范围极其广泛,它存在于所有企业和部门之中,并不单单是指服务业中的服务创新,因此,就某种程度上而言,只要是与服务相关的创新活动或者行为都可以称为服务创新。而从本节对其界定可以知道,这里的服务创新主要是专指发生在现代服务企业中的创新行为和创新活动的总和。

2. 服务创新的内涵

服务创新与技术创新有较大的不同,因为服务具有无形性、生产和消费的同时性、易逝性及不可存储性等特点,这些特点决定了服务创新具有与技术创新不同的内涵。大致而言,服务创新的内涵包含以下几方面:①服务创新与服务本身一样具有无形性,创新后的服务依然不会改变这一特点;②服务创新包含的范围十分广泛,它可以是一种能被广泛采用的创新,也可能只是针对某些特定客户群体的创新;③服务创新具有多种形式,就广义上而言,技术创新只是服务创新的一个方面。服务创新还包括过程创新、市场创新、形式创新等,这些创新模式在现代服务业中发挥着至关重要的作用;④服务创新以顾客需要为导向,顾客积极参与整个创新的过程是服务创新成功的关键步骤。

作为现代服务业而言,其服务创新又与传统服务的创新存在着一定的区别。特别是服务外包的发展,服务创新在现代服务业中显得更加系统、科学、完善。所谓现代服务业的服务创新,笔者认为主要是指科学技术在现代服务业中的应用及对传统服务业的改造。它是指现代服务企业根据社会需求,利用外部的技术条件,对企业自身的资源(主要包括资金、设备和人员)等进行重新安排和组织,重新调整服务的形式和推出新功能的服务及其服务实现方式,从而提高现代服务企业的整体运行效率和经济效益。

9.3.2 现代服务业创新的基本类型

1. 产品创新

产品创新主要是通过了解顾客需求和竞争对手的产品情况,提供市场上现有产品不具有的特性和功能来实现差异化。产品创新的成功与否关键在于现代服务企业将创新的服务产品推向市场的速度,因为服务产品很容易被竞争对手所模仿,只有尽可能早地占有市场,才能抢先占有更多的优势并在顾客心目中建立起"先入为主"的印象,从而有助于培养顾客忠诚。作为现代服务企业,在进行服务产品创新之前,应创新服务产品理念,最后,还要对创新的服务产品进行市场反馈和修正,在整个服务产品创新的流程中,重视顾客感受,不断调整服务产品,是现代服务企业与制造型企业最大的不同之处。对于现代服务企业而言,这两点是至关重要的。

2. 过程创新

过程创新是指服务的每一个环节都需要进行创新,同时,还要注重各个环节中的细节创新,只有通过这种全面、系统的创新,才能发挥出过程创新的最大潜力。在市场竞争日益激烈的今天,现代服务企业只有主动参与市场竞争才能求得生存与发展,过程创新就是一种必不可少的主动应对竞争的理念。只有在这种理念的指导下,整个现代服务企业的创新活动才能真正围绕它来进行。同时,由于顾客是整个服务产品的全程参与者,因此,过程创新应把顾客纳入其中,重视顾客在整个创新活动中的感受,坚持以顾客为中心。除了需要有创新意识、创新理念等精神支撑之外,创新活动还需要有一系列的制度层面上的支撑,即要在现代服务企业中建立创新组织、创新标准和鼓励创新的机制,使创新意识有制度层面的保障。

3. 市场创新

市场创新是企业生存之本,发展之源。市场创新的内涵主要是指对市场进行新的开发或者对原有市场的细分。所谓市场创新,就是企业通过引入并实现各种新市场要素的商品化与市场化,以开辟新的市场,促进企业生存和发展的新市场研究、开发、组织与管理的活动。[13] 广义的市场创新包括了所有的创新形式,如产品创新、技术创新、过程创新、形式创新等,因为这些创新究其根本都是为了适应市场的需要。根据市场创新活动的新颖程度,市场创新可以划分为开创型、改进型和模仿型 3 种基本形式。不同的企业具有不同的创新能力和条件,因此,应该根据自身的具体情况开展不同程度和水平的市场创新,选择不同形式的市场创新及其组合作为自己的市场创新战略。[13]

4. 形式创新

在现代服务企业的各种创新策略中,形式创新也是较为重要的一种,有时候适当的形式创新往往会发挥事半功倍的效果。就制造型企业而言,形式创新主要体现在产品的包装设计等方面,尤其是作为礼品的产品,包装就显得更加重要了,在某种情况下,产品的包装也会成为影响消费者购买的主要因素。那么,就现代服务企业而言,在其主要产品不是具体实物的情况下,主要表现为服务要素的可视性和标准化程度的变化,如星级酒店大堂的恢弘气势和服务员整齐的服装以及精神面貌等都会影响到顾客的感受。

5. 技术创新

技术创新是创新技术在企业中的应用过程,作为现代服务企业,技术创新显得尤为重

---

[13] http://news.sina.com.cn/o/2006-05-24/05149006969s.shtml。

要。持续不断的技术创新是现代服务企业保持现代化、不被市场淘汰的技术动力。特别是互联网的出现，使世界成为一个"地球村"，图 9.8 十分形象地描述了网络功能的强大。技术创新包含几个十分重要的环节，其中一个重要的环节就是创新技术的获取。创新技术的获取主要包括 3 种方式：①企业的自主创新即主要依靠企业自己的力量进行技术研发活动，这种创新在高科技企业中比较常见；②企业与其他部门进行合作创新，主要包括与科研机构、高等院校的合作；③从外部引进创新技术。这 3 种方式各有其使用的环境，应根据现代服务企业的具体条件来选择适合自身的方式。目前，十分流行的物联网技术，也将使现代服务业的发展更上一个新台阶，特别是对物流行业，将是一个巨大的创新，如图 9.9 所示。

图 9.8　现代技术的发展

图 9.9　物联网的运用

（资料来源：http://www.xinhuanet.com/chinanews/2010-04/06/content_19435566.htm, http://www.xinhuanet.com/chinanews/2010-04/06/content_19435566.htm）

9.3.3　影响现代服务企业服务创新的因素

1. 外部环境因素

影响现代服务企业创新的外部因素主要指企业所处国家或地区的政治、经济、文化、科技环境等。这些都会影响到现代服务企业的服务创新，例如，一个国家所处的政治环境的安定与否会影响到服务创新能否顺利进行，同时，其出台的法律法规等也会影响到服务创新的进度，一个国家科技发展的水平也关系到服务创新是否有效。除了企业所处的一般环境外，影响服务创新的外部环境还包括竞争对手、供应商以及客户等，之所以说客户也是企业重要的外部环境因素，主要是因为从服务业的特点来看，客户是服务创新整个过程的重要参与者，甚至也是创新者和重要的创新源泉。除此之外，竞争对手也是现代服务企业创新的重要外部环境，这主要是因为企业对于服务创新的成果比较容易被借鉴和模仿。

2. 内部条件因素

影响现代服务企业服务创新的内部因素，主要包括管理者决策、员工参与程度、部门之间的分工协调等。服务创新主要是由内部首先推动的，高层管理者的战略眼光和对市场的宏观把握直接决定了服务创新的总体方向；员工的参与程度和顾客的参与程度一样都是决定服务创新能否成功的关键要素；各个部门之间的合理分工、协调与沟通都会对服务创新产生影响。

9.3.4 现代服务业服务创新中存在的问题及解决思路

1. 现代服务业服务创新中存在的问题

1) 创新机制不全

自改革开放以来，中国社会主义市场经济体制不断完善和发展，现代服务业也取得了较大的进步，尽管尚处于起步阶段，与西方发达国家还存在着较大差距，但这并不意味着中国目前的现代服务企业不需要创新，因此，不得不正视的一个现实是，中国现代服务企业至今还没有在企业内部设立专门的服务创新部门，创新的体制机制还不健全，很多现代服务企业都是由过去计划经济时代的一些企业经过现代技术改造而成的，在思想上还比较保守，企业内部对于创新的激励机制还不健全，导致企业创新的动力不足。

2) 政策约束过严

尽管全球金融风暴对中国经济冲击较小的大部分原因是中国管制相对严格的金融市场体系，但是这并不能说明中国的政策对每个市场主体的约束都是合理有效的。中国在很多行业政府垄断的经营行为还比较明显，特别是在一些现代服务业领域，如金融、保险、邮电、通信等，国家垄断经营的痕迹明显，牵制了企业创新潜力的发挥，这在很大程度上也导致了中国很多现代服务企业的竞争力低下。

3) 创新结构不合理

服务创新在中国现代服务业的各类企业和各个地区之间分布较为不均衡。例如，中国东西部地区现代服务业的分布本身就存在着较大的区域差异，由于以北京、上海为代表的地区经济、科技水平较为发达，服务创新的广度和深度都较高，企业之间的差距也较为突出，如文化创意产业，往往是创新的"领跑者"，在这类企业中往往创新进行得较为频繁，而在其他一些企业中，则进行得为数不多。

4) 创新水平较低

从整体上来看，与西方主要发达国家相比，中国的创新水平还处在较低层次的状态，主要是一些低水平的模仿，根本上的创新和自主创新进行得比较少，还没有形成全面、系统的创新体系，创新的动力明显不足，特别是在资金、人才等投入方面，赶不上国际水平，在文化创意产业方面，中国赶不上英国的水平；在 IT 行业的投入赶不上印度的水平，这些都制约了中国现代服务业的创新能力发挥。除投入不够之外，中国现代服务业由于发展的时间还比较短，还没有足够的经验和形成有效的管理模式，从而导致整体上的创新水平较为落后。

2. 解决思路

1) 建立有效的激励机制

从国家层面看，国家应制定相应的政策措施鼓励和支持现代服务企业的创新活动，同时从企业的角度看，在整个企业中应当树立创新的理念，营造一种积极创新的氛围，因为创新意识和创新理念是企业持续创新的精神动力和智力支持，创新的第一步就是要解放思想，只有上升到理念的高度，才能具体落实到行动，真正提升创新能力。

2) 增强创新人才的培养

一方面通过引入创新型人才，并在企业中开展和组织对于创新方法和创新思维的专门培训；另一方面，在企业内部应成立相应的创新部门，开展对服务创新的研究并定期举行专门的服务竞赛，同时，还应使用现代信息技术构建一个专门的创新网络平台，实现资源共享，发挥集体智慧，将创新知识转化为企业的财富。

3) 加强信息技术的建设

信息技术在企业创新中的重要作用：一方面是为现代服务企业创新活动的展开提供必要的技术支撑，企业内部很多的信息只有通过计算机进行有效处理才能更好地发挥作用，同时，通过企业内部的管理网可以加速信息在现代服务企业内部之间的流动，实现企业内部的有效沟通；另一方面信息技术还可以使创新活动在现代服务企业开展的深度和广度以及范围都不断得以扩大。通过外部网络扩大信息系统的开放性，实现现代服务企业与客户之间的信息交流，有利于现代服务企业及时有效地掌握客户需求。

4) 加大财政金融政策支持

虽然中国在鼓励企业自主创新方面出台了一系列的政策，特别是在 2008 年金融风暴席卷全球的形势下，社会各界都看到了自主创新型企业在应对金融风暴的能力，自主创新已经成为政府和企业十分关注的话题，但是，在具体措施上还存在较多不足之处，一般进行自主创新的中小企业面临的首要问题就是资金问题，现代服务企业是自主创新型企业的领头军，因此，国家应提供相应的财政、金融支持，为现代服务企业的服务创新提供必要的资金支持。

案例

温德姆酒店管理集团在中国

2010 年 5 月继上海、长沙和杭州的三家豪华酒店近期加盟后，全球最大的酒店管理集团——温德姆国际酒店集团近日宣布继续拓展中国业务，新签约四家分别位于成都、苏州、上海和昆明的温德姆酒店。其酒店集团旗下的温德姆酒店及度假酒店、华美达酒店、豪生酒店、戴斯酒店和速 8 酒店等品牌，在中国一线和二线城市拥有 207 家酒店，共 33336 间客房。温德姆品牌在中国的首家酒店——拥有 588 间客房的温德姆和平国际厦门大酒店已于 2009 年开业。而拥有 337 间客房的上海温德姆宝莲大酒店亦定于 2011 年开始营业。

美国温德姆酒店国际管理集团的前身是胜腾集团旗下的胜腾酒店管理集团，胜腾集团为《财富》全球 500 强企业之一，是世界最大的饭店特许经营者和最大的假期所有权组织，旗下拥有华美达、豪生、天天、速 8 等知名连锁酒店品牌。07 年胜腾又收购了豪华五星级知名酒店品牌——温德姆，胜腾酒店管理集团也更名为温德姆国际酒店集团。2006 年，该集团在美国知名酒店业杂志《HOTELS》公布的全球酒店管理集团排名中名列第二位。

2003 年温德姆酒店集团的销售预订中心通过电话，互联网和全球分销系统赢得了多于九亿五千万美元的住宿费,其构筑着强大的顾客信息库及酒店电脑系统,共同支持着两万多台加盟酒店的电脑系统的维护;同时其还有自己的高速卫星网络,支持着加盟酒店的运营。

目前,温德姆酒店集团成为在中国拥有酒店数量最多的外国酒店运营商,其在中国经营并管理的品牌有豪生(Howard Johnson)、华美达(Ramada)、戴斯(Days Inn)及速8(Super 8)酒店,各个品牌酒店分别采用不同的业务模式。对于温德姆酒店和华美达大酒店,管理集团采用的是全面管理合同业务模式。由温德姆酒店集团来管理酒店。对于华美达品牌,其提供直接特许加盟,也是由集团总部管理的。但是对于豪生、戴斯和速8,温德姆通过在中国设有特许加盟总代理(每个品牌都有各自的特许加盟总代理)。这些特许加盟总代理负责管理后三个品牌在中国的扩张和运营。

思考:温德姆酒店管理集团在中国的服务管理中有什么特点?并通过查阅课外资料,进一步讨论现代国际酒店管理集团酒店运营的体制特点?

资料来源:http://cq.qq.com/a/20090202/000491.htm/2010-5-12

本 章 小 结

管理创新是现代企业保持持续竞争力的源泉。本章首先重点阐述了现代服务业实施管理创新的重要性和必要性以及在现代服务业中实施管理创新应当遵循的一些原则,并简要指出了管理创新包含的基本内容;其次,在管理创新所包含的内容中重点选取了组织创新和服务创新进行阐述,因为与传统服务业和制造业相比,现代服务业企业组织创新和服务创新显得更加重要且更具有特色,许多新兴服务业态的诞生大致上都可以归结为这两类创新的结果,如咨询业等,所以,有必要重点了解一下这两类创新。

思 考 题

1. 现代服务业管理创新的意义何在?
2. 简述现代服务业企业组织的构成要素。
3. 现代服务业服务创新的基本类型有哪些?
4. 中国现代服务业服务创新存在着哪些问题?应当如何解决这些问题?

第10章 现代服务业国际化模式选择

导　读： 在了解现代服务业国际化的模式之前，有必要对服务业的国际化模式有一个基本认识，尽管现代服务业有别于传统服务业，但它们并不是相互对立的，事实上，它们存在着很多共同的特点。因此，在阐述现代服务业国际化模式时，有必要从服务业的国际化开始说起，以便对中国服务业的国际化有一个全面的了解，从而加深对现代服务业国际化的深刻认识。

关键词： 国际化模式选择　特许经营　战略联盟　管理合同

10.1　服务业国际化发展概述

无论是从国内发展现状，还是从国外的发展经验来看，服务业不断走向国际化都是未来的发展大势所趋。服务业走向国际化，一方面是服务企业自身发展壮大的需要；另一方面，也是科学技术的推动作用，除此之外，还存在着一些深层次的原因，在本节中将进行深入剖析。

10.1.1　服务业国际化的背景

1. 外部环境

放眼全球，不难发现，世界经济的重心已经由制造业向服务业转移，一方面，从发达国家服务业占整个 GDP 中的比重已经达到 60%，甚至有好几个国家已经达到 80%这些数据中可以明显反映出来；另一方面，在一些发展中国家，服务业在整个 GDP 中的比重也呈逐年上升的趋势。服务业国际化已经成为一个不可逆转的趋势，特别是伴随着产业结构调整，很多新型服务业态的诞生，使服务业国际化的方式更加多样。

1) 全球背景

从服务贸易发展的速度来看，从 1981 年到 2005 年这 25 年间，国际服务贸易出口额增长了将近 6 倍，这充分体现了国际服务贸易发展势头十分强劲；从服务业对外直接投资数额来看，截止到 2002 年，全球服务业领域的国际直接投资存量就已经达到了 4 万亿美元，约占总存量的 60%。从服务业国际转移的趋势来看，金融、保险、旅游和咨询等服务业已经发展成为目前国际转移的重点。[1]

2) 国内背景

随着中国市场经济体制的不断成熟和壮大，中国对于服务业的开放程度也在逐步增加，以往中国大部分的外国直接投资主要集中在制造业，服务业在吸引外资方面一直呈现弱势，而且与国际平均水平都还存在着较大差距。随着中国对外开放政策的进一步贯彻落实以及中国加入 WTO，中国服务业在吸引外资方面与以往相比才开始有所上升，与此同时，中国服务业跨国经营业开始有所进展，北京、上海、广东等经济较为发达地区的一批现代服务业甚至已经走在了世界前列。

2. 内部环境

对于服务国际化的内部环境分析，主要是从两大需求着手的。一个是市场转型的需求；另一个是现实消费的需求。

1) 市场转型需求

中国已经开始进入工业化的后期，制造业的发展越来越多地受到资源环境等要素的制约，传统的以牺牲环境为代价来换取经济增长的粗放型经济发展方式出现的问题越来越多，给环境造成了极大的损害，而现代服务业被认为是消耗资源少、产出效益高、最符合可持续发展要求的产业，因此，今后中国必将迎来一个现代服务业大发展的时期，服务业国际化的趋势不可逆转。

2) 现实消费需求

首先，改革开放以来，中国经济发展速度较快，人们的生活水平已经有了较大提高，百姓的消费能力也在逐年上升，并带来了更多高层次的需求，主要向体验性、休闲性和知识性的服务靠拢。低档次的服务供给已经不能再适应人们的需要，国际化、个性化的服务已经成为必需。其次，中国制造业发展水平的提高和国际分工的日益细化，这就需要有更多功能强大，服务全面的现代服务企业来为它们提供优秀的服务支持。最后，随着外资企业逐步进驻中国，这些企业将需要更多与国际接轨的服务机构来为它们进行服务，同时这些外籍人士的高端服务需求也在进一步加强，如中国每年不断新增的高尔夫球场。这些都导致了服务业的国际化进程的进一步加速。

10.1.2 服务业国际化的主要原因

1. 企业做大做强的需要

与发达国家相比，中国服务业的国际化程度还比较低。伴随着经济的发展，中国政府和很多服务企业都逐步认识到服务业需要不断开放并走入国际市场，接受国际竞争的洗礼，通过引入国际比较先进的技术和理念，有利于增强中国服务业的竞争力。加入 WTO 后，中国也在有步骤、有计划地加大对服务领域开放开发，这对于中国服务业而言，一方面是一个重要的挑战；另一方面也是一个重大的机遇。它将有助于中国服务企业获取国际上先进的管理经验和管理技术，从而加速中国服务企业的发展。事实上，有很多发展中国家的现代服务企业的国际化发展已经为我们提供了一个良好的示范，例如，印度软件产业的迅

---

[1] http://www.phdp.gov.cn/news/html/0020061019200610198464
3.html.

现代服务业国际化模式选择 第10章

速崛起与其参与国际化竞争是分不开的，截止目前，印度与软件相关的产业已经一跃而成为印度发展最快的、出口最多的行业。中国服务企业如果在国内已经取得一定的知名度和影响力，也有走出去的需要，这是符合企业发展生命周期规律的。

2. 国内市场竞争的压力

一个国家和地区，其市场容量总是有限的。随着国内服务企业总体数量的不断增加，达到一定阶段整个国内市场将趋于饱和状态，并导致企业之间的激烈竞争。这种局面将使很多服务企业放眼国外市场，发达国家的很多服务企业都经历了这样一个过程，例如，美国零售业巨头沃尔玛就是在本土市场空间的受到局限的情况下，于20世纪90年开始其国际化进程的。因此，国内市场竞争所形成的低利润空间等压力也是服务企业走向国际化的一个重要原因。

3. 制造业国际化的带动效应

服务行业是伴随着分工深化和技术进步而逐渐繁荣起来的，特别是随着现代社会制造业规模的不断扩大，这些企业为了将主要精力集中在自身的主营业务上，将很多其他业务外包给很多服务公司来做，于是催生了很多新的服务业态，如物流行业、管理咨询、广告策划等。同时伴随着制造企业的国际化，它们也需要有一批服务企业能够在国际市场上为它们提供与其相对应的服务，于是这也形成了服务企业的国际化，如很多国际物流公司的迅速成长壮大就是基于这样的需求。因此，在很大程度上，制造业的发展也带动了服务业的国际化步伐。

4. 科学技术的推动作用

科学技术的发展，特别是信息网络技术的发展，大大加速了服务业国际化的进程。这主要表现在：第一，科学技术的发展极大地促进了贸易方式的改变。传统的面对面的服务方式正在逐渐受到挑战。特别是网络技术的发展，使地球成为一个村落，服务企业可以很方便地通过计算机在全球范围内的各个角落提供服务，如远程教育、远程医疗咨询服务等，这是一个重大的进步；第二，科学技术的发展，大大降低了跨国贸易的交易成本。这主要是信息技术的发展使得服务企业可以拥有多种较为灵活的交易方式，特别是"虚拟企业"的出现，更是简化了跨国贸易的很多手续；第三，信息技术的发展使某些服务实现了标准化，从而使企业在为客户提供个性化服务的过程中使用部分标准化的服务，有利于提高服务效率和降低成本。[2]

5. 发达国家服务贸易的发展

欧美一些发达国家服务贸易的发展在很大程度上促进了全球服务贸易的自由化。这是因为发达国家和地区服务贸易出口的比重是最大的，已经占到全球的80%以上，它们引领着全球服务贸易的发展。这些发达国家服务业发展形成的比较优势使它们极力地去推动服务业国际化的进程。正是在发达国家的积极倡议和坚持下，才使得服务贸易纳入了GATT

---

[2] 郑长娟，谢晓峰. 服务国际化的内涵及动因分析[J]. 国际商务——对外经济贸易大学学报，2006(4)：76.

乌拉圭回合谈判中，并最终达成了《服务贸易总协定》GATS。GATT 是第一个在多边范围内对其成员服务贸易政策进行国际协调的组织。1994 年乌拉圭回合谈判达成了 GATS，GATS 首次将世界贸易的规则扩展至服务业。它对服务贸易的定义和表现形式作了统一规范的表述，规定了多边贸易体制下各方面应遵循的基本原则与规则，为服务贸易自由化提供了法律基础。在 GATT 的主持下，达成了"自然人流动协议"、"全球基础电信协议"、"信息技术协议"、"金融服务协议"等，总计有 102 个成员在一些领域承诺逐步自由化。这一切都大大推进了全球服务贸易自由化的进程，为进行服务贸易的深入谈判扫除了障碍。[3]

10.1.3 服务业国际化的特点

1. 服务业跨国公司成为国际化主体

很多跨国公司都是在二战后出现的，而服务业跨国公司的成长和繁荣主要是在 20 世纪 70 年代以后。近年来，服务业跨国公司的发展势头更是迅猛。从美国《财富》杂志每年一度的"全球 500 强"评选中，分析得出在这 500 家公司中服务业公司的总体比重呈现的是逐步上升的趋势，而且从营业收益率的角度来看，排名前 10 的行业中，就有半数以上是服务业，以 1999 年为例，营业收益率最高的 10 个行业中就有 6 个是服务业，包括计算机服务和软件、多种经营财务公司、证券、网络通信、饮食服务和电信。由此可见，服务业跨国公司已经逐渐成为国际化的主体。[4]同时，从 2009 年的全球 500 强排行榜来看(如图 10.1 所示)，排名前 10 的行业中有四个是属于服务业的，如中国工商银行、中国移动、微软、AT&T 等。

2009 年全球 500 强企业（部分）

排名	市值	公司名称	营业额	净利润
1	336,524.9	埃克森美孚	459,579.0	45,220
2	287,185.2	中国石油	156,516.8	16,720.8
3	204,364.8	沃尔玛	401,224.0	13,400
4	187,885.4	中国工商银行		16,196.2
5	174,672.9	中国移动	60,251.9	16,481.4
6	163,319.5	微软	60,420.0	17,681
7	148,511.3	AT&T	124,028.0	12,867
8	145,481.2	强生集团	63,747.0	12,949
9	138,999.2	皇家壳牌石油	458,361.0	26,277
10	138,012.6	宝洁公司	83,503.0	12,075

图 10.1 2009 年全球 500 强排名

2. 跨国并购成为国际化的主要方式

跨国并购不仅方便快捷，而且对于一些相对落后的国家或者服务业发展水平不太高的国家来说，是提升其国际竞争力的一种快捷有效的方式。这主要是因为对于这些国家和企

---

[3] 毕德志. 中国现代服务业发展战略研究[D]. 中国海洋大学硕士学位论文，32.
[4] 郑吉昌. 服务业国际化的动因与特点[J]. 商业研究，2004(10)：167.

业而言，进行原始创新不仅缺乏人才和资金，而且需要相当长的一段时间才能实现。通过并购一些发达国家的服务企业，一方面可以学习被并购企业各个方面的优势和长处；另一方面可以对其弱势加以改进，从而可以实现相对创新。事实上，从整个20世纪末发生的几次大的跨国并购来看，美国等发达国家的企业并购规模还是较低的，这主要是由于美国处在世界领先地位上，通过跨国并购提升自身创新水平的力量极为有限，而很多发展水平比较低的国家又对本国企业实施保护政策，由此形成了跨国并购成为一些发展中国家服务业实现国际化的主要方式。

3. 服务业国际化引领新技术的发展

通过将制造业与服务业比较不难发现，制造业跨国公司将大量的资金都用于硬性的技术研发，输出的主要是劳动力和资本，而服务业由于其自身不同的特点，主要是将精力和投资用于软技术方面。一方面通过向一些不具备此种服务的欠发达国家和地区输出与本国类似的服务，可以促进这些国家和地区新技术的发展和生活质量的提高，在很大程度上促进了某项服务在全球的普及，使得各项技术在世界范围内普及；另一方面，向一些发达国家提供价格更便宜、质量更优异、效率更稳定的服务，在此基础上，可以对已有服务进行改进并创造出一些新的服务企业或者服务项目。[4]

4. 服务业全球扩展战略由被动变主动

服务业一般是跟随在制造业之后推行其跨国活动的。制造业跨国贸易的不断发展为发达国家服务业走向海外市场创造一个较为成熟的环境基础，并且随着制造业跨国贸易的不断扩大，这些跨国企业也迫切地需要一些能为它们提供必要跨国服务的企业，以减少主要精力在非主营业务方面的消耗。因此，从20世纪80年代起，服务业已经开始改变传统的追随制造业走向海外的方式，由被动转向主动。与此同时，随着各国政府开始放松对于电信、金融等部门的管制，也为这些服务业向海外迅速扩张带来了重要契机，但服务跨国公司更多的是向同行业的其他部门服务领域扩展，这种多样化扩展主要强调的是相互之间能有力衔接的一条龙式的服务。[4]

5. 信息化成为服务业国际化的重要特征

信息化是伴随着服务业国际化的一个重要特征。这是因为随着现代信息技术的发展，使全球产业结构进入一个由传统的工业型经济向体验经济以及服务型经济转变的趋势。信息技术与国际服务贸易开始进行紧密的联合，信息技术为服务业的国际化提供了重要的科技支撑，使服务贸易能够向更广阔的范围推进。信息技术还使很多国际服务贸易的交易程序得以简化，反过来，服务业的国际化又进一步带动了信息技术的发展，并带动了整个国民经济的发展。

10.1.4 国际服务业发展的新趋势

1. 服务业将成为经济发展的主体

服务业的快速发展及其在整个经济系统中比重的上升，将会逐渐确立它在国民经济发展中的主导地位。尽管在一些中低收入国家，服务业的比重还低于全球平均水平，但通过对每一年的数据分析显示,服务业的比重还是呈现了一个逐年上升的趋势,1990—2000年,平均上升10~15个百分点。在欧美一些发达国家,服务业的比重已经超过了70%。这充分表明服务业将会成为经济发展的重要支柱产业。

2. 服务业国际化程度将显著提高

随着服务业进入高速发展期,它将在经济中发挥巨大的作用,并最终形成一国在国际竞争中取得优势的关键。信息技术的发展,大大拓展了服务业发展的空间和地域范围,同时还简化了很多交易过程,大大降低了交易成本,从而增加了服务贸易的交易量。到1999年世界服务贸易总额已经达到了26750亿美元,占到了全球贸易总额的1/5。随着现代服务业的发展,这一比重将会逐渐加大,服务贸易最终将会取代货物贸易而成为国际贸易的主要对象和主要内容。

3. 服务业是新技术的主要推动者

服务业尤其是现代服务业的发展以及很多新型服务行业的出现本身就是新技术的推动作用产生的结果。随着知识经济的发展,知识创新在现代服务业中的表现尤其突出,服务业的发展越来越多地体现出知识经济的特征。服务业既是新技术的使用者,又是新技术的推广者和创造者,服务业促进了多项技术之间的合作、交流、共享。因此,服务业在知识创新和技术创新方面发挥着重要作用。

4. 服务贸易方式将发生明显变化

这里的服务贸易方式的变化主要是指远距离国际贸易方式和贸易内容的变化。现代通信技术的发展使很多传统的需要同时进行生产和消费的服务实现了生产与消费的分离;教育和咨询等原有需要进行面对面直接接触的服务模式,已经可以实现远距离的远程服务,这些都主要归功于现代通信技术的发展。同时生产专业化的发展,也涌现了一些新型的服务领域,传统服务贸易的内容逐渐被知识、技术和数据等现代服务贸易取代。

10.2 现代服务业国际化模式选择的理论基础

一般而言,高级企业经理人每做出一个战略决策都需要一定的数据,并以某些理论基础为指导,所以,理论基础对于现代服务企业而言,显得尤为重要,特别是在现代服务企业走向国际化的过程中,已有理论和实践经验的指导就更为重要了,本节将主要探讨现代服务业国际化模式选择中的常用理论。

10.2.1 交易成本理论

1. 交易成本的概念及特征[5]

交易成本(Transaction Costs)是与一般的生产成本相对应的概念,它是指在一定的社会

---

[5] http://baike.baidu.com/view/261636.htm.

关系中，人们自愿交往、彼此合作达成交易所支付的成本，即人—人关系成本。从本质上说，有人类交往互换活动，就会有交易成本，它是人类社会生活中一个不可分割的组成部分。

交易成本理论又称为费用交易理论，最早是由诺贝尔经济学获得者科斯(Coase, R.H., 1937)所提出的，交易成本理论的根本论点在于对企业本质的解释。由于经济体系中企业的专业分工与市场价格机能之间的运作，产生了专业分工的现象，但是使用市场价格机能的成本相对偏高，而形成企业机制，它是人类追求经济效益所形成的组织体。

由于交易成本泛指所有为促成交易发生而形成的成本，因此很难进行明确的界定与列举，不同的交易往往就涉及不同种类的交易成本。总体而言，简单的分类可将交易成本区分为以下几项(Williamson, 1975)。

(1) 搜寻成本：商品信息与交易对象信息的搜集。

(2) 信息成本：取得交易对象信息与和交易对象进行信息交换所需的成本。

(3) 议价成本：针对契约、价格、品质讨价还价的成本。

(4) 决策成本：进行相关决策与签订契约所需的内部成本。

(5) 监督交易进行的成本：监督交易对象是否依照契约内容进行交易的成本，如追踪产品、监督、验货等。

(6) 违约成本：违约时所需付出的事后成本。

Dahlman(1979)则将交易活动的内容加以类别化处理，认为交易成本包含：搜寻信息的成本、协商与决策成本、契约成本、监督成本、执行成本与转换成本，简言之，所谓交易成本，就是指当交易行为发生时，所随同产生的信息搜寻、条件谈判与交易实施等各项成本。

上述交易成本的发生原因，源自于交易本身的三项特征。

(1) 交易商品或资产的专属性(Asset Specificity)指交易所投资的资产本身不具有市场流通性，或者契约一旦终止，投资于资产上的成本难以回收或转换使用用途，称为资产的专属性。

(2) 交易不确定性(Uncertainty)指交易过程中各种风险的发生几率。由于人类有限理性的限制使人们面对未来的情况时，无法完全事先预测。加上交易过程买卖双方常发生交易信息不对称的情形下，交易双方会透过契约来保障自身的利益。因此，交易不确定性的升高会伴随着监督成本、议价成本的提升，使交易成本增加。

(3) 交易的频率(Frequency of Transaction)。交易的频率越高，相对的管理成本与议价成本也越高。交易频率的升高使企业会将该交易的经济活动的内部化以节省企业的交易成本。

2. 交易成本产生的原因[5]

交易成本的产生，来自于人性因素与交易环境因素交互影响下所产生的市场失灵现象造成的交易困难(Williamson, 1975)。Williamson 指出六项交易成本的来源。

(1) 有限理性(Bounded Rationality)：指交易进行参与的人，因为身心、智能、情绪等限制，在追求效益极大化时所产生的限制约束。

(2) 投机主义(Opportunism)：指参与交易进行的各方，为寻求自我利益而采取的欺诈手法，同时增加彼此不信任与怀疑，因此导致交易过程监督成本的增加而降低经济效益。

(3) 不确定性与复杂性(Uncertainty and Complexity)：由于环境因素中充满不可预期性和各种变化，交易双方均将未来的不确定性及复杂性纳入契约中，使交易过程增加了不少定契约时的议价成本，并使交易困难度上升。

(4) 少数交易(Small Numbers)：某些交易过程过于专属性(Proprietary)，或因为异质性(Idiosyncratic)信息与资源无法流通，使交易对象减少并造成市场被少数人把持，使得市场运作失灵。

(5) 信息不对称(Information Asymmetric)：因为环境的不确定性和自利行为产生的机会主义，交易双方往往握有不同程度的信息，使市场的先占者(First Mover)拥有较多的有利信息而获益，并形成少数交易。

(6) 气氛(Atmosphere)：指交易双方若互不信任，且又处于对立立场，无法营造一个令人满意的交易关系，将使交易过程过于重视形式，徒增不必要的交易困难及成本。

3. 交易成本理论与服务企业国际化模式研究

为了解释制造企业国际化的动因，学者提出了很多理论，如垄断优势理论、产品周期理论、折中范式等，这些理论在解释服务业国际化的动因方面中发挥了很大作用，但在研究服务企业国际化进入模式方面，西方学者主要运用了本章讲到的4种理论。

很多学者在交易成本这一个基本分析框架下研究了服务企业国际化模式选择问题。例如，学者Erramilli(1990)就将服务分类为"硬服务"和"软服务"，他认为在硬服务中，生产和消费是可以分离的，而在软服务中服务的生产和消费过程则是同时发生的。在交易成本分析框架下，他对美国175家服务企业的国际进入模式进行了分析和总结，他指出，交易费用的不同会导致服务业和制造企业在很多方面的不同，这175家美国服务企业的最主要进入模式是全资子公司，他还进一步研究了服务企业在完全控制和部分控制的进入模式之间是如何做出选择的。Brouthers(2003)以交易费用理论为基础，讨论服务企业和制造企业在海外投资进入模式差异产生的原因，通过对西欧跨国公司在东欧建的投资企业发放问卷，得到了如下结论，即影响制造业进入模式的是环境不确定性和风险倾向性，而影响服务业海外进入模式的主要是行为不确定性、信任倾向和资产专用性。

10.2.2 行为科学理论

1. 行为科学理论概述

行为科学理论强调从人的本质中激发动力，才能真正提高效率。行为科学的研究，基本上可以分为两个时期。前期以人际关系学说(或人群关系学说)为主要内容，从20世纪30年代梅奥的霍桑试验开始，到1949年在美国芝加哥讨论会上第一次提出行为科学的概念。在1953年美国福特基金会召开的各大学科专家参加的会议上，正式定名为行为科学，这是行为科学研究史上的一个重大事件。

行为科学的含义有广义和狭义两种。广义的行为科学是指包括类似运用自然科学的实验和观察方法，研究在自然和社会环境中人的行为的科学。已经公认的行为科学的学科有心理学、社会学、社会人类学等。狭义的行为科学是指有关对工作环境中个人和群体行为的一门综合性学科。进入20世纪60年代，为了避免同广义的行为科学相混淆，出现了组织行为学这一名称，专指管理学中的行为科学。目前组织行为学从它研究的对象和涉及的范围来看，可分成3个层次，即个体行为、团体行为和组织行为。个体行为理论主要包括两大方面的内容：第一类是有关人的需要、动机和激励方面的理论。主要有内容型激励理论，包括需要层次论、双因素理论、成就激励理论等；过程型激励理论，包括期望理论、公平理论等；行为改造型激励理论，包括强化理论、归因理论等。第二类是有关企业中的人性理论，主要包括 X—Y 理论、不成熟—成熟理论。团体行为理论主要是研究团体发展动向的各种因素以及这些因素之间相互关系的理论，如：团体的目标、团体的结构、团体的规模、团体的信息沟通和团体意见冲突理论等。组织行为理论主要包括领导理论和组织变革、组织发展理论。领导理论又包括三大类，即领导性格理论、领导行为理论和领导权变理论。

行为科学管理理论的产生和发展是现代化大生产发展的必然产物。它把社会学、心理学、人类学等学科的知识导入管理领域，开创了管理领域的一个独具特色的学派。它的特点在于：①提出了以人为中心来研究管理问题；②肯定了人的社会性和复杂性。

2. 行为科学理论与服务企业国际化模式研究

在行为科学分析框架下，Erramilli(1991)通过对 151 家美国服务企业进行调查得到的数据，分析出了国际经验的广度和质量对服务企业进入模式的影响，并进一步得出在国际化的早期和后期，服务企业更倾向于采用高控制力度的进入模式。Lindquist 等(1993)从控制的角度分析了国际服务企业在公司所有权和特许合同之间的选择，并在以后的研究中进一步分析了影响其选择的主要因素，指出特许经营的倾向与许可方和接受方的地理和文化距离相关的监控成本；许可方的国际经验；东道国环境不确定性，以及品牌资产的专用性等因素有关。中国学者张诚等(2005)也从控制角度分析了服务部门各行业进入模式的差异及其影响因素，这些因素主要包括：质量控制的重要性和难度、用户化定制程度、当地资源的依赖程度、对东道国环境的适应程度、技术技能密集度以及企业的基本战略等。[6]

10.2.3 资源基础理论

1. 资源基础理论概述[7]

1984 年沃纳菲尔特(Wernerfelt)的"企业的资源基础论"的发表意味着资源基础论的诞生。资源基础理论为，企业是各种资源的集合体。由于各种不同的原因，企业拥有的资源各不相同，具有异质性，这种异质性决定了企业竞争力的差异。概括地讲，资源基础理论主要包括以下 3 方面的内容。

1) 企业竞争优势的源：特殊的异质资源

资源基础论认为，各种资源具有多种用途，其中又以货币资金为最多。企业的经营决策就是指定各种资源的特定用途，且决策一旦实施就不可还原。因此，在任何一个时点上，企业都会拥有基于先前资源配置基础上进行决策后带来的资源储备，这种资源储备将限制、影响企业下一步的决策，即资源的开发过程倾向于降低企业灵活性。例如，拥有 1 亿元货币资金的企业几乎可能涉足任何产业，但它一旦将这 1 亿元资金用来购买了化工设备及化工原料，它就只可能从事特定的化工生产。尽管如此，企业仍然热衷于资源的开发利用，因为资源的开发增加了资源的专用性，有可能提高产出效率及资源的价值。如果决策得当，

---

[6] 李斐，王雨露. 服务企业国际化进入模式研究综述[J]. 国际经贸，2006(6)：21.
[7] http://baike.baidu.com/view/1112931.htm.

前文那家只能从事化工生产的企业也许会从化工生产中赚回两个亿。

2) 竞争优势的持续性：资源的不可模仿性

企业竞争优势根源于企业的特殊资源，这种特殊资源能够给企业带来经济租金。在经济利益的驱动下，没有获得经济租金的企业肯定会模仿优势企业，其结果则是企业趋同，租金消散。因此，企业竞争优势及经济租金的存在说明优势企业的特殊资源肯定能被其他企业模仿。资源基础理论的研究者对这一问题进行了广泛探讨，他们认为至少有 3 大因素阻碍了企业之间的互相模仿：

(1) 因果关系含糊。企业面临的环境变化具有不确定性，企业的日常活动具有高度的复杂性，而企业的租金是企业所有活动的综合结果，即使是专业的研究人员也很难说出各项活动与企业租金的关系，劣势企业更是不知该模仿什么，不该模仿什么。并且，劣势企业对优势企业的观察是有成本的，劣势企业观察得越全面、越仔细，观察成本就越高，劣势企业即使能够通过模仿获得少量租金，也可能被观察成本所抵消。

(2) 路径依赖性。企业可能因为远见或者偶然拥有某种资源，占据某种优势，但这种资源或优势的价值在事前或当时并不被大家所认识，也没有人去模仿。后来环境发生变化，形势日渐明朗，资源或优势的价值日渐显露出来，成为企业追逐的对象。然而时过境迁，其他企业再也不可能获得那种资源或优势，或者再也不可能以那么低的成本获得那种资源或优势，拥有那种资源或优势的企业则可稳定地获得租金。

(3) 模仿成本。企业的模仿行为存在成本，模仿成本主要包括时间成本和资金成本。如果企业的模仿行为需要花费较长的时间才能达到预期的目标，在这段时间内完全可能因为环境的变化而使优势资源丧失价值，使企业的模仿行为毫无意义。在这样一种威慑下，很多企业选择放弃模仿。即使模仿时间较短，优势资源不会丧失价值，企业的模仿行为也会耗费大量的资金，且资金的消耗量具有不确定性，如果模仿行为带来的收益不足于补偿成本，企业也不会选择模仿行为。

3) 特殊资源的获取与管理

资源基础理论为企业的长远发展指明了方向，即培育、获取能给企业带来竞争优势的特殊资源。由于资源基础理论还处于发展之中，企业决策总是面临着诸多不确定性和复杂性，资源基础理论不可能给企业提供一套获取特殊资源的具体操作方法，仅能提供一些方向性的建议。具体来说，企业可从以下几方面着手发展企业独特的优势资源。

(1) 组织学习。资源基础理论的研究人员几乎毫不例外地把企业特殊的资源指向了企业的知识和能力，而获取知识和能力的基本途径是学习。由于企业的知识和能力不是每一个员工知识和能力的简单加总，而是员工知识和能力的有机结合，通过有组织的学习不仅可以提高个人的知识和能力，而且可以促进个人知识和能力向组织的知识和能力转化，使知识和能力聚焦，产生更大的合力。

(2) 知识管理。知识只有被特定工作岗位上的人掌握才能发挥相应的作用，企业的知识最终只有通过员工的活动才能体现出来。企业在经营活动中需要不断地从外界吸收知识，需要不断地对员工创造的知识进行加工整理，需要将特定的知识传递给特定工作岗位的人，企业处置知识的效率和速度将影响企业的竞争优势。因此，企业对知识微观活动过程进行管理，有助于企业获取特殊的资源，增强竞争优势。

(3) 建立外部网络。对于弱势企业来说，仅仅依靠自己的力量来发展他们需要的全部知识和能力是一件花费大、效果差的事情，通过建立战略联盟、知识联盟来学习优势企业的知识和技能则要便捷得多。来自不同公司的员工在一起工作、学习还可激发员工的创造力，促进知识的创造和能力的培养。

资源论的基本思想是把企业看成是资源的集合体，将目标集中在资源的特性和战略要素市场上，并以此来解释企业可持续的优势和相互间的差异。

2. 资源基础理论与服务企业国际化

在资源基础理论框架下，Ekeledo 等(2004)在深入分析了决定制造企业国际进入模式的因素在服务企业国际进入时的适用性之后，还是在资源基础理论的分析框架下，3 位作者(2004)又进一步深入分析了电子商务对服务企业选择进入模式的作用，提出了一个解释电子商务对进入模式选择作用的一体化的概念框架，并且提出了减弱这一关系的许多内外部因素[6]。

10.2.4 动力能力理论

1. 动力能力理论概述[8]

1997 年，提斯(Teece)为弥补资源基础理论的不足，提出了核心能力理论，即动力能力理论。这套战略管理理论把企业的资源分为 4 个层次，即公共资源、专有资源、组织与管理能力及创新能力。其中公共资源主要是指企业购买的生产要素和获得的知识；专有资源指商业秘密、专利技术这些无形资产，它们属于战略性资源；组织与管理能力指能让企业的生产要素与专有资源有机地结合起来的组织与管理能力，这是企业在长期生产经营过程中积累形成的一种无形资源。提斯认为，正是企业的这种能力大幅度地降低了交易费用，而科斯交易成本理论中企业代替市场降低的交易费用只是很小的一部分。而且，这种资源是企业竞争优势的主要来源；创新能力是针对当今高新科技产业的飞速发展和瞬息万变的市场环境而提出的，企业必须具有创新能力，创新能力是企业发展最为关键的能力。

动力能力理论强调，为适应不断变化的外部环境，企业必须不断取得、整合、再确认内外部的行政组织技术、资源和功能性能力。动力能力可以使企业在给定的路径依赖和市场位势条件下，不断地获得新竞争优势。因此，战略分析的基本元素不再是笼统的"资源"，而是有利于形成和维持动力能力的组织过程、专有资源状况和获得这些资源能力的路径。组织过程从静态讲是整合和协调，反映一个企业重复某种任务的能力；从动态讲是学习和新资源或能力的开发；从转换的角度讲是重组资源，即根据环境的变化重新在企业内分配与使用内部和外部资源，而企业的专有资源组成了企业能力的基础。

动力能力理论对企业的健康发展具有重大的指导意义。它兼顾企业的内部和外部来考察企业战略问题，同时将一些新的资产——制度资产、市场资产也纳入到研究的范围，企业不但可以利用动力能力理论准确地制定发展战略及发挥与维持企业的竞争优势，更重要的是该理论指出可以通过学习获取和使用外部能力(市场中及其他企业的公共资源和部分战略资源)，从而更好地保持企业竞争优势对市场环境的敏感性。

---

[8] http://baike.baidu.com/view/1430579.htm.

企业能力理论是战略管理领域的新兴企业理论。通过运用企业能力理论，可以揭示影响及决定企业竞争优势的关键因素。战略能力是企业最高层的能力，它指导企业的一切能力；流程能力是企业的内在能力，它代表了企业的内部运作；市场能力是企业的外在能力，它是企业一切能力的最终体现。核心竞争能力由3个主能力共同决定。

2. 动力能力理论与服务企业国际化[6]

Erramilli 等(2002)在能力理论框架下，先后发表了《Choice Between Non-Equity Entry Modes: An Organizational Capability Perspective》和《Brands Across Borders: Determining Factors In Choosing Franchising Or Management Contracts For Entering International Markets》两篇论文，进一步探讨了服务业跨国公司在两种不同的非股权进入方式：特许经营和管理服务合同之间的选择。

背景知识

动力能力理论

动力能力理论概述

竞争位势理论、资源基础理论及动力能力理论是当今最具影响力的三种企业战略管理理论，对企业发展的定位及竞争力的培育有重要的指导作用。

20世纪70年代以来，是战略管理与经济学相互融合的阶段。在这一历史时期，战略管理界出现了三个学派，即竞争位势理论、资源基础理论和动力能力理论。它们从不同的角度阐明了企业的性质、企业竞争位势的取得、利润的来源及企业成长的原因等有关企业发展的重大问题，为现代西方企业的发展起到了重要的指导作用。

动力能力理论的提出

1997年，提斯(Teece)为弥补资源基础理论的不足，提出了核心能力理论，即动力能力理论。这套战略管理理论把企业的资源分为四个层次：

(1) 公共资源。它是企业购买的生产要素和获得的知识；

(2) 专有资源。如商业秘密、专利技术这些无形资产，它们属于战略性资源；

(3) 组织与管理能力。它是指能让企业的生产要素与专有资源有机地结合起来的组织与管理能力，这是企业在长期生产经营过程中积累形成的一种无形资源。

提斯认为，正是企业的这种能力大幅度地降低了交易费用，而科斯交易成本理论中企业代替市场降低的交易费用只是很小的一部分。而且，这种资源是企业竞争优势的主要来源；

(4) 创新能力。动力能力理论认为，针对当今高新科技产业的飞速发展和瞬息万变的市场环境，企业必须具有创新能力，创新能力是企业发展最为关键的能力。

动力能力理论强调为适应不断变化的外部环境，企业必须不断取得、整

现代服务业国际化模式选择　第10章

合、再确认内外部的行政组织技术、资源和功能性能力。动力能力可以使企业在给定的路径依赖和市场位势条件下，不断地获得新竞争优势。因此，战略分析的基本元素不再是笼统的"资源"，而是有利于形成和维持动力能力的组织过程、专有资源状况和获得这些资源的能力的路径。组织过程从静态讲是整合和协调，反映一个企业重复某种任务的能力；从动态讲是学习和新资源或能力的开发；从转换的角度讲是重组资源，即根据环境的变化重新在企业内部分配和使用内部和外部资源。而企业的专有资源组成了企业能力的基础。

动力能力理论的意义

动力能力理论对企业健康发展具有重大的指导意义。它兼顾企业的内部和外部来考察企业战略问题，同时将一些新的资产——制度资产、市场资产也纳入到研究的范围，企业不但可以利用动力能力理论准确地制定发展战略、发挥与维持企业的竞争优势，更重要的是该理论指出，企业可以通过学习获取和使用外部能力(市场中及其他企业的公共资源和部分战略资源)，从而更好地保持企业竞争优势对市场环境的敏感性。

10.3　现代服务业的国际化模式选择

在本节中我们重点讨论的话题是现代服务业的国际化模式选择，通过查阅大量文献，总结出了国外现代服务业走向国际化的四种模式，在深入观察与调研国内外现代服务企业的基础上，我们进一步总结并创造性地提出了中国现代服务企业走向国际化的六种主要模式。

10.3.1　中国现代服务业国际化面临的挑战

1. 服务业发展政策尚不完善

近年来，中国服务业已经有了较大发展，但是在发展过程中也暴露出了很多亟待解决的问题。首先，服务业在整个GDP中的比重与世界平均水平相比还是偏低的；其次，中国服务业的发展还存在着区域结构失调、内部结构不合理等问题，具体表现在：第一，中国东西部地区服务业发展不均衡，以上海、北京为代表的地区已经开始初步形成了现代服务业的产业集群，而中国中西部地区现代服务业的发展才刚刚起步；第二，就整个现代服务业发展结构而言，也存在着比例失调的问题。传统服务业的比重较大，而具有高知识含量和高附加值的现代服务业的比重较少。最后，中国现代服务业发展政策还不够完善。尽管中国政府已经开始认识到现代服务业在国民经济发展中的重要作用，并相继推出了一系列旨在大力发展现代服务业的政策文件，各省地市县也纷纷开始编制现代服务业的发展规划，但是，到目前为止，很多服务业实行的还是垄断经营，现代服务业的发展还存在着很大的限制。

2. 全球金融危机的影响

尽管很多人认为，金融危机对于中国的影响相对较小，但是仍然不能忽视这些影响的存在。特别是沿海很多的对外加工出口型服务企业就在此次金融风暴中倒闭，在这样一种背景下,产业结构的调整已经成为一个必然趋势,而且当前也是最好的一个时机。在金融危机中能够坚强生存的企业给予了人们一个重要的启示,传统的产业结构单一、经营方式粗放的经济发展方式已经不适应国内外环境,企业必须具备自主创新的能力,才能立于不败之地,现代服务业作为整个服务业中最具自主创新能力和发展潜力的生力军,在应对经济低迷期方面可以发挥巨大的效应。

3. 现代服务业人才的缺乏

现代服务业人才的缺乏也是制约中国现代服务业走向国际化面临的一大重要因素。一方面,现代服务业人才的缺乏导致了中国比较知名的现代服务业载体以及重点企业数目较少,在国际上能够叫得比较响的品牌更是少之又少;另一方面,中国的教育资源还不能很好地转化为人才资源,并直接作用于生产力,教育培养的人才与社会脱节,还不能与国际接轨,高素质、专业化的现代服务业人才还比较缺乏,特别是在诚信问题上,还有点淡漠,这也是中国现代服务业走上国际化道路必须要解决的问题之一。

10.3.2 中国现代服务业国际化存在的主要问题

1. 改革力度不够

之所以说中国服务业改革力度不够,主要是因为中国政府对服务业的管制还比较多,行业垄断的现象还十分明显,特别是电力、石油、通信行业等。这种垄断经营不利于中国参与国际市场竞争,因为某些服务行业在需求下降的情况下依然可以提高价格,同时不需要考虑产品质量问题,因为垄断的典型表现就是高价格、有限供给以及低质量。垄断体制和改革力度不够对中国现代服务业走向国际化产生重要影响。除此之外,政府对某些服务行业仍然采用的是计划经济体制下的管理模式,严重影响了服务业的长远发展;关于服务业的法律法规还不健全,完整有效的服务业市场体系还没有建立起来,缺少新型服务业市场和国际服务业市场。

2. 市场化程度低

市场化程度不够主要是针对一些垄断性比较强的服务行业而言的,中国服务业的开放时间从整体而言要晚于制造业,在开放程度上也低于制造业,尽管随着中国市场经济的发展,中国服务业在跨境交付、境外消费等领域已经有较高的开放程度,但是在外资准入资格、进入形式、股权比例和业务范围等方面还存在着很多限制。部分服务业例外,如零售业的开放程度已经远远超出了当初已经承诺过的水平,外资银行进入中国的数量也较多,但是大部分比较重要的服务业对外开放程度还相当低,如电信业在 2000 年 9 月才出台《外资电信管理规定》,容许以合资的方式进入,公路在 2001 年 11 月才发布《外商投资道路运输业的管理规定》,容许以独资方式进入货运,而客运仅限于合资,铁路于 2000 年 8 月才以合资的方式开放货运。[9]正因为在市场开放程度比较低,所以,中国现代服务业在利用外资的数量和质量方面还比较薄弱。

3. 专业化水平低

中国服务业起步比较晚,发展水平较低,服务业整体水平不高也在某种程度上制约了

---

[9] 牛桂敏. 中国服务业国际化存在的问题及对策[J]. 天津经济,2005(5).

中国现代服务业的发展，与发达国家相比，中国现代服务业目前的发展水平是远远不够的，与其他行业相比，服务业在国民经济中的比重明显偏低，从服务的质量、服务产品的多样性、个性化等方面来看，服务业的发展不仅难以满足国内需求，而且服务的专业化水平很难达到国际标准，因此，专业化水平偏低也是制约中国现代服务业走向国际化急需解决的一个重要难题。

4. 结构不合理

中国服务贸易在出口收入和进口支出方面，存在着结构不合理的现象，主要是由于在服务贸易进出口额中，国际旅游、商业服务和国际运输收入占据了大部分比重，是中国服务贸易的支柱，而金融、通信服务等现代服务业所占的服务贸易的规模相对较小，这些行业往往是技术和知识含量比较高的行业，这样一种状况对于中国服务业国际化水平的提高是极为不利的。

10.3.3 国外现代服务业国际化模式借鉴[10]

1. 纽约曼哈顿模式

2000 年，纽约服务业就业所占比例达到 51%，纽约服务业的快速发展，有效地提高了服务产品的供给能力和刺激了面向全球的市场需求。其中，曼哈顿的经济增长量占纽约市的 82%，该区域集中了国际大银行、保险公司、交易所及上百家大公司总部，相关的专职中介事务所及商业服务业也得到迅速发展，如图 10.2 所示。在满足美国国内需求的同时，这类服务企业的主要业务来自全球市场。

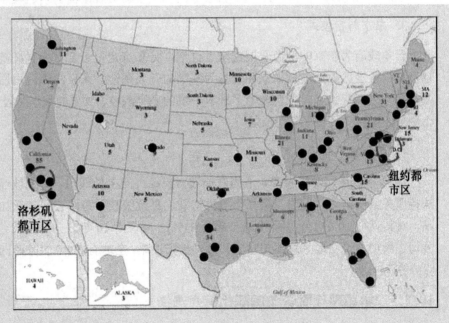

图 10.2　纽约曼哈顿模式[11]

---

[10] http://www.phdp.gov.cn/news/html/00200610192006101984643.html.
[11] http://www.gei.com.cn/control/show?metaId=58efc838892c8a0268ef6310a6309800&id=e8fb9f2af06c1270 250 b4209b05bd33c.

2. 伦敦金融城模式

伦敦是全球国际金融中心，其中伦敦金融区的 GDP 占伦敦 GDP 的 14%，占整个英国 GDP 的 2%。伦敦金融服务业规模庞大，500 多家银行中有 470 家是外国银行，拥有的资本总额达 1000 多亿英镑；800 多家保险公司，其中 170 多家是外国分支机构，成为世界上最大的保险中心，如图 10.3 所示。

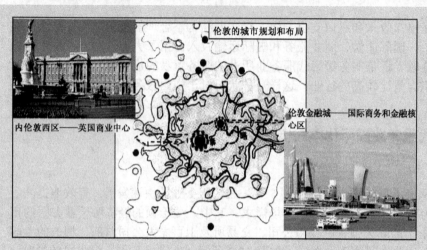

图 10.3　伦敦金融城模式[12]

3. 东京新宿模式

日本政府为东京的城市发展制定了框架，将东京定位于全球金融和商务中心，并将东京及其附近地区改造成以知识和信息为基础的产业基地，东京湾地区由原来的出口导向产业带改造成商贸中心。东京集中了日本 17% 的高等院校、27% 的大学生及 1/3 的研究机构，为服务业国际化提供了智力支持。

4. 新加坡中心区模式

1978 年以后，现代服务业成为新加坡出口经济的主导部门。新加坡通过各种优惠政策扶持服务业的国际化发展，例如，提供特别优惠政策鼓励跨国公司在新加坡设立区域性总部，对其只征 10% 的公司所得税(一般为 31%)，减税期 10 年，并可延长。越来越多的跨国公司在新加坡设立地区总部来实施其海外扩张战略，全球有 6000 多家跨国公司的区域总部设立在新加坡。

10.3.4　中国现代服务业国际化模式选择

1. "入境旅游"式

所谓"入境旅游"模式主要是外国顾客自己主动到服务企业所在地来接受相应的服务。

---

[12] 郑长娟，徐建中. 服务国际化的特殊性及进入模式选择[J]. 国际商务——对外经济贸易大学学报，2005(1).

之所以将这种国际化模式称为"入境旅游"式，一方面是为了能够方便大家形象生动地理解；另一方面是由于"入境旅游"能够代表并概括这类现代服务企业进入国际市场的方式。这种服务企业的地域性极强，而且大多数都无法被复制到其他地区，在某种程度上具有唯一性的特点，如旅游、医疗保健、出国留学等体验性较强的服务。游客前往目的国旅游的主要原因是该国的旅游产品与其他国家相比具有很强的异质性，求新求异是旅游者外出旅游的重要动机之一，入境旅游更不例外；又如，很多国外的游客对中国的中医保健很有兴趣，也会亲自到中国来进行医疗保健；而中国的"出国留学热"也主要是因为欧美一些国家很多教育服务的吸引力，以及这种教育服务的唯一性。

2. "远程教育"式

随着信息网络技术和电子商务的发展，传统的服务公司与客户之间必须同时、同地、面对面进行服务的这种方式已经有所改变，事先设计好的服务模式对传统的服务不可能标准化的观点提出了巨大挑战，有很多现代服务企业都是基于网络对客户进行服务的，这样不仅可以扩大国际市场，而且真正实现了标准化。其中远程教育就是一种比较典型的现代服务企业的服务形式，之所以将这种进入国际市场的模式称为"远程教育"式，一方面是为了方便大家形象生动地理解；另一方面主要是因为远程教育是该类现代服务企业中发展比较成熟，也比较活跃的代表。远程教育示范图和远程服务流程图分别如图10.4和图10.5所示。

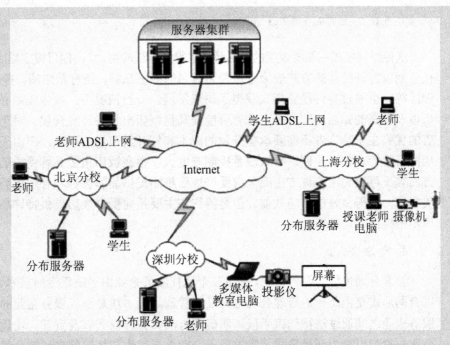

图10.4 远程教育示范图

3. 特许经营式

特许经营指的是某些现代服务企业想在国外拥有一个可以长期经营的结构，但又不想自己亲自去当地构建一个经营实体，于是以特定的方式将本企业所拥有的具有知识产权性的名称、注册商标、成熟定型技术、客源开发预定系统和物资供应系统等无形资产的使用权，输出到国外市场，对国外市场上的服务生产商进行无形控制，并获得利润，与此同时，还可以迅速地将自己的运营模式进行复制，实现企业的快速发展，这是一种典型的非股权跨国扩张的策略。

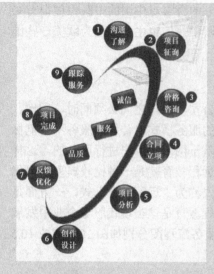

图 10.5　远程服务流程图

这种经营模式在旅游饭店的跨国经营中得到广泛应用，美国假日饭店集团在 20 世纪 50 年代末期以特许经营的方式成为全球最为著名的寄宿品牌，还有希尔顿、喜来登、精品国际、洲际等，也通过特许经营模式获得了快速发展。一般情况下，饭店集团必须要有强大的实力以及良好的知名度和声誉，才有可能向其他饭店出售特许经营权。对于特许方而言，饭店的优势在于特许者不需要承担开发的成本和打开新市场的风险，但由于不能对受许可饭店的日常管理加以控制，导致质量控制难度大，存在饭店集团品牌受损的风险。对于受许方而言，可以利用特许方主要是向受许饭店集团提供品牌优势和管理优势，提升知名度和美誉度，获得良好的市场效益。但是特许方主要是向受许饭店提供特许品牌与管理标准，而不是提供成功保证。

4. 管理合同式

管理合同也称为经营合同，是指某个现代服务企业由于缺乏专门技术人才与管理经验，以合同形式交由统一的管理公司进行经营管理。其本质是现代服务企业的管理公司与现代服务企业之间通过法律约束手段，明确双方的义务、权利以及责任。现代服务企业的管理公司一般可以分为两种形式：①隶属于企业总部，为开拓国际市场被分派到其他国家的管理公司；②独立的现代服务企业管理公司，其自身事实上也是一个现代服务企业，如国际上很多知名的咨询公司，有很大一部分业务就是为一些现代服务企业提供管理服务和人才服务的公司，同时它们自身也是现代服务企业。除此之外，很多大型的饭店企业也是采用这样模式，在跨国经营的过程中，为迅速融入当地的政治、经济、文化环境之中，并充分了解当地顾客的喜好，往往选择当地专门的管理咨询公司来经营自己投资的饭店，这些管理咨询公司不对饭店建设进行投资，只派出包括总经理在内的各部门主要管理人员，负责饭店经营管理工作，承担合同条款规定的经营亏损风险。在合同经营中，只收取经营管理费用。目前的管理合同更加强调共担风险、共同决策，更注重经营者经营业绩。

5. 战略联盟式

战略联盟是一些独立经营的现代服务企业为了达到某种目的而自愿联合起来，采用同一预定系统，进行统一的广告宣传，执行统一的质量标准，相互合作、风险共担、利益共享的联合行动，从而与那些庞大的竞争对手相抗衡。这种联盟是一种动态的、开放式体系，成员之间通过签订一种非约束性协议，目标的实现完全依靠相互之间的协调。战略联盟改变了传统的对抗性极强的竞争方式，开始强调共同做大、做强市场。同时，受反垄断的制约和目标国文化意识形态的影响，发达国家的现代服务企业在跨国经营的过程中越来越强调对不同国家服务企业的战略合作关系的运用，特别是受服务外包的影响，战略联盟逐渐扩大。

随着对竞争、合作关系的深入认识，更多的现代服务企业明白了建立合作型伙伴关系的重要意义，尤其在营销领域的联盟正得到越来越多的重视。以这种战略联盟模式形成的集团组织较为松散，它们之间保持独立，各个现代服务企业在经营管理上、财务上互不相关。战略联盟的主要目的是通过现代服务企业在管理技术、技能、营销、品牌等方面的优势互补，降低运营成本，形成规模优势，克服贸易壁垒，避免恶性竞争，从而形成饭店的持续竞争优势。战略联盟是一种较为成功的集团经营模式，是低成本与低风险的扩张手段，特别是在旅游服务贸易中，这种模式用得比较多，也比较成功，如著名的最佳西方国际饭店集团(Best Western International)，通过其全球预定系统，把各个饭店业主独立经营的饭店成员联合起来，现已成为世界上最具影响力的饭店品牌之一。战略联盟伙伴的动态选择过程如图10.6所示。

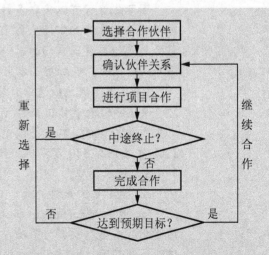

图10.6 战略联盟伙伴的动态选择过程

6. 直接投资式[12]

直接投资指现代服务企业通过独资或者收购途径来拥有和经营数家企业，海内外现代服务企业的所有权都同属这一现代服务企业集团，同属于一个企业法人，通过科学合理地配置各项生产要素，来实现对海外企业生产经营活动的有效控制，这种形式的长处在于公司拥有全部产权和对子公司的控制权，企业的所有资源都可以共享，不仅有利于扩大企业的销售网络，而且还有利于形成企业的成本优势和独特的管理风格。

在激烈的市场竞争态势下，现代服务企业仅通过利用内部资源来发展企业有很大的局限性，"自己新建、自己拥有"的企业很难取得快速的规模增长和效益提升。跨国并购成为现代服务企业取得外部经营资源、寻求对外发展的重要战略选择。并购是兼并与收购的合称，顾名思义，兼并是指通过将当地企业与国外企业的资产和业务进行合并之后，建立起一家新的企业或者合并成一家现有的企业；跨国收购指通过收购一家现有国外企业或者外国子公司的部分股份达到一定的标准后，实现控股管理。一方面，跨国并购能使现代服务企业迅速进入国际市场，使企业的规模得以迅速扩大，优化整体咨询组合和业务关联；另一方面，通过直接并购，现代服务企业还能拥有被兼并企业的顾客关系、经销商网络、市场知名度与商誉等有形和无形资产。因此，跨国并购已经成为现代服务业直接投资的主要形式，并推动了现代服务业的快速发展。从股权结构来看，现代服务企业在海外投资更倾向于独资经营，从扩大自身对国际市场的控制力度，之所以倾向于独资主要是因为与制造业相比，现代服务企业不需要大型的机器、厂房设备等固定资产的投入，主要是人力成本，因此，就更便于采用独资经营的方式，特别是需要定制化服务的企业，大都采用此种方式进入国际市场。

典型案例

德国电信的国际化经营

国际化经营可以采取多种模式，包括直接投资建设、并购相关公司等。德国电信拓展海外市场主要采取并购的方式。德国电信并购美国声流无线通信公司是进军美国市场的第一步，但是由于全球市场环境的变化，在赢得美国市场的同时，也加重了本来已经很沉重的债务负担。

1. 美国声流无线通信公司概况

美国声流无线通信公司(VoiceStream Wireless Corp.)成立于1994年，通过一系列兼并重组，在被德国电信并购前，已经是美国第八大移动电话公司。2000年底拥有380万客户，并拥有在全美的电话业务许可证，具有欧洲通行的GSM技术标准。

2. 德国电信并购动因

(1) 收购 VoiceStream 将为德国电信进军美国市场铺平道路。德国电信的国际化战略是以欧洲为基础，并大力开拓其他国际电信市场。拓展美国的电信业务是其国际化战略的重要组成部分。

(2) VoiceStream 发展潜力巨大。它是当时全球增长最快移动电话公司之

现代服务业国际化模式选择 第10章

一(现在仍然是),虽然市场占有率仅为4%,但网络却已覆盖全美,并拥有大规模潜在用户。VoiceStream成为德国电信进军美国电信市场的切入点。

3. 德国电信并购过程和结果

德国电信已经在匈牙利、捷克、斯洛伐克、奥地利、乌克兰、俄罗斯等国家建立了完整的移动通信网络,但当其兼并VoiceStream时,却遭到了参议员的强烈反对。美国参议员霍林斯就曾坚决反对政府参股达60%的德国电信兼并美国声流无线公司,他的底线是德国电信的政府参股量不能超过25%。

美国联邦通信委员会(FCC)于2001年4月25日批准VoiceStream和Powertel并入德国电信公司。该并购案耗时近1年,并一度引起美国政府和欧盟的高度重视。通过美国政府的协调,德国电信、VoiceStream与美国司法部、联邦调查局联合签署了关于两公司兼并的协议。协议规定德国电信必须指定一位高级官员每年年末向美司法部和联邦调查局提交一份报告,评估公司当年执行协议的情况,其中包括执行协议的政策和程序。如检查出有违反协议的行为,不管是有意或无意,均需说明改进措施以避免重犯。

德国电信最终以225亿美元的价格成功并购VoiceStream。兼并主要通过换股完成,每股VoiceStream的股票按3.2股德国电信另加30美元的方式交换。合并之后,在美国东南部12州运作的VoiceStream和Powertel公司将作为德国电信的独有子公司,德国电信的非美股权将达77%,其中45%由德国政府拥有。

2002年4月,德国电信开始整合其全球移动运营公司,把所属分布在德国、美国、英国、澳大利亚等国家的移动运营公司统一命名为"T-Mobile"。2002年9月3日,已经在美国45个州提供电信服务的VoiceStream正式以"T-Mobile USA"品牌进行经营,覆盖美国95%人口,即2.18亿人。公司发展迅速,到2002年底用户数达990万。德国电信旗下公司T-Mobile因而成为第一个具有全球统一名称和单一数字技术标准——GSM的跨大西洋的移动通信公司。

4. 德国电信国际化经营现状

(1) 德国电信已经成为全球化电信运营集团。德国电信海外投资和来自海外的收入都是巨额数字。一方面,德国电信在海外投资巨大。德国电信投资总额从1998年的75亿欧元上升到2000年的431亿欧元,2001年为377亿欧元,其中的很大部分都是通过并购等形式投资到海外市场。2002年投资总额降为132亿欧元,海外投资也急剧减少。另一方面,德国电信来自海外的收入也显著提高。德国电信来自海外的收入从1998年的24亿欧元上升到2001年的132亿欧元,再上升到2002年的184亿欧元,占集团总收入的比例从1998年的6%上升到2001年的27%,再上升到2002年的34%。目前,德国电信不仅是德国最大的固定电话和Cable业务提供商,还是欧洲最大的ISP。在全球六大洲65个国家拥有218个分公司、子公司、联盟公司和合资公司,业务领域主要遍布德国国内、欧洲其他国家和地区、北美和亚太等电信市场。

(2) 德国电信债务负担仍然沉重。全球范围内大规模的收购活动以及竞购3G牌照在把德国电信推向国际电信巨头的同时也给它带来了巨大的债务和利息负担，同时许多收购的公司在2001年全球电信市场严重衰退的情况下，大幅度贬值或是经营出现亏损，从而使得企业市值下降，债务负担越来越重。公司债务总额从1998年的399亿欧元急剧上升到2001年的670亿欧元。虽然经过采取多种措施，2002年德国电信把债务总额降低到630亿欧元(调整后净债务总额为611亿欧元)，但其仍然是公司发展的沉重负担。

(3) 德国电信盈利水平大幅度下降。在沉重的债务负担以及一些国外市场经营情况不利的情况下，德国电信盈利水平连续下滑。2001年，德国电信从2000年59亿欧元的净收益转为35亿欧元的亏损(已经抵消了当年出售Sprint FON/PCS股票和Baden Württemberg光缆公司的收益)，到2002年亏损额更高达246亿欧元。2002年出现巨额亏损主要是因为公司总体战略在收入方面，尤其是对盲目并购和在3G的竞买中产生的208亿欧元的亏空调整的结果。此外，2001年7亿欧元的净财务支出也反映在2002年的财务报表上，但2002年出售Satelindo和T-online的股份额所获收益却没有反映到2002年的财务报表上。但不管如何，德国电信盈利水平连续下降却是不争的事实。

思考：德国电信在国际化发展过程中的有成功失败，请对此进行系统分析。

资料来源：http://www.cww.net.cn/tech/getmsg.asp?id=20&articleID=6550/2010-5-20

本章小结

本章首先阐述了服务业国际化的背景、原因以及国际化过程中所呈现出来的一些特点和新趋势；其次，阐述了现代服务业国际化模式选择的理论基础(主要有交易成本理论、行为科学理论、资源基础理论、动力能力理论等)；最后，在前两节的基础上，参考国外一些地区的发展模式，总结出了中国现代服务业走向国际化的六大模式选择。

思 考 题

1. 简述服务业在国际化的过程中所呈现出来的一些特点。
2. 简述中国现代服务业国际化面临的挑战和存在的问题。
3. 简述现代服务业国际化模式选择的理论基础和主要模式。

第 11 章 现代服务业信息管理

导　读：

信息化是现代服务业的一个重要特征。事实上，美国有很多咨询公司都是直接为国防部服务的，如美国的顶级战略智库——兰德公司就是其中之一。同时，由于现代服务业是以高新技术和现代管理管理理念作为其主要法宝的，那么，现代服务业的信息管理就显得尤为重要了。因此，本章将就现代服务业信息管理的概念、意义、现代服务业信息管理系统的构成等问题进行探讨。

关键词：

信息管理　管理信息系统　安全管理

11.1 现代服务业信息管理概述

11.1.1 信息的概念及属性

1. 信息的概念

信息普遍存在于自然界和人类社会中，它可以演变为巨大的财富和重要的资源，也是人类进行各项管理活动的基础。随着科技的发展和人类社会的进步，当今社会正在进入信息化、数字化时代，信息已成为人类社会的重要财富和资源，成为社会和经济发展的重要支柱之一。信息技术与生物、航天、新能源等也将成为第 4 次科学技术革命的先导，信息产业在国民经济中的比重得到了显著提高。这也使得它成为众多学科的研究对象，不同领域学者从不同角度对信息进行了各不相同的定义。在介绍信息的概念之前，先要介绍数据的概念。数据(Data)是对现实世界中客观事物状态、特征或其变化过程的记录与描写，也就是常说的记录材料。数据的类型比较广泛，可以是文字、图像、声音或符号等，但是它必须具备两个特征：①客观性，数据是对客观事实的真实描述，尽管它可能含有误差、错误；②物质性，数据必须具有一定的表达形式，抽象的或者意识中的数据，必然有具体的表态形式，只有这样才符合它物质的属性。

什么是信息(Information)呢？到目前为止还没有一个公认的确切定义，不同的学者可以从不同的角度去理解它。但在信息系统学中，可以从信息和数据的关系这一角度来理解：信息是客观事物属性的反映，它是人们对原始数据经过加工、处理后形成的对决策或管理有价值的东西。简言之，信息可以理解为对数据加工处理后所得到的结果，数据和信息两者之间是原料和产品的关系，数据可以看成是原料，信息则看成是产品。数据和信息是两个不可分割而又相互联系的概念。

2. 信息的基本属性

1) 事实性

事实性是信息最基本的性质之一。任何信息都会反映事物的特征或描述其运动状态，并指导人们的决策或行动。不过有些信息歪曲地反映了事实，人们在用它做决策时必会造成重大的失误，因此，在做出决策或行动之前，必须首先实事求是地整理信息。

2) 价值性

信息的价值在它得到转化并指导实践时才会体现出来，信息本身虽没有太大的使用价值，但可以从其产生的作用中看出信息的价值。

3) 传播性

信息可以通过各种各样的途径得以传播，不仅口头、书面、声音、图像可以传播，现代化的电子信息、网络更是让人们大开眼界，可以随时随地了解全球最新信息。

4) 滞后性

信息是数据加工处理后的结果，它不可避免地要落后于数据。从数据到信息、信息的传播以及搜集运用信息都需要一定的时间，这就是信息的滞后性，应该减小这种滞后性，以免造成信息的失效、过时，及时准确地把握它。

5) 不完整性

在搜集、整理数据时，会因为主观或客观的原因，造成一定的不完整性，也不可能一次掌握所有的信息，其中还可能掺杂着错误的信息，这就要求在数据的整理过程中，要有一定的判断力，尽可能全面准确地掌握真实的信息。

6) 目的性

使用信息的目的是完成特定的任务。由于信息的广泛和复杂性，有目的地收集和处理相关信息才能提高信息处理的效率。

11.1.2 现代服务业信息管理的概念、意义和内容

1. 现代服务业信息系统管理的概念

现代服务业信息管理是指为了有效实现现代服务企业组织目标，综合运用各种手段对现代服务企业的信息活动中的各要素实施全面管理的一种管理思想和管理模式，以此加快企业信息的收集、加工、传递、存储、检索和利用速度，为企业管理者提供科学的决策依据，最终促进企业管理水平的整体提升。具体而言，这一概念的内涵主要包括如下几点。

(1) 现代服务业信息管理的目的是要促进企业管理水平的提高，增强企业的核心竞争力，最终实现组织的目标。现代服务企业的组织目标是企业进行其他一切活动的纲领，企业信息管理同其他管理手段一样是实现组织目标的手段。故现代服务业信息管理必须围绕着有利于实现组织目标这一方向来进行。

(2) 现代服务业信息管理的系统构成包括人、计算机网络硬件、系统平台、数据库平台、通用软件、应用软件、终端设备，它是一个有机整合的系统。

现代服务业信息管理 第11章

(3) 现代服务业信息管理的内容就其本身而言是一个系统工程,包括企业领导和员工理念的信息化;设计、加工应用信息化。

(4) 现代服务业信息管理的本质是企业的管理和运行模式,它体现了企业管理理念与方法的创新,是以计算机技术、网络技术等手段提高企业管理水平的管理模式。

(5) 现代服务业信息管理涉及企业的各个部门,如财务部、人事部、交通部、经理办公室等。这些部门通过信息管理手段不仅能提高本部门的工作效率,而且有利于各部门信息的共享,促进这些企业的整体运作。图11.1和图11.2分别是某企业内部的财务管理系统和该企业人力信息管理系统的操作界面。

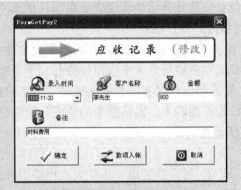

图11.1 财务信息管理系统

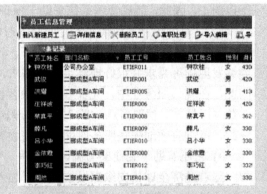

图11.2 人力信息管理系统

2. 现代服务业信息系统管理的重要意义

随着资讯百变、信息技术日新月异和知识经济的持续发展,现代服务业的经营方式和管理方式出现了很多新的变化特点,传统工业化社会的生产经营管理模式逐渐向知识经济时代的知识管理转变,现代服务企业更加依靠通过信息、知识资源来获得竞争优势,而不单单是依靠传统的金融资本或自然资源。因此,信息管理是现代服务企业在知识经济时代求生存、谋发展的必由之路。加强现代服务业信息管理的意义主要体现在以下几个方面。

1) 它是有效提高企业运作效率的重要手段

企业运作效率会在很大程度上影响到现代服务企业竞争力和获利能力。在当前企业经营管理模式、组织结构、产品种类同质性特征日益明显的趋势下,各服务企业之间的竞争优势已经不太明显。而信息管理对于企业的管理模式与管理手段具有极大的优化作用,能够大大提高企业的运作效率。首先,信息化管理能提高员工的工作效率,信息管理有助于缩短企业模式化的工作流程,并使部门之间的信息传递速度与准确性大大提高,从而能在很大程度上提升员工工作效率;其次,它还能协调企业各部门之间的合作,信息管理能实现现代服务企业各部门之间信息的共享,改变过去的本位主义和各个部门单打独斗的状况,使得信息成为共享资源,部门之间能够进行信息交流,从而能够有效地进行合作;再次,使企业能够快速适应市场变化,在现今市场日趋激烈的情况下,企业对外界环境的反应越快往往越容易抢占市场先机,在面临市场突变的形式下,服务型企业的应对策略有两种,即整体战略调整和局部战略战术调整。在局部战术调整方面,信息管理能够及时提供给服务企业基层部门和员工信息,从而使其在自己职权范围内先期开展相关策略调整,而不必

223

等待企业决策一层一层地传达，从而能快速有效地对瞬息万变的市场做出反应。

2) 加强信息管理是现代服务业实现组织目标的保证

现代服务业的管理活动是以信息为基础的，通过相关信息的收集、加工、传递、利用以控制现代服务业的系列生产活动的合理有效地运行，从而使企业利润最大化，实现企业的组织目标。由于企业所处的大环境是经常变化更新的，企业生产往往也会受到各种因素的影响，有时甚至会偏离企业的目标，通过信息管理可以使相关信息职能部门对企业反映的经济活动的变化情况和特征进行有效分析和评估，并与企业原有计划进行比较，查看其是否偏离了企业确定的组织目标。如果偏离则要进一步查出偏离的原因，并采取有关对策予以纠正，因此，信息管理系统有助于保证企业生产经营活动围绕企业组织目标而不偏离。

3) 它有助于缩短现代服务企业服务时间和提高客户满意

在当前金融风暴席卷全球的背景下，市场竞争显得更为激烈，在这场生死角逐中，谁能够发现顾客需求并很好地满足顾客需求，谁就能在市场竞争中取得优势并立于不败之地，因此，在现代服务业中，尤其要重视顾客价值的创造和顾客满意度的提高。信息管理依托于数据库技术、管理信息、客户关系管理软件等设施能大大提高服务的速度与个性化水平，因此，可以有效地缩短服务时间和提高顾客满意度。

4) 它还有助于企业参与国际化竞争

随着经济全球化向纵深发展和中国加入 WTO 后开放的进一步扩大，很多国外先进的服务业进入中国市场，给中国服务业造成了很大的压力。在当前知识背景条件下，谁掌握了信息谁就掌握了财富。中国现代服务业必须加快信息化的步伐，实施信息化管理，由此提高自身的管理水平，培养核心竞争力，赢得全行业的竞争优势并与国外企业开展有效竞争，同时通过信息化管理，收集国外先进服务企业的有效情报，真正做到"知己知彼，百战不殆"。

5) 实施信息化管理有助于提升人才资源的脑力价值

在现代服务业中实行信息化管理，用计算机去从事一些比较烦琐而又重复单调的体力劳动，将人从中解脱出来，进而降低了员工的劳动强度，而且使员工有更多的时间去从事一些能够产生重大价值的脑力劳动，如高层管理人员将会有更多的时间和精力去考虑企业的战略问题，中层管理者会关注如何改进管理技巧以便更有效地履行和传达上级命令与监督下级工作的职责，基层员工会思考如何创新工作方法以更好地提高工作效率，这对于企业挖掘员工的工作潜力十分有效。

3. 现代服务业信息系统管理的内容

信息系统是以加工处理信息为主的系统，它能对数据进行收集、存储、处理、传输、管理和检索，并能向有关人员提供有用信息。信息系统集组织内部各类信息流为一个系统，将整个系统中各个组成部分有机地联系在一起，它与整个系统的质量和运行的情况密切相关。信息系统可以是手工处理，也可以是计算机处理，作为现代信息科学技术的产物和结晶、计算机可以大大地提高信息的功能和效率，建立在以计算机为基础上的信息系统是未来社会发展的必然趋势。

服务系统就可以概括为与服务活动的开展相关的一切活动和事物。服务信息则是存在于整个服务系统的每一个部件和环节中，无形中构成了庞大的服务信息系统，该系统属于服务系统,只是服务信息系统需要专业的人才开发和管理,才会形成看得见和可以操作的东西。作为一个高级复杂的系统,服务信息系统更是离不开计算机和网络的帮助,系统的观点、科学的方法和计算机的应用是服务信息系统的三大要素,同样也是管理现代化的重要标志。因此,本章主要讨论以计算机、网络及其他办公设备为基础的服务信息系统的管理。

11.2 现代服务业管理信息系统

11.2.1 系统与信息系统的概念及特征

1. 系统的概念

系统(System)一词现在也是人们经常使用的,如生态系统、教育系统、交通系统、金融系统、计算机系统,不同的情况和环境下对系统的理解也不相同。国际标准化委员会对系统的定义是:能完成一组特定功能,由人、机器和各种方法构成的有机集合体。系统由若干个相互有关联又相互作用的部件组成;这些部件有机组合在一起为实现一个共同的目标。开发管理一个系统的关键在于能否能够正确把握各部件之间的关系,尤其是要处理人与其他部件的关系。中国学者钱学森等人提出的系统是:"把极其复杂的研制对象称为系统,即由相互作用和相互依赖的若干组成具有特定功能的有机整体,而且这个系统本身又是它所从属的一个更大系统的组成部分。"

2. 系统的特征

1) 整体性

这是系统区别于单一个体的基本特性,系统由两个或两个以上的部件组成。这里的整体性是指系统的整体效果大于局部效果之和的特性。组成一个系统的各个部件虽然有自己的特性和相对独立性,但它们并不是一个简单的集合,各部件都应根据一定的逻辑统一性而存在,各部件相互协调产生总效果大大优于各部件独立工作的效果。

2) 相关性

系统中的各个部分之间不是彼此完全独立地、静止地处在系统中,而是按照一定的逻辑关系连接在一起,相互联系、相互制约,得以实现共同的目标。也就是说,整个系统的目标是通过一定的逻辑关系,让各要素的功能得以实现。

3) 目标性

每个系统的存在都有它自己特有的目标,通过控制调节和管理系统只是为了实现系统的目标。

4) 层次性

系统的概念是相对的,有大有小,一个大系统是由若干个小系统组成的,每个小系统又包括若干个更小的系统。这就是系统层次性的表现。系统的层次性为人们对它的认识与了解提供了方便。从较高的层次进行分析,可以了解一个系统的全貌,从较低层次进行分析,则可以了解一个系统各组成要素的细节。

5) 边界性

由系统的组成要素确定了系统的边界，边界之内称系统，边界之外称环境。系统与环境之间有信息和物质的交流。事实上，环境并不受系统控制，但对系统的运行起着很重要的作用。系统的边界是根据不同条件和需要而定的。

6) 动态性

任何系统内部都有物质、能量和信息的流通，正如宇宙系统、生态系统每时每刻都在不停地变化运动是物质的根本属性，系统亦是如此。

3. 信息系统的概念

信息系统是一个以信息的收集和加工处理为主的系统，它能对数据进行收集、存储、处理、传输、管理和检索，并能向有关人员提供有用的信息。事实上，在组织内部存在着各种各样的信息流，将组织内部各类信息流整合为一个密切联系的有机整体便形成了信息系统。信息系统的质量与整个系统的质量和运行情况有着紧密的联系。目前所知的信息处理方式主要有两种：手工处理和计算机处理。由于计算机处理可以大大简化流程并提高信息的功能和效率，因此，建立以计算机为基础的信息系统是信息系统发展的一大必然趋势。

从现代服务业管理的角度来看，服务企业也是整个社会大系统组织的一员，在其内部各个层次、各个部门之间也存在着不同类型的信息流，这些信息流相互作用、相互联系从而构成了支持整个现代服务企业运行的一个信息系统。现代服务业信息管理系统不仅能够对企业生产经营活动中发生的信息进行收集传递、存储加工、维护和使用，同时，利用信息为管理决策提供服务，帮助企业实现组织的各项目标。

4. 信息系统的基本功能

尽管各个组织之间信息系统的结构、要素、目标不尽相同，但是它们都有着相同的基本功能，这些基本功能包括数据的收集和输入、数据存储、数据处理、数据传输、信息输出、信息维护等。

1) 数据收集与输入功能

数据收集与输入是信息系统的第一大功能，只有在正确收集和输入数据的前提下，系统才能发挥有效作用。数据收集与输入功能是指把分散的数据收集并记录下来，整理成适合信息系统要求的格式和形式，并将整理好的数据通过信息输入设备存入信息系统中。

2) 数据存储功能

一般情况下，原始采集来的数据可以用做不同的用途，因此，数据要求能够被多次使用。这就要求信息系统将这些数据保存在外部存储介质中，以便需要时随时进行存取和更新。

3) 数据处理功能

任何组织都为特定目的使用信息，因此，数据要求能够被多次使用。这就要求对原始数据进行加工处理以符合要求。数据加工的方法有很多，包括简单信息查询、核对、分类、排序、检索，以及复杂的数学模型预测、仿真、优化等。在现代信息数据处理技术中，计算机的广泛应用大大提高了系统的数据加工处理能力。

4) 数据传输功能

数据传输即数据通信，即把数据或信息从一个子系统传到另一个子系统，数据的传输速度和准确程度是数据传输的主要性能指标。传输方式包括计算机传输、人工和盘片传输。计算机传输以计算机为中心，通过通信线路与其他近、远程终端连接，形成联机系统或通过通信线路将微小型等计算机联网。人工传输的含义是以各种单据、报表、计划等形式进行的传输。盘片传输是指将重要数据输入到磁盘或其他外存上进行传输。

5) 信息输出功能

信息处理的最终目的是要更好地使用信息，因此，信息系统输出信息的效率与准确度将直接关系到信息系统的使用效果和信息系统效能的发挥。信息输出要能够满足用户要求的形式和功能。因此，如果信息输出做得好，将可以为信息使用者提供极大的便利。

6) 信息维护功能

信息维护就是要经常对信息进行更新和维护，使其保持在使用的状态，保证信息的准确、及时、安全和保密。信息维护包括狭义和广义两层含义：狭义的信息维护是指及时更新系统中的数据；广义的信息维护则还应包括系统建成后的数据管理工作。

5. 信息系统管理的内容

信息系统管理的内容主要包括信息系统开发过程的管理、信息系统使用过程的安全管理、信息系统使用过程的创新和信息系统开发完成后的运行维护管理4个方面的内容。

1) 信息系统开发过程的管理

系统的开发是一个长期而又复杂的工程，需要投入大量的人力、物力和时间，不仅包括对原有系统进行详细的调查，还包括规划、设计、建立新系统，这就需要有效地计划、组织、领导和控制所拥有的资源，实现最终的目标。

2) 信息系统使用过程的安全管理

企业信息化的大量普及导致企业对信息系统的依赖性越来越强。这对信息系统的安全性提出了很高的要求，因为系统的任何破坏和故障都会给企业造成巨大的损失，那么，如何来维护企业信息系统的安全呢？比较流行的措施主要有两类，即技术性措施和非技术性措施。技术性措施是指通过采取一些与系统直接相关的技术手段来防止系统安全事故的发生，如实行数据加密、防火墙技术等；非技术性措施主要是指利用一些行政的、法律的手段以及一些物理措施来防止安全事故的发生。

3) 信息系统使用过程的创新管理

由于企业处在一个变化的社会环境中，周围的情况在不断地发生变化，在开展信息系统管理时，各种因素不可能完全考虑进去，或有些功能被淘汰，或增加了新的功能需求，在系统运行的过程中要根据实际情况加以扩充，否则将会因为脱离实际而无法生存运行，缩短系统的生命周期，这就是信息系统的创新。

4) 信息系统开发完成后的运行维护管理

一个信息系统包括搜集、整理、处理、存储和应用等多个部件，涉及企业的各个部门。一个系统的维持必须要有配套的管理活动，否则信息系统难以达到辅助管理、辅助决策的目的，便失去了存在的价值和意义。所以，应有专门人员进行系统的管理和维护，防止计算机病毒的入侵，排除系统存在的故障。

11.2.2 现代服务业管理信息系统的分析

1. 现代服务业信息系统的概念与特征

企业管理信息系统是一门综合了管理学、系统科学、信息科学、计算机科学和现代通信技术等的新兴边缘学科，它是应现代科学技术的发展和现代化管理的客观需要而诞生的。通过运用系统理论和方法，以电子计算机和现代通信技术为信息处理手段和传输工具，能为企业管理信息进行数据的收集、整理、存储、加工、查找、传输，并为企业管理决策服务的系统。也可以称其为企业管理决策的信息系统。按照组织的职能可以将其划分为办公系统、决策系统、信息系统和生产系统；除了这种划分方法之外，还可以按照信息的处理层次对其进行划分，即面向数据的执行系统、面向机制的核算系统、报告监控系统、分析信息系统、规划决策系统。

现代服务业管理系统具有一般企业管理信息系统的共性，但同时也具有其自身的一些特点。尽管目前对于现代服务业管理信息系统还没有一个明确的定义，但是现代服务业的信息化水平比一般企业都要高很多，因为现代服务业本身就是基于信息化这个平台建立起来的，没有实现信息化的服务业就不能称其为现代服务业。

本书通过对现代服务业的调查和对一般企业管理信息系统的认知，将现代服务业管理信息系统定义为：为了更好地实现现代服务企业的组织目标，运用系统理论和方法，以人为主导，利用计算机硬件、软件、网络通信设备以及其他办公设备进行收集、传递、存储、加工、维护和使用现代服务业管理活动中发生的信息，为现代服务企业决策提供信息服务的人机系统。

2. 现代服务业信息系统的功能

现代服务业信息系统的主要功能包括计划预测功能、决策功能和服务功能。

1) 计划预测功能

计划预测功能是指对现代服务业各种形式的原始数据进行收集、整理、输入、存储、加工的基础上，运用数学、统计或模拟等方法对现代服务企业未来的经营情况进行预测，根据预测结果对现代服务企业各部门制订合理协调的工作计划。

2) 决策功能

决策功能是指企业决策人员通过利用各种数字模型和存储在计算机中的大量数据，及时推导出有关问题的最佳解决方案，辅助管理人员进行决策，以期合理利用人、财、物和信息资源，取得最佳的经济效益。

3) 服务功能

通过依据现代服务企业各职能部门提供的数据、信息，为企业上下级单位、相关业务单位或部门提供信息服务。

3. 现代服务业信息系统的结构

任何一种管理信息系统，从信息管理的角度来看，应该有信息的输入、处理和输出的功能，而针对不同的信息管理的功能设计，又必须包括对信息的存储、传输、增加、删除、修改、统计和检索等功能。现代服务企业管理信息系统的结构是指管理信息系统各个组成部分所构成的框架结构，主要可以分为物理结构、层次结构和功能结构。

1) 物理结构

管理信息系统的物理结构主要是指系统的硬件、软件、数据等资源组成及其连接的方式，一般由以下几个基本部分组成：计算机硬件、软件、数据库、运行规程和人员。计算机硬件包括计算机和相关设备，主要进行信息的输入、处理、存储、通信、输出等。软件是用以操纵计算机硬件和处理数据的程序和控件，它包括系统软件和应用软件，系统软件主要用于计算机的管理、运行、控制、维护等；应用软件主要用于指挥计算机进行数据处理，企业不同部门的管理应用要求不同，其管理信息系统的软件是各不相同的。数据库是存储大量数据或信息的设备。运行规程是保证系统正常运行的规则、管理制度，主要包括用户手册、操纵手册等。管理信息系统即使具备了良好的设备，如果没有合适的人员操作，也不能发挥作用。相关设施设备的开发、组装、运行、维护都要依靠专业人员，因此，人是系统中最重要的组成部分。

2) 层次结构

从现代服务业组织结构划分来看，企业从纵向上可以划分为高层、中层、基层 3 个层次；从横向上可以划分为生产经营部门、市场营销部门、财务部门、人事部门等。现代服务业管理信息系统是为企业各部门、管理层服务的，因此，管理信息系统也可以与企业组织结构相适应进行对应的层次划分。从纵向上看，管理信息系统可以分为高层、中层、基层 3 层子系统，分别为企业相应管理层次提供信息服务；从横向职能上划分，管理信息系统在每个层次上又可进一步划分为市场销售子系统、财务子系统、人事管理子系统和其他子系统。每个子系统为相应职能部门提供信息服务，同时支持从基层管理到高层管理的不同层次的管理需求。

3) 功能结构

任何管理信息系统必须支持信息的输入、储存、处理、传输、输出、利用等一系列完整的功能。因此，从功能设计角度考虑，信息管理系统必须具备以上各种技术功能。从现代服务企业各部门业务角度来看，现代服务企业管理信息系统应该支持企业不同部门各项业务的功能。管理信息系统的各项子系统在微观层面上支持部门业务，在宏观层面上，各子系统构成一个有机的业务功能结构以支持整个企业。

4. 现代服务业信息管理的有效途径

1) 信息管理的标准化

信息管理的标准化主要是指原始数据收集制度化、信息载体规范化、信息加工程序化和信息传递工艺化等方面。信息管理标准化不仅能提高信息管理水平，而且是建立计算机管理信息系统的必要前提条件。

2) 信息管理的高效化

信息管理的高效化是指对于信息管理的各个环节要做到及时、准确、适用和经济 4 个方面。高效率的信息管理既是信息管理工作的目标，也是贯穿于信息管理全过程的一个重要的工作标准。

3) 信息管理的现代化

进行现代化的信息管理，需要做到人才建设和机构建设的完善、技术全面、硬件过硬，同时，还要树立现代化的管理理念。

11.3 现代服务业信息系统的安全管理

每一个现代服务业管理信息系统的开发都是一项复杂而又艰辛的系统工程,不仅投入了大量的资金,而且系统开发人员也付出了大量的脑力劳动。因此,现代服务业信息系统的安全及其管理就显得非常重要。本节通过影响系统安全因素的分析,主要讲述现代服务业信息系统安全管理的办法与措施。

11.3.1 现代服务业信息系统安全的概念

随着 IT 行业和 Internet 技术的快速发展,经济全球化和网络化已成为一种不可抗拒的潮流,越来越多的个人和企业将商务活动网络化,因此,使信息的处理和传递突破了时间和空间的限制,生产效率得到了显著的提高,世界经济获得了迅速的发展。然而,由于信息系统的脆弱性,信息系统的安全管理同时也成为了整个社会最重要的问题之一,利用计算机和网络为手段的大量犯罪活动日益猖獗,非法访问、网络侵权、黑客攻击、信息走私等活动日益严重,给企业经营甚至国家安全带来了巨大的威胁。

所谓信息系统的安全,从本质上来说就是网络上信息的安全,这就包括维持网络正常运行的硬件、软件、系统中的数据和系统的运行 4 个部分的安全,使之不受到偶然的或者恶意的因素造成部件的破坏、更改、泄漏,以此来保证网络服务的畅通无阻。从广义的角度来讲,凡是涉及信息的真实性、保密性、完整性的理论和技术都是信息系统安全管理应该研究的问题。所以,信息系统安全管理的内容包括两个方面:①技术问题,主要侧重于防范外部非法用户的破坏;②管理问题,主要侧重于内部人为因素的管理。

信息系统的安全问题已经成为一个关系国家安全、社会稳定和民族优秀文化继承和发扬的重要问题,其中网络和信息的安全涉及计算机科学、网络技术、通信技术、信息安全技术、应用数学、信息论等多种学科的知识。现代服务业管理信息系统是利用信息技术去解决现代服务业中营销策略、企业管理、行业管理等问题,安全问题也一样需要受到重视,借鉴其他信息系统安全管理的经验。

11.3.2 影响现代服务业信息系统安全的因素分析

由于计算机拥有极大的数据存储量和极快的数据处理速度,人们将越来越多的数据资源存储在计算机系统中,使得信息和财富在计算机中高度集中。然而,一旦其中的信息或网络遭到破坏或丢失,都将会给社会造成极大的影响。信息系统是以计算机数据处理为基础,因此,信息系统的安全也与计算机系统的安全密切相关。分析信息系统的安全应该从它的构成出发,信息系统的安全是一个系统的概念,它包括了信息系统设备的安全(硬件设备)、软件的安全、数据的安全和运行的安全。因此,对信息系统的安全构成威胁的因素可以归纳为以下几种。

1. 信息系统设备的安全是指计算机硬件、存储介质、通信设备和网络线路的安全,保证它们不受自然和人为因素的影响破坏

网络的拓扑结构包括总线型结构、星型结构、环型结构、树型结构等,实际的网络又

是这些网络结构组成的混合结构,所以,很多情况下造成硬件的相互冲突。例如,网桥、路由器等大量用于广域网络,而路由器技术和性能目前还受到很大的限制。另一方面,计算机的核心芯片多依赖于进口,不少关键的网络设备也依赖于进口,造成网络安全的缺陷。对于存储介质和通信设备等都有自己使用的条件要求,如温度、湿度、电压等,在操作时一定要严格遵循设备的使用说明,对于公用的设施设备更应该爱惜,加强这方面的管理。有实力的公司还应该储备应急设备。

2. 信息系统的软件安全就是保护应用软件的程序代码及其相关数据、文档在运行过程中不被任意篡改和非法复制,坚决使用正版的软件光盘

由于软件程序的复杂性和编程方法的多样性,软件系统中很容易有意或无意地留下一些不易被发现的安全漏洞,会引起极大的网络安全问题,主要包括以下几个大类的问题:操作系统的安全问题、数据库及其应用软件的安全问题、TCP/IP 协议的安全漏洞、网络软件和服务的安全漏洞。

此外,从企业内部信息系统的安全运行来说,加强员工操作的管理,制定严格的管理制度,避免因操作不当误删文件,随时备份重要的数据和文件,交给专门人员保管。同时防止系统文件和文档被病毒感染,自动地进行文件删除和修改。

3. 信息系统的数据安全是指信息系统内存储的数据和资料不被非法使用和修改

数据和资料对一个系统来说是至关重要的,也是通过信息系统进行管理决策的关键所在。要保证存储的数据不被非法使用,在技术上要防止黑客的入侵、信息的窃取和破译;在管理上要明确各级管理部门查阅相关信息的权限,并通过电脑授予查看、修改和管理权限的密码,不得随便让他人查看系统的数据信息,更不能告诉他人系统的密码。

4. 信息系统的运行安全与管理是一个动态的、综合的概念,它着重保护信息系统的连续正确运行

首先,企业的管理者对信息系统应该要有高度的重视,树立信息安全的观念,及时杜绝一些不可抗力因素(如火灾等)的发生;其次,应该改进信息管理机构的设置,为系统设置具有相当权限和责任的管理机构,并配置足够的人员和资金,提高工作人员的素质,包括操作的技能和责任心;最后,应该加强行政管理制度和法律法规的制定,以防范人为因素对安全性所造成的威胁。

11.3.3 现代服务业信息系统运行与维护的安全管理

1. 信息系统的管理机构

任何管理活动得到有效实施的前提都是有一个良好的组织,因此,要实现现代服务业信息系统的安全管理也得首先确定相应管理的机构,它是现代服务企业必不可少的部门。如美国的大型饭店组织机构极为庞大,但每个部门均可通过饭店管理信息系统了解到其操作的范围,不至于使整个饭店的工作混乱。然而,管理信息系统的地位在国内却很低,将信息系统的管理机构与企业内部的其他部门平行看待,这样虽然可以实现信息资源在企业内部的共享,但系统运行中有关的决策和协调能力却大大降低了。信息系统应该由最高层直接领导,作为参谋中心和协调中心而存在,才能够充分发挥系统提供决策支持和领导有

效指挥的作用。

信息系统的人员配备直接影响着系统的正常工作，一名高素质的工作人员，不仅能够对系统进行严格管理和维护，还应该会对系统的完善提出合理的建议。按照工作的职责分工，信息管理人员大致可以分为三大类：系统维护技术人员、系统日常管理人员和系统业务操作人员，信息系统管理部门的主要成员由前两类人员组成。一般在中小型企业里，信息系统部门的人员较少，系统维护、网络维护、资料管理、员工培训都集中在少数几个人身上。

2. 系统运行的管理制度

制度是规范行为的有力保证，使得管理活动有了参考的依据，有利于明确系统的操作规范。一般的运行管理制度包括系统操作规程、系统安全保密制度、系统修改规程、系统定期维护制度以及系统运行状况记录和日志归档等，如重要的数据输入和输出制度，密码口令专管专用制度，定期病毒防止管理制度、安全培训制度等。

3. 数据的维护与管理

现代服务企业中各种数据是管理信息系统的基本加工对象，系统正常运行的参数是辅助数据，这两部分数据是信息系统数据维护的重要内容。要实现数据的安全：①要保证输入系统的数据是正确的、有效的、符合程序处理的要求，这样才会被系统所接受并做出正确的处理；②要及时、准确地备份数据和正确地保管备份数据，在系统出现故障时能够在短时间内将系统数据恢复到最新的状态。另外，在将数据制作成文档时力求制度化、标准化，形成一些固定的格式，维护文档的一致性，方便对文档的各种处理工作。

11.3.4 现代服务业信息系统安全维护的对策与措施

1. 信息系统安全的设计

信息系统的安全问题表现在信息系统的运行过程中，然而在系统的规划、设计和实施阶段就应该考虑到这一方面的问题。信息系统安全的设计包括物理实体安全的设计、硬件系统和通信网络的安全设计、软件系统和数据的安全设计等内容。这些都属于计算机和网络应用技术方面的问题，在系统开发时应该多听取有关专家关于这些方面的建议，力求使这些由物理因素造成的安全隐患降至最低，保证系统的正常运行。

2. 选择安全可靠的操作系统和数据库管理系统

选择一个安全可靠的操作系统是软件安全中的最基本要求，也是其他软件正常运行的基础、系统稳定的保证，因此，只有在保证操作系统安全可靠的前提下，讨论系统软件的安全性才有意义。

多数信息系统都运行在某个数据库管理系统上，数据库管理信息系统的安全直接关系到信息系统应用程序和数据文件的安全。因此，在选择数据库管理信息系统时，一定要考虑数据库本身的安全能力和安全措施。

3. 客观因素的控制

1) 防水、防火

机房的建设和网络的组建要达到当地消防部门的相关规定，机房内不能铺设水和蒸汽管道，地面上要有防滑措施。

2) 防磁、防震

因为磁场会改变存储介质上的数据，磁盘和磁带等介质应该远离变压器等磁场源。

3) 防静电、防尘

防静电的最好办法是将电器接地，并采取一定的措施防止静电的产生。同时，注意因静电或其他原因造成的灰尘污染，保持机房的清洁卫生。

4) 选择合适的辅助设备

机房内使用的工作台、终端桌、隔板、窗帘等都应该是非易燃材料制品，并且机房内不宜使用地毯，因为地毯会聚集灰尘、产生静电。

4. 预防计算机病毒的侵袭

近些年来，世界范围内的计算机系统一直受到计算机病毒的困扰，而且到目前为止，还没有一种非常有效、彻底的防治手段，现代服务业管理信息系统也是如此。所谓计算机病毒，实际上是一种专门破坏其他程序和数据的一小段程序，它可以通过磁盘备份、通信网络和计算机网络扩散，一般可分为操作系统型病毒、文件型病毒和源码病毒，无论哪种病毒，一般都很难发现，也会给系统带来不同程度的损失。

计算机病毒的感染基本上是通过两条途径：①在网络环境下，通过数据网络的传递；②在单机环境下，通过软盘的信息传递。一般来说，预防计算机病毒的感染比病毒侵入后再去发现和排除要重要得多。特别需要注意以下事项。

(1) 在使用公共的计算机或共享的软件时要特别谨慎，确需使用的时候应该进行查毒。

(2) 在网络通信时要限制网上可执行代码的交换，不执行来历不明的程序和邮件包，不把用户数据或程序写在系统盘上。

(3) 对安装的反病毒软件，如金山毒霸、McAfee VirusScan、Norton AntiVirus 等，要启动实时监控的功能，并及时在线更新病毒库。

(4) 养成良好的软件备份习惯，对重要的可执行文件和重要的文档做一些备份，当计算机遭到病毒攻击时，若不能清除病毒则可考虑磁盘的格式化，使系统恢复正常。

案例

Focustar 物流信息管理系统

Focustar 物流信息管理以现代第三方综合物流服务的内涵为指导思想，利用计算机、互联网、数据仓库、多媒体等技术和 E-Business 技术手段完成整个供应链物流活动的现代化和电子化。物流企业可以最大限度地为客户提供物流流程优化设计并提供一站式全程物流服务，最大限度实现第三方物流服务的高效性和权威性，节约了物流成本，实现企业的"物流是第三个利润源泉"目标。通过 Focustar 物流信息管理的各个功能模块，可以为企业提供供应链上物流各环节的全面技术解决方案。

该系统主要包括仓储管理子系统(入库、出库、调拨等)、业务受理子系统(货单受理、电话受理、Web 受理等)、车辆管理子系统(司机、车辆、调度等)、运输配送管理子系统、部门管理子系统(分公司、代办处等)、电子商务网站子系统、相关系统接口，包含 GPS/GSM/GIS、条形码等系统集成接口等一共八大功能模块。物流企业可以根据自身企业的状况进行模块的选择，量身定做的积木式系统架构是 Focustar 物流信息管理平台所独有的特性。积木式架构方案可以明显降低企业的再次投入成本，使整个系统可以无障碍的分期实施，投入应用速度快，投资压力大大缓解。

　　Focustar 物流信息管理系统的具体功能如下：(1)基础资料管理包含了部门、人事、系统权限、合同管理、货品管理、系统管理等基础信息。(2)收货作业。包含收货的开单、复核、入库检验、统计等作业过程。(3)出货作业包含出货申请、复核、排程、备货、统计等过程。(4)库存管理与调拨。包含货物的出、入库、调整、调拨、盘点、统计报表等过程。支持多仓库模式。(5)车辆管理与调度。包含车辆的基础信息、维修、事故、保养、司机信息与管理、车辆费用；接单、调度、回单、非调度管理；及运力、路线、地区等管理方式，支持多车队、多司机、多调度模式。(6)费用结算。包含费用添单、汇总、报表等信息。可分部门、工作人员、车辆、时间等多种查询和记录方式。(7)过程跟踪。系统提供了与过程控之相关的接口，可与第三方专业系统连接(例如GPS车辆跟踪)，实时采集数据反馈信息管理系统。(8)系统管理功能。系统采用 B/S, C/S 结合的架构，通过权限设置对各级操作人员进行授权使用其功能，可以满足物流企业各部门机构授权使用，统一的数据管理和界面，信息交流速度快捷。(9)可以给分公司、客户使用。采用 B/S 的方式，外地分支机构和 VIP 客户商务服务可以通过浏览器方式访问和使用系统。

　　资料来源：http://wlkc.gdqy.edu.cn/jpkc/portal/blob?key=313931&dddatetttime=1256279402951
　　思考：除了物流业之外，还有哪些服务部门十分注重对信息的管理？

本 章 小 结

　　高度的信息化是现代服务业区别于传统服务业的明显标志。特别是对于现代服务业中的专业技术服务业和咨询业等涉及现代高新技术和管理理念的行业而言，信息以及信息的安全管理尤为重要。本章首先阐述了现代服务业信息系统管理的概念，以及在现代服务业中实施信息系统管理的重要意义与内容；其次，在此基础上提出了现代服务业管理信息系统的概念、特征、结构及其主要功能；最后阐述了实施现代服务业信息系统管理的有效途径。由于信息安全在现代服务业中的重要地位，因此，本章单独分出一节专门阐述了现代服务业信息系统的安全管理。

思 考 题

1. 现代服务业信息系统管理的意义何在？
2. 现代服务业管理信息系统的结构及其主要功能有哪些？
3. 简述现代服务业信息系统安全维护与管理的主要措施。

行业篇

在管理篇的基础上，本篇选取了现代服务业中比较有代表性的行业，如物流、金融、文化创意产业、会展、信息服务业、咨询业等作为实例，重点阐述这些行业的发展历史沿革、发展现状、发展策略、赢利模式等，并对未来这些行业的发展趋势进行有效预测，以期能卓有成效地为这些行业的发展提供指导。

第12章 现代物流业发展与管理

导　读： 世界经济全球化和科技革命的发展，为服务业的成长提供了强有力的物质基础和技术支撑。与此同时，随着社会分工的日益精细，服务业的各种新兴业态不断涌现。现代物流业就是这些新业态的典型代表之一。它是国民经济的动脉，是联系生产和消费、城市和乡村的重要纽带，也是衡量一个国家现代化程度的重要标志。物流已经成为国家经济发展的基础产业，其崛起速度十分引人注目，2009年国务院常务会议还通过了《现代物流业调整和振兴规划纲要》，这将是我国现代物流深入发展的一个标志。

关键词： 物流　现代物流业　第三方物流　供应链　物流体制

12.1 现代物流业发展概述

从传统物流意识的产生发展到现代物流，其间物流业的发展经历了一个漫长的演变过程。对这一过程各个环节进行系统梳理，能帮助人们更好地理解现代物流的特征以及现代物流业与传统物流的区别。

12.1.1 物流的历史及定义

1. 物流的历史沿革

1) 物流意识的萌芽(18世纪末19世纪初)

之所以将这一阶段称为物流意识的萌芽阶段，主要是由于在这段时期有很多学者在自己的著作中已经开始关于早期物流现象的描述，但是并没有给出"物流"这样专业的词汇。这一类著作最早可以追溯到1844年，法国技术人员J. Depict在其书中明确强调要重视供货管理功能，但是还没有明确提出物流的概念。19世纪末20世纪初，美国的一些市场问题专家和学者在研究组织产品分配的同时，感觉到产品的实体分配与产品价值的最终实现存在着一定联系，例如，1901年，JohnF. Crowell在美国政府的《工业委员会关于农产品配送报告》中就提及了配送的成本及其影响因素问题。[1]由于在这些论著中均没有明确提到

---

[1] 刘美玲. 论国家综合配套改革试验区中的现代物流业发展[D]. 湘潭：湘潭大学, 38.

"物流"这两个字,所以将这一阶段称为物流意识的萌芽阶段。

2) 物流概念的产生(20世纪初~20世纪50年代)

"物流"一词最早出现于美国,英文为"Physical Distribution"(即PD),译成汉语是"实物分配"或"货物配送"。1912年,美国学者A. W. Shaw在其《市场流通中的若干问题》一书中最早将物质资料从供给者到需求者之间的物理性运动明确界定为"Physical Distribution",一般认为这是物流概念诞生的标志。早期关于物流的定义是美国营销协会(AMA)在《市场营销用语集》中做出的,该定义为"物流是包含于销售之中的物质资料和服务从生产地点到消费地点流通过程中,伴随的种种经济活动。"在PD的发展过程中,还存在着另外一种有意思的现象,那就是"Logistics"一词的出现。早在1905年,美国陆军少校C. B. Baker曾将关于军队移动与供给的科学称为Logistics;在第二次世界大战期间,美国陆军围绕战争物资的供应问题,建立了专门的"后勤"(Logistics)理论,结果创造出一种将武器弹药以及前线所需要的一切物资,包括粮食、帐篷等,及时、准确、安全、迅速地供应给前线的后勤保障系统方法,被称为"Logistics"。他们开始用后勤管理(Logistics Management)来指代物流,当时的含义为"军事科学的分支,包括物资、人员和设备的获得、维护和运输。"与之内容相近的还有物料管理(Material Management)、配送工程(Distribution Engineering)、市场供应(Market Supply)等。[1]

3) 现代物流的萌芽(20世纪50年代~20世纪80年代中期)

现代物流的萌芽与后勤管理理论在商业中的应用紧密相关。第二次世界大战以后,一些企业为追求利润最大化而不断降低成本,随着利润空间的日益变窄,他们开始改变企业内部的分工结构,他们发现后勤管理理论在指导企业的生产、采购、运输、储存等经营活动方面有很大的作用,能为企业带来丰厚利润,于是该理论在企业中得以广泛运用,并逐步形成了区别于军队后勤管理学的"商业物流"(Business Logistics)或"销售物流"理论,其意侧重于指合理有效地组织商品的供应、保管、运转、配送。基于这种情况,1948年美国市场营销协会(AMA)对其1935年所下的定义做了以下修改:"物流是物质资料从生产者到消费者或消费地流动过程中所决定的企业活动费用。"后来,该协会再次将物流的定义修改为:"所谓物流,就是物质资料从生产阶段移动到消费者或利用者手里,并对该移动过程进行管理。"[1]同时物流理论的思想开始向加拿大、日本等发达国家广泛传播,日本物流成本计算权威早稻田大学教授西泽修甚至还提出了著名的"第三利润源泉"学说[2]与"物流冰山"学说。[2]他在《流通费用》一书中,把改进物流系统称为尚待挖掘的"第三利润源泉"(第一源泉是指降低原材料消耗,第二源泉是指降低劳务费用)。

背景知识

第三利润源

日本早稻田大学教授、权威物流成本研究学者西泽修于1970年在其著作《物流——降低成本的关键》一书中提出了"第三利润源"之说,该学说认为,企业利润随着时代的发展和企业经营重点的转移而变化。日本在20世纪

---

[2] 赵红岩. 图解现代物流[M]. 上海:东华大学出版社,2008.

50年代经济恢复时期,因朝鲜战争受到美国的经济援助和技术支持,在社会与经济重组中很快实现了企业机械化、自动化生产。当时日本正处于工业化大生产发展时期,企业经营重点在于降低制造成本,产品制造成本的有效降低构成了企业经营的第一利润源。由于科技进步而产生的自动化生产手段制造出来的大量产品,引起企业对大量销售的需求,但是限于本国和地区市场的容量,其出路只能在于重视和开拓海外市场。于是,从20世纪50年代后期起,日本迎来了国际市场营销时代。这一时期,企业纷纷把增加销售额作为企业的经营重点。通过引进市场营销的理念、战略和技术方法,并不断优化完善,确保企业产品销售成本的下降。依靠这种低价位的开始,日本产业界大举向物流进军,又进入了物流发展时代。这一时期,降低制造成本已经有限,增加销售额也已经走到尽头,在冗长而又复杂的供应链上,企业期望寻求新的利润源泉,物流成本的降低使"第三利润源"的提法符合拓展企业经营成效的需要,因而"第三利润源"说一提出,就备受赞同,广为流传。西泽修教授在提出"第三利润源"时,是受一个再度公演的著名电影《第三个男人》的启示,因为"第三"隐有未知的含义,所以才把降低物流成本说成"未知的第三利润"。这一理念不仅解释了现代物流的意义,也对当代的物流管理和产业发展产生了重要影响。

4) 现代物流的成长(20世纪80年代中期~20世纪90年代中期)

进入20世纪80年代后,企业竞争的焦点由产品质量竞争向服务质量竞争转移,企业内部分工已经达到了组织的边界水平,发展空间受到限制,美国经济学家彼·特拉卡指出:物流是"降低成本的最后边界"。要节约成本,只能将企业内部分工面向外部市场,物流战略成为获得市场优势的主导战略。著名管理权威P·F·德鲁克则把现代物流业称为尚待开掘的"黑大陆"。可见物流的发展前景十分广阔。1985年美国物流管理协会将其名称由National Council of Physical Distribution Management改为Council of Logistics Management,正式地将物流这个概念由Physical Distribution改为Logistics,并将物流定义为:"为了迎合顾客需求而对原材料、半成品、产成品以及相关信息,从生产地向消费地的高效率、低成本流动和储存而进行的规划、实施与控制过程。这些活动包括但不局限于顾客服务、搬运及运输、仓库保管、工厂和仓库选址、库存管理、接受订货、流通信息、采购、装卸、零件供应并提供服务、废弃物回收处理、包装、退货业务、需求预测等。"随后,加拿大、英国、日本等国的物流团体也加以效仿,先后改名。这标志着物流的概念最终完成了从Physical Distribution向Logistics的巨大转变。

背景知识

物 流 冰 山

物流管理的关键点在于减少资源费用和节约相关成本,"物流冰山"说的含义是指人们对物流费用的总体内容并不容易把握,提起物流费用通常只看到露出海面的冰山一角,而潜藏在海水下面的冰山主体却看不见,最终的冰山才是物流费用的主要部分。一般情况下，企业的传统会计科目，只把支付给外部运输企业、仓库企业的费用列入成本，实际这种费用在整个物流费用中犹如冰山的一角，因为物流基础设施建设费与企业利用自己的车辆运输、自己的库存保管货物、自己的工人进行包装和装卸等费用都没有计入物流费用科目，通常企业向外部支付的物流费用是很小的一部分，真正的大头是企业内部发生的各种物流费用。基于这个现实，日本物流成本计算的权威专家提出了"物流冰山"，如图 12.1 所示。

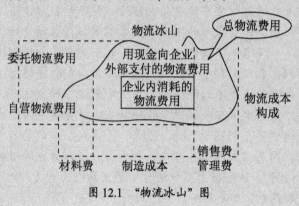

图 12.1 "物流冰山" 图

5) 供应链管理阶段(20 世纪 90 年代至今)

20 世纪 90 年代以后，随着企业以及企业家们对自身核心竞争能力的专注以及现代信息技术的发展，企业开始注重与上下游企业进行分工和协作，即实施供应链管理。通过深化整个产业链上各企业之间的分工，不仅可以提升专业化水平，而且还提高了企业的生产效率，当然，从另一个角度来看，这也对物流方案设计和组织协调水平提出了更高的要求，同时使物流管理理论的研究向更高层次升华。1997 年，美国著名的物流公司 Exdel Logistics 将物流定义为："物流是与计划和执行供应链中商品及物料的搬运、储存及运输相关的所有活动，包括废弃物品及旧货的回收利用。"日本后勤系统协会常务理事稻束原树 1997 年在《这就是"后勤"》一文中指出："后勤是一种对于原材料、半成品和成品的有效率流动进行规划、实施和管理的思路，它同时协调供应、生产和销售各部门的个别利益，最终达到满足顾客的需求。"1998 年，美国物流管理协会将物流的定义更新为："物流是供应链活动的一部分，是为满足顾客需要对商品、服务以及相关信息从生产地到消费地高效、低成本流动和储存而进行的规划、实施、控制过程。"20 世纪 90 年代中期以后，学术界开始认识到，物流的作用在新经济环境中还应该继续发展扩大，只有把物流与供应链联系在一起，才能进一步释放物流的能量与商业价值。因为经济全球化趋势越发强劲，竞争日趋加剧，消费者需求日益多样化，物流成本的转移无法减少整个供应链的物流成本。于是，一些有战略眼光的企业便不再把目光局限在企业内部的物流系统上，而开始把物流管理延伸到企业外部，与供应链伙伴进行物流协作，共同寻求降低物流成本、改善物流服务的途径，即转向实施供应链管理。由于供应链的全球化、复杂化，互联网兴起带来的透明化，市场需求个性化，使得传统的第三方物流企业已经不适应也满足不了这种需求。[3]不断将其内部

---

[3] 周林洋. 现代物流产业的发展趋势——第四方物流[J]. 金山企业管理，2006，(2)：46-48.

现代物流业发展与管理 第12章

的物流设计和运作之间的分工转向外部市场,以进一步提升专业化水平,提高效率。因此,这一阶段为供应链管理阶段。物流的发展阶段见表12-1。

表12-1 物流的发展阶段

阶 段	时 期	标志性事件
物流意识的启蒙阶段	19世纪末20世纪初	1844年,法国技术人员J. Depict在其著作中强调重视供货管理功能,从而保持仓库保管与运输之间成本的均衡,但没有明确提出物流概念,这标志着物流意识的萌芽
物流概念产生阶段	20世纪初到20世纪50年代	1912年,A.W.Shaw在《市场流通中的若干问题》一书中提到了物流一词,被称为物流概念的产生
现代物流萌芽阶段	20世纪50年代到20世纪80年代中期	"商业物流"(Business Logistics)理论的产生以及美国市场营销协会于1948年对于物流概念的修正
现代物流成长阶段	20世纪80年代中期到20世纪90年代中期	1985年美国物流管理协会将其名称由National Council of Physical Distribution Management改为Council of Logistics Management,标志着物流这个概念正式由Physical Distribution改为Logistics
供应链管理阶段	20世纪90年代至今	1998年,美国物流管理协会将物流定义更新为:"物流是供应链活动的一部分,是为满足顾客需要对商品、服务以及相关信息从生产地到消费地高效、低成本流动和储存而进行的规划、实施、控制过程。"标志着现代物流进入供应链管理阶段

2. 物流的定义

1) 美国的定义

美国著名的物流研究专家查尔斯·A·塔夫将物流定义为:"是对到达以及离开生产线的原精、在制品和产成品的运动、存储和保护活动的管理,它包括运输、物料搬运、包装、仓储、库存控制、订货销售、选址分析和有效管理所必须的通信网络。"美国物流管理协会从1963年到2003年对物流的定义进行了5次更新(即63定义、86定义、98定义、02定义、03定义)。在03定义中专门强调了供应链的重要性,将物流定义为:物流是供应链管理的一部分,是对货物、服务及相关信息从起源地到消费地的有效率、有效益的正向和反向流动和存储进行的计划、执行和控制,以满足顾客要求。[4]这些都表明美国在物流管理方面始终处于一种与时俱进的状态,不断地根据实际需要在理论和实践两方面做调整,甚至从2005年1月1日起,正式将美国物流协会改名为美国供应链管理专业协会,这充分说明供应链管理在整个物流行业中的应用已经相当广泛。

2) 欧洲定义

欧洲物流协会(European Logistics Association,ELA)于1994年发表的《物流术语》中将物流定义为:物流是在一个系统内对人员和商品的运输、安排及与此相关的支持活动进行计划、执行和控制,以达到特定的目的。

3) 日本的定义

日本早稻田大学教授西泽修在定义物流时说,物流是指"包装、输送、保管、装卸工

---

[4] 华细玲,张玉凤. 现代物流概论[M]. 北京:中国商业出版社,2006.

作,主要是以有形物资为中心,所以称之为物流。"日本通运综合研究所组织编写的《物流知识》一书给物流下的定义就是"商品从卖方到买方的场所转移过程称为物流。"日本工业标准的定义:物流是将实物从供给者物理性移动到用户这一个过程的活动,一般包括运输、保管、装卸、包装以及与其有关的情报等各项活动。

4) 中国的定义

我国著名物流专家王之泰认为"物流是物质资料从供给者到需求者的物理运动,主要是创造时间价值和场所价值,有时也创造一定加工价值的活动。"《物流术语》的实施,意味着我国对于"物流"的定义得以统一。根据2006年颁布的《中华人民共和国国家标准物流术语》(GB/T 18354—2006),将物流定义如下:物流是物品从供应地向接受地的实体流动过程。根据实际需要,将运输、存储、装卸、搬运、包装、流通加工、配送、信息处理等基本功能实施有机结合起来。

事实上,不管是哪一种定义,要准确把握物流的定义,都需要掌握以下几个基本的要点。[5]

(1) 任何物流都包含有三要素,即物质、载体和定向移动。物流中的"物",指的是一切可以进行物理性移动的物资、物料、物品、货物、商品;物流中的"流",泛指物质实体物理性运动,包括商业活动中的商品销售、废品处理和回收中的物质实体的运动,还包括供应、生产领域中物质实体的流动。

(2) 物流是物质实体由供应地向需求地的流动,是一种满足社会需求的经济活动。不属于经济活动的物质实体的流动则不属于物流研究的范畴。

(3) 物流的内容非常丰富,它包括包装、运输、装卸、加工、存储、配送以及信息处理等各种活动。

(4) 物流能创造物质实体的空间效应、时间效应及物质实体的形状性质。

(5) 物流具有自然属性和社会属性的二重性质。物流的自然属性是物流能改变物质实体的空间状态和时间状态,使物质实体的潜在使用价值变成现实使用价值;物流的社会属性是物流能使物质实体增值,能创造价值。

(6) 物流具有普遍性特征。一切社会经济活动中的物,不管是静态中的物(如仓库中存储的物),还是静动并存中的物,都处于物流状态中。凡经济状态中的物,有物就有物流。物流无处不在,这就是物流的普遍性。

12.1.2 物流管理的概念与程序

1. 物流管理的概念

根据2006年颁布的《中华人民共和国国家标准物流术语》(GB/T 18354—2006),物流管理的定义为:"物流管理是指为了达到既定的目标,对物流的全过程进行计划、组织、协调与控制。"物流管理主要包括以下几方面的内容,如图12.2所示。

(1) 对物流活动诸要素的管理,即采购、仓储、包装、运输装卸、搬运和配送等环节的管理。

(2) 对物流系统诸要素的管理,即对其中人、财、物、设备、方法和信息等六大要素的管理。

---

[5] 邓海涛. 现代物流管理基础长沙[M]. 北京:国防科技大学出版社,2006.

(3) 物流活动中具体职能的管理，主要包括物流经济管理、物流质量管理和物流工程经济管理等。

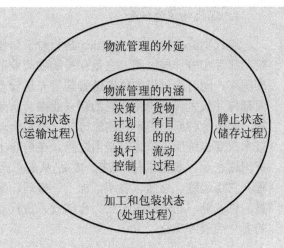

图 12.2　物流管理的内涵和外延

总而言之，现代物流管理以信息为中心，既重视效率也重视效果，更重视对整个流通渠道的开发，能够实现顾客满意和企业整体最优的双赢目标。

2. 物流管理的程序[6]

物流管理程序可分为：计划阶段的管理、实施阶段的管理和评价阶段的管理。

1) 物流计划阶段的管理

物流计划是为了实现物流想达到的目标所做的准备工作，物流计划的大致步骤如下。

(1) 确定物流所要达到的目标及为实现这个目标所进行的各项工作的先后顺序。

(2) 分析研究在物流目标实现过程中可能发生的任何外界影响，尤其是不利因素，并确定应对这些不利因素的对策。

(3) 制定出贯彻和指导实现物流目标的人力、物力、财力的具体措施。

2) 物流实施阶段的管理

物流计划确定后，为实现物流目标，须将物流计划付诸实施。物流的实施管理就是对正在进行的多项物流活动进行管理。它在物流多阶段的管理中具有突出的地位。这是因为在这个阶段中，多项计划通过具体的执行而受到检验。同时，它也把物流管理与物流多项具体活动进行了紧密的结合。

3) 物流评价阶段的管理

物流的评价就是在一定时期内人们对物流活动实施的后果与原计划的物流目标进行对照、分析。通过对物流活动的全面剖析，人们可以确定物流计划的科学性、合理性程度，确认物流实施阶段的成果与不足，从而为今后制订新的计划以及组织新的物流提供宝贵的经验和资料。

---

[6] 郭兰. 现代物流管理概论[M]. 北京：中国商业出版社，2007.

12.1.3 现代物流的概念及分类

1. 现代物流的概念

现代物流(Modern Logistics)是相对于传统物流而言的，它来源于传统物流，但又与传统物流存在着一些区别。它是在传统物流业的基础上，采用现代网络技术提升物流速度和准确率，同时引进诸如供应链管理等先进管理理念，实现从起点到终点的一体化服务，从而延伸并放大传统物流功能的新兴业态。它是经济全球化和信息技术发展的现代服务业产物，因为这种新型的现代物流方式，既是全球经济一体化服务理念的完美体现，更是信息技术改变传统服务模式的必由之路。在内容上，现代物流业包括传统概念的物流企业和商贸流通企业，涵盖原材料(或产成品)从起点至终点以及这一过程相关信息有效流通的全过程。它将运输、仓储、装卸、加工、整理、配送、信息等相关活动有机结合，形成一个完整的供应链，是融合运输业、仓储业、货代业、批发零售业、对外贸易业和信息业等新兴的复合性服务产业。

2. 现代物流与传统物流的比较分析

现代物流与传统物流的差异主要体现在以下几个方面。

(1) 服务功能的差异。传统物流的各服务功能是相对独立的，不能控制整个供应链；现代物流强调的是对整个供应链的全面管理。

(2) 对客户服务的差异。传统物流与客户之间建立的是一种短期合约关系，通常通过价格竞争和提供标准化服务来获取客户；现代物流谋求的是与全球客户的长期合作，并为顾客提供增值服务和"量身订制"的服务。

(3) 信息技术的差异。传统物流没有外部整合系统，EDI 有限或者没有，更不用说卫星跟踪系统；而现代物流则拥有实时数据交换系统、货物跟踪系统以及存货管理系统等比较先进的技术体系。

(4) 管理理念的差异。传统物流基本上没有采用现代管理理念，而使用的是分散的、传统的人工管理；现代物流采用的是现代化、信息化、全面质量管理系统实施的管理。关于现代服务业与传统服务业的比较，通过表 12-2[7]可以得到更清晰的认识。

表 12-2 传统物流业务与现代物流管理的比较

项目 特征	传统物流业务	现代物流管理
物流服务的特点	各种物流功能相对独立 无物流中心 不能控制整个物流链 限于地区物流 短期合同	广泛的物流服务项目 第三方物流被普遍采用 采用物流中心 供应链的全面管理 与全球客户的长期合作
物流服务的侧重点	价格竞争 提供标准化服务	以降低供应链成本为目标 增值物流服务 为顾客提供"量身定制"的特殊服务

---

[7] 赵一飞. 现代物流基础[M]. 上海：华东师范大学出版社，2007.

续表

特征 \ 项目	传统物流业务	现代物流管理
物流信息技术	外部整合系统 有限或无 EDI 系统	实时数据交换系统 货物跟踪系统 存货管理系统
物流管理	有限或无现代管理	全球质量管理 时间基础管理 业务过程管理

3. 现代物流的分类

现代物流根据不同的分类标准可以分为不同的种类。

1) 按物流活动范围可以分为国际物流和区域物流

国际物流是现代物流系统发展很快、规模很大的一个物流领域，是伴随和支持各国间经济交往、贸易活动和其他国际交流所发生的物流活动。

相对于国际物流而言，一个国家范围内的物流，一个城市的物流，一个经济区域的物流，它们都有其自身相对独立的特点，因为它们都处于同一法律、规章、制度之下，都受相同文化及社会因素的影响，都处于基本相同的科技水平和装备水平之中。例如，日本的物流以海运见长就是受其自身地理条件限制造成的。

2) 按物流系统性质可以分为社会物流和企业物流

社会物流是指超越一家一户的以一个社会为范畴面向社会为目的的物流，其参与者是构成社会总体的大产业、大集团。社会物流的范畴是社会经济的大领域，社会物流研究如何形成服务于社会、面向社会又在社会环境中运行的物流，其主要研究对象是物流总体构成和运行、物流与社会、物流与经济发展之间的关系，因此带有综合性和广泛性。

企业物流是从企业角度研究与之有关的物流活动，是具体的、微观的物流活动的典型领域。企业物流按发生的先后顺序又可以分为企业生产物流、企业供应物流、企业销售物流和回收与废弃物流。

3) 按物流活动的差异性可以将其划分为一般物流和特殊物流[8]

一般物流是指物流活动的共同点和一般性，物流系统的建立、物流活动的开展必须有普遍的适用性。一般物流研究的着眼点在于物流的一般规律，建立普遍适用的物流标准化系统，研究物流的共同功能要素，研究物流与其他系统的结合、衔接，研究物流信息系统及管理体制等。特殊物流活动的产生原因是社会分工深化，物流活动合理化和精细化，在保持通用的、一般的物流活动前提下，能够有特点并能形成规模经济效益，如水泥物流、石油及油品物流、腐蚀化学物品物流、危险品物流、长型物物流、"门到门"的物流、集装箱物流、托盘物流等。

12.1.4 现代物流的七大特征

1. 目标系统化

目标系统化是现代物流的首要特征，也是现代物流区别于传统物流的重要表现之一。

---

[8] 王成. 现代物流管理实务与案例[M]. 北京：企业管理出版社，2001.

现代物流目标系统化是指从整体和全局的视角出发,将整个公司的各种物流活动当成一个系统来看待,着力处理好物流活动与物流活动,物流活动与公司总体战略之间的关系,实现整体最优。

2. 过程一体化

物流过程一体化的一个重要表现是供应链(Supply Chain)概念的出现。供应链把物流系统从采购开始经过生产过程和货物配送到达用户的整个过程,看做是一条环环相扣的"链",物流管理以整个供应链为基本单位,而不再是单个的功能部门,如图 12.3、图 12.4 所示。[9]
在采用供应链管理时,世界级的公司力图通过增加整个供应链提供给消费者的价值、减少整个供应链的成本的方法来增强整个供应链的竞争力,其竞争不再仅仅是单个公司之间的竞争,而上升为供应链与供应链的竞争。现代物流具有系统综合和总成本控制的思想,它将经济活动中所有供应、生产、销售、运输、库存及相关的信息流动等活动视为一个动态的系统总体,关心的是整个系统的运行效能与费用。

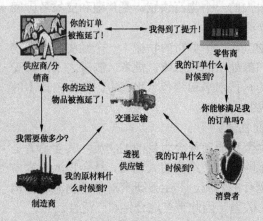

图 12.3 供应链漫画

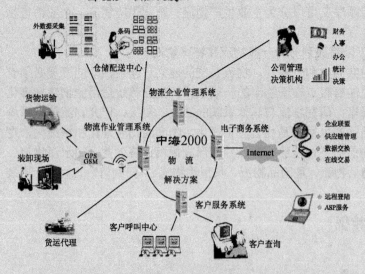

图 12.4 中海物流供应链解决方案

---

[9] http://study.qmvip.com/143/65885.html/2009-11-10.

3. 技术现代化

物流技术现代化是指现代技术在物流活动中的广泛应用,例如,条形码技术、EDI技术、自动化技术、网络技术、智能化和柔性化技术等。这些现代技术和设施设备的应用大大提高了物流活动的效率,扩大了物流活动的领域。目前,很多运输、装卸、仓储等物流企业也开始普遍采用专业化、标准化、智能化的物流设施设备,如图12.5、图12.6[10]所示。

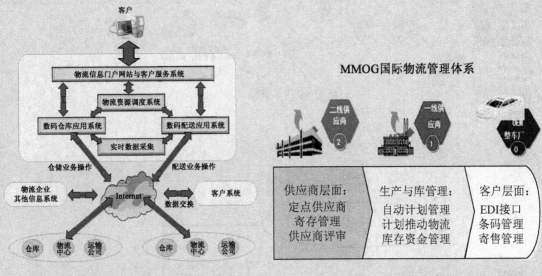

图 12.5　网络技术在物流业中的应用　　　　图 12.6　现代物流管理体系

4. 管理信息化

物流信息化与物流技术现代化是紧密联系在一起的,它是整个社会信息化的必然需求。现代物流高度依赖于对大量数据、信息的采集、分析、处理和即时更新,图 12.7[11]即为物流管理信息系统的一个界面。在信息技术、网络技术高度发达的现代社会,从客户资料取得和订单处理的数据库化、代码化,物流信息处理的电子化和计算机化,到信息传递的实时化和标准化,信息化渗透至物流的每一个领域。为数众多的无车船和固定物流设备的第三方物流者正是依赖其信息优势展开全球经营的。从某种意义上来说,现代物流竞争已成为物流信息的竞争。图12.8所示为一军用指挥网物流管理网络。

---

[10] http://image.baidu.com/i?ct=503316480&z=0&tn=baiduimagedetail&word=%CE%EF%C1%F7%B9%DC%C0%ED%B1%EA%D7%BC&in=22185&cl=2&cm=1&sc=0&lm=-1&pn=3&rn=1&di=10042439312&ln=2000&fr=&ic=0&s=0/2009-11-10.

[11] http://image.baidu.com/i?ct=503316480&z=0&tn=baiduimagedetail&word=%CE%EF%C1%F7%B9%DC%C0%ED%B1%EA%D7%BC&in=19973&cl=2&cm=1&sc=0&lm=-1&pn=52&rn=1&di=7343268688&ln=2000&fr=&ic=0&s=0/2009-11-10.

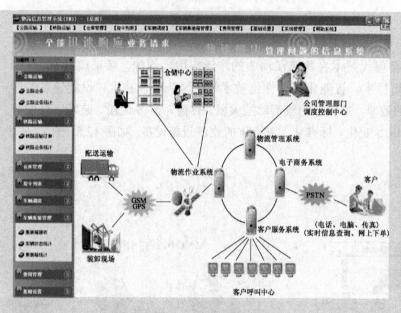

图 12.7　现代物流管理信息系统

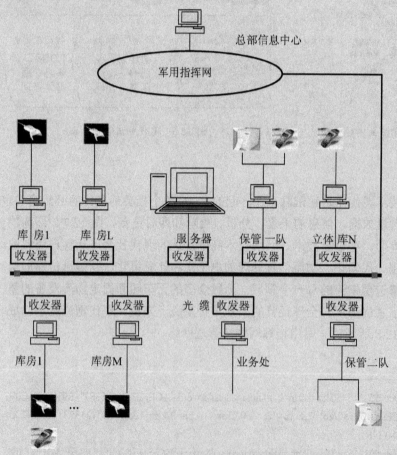

图 12.8　军用指挥网物流管理网络

5. 物流标准化

物流标准化主要是一系列标准的出台，这也标志着物流行业正逐步走向成熟，事实上整个物流行业的发展也跟其他行业一样，需要经历一个由混乱到规范的发展历程，无论是企业物流管理还是社会物流管理都在不断地制定和采用新的标准。从社会的层面来看，物流标准可以分为企业物流标准、社会物流标准，如物流行业标准、物流国家标准、物流国际标准等；从物流技术角度来看，物流标准可以分为物流产品标准(物流装备、设备标准)、物流技术标准(条码标准、EDI 即电子数据交换标准)、物流管理标准(ISO 9000、ISO 14000)等。现代物流管理标准流程如图 12.9 所示。

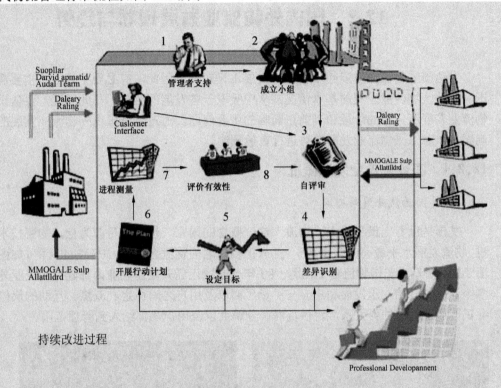

图 12.9　现代物流管理标准流程

6. 服务社会化

物流服务社会化的一个最突出表现就是第三方物流与物流中心的迅猛发展。随着社会分工的日益加深，企业对物流技术和物流管理的要求也越来越高，它们逐渐认识到依靠企业自身的力量不可能在每一个领域都获得竞争优势。因此，它们更倾向于采用资源外取和服务外包的方式，将本企业不擅长的物流环节交由专业物流公司，或者在企业内部设立相对独立的物流专业部门，而将有限的资源集中于自己真正的优势领域。专业的物流部门由于具有人才优势、技术优势和信息优势，可以采用更为先进的物流技术和管理方式，取得规模经济效益，从而达到物流合理化——产品从供方到需方的全过程中，达到环节最少、时间最短、路程最短、费用最省。

7. 活动国际化

随着经济全球化的发展以及各种资源在国际市场上的有效配置，很多跨国公司都开始采用全球战略，在全世界范围内选择原材料、零部件的来源，选择产品和服务的销售市场。它们的普遍做法是选择一个适应全球分配的分配中心以及关键供应物的集散仓库；在获得原材料以及分配新产品时使用当地现存的物流网络，并且把这种先进的物流技术推广到新的地区市场。因此，其物流的选择和配置也超出国界，着眼于全球大市场。[12]

12.2 国内外物流业发展现状与趋势

发达国家物流业发展起步较早，发展水平较高，因此，有必要了解一些主要西方发达国家和地区物流业发展的基本情况，从中吸取一些发展的经验。与此同时，要认识到我国物流业发展所经历的阶段和当前正面临的主要问题，通过总结国内外物流业发展的经验和问题，以对未来物流业发展趋势进行有效预测。

12.2.1 国外物流业发展概况

1. 美国物流业发展概况

美国是世界上最早提出"物流"这一概念的国家，也是到目前为止，物流技术最为先进、物流发展水平最高的国家之一，拥有很多知名的物流企业如 UPS、FedEx 等，如图 12.10、图 12.11 所示，美国物流自 20 世纪 80 年代起就已经开始由企业内部延伸到企业外部，很多企业已经开始注重发展和建立与供货厂商以及用户之间稳定、双赢、互助的伙伴关系，并试图通过利用外界关系，将供货商、分销商以及用户等都纳入到管理范围。

图 12.10 美国联邦物流

图 12.11 美国 UPS

美国物流业经营成功的经验主要在于以下几个方面。

---

[12] 兰丕武，曹翠珍. 现代物流管理导论[M]. 北京：经济科学出版社，2005.

1) 发达的交通网络

海、陆、空交通网络发达，而且在全国各地还修建了很多高速公路，国内很多货物运输都能通过集装箱卡车来完成，所有1000km内的运输都可以在24小时内到达。大宗散装货物的运输任务主要由内河运输、铁路运输等来执行，精密型的技术产品主要依靠空运；在交通管制方面也比较灵活，美国是世界上拥有汽车最多的国家，却几乎不存在堵车现象，这主要归功于交通管理的现代化与智能化，对于道路的管理采用全天候计算机监控，即使发生重大交通事故也可以在5分钟之内疏通。

2) 自由的政策环境

与其他国家不太一样的是，美国是唯一实行运输、仓储等物流私有化的国家，因此，美国物流业的蓬勃发展主要是依靠市场的推动而成长壮大的，但是，政府在搭建物流平台、营造宏观物流环境等方面也发挥了重要作用，美国政府设立了一套完善的物流市场管理以及法制管理体系，用以规范物流市场主体的行为并协调各方利益。例如，州际商务委员会负责铁路、公路和内河运输的合理运用与协调，海运委员会负责国内沿海和远洋运输，而联邦法院则负责宪法及运输管制法律的解释、执行、判决和复查各种管制委员会的决定等。在遵守整个联邦法律的前提下，各州享有充分的自主权，从而使各州培植出了各具特色的发展政策，形成了不同的发展体系。

3) 协会的重要作用

美国物流协会在推动整个美国物流业乃至全球物流业的发展中都发挥着重要作用。该协会成立于1963年，由个人和公司会员组成，是一个全球性的组织，拥有15000名来自世界各地的会员，每年有超过6000名会员参加年会，该协会主要由董事会和顾问委员会共同进行管理，协会的主要宗旨是通过发展、升级和传播物流知识来服务于物流行业。该协会十分重视创新和与时俱进，随着物流管理进入供应链时代，该协会于2005年1月1日正式更名为美国供应链管理专业协会。

4) 先进的物流技术

美国物流管理技术已经普遍采用信息流来控制物流，主要有以下4个方面的表现：①普遍采用条形码技术(Bar-Coding)和射频技术(RFID)，提高信息采集效率和准确性，采用基于互联网的电子数据交换技术进行企业内外的信息传输，实现订单录入、处理、跟踪、结算等业务处理的无纸化；②通过广泛采用仓库管理系统和运输管理系统来提高运输与仓储效率；③通过与供应商和客户的信息共享，实现需求链的透明化；④通过网上采购辅助材料、网上销售多余库存以及通过电子物流服务商进行仓储与运输交易等手段，借助电子商务来降低成本等。[13]

2. 日本物流业发展概况

日本自第二次世界大战后从美国引入现代物流管理理念，大力对本国物流产业进行改革，到20世纪70年代迅速发展成为世界上物流业最发达的国家之一。事实上，发达的"物流"为日本战后经济的发展注入了巨大的活力，也是日本战后经济得以迅速恢复的重要原因之一。整个日本物流业的发展大致可以划分为以下4个阶段。第一阶段(1956—1964年)，

---

[13] 牛鱼龙. 美国物流经典案例[M]. 重庆：重庆大学出版社，2006.

物流概念的引进与完善时期。这一时期日本组织了专门的流通技术考察团分别对美国和日本本国进行技术考察，做了大量的调研工作，并对物流概念的发展做了有效推进。第二阶段(1965—1975年)，物流基础设施全面建设时期。这一时期，一方面日本政府开始在全国范围内大力开展基础设施建设；另一方面许多日本企业也开始重视自身物流体系建设与投资。第三阶段(1974—1983年)，物流规范化时期，这一段时期日本真正开始从系统的角度出发来开展降低物流成本的活动，同时推行物流活动实施质量管理，并公布实施了"物流成本算定统一基准"。第四阶段(1985年至今)，物流纵深发展时期，这一时期日本物流的发展面临着进一步变革的要求，规范化、信息化发展成为主导趋势。日本物流业的成功经验主要有以下几点。

1) 重视物流基础设施建设

日本政府十分重视物流基础设施建设，在全国建立了包括高速公路网、新干线铁路运输网、沿海港湾设施、航空枢纽港、流通聚集地在内的各种基础设施。除此之外，日本政府还十分重视对于这些物流基础设施的管理和使用。

2) 海洋运输系统装备发达

作为一个海洋大国，日本十分重视发挥自身的特色优势，始终把海运发展作为本国经济发展的支点。为大力提高海洋运输效率，日本花了20年时间修建了世界上最长的海底隧道——青函隧道，如图12.12所示，将整个日本从南到北连通起来，从海底到对岸只需要十几分钟。

3) 重视系统规划

日本国土面积狭小，国内资源和市场十分有限，因此，对于各种公共设施都需要进行系统规划才能保证设施的有效使用，例如，在很多地区建立物流团地、物流中心以及都市物流圈等，通过集中建设确保物流实施的充分利用。除此之外，日本的物流行业涉及面广，具体可以划分为卡车运输业、铁路货运业、港湾运输业、航空运输业等11个行业，如图12.3、图12.14所示。

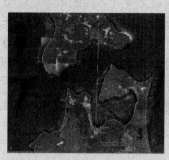
图12.12 日本青函隧道

图12.13 日本运通卡车运输

图12.14 日本运通航空运输

4) 物流技术水平高

日本物流业的信息化、专业化、自动化程度较高，居世界领先地位。目前，大部分的专业物流企业基本上都采用计算机来处理和控制各种物流信息，使物流企业在出入货统计与验证、库存管理联网、配送信息管理、载货明细表编制、货物追踪情报、运输车辆管理等方面都实现了信息化和自动化，从而大大提高了物流效率。

现代物流业发展与管理 第12章

3. 欧洲物流业发展概况

与日本物流业的发展一样，欧洲也是引进物流概念较早的地区之一，欧洲物流业的发展也具有非常鲜明的阶段性特征。20 世纪 50 年代到 20 世纪 60 年代，欧洲物流处于初级的单个工厂物流阶段，到 20 世纪 70 年代，发展到多个工厂或集团的综合物流阶段，20 世纪 80 年代又进入供应链物流阶段，20 世纪 90 年代到了全球物流阶段，21 世纪初，电子物流和协作式物流又成为欧洲物流的阶段特征。[14]欧洲物流的主要特点及经验主要有如下几点。

1) 政府重视程度较高

政府的重视主要体现在以下几点：①重视对于物流基础设施的规划建设，为物流产业的发展搭建了一个有效的平台，同时还提供了优惠政策大力促进大型货运枢纽、物流基地等现代物流设施的建设；②优化政府职能，为物流业的发展营造了一个良好的软环境，其中最重要的表现就是欧盟在促进欧洲统一市场形成的过程中，制定和大力推行的统一贸易政策、运输政策、关税政策、货币政策等，非常有效地促进了货物在全欧洲范围内的自由流动；③相对自由的市场环境，欧洲各国政府实施了一些打破垄断、减少干预、放松管制的政策，这些对于营造充分竞争的市场环境有着至关重要的作用；④协助和支持各种行业协会制定各种与物流作业和服务相关的行业标准，以推进物流产业发展的标准化与现代化进程；⑤制定必要的导向性政策，引导和鼓励物流产业的发展。

2) 注重协会组织的作用

在欧洲物流业发展的过程中，一个十分重要的特点就是十分重视与物流业相关协会在物流产业发展中的作用。这些协会所起到的作用主要包括咨询服务、教育培训、行业规范、联络交流等，如欧洲物流协会经常会组织一些物流企业进行问卷调查，从而跟踪分析整个欧洲物流产业发展的情况，并通过对其他国家物流业的了解，引导欧洲物流业的发展。除此之外，在行业规范方面，欧洲物流协会业发挥了重要作用，如通过与各种标准化研究机构进行合作，参与制定各种物流行业的标准以及编写物流词典、规范物流用语等。

 小知识

欧洲物流协会(ELA)

欧洲物流协会(European Logistics Association，ELA)成立于 20 世纪 80 年代，是欧洲历史最悠久、规模最庞大、理念最先进和最具权威性的物流机构联盟。它由 30 多个国家级物流协会组成，会员几乎覆盖了整个欧洲大陆。ELA 的发展植根于欧洲理念，着眼于全球视野，旨在为欧洲乃至世界各地的物流企业提供一个合作与交流的平台，从而全面提升物流行业的管理水平，促进与物流相关的工业和商业的发展。

今天，ELA 已经成为欧洲最具影响力的物流组织。通过它遍布全球的会员网络，ELA 与数千家跨国物流企业及逾十万的高级物流管理人员保持着紧

---

[14] http://finance.sina.com.cn/d/20011105/125421.html/2009-11-14.

密的交流和联系,在全球经济一体化的进程中发挥着重要作用。

3) 企业自主经营权较大

企业自主经营权较大,第三方物流在整个物流业收入中的比重较大,见表12-3。企业自主经营、照章纳税,依据自身经营需要建设相应的库房、堆场、车间,配备相关的机械设备和辅助设施。以德国不来梅市货运中心为例,除德国政府设立海关负责进出口货物验关外,政府在货运中心不再设其他管理机构,企业自主经营,照章纳税,政府亦不再从中心成员那里征收除法定税费以外的任何税费。货运中心自身的经营管理机构采取股份制形式,市政府出资25%,中心50户经营企业出资75%,由经营的企业选举产生咨询管理委员会,推举经理负责中心的管理活动,实际上采取了一种企业"自治"的方式。企业按实有工作人员每人每月向中心交380德国马克管理费,此外中心不再收取任何费用。中心的职能主要是为成员企业提供信息、咨询、维修等服务,代表50家企业与政府打交道,与其他货运中心联系,不具有行政职能。提供良好的公共设施和优良的服务,是中心全面活动的宗旨。因此,中心一般都兴建有综合服务中心、维修保养厂、加油站、清洗站、餐厅等,有的还开办有驾驶员培训中心等实体,提供尽可能全面的服务。这些实体都作为独立的企业实行经营服务。良好的设施、优质的服务,使中心不仅取得了显著的社会效益,而且取得了巨大的经济效益。不来梅市货运中心的投入产出比为1:6,投资2.03亿德国马克,而实现的效益为12.15亿德国马克。[15]

表12-3 1999年第三方物流在欧洲市场状况表(单位:百万欧元)

国 家	国内物流费用	3PL物流收入	物流总支出	3PL物流收入占物流总支出比例/%
德 国	26528	8074	34602	23.3
法 国	18784	6911	25695	26.9
英 国	15485	8150	23635	34.5
意大利	12102	1771	13873	12.77
西班牙	5655	1241	6896	18
荷 兰	4848	1620	6468	25.05
比利时	2914	971	3885	24.99
奥地利	2746	637	3383	18.83
瑞 典	2610	737	3347	22.02

资料来源:《国际商业技术》

12.2.2 中国物流业发展简史

1. 起步阶段(1949—1965年)

这一时期,由于刚刚解放,社会各项事业百废待兴,我国物流业刚刚开始创建,在生产和流通领域成立了为数不多的仓库和货运公司,受到交通条件限制,物流的各个环节都

---

[15] http://www.mingdas.cn/bbs/dispbbs.asp?boardid=37&id=2132/2009-11-15.

比较落后。很多都是商物合一型、兼营型物流企业，附属于专业公司或批发站。《现代物流管理导论 P4》随着第一个五年计划的实施，国民经济开始迅速发展，专业的商物分离型物流企业开始出现，初步形成了物流业。

2. 停滞阶段(1966—1976 年)

由于一些社会原因，物流的理论与实践都处于停滞阶段。

3. 成长阶段(1978—1990 年)

随着经济体制改革和改革开放政策的实施，我国的交通运输和现代化建设有了较大发展，这一时期我国的物流业发展较为迅速，一方面我国物流基础设施有了较大改观，物流技术设备水平已经开始改善，不仅有了很多实力较强的国有物流企业，而且开始诞生了一批集体的和个体的物流企业和储运户；另一方面国外许多先进的物流理论开始引入我国，这些都为我国物流业的发展提供了理论和技术基础。

4. 高速发展时期(1991 年至今)

1991 年以后，随着对外开放政策的进一步实施，我国物流业也进入了一个高速发展的时期，在物流理论与实践不断发展的基础上，物流业开始受到政府和企业的重视，特别是 1999 年 11 月 25 日吴邦国副总理在现代物流发展国际研讨会上指出，现代物流是一项跨行业、跨部门、跨地区，甚至跨国界的系统工程，现代物流作为一种先进的组织方式和管理技术，被认为是企业在降低物资消耗、提高劳动生产率以外的重要利润源泉，在国民经济和社会发展中发挥着越来越重要的作用。随后国家先后采取了一系列措施，鼓励和支持物流业的发展，目前，物流已经发展成为国民经济的重要组成部分，同时，在科研、教育领域也培养了一批物流行业人才。

12.2.3 中国物流业发展现状

1. 物流基础设施有了较大改善

物流基础设施有了很大改观，已经基本建成了较为完备的物流运输基础设施体系，如运输线路、港口、机场、各种货运设施等有了很大发展。2003 年，我国铁路普查里程达 7.3 万千米，比 1978 年增加了 41%；公路里程达 179.6 万千米，比 1978 年增加了 102%，其中高速公路 3 万千米，内河航道里程 12.2 万千米。此外，我国还建成了一批铁路、公路车站、海运和内河港口和机场等[6]；在物流运作基础设施方面，全国各地都兴建了一批物流园区(如深圳平湖物流基地、上海外高桥物流保税区等)、物流中心、配送中心、仓储设施；在物流信息基础设施方面，我国电信基础设施、网络基础设施、企业信息化都有了较快发展。上海外高桥物流保税区外观、业务流程说明分别如图 12.15、图 12.16 所示。

2. 物流市场主体逐步多元化

经过多年建设，我国物流市场已经逐步形成不同所有制形式、不同经营模式和不同经营规模的专业物流企业共同发展的格局。主要途径有以下几个方面：①通过对传统国有运输、仓储企业进行改造而发展起来的物流企业；②积极发展民营物流企业；③积极引进外资物流企业；④促进生产流通企业社会化；等等。

图 12.15 上海外高桥物流保税区外观

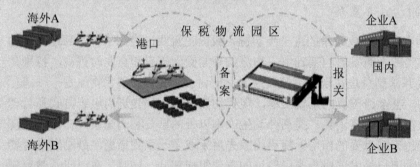

境外货物进出物流园区：
（一线放开）
1. 进境备案、出入自由；
2. 免征、免征；
3. 国际中转及转口贸易；
4. 分拆集拼、集运离境。

物流园区内：
（区内自由）
1. 区内贸易自由；
2. 货物存放无时间限制；
3. 分批出区、集中报关；
4. 保税仓储；
5. 简单增值加工；
6. 分拣、分拨配送；
7. 分拆集册、拆箱重组。

国内货物进出物流园区：
（视同出口）
1. 进区退税(增值税、消费税)；
2. 提前报关、货到检验；
3. 凭手册出区、保脱加工；
4. 分拆集拼、集运出区；
5. 国内出口中转。

图 12.16 上海外高桥物流保税区业务流程说明图

3. 国家宏观管理物流的能力增强

国家宏观管理物流能力的增强，主要得益于各级政府部门对于物流发展的重视。2001年原国家经济贸易委员会、铁道部、交通部、原信息产业部、原对外贸易经济合作部和中国民用航空总局联合印发了《关于加快我国现代物流发展的若干意见》。同年8月，原国家经贸委决定建立现代物流工作重点企业联系制度，以加强政府和企业的沟通与联系，并确定中国邮政等34家企业为现代物流工作重点联系企业。2009年国务院常务会议通过了《现代物流业调整和振兴规划纲要》，它既是我国现代物流深入发展的一个重要标志，也进一步证明中国政府在宏观调控物流业方面的能力正在逐步增强。

4. 物流研究水平和实力有所提高

至20世纪80年代，我国引进了一些发达国家的物流管理理论，一方面，我国在一些学校相继开办了物流管理专业，培养了一批现代物流管理人才，另一方面，结合我国的具体情况，进行了理论和实践方面的探讨，也形成了一些适合本国国情的物流管理方法，使物流管理在我国得到推广，同时，也有越来越多的企业开始重视物流，试图通过增强物流管理来降低成本，从而提高企业的竞争能力。

5. 物流信息化水平建设有所推进

先进的物流信息系统既是传统物流区别于现代物流的一大特征，也是传统物流向现代物流转变的基础。经过近30年的建设，我国的物流信息化水平已经有了明显提高。在信息设备建设方面，一方面，我国的物流软件市场正在稳步增长；另一方面，我国已经基本形成了以光缆为主体，以数字微波和卫星通信为辅助手段的大容量数字远干线传输网络。在网络覆盖范围方面，这四大骨干网络已经基本覆盖全国各地市以上的城市和90%以上的县级市及大部分乡镇，并连通世界主要国际信息网络，从而使EDI、ERP、MRP、GPS等一些围绕物流信息交流、管理和控制的技术得以应用。

12.2.4 中国物流业发展中存在的问题

1. 物流系统效率低

与发达国家相比，我国在物流成本、周转速度以及产业化等方面还存在着一定差距，但就物流成本一项而言，我国几乎高于发达国家的一倍，整体服务水平和效率还比较低。物流系统流通效率低而物流成本高是我国物流业存在的普遍问题，除此之外，我国具有品牌的大型流通企业和连锁经营企业较少，国际竞争力不强。同时，现代科学技术在这些企业中的应用也极为有限，这些都造成了我国物流系统的低效率。

2. 物流产业集中度低

我国物流产业的集中度低，主要表现在以下几个方面：①区域内大的物流集聚中心较少；②物流服务需求的离散度高；③物流服务还没有形成一个较为完整的集中度较高的行业，部分已经有一定规模的物流企业还无法占领足够的市场份额并形成较为紧密的服务网络体系，整体物流市场还处于一种割据甚至局部还呈现出零散的状态。[16]总体而言，专业化物流刚刚起步，整体物流质量还有较大的提升空间。

3. 物流管理机制不畅

由于物流业的发展涉及交通运输、经贸、外经贸、城市管理、公安、税务、海关、商品检验检疫等多个部门，这些部门由于职能和利益的不同，对于物流缺乏协调统一的思想和统一领导，这也直接导致了我国在物流业的管理体制和机制上的协调能力较差。

---

[16] 陈聪.中国现代物流业发展现状、趋势以及战略选择分析[J]. 科技创新导报，2009，(08).

4. 基础设施建设不协调

由于管理机制不畅，特别是多头管理、条块分割现象的存在，使得我国在物流基础设施建设方面协调性不足，因而整体设施的配套性、兼容性较差，进而导致物流系统的整体功能得不到有效发挥。

5. 企业物流管理意识较低

我国企业物流管理意识低主要体现在两个方面：①从生产性企业来看，他们更多关注的是产品的开发、市场营销策略的研究和价格策略的制定，并没有把企业物流作为一种战略来管理，更没有把物流管理当作企业的第三利润源泉；②从物流企业来看，由于缺少先进的管理理念而造成了物流企业资源的大量浪费和管理成本的增加，造成我国物流企业的整体效益不佳，竞争力不强。

12.2.5 现代物流业的发展趋势

1. 物流手段科技化

物流手段科技化的第一大表现就是物流装备技术的科技化，当前很多发达物流企业其物流装备技术水平已经相当高，并逐渐形成了集信息技术、运输技术、配送技术、装卸搬运技术、自动化仓储技术、包装技术等专业技术为一体的现代化物流装备技术格局。物流手段科技化的第二大表现就是电子物流(ELogistics)的发展，随着电子商务的迅速发展，国外已经出现了电子物流的概念，电子物流的出现不仅加强了企业内部之间的联系沟通，也进一步加强了企业与供应商、企业与消费者、企业与政府部门之间的相互协作，同时，电子物流的出现使得消费者可以直接在网上准确及时地获取相关产品或服务的信息，实现网上购物，并可以在线了解货物的发出情况与到达时间。因此有很多新兴的物流企业都比较看好电子商务企业物流需求这一市场。

2. 物流方式专业化

在市场竞争的日益激烈和巨大的成本压力下，越来越多的制造企业开始从企业战略发展的高度思考企业整体物流功能的整合，物流外包已经从电子、快速消费品等行业逐渐向钢铁、建材等上游企业转移，各个企业与物流企业之间都在寻求一种深度和全方位的合作。同时，这些制造企业对于第三方物流高端服务需求的增加，也使得这些物流企业开始探索更加专业化的物流运作模式和运作流程。特别是供应链管理的出现，不仅使物流活动的各个环节更加全面化，而且更加系统化。

3. 管理环境绿色化

这里的物流管理环境绿色化是一个大的物流环境概念，除了包括环境以外，还包括物流手段。之所以提出这样一个大物流环境的概念，是因为物流虽然促进了经济的发展，但是也带来了一定的诸如噪声污染、污染气体的排放以及交通堵塞等环境问题，因此有必要倡导和鼓励发展绿色物流。在绿色物流方面，可以借鉴发达国家的经验，一方面可以建立专门的工业和生活废料排放处理系统；另一方面可以通过立法等手段加强对物流系统污染的控制。

4. 物流企业规模化

据国家发展改革委、国家统计局和中国物流与采购联合会联合发布的《2007年全国重点企业物流统计调查报告》显示,随着物流服务需求的高速增长,物流企业物流业务量上升较快。2006年调查的综合型物流企业业务收入增长37.9%,仓储型物流企业业务收入增长22%,运输型物流企业业务收入只增长了1.3%。根据2007年调查的结果,推出了该年主营业务收入前50名的物流企业名单。这个名单与2006年发布的名单对比,主营业务收入在30亿元以上的由13家上升到18家;20亿元以上的由18家上升到24家;10亿元以上的由34家上升到35家;排序第50位的企业由3.55亿元提高到6.22亿元。[17]其中虽有统计范围逐步扩大的原因,但仍然可以看出物流市场集中度提高,物流企业规模扩大的发展趋势。

5. 物流设施整合化

经过改革开放以来的发展,我国物流基础设施已有相当规模。首先是铁路物流功能的整合。2007年全国铁路营业总里程已达7.8万千米。根据《中长期铁路网规划》,铁路系统计划在北京、天津、上海等地建设18个物流中心。其次是公路物流功能的整合。全国公路通车总里程达357.3万千米,其中高速公路5.36万千米。按照《国家公路运输枢纽布局规划》,将整合与建设179个国家公路运输枢纽。再次是港口物流功能的整合。我国拥有1400多个港口,各类生产性泊位35753个,其中万吨级深水泊位1403个,内河通航里程12.3万千米,但是与发达国家相比,这些港口在物流实施方面还存在一定差距,因此未来对于这些港口物流功能的整合将是一大发展趋势。最后是机场物流功能的整合。全国运输机场总数从2006年底的147个增加至152个。[17]通过对铁路、物流、港口、机场等物流设施的整合,将使现代物流的发展更加迅速。

6. 区域物流集群化

区域物流集群化的一个重要表现是在很多城市和地区已经形成了专门的物流区,特别是在沿海港口,这种趋势更为明显,除传统的"广(州)、大(连)、上(海)、青(岛)、天(津)"等地之外,又初步形成了处于海峡西岸的厦门港、处于欧亚大陆桥最东端的连云港,特别是处于北部湾地区的"南(宁)、北(海)、钦(州)、防(城港)"等都在大力建设物流区。物流园区建设各地普遍制定了规划,已有一批投入运营。区域物流集群化的第二个重要表现是围绕城市群崛起的"物流带",如成、渝地区的综改试验区,武汉周边的"两型社会"试点,辽宁中部城市群,黑龙江的"哈(尔滨)、大(庆)、齐(齐哈尔)",湖南的"长(沙)、株(洲)、(湘)潭"等。区域物流集群化的第三大表现是围绕产业链形成的"物流圈",如青岛的家电、长春的汽车、上海的钢铁、汽车和化工等。[17]

7. 物流运作全球化

随着经济全球化的发展,跨国贸易的进一步加深,国与国之间对于资源和商品的高效率流通与交换的需求也逐渐增加,因此未来物流的运作必将朝着全球化的趋势发展。在这

---

[17] http://www.ocn.com.cn/market/200812/xiandaiwuliuyequshi111647.htm/2009-11-14.

种全球化的趋势之下，物流将以实现为国际贸易和跨国经营提供服务为目标，选择最佳的方式与路径，以最低的费用和最小的风险，保质、保量、准时地将货物从某国的供方运到另一国的需方，使各国物流系统相互"接轨"，这将是物流发展的更高级阶段。[18]

12.3 现代物流赢利模式与价值提升策略

国内外关于赢利模式的研究较多，但是专门针对物流行业赢利模式的研究还比较少。赢利模式，简言之，就是企业如何赢利，也即获取价值的途径。事实上，无论是何种企业，只有有效盘活企业资源，将自身的价值转化为对方的价值诉求，才能真正实现自身利润和价值的最大化，作为新兴产业的现代物流也不例外。尽管我国目前现代物流占物流市场的份额还比较低，但是发展速度比较快。不过，值得关注的问题是，这些物流企业的赢利模式还比较单一，据统计，中国现代物流服务商的收益有约85%来自于诸如运输和仓储管理等基础性服务，而增值服务、物流咨询服务以及辅助物流收益只占到15%。

12.3.1 赢利模式解读

1. 何谓赢利模式

赢利模式是探求企业利润来源、生成过程和产出方式的系统方法，俗称商业模式。企业存在的根本意义是创造利润。如同人的生命一样，企业寿命的长短决定于它的健康状况，赢利水平就是企业健康状况的最重要指标。人的生活方式有很多种，没有先进与落后之分，重要的是生活质量；企业的生活方式就是它的赢利模式，同样没有所谓的先进与落后，重要的是利润和赢利能力。企业创新不再是产品、广告、促销、管理等单一要素的较量，赢利模式创新才是根本。突破企业间同化竞争的根本出路是赢利模式的差异化，一旦这种层次的创造取得突破，企业的竞争力就能持续，寿命就能长久。

2. 赢利模式与营销模式的区别

赢利模式研究和关注的是企业的利润来源、生成过程及产出形式。它与销售模式和营销模式既有区别又有关系，最根本的区别在于：销售关注的是"如何卖货"，营销关注的是"如何满足市场需求"，而赢利关注的是"如何赚钱"；或者说，"卖货=赚钱"以及"满足需求=赚钱"这两个等式不再总是成立的，而且成立的机会越来越少。所以可以经常发现这样的企业：不论企业在销售和营销上多么努力、相比进步多大，销量可能增长，市场份额也在增长，但是利润变化不大，有的时候还越来越少。这更加说明关注赢利模式是企业赢取竞争、得以生存的根本大计。

3. 赢利模式的设计技术

赢利模式设计包含3个关键技术：①价值发现——决定利润的来源；②价值匹配——

---

[18] http://shenlanlei1026.blog.163.com/blog/static/10821049200791510155988/2009-11-14.

决定赢利水平高低；③价值管理——决定赢利能力的稳定性。

赢利模式设计的重要概念是：任何行业的利润都是由于企业赢利要素"价值匹配度"的不同而分成不同区域的，如高利润区、平均利润区、低利润区和无利润区。在不同的利润区赢利模式是完全不同的，自然利润状况也不同；与此同时，企业处于何种利润区是赢利模式决定的。因此，一个企业只有在赢利模式设计完成的前提下，才能进行业务规划设计、营销模式规划、财务预算、人员管理考核方式设计等相关运营层面的规划，否则就会出现各种"脱节"现象：业务与财务脱节、销售与品牌建设脱节、人员能力与考核脱节、销量与利润脱节、生产研发制造部门与市场营销部门脱节等。

12.3.2 现代物流赢利模式类型

1. 货运代理型

货运代理是最基本的赢利模式。货运代理进入门槛较低，企业的管理水平和服务质量也参差不齐，实施此种模式的物流企业要么是资金不足，要么是缺少经验。此种模式对于企业的资源和能力要求最低，可以用于企业最初的资本原始积累。实施货运代理的物流企业如果想要在激烈的低端竞争中脱颖而出，并被客户所认可，就需要"善假于物也"，即利用外部资源参与物流服务，与为同一客户提供不同物流功能的这些物流服务商进行联盟，以功能合理分配、利益共享为原则签订协议，在统一的信息网络管理系统下，共同完成客户的一体化物流服务。

2. 运输仓储型

运输仓储型是指通过为客户提供最基本的运输和储存服务来获得利润。就目前我国的实际情况来看，运输和仓储费用在整个物流总费用中的比重依然较大，达到了80%以上，这是较为传统的物流赢利模式。与货运代理相比，实施此种赢利模式的物流企业要求具备有一定量的硬件设施，如车辆、仓库、装卸设备等，拥有的硬件设施越多，规模越大的物流企业，越具有经营优势。因为大型物流企业拥有的这些资源可以用来运作跨地区甚至是跨国界的业务，并可以凭借其网络优势使客户享受到"一站式"服务。

3. 管理咨询型

通过为客户量身定做整体物流方案而赢利，并为客户解决各种物流管理中的难题，称这种赢利模式为管理咨询型。这类物流企业已经逐步从原始的资本积累中解放出来，开始进入高一层次的赢利模式。管理咨询型物流企业对于人力资本的要求较高，要求配备具备各种能力的技术和管理人员。

4. 管理输出型

物流管理输出模式主要是指物流企业与那些有物流需求的企业成立合资公司并由合资公司承担需求企业的物流运作与管理的赢利模式，这是应对我国国内目前第三方物流需求不足的一种有效途径。这种模式有它的适用范围，一般而言，它比较适合于物流量大且自身已经拥有较大规模物流设备、设施和人员等资源的大型生产和商业企业。管理输出型赢利模式对于管理输出人员的素质要求较高，因为他们管理知识的输出可能会对客户企业原有的物流运作和管理模式产生一定的冲击。总体而言，管理输出能够充分利用大型物流企业闲散的物流资源，输出自己已有的成熟管理模式，提高企业资源的整体利用率。

5. 供应链管理型

这里所讲的"供应链管理"，不单单指的是一种管理方法，更重要的是，它是指一种赢利模式。供应链管理是企业最高层次的赢利途径。实施供应链管理的物流企业不仅仅需要有一定数量的硬件设施，往往还需要拥有充足的人力资源、科学的内部管理方法、丰富的组织资源和行业经验，从而真正形成"一站式服务链"，为客户提供完整的"一站式"服务。

6. 联盟租赁型

物流联盟是以物流合作为基础的企业之间的战略联盟。具体而言，它是通过寻找合作伙伴，签订合作协议，采用结盟的方式，弥补自己物流资源方面的不足，从而有效利用外部资源为客户提供物流服务。狭义的物流联盟存在于非物流企业之间，广义的物流联盟包含了第三方物流，而这里所指的物流联盟就是广义的物流联盟。

7. 增值服务型

随着企业规模的不断扩大，一些大型的物流企业可以利用自身所具有的人才、经验、信息技术等优势承办相应的物流培训班，还可以与一些软件厂商合作为客户开发物流软件，或者利用先进的信息系统，为客户提供有偿服务。因此将物流企业提供的这种增值服务称为增值服务型赢利模式。

由于篇幅所限，笔者只是概括了几种比较常见的赢利模式类型，事实上，很多大型的物流企业并不单单只使用一种赢利模式，往往是综合采用多种赢利模式，实现资源的优化配置和利润的最大化。

12.3.3 现代物流价值要素构成

物流管理要求达到 5 个 Right，即以最少的成本，在正确的时间(Right Time)、正确的地点(Right Place)，以正确的方式(Right Way)将正确的商品(Right Goods)送到正确的客户(Right Customer)手中。[19]基于此，提出了现代物流企业价值提升的三大策略，如图 12.17 所示，即时间价值策略、空间价值策略和渠道价值策略，通过这三大策略在保证成本最低的前提下，提高物流企业在时间、空间和渠道方面的敏感度、准确度和顺畅度。

1. 时间价值——时间敏感度

与一般行业相比，物流行业更注重时间价值，这也是客户对物流企业提供的服务的最基本要求，特别是对快递企业来说，尤其如此。时间已经成为继价格、质量、品种后企业最为重要的竞争资源。拿目前我国发展得比较好的快递企业——顺风来说，它之所以处于领先地位，就在于它上门服务和快递服务所花费的时间比其他快递企业更短，它倡导的"今发明至"、"晚发朝至"的时间理念表明它是一个时间敏感度较高的企业，因此，在其他两个条件同等的情况下，它更容易获得客户的认同。那么作为现代物流企业应当如何提升自

---

[19] 石盛林. 优化企业物流系统———种盈利模式的分析[J]. 机械管理开发，2003，(8)：87.

身的时间价值或者说时间敏感度呢？首先，就是要把企业时间价值管理纳入到企业战略管理的范围之内，对服务过程的各个环节都做好时间安排；其次，要在企业员工中倡导时间和效率观念，通过举办各种各样的活动，让员工深刻认识到时间价值对于企业的重要性；再次，还可以把时间价值纳入企业文化的范畴，从而内化为企业的一种软驱动力。

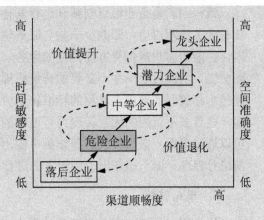

图12.17 现代物流企业价值提升的三大策略

2. 空间价值——空间准确度

除了时间之外，最重要的一点就是要保证将正确的商品输送到正确的地点，并交付到正确的人手中，从而做到空间定位准确。要做到这"3个正确"看起来比较容易，但是要做好也比较难，尽管有很多物流企业已经能够做到这一点，但是也不乏有一些将物品错送以及漏送的情形，一旦出现这样的情形，往往会给客户留下不好的印象。因此，空间价值也是现代物流企业价值的重要组成部分。

3. 渠道价值——渠道顺畅度

渠道顺畅主要包括两个方面的内容：一方面是货物传递渠道的顺畅；另一方面是与客户及上下游企业之间合作关系的顺畅。特别是从事进出口物流服务的大型企业，货物传递渠道是否顺畅就显得尤为重要，因为涉及跨境物流就需要与(诸如海关等)各种不同类型的组织打交道。现代大型物流企业只有认识到自身的渠道价值，并且注重对自身渠道价值的挖掘与提炼，才能在市场竞争中立于不败之地，并且这种渠道还可以为物流企业带来额外的收益，例如，可以为一些中小物流企业做出境渠道代理等，将自身的渠道作为一个"卖点"。

12.3.4 现代物流价值提升策略

1. 理念创新

树立现代物流创新理念，并将这种理念应用到企业计划、组织、协调、控制等各个方面。现代物流理念创新主要是指，物流企业要跟上时代经济的发展步伐，摒弃传统的物流就是仓储和运输的观念，将物流提升到企业战略管理的层面；同时还要更新企业组织的观念，对影响物流组织变革的因素，如企业产权、人事和分配制度等进行有效改革，建立现代物流企业制度,特别是对于我国一些大型垄断性的物流企业,如铁路货运、邮政快递等,更需要更新物流观念,引入现代物流企业制度,否则将跟不上社会的需求。

2. 流程创新

流程创新是企业组织创新和进行其他一些创新活动的基础。流程创新的重要途径之一就是业务流程再造,即减少一些与服务输出无关的步骤与环节,从而减少耗费的时间和成本,并能为客户提供更方便快捷的服务。流程创新必然会引起组织结构和职能的调整和重新分工,从而减少一些不必要的传统职能部门,并增加一些与现代物流企业作业流程和信息技术相关联的部门。流程的标准化是流程创新的重要基础,业务流程的标准化是指将很多一些过去不可控的因素转变为可控制的流程,沟通方式如传真、电话、电子邮件等,还可以通过采用一些软件代理等预见可能出现的气象变化、交通工具故障等带来的延误,提前进行管理,而不是在出了错误之后进行匆忙补救。

3. 模式创新

模式创新就是要解决我国目前物流行业"弱、小、散、差"各自为政的运营方式,构建一种各个物流企业之间相互竞争与合作的竞合模式,通过组建一定形式的协同组织,实现优势互补,在共同发展的同时开拓了各自市场,从而比一般"小而全"的企业更充满竞争力。"小而全"的经营模式尽管看起来具有较大的吸引力且似乎更加方便,但事实上只会增加流通成本。从降低资金周转率和物流设施利用率、降低物流成本、提高物流效率的角度出发,认为中小物流企业应将物流活动更多地外包给其他具有专业能力的物流企业。通过有效组建物流行业协会,制定行业规章,规范经营行为,实行行业自律,充分发挥各自优势,将原来弱、小、散、差、各自为政的物流公司,组建成联合体性质的企业,从而共同提高整个行业抗风险的能力。特别是在 2008 金融危机这样一个全球经济不景气的大环境之下,更需要组建专业的物流联盟,以某第三物流机构为核心,由众多的物流企业参与,并通过签订相关契约,建立相互信任、共担风险、共享收益的集约化物流伙伴关系,从而提高行业整体抗风险的能力。

4. 品牌创新

在物质产品和服务产品极为丰富的今天,认牌消费已经成为一种必然趋势。客户选购品牌产品和服务,他们相信的并不是牌子本身,而是品牌所承载的质量、技术、商业模式、企业文化等企业无形资产所具有的竞争优势。为此,一般认为:品牌不仅是区别不同企业产品和服务的标识或符号,更重要的,它是企业的质量、技术、商业模式和企业文化等无形资产的承载体,是能提高产品和服务附加值的一项最重要的无形资产。我国物流企业要真正做强做大,必须要自主培植出一批能够参与国际竞争的、有一定影响力的物流品牌。因此,品牌创新也是提升我国现代物流企业价值的重要策略之一。经过近几年的发展,我国的物流品牌已经初具规模,显示出了旺盛的活力与生机。这些已有的民族物流品牌,如中远、中海、中外运、中邮、中储、宝供、海尔远成、宅急送等,只有持续不断地进行创新,才能保持持久的生命力。

现代物流业发展与管理 第12章

案例

FedEx VS UPS

物流业发展到20世纪90年代，至少诞生了十大知名物流集团。其中，在快递行业，已经基本上形成了四大巨人垄断的局面，这四大巨人主要是指：棕色巨人联合包裹(UPS)、联邦快递(FedEx)、DPWN德国邮政世界网络(DHL的母公司)、TNT Post Group，这4家快递公司已经占据了全球快递市场72%的市场份额。由于DHL和TPG的主战场位于欧洲，所以，FedEx和UPS之间就形成了真正的中国市场的巨人争霸战。

事实上，这两大巨人在业务上存在着自身不同的特点。UPS主宰的是普通包裹的配送市场，其中企业到企业的包裹业务占到绝大多数，而且主要采用的是地面运输；FedEx是以文件速递和包裹速递见长，倡导航空次日递。

UPS是全球最大的速递和包裹运送公司，也是成立时间较早的物流公司之一，它成立于1907年，其服务范围遍布全球200多个国家，在全球拥有40多万名员工。进入20世纪80年代，随着人们对航空包裹递送业务需求的增加以及联邦政府对航空业管制的解除，UPS也开始组建自己的喷气机和货运机队，并发展成为美国行业内最大的一支。除此之外，UPS十分重视员工的培训，并且采用了多元化的培训方式，如创建培训学院，进行常规培训、个性化培训以及本土化培训等，通过收购一家银行，UPS成立了专门经营金融业务的资本公司，它能够保证在短期内对客户的应收账款进行融资并帮助客户获得政府支持的出口贷款进行长期融资。表面上，UPS的核心竞争优势来源于其由15.25万辆卡车和560架飞机组成的运输队伍，事实上并非仅仅如此，其全面系统的物流信息服务也已经成为包裹速递业务中的一个至关重要的核心竞争要素，如其所使用的卫星定位技术可以使用户能随时"看到"自己的货物状态，包括运输货物车辆所在的位置、货物名称、数量、重量等。通过三大收购，UPS已经将自己打造成为全球首个全程全能的物流超级巨无霸。

FedEx成立于1973年，尽管成立时间晚于UPS，但是其发展速度十分迅速，它首先推出了全美翌日到达的门到门航空快递服务，并以及时性、准确性和可信赖性赢得了客户支持。正如UPS入侵FedEx的文件速递领地一样，FedEx则通过各种方式抢夺了一部分包裹市场。1998年FedEx通过收购Roadway包裹公司(RPS)进入普通包裹运递市场，在包裹市场的占有率达到了11%，在过去的4年里，FedEx投资了5亿美元，使RPS的处理能力翻了一番，FedEx还通过对其无线通信网络的更新，使之能够与UPS相匹敌，此外还为大小企业提供因特网商务软件。像UPS一样，FedEx已经开始作为第三方物流服务供应商向外展开营销。

在住户市场策略上，FedEx的住户投递市场直接与美国邮政展开了正面竞争，但是FedEx采取的战略与UPS有较大差别，UPS是将企业到企业与企业到家庭的业务集成于一体，而FedEx则准备组建专门的住宅投递服务公司，并打算聘用低成本的非工会劳动力,这不仅比 UPS 的成本低,甚至可能比美国邮政的成本还低。

在定位战略方面,UPS 的定位是"我们能够在任何地方用任何模式来处理任何货物";FedEx 的定位是"无所不包,全面发展"。

思考:UPS 与 FedEx 在哪些方面展开了竞争?各自的成功经验有哪些?

本章小结

本章共分三小节,第一节是物流的基础知识,主要包括物流的起源、发展的历史沿革、各个国家对物流概念的不同解读以及物流管理的概念和物流管理的一般程序;在此基础之上,又重点阐述了现代物流的概念、分类、特征以及传统物流与现代物流的一些主要区别;第二节主要阐述了国内外现代物流的发展现状及趋势,在本节主要选取了美国、日本和欧盟等现代物流比较发达的国家作为国外物流的代表,重点阐述了在这些国家物流业发展的基本情况以及可以值得我国学习的管理经验,然后阐述了我国物流业发展的历史、现状、存在的主要问题以及未来发展的趋势;第三节主要阐述了现代物流的六大赢利模式、三大价值构成要素和四大提升现代物流企业价值的创新策略。

思 考 题

1. 现代物流与传统物流的区别有哪些?
2. 美国物流业发展对我国的启示有哪些?
3. 现代物流的赢利模式有哪几种类型?请一一举例说明。

第13章　现代金融服务业发展与管理

导　　读：　　随着世界经济全球化和科技革命的发展，现代服务业的发展必然要摆上重要议程。作为现代服务业重要组成部分的金融服务业，对经济发展的重要作用已经得到广大学者和政府部门的认可。金融服务业是国民经济的先导产业。它不仅能够促进经济增长，而且还直接影响到各种经济资源特别是资本的形成和配置效率。金融服务业的发展水平已经成为衡量一个国家或地区经济增长的重要标志之一。

关键词：　　现代金融服务　发展趋势　管理功能　价值创新

13.1　现代金融服务管理的概况

金融服务业的发展是货币范畴发展与信用范畴发展不断融合、不断深化的过程，准确把握现代金融服务的发展历程，掌握金融服务的内涵，明确现代金融服务的基本内容，为深入了解现代服务业的相关知识奠定了坚实的基础。

13.1.1　现代金融服务管理的定义

1. 金融的内涵

"金融"是由中国字"金"和"融"组成的词汇。"金融"一词始于何时无确切考证。马克思将金融定义为"货币资金的融通"。1915年编写的《辞源》中对金融的解释是"今谓金钱之融通曰金融，旧称银根。各种银行、票号、钱庄曰金融机关。"直到1920年"金融"与银行业务活动结合在一起，形成独立于"财政"的一个概念，被广泛地运用。

"金融"在西方叫 Finance，其本意是"货币资财及其管理"，涉及面广泛。它主要包括3个方面的内容：①国家财政，即政府的货币资财及其管理；②公司理财，即工商企业的货币资财及其管理；③个人收支，主要是指个人的货币资财及其管理。

辞海中对金融的解释是"货币的发行、流通和回笼，贷款的发放和收回，存款的存入和提取，汇兑的往来等经济活动。"英国《新帕尔格雷夫经济学大辞典》的解释则是："金融的中心点是资本市场的运营、资本资产的供给和定价。其方法论是使用相近的替代物给金融契约和工具定价。"按照以上的定义，金融的本质是以资本融通、货币资金流通为核心的一种经济活动，其作用是通过对金融工具定价，促进这种经济活动能够有效进行，实现资金、资本的交换转移。本书认为对于金融的概念应该有狭义和广义之分，狭义的金融主要是指资本市场及其运行机制，而广义的金融概念不仅包括资本市场，还扩及金融市场、国家及相关部门的财政管理等。

2. 现代金融服务的内涵

金融服务的内涵界定更是多种多样。一般金融服务定义为金融机构运用货币交易手段融通有价物品，向金融活动参与者和顾客提供的共同受益、获得满足的活动。其主要内容包括：①直接保险(包括共同保险、寿险、非寿险)。②再保险和转分保。③保险中介，如经纪和代理。④保险附属服务，如咨询。精算、风险评估和理赔服务；银行和其他金融服务(保险除外)。⑤接受公众存款和其他应偿还基金。⑥所有类型的贷款，包括消费信贷、抵押信贷、商业交易的代理和融资。⑦财务租赁。⑧所有支付和货币转移服务，包括信用卡、赊账卡、贷记卡、旅行支票和银行汇票。⑨担保和承诺。⑩交易市场、公开市场或场外交易市场的自行交易或代客交易，包括：货币市场工具(包括支票、汇票、存单)，外汇，衍生产品(包括但不仅限于期货和期权)，汇率和利率工具(包括换汇和远期利率协议等产品)，可转让证券，其他可转让票据和金融资产，包括金银条块。⑪参与各类证券的发行，包括承销和募集代理(无论公开或私下)，并提供与该发行有关的服务。⑫货币经纪。⑬资产管理，如现金或证券管理、各种形式的集体投资管理、养老基金管理、保管、存款和信托服务。⑭金融资产的结算和清算服务，包括证券、衍生产品和其他可转让票据。⑮提供和传送其他金融服务提供者提供的金融信息、金融数据处理和相关软件。[1]英国学者亚瑟·梅丹(ArthurMeidan1996)关于金融服务的定义为：金融机构运用货币交易手段融通有价物品向金融活动参与者和顾客提供的共同受益、获取满足的活动。[2]杨楹源等人在《我国中小企业金融服务问题研究》中指出金融服务的定义为金融机构(仅限于银行业)为其服务对象提供资金融通等方面的服务。并从内涵上将金融服务分为了狭义和广义金融服务：狭义的金融服务是指金融机构为其服务对象(公司法人、事业法人和自然人)提供传统的以存贷汇为主要服务内容的金融服务；而广义的金融服务则是指除了传统的金融服务外，还为客户提供资本市场领域的金融创新服务，包括项目融资、财务顾问、理财咨询、并购重组等投资银行业务。[3]

必须认识到，金融服务业是一个快速发展的产业，对于金融服务内涵和金融服务业务范围也应该持动态的观点，用发展的眼光去看待它们。

背景知识

北宋交子

最初的交子实际上是一种存款凭证。北宋初年，四川成都出现了为不便携带巨款的商人经营现金保管业务的"交子铺户"。存款人把现金交付给铺户，

---

[1] http://www.hudong.com/wiki/%E9%87%91%E8%9E%8D%E6%9C%8D%E5%8A%A1%E8%B4%B8%E6%98%93#1.
[2] http://define.cnki.net/WebForms/WebDefines.aspx?searchword=%E9%87%91%E8%9E%8D%E6%9C%8D%E5%8A%A1.
[3] 杨楹源，王都富，李旻，朱建军. 我国中小企业金融服务问题研究[J]. 改革，2000，(3)：87.

现代金融服务业发展与管理 第13章

铺户把存款数额填写在用楮纸制作的纸卷上，再交还给存款人，并收取一定的保管费。这种临时填写存款金额的楮纸券便谓之交子。

随着市场经济的发展，交子的使用也越来越广泛，许多商人联合成立专营发行和兑换交子的交子铺，并在各地设分铺。后来交子铺户在经营中发现，只动用部分存款，并不会危及交子信誉，于是他们便开始印刷有统一面额和格式的交子，作为一种新的流通手段向市场发行。正是这一步步的发展，使"交子"逐渐具备了信用货币的特性，真正成为了纸币。

(资料来源：http://baike.baidu.com/view/30120.htm 2010-05-20)

13.1.2 现代金融服务管理的发展

金融服务的发展就是货币范畴发展与信用范畴发展不断融合、不断深化的过程，金融服务管理的发展经历了初期萌芽、稳定成长、蓬勃发展和创新发展4个阶段，整个金融服务发展的轨迹就是货币信用发展融合的历史。

1. 金融服务初期萌芽阶段(17世纪—18世纪)

货币与信用的初步结合。在资本主义市场经济出现之前，货币范畴和信用范畴的发展保持着相对独立的状态。货币在以实物形态存在的时候，货币以实物出现，不是信用产品。即使当金属货币出现以后大都是统治阶级强制规定的，钱币的铸造权力由国家垄断，因此金属钱币的存在也不依赖于信用。另一方面，信用的产生是与财富非所有权转移的调剂需要相联系的，在资本主义产生之前，信用主要是以实物借贷和货币借贷为形式存在的。随着信用的发展，确实对货币流通产生了巨大影响，加速了货币流通，对后来纸币的产生起到了至关重要的作用，但是从总体来看，货币与信用的发展仍然处于相互独立的状态。

直到资本主义产生，伴随着资本主义市场经济的不断深化发展，纸币逐渐代替了贵金属铸币，银行的出现更是加快了货币的支付与流通，这时候货币与信用开始了初步结合。

2. 金融服务的稳定成长阶段(18世纪—20世纪初)

货币与信用制度密不可分。银行的产生使得流通中的金属铸币使用范围逐渐缩小，大量的金银集中到中央银行：一方面银行券大量流通，代替铸币执行流通手段和支付手段；另一方面，银行券的信用由随时可以兑现的金币、银币来保证。货币制度与信用制度的关系越来越密切，不可分割，但是由于金属铸币依然少量的流通于市场，货币制度的独立性并没有完全消失。

3. 金融服务蓬勃发展阶段(20世纪20年代—20世纪50年代)

货币流通与信用活动变成了统一过程。第一次世界大战后，在发达资本主义国家中，贵金属铸币全部退出了流通领域。特别是20世纪30年代以后，金融业蓬勃发展起来，并实施了彻底的不兑现银行券流通制度，这时货币流通与信用活动变成了同一的过程。任何货币的流通活动都是基于信用的基础上发展起来的，例如，基于银行信用的银行券用于日常小额支付，转账结算中的存款货币主要用于大额支付；任何信用活动也是在货币运动的基础上形成的，又如，信用扩张意味着货币供给的增加，信用紧缩意味着货币供给的减少等，完全独立于货币流通之外的信用活动已经荡然无存。

4. 金融服务创新发展阶段(20 世纪 50 年代以后)

第二次世界大战结束以后，各国都把主要精力放在国家建设上，科学技术广泛地运用于经济建设，金融创新也借助有利契机，产生了飞跃发展。特别是 20 世纪 70 年代以来，金融创新席卷了世界各大金融中心，被称为"金融服务业革命"。金融的创新不仅包括了西方国家放松金融管制，主要是放宽设立银行条件、取消或放松利率管制、允许银行与非银行金融机构实行业务交叉等，同时也包括了整个金融市场、金融体系和国际货币与信用制度的创新。金融服务的创新发展带动了市场经济的不断发展，货币信用化程度不断提升，又进一步提升了金融服务整体发展，形成了一个良性循环的金融发展系统，如图 13.1 所示。[4]

图 13.1　华尔街金融

13.1.3　现代金融服务管理的内容

1. 基础内容

1) 货币与货币制度

货币的起源：货币并不是自古就有，货币的出现是与交换联系在一起的。据相关史料记载，人类历史的交换过程经历了从"简单的物物交换—扩大的物物交换—一般等价物交换—货币交换形式"这样一个历史沿革。在一般等价物交换中，作为一般等价物的商品实际上起到了货币的作用，但是一般等价物并没有完全固定在某一商品上，从而妨碍了商品交换的继续进行，货币交换形式的产生走向必然。当商品交换的不断发展，一般等价物从几种商品中分离出来，固定充当一般等价物的商品就是货币，这时货币交换形式产生。根据马克思的货币起源学说，他认为货币是商品经济发展的自然产物，是"商品交换发展的产物，是商品经济内在矛盾发展的必然结果，是社会劳动和私人劳动矛盾发展的结果。"[5]

货币的职能：马克思认为货币的本质是：货币是固定充当一般等价物的特殊商品。货

---

[4] http://image.baidu.com/i?ct=503316480&z=0&tn=baiduimagedetail&word=%BD%F0%C8%DA%CC%E5%CF%B5&in=15793&cl=2&cm=1&sc=0&lm=-1&pn=30&rn=1&di=8448585705&ln=2000&fr=&ic=0&s=0&se=1&sme=0.

[5] 刘建波. 金融学概论[M]. 北京：清华大学出版社，2006.

币在商品交换过程中发挥着五大职能：①价值尺度职能，主要用于衡量和表现商品价值，货币在执行价值尺度职能时，不需要现实货币，只是观念上或想象的；②流通手段，流通手段只存在于买卖商品的瞬间，不足值的铸币或者是货币符号的纸币就可以执行流通手段职能；③贮藏手段，是指货币退出流通领域，作为独立的价值形式和社会财富被贮藏起来的一种职能，这要求货币必须由足值的金属货币来充当，同时货币贮藏手段具有调节货币流通的作用；④支付手段，主要用于商品流通领域，商品生产者之间清偿债务，同时还用于工资、佣金等其他领域；⑤世界货币职能，主要发挥国际的支付、购买和社会财富转移的职能。

货币形态：货币形态的发展也是随着商品生产的发展而不断进步和优化的。首先产生的实物货币，这主要出现在物物交换阶段，由于携带不便等缺点，无法成为理想的交换媒介，于是逐渐被便于携带、体积较小、价值稳定的金属货币所取代。随着经济的发展和时代的变迁，资本主义银行产生，出现了银行券、辅币等执行货币基本职能的货币形态，它们被称为代用货币，是足值货币走向信用货币的中介性的货币形态。当货币发展到现代形式，就出现了信用货币，主要是通过一定信用程序发行，执行流通手段和支付手段的货币形态。信用货币主要包括现金货币、存款货币和电子货币3种形态。

货币制度：货币制度又称为币制，是指一个国家以法律形式确定的该国货币发行和流通的结构、体系与组织形式。[6]货币制度的基本要素构成主要有货币材料、货币单位、货币种类、货币铸造与发行、货币偿付能力、货币准备六大方面内容。

2) 信用与利率

信用：信用在经济学范畴表示一种借贷行为，表示的是债权人与债务人之间发生的债权和债务关系。信用经历了高利贷信用、资本主义信用和社会主义信用3个发展阶段。

信用的形式：现代信用的形式也是多种多样的，按照不同的划分标准可以把信用进行分类。按照时间标准可以分为中长期信用和短期信用；以地域范围标准可以分为国内信用和国际信用；根据是否有信用中介参与可分为直接信用和间接信用；根据参与主体不同可以分为商业信用、银行信用、消费信用、国家信用等。信用发展到现代还有保险信用、资本信用、合作信用等特殊表现形式。

利息：是指信用关系中债务人支付给债权人的报酬，它是伴随着信用行为的产生而发生的。马克思对利息的本质有深刻的揭露，他指出："只有资本家分为货币资本家和产业资本家，才使一部分利润转化为利息，一般来说，才创造出利息的范畴，并且，只有这两类资本家之间的竞争，才创造出利息率。"[5]

利率：利息率的简称，根据不同分类标准划分为不同的种类。根据利率的真实水平分为名义利率和实际利率；根据借贷期内利率变动情况分为固定利率和浮动利率；根据利率制定差异分为基准利率和差别利率；根据利率计算方法的不同分为单利和复利。当然利率按照不同的分类标准还有很多种类，不在赘述。利率主要受到预期通货膨胀率、银行成本、中国银行的货币政策、税收、借款期限和风险、平均利润率、国际利率水平等主要因素的影响，产生波动。当然，利率对宏观和微观经济运行有着极其重要的调节作用，需要充分发挥利率的杠杆作用。

---

[6] 都红雯，杨爱文，田穗，蔡勇. 现代金融学基础[M]. 杭州：浙江大学出版社，2007.

2. 金融市场与金融工具

1) 金融市场

金融市场：是指实现各种金融产品交易活动的场所和领域。金融市场有广义和狭义之分，狭义的金融市场是从资金盈余者手中获得货币资金，而不需要中介的直接融资市场，如股票和债券市场。广义的金融市场不仅包括直接融资市场，也包括了间接融资市场，即需要有中介机构来进行金融交易活动，如商业银行。金融市场能够促进资金的聚集和分配，实现资源的合理配置和有效利用。同时能够及时反映市场经济的运行状态，通过合理的调控手段，分散市场风险，实现经济的健康运行，可以说金融市场是经济运行的指示器和调节器。

资本市场：按照融资期限的不同，金融市场可以分为货币市场和资本市场。货币市场是指融资期限在一年以内的市场。主要包括短期信贷市场、同业拆借市场、短期债券市场和大额存单市场等。资本市场主要是以满足短期资金需要为目的，具有高流动性和低风险性的特点。

资本市场：是指融资期限通常在一年以上的市场。资本市场也有广义和狭义之分，狭义市场仅包括证券市场，广义市场还包括了银行中长期信贷市场。资本市场的特点主要是交易期限长、融资数额大、高风险、流动性差。

2) 金融工具

金融工具是在信用活动中产生的、能够证明债权债务关系并据以进行货币资金交易的合法凭证，它对债权、债务双方所应承担的义务与享有的权利具有法力效力。[5]根据划分标准的不同，金融工具有多种分类，主要的金融工具包括商业票据、债券和股票。

3. 金融机构

1) 金融机构

金融机构是金融体系中的重要组成部分，它是指专门从事各种金融活动的组织，根据是否具有金融交易的媒介体，可以把金融机构分为直接融资机构和间接融资机构。一般而言，国家的金融机构体系由中央银行、商业银行、非银行金融机构和各种金融监管机构组成。随着金融业的不断发展和完善，金融机构在降低交易成本、完善信息不对称、防范金融风险和提供客户支付结算服务等能力上有很大提高，特别是金融创新的不断深入，金融机构也朝着综合化、国际化、电子化、复合化的方向发展，使得其运作效率和赢利能力得到不断提升。

2) 国际金融机构

国际性金融机构体系分为两个部分：①全球性的金融机构，主要包括国际货币基金组织(International Monetary Fund，IMF)、世界银行集团(Word Bank Group，WBG)和国际清算银行(The Bank for International Settlement)三大组织；②区域性金融机构，包括亚洲开发银行、非洲开发银行、泛美开发银行和欧洲中央银行四大组织。

3) 中国的金融机构体系

中国的金融机构出现较早，据相关史料记载，在我国周朝时期就出现了从事货币信用业务的金融机构，明代的钱庄、清代的票号都已经具备了一些现代银行的性质。中国第一家民族资本主义银行是 1897 年在上海成立的中国通商银行。新中国成立以后,我国金融机构的发展经历了"大统一"时代、机构规模初步形成阶段,直到 1994 年为了能够更好地适应社会主义市场经济体制的发展,对金融体系进行了大规模的改革,形成了以中央银行为核心,以商业银行和政策性银行为主题的多种金融机构并存、分页经营、相互协作的金融体系格局。

4. 宏观均衡

1) 货币供求及均衡

货币需求。理解货币需求必须注意以下几个方面的内容:①货币需求是一个存量的概念,它主要考察在特定的时间和空间内,社会各部门在其拥有的全部资产中愿意以货币形式持有的数量或份额;②货币需求是有条件限制的,是主观欲望与实际能力的统一,它是以收入或财富存在为前提,在具备获得或持有货币的范围之内愿意持有的货币量;③现实中的货币需求不仅仅包括对现金的需求,也包括对存款货币的需求;④人们对货币的需求不仅包括了执行流通手段和支付手段职能的货币需求,也包括了执行价值储藏手段职能的货币需求。[5]货币需求主要由收入情况、价格水平、信用的发达程度、消费倾向等因素决定。

货币供给是指一定时期内银行体系向经济中投入、创造、扩张(或收缩)货币的行为。它是一个经济过程,是银行系统向经济中注入货币的过程。[5]

货币供求平衡也称为货币均衡,是货币需求与货币供给之间的一种比例关系,当货币供求相当就是均衡,如货币供求不相等就是失衡。货币均衡是货币需求与货币供给对比关系相互调节的结果,在这一过程中起决定作用的是利率。

2) 通货膨胀与通货紧缩

对于通货膨胀的解释,经济学界众说纷纭,始终未能给出一个明确的定义。但是在这里必须注意几点:①通货膨胀是指一般物价水平的持续上涨,并非个别商品和劳务的价格上涨,也不是临时性、突发性的物价上涨,同时其上涨必须超过一定的额度,上涨幅度明显;②通货膨胀意味着货币贬值;③通货膨胀是与经济运行密切相关的一种现象。通货紧缩是与通货膨胀相对的一个经济范畴。衡量通货紧缩是以货币供应量的持续下降和经济增长率的持续下降为标准。

3) 外汇与国际收支

外汇:外汇是指外币和以外币表示的可用于国际间结算的支付手段。1980 年,我国颁布的《中华人民共和国外汇管理暂行条例》对外汇进行了明确的定义:"外汇是指:①外国货币,包括钞票、铸币等;②外币有价证券,包括政府公债、国库券、公司债券、股票等;③外币支付凭证,包括票据、银行存款凭证、邮政储蓄凭证等;④其他外汇资金。"[5]

国际收支:在一定时期内一个国家(地区)和其他国家(地区)进行的全部经济交易的系统记录,主要反映了一国居民与外国居民在一定时期内发生的各项经济交易的货币价值总和。[5]通常国际收支情况是通过国际收支平衡表反映的。

4) 金融风险与监管

金融风险,广义上的金融风险是指金融市场活动主题在投融资过程中,由于不确定因素引起其收益的不确定和资产损失的可能性,狭义上的金融风险是指金融机构在经营过程中由于决策失误、客观情况或其他因素使资金、财产、信誉遭受损失的可能性。总体来说金融风险对经济和社会产生负面影响，最为典型的金融风险就是金融危机。

金融监管是为了维护金融体系的安全与稳定，保护存款及社会公众的利益，提高金融的运行效率，由政府通过专门的机构，依据法律准则和法规程序，对金融体系中的各金融主题和金融市场进行检查、稽核、组织和协调，具有法执行、社会性、系统性的特点。[5] 金融监管体系如图13.2所示。

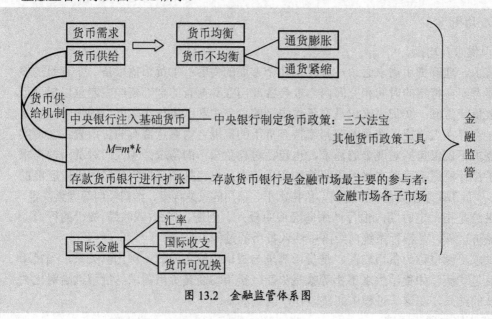

图 13.2　金融监管体系图

13.1.4　现代金融服务管理的特征

1. 市场风险性

金融市场是一个动态的市场，具有很大的不确定性，因此金融市场的风险较大。这里的风险主要包括以下几个方面：市场风险(如利率和通货膨胀等因素的变动造成资金资产的市场价值变化)，从而导致投资者损失；信用风险，可能交易一方不愿意或不能够继续履行契约责任，导致另一方损失；流动性风险，由于市场的流通性不高导致证券难以及时变现或现金无法流通所造成的损失；政策风险，由于政府相关的货币经济政策的变化，甚至政治、外交等方面的变动都有可能为投资者带来损失。还有道德风险、操作风险等，都增加了市场的风险特性。

2. 产品无形性

金融服务提供的产品是服务，一方面与实物产品相比，服务的特征和构成元素都是无形的，让人无法触摸或用眼睛看到，只有切实体验过服务才能感觉到产品的存在。其次是服务后利益也是无形的，使用后甚至是要过一段时间才能感受到利益的存在。金融服务提供服务过程的内容本身是无形的。如在购买平安保险之前，金融服务提供者提供的相关建议、安排方案等都是很难像实物产品一样，直观地展示在消费者面前，即使是消费者购买了保险以后，保险公司所提供的服务内容也是无形的，投保者以后所获得的利益也是无形的。

3. 生产一致性

金融服务的生产过程、销售过程和消费者的消费参与过程是同时进行的，生产、销售与消费在时间上是不可分割的。金融服务中生产和消费的一致性，使得其服务不可能像普通产品一样进行储存和运输，客观上要求金融服务的提供者和消费者必须存在某种形式的接触，如股票的购买需要投资者与股票抛售者通过证券公司在股票交易的计算机上进行买卖，可见，要完成股票交易就需要金融服务者、销售者和购买者同时参与交易活动，否则交易不可能成功。

4. 经济指示性

金融业对经济的发展具有举足轻重的作用，金融发展水平是一个地区和国家经济发展的重要衡量标准。金融业可以灵敏地感知市场供求的波动变化，是经济运行的指示器，同时通过国家经济调控手段的运用，适时调整金融市场产品供给关系等，促进市场资源优化配置，提高资金资产的利用效率和运营效果。

背景知识

布雷顿森林体系

布雷顿森林货币体系(Bretton Woods System)是指二战后以美元为中心的国际货币体系。关税总协定作为1944年布雷顿森林会议的补充，连同布雷顿森林会议通过的各项协定，统称为"布雷顿森林体系"，即以外汇自由化、资本自由化和贸易自由化为主要内容的多边经济制度，构成资本主义集团的核心内容，是按照美国制定的原则，实现美国经济霸权的体制。1973年3月因美元贬值，引发了欧洲抛售美元、抢购黄金的风潮。西欧和日本外汇市场不得不关闭了17天。经过磋商最后达成协议，西方国家放弃固定汇率制，实行浮动汇率制。至此布雷顿森林货币体系完全崩溃，从此也开始了黄金非货币化的改革进程。

(资料来源：http://baike.baidu.com/view/108174.htm#4)

13.2 现代国内外金融服务业发展现状与趋势

发达国家的金融服务业起步较早，发展程度也更为成熟。因此，通过对欧美及亚洲等国金融服务业发展的具体介绍，并将其与我国金融服务业发展情况进行比较，总结出我国目前发展过程中的特点与不足，同时吸取这些先进国家宝贵的发展经验。

13.2.1 国外金融服务业发展概况

1. 欧美国家金融服务业发展

1) 美国

(1) 美国金融服务业的概况。

美国是世界上规模最大，发展水平最高的经济实体，其中金融业的发展也是令世界瞩目的。根据相关数据显示，1950年，美国制造业的规模占GDP的29.3%，金融服务业只占10.9%。到了2005年制造业只占到GDP的12%，而金融服务业的比例提高到了20.4%，远远超过了制造业、医疗保健以及批发零售业的相应比例。同时，在美国金融服务业内部也发生了巨大的变化。从整个美国不同金融服务产业管理的资产规模比例看，1956年美国银行和存款机构管理的资产占57.2%，保险公司管理的资产占21.1%；2006年这两个比例相应分别降到了23.8%和6.3%。

1999年美国通过"金融服务业现代化法案"，取消了对商业银行、保险、证券和房地产按揭业务之间的壁垒，对冲基金、私募股权集团、杠杆工厂、按揭池、货币市场基金、财富管理公司，以及非银行抵押贷款机构等如雨后春笋般出现，这些机构被称为"影子银行体系"，从2007年全球广义流动性的估算看，美国"影子银行体系"创造的金融衍生产品占流动性的78%，相当于世界GDP的964%；创造的证券化债务占流动性的11%，相当于世界GDP的138%。"影子银行体系"的巨大影响力和实力使其成为新的美国社会财富中心。[7]

(2) 美国金融业发展的特点。

① 美国的金融立法悠久。关于美国金融立法可追溯到美国的南北战争时期，1863年美国出现了全国性银行，通过《国家银行法》，并成立了货币审计办公室。在近百年的时间内，美国对金融方面的法律法规不断地修订、补充和完善，建立起了完善的金融法律体系，内容详细全面，涉及金融企业管理的方方面面，几乎涵盖了金融所有行业。1933年的《格拉斯-斯蒂格尔银行法案》的颁布实施，在美国银行业立法史上具有里程碑意义，无疑对金融大萧条下的美国金融注入了一支强心剂，"商业银行与投资银行业务分离、存款利率的限制、准许联邦银行有限制地设立分行"等措施直接针对当时市场需要，促进了美国经济的复苏。1999年的《金融服务现代化法》是美国金融服务业法律的另一标志性法案，它通过废除旧法来废除分业经营的监管模式，在法律上为银行、证券和保险业的联合经营提供了法律依据，提高了美国金融业的国际竞争力。另外，美国立法的另一显著特点是非常重视金融监管方面的立法，美国不仅实行双重法律体制，既有规范金融企业经营管理的联邦法律，各州还有自己的金融立法。同时美国金融业分别由财务部、商业部等多个部门同时监管，正是这种不断发展、完善的金融立法体制，增加了美国金融企业经营的可预见性和确定性，促进美国成为世界最发达的金融业国家。

② 美国的监管体系完善。美国不仅在法律体系中重视对监管体系的立法，同时在实际实施过程中也建立起了完善的金融监管体系。一方面，对于整个美国金融监管体系实行形成了"双线分业多头式"的繁杂监管体系。所谓"双线"是指美国联邦和各州都设有金融监管机构，同时对金融机构和企业进行监管，"分业"是指对金融不同行业如证券业、保险业、银行业等行业实行监管，"多头"主要是说美国金融监管机构数量众多。同时在管理机制、管理水平等方面采取了统一标准，从而解决了众多机构各自为政的问题，保证了监管机构的统一运行。另一方面美国银行业在长期的经营实践中摸索出一套行之有效的商业银行内部监管体制。建立了独立、集中、权威的内部监管组织体系，制定了统一、严密的银行稽核依据，注重非现场稽核方法。

③ 金融科技发展领先。随着科学技术的发展，以电子计算机为中心的电子技术正广泛

---

[7] http://forum.home.news.cn/thread/69005647/1.html.

应用于金融领域,金融电子化逐步改变了传统交易方式,美国金融业正朝着无银行金融方向发展。主要的改变体现在以下两个方面。

一是交易方式的改变。一方面纸制单据向数据转变,另一方面交易机构形成网络化。以银行卡的处理方式转变为例,10年前银行卡的处理完全是依靠纸制单据,需要人工获取,而现在,电子汇票的运用,可以使交易者在销售点现场获得处理交易数据,不必亲自跑到银行进行实地交易。信用卡支付消费成为美国家庭消费的最主要方式,在美国有收入的家庭中使用信用卡的达到52%。同时自动取款机(ATM)是最为典型的形成网络化的交易体系。将各银行系统和销售点系统连成一张巨大的交易网络,提高了电子数据处理系统的分散性,克服了地域限制,为顾客提供了极大的便利。二是个人财务管理软件的普及。在美国,个人财务管理软件普及非常迅速,进一步推动了异地提供金融服务业的发展。

2) 英国

(1) 英国金融发展的现状。金融服务业是英国经济的支柱产业之一。自20世纪80年代中期"金融大爆炸"使英国金融体系发生了明显的变化,金融业在英国不断取得快速发展。英国的金融业不仅涵盖领域广泛,包括了银行、保险、证券、外汇、基金、衍生产品等金融领域,而且其发展规模和国际化程度均位居世界前列。2001年以来,英国金融服务业对国民经济的贡献明显上升,金融服务业在英国国内生产总值中的比重为5.5%,到2005年这一比例已上升至8.5%。2006年,英国金融业净出口额达244亿英镑,比2005年的193亿英镑增长26.4%。2006年年底,英国金融服务业的就业人数达107万人。伦敦不仅已发展成为世界金融服务中心,而且也是全球重要的金融交易市场。此外,苏格兰的金融业是仅次于伦敦的英国第二大金融中心。

① 银行业。2006年3月底英国共有各类银行333家,其中外国银行设立的分行或子行255家,居全球首位。2006年年底英国银行业资产总额超过6.2万亿英镑,其中外国银行管理的资产占53%;存、贷款余额分别超过1.4万亿和1.7万亿英镑,其中个人客户业务比例均达41%;跨境银行贷款业务量达5.1万亿英镑,占全球的20%,位居榜首。近年来,英国的零售银行业务取得了前所未有的发展,汇丰、皇家苏格兰银行、巴克莱、HBOS和LLOYDS TSB等五大银行的业绩表现不俗。在投资银行领域,2006年英国的投资银行业务收入约为62亿美元,欧洲地区一半的投资银行业务是在伦敦进行的。此外,伦敦还是全球主要私人银行业务之一,2005年由英国金融机构管理的私人客户证券总值达2760亿英镑。

② 保险业。英国拥有欧洲第一大和全球第三大保险业(仅次于美国和日本),在国际保险和再保险市场居主导地位。2005年英国保险业的全球保费收入达1670亿英镑,其中海外业务占21%;从业人数超过33万人,占英国金融服务业就业人数的1/3;管理基金规模达9020亿英镑。

伦敦是全球唯一聚集了世界前20大保险和再保险公司的金融中心,2005年伦敦地区的保费收入达267亿英镑。1688年开业至今的伦敦劳埃德市场以经营高风险保险业务闻名于世,其业务遍及世界200多个国家和地区,92%的富时100指数公司和93%的道琼斯指数公司在劳埃德市场投保,2005年其保费收入在伦敦地区占52%。此外,伦敦还是世界主要的航空险和海事险中心,其全球市场份额分别为27%(2004年)和20.2%(2005年)。

③ 资本市场。伦敦是全球重要的证券和债券交易中心。2006年年底共有1276家公司在伦交所主板市场挂牌交易,证券市值达1.9万亿英镑;创业板市场挂牌公司1634家,证

券市值910亿英镑;两市挂牌的外国公司共649家,远远超过美国纽交所(451家)和纳斯达克交易所(321家),交易额达3.3万亿美元,占全球市场的42.4%。在首次公开发行业务领域,2006年伦敦以17.2%的全球市场份额超过纽约(16.8%)。在国际债券交易领域,伦敦的全球市场份额达70%,交易量在过去10年增长5倍以上,2006年总额达65万亿美元。伦敦还拥有4家衍生产品交易所,其中伦敦金属交易所是全球最大的金属交易所。此外,伦敦外汇市场日均交易额达1.2万亿美元,在全球市场所占比重超过30%,美元和欧元在英国的交易量分别超过在美国和所有欧元区国家的交易量。

④ 基金管理业。英国是仅次于美国和日本的全球第三大基金管理业中心,2005年年底英国基金管理业负责的养老基金、保险基金、互助基金、对冲基金、私募股权基金等各类基金的总规模达3.5万亿英镑,其中机构基金占66%;同年该行业对英国经济贡献的增加值为82亿英镑。[8]

(2) 英国金融业发展的特征。

① 发挥集群效应。英国金融业发展的最为显著的特征就是高度集中,主要体现在以下方面。

从地域范围上,英国的金融服务业高度集中在伦敦,2004年伦敦金融服务业增加值在全国所占的比重高达42.4%。东南区(South East)和苏格兰(Scotland)的比重仅为9.1%和8.0%。基本形成了以大伦敦区为中心的金融产业集群,以南苏格兰区为中心的金融产业集群及以西南区为中心的金融产业集群。从金融服务业就业人员的地区分布来看,到2007年第一季度末,英国金融服务领域大约有31.9万人集中在伦敦地区,东南地区和苏格兰各自有金融服务就业人员12.4万人和10.9万人。从微观金融企业集群看,大伦敦区及其周边地区集中了64%的金融企业,其中大伦敦区占44%,西南区占12%,伦敦西北区占8%,这与伦敦作为重要的金融中心地位是一致的。在大伦敦地区之后的是东南地区,其金融企业数量占全国的14%。产业集群,不仅为伦敦带来了显著的经济和社会效益,更对集群企业带来了效益和发展动力。[9]

② 注重人才培养。随着科学技术和金融服务业的不断发展,对专业技能人才的需求越来越多,为了适应这一需求,英国政府采取积极措施引进高科技人才,英国政府建立了"企业家奖学金",鼓励具有聪明才智的特别是高技术领域的研究生到英国发展并开创新型企业。同时,英国政府还启动了"全球伙伴协作计划",加强在金融服务等方面信息的交流与沟通,一方面推动本国企业吸收先进技术,提高合作能力,另一方面吸引外国企业到英国投资,形成企业和科研网络,最终实现企业双方的共赢。

③ 强化国际合作。随着经济全球化的发展,金融风险不仅仅来源于国内,更多的是外部的金融风险。加强国际间的金融监管力度,对促进金融体系的稳定运行意义重大。为此2009年英国出台实施了《改革金融市场》白皮书,强化国际尤其是欧洲金融监管的合作。通过加强以金融稳定委员会(FSB)为核心的国际金融监管架构的建设,欧洲各国内部建立统一的监管标准和措施,加强跨境监管合作特别是建设国际金融风险预警系统等措施,使英国金融服务具有国际视角,提高各国金融监管的水平,从而更有效地在世界范围内确认和防范潜在的金融风险。

---

[8] http://www.bjwto.gov.cn/Article_Show.asp?ArticleID=40035.

[9] 王朝阳,何德旭. 英国金融服务业的集群式发展:经验及启示[J]. 世界经济,2008,(3):90.

现代金融服务业发展与管理 第13章

2. 亚洲国家金融服务业发展

1) 印度

(1) 印度金融服务业概况。

服务业是印度经济快速增长的引擎,金融服务业更是起着举足轻重的作用。经过多年的开放和改革,印度金融市场正朝着多元化、国际化、信息化的方向发展。

① 银行业。目前印度银行业的现状是:以国有银行为主导,外资银行逐步扩张。据印度储备银行(印度央行)的统计,印度的商业银行领域由 28 家国有银行主导。到 2006/07 财政年度末(2007 年 3 月 31 日)国有银行的资产占有所有商业银行资产的 70.5%,其净赢利为 2015.2 亿卢比。除国有银行之外,私有银行也得到了快速发展,其资产规模占 21.5%。私有银行经过一系列的兼并扩张等行动,到 2008 年 6 月,私有银行的数量为 8 家,其资产规模占 16.9%。目前印度外资银行总体规模较小,其资产规模占印度银行总资产的 8%,主要原因是印度央行对外资银行的限制是逐步放宽的。相关数据显示,到 2007 年 10 月底,有 29 家外资银行通过在印度的 273 个分支机构展开业务,其他 34 家外资银行设有代理机构。2006/07 财政年度,在印度的外资银行净赢利为 458.5 亿卢比。[10]

② 非银行金融中介。近年来印度非银行金融机构发展迅速,对金融业的作用也越来越大。特别是保险、基金、资产管理、金融代理、风险投资和私募股权业务、融资租赁等都有了较大发展,最为突出的是私有成分和外资经济成分在这些领域中发挥出越来越大的作用。表现在:私有保险公司在印度的市场份额增加,推动了整个保险业的发展。到 2008 年 3 月,全印度寿险保费收入达到 9298.8 亿卢比,其中私人寿险公司保费在保险市场中的比重与同期相比增加 10.52 个百分点,达到 36.35%。私人非寿险公司保费收入的市场份额则从 2007 年 3 月的 34.7% 增加到 2008 年 3 月的 39.92%。其次,私有部门的公共基金规模增大。到 2008 年 3 月底,私人部门的共同基金占市场份额为 82.25%,在全印度十大共同基金公司中,私有基金公司有 8 家,其中 3 家公司总资产占全部市场份额的 36.25%。同时,共同基金市场的增长也吸引了美国、韩国等众多国际投资者在印度市场的投资。再次,金融保理业务公司的交易量增加。从 2006 年的 35.6 亿欧元增加到 2007 年的 50.5 亿欧元。私有金融机构和外资银行均可以开设金融保理服务。

③ 资本市场。印度有 19 家股票交易所,最重要的是国家股票交易所(NSE)和孟买股票交易所(BES)。这两家交易所的交易量占全印度股票交易的 99% 以上。在 2007/08 财政年度内,NSE 的交易量占 69.2%,为 35510 万亿卢比;BSE 占 30.76%,为 15780 万亿卢比。同时印度股票市场行情强劲,在 2007/08 财政年度内上市公司通过公开股权发行筹集的资金达到 52225.3 亿卢比,比上一财政年度增长两倍以上。[11]

(2) 印度金融服务管理的特点。

① 独立的金融监管体系。独立的金融监管体系可以减少认为因素对金融管理的干扰和影响,最大限度地发挥监管体系的作用来解决金融运行问题。目前印度金融体系的最大亮点之一就是有自己独立的金融监管系统,不受任何政府部门的管辖及人为因素的干扰和影

---

[10] http://www.istis.sh.cn/list/list.aspx?id=5319.

[11] http://www.istis.sh.cn/list/list.aspx?id=5319 /2009-3-16.

响,中央政府根据国内外金融市场变化和发展的需要,针对在金融市场运作过程中出现的各种矛盾和各项问题,客观科学地出台相应政策措施,为印度金融健康稳定的发展保驾护航,将人为因素对其干扰和影响尽可能降到最低。因此印度的银行坏账率也很低。在2009年的国际金融危机中,当美国等西方国家大张旗鼓地采取救市政策措施的时候,印度也只是适时地采取了相应的减息和增加投资与刺激内需的政策措施,是印度金融体系在经济全球化趋势下正常运转时的反映和补充。

② 一流的金融管理人才。印度具有国际一流的金融管理人才。印度的金融管理人才不仅能讲一口流利的英语,同时,他们还有着与国际接轨的金融管理知识和经验,其中有很多金融高管都曾在国外经济领域进行过系统学习和具有国际金融机构、银行系统长期工作的经历。国际化的视野、系统化的知识结构、知名企业的管理经验,让印度金融管理在世界上享有盛名。在印度国内即使是一般的普通银行工作职员,上岗前都需要接受一系列的专业化金融知识教育和培训。最为著名的是现任印度总理辛格对国际经济和金融业有深入研究,他本人就获得了牛津大学经济学博士学位,这为他后来对印度经济进行大刀阔斧的改革并取得成功奠定了基础。

③ 发达的金融外包服务。印度金融外包服务业非常著名,金融外包服务从20世纪90年代末开始进入高速发展时期,年均增长率为56%,2005年总营业额达280亿美元,直接从业人员25万人。印度金融外包服务发展到成熟阶段,不再从事较简单的文书类业务处理,而是为客户提供综合报告、趋势预测、决策参考等多项服务。同时服务范围也逐渐扩展到信息类业务、人力资源管理等更具战略性的领域,甚至越来越多的金融集团将业务处理外包给印度企业。这种运营机制不仅要求印度企业提供优质的互动式服务,同时也要承担金融企业相应的责任与义务。

2) 日本

20世纪70年代初期,日本政府仿照欧美国家推行金融自由化政策,大力拓展国内国际金融业务,到1981年止,仅用10年的时间,就使日本的住友银行和第一劝业银行跻身于世界十大银行之列。到1992年,在世界十大银行排名榜中有6家是日本的商业银行。目前日本的住友、劝业、三和、富士、三菱、兴州、东渡等8家银行跻身于世界十大银行之列。

(1) 日本金融服务业现状。

① 银行业。20世纪90年代以来,日本银行业发展步伐较为缓慢,其主要原因是日本银行业庞大的不良贷款。日本政府为了帮助银行业摆脱困境,加大了全面金融改革的力度,同时对问题银行进行全面处理,尤其是加快了对不良资产处置的步伐,加快了银行业之间的合并步伐。日本政府的改革措施行之有效。2004年6月日本八大银行信用评级调升,这是自20世纪80年代初以来评级被首次调升。2004年银行业实现2000年以来的首次全年赢利,代表性的11家银行平均税前利润率达到了0.29%,同时日本主要银行的不良债权率从2002年9月的8.1%下降至2003年3月的7.2%,到2005年3月进一步下降到2.9%。不良贷款的解决、交叉持股的出售和股票市场的上涨改变了日本银行业的命运,提高了资本准备金水平,降低了总体风险。日本银行财务状况的改善,极大地缓解了银行的不良债权压力。[12]

---

[12] http://www.china001.com/show_hdr.php?xname=PPDDMV0&dname=1ECMV31&xpos=102.

现代金融服务业发展与管理 第13章

② 保险业。日本保险市场的一个显著特征是保险人数量较少，这主要是因为大藏省对开业实行认可制，通过控制保险人数量来达到限制竞争的目的。自1996年至今，受金融危机的影响，为确保日本保险业的发展，政府部门逐渐实行保险业的自由化政策，同时开发大量的新产品和服务项目，包括开发气候衍生商品和各种费用利润保险、实现汽车保险多样化等，2010年2月日本住友生命保险公司推出一款专为女性设计的保险产品，为女性提供包括人寿保险在内的养护保障。如今日本保险业在国民经济和社会发展中发挥着重要作用。截至2002年3月底，日本保险市场上共有95家保险公司，其中财产险公司47家，寿险公司48家。2002年日本保费收入4455.1亿美元，占世界保险市场17%的份额，保险密度3497.5美元，保险深度10.86%。2003年日本成为世界第二大财产保险市场，财产保险费收入7118亿元人民币，占世界财产保险市场的比例为8%。[13]

③ 汽车金融服务业。汽车金融服务通常指为汽车的生产、销售及为消费者购买提供资金相关金融服务的业务，主要包括汽车消费信贷、汽车租赁、汽车保险以及其他的咨询及培训服务业务等内容。消费信贷方面，日本汽车信贷业务已相当规范和完善。目前，日本50%的汽车用户是通过分期付款方式购车。在汽车租赁方面，目前，日本半数以上的汽车生产企业都开展了汽车融资租赁业务。20世纪90年代以来，日本年平均租赁规模达200余万辆，约占整个汽车销售量的15%。汽车保险方面，日本采取强制汽车责任保险的措施，没有参加汽车保险者不准驾驶汽车，采用市场化运作方式对被保险人统一收费。[14]

(2) 日本金融服务业的特点。

① 商业银行的个性化服务。商业银行向市场提供的产品实质上是一种与货币信用相联系的一系列服务。日本金融家认为既然是服务就要重视个性化和特色化，以增强市场竞争力。在日本多数商业银行采取一条龙服务方式，一方面银行事先将各类金融产品和服务项目配套，以适应不同类型客户的需要，另一方面，向客户提供集业务员、咨询员、情报员三重角色为一体的个人银行家，负责对客户的财务状况提供咨询，并对客户所需的金融服务项目做出安排，帮助客户处理遇到的困难。日本商业银行的服务非常重视个性化，具有强烈的针对性，他们认为，只有清楚这个市场的哪个部门能从自己提供的金融产品中得到好处，才有可能取得更大的市场份额。因此，日本的商业银行会针对客户和潜在客户的需要进行市场细分，根据不同的客户需求，提供相应的金融产品。

② 汽车服务的特色化发展。健全的信用评级制度，发达的汽车金融机构，多样化的汽车金融产品是日本汽车消费长盛不衰的关键。日本将银行个人消费信贷与相应的保险业务写进了有关的金融条款，保险公司在消费者申请贷款时具有决定权，有效地降低了汽车消费信贷风险和交易成本，为消费者提供了实惠和便利。日本汽车租赁主要是采用实物租赁的形式，并结合汽车使用特点，分为长、短期租赁两种，灵活多样的租赁手段，使用户在获得汽车功能的同时，还可以享受多种优惠，深受广大用户的喜欢，同时日本在汽车租赁方面会出台一些扶植政策等。这些措施的实施都成为推动日本汽车金融服务业发展的动力。

③ 金融市场的自由化发展。经济运行环境的演变是推动金融制度改革及金融自由化的最强大动力。20世纪90年代，日本的金融自由化渐进地展开。20世纪90年代中后期，金

---

[13] http://www.dxhbxzxw.com/japanfz.htm.
[14] 张先锋, 单培, 尹红坡. 中日汽车金融服务业比较研究[J]. 工业技术经济, 2005, (6): 106.

融危机的爆发,使桥本内阁于1996年发表了题为《金融体系改革——面向2001年东京市场的新生》的报告,确定了日本金融体制改革的构想,随后出台了一系列的金融改革法令,推进了金融自由化进程。其中包括:金融控股公司合法化,金融机构业务兼营化的进一步发展,对金融机构开业及价格与非价格竞争管制的进一步放松,国际金融交易的彻底自由化。这些措施在一定程度上帮助日本经济渡过危机。金融市场的自由化也是经济全球化发展到一定阶段不可逆转的现象。

13.2.2 我国金融服务业发展

1. 中国金融服务业发展概况

近年来中国金融业发展迅速,特别是加入WTO以后,中国金融服务业的开放程度得到提高,行业体系、行业标准进一步完善,中国金融业的发展为经济增长提供了重要支撑。我国金融业的产值保持快速增长,1978—2006年,产值从68.2亿元增至7586.6亿元。自20世纪90年代以来,中国金融业保持快速增长,1990—2006年,金融业年均增长13.4%。国家统计局初步统计,2007年中国金融业同比增长16.7%,预计在今后仍将保持快速增长,金融业的就业人数也呈现出稳定增长态势,从1978年的76万人增加到2002年的近340万人,年均增长10.5%,如图13.3、图13.4所示。近年来金融专业的开办,各类金融认证的完善,金融从业人员的数量和素质都有显著提高。例如,截至2007年底,全国保险专业中介机构共有工作人员86676人,持证率达69.66%。其中,业务人员69591人,持证率73.7%。代理机构持证情况最好,达到73.74%;经纪机构和公估机构持证率分别达到56.11%和44.52%。经纪机构持证率提高幅度最大,同比提高了10.38个百分点。[15]

(资料来源:中国统计年鉴,2007.)

图13.3 金融业产值及占比图

---

[15] 数据来源:英国金融服务业的集群式发展:经验及启示[J] 王朝阳,何德旭,世界经济 2008(3):P90.

现代金融服务业发展与管理　第13章

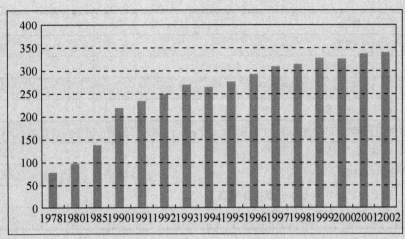

(资料来源：中国统计年鉴，2007.)

图 13.4　中国金融业就业人数(万人)

(1) 银行业。中国的银行业金融机构包括政策性银行、国有商业银行、股份制商业银行、城市商业银行、农村商业银行、农村合作银行、城市信用社、农村信用社、邮政储蓄银行、外资银行和非银行金融机构。截至 2007 年年底，国有商业银行的资产仍占有最大比重，五大银行的资产之和为 28 万亿元，占所有金融机构资产总和的 53.2%，排在第二位的是非商业银行的"其他类金融机构"，随后依次是股份制商业银行和城市商业银行。总负债方面，国有商业银行达 26.4 万亿元，占所有银行的 53.3%。

(2) 保险业。人身险是我国保险公司营业收入的主要来源，2007 年，保险公司的原保险保费收入首次突破 7000 亿元，达到 7035.8 亿元。其中，人身险保费收入达 5038.0 亿元，占总保费的 71.6%(寿险保费 4463.8 亿元，占到人身险保费收入的 86.6%)；财产险保费 1997.7 亿元，占 28.4%。同年，保险公司的原保险赔付支出为 2265.2 亿元。其中，财产险赔付 1020.5 亿元；人身险赔付支出 1244.7 亿元[16]，见表 13-1。

表 13-1　2007 年中国保险业经营数据(万元)

原保险保费收入[2]	70357598.09
1. 财产险	19977363.42
2. 人身险	50380234.66
(1) 寿险	44637521.00
(2) 健康险	3841660.53
(3) 人身意外伤害险	1901053.25
养老保险公司企业年金缴费	855461.40
原保险赔付支出	22652149.38
1. 财产险	10204703.46

---

[16] 数据来源：http://www.istis.sh.cn/list/list.aspx?id=5319.

续表

2. 人身险	12447445.92
（1）寿险	10644498.66
（2）健康险	1168645.51
（3）人身意外伤害险	634301.75
业务及管理费	9476193.44
银行存款	65062588.18
投资	202056853.78
资产总额	290039208.73
养老保险公司企业年金受托管理资产	840101.90
养老保险公司企业年金投资管理资产	797369.90

资源来源：中国保险监督管理委员会

（3）证券业。我国的证券业一直都处于稳步增长的状态，特别是2005年，国务院又批准了中国证监会《关于提高上市公司质量的意见》，对我国资本市场进一步的工作步骤提出了细化要求，推动证券业健康稳定的发展。尽管在2008年国际金融危机中，我国证券业发展步伐放缓，我国政府采取了迅速而有力的措施，有利于资本市场的复苏，进入2009年，国内证券市场出现了股价指数平稳回升、股票交易量有所恢复的良好局面。截至2008年年末，我国境内上市公司总数达到1625家，沪、深两市股票市场总市值已达12.14万亿元，已进入二级市场流通的市值4.52万亿元，投资者开设的有效证券账户总数达到10449.69万户。到2009年11月底，境内上市公司总数达到1693家，沪、深两市股票市场总市值已达23.95万亿元，已进入二级市场流通的市值14.35万亿元，投资者开设的股票有效账户数达到11882.78万户。提高上市公司质量是促进资本市场健康稳定发展的根本。[17]

2. 中国金融服务业的特点

（1）金融调控机制不断完善。中央银行是一国金融体系的枢纽，它负责制定和执行货币政策，肩负稳定货币和管理金融等重要职责，是执行间接金融调控的主体。我国的中央银行是中国人民银行，是国家最重要的宏观调控部门。近年来，在党中央、国务院的正确领导下，中国人民银行认真执行稳健的货币政策，监督管理银行间同业拆借市场和银行间债券市场、外汇市场、黄金市场，不断完善以市场为基础的间接调控机制，创新并灵活运用金融调控工具，通过市场化手段加强金融结构调整，有效提高了金融调控的前瞻性、科学性，促进了我国经济的可持续发展。

（2）金融业对外开放稳步推进。改革开放30年来，面对经济金融全球化深入发展和中国金融业竞争激烈化的局面，我国金融业坚定不移地实行对外开放政策，紧抓发展机遇，提高金融对外开放水平和国际化程度。特别是加入WTO以来，中国金融业对外开放步伐明显加快，我国银行业按照承诺，允许外资银行不受地域和客户限制办理外汇业务，增加外资银行从事人民币业务的城市。到2007年年底，在我国的外资银行营业机构已经达到

---

[17] http://news.xinhuanet.com/finance/2010-02/03/content_12924127.htm.

193家，代表处242家，在华外资银行总资产达到1714亿美元。[18]越来越多的外资金融企业进入我国银行、保险、证券等领域，金融服务业领域外商投资保持强劲增长。同时中国进一步改革外汇管理体制，推进人民币国际化。

(3) 金融运行规则日趋健全。国内经济转型与全球化国际背景下，金融安全问题蕴涵了更多的复杂性、艰巨性和挑战性，金融安全有赖于国家监管制度的完善。经过20多年的发展，我国金融法律初步建成"以《中国人民银行法》、《商业银行法》、《保险法》、《银行业监督管理法》和《证券法》等法律为核心，以《人民币管理条例》、《储蓄管理条例》、《外汇管理条例》、《贷款通则》、《金融违法行为处罚办法》等行政法规和规章为主体，金融司法解释为补充的现代化金融监管法律体系"，[19]同时针对中国金融业对外资金融机构全面开放的特点，适时先后制定了《外资金融机构管理条例》、《外资银行管理条例》、《外资保险公司管理条例》、《境外金融机构投资入股中资金融机构管理办法》等一系列法律法规，为金融业改革、开放和发展提供了良好的法律、制度保障。

13.2.3 各国金融服务业的发展对我国的启示

目前，中国金融体系日益完善，市场和产品不断丰富，金融企业的国际影响力逐渐扩大，产业能力大幅度提升，但是不可否认，我国金融服务业发展中还存在着诸多问题，通过对美国等西方发达国家和亚洲等国金融服务业发展现状和特色的分析，为中国进一步发展金融服务业提供了许多宝贵经验。

1. 政府推进

一方面政府应加强对金融中介机构发展的宏观指导和制度建设。制定相关法律法规，为金融中介合法权益的保护提供法律保障，鼓励中介机构的股份制改革和发展，为保证金融中介机构健康、快速成长提供政府宏观支持。另一方面，政府部门应加强基础设施建设，建设一套完善的基础设施，并进行适当有限的政府管制干预，为金融服务产业集群提供宽松的外部发展环境，不断强化当地劳动力市场对于各类专业化劳动力的吸引力，同时为了促进知识的共享与转移，还要确保市场的流动性，为金融服务业的发展提供智力支持。

2. 自我创新与完善

金融创新是金融发展的动力，是推动金融深化、实现金融现代化的必然选择，是降低金融风险、提高资金流通效率的重要手段。金融创新是指通过金融内部各种要素的重新组合和创造性变革，创造出新的金融事物。首先加强金融制度创新、健全金融法制法规、强化金融中介机构功能、完善金融市场基础设施，为金融市场参与者营造一个公平、公正、公开的金融环境；其次促进金融组织创新，我国金融应致力于发展各类基金公司、培育长期投资理念，为金融市场的稳定与繁荣提供微观基础；最后是加快技术创新，充分利用电讯、数据处理技术、计算机编程交易、互联网等，依托现代科技改变服务方式，开拓新市场，为客户提供个性化、特色化的服务产品。

---

[18] http://www.p5w.net/news/xwpl/200809/t1885014.htm.
[19] http://www.cntheory.com/news/Dshclsfb/2009/317/0931716294KK4CB1B2FB3B6F1B0F68.html.

3. 金融人才培养

中国正在不断加强与国际金融机构之间的联系与合作。中国与世界融为一体的金融实践要求高级金融人才要越来越多地参与国际金融竞争,这对人才培养提出了更高的要求。而通过各个金融发达国家的经验可以知道,人才才是国际金融的核心竞争力。实现多层次金融人才培养,是我国目前亟须解决的人才培养问题。依托高等院校,借助知名金融企业,联手相关金融培训机构,立足国际先进科技,着眼本国金融实际形势,需要培养思维敏捷、理论基础扎实、掌握金融理论前沿动态、具有金融创新意识和能力、具有把握全局并能迅速解决金融问题的"高端金融人才",需要具有较高金融理论水平、具有较高金融专业技能、具有较强分析问题和解决问题能力、能够胜任特定金融服务岗位的"高素质金融专才",需要知识结构合理、金融专业技能过硬、能够胜任多个金融服务岗位的"高素质金融通才",还需要具有丰富实践经验和经历的"金融应用和管理人才"。[20]

13.3 现代服务发展趋势和管理功能及价值创新

随着科学技术的不断进步,金融、物流、地产等现代服务业的各个领域都发生了日新月异的变化。准确把握金融服务业的发展趋势,不仅能采取有效的应对措施,更能使企业始终立足于市场竞争的不败之地。同时,通过流程再造、产品创新等手段,有效盘活金融资源,真正实现金融服务价值诉求的提升。

13.3.1 金融服务业发展趋势

1. 国际化

随着各国经济、金融体制改革的不断深入,金融服务业参与国际分工与合作的趋势是势在必行的。封闭的金融观念,限制了资金的自由流动,阻碍了金融结构的调整,不利于金融资源的优化配置和高效运用,限制了经济的进一步发展。改革开放前闭关自守的金融政策,导致中国金融市场长时期的停滞不前,就是值得吸取教训的一课。目前各国的金融业纷纷在海外开设分支机构,允许外国银行进入本国市场,同时随着 WTO 组织的深入发展,也要求各国金融市场逐步走向社会化、国际化。只有确立国际化的金融观,建立开放型的金融结构,才能促进资源的流动化和社会化,从而推动金融业高效有序地运行。同时,也有利于引进外资,引进先进技术和设备,以加速本国经济的发展。

2. 多元化

1999 年美国政府通过的《金融服务现代化法案》,取代了将商业银行和投资银行严格分开的《格拉斯——斯蒂格尔法》,同时也意味着金融分业经营制度走向终结,世界金融走向混业经营。从分业经营到混业经营,这一国际金融业的发展趋势,表明金融企业为了增

---

[20] http://forum.home.news.cn/thread/69426606/1.html /2009-08-10.

强国际竞争力,开始改革实施多元化的市场策略。随着金融创新热浪的掀起和高潮,电子化、多样化特征显著,银行与非银行金融机构之间的业务界限越来越模糊,金融机构业务也呈现出高度的交叉化,银行、保险、证券等行业开始强强联合,进行优势互补的并购,形成了许多跨国金融集团。

3. 信息化

金融信息化在国民经济信息化中的地位至关重要。现代金融作为知识密集型产业,客观上要求以飞速发展的信息技术作为支撑,不断推行金融创新,实现自身的信息化和知识化。与传统金融业相比,现代金融业作为知识密集型产业,在组织架构、运作方式和业务开拓等方面,日益体现出以知识和信息为基础的经营管理特征。金融业的这种行业属性,决定了必须以飞速发展的信息技术为支撑,不断进行创新,实现自身的信息化,从而逐步达到整个业态的知识化,以适应时代发展的需要。20 世纪 60 年代以来,银行、证券和保险行业纷纷开始用计算机代替手工作业,开启信息化之门,已经取得了较大发展。综合看来,尽管各发达国家金融发展进度不一,但是都呈现出了设备先进、应用广泛、功能齐全、服务完善、自动化程度高和安全保密性强等特点。[21]

4. 生态化

随着经济全球化、金融自由化和经济金融化趋势的发展,人们对于金融自身的可持续发展问题给予了高度关注和重视,并创造性地提出了绿色金融的概念,促进金融业的可持续发展。通过金融机构自身运作中注重对环保的支持,对金融资源的永续开发和合理配置,对金融制度的优化和改革,促进金融主体在其生成、运行、发展经济过程中,合理有效地处理好与自然、社会和经济的关系,推动金融服务业与自然和社会的和谐良性发展。

5. 自由化

金融服务来源于金融市场,金融市场的开发程度越高也预示着金融服务的自由化水平越高。如果金融市场处处有壁垒,就无法提供高级的金融服务,也就谈不上满足市场对金融服务的要求。越是开放的金融市场,信息透明度就越高;金融决策失误越少,金融市场的稳定性就越高,其吸引力就越强。没有市场的开放,就没有信息的开放;信息不畅或失真就会因判断失误的增加而扰乱市场,不利于长期发展。因此,现代金融市场的国内一体化与全球一体化既是一种压力和要求,也是一种潮流和趋势,它推动了金融服务向自由化发展趋势迈进。[21]

6. 外包化

金融外包在 20 世纪 90 年代以后得到迅速发展,国际上银行、证券、保险等领域的金融企业,出于战略规划、成本控制、增强核心竞争力等多种因素的考虑,其服务外包的范围和规模都得到了空前发展。如今,国际上金融服务业的外包趋势正在不断加强。德勤会计事务所在 2004 年给美联储的一份有关外包的报告中预测,到 2008 年,美国金融服务业将有 3560 亿美元(约占美国金融业总成本的 15%)的业务外包到境外。而根据金融研究公司

---

[21] 李洪心,李楠. 信息化下金融服务与管理创新[J]. 中国信息界,2007,(17):34.

Tower Group 的调查及预测，全球最大的 15 家金融企业将扩大信息技术项目的外包业务，金额将从 2005 年的 16 亿美元上升至 2008 年的 38.9 亿美元，年平均增长率为 34%。[22]

背景知识

金融服务外包的分类

根据外包业务的特性，金融服务外包可分为 3 类：①后勤支持类业务外包，包括人力资源管理、档案管理等；②专有技术性业务外包，包括信息技术、法律事务、审计事务等，该类外包事务具有专业上的特殊性，金融企业本身不是这方面的专家，利用第三方可以获得更高的服务质量；③部分业务操作环节外包，如银行会将个人住房贷款、进出口贸易结算、客户财务数据录入、信贷业务后台处理等工作转移集中处理。

（资料来源：http://www.wtoguide.net/Html/jr/0612271007045135072217 0915763541.html 2010 年 5 月 24 日）

7. 集群化

金融服务产业集群化有利于降低金融企业的生产成本和交易成本，提高企业规模经济效益和范围经济效益，通过信息溢出效应，投资者和券商容易掌握更丰富的金融信息，提高产业和企业的市场竞争力。集群加剧了竞争，而竞争则是产业获得核心竞争力的重要动力。目前已经形成了以纽约、伦敦和东京为中心的世界重要金融中心，这 3 个城市被经济学家称为"资本之都"。

13.3.2 金融服务业管理功能

1. 助推经济发展的引擎

金融服务业对经济发展的促进作用主要体现在两个方面。一是储蓄动员功能的实现。较高的储蓄率，对于一国的经济增长具有十分重要的意义。但是，高储蓄并不能保证高质量的经济增长，更为关键的问题是要降低储蓄向投资转化的成本，提高储蓄向投资转化的效率，从而在客观上表现为提高储蓄资金的使用效率。储蓄只有转化成为生产资本而增殖，才是真正意义上的储蓄资本，才发挥了储蓄的作用，在某种意义上讲，动员储蓄改善了资源配置，增加资产流动性有利于经济发展。二是金融机构的信息揭示功能。金融机构的出现，使投资者获取信息的成本大大降低了，特别是在区域信用管理体系的基础上，通过推行数据共享、信息联网等措施，统一数据标准，整合信用信息资源，实现信息的有效流通，有助于经济资源的合理配置，实现经济发展。

2. 优化资源配置的利器

金融市场在广泛动员社会闲置资金、促进资本形成后，通过要素配置的发挥，使原有

---

[22] http://www.wtoguide.net/Html/jr/06122710070451350722170915763541.html/2010-5-24.

的资本要素有序流动,不断得到整合,从而使各种生产要素能够得到重新配置与调整。同时,金融市场的资本导向功能能够引导经济要素有序、合理地流动,使需要资金扶持的新兴企业尤其是一些新兴的中小型科技企业能通过多样化的融资途径,得到充分的资本支持,从而有力推动产业升级。

特别是金融服务业有集聚化的趋势,纽约、伦敦和东京已经成为世界重要金融中心。根据"增长极"理论,通过培养某个产业(支配企业)或城市(地区)作为经济"增长极",最终带动相关产业和地区经济的整体发展。所以通过这些金融发展水平和现代化程度相对较高的城市和地区与经济发展较落后的城市和地区之间进行资本、人才、技术、市场等要素的流动和转移,从而进一步提高金融资源配置的效率。

3. 降低金融风险的关键

随着经济金融的快速发展和金融全球化的深入,新问题、新情况应接不暇。在看到经济发展对金融业的推动作用的同时,也必须看到经济结构转型为金融业带来的风险隐患。而金融衍生具有风险管理的功能,大力度开发的众多金融衍生产品,正是区域金融风险防范和化解的有效手段。品种丰富的金融衍生产品有利于经济体系的参与者将经营活动中面临的各类风险进行分割、剥离和转让,从而根据自己的意愿和能力调整所面临风险,将不擅长管理的风险转让给那些擅长管理此类风险的金融服务性机构,并且将自己擅长管理的风险也控制在能够承担的范围之内,从而有效规避了金融风险。[23]

13.3.3 金融服务业价值创新

1. 流程再造

金融危机让很多企业更加关注自身的运营效率,而不仅仅是规模、排名和知名度。金融业的主要产品是服务,这些服务按事先设计的业务流程从设计部门流向客户。金融机构业务流程的效率和质量,决定了客户满意度的高低,进而对公司的赢利、市场份额、风险等关键战略指标产生直接影响。[24]目前金融机构存在片段化和集成性并存的结构性缺陷,使业务管理环节过多,流程周期过长,导致对客户服务的滞后性。于是金融机构可以通过简化业务流程,将分开、重复的多道工序进行合并,或者将串行流程改造成并行流程,加快流程运转速度等方式,促进业务流和信息流在金融机构内外顺畅地流动,以提高运作效率。

2. 产品创新

国际上对金融产品创新存在着不同的理论,主要理论有:①"规避管制"理论,该理论认为,产品创新的内因是由于银行为了获取利润而回避政府管制所引起的;②"技术推进"理论,研究发现,20 世纪 70 年代美国银行业新技术的应用是导致金融创新的主要因素;③"交易成本"理论,20 世纪 80 年代,汇率、利率剧烈波动,计算机技术突飞猛进,为控制投资风险,降低交易成本,金融业陆续推出了可变利率抵押贷款、期货交易等金融新品。金融产品的创新和整合是一项复杂的系统工程,涉及金融机构的各个部门、各个专

---

[23] 王怡长. 江三角洲金融功能与经济增长研究[D]. 中国优秀硕士学位论文全文数据库,2009.
[24] http://www.studa.net/jinrong/090521/16052235.html.

现代服务业管理原理、方法与案例

业，需要整体协调、统一规划，利用多种资源，整合多种力量，发挥整体作用。这就要求加强对市场需求、同业金融产品及自身金融产品状况的研究力度，以产品研究促进产品管理。以银行为例，可以根据产品的不同特性及其相互之间的联系，进行合理组合，推出各种套餐式服务，这样更容易被顾客接受，同时发挥产品的整体综合效应，从而为银行创造效益。

3. 优化金融结构

经济的健康可持续发展，有赖于合理高效的金融体系，因而优化金融结构、提高金融运行效率成为当务之急。首先是协调直接金融和间接金融的比重，一国直接融资和间接融资在融资总额中占的比重，受该国经济体制条件、经济与金融的市场化程度、融资制度环境、经济主体的融资偏好以及企业文化传统等多方面因素的制约，是市场筹资方、投资方及其他参与主体相互博弈的结果，没有一个统一、固定的比例，这就需要各国根据实际情况加以判断和衡量，以确定最佳的直接金融和间接金融比例。其次是建立多层次资本市场体系，建立场外市场，为众多不具备上市标准的中小企业提供融资平台，实现金融产品的多样化，分散风险。[25]

4. 金融服务平台

金融服务平台是针对客户不断提高的投资服务需求而推出的个性化金融服务平台，通过对投资者的具体投资状况采用一系列金融预测工具，为投资者提供专业的、个性化、多角度的投资咨询服务，从而满足客户个性化、专业化的服务需求。所以在金融服务平台构建时，应该以满足消费者多元化的需求为出发点，以市场为导向，尽可能涵盖金融服务各个领域，确立为客户提供精挑细选、量身定做、一站式的金融服务。

5. 金融风险管理

风险是一种客观存在的现象，任何企业都要面对风险，任何经营活动都有风险。特别是金融业，银行、证券、保险、信托的整合发展趋势和混业经营，都需要有明确的风险管理机制。笔者认为金融风险管理最为核心的是风险的控制、转移、消化、吸收和总体风险的防范，实现收益和风险的优化配置，从而使资本资源得到优化配置。提升金融的创新能力和进行风险管理的核心能力，提供合适的收益和风险产品，从而满足客户的收益和风险偏好，以满足市场需求。

6. 管理制度创新

健全的金融制度是金融健康发展的基本前提。金融制度创新的内容是相当丰富的，就主要的方面看，笔者将其大致概括为3类：金融交易制度创新、金融组织结构制度创新、金融保障制度创新。首先通过创造新的金融交易载体，改变金融交易流程，增加金融交易的形式，启动新的金融交易资源等对交易制度进行创新，其次是将金融结构进行优化创新，金融保障制度创新的核心是金融监管制度，一定的金融监管及其他保障性制度均有其特定的适用背景。当背景条件发生变化，以及出现新的风险因素时，金融保障制度本身必须进

---

[25] http://www.chinavalue.net/media/article.aspx?articleid=5020.

现代金融服务业发展与管理 **第13章**

行相应的调整乃至创新。[26]

7. 服务外包

进入 21 世纪以来，随着经济全球化的深入发展和信息技术的快速进步，国际服务外包成为新一轮产业转移的主体和推动世界经济繁荣的重要动力，国际金融服务外包更是蓬勃发展。[27]应及时抓住发展机遇，大力开展银行、保险、证券、基金等金融机构的辅助性后台业务。同时也要清楚地意识到外包服务的风险性，并通过制定全面与清晰的外包政策，建立有效风险监管流程，要求外包公司制订应急计划，协商达成合理的外包合同，分析服务的财务与基础设施状况等措施，尽可能地降低风险。[28]

 案例

20世纪70、80年代西方国家对美元汇率的两次联合干预

1973 年，美国开始实行浮动汇率制度。到 20 世纪 70 年代后半叶，由于美国经济处于高通货膨胀、高失业率和低经济增长率的处境，卡特政府为了刺激经济，决定采取扩张性的财政政策和货币政策，外汇市场因此开始不断抛售美元，使美元的汇价一路下跌。

面对美元跌势，卡特政策决定干预外汇市场。1978 年 10 月底，卡特政府宣布了一项反通货膨胀计划，但对美国未来的货币政策并没有明确的表示，因此，美元反而在外汇市场上狂泻。面临马克和日元升值的巨大压力，德国和日本两国的中央银行被迫进行不改变自己政策为前提的大规模干预，买美元抛本国货币，但收效甚微。

1978 年 11 月 1 日，卡特总统宣布美国财政部和中央银行将直接对外汇市场进行干预，稳定美元汇率。由于前一星期的反通货膨胀计划使外汇市场大失所望，卡特这次宣布的干预包含两项重要的政策转变：①货币政策将紧缩。②美国中央银行将调用 300 亿美元干预外汇市场，平衡美元的外汇价格。计划宣布后，外汇市场果然受到震动，对其货币紧缩政策更是十分警觉。在 11 月 1 日上午 9 点 13 分，美元对马克的汇价立刻从前一天的最低点上升了 37.25%，达到 1.83 马克；几分钟后，随着中央银行抛出 6900 万马克、1900 万瑞士法郎后，美元对马克的汇价又上升 1%，对瑞士法郎的汇价也上升到 1.567 瑞士法郎。在针对日元动用了 500 万美元之后，美元对日元的汇价也升至 187.5 日元。在这一天外汇市场收市时，美元对主要外汇的汇价平均上升了 7%～15%。

在以后的两个星期内，外汇市场仍有抛美元风，以试探美国等中央银行干预外汇市场的决心，但美国联邦储备委员会联合德国、日本和瑞士中央银行，一次又一次地在市场上干预。到 11 月底，美国干预市场的总额达 350 亿

---

[26] http://www.ndcnc.gov.cn/datalib/2003/TheoryStudy/DL/DL-59063.

[27] http://www.gzboftec.gov.cn/articles/2010-2/30932.htm.

[28] http://www.cbrc.gov.cn/chinese/home/jsp/docView.jsp?docID=1495.

美元，使美元明显回升。但是，在12月初，外汇市场开始怀疑美国是否真正采取倾向紧缩性政策，又开始抛美元，使美元再度下跌。美国等中央银行继续大规模干预外汇市场，但干预的效果已明显下降，到12月底，美元汇价已低于11月的水平。美元的真正走强是1979年10月新的联储会主席保罗·沃尔克上台宣布货币供应控制以后的事。

如果说20世纪70年代末美国等中央银行干预外汇市场是一场失败的持久战，1985年9月工业五国对外汇市场的干预则是一场成功的速决战。里根上台后，美元就开始一路走强，到1984年2月25日达到最高点，对马克的汇率高达1美元兑3.4794马克。经过春季和夏季的调整后，美元在该年9月又开始上涨。美国、英国、法国、德国和日本五国的财政部长与中央银行行长在纽约广场饭店开会讨论外汇干预问题。9月22日星期天，五国发表声明说，五国财长和中央银行行长一致同意，"非美元货币对美元的汇价应该进一步走强"，他们在必要时将进一步合作，进行干预。第二天早上，外汇市场上美元便立刻下跌，对马克的汇率从2.7352跌至到2.6525马克，跌幅达3%以上。美元从此也一路下跌，直到1987年年初跌势才停止下来。

(资料来源：http://59.42.252.29/jjx/anli1-1.html)

思考：什么是浮动汇率制度？西方国家对美元汇率的两次联合干预产生了怎样的效果？

本 章 小 结

本章共分三小节。第一节是金融服务业的基础知识，主要包括金融的内涵和现代金融服务的内涵，在阐述这些基本知识的基础之上，又重点阐述了现代金融服务管理的发展，同时介绍了现代金融服务管理的基本内容和特征；第二节主要阐述了国内外现代金融服务管理的发展现状及趋势，在本节主要选取了美国、日本和欧盟等现代金融比较发达的国家作为国外物流的代表，重点阐述了在这些国家物流业发展的基本情况和可以值得我国学习的管理经验，最后阐述了各国金融服务业的发展对我国的启示；第三节主要阐述了现代服务发展趋势和管理功能及七大价值创新策略。

思 考 题

1. 现代金融服务业的基本特征是什么？
2. 各国金融服务业的发展对我国的启示有哪些？
3. 现代服务业的发展趋势是什么？

第14章 现代文化创意产业发展与管理

导　读：

新术语、新行业的出现有其现实的背景和语境，创意产业的兴起就是在对现有产业的机制、政策和运作进行总结的基础上应运而生的。创意产业不再简单地囿于过去的传统文化产业，它是适应新的产业形态而出现的创新概念，是对新形态的概括、总结和发展。它以"创意化，高端化，增值服务化"为特征，以推动文化发展与经济发展为目的，并且通过在全社会推动创造性发展来促进社会机制的改革创新。

关键词：

创意　文化创意产业　价值提升

14.1　文化创意产业的概念、产生与发展

从文化产业到文化创意产业的发展历程是人类思维创新的一场革命，通过"越界"促成不同行业、不同领域的重组与合作，不仅加深了产业间的融合，更对人类社会的发展产生了深远的影响。

14.1.1　文化创意产业的基本概念

1. 创意的内涵

创意(Originality)，美国广告大师詹姆斯·韦伯·杨(James Webb Young)将其阐述为"旧元素，新组合"6个字。它不是一种"无中生有"，而是通过独特的想法和手段将一些司空见惯的资源、要素加以整合呈现出来，以达到出人意料的效果，创造出惊人的社会价值，如图14.1所示。[1]创意更强调人对创造力、技能和智慧的运用，从而生产出新的产品、开拓出新的市场、衍生出新的机会。创意是一个地区乃至国家科技发展和社会进步的动力。

创意最终要通过产品和服务体现出来，从广义上讲，创意产品就是赋予人的创造力的产品。它与一般的生产产品具有很大的差异，具体表现在：①创意产品不仅要求生产者有创新意识，同时还要具备多种专业技能，并可将其熟练地运用于产品生产过程中；②创意

---

[1] http://imgnews.baidu.com/i?ct=520093696&z=0&tn=baiduimagenewsdetail&word=%B4%B4%D2%E2&in=18655&cl=2&lm=-1&pn=0&rn=1.

产品更加注重原创性、个性化的生产,满足不同层次和需求的消费者;③创意产品的市场风险大,因为产品一般是通过生产者个人的技能和智慧创造出来的,对于市场和消费者是否会接受这类产品具有很强的不确定性,需要经过时间的考验。[2]

图 14.1　创意无处不在

2. 文化创意产业的内涵

文化创意产业可以简单地理解为文化创意产品的产业化。"它是一种在全球化的消费社会背景中发展起来的,推崇创新、个人创造力,强调文化艺术对经济的支持和推动的新兴的理念、思潮和经济实践。"[2]

不同国家和地区对文化创意产业的定义各不相同。到目前为止,国内外对创意产业、文化创意产业的定义主要有以下几种。

(1) 2001 年英国出台了《创意产业图录报告》,将创意产业正式定义为"源于个体创意、技巧及才干,通过知识产权的生成与利用,而有潜力创造财富和就业机会的产业。"

(2) 1997 年英国学者 David Thirsby 指出:所谓文化创意产业,就是要将抽象的文化直接转化为具有高度经济价值的"精致产业"。

(3) 所谓创意产业、创意经济或"创造性产业",是一种在全球化的消费社会背景下发展起来的,推崇创新、个人创造力,强调文化对经济的支持与推动的新兴的理念、思潮和经济实践。

(4) 文化创意产业是指依靠创意人的智慧、技能和天赋,借助于高科技对文化资源进行创造与提升,通过知识产权的开发和运用,生产出高附加值的产品,具有创造财富和就业潜力的产业。[3]

综合以上各界定义,笔者认为文化创意产业应当包括以下几个方面的含义。

(1) 文化创意产业依靠于人的智慧、技能和才干,以创意和文化为手段对文化资源进行整合、优化和再创造。

(2) 文化创意产业的创意产品是通过知识产权的利用与开发,将无形的文化转化为有巨大经济价值和社会效益的产品和服务。

(3) 文化创意产业的外延十分广泛,不仅包括传统文化产业的相关内容,还扩展到新知识经济的产业,甚至高科技新生产业。

---

[2] 蒋三庚. 文化创意产业研究[M]. 北京:首都经济贸易大学出版社,2006.
[3] 李世忠. 文化创意产业相关概念辨析[J]. 兰州学刊,2008,(8).

14.1.2 文化创意产业的产生和发展

1. 文化创意产业的产生条件

文化创意产业是知识经济时代社会发展的产物。它是随着社会生产力的不断提高,产业结构的优化调整,通过高科技手段的运用,作用于社会、经济、政治,在三大产业间不断作用、渗透和融合形成的新的产业形态。文化创意产业的产生具有社会历史必然性。

1) 根本动力——社会生产力的发展

社会生产力的发展导致社会分工的加速和精细化。越来越多的人不再直接从事工农业生产,而是转向第三产业服务业的工作。这就为文化创意产品的生产及销售提供了市场保证。同时生产力的发展还促使工作时间和闲暇时间的比例变化。生产效率的提高,闲暇时间的增多,使得人们有更多的闲暇时间进行文化娱乐的享受,激发了人们对文化产品的需求。这一需求的不断扩大,促进了相关文化产品和服务的产生与发展。

2) 实力保证——经济与科学技术

文化创意产业的发展来自人的创造力与科学技术的结合。国家的整体经济实力是文化创意产业发展的基础,只有拥有坚实的经济基础才可能为科学技术的发展提供强大的物质保证。科学技术又为满足人们的精神和文化需求提供了可能,它为文化产品和服务的生产提供了有力工具,为文化产品的传播提供了便捷的方式。例如,3D 电影产业就是以 3D 虚拟现实建模技术为核心,涵盖了影视特效、光学设计、数字技术和电脑动画等多领域的集合,如图 14.2 所示。[4]

图 14.2 3D 电影

3) 运行机制——市场经济的推动

商品经济的发展,逐步将创意文化产品推向市场,实现其经济价值。可以说市场经济是文化创意产业形成的内在驱动力,它是市场经济发展的必然产物。在未出现商品经济时

---

[4] http://image.baidu.com/i?ct=503316480&z=0&tn=baiduimagedetail&word=3D%B5%E7%D3%B0%B2%FA%D2%B5&in=8323&cl=2&cm=1&sc=0&lm=-1&pn=33&rn=1&di=22252861530&ln=301&fr=&ic=0&s=0&se=1&sme=0.

期,文化仅仅被看成是社会地位的象征,而到了商品经济时代的前期,文化产品才具有了经济价值。但是,由于历史需要,文化产品仍然被作为知识传播的媒介,很难正常发挥其经济功能。在市场经济的今天,文化产品和服务的经济功能被社会普遍认可,其娱乐休闲性得到广泛认同,为文化产品和服务的市场运作找到了切入点。[5]

4) 外部环境——组织企业的集群

文化创意产业的核心要素是创意,它离不开创意人才、科技、文化等创意要素的支持。这就从客观上要求创意与文化资源和其他智力生产要素的紧密融合,需要创意人群、企业的集聚与互动,在地理上形成多元化的外部环境。创意企业在地理上的集群有利于信息沟通和形成规模效应,是增强企业竞争力的有效途径。例如,美国的迪斯尼企业、法国巴黎的时装设计等无一例外地选择了产业集聚的形式,并取得了巨大的经济和社会效益。

2. 文化创意产业的发展阶段

1) 理论奠定阶段

文化创意产业起源于文化产业,20世纪40年代法兰克福学派的学者提出了"文化工业"体系的说法,认为文化生产可以与科学技术相结合并产生巨大的社会影响力,1947年,阿多诺和霍克海默在《启蒙的辩证法》中首次使用了文化工业的概念。文化工业可以说是文化产业发展的初级阶段。随着社会的发展,文化产品的生产日益精细化,第二次世界大战结束后经济高速发展,文化产品生产规模不断扩大,最终推动了文化产业的形成。20世纪70年代美国学者丹尼尔·贝尔在《后工业社会的来临》一书中提出了"文化产业"的概念,明确地将文化生产与市场消费联系起来,揭示了文化与市场相互作用的规律。20世纪80年代,以星系技术为标志的第四次科技革命的出现,催生了许多高科技新兴产业,高新技术的运用使得文化产业不再局限于传统领域,由此文化创意产业应运而生。早在1986年,著名经济学家罗默就曾指出:"新创意会衍生出无穷的新产品、新市场和财富创造的新机会",创意产业由此来临。[2]

背景知识

丹尼尔·贝尔

丹尼尔·贝尔(Daniel Bell,1919—)是当代美国大名鼎鼎的学者和思想家。贝尔在20世纪四五十年代主要从事新闻工作,曾任《新领袖》杂志主编、《幸福》杂志编委和撰稿人。在20世纪六七十年代,他主要从事教学工作,曾在哥伦比亚大学和哈佛大学担任社会学教授,还从事一些与未来研究和预测有关的活动,担任过美国文理学院"2000年委员会"主席、美国总统"八十年代议程委员会"委员等职。

(资料来源:http://baike.baidu.com/view/532224.htm)

---

[5] 华正伟. 文化倡议产业的形成条件和发展模式[J]. 现代服务业,2008,(12).

2) 概念提出阶段

文化创意产业是文化产业发展的新阶段，随着市场经济的发展，人们开始关注创意产业对经济的推动作用。一般认为英国是首先提出文化创意产业概念的国家。1998年，英国创意产业特别工作小组首次明确地提出文化创意产业的概念为："源于个人创造力和技能才华、通过知识产权的生成和取用、具有创造财富并增加就业潜力的产业。"依据此定义，英国的创意产业包含广告、建筑、艺术及古董市场、工艺、设计、流行设计与时尚、电影与录像带、休闲软件游戏、音乐、表演艺术、出版、软件与计算机服务业、电视与广播，共13个项目。这一定义被大多数国家广泛认同和借鉴使用。[6]但是，也有学者认为美国的文化创意产业发展早于英国。不同的是美国采用的是版权产业的概念，但是其产业涵盖的部门与英国提出的创意产业的项目内容基本吻合，早在1990年美国国际支持产权联盟第一次着手调查与版权保护有关的产业对经济的影响以及在国际贸易中的地位。

3) 产业发展阶段

自20世纪90年代以来，许多国家和地区也开始重视对文化创意产业的研究和发展。1994年，澳大利亚政府发布了第一个国家文化发展战略，就力推创意产业概念，把创意产业发展提升为国家战略进行发展，同时成立了国家级创意产业振兴机构——布里期班创意产业研究中心，并将艺术、歌剧、音乐剧、电影、电视制作、互动游戏及数字等内容纳入到文化创意产业的重要内容中。[7]1998年，韩国为摆脱危机，实施经济转型，提出了"设计韩国"战略，政府为推动文化创意产业设立了"文化产业局"并界定了文化创意产业项目有：动画、音乐、卡通、电玩等。[8]丹麦的文化创意产业已经成为其经济发展最重要的推动力量。丹麦文化部和贸易产业部共同发表了一份有关提升丹麦创意产业的研究报告《丹麦的创意潜力》，详细阐述了丹麦文化创意产业的范围，以及产业政策的策略重点，以促进国家创意产业的发展。[9]同时，新加坡以及我国的台湾、香港等地也逐渐开始重视和发展文化创意产业。

4) 价值增值阶段

文化创意产业不断向国际化、精细化、差异化方向发展，产生的经济价值也在不断增加。随着产业链条的进一步完善和深化，它的发展必然带来产品的精细化和差异化，而且具有国际化特色。[10]从其内部结构看，文化创意产业形成了一条从生产到消费的完整的产业链，而且始终处于产业链的高端位置，获取高额的价值利润。

14.1.3 文化创意产业的分类及特征

1. 文化创意产业的分类

文化创意产业作为一种新型的产业类型逐步被人们所认识，随着文化创意产业的深入研究，在理论和实践方面都取得了一定的成果。文化创意产业的内涵和外延也在不断深化，

---

[6] 潘晓曦. 对文化创意产业的几点认识[J]. 科技情报开发与经济，2008，(16).
[7] http://www.asinfo.gov.cn/show.aspx?id=16893&cid=18.
[8] http://fs.southcn.com/cyzd/tszs/content/2007-12/16/content_4543751.htm.
[9] http://www.douban.com/group/topic/4783971/.
[10] 石杰，司志浩. 文化创意产业概论[M]. 北京：海洋出版社，2008.

它不仅仅局限于文化产业和第三产业的高端,还渗透到了生产产业等相关的核心和关键产业。由于文化创意产业属于新兴产业,并且各国历史文化的差异和产业发展侧重点不同,国际上对文化创意产业尚未形成统一的分类。

1994年澳大利亚公布了第一份文化政策报告,提出了"创意的国度"发展目标。2001年,澳大利亚统计局下属的全国文化和休闲统计中心也制定和颁布了《澳大利亚文化和娱乐分类》。这一分类包括行业分类(4种)、产品分类(26种)和职业分类(9种)三大块,在行业分类里,澳大利亚的文化和娱乐产业被划分为遗产类、艺术类、体育和健身娱乐类、其他文化娱乐类四大类。其中遗产类又包括博物馆、古物和收藏品;艺术类包括文学和图书出版、表演艺术、音乐创作和出版、视觉艺术和手工艺、设计、广播、电子传媒和电影、其他艺术;体育和健身休闲类包括赛马和赛狗、体育和健身休闲场所、体育和健身服务、体育和健身体闲产品的制造与销售;其他文化娱乐类包括赌博、娱乐行业、饭店、户外娱乐、社区和社会组织、其他文化和娱乐服务、文化和娱乐设备的建设、其他文化和娱乐产品的制造与销售。澳大利亚悉尼大剧院就是一个典型的例子,如图14.3所示。[11]

图14.3 澳大利亚悉尼大剧院

英国是一个懂得学习和借鉴的国家,它从澳大利亚"创意的国度"中找到了产业变革的灵感,通过对澳大利亚相关部门的考察学习,就着手开始发展本国的文化创意产业,并将其作为激活英国经济发展的有效途径。1997年英国成立专门的任务小组,对文化创意产业的持续发展提供建议和意见,同时将文化创意产业分为13个行业:广告、建筑艺术、艺术品与文物交易、工艺品制作、时尚设计、时装设计、电影及影像制作、互动休闲软件、音乐制作、表演艺术、出版业、软件开发、电视广播。[12]

新加坡将文化创意产业分类为10项,具体包括音乐、剧院、书籍出版、视觉艺术、电影和影带、平面媒体、广播和电视、建筑和设计、玩具和主题乐园等项目,可以说是亚洲文化创意产业发展的典范。

---

[11] http://image.baidu.com/i?ct=503316480&z=0&tn=baiduimagedetail&word=%B0%C4%B4%F3%C0%FB%D1%C7&in=3393&cl=2&cm=1&sc=0&lm=-1&pn=37&rn=1&di=10609971360&ln=2000&fr=&ic=0&s=0&se=1&sme=0.

[12] 朱相远. 文化创意产业的兴起与分类[J]. 特别报道,2006,(05).

现代文化创意产业发展与管理 第14章

以上所列行业文化创意产业的分类内容基本相同，但是其共同的特点是：①具备以文化为内涵的创意；②要能形成知识产权的科技行业。虽然发明创造能形成知识产权，但同文化无直接关系，不能称为文化创意产业，同理虽属文化产业范畴，但不具有知识产权的，如图书发行、电影放映、休闲健身娱乐活动等也不能划作文化创意产业。(详见表14-1)

表14-1 文化创意产业分类表

定 义	国家、地区(国际组织)	分 类
创意产业	英国	13类：广告、建筑、艺术及古董市场、工艺、设计、流行设计与时尚、电影与录像、休闲软件与游戏、音乐、表演艺术、出版、电脑软件、广播电视
	新西兰	10类：广告、软件与资讯服务业、出版、广播电视、建筑、设计、时尚设计、音乐与表演艺术、视觉艺术、电影与录像制作
	澳大利亚	7类：制造(出版、印刷等)、批发与销售(音乐或书籍销售)、财务资产与商务(建筑、广告及其他商务)、公共管理与国防、社区服务、休闲服务、其他产业
文化产业	新加坡	3类：文化艺术、设计、媒体
	韩国	17类：影视、广播、音像、游戏、动画、卡通形象、演出、文物市场、美术、广告、出版印刷、创意性设计、传统工艺品、传统服装、传统食品、多媒体影像软件、网络
	中国	9类：新闻、出版及版权服务、广播电视及电影、文化艺术、网络文化、文化休闲娱乐、文化产品代理、文化用品、设备及相关产品销售
	芬兰	9类：文学、塑像、建筑、戏剧、舞蹈、影像、电影、工业设计、媒体
	联合国教科文组织	6类：印刷、出版、多媒体、视听产品、影视产品、工艺设计
版权产业	美国	4类：核心版权产业、交叉产业、部分版权产业、边缘支撑产业
感性产业	日本	3类：内容产业、休闲产业、时尚产业

2. 文化创意产业的特征

1) 创意人员强调个人才智的发挥

文化创意产业强调创意人才的运用，他们不断地创造新观念、新技术、新产品，这种创意性往往来自个人的广泛参与及其智慧技能的充分发挥，这是文化创意产业发展的基本动力。文化创意产品往往是个人脑力与体力劳动与科技信息化结合的产物。随着社会的发展与进步，越来越多的部门、企业、领域需要创意从业人员。

2) 创意产业具有高收益性和渗透特性

文化创意产业不仅包括传统的第三产业，还融入生产者服务业的内容或行业之中，具有广阔的发展前景。这种融合，不仅增强了文化创意产业对其他产业的辐射力，同时发挥了其在吸纳就业人员方面的积极作用，有利于实现文化创意产业乘数效应的发挥和对其他产业发展的拉动作用。同时，文化创意产业可以渗透到许多部门和产业当中，加强部门之间文化与技术的交融和升华，推动各产业的创意化发展。

3) 创意产品呈现出个性化、科技化特点

文化创意产品是与科学技术、文化内涵集成的产物，即通过创意理念，运用科技和知识，将创意灵感在特定产业和行业的物化表现，广播电视、电影、音乐与表演艺术、广告、设计等文化产业，通过与新技术、新媒介的结合，呈现出个性化、科技化的特点。同时其价值并不仅仅体现在产品本身上，还包括其衍生附加值。例如，迪斯尼公司不仅在动画电影产业发展，还发展了娱乐节目制作、主题公园、玩具、图书、电子游戏和传媒网络等领域，取得了巨大的经济效益。

4) 创意企业呈集群化、小型化发展

文化创意产业不再是指个体设计师、创作者单枪匹马进行设计和创造，更多的是以产业发展形态和社会运作方式进行创作。一方面地理位置的集聚，更多的企业和集体在地域上联合，有利于形成规模经济效益，节约生产和运输成本，另一方面是知识信息的集聚，更多的具有相同知识背景和创作潜能的集体和企业汇聚在一起，便于信息的沟通和交流。同时由于产业性质的特点，创意产业呈现出小型化的发展趋势，但是它们通常以产业集群的方式进行布局，容易形成文化创意产业组织层面的小企业与大公司的错位竞争优势，保证产业良好的发展势头。

5) 企业管理注重信息化和产权化

文化创意产业的产品具有易模仿性，要保证其创意产品的原真性和合法性就必须加强产品的保护意识，实施知识产权保障制度，如动漫产业，如图14.4所示。同时文化创意产业将文化设计和软件开发等纳入其范畴，突出了信息技术在文化创意产业中的地位和作用，从而为文化创意产业的发展提供了创新视野、创新方式、创新渠道、创新内容和广阔的市场前景。[13]

图14.4 动漫剧照

---

[13] 朱晓青. 文化创意产业的特点和发展条件探讨[J]. 朱晓青，新视野，2006(3).

14.1.4 文化创意产业的战略意义

1. 促进产业联动发展

文化创意产业的发展以众多的相关企业为基础，以创意产品为主体，形成产业协助链，促进其相关产业价值的提升。因此，文化创意产业不仅带动相关产业的发展，而且将创意融入其中，有效延长产品的生命周期。目前，文化创意产业的发展呈现出明显的产业联动效应，主要表现在：①多部门、多方面资源的集聚联动，文化创意产业可以促进科技、文化、生产、商业等资源的集聚融合，从而促进城乡经济良好的互动，合理调整生产力布局，促进区域经济的协调发展；②文化创意产业在空间上形成高度集中的城市地理集聚。

2. 创造社会财富增长

社会财富包括精神财富和物质财富两大内容。在物质财富方面，文化创意产品需要有大量的有形物质作为依托，而且比较缺少文化和科学知识内涵的低端物质产品，凝聚着深厚文化和先进科技的有形创意产品，更具有持久的生命力。在精神文化方面，精神要素是创意产品的灵魂和关键。丰富的创造力是文化创意产品的核心，失去创造力，也就无所谓的创意产品。通过发展文化创意产业，一方面人们将自身的创意思想转化为现实的物质财富，从而体现出精神的价值。另一方面，创意产品又强调出与众不同的精神价值，如一张唱片，就不仅仅是一个物化可见的东西，它还包含了人类在社会发展过程中的一种科技创造的精神，反映出人类的精神需求，这种精神很好地与物质形态加以结合并保存下来，完整的呈现在世人面前。从这个意义上来说，创意产业，不仅是物质的表现，更重要的是一种精神状态的体现，是创造社会财富的新途径。

3. 增强城市竞争力

一方面文化创意产业是文化、经济、科技高度融合的新兴产业，另一方面它也是城市可持续发展的战略性产业，有助于提升城市的综合竞争力。文化创意产业通过对城市的文化、经济和科技的整合，把城市的文化资源转化为核心的优势资源。随着城市发展水平的提高，数字技术和现代传媒技术越来越广泛地运用于城市建设中。而创意文化产业可以借助先进的数字化手段通过媒体对稀缺和保护的文化对象进行有效传播，传统的文化遗产成为新兴创意产品，无疑增加了传统城市产品的价值，使城市软实力得到提升，从而带动城市竞争力的增强。

4. 共推传统与现代融合

文化发展的主题是传承和交融。文化产业一方面充分展示了产业的现代特性，其内涵包涵了许多先进的思想和理念，其产品也是与当前最新的科技研究成果紧密联系在一起的。特别是现代科学技术在文化创意产业中发挥着至关重要的作用。如网络游戏等无一不是科学技术的最新成果展示。然而当人们深究文化创意产业的内涵时，其产品和服务又带有很深的传统文化的烙印，如当前流行的网络游戏，很多都是根据古典文学小说和历史事件所加工完成的。因此文化创意产品可以说是将传统文化的内涵通过现代科技手段加以传承和发扬，实现了古典作品现代化的一种当代文明成果。所以说文化创意产业是实现了传统文化的现代传承，将传统文化中的精华通过创意产品的载体加以发展和弘扬。

5. 构建社会环境和谐

构建社会主义和谐社会是我们党和国家全面建设小康社会的重要举措，是建设中国特色社会主义的重大任务。大力发展文化创意产业满足了人民群众对日益增长的物质和文化方面的需要，为社会创造了更多更好的物质和精神产品，是构建社会主义和谐社会的必然要求。

发展文化创意产业在经济方面有助于深化改革开发，推动经济又好又快的发展，提供更多的就业机会，形成良好的创业环境，促进社会物质财富的增加。在政治方面，发展文化创意产业有助于和人民群众一道合理有序地参与社会政治管理，提高人民参与政治生活的积极性，促进社会民主的发展。在文化方面，文化创意产业的发展有助于满足人们更高要求的精神需求，提高人们的思想文化素质，有利于对传统文化的传承与发扬，形成良好、健康的社会文化氛围。[14]

14.2 文化创意产业的国际借鉴

目前，文化创意产业发展较为成熟的大都是发达国家，它们将其作为促进经济结构优化和产业发展的重要战略，并取得了显著成效。本节笔者选取了一些文化创意产业发展迅猛的国家和地区进行研究，了解其发展思路，把握其发展措施，为我国文化产业的发展提供了有效借鉴。

14.2.1 欧美国家文化创意产业

1. 美国文化创意产业

1) 美国文化创意产业的发展

在美国，提出了"没有创意，就没有新经济"，创意是发展知识经济的核心驱动力。早在1998年阿特金森和科特就明确表示，美国新经济的本质，就是以知识及创意为本的经济，新经济就是知识经济，而创意经济则是知识经济的核心和动力。美国人提出了"资本的时代已经过去，创意的时代已经来临"的口号[15]，如图14.5所示。[16]

美国的文化创意产业在全国没有统一的概念，有多种提法。例如，版权产业、创意产业、休闲娱乐产业等，而以版权产业的使用范围最为广泛。美国的版权产业分为核心版权产业、交叉产业、部分版权产业、边缘支撑产业4类，尤其是核心版权产业，已经成为美国经济发展的主要动力和重要支撑。

---

[14] 张京成. 中国创意产业发展报告 2006[M]. 中国经济出版社，2006.
[15] http://baike.baidu.com/view/72807.htm.
[16] http://image.baidu.com/i?ct=503316480&z=0&tn=baiduimagedetail&word=%B4%B4%D2%E2%B5%C4%CA%B1%B4%FA&in=26314&cl=2&cm=1&sc=0&lm=-1&pn=24&rn=1&di=8875463325&ln=1342&fr=&ic=0&s=0&se=1&sme=0.

图 14.5　创意产品

据《美国经济中的版权产业：2003—2007年报告》相关数据统计，2007年，美国的文化创意产业核心版权产业的增值是8891亿美元，约占美国国内生产总值的6.44%。而总体版权产业的增值上升到15200亿美元，是2007年国内生产总值的11.05%。从2004—2007年，"核心版权产业"(Core Copyright Industries)和"总体版权产业"(Total Copyright Industries)的实际年增长率是美国整体经济增长率的两倍多。在就业方面，2007年，在核心版权产业就业的工人近560万人，占美国就业总人数的4.05%。而受雇于总体版权产业的工人为1170万人，即美国就业总人数的8.51%。2007年，核心版权产业工人的平均年薪为7.4万美元，与美国全部工人的平均年薪(5.7美元)相比，超过了全美国平均值的30%。总体版权工人的平均年薪为6.5美元，与美国全部工人的平均年薪相比，超过了全美国平均值的18%。同时，美国版权产品的销售继续扩大海外市场。2006年，核心版权产业在国外市场的总销售额超过1160亿美元，2007年接近1260亿美元，增加了8%。[17] 曾有人将美国文化产业的重要经济作用定义为所产生的经济效益"仅次于华尔街"。

作为美国最具活力的国际性大都市之一，纽约市十分重视创意产业的发展，一方面大力保护知识产权，营造鼓励创新的文化环境，另一方面采取各种措施吸引创意人才的聚集，使纽约文化创意产业的发展走在了世界创意产业发展的最前沿。据统计，在纽约的创意核心区有11671个创意企业和非营利组织，就业人数占纽约总就业的5.7%。而且，近年来创意核心区已经成为纽约经济的主要依靠，1998年至2002年期间，创意核心区就业增长率为13.1%，而同期纽约市总就业增长率只有6.5%，目前纽约已拥有全国8.3%的创意人员。[18]

2) 美国发展文化创意产业的措施

(1) 注重知识产权保护。

美国政府相当重视对版权产业的保护，成立了美国国际知识产权联盟以加大在全球范围内的知识产权保护力度，保障美国的就业机会并促进外贸出口。在国内，美国相关部门根据不同职责均设立了版权主管机构，负责版权的登记、申请、审核、知识产权方面的国际贸易谈判、进出口审核等方面的工作。美国还十分重视版权立法，通过了《版权法》、《电子盗版禁止法》等一系列法律法规，形成了全球保护范围最广、相关规定最为详尽的法律保护网络。随着版权产业的发展需要，美国政府近年来不断修正和完善版权法，有力地促

---

[17] http://www.cptoday.com.cn/cbswzb/html/2009-08/02/content_4539.htm.
[18] http://www.p5w.net/news/cjxw/200907/t2484789.htm.

进了创意产业的健康发展。[19]

(2) 加大科技资金投入。

一方面，美国全球领先的因特网和数字技术为创意产业的发展提供了广阔的发展空间，另一方面，为了适应数字化创意产业的发展，美国政府积极实施数字化版权保护战略。美国的文化产业通过网络传输、数字电视等高新技术的广泛应用，使美国文化产业拥有了向全世界扩展的"桥梁"和"利器"；如在图书和唱片业，利用因特网技术开发的网上售书业务，极大促进了产品销量的飞速增长；好莱坞影视融现代科技、舞台表演、特技于一身，让艺术和科技实现了真正的融会贯通，获得了票房和经济上的双赢。

同时，美国政府还投入大量资金以确保创意产业的良性发展。据统计，美国联邦政府对艺术的年投入约11亿美元，而州、地方政府和企业的赞助高达50亿美元以上。如美国国家交响乐团每年得到的艺术委员会拨款只占总费用的10%，其余款项需由地方、企业及全社会予以资助。美国政府在政策上采取了"杠杆方式"，以"资金匹配"来要求和鼓励各州、各地方以及企业拿出更多的资金来赞助和支持文化艺术事业，因此，各州、各地方都必须拨出相应的地方财政来与联邦政府的资金配套。[20]

(3) 拥有优秀的人才。

美国乔治-梅森大学教授理查德·佛罗里达在《创意阶层的兴起》中认为："一个城市的成功，取决于这个城市拥有的创意者阶层。"美国利用雄厚的资金和广阔的市场前景，用各种条件，在全球范围内吸引创意人才进入美国。在引进人才的同时，美国非常重视创新人才的培养，通过教育和培训，培养全面的创新人才。目前，美国有30多所大学开设了艺术管理专业，培养了一批高质量的创意产业经营和管理人才，为美国创意产业源源不断地注入新鲜血液，提供了丰富的人才储备。[21]

小知识

美国《版税法》

美国国会发布的第一部版权法是1790年的版权法，这部法律保障作者14年出版"地图、图表和书籍"的专权，此后假如作者还活着的话，此专权他可以继续延长14年。这部法律没有规定其他作品如音乐创作、报纸的版权，它特别注明不禁止拷贝外国作家的作品。当时大多数作品没有申请版权：从1790年到1799年在美国出版的1.3万部作品中，只有556部受版权保护。

此后，版权法被多次改变来适应新技术(如录音)的出现，也用来扩展保护的时间，此外还有一些其他的改变。目前在美国，作家死后70年内拥有版权，假如作品是集体创作或是1978年1月1日以前发表的，那么其版权保持75至95年。1923年以前发表的作品均属公有领域。但这个规则也有例外，一些1963年的作品已经进入公有领域，而另一些早于1923年的作品重新被申请版

---

[19] http://www.sdci.sdu.edu.cn/detail.php?id=20309.
[20] http://www.douban.com/group/topic/5929206/.
[21] http://www.p5w.net/news/cjxw/200907/t2484789.htm.

权因此依然受版权保护。出于法律的改变，到 2019 年为止不会有作品进入公有领域。

(资料来源：http://baike.baidu.com/view/584800.htm?fr=ala0_1)

(4) 运作高效的资本市场。

美国的文化产业一直遵循"高成本，高收益"的投资理念，它们严格按市场规律办事，依据市场需求开发产品，通过多种促销和宣传手段，让文化创意产品更好地流行于市场上，实现利润最大化。迪斯尼公司的发展可以说是这方面的成功典范。顺序依照票房收入、发行录像带和 DVD、迪斯尼主题公园、特许经营和品牌专卖、通过电视媒体五轮收入，步步为营，通过全球范围内的广告和促销配合，取得了巨大的经济收益和品牌提升。另外与普通商业投资相比，投资美国文化产业的回报更为巨大和迅速。《阿凡达》(如图 14.6 所示)[22]以影片成本 3.5 亿，宣传费 1.5 亿成为史上最昂贵的电影制作，但是 184.3 亿美金的全球票房，让众多的投资商赚的钵满盆满。可见高效率的市场运作是美国创意产业始终立于不败之地关键之一。

图 14.6 《阿凡达》剧照

2. 英国文化创意产业

1) 英国创意产业的基本情况

英国是第一个提出创意理念的国家，也是全球最早定义"文化创意产业"概念的国家。1997 年英国布莱尔政府提出了"新英国"的计划，成立创意产业特别工作小组，提出把创意文化产业作为刺激英国经济振兴的重点，更好地调整产业结构，为英国经济社会的发展注入新的活力。1998 年创意产业特别工作组首次对创意产业进行了定义，根据定义，"文化创意产业"包括了广告、建筑艺术、艺术品与文物交易、工艺品制作、时尚设计、时装设计、电影及影像制作、互动休闲软件、音乐制作、表演艺术、出版业、软件开发、电视广播等 13 项产业。

---

[22] http://image.baidu.com/i?ct=503316480&z=0&tn=baiduimagedetail&word=%A1%B6%B0%A2%B7%B2%B4%EF%A1%B7&in=19185&cl=2&cm=1&sc=0&lm=-1&pn=54&rn=1&di=1220971431&ln=1638&fr=&ic=0&s=0&se=1&sme=0.

1998年和2001年,英国相关政府两次发布研究报告,分析了文化创意产业的发展现状和发展战略,有力地推动了产业的快速发展,使英国成为继美国之后的世界第二大创意产品生产国。据英国官方统计,以文化为主体的创意产业是英国发展最快的产业,1997年至2001年间年增长率达到8%,是同期英国总体经济增长2.6%的3倍多,创意产业产值2001年已达到1125亿英镑,产业增加值占GDP的比例超过5%;2002年英国创意产业实现出口115亿英镑,约占英国外贸出口总额的4.2%。1997至2002年创意产业的平均出口年增长率为11%,超过外贸3%的年增长率,以及服务出口7%的增长率;2003年英国创意产业提供了190万个就业机会,1997年至2003年的平均年增长率为3%,与此同时,整个英国经济的就业人数只有1%的增长。[23]据Inter-Departmental Business Register (IDBR)统计,2000年英国文化创意产业的企业有122000家,约占企业总数的7.6%。其中3/4集中在两个范畴:软件与计算机服务业、音乐和视觉和表演艺术。[24]

2) 英国创意产业发展政策

英国文化产业的发展离不开政府的支持,形成了目前世界上产业架构最为完整的产业政策体系。英国政府的推进政策主要集中在支持文化创意产业从业人员技能培训、知识产权保护、扶持创意产品出口等方面,概括为以下五大方面。

(1) 加强创意产业的基础性研究。

1997年英国首相布莱尔亲自担任创意产业特别小组的主席,积极推动创意产业相关工作的开展,并于1998年出台《创意产业对策文件》,明确定义了文化创意产业的概念和分类,对政府支持创意产业的发展提出明确要求。英国政府通过系统扶持、机制建设、财政支持等手段,对创意产业的方方面面如知识产权保护、文化产品的研发、金融投资等采取相应的发展与保护措施。1999年,发布了《地方的发展维度》,研究了文化创意产业的地区发展,2000年颁布了《未来十年》,研究了帮助公民发展和享有创意的方法,2004年公布了《创意产业经济评估》,介绍了文化创意产业的发展现状,这些研究为英国政府制定创意产业政策提供了完整的信息支持,从而保证了政府产业政策的有效性、连贯性、一致性。

(2) 加大资金扶持力度。

英国文化创意产业的从业企业多为中小型企业,在发展中往往面临着资金缺乏、难以维持研究投入等问题,而多数银行也不合理地认定创意产业为高风险产业,导致企业资金筹措困难。因此,英国在1998年成立了创意产业局,对符合条件的企业进行咨询评估和风险投资,推动了一批具有潜力的中小创意企业迅速成长。同时创意产业特别小组可以通过为创意业者提供资金机构联络方式的手段为创意业者寻求帮助。

(3) 重视数字化技术运用。

数字化技术的快速发展大大缩短了创意产业的创作过程,降低了制作成本,提高了产品质量,对创意产业产生了深远的影响。为适应数字化发展的需要,英国政府采取了一系列的措施:1998年,政府相关部门提出了"多媒体革命"并采取行动,积极计划应对数字化潮流;2000年,创意产业专责小组对互联网的影响进行了研究,并提出若干建议,政府

---

[23] www.findart.com.cn.

[24] http://www.findart.com.cn/a62d64405071a65916382ee9c70721f9bfa636f7f14bca5053562c830014e93c-8-showorder.html?key=%E5%88%98%E9%95%BF%E4%B9%85.

现代文化创意产业发展与管理 第14章

同时提出了相应的具体做法，积极响应；2002 年，Screen Digest Report on the Implications of Digital Technology for the Film Industry 数字科技对电影生产及销售的影响进行了深入研究，并提出了应对数字化发展趋势的电影产业政策。[25]

(4) 探索区域部门合作。

英国政府本着平等互利的原则，加强国与国之间、政府与部门之间的通力合作，是创意产业在英国成功发展的重要因素之一。一方面英国与其他国家在创意产业领域的合作，促进了不同国家创意产业之间的沟通和交流，形成优势互补，相互借鉴，为本国创意产业的发展提供了宝贵的经验。另一方面各地政府与民间组织、部门通力合作协助企业建立优质健康的发展环境，英国政府采取智慧财产权的保护、教育和训练等补救对策促进了创意产业的高速发展。

(5) 制定政策法令扶持文化创意产业发展。

英国以法令来提升企业产品的水平及推展与他国的合作，2004 年，英国公布与他国合作电影的相关申请程序和法令，来促进与其他国家电影业的合作以及促进电影业的发展。

(6) 地方对创意产业的有力支持。

英国政府认为，地方上的支持和组织能够为创意产业提供最好的帮助。英国陆续在英格兰成立了 8 个区域发展代办处，而在苏格兰、韦尔斯和北爱尔兰也成立了相应的单位。

3) 英国发展文化创意产业优势

(1) 基础研究扎实。

英国政府对文化创意的基础研究开展较早，且成果体系完备，包括对文化创意产业的定义和分类、产业的地区发展、财政和制度支持、产业发展现状和趋势等，这些方面都为政府制定创意产业发展策略提供了完整翔实的依据，使得政府措施的实施具有有效性、连贯性。

(2) 创意生活环境和谐。

英国政府充分意识到在创意产业发展的过程中，民众参与创意生活的重要性，因此，采取了一系列措施保证公众的有效参与。包括教育培训、支持公民的创意发展等方式，为公民提供了更多的与创意产业接触的机会，使人们可以享受一个创意的人生，为创意产业的发展提供了人力基础。

(3) 合作与沟通加强。

英国政府非常重视国家之间、部门之间、政府与企业之间的交流与合作。国家间取消贸易壁垒，部门间互补互助，政府充当好产业发展的护航者，为创意产业发展提供良好的发展环境，为企业提供有利的发展平台，最终实现产业的高速健康发展。

(4) 企业资金筹措得力。

英国政府为中小企业的发展提供了必要的资金保障。对那些有创新能力的个人或企业，英国政府总是想尽一切办法提供发展所需的资金，尽量避免埋没了许多创意思考及商机。资金筹措得力，不仅扫除了创意企业发展的障碍，更加为创意企业的发展提供了良好契机。[24]

---

[25] http://www.findart.com.cn.

14.2.2 亚洲国家文化创意产业

1. 韩国文化创意产业

1) 韩国发展文化创意产业发展概括

韩国为适应知识经济发展的时代潮流,充分意识到无形的知识、文化是今后国际竞争的核心因素,因此韩国政府将培育文化创意产业作为基本国策大力发展,确立了文化创意产业在韩国的国家战略地位。

韩国是亚洲较早认识到文化创意产业对经济发展具有巨大推动作用的国家。早在1990年,韩国政府就设立了"文化产业局",负责出版等相关事务,后经政府内部整并,文化创意、观光事务等合并成立了"文化观光部",如图14.7所示。[26]

图14.7 韩国文化观光部

为了摆脱亚洲金融危机,韩国实施经济转型,于1998年提出"设计韩国"战略,韩国成功地从制造国家转型为设计创新国家,拥有了三星、LG等国际知名品牌,如图14.8所示,设计和创新在韩国开花结果。根据2006年5月初韩国文化观光部公布的《韩国文化产业白皮书》显示,韩国文化产业中主要门类的比重是:出版业37.8%、广告16%、广播15.5%、动画0.5%、漫画1%、数字教育及信息1.8%,韩国出版、漫画、音乐、游戏、电影、动画片、广播电视、广告、因特网及移动文化信息等10个领域的文化产业市场销售额在2004年为50万亿韩元(按当年汇率约合437亿美元),约占当年韩国GDP的6%(世界平均是4%,中国是3%),比2003年增长13.3%,远高于同期4.6%的经济增长率。韩国政府制定专门法律法规确立了"文化立国"的国家方针,从国家意志高度明确发展文化产业的方向。韩国的数字内容产业发展以游戏最为重要,在市场规模、市场占有率方面都位居亚太地区前列,也是韩国政府确定的"十大新引擎产业"之一。2004年,文化产业出口额为9.39亿美元,比上年增长45.7%。其中游戏产业出口额最大,达到2.61亿美元,占文化产业出口比重的28%。其中韩国电影电视出口增长快,2004年韩国电视剧出口额达到7150万美元,占文化产业出口比重7.6%,比上年增长69%;2003年,韩国出口电影164部,电影出口额为5828

---

[26] http://image.baidu.com/i?ct=503316480&z=0&tn=baiduimagedetail&word=%BA%AB%B9%FA%CE%C4%BB%AF%B9%DB%B9%E2%B2%BF&in=29046&cl=2&cm=1&sc=0&lm=-1&pn=67&rn=1&di=27819344550&ln=2000&fr=&ic=0&s=0&se=1&sme=0.

万美元，而 2004 年为 194 部，比上年增长 88%。[27]

2) 韩国文化创意产业发展特点

韩国仅用了不到 50 年的时间就从 20 世纪 60 年代初人均 GDP 不足 100 美元，发展到 2007 年人均 GDP 达到 20000 美元，跻身经济强国之列，文化创意产业对经济的发展功不可没。纵观韩国文化创意产业的发展，其特点主要有以下几个方面。

(1) 文化——洋为韩用。

积极吸收人类社会发展中的一切优秀先进文化，不是简单的接收，而是将这些先进文化与本国国情相结合，形成具有韩国自身特色的文化理念，形成独特的坚忍不拔、自强不息、奋勇进取的国家精神。一方面积极吸收西方发达的科学技术，在转化中创新，形成自己在世界上领先的技术，打造"韩国制造"，如电子行业的领军企业三星、LG 等。另一方面，韩国善于学习中国的传统文化精髓，深入挖掘传统文化中的精华。每年 5 月 11 日，韩国都会在首尔举行祭祀孔子的盛大活动，提倡儒学文化、尊师重道。就连《大长今》(如图 14.9 所示)中也体现出韩国对中国文化的学习，长今从师学医，从"望、闻、问、切"四诊法起详加研习，擅长针灸技艺，这些都是中医精华所在。另外，韩国在学习国外文化的同时也不忘记对本国民族文化传统进行传承与保护，建立民俗文化村、免费观看定期传统文化公演；升国旗、唱国歌、赏国花、知历史、看韩剧、吃韩菜。他们把开放文化、传统文化和民族文化有机地交融在一起，不仅形成了独特的文化形式和内涵，还达到了文化与经济互进互补的良性循环发展状态。

图 14.8　韩国三星手机

图 14.9　《大长今》

(2) 机制——科学创新。

① 加强立法保护。韩国 1999 年制定了《文化产业振兴基本法》，为发展文化创意产业奠定了法律基础。同年，韩国制定相关法律，免除了游戏机的特殊所得税，对电子初盘无免收增值税，2002 年又制定了《出版与印刷振兴法》，对《文化产业振兴基本法》进行了全面的修订，对电子游戏、音乐及电子网络等新兴产业进行倾斜支持，大力推进文化、娱乐及内容产业的发展。

② 成立专门组织协调文化创意产业发展。设立文化产业局、文化产业振兴委员会、文化产业振兴院等组织机构对文化创意产业的研究和规划、市场开发、具体扶持和产业信息交流等方面进行协调发展，促进文化产业跨部门、跨地区的合作，形成了国家整体促进文化产业发展的管理机制。

---

[27] http://tieba.baidu.com/f?kz=114773116.

(3) 人才——大力培养。

韩国充分意识到人才在文化创意产业发展中的重要作用,大力培养专业创意人才。一方面加大文化人才的培养力度。自 2001 年文化技术指定为国家战略技术之一,韩国就颁布了"文化人才培养计划",同时建立专门人才数据库,实行文化产业教育机构认证制。加强与国外人才的交流与合作,造就具有高水平复合型文化人才。另一方面培养全民的危机意识。韩国人对孩子从小注重创新和竞争意识的培养,认为树立危机意识是推动国际化的重要契机。再者,全国经济人联合会成立"产业设计特别委员会",将产、学、官、研相结合,动员和鼓励全民参与文化产业活动。

(4) 市场——经营创新。

建立文化产业园区,有利于优化资源组合,形成规模效应,完善文化创意产业链,提升创意产业的生产研发能力和整体竞争实力。实施产、官、学、研的联合协作方式,对文化创意产业进行研究开发、技术训练、信息交流和生产制作的集合发展。在市场开发方面,韩国的文化创意产业也是立足中国、日本及东南亚基础市场,瞄准欧美等国潜力市场,力争在国内收回成本,在海外获得利润。同时开展国际合作,打造有利于国际推广的市场形象和品牌,实现市场的品牌效应。[28]

2. 日本文化创意产业

日本一直以来是以制造业为主,其制造业在世界经济中占有重要地位。但是,由于日本泡沫经济的崩溃,导致经济持续低迷,制造业整体竞争实力下滑,产业优势衰落。但是日本的动漫产业、游戏产业却异军突起,令世界瞩目。近年来,日本政府调整国家产业政策,大力发展文化创意产业,以游戏、动漫、音乐为主体的文化创意产业迅速成长和壮大,成为带动国内相关产业发展的主要动力。

1) 日本文化创意发展

文化创意产业在日本被称为感性产业,包括内容制造产业、休闲产业和时尚产业,其具体内容,见表 14-2,其中动漫产业发展速度之快、发展程度之深最为引人注目。根据日本《数据内容白皮书 2005》的统计显示,亚洲地区对世界文化创意产业的发展中日本贡献最大,占亚洲地区总产值的一半以上。(详见日本文化创意产业分类表)

表 14-2 日本文化创意产业分类表

产业类型	内容制造产业	休闲产业	时尚产业
分类	1. 个人电脑、工作站、网络 2. 电视 3. 多媒体系统建构 4. 数码影像处理 5. 数码影像信号发送 6. 录像软件 7. 音乐录制 8. 书籍杂志 9. 新闻 10. 汽车导航	1. 学习休闲 2. 鉴赏休闲 3. 运动设施、学校、补习班 4. 体育比赛 5. 国内旅游 6. 电子游戏 7. 音乐伴唱	1. 时尚设计 2. 化妆品

---

[28] 吴绍阶. 从韩国经验看重庆市文化创意产业发展[J]. 探索,2008,(2).

(1) 动漫业。

日本素有"动漫王国"之称，是世界上最大的动漫制作和输出国，在各种各样的创意产业中，动漫产业的地位最为显著，如图 14.10 所示。目前，全球播放的动漫作品中有 60%以上出自日本，在欧美更是高达 80%以上。根据日本贸易振兴会公布的数据，2003 年，销往美国的日本动漫片以及相关产品的总收入为 43.59 亿美元，是日本出口到美国的钢铁总收入的 4 倍。日本的动漫产业已经成为日本的第二大支柱产业，年营业额达 230 万亿日元。

图 14.10　日本动漫

(2) 游戏业。

经过 30 多年的耕耘，日本把电子游戏产业培育成第一时尚娱乐产业并垄断全球业界 10 余年。对于日本本国，电玩业已是国家经济的重要经济支柱之一，在 GNP 中占有 1/5 的举足轻重的地位。日本游戏业在最辉煌的 1998 年，占领全球电子游戏市场硬件 90%以上，软件 50%以上。[29]由于欧美游戏产业的快速发展和韩国游戏产业的崛起，使日本游戏产业面临着前所未有的压力。日本面对危机和竞争及时调整策略，企业加强合作等，推动了日本网络游戏市场呈现稳步成长的趋势。

(3) 数字内容产业。

数字内容产业包括影像、音乐、游戏、动漫等类别，是随着电脑、互联网及手机等数字化产品的普及而产生的一项新兴数字艺术产业，经过不断地努力，现在日本的数字内容产业已经成为世界的龙头。2008 年 9 月初，作为日本经济产业省外围团体的日本数字内容协会在"数字内容白皮书"中公布，2007 年整个内容产业的日本国内市场规模达到 13 兆 8180 亿日元，比 2006 年增加 0.3%。[30]

2) 日本创意产业发展政策

(1) 法律护航。

日本政府制定了一系列完善的法律法规，为创意产业有序健康发展提供了良好的环境。

---

[29] http://hi.baidu.com/snailgame/blog/item/ecf4463b02c523e815cecb87.html.
[30] http://www.cbbr.com.cn/info_18851.htm.

现代服务业管理原理、方法与案例

2001年，日本国会提出了《振兴文化艺术基本法》，涉及电影、漫画以及动画的知识产权问题，使日本文化艺术保护提升到法律层面，确保实施的法律权威力。同年，政府对1970年颁布的《著作权法》进行修改并更名为《著作权管理法》，更好地保护著作者的权利，使公民公正合法使用文化创意成果；2003年，"知识财产战略本部"先后制定了《知识财产推进计划》、《e-Janpan重点计划2003》；2004年制定了"关于促进创造、保护及应用文化产业的法律案"（即"内容促进法"）以及《文化产品创造、保护及活用促进基本法》，该法规定了国家、地方政府、公共团体都有义务积极推动扶持创意产业的发展；2005年制定了《知识财产推进计划2005》，该计划体现了政府对创意产业发展的大力支持。

趣味知识

全球观众最多的10部日本动画(截至2009年)

全球观众最多的10部日本动画均为日本20世纪开始连载的动画。

- 01 鲁邦三世(13.8亿)
- 02 机动战士高达系列(13.2亿)
- 03 圣斗士星矢(4.1亿)
- 04 名侦探柯南(3.87亿)
- 05 TOUCH(3.6亿)
- 06 龙珠(3.412亿)
- 07 宠物小精灵(2.8亿)
- 08 蜡笔小新(2.3亿)
- 09 犬夜叉(2.2亿)
- 10 美少女战士(2.142亿)

(资料来源：http://baike.baidu.com/view/495014.htm?fr=ala0_1_1#7)

(2) 政策扶持。

日本政府采取了一系列具体政策，对发展文化创意产业进行政策倾斜，提出把日本建设成为世界第一知识产权国的战略目标。为此，2001年公布了《东京观光产业振兴计划》，制定了观光立国战略。具体采取了如支援地区文化、挖掘地方特色文化产业、举办全国规模的文化节等活动，切实推动文化创意产业的发展。

(3) 设计提升。

目前世界各国都认识到设计对提升商品竞争力的重要性，日本政府制定了一系列设计振兴政策，以增强企业的竞争力。2003年于经济产业省设置了战略性设计活用研究会，提出了"强化竞争力的40项提议"。从建立品牌设计、设计企划开发的支援、设计专利权等权利的保护的强化、培养有行动力的人才等方面对日本企业的设计力进行强化。同时通过建立完整的衍生产品赢利模式，使文化创意产品实现价值提升。例如，日本的动漫市场，在投入制作一部动画片之前先做好周边产品的开发规划；动画片放映之际，相关产品也开始热卖，资金回收、市场开拓、卡通形象推广等系列工作都同时开展，周边产品和整个产业链的价值都得到提升。

(4) 智力支持。

日本很重视创意产业人才的培养，日本政府《知识产权推进计划2005》中就强调了创意人才的培养。高等学府和职业学校都开始开设有关创意产业的课程学习，此外，日本政府还举办各种评奖活动，奖励和表彰创意人才。例如，2001年12月日本文化厅等部门参与协办了"第五届日本文化厅媒体艺术节"，2004年提出了"文化产业的商务振兴政策——软件力量时代的国家，其中就提到了表彰积极创意人才，奖励创意产业的先进者等内容。这些公开的评奖活动大大调动了创意工作者的积极性，为推动创意产业的发展创造了有力形势。[31]

3. 新加坡文化创意产业

1) 新加坡创意产业的发展情况

新加坡在发展文化创意产业上，大胆探索，将东方神秘与西方的魅力、传统与现代文化紧密结合，并依据自身特点，走出了一条具有新加坡特色的文化创意之路，成为发展创意产业的典范国家。

新加坡的创意产业包括艺术、设计、媒体、软件和IT业。据相关报道，在2002—2006年之间，新加坡创意产业的增长率超过8%，超过了新加坡国民经济增长率5%的增长速度。创意产业具有很大的附加值，2006年增长率达9%，总值为82亿新元，对新加坡的经济增长贡献率达到3.8%。2006年，新加坡的创意产业新招收了5500名工作人员，使得整个创意产业的劳动力总量达到了10.9万人，约占新加坡全部劳动力总量的4.4%。[32]

2) 新加坡创意产业发展特点

(1) 政府的积极推动。

新加坡政府意识到文化创意产业的巨大经济效益和产业联动作用，因此采取一系列措施推动产业的发展。1998年新加坡就将文化创意产业定为21世纪的战略产业，并出台了《创意新加坡》计划。2000年在政府支持下，文化艺术咨询委员会发表了《文艺复兴城市》，对新加坡的文化发展进行了明确定位。2002年政府成立了创意工作小组，专门分析文化创意产业的现状、发展趋势和发展对策等，旨在推动创意产业的全面升级发展。为推动创意产业的发展，新加坡政府还采取了具体的行动措施。新加坡政府在文化方面，也由严格控制逐步过渡到放松管制方向。例如，新加坡政府于2000年6月通过相关政策允许新加坡报业控股和新传媒集团两大媒体集团互相进入对方的业务领域，同时进军互联网业务，新加坡媒体开始进入全面竞争的阶段，借此打破先前的由这两家公司单独经营各自领域的局面，全面实现全球媒体集团化、规模化和多媒体的融合。2000年制定的新世纪文化发展战略《文艺复兴城市》，为把新加坡打造"成为一个充满动感与魅力的世界级艺术城市"，该战略就政府在文化方面有所作为的心态进行了表达。该战略提出政府在5年内增拨5000万新元投资文化艺术的发展，推动新加坡迈向"文艺复兴"城市。同时在《文化复兴城市》中又提出了发展文化六大策略，如培养欣赏与从事文化艺术的庞大群体、培养主干艺术公司、肯定与培育本地人才、提供良好的基础设施、进军国际舞台、发展文化艺术的"文艺复兴"经济等，对新加坡文化的发展将起到强大的推动作用。[33]

(2) 人才的重点培养。

文化竞争力分为硬竞争力和软竞争力两类。新加坡在创意人才的培养上投入了大量资金和技术，非常重视软环境建设和软力量培育。软环境是软竞争力的决定因素，"新加坡着力营造健康向上的人文环境，廉洁高效的治理环境，透明公正的法制环境，规范诚信的市场环境，安定团结的社会环境，绿化洁净的生活环境，逐步开放的国际环境，整体优化

---

[31] http://www.52design.com/html/200710/design2007109163029.shtml.
[32] http://www.cnci.gov.cn/content/20081029/news_33560.shtml.
[33] 万里程，孙健. 新加坡文化创意产业的构建及对我国的启示[J]. 东南亚纵横，2006，(5).

的人口环境",实现创意产业大环境的完善。创意人才是发展创意产业的核心推动力。一方面政府实施创意社区计划,让文化艺术和产品走进社区,激发居民的创造潜力和创作热情。另一方面,国内政府花大力气,出大本钱,对人才进行培养,新加坡在学校里开展双语、双文化教学,如图 14.11 所示,[34]充分吸收中外文化的精髓等。

图 14.11　新加坡教学

(3) 资源的有效整合。

新加坡资源多样,不仅仅是文化资源多元化,人才资源也具有多元特性。因此,源自于汉人文化为主体的中国民间文化,是在多元种族的社会文化环境下、在多元文化的互动中,演化和发展出新加坡的华人民间文化。中国的儒家精髓,西方的现代韵味,让新加坡的文化独具特色。另一方面,正是由于不同文化的人才资源才激发出不同的文化创意。马来文化的热情开朗、印度文化的古老神秘、中国文化的儒雅谦虚都融合在新加坡特色文化中,运用特色文化催生特色产业。

14.2.3　国外文化创意产业对中国的启示

中国的文化创意产业发展快、前景好、潜力强,但是由于起步晚,还存在不少的问题。因此对欧美及亚洲国家文化创意产业的发展现状、发展政策进行深入分析,其目的是能够通过创意产业发展的典型案例,总结成功经验,对本国的文化创意产业提供宝贵的借鉴资料。

1. 政府支持是保证

各国文化创意产业的成功发展表明政府的引导与推动是创意产业健康有序发展的根本保证。政府有责任营造一个适宜产业发展和企业公平竞争的外部环境。中国应当把文化创意产业提升到国家战略产业的高度,制定有针对性的产业政策和促进文化创意产业发展的战略规划、行动计划,引导文化创意产业实现持续、快速、协调、健康发展。政府首先要从法律和制度方面营造有利于文化创意产业发展的产业环境,结合我国社会主义社会精神

---

[34] http://image.baidu.com/i?ct=503316480&z=0&tn=baiduimagedetail&word=%CB%AB%D3%EF%2C%CB%AB%CE%C4%BB%AF%BD%CC%D1%A7&in=32336&cl=2&cm=1&sc=0&lm=-1&pn=70&rn=1&di=14156361300&ln=2000&fr=&ic=0&s=0&se=1&sme=0.

文明建设的特点，研究制定我国发展文化创意产业的总体规划，确定未来若干年的政策指导意见。重点将创意产业的知识产权保护纳入到法律保护的议程上。其次还需给予投身文化创意产业的企业财税政策方面的倾斜，吸引更多的企业加入到文化创意产品的生产中，形成产业集聚的效应。应采取一系列措施，多渠道筹措文化创意产业发展资金，引导企事业单位和个人，根据市场需要选择适合自己情况的课题进行研究与开发，提供文化创意产业科技攻关项目研究的物质保证。在人才培养方面，政府要加强院校中创意人才的培养，利用网络及其他教育手段进行专业资格培训，扩展国际视野，增强与国际专业人士的信息交流和知识互补，为文化创意产业的发展提供智力支撑。

2. 人才培养是关键

文化创意产业的源泉是创新人才的独特创意。这就客观上需要加强对创意人才的培养，挖掘人才的创意意识和创新观念。目前我国实行的教育体制注重知识的灌输，在创新能力和培养方面相对薄弱。首先我国应该大力改革教育理念及教育方式，实现以实践为主的教育方式，提高学生尤其是高等学历的创意人才的动手能力，开拓创新的思维领域。另外，应该注重对现有的文化创意产业从业人员的培训，增强他们的专业水平，提高业务素质，激发他们的创新积极性。其次建立和营造适合创意产业人才培养的环境也是十分必要的。一方面在法律上进行保障，主要是设立专门的知识产权保护法律法规，形成对个人作品和创造力尊重和保护的良好氛围。另一方面积极营造全民参与创意产业的社会风气。例如，新加坡实施"创意社区"计划，通过将艺术、文化、设计、商业、技术等整合进社区的发展计划，来激发居民的创造力和激情；创造更多的图书馆空间、建设现代和当代艺术博物馆、筹建新加坡艺术双年展等活动，培养社会大众对文化创意产业的认识，鼓励大家积极参与创意产业的创作和生产活动。建立完善成熟的管理培养机制，积极培养创意产业专门人才。

3. 产业优化是核心

文化创意产业是一个融合很多产业内容的综合性产业，这就要求各个产业部门能够相互支撑、互为支持，构成一条完整的产业链。目前我国的文化产业政策，习惯于从单一的某个部门和机构的角度去讨论文化产业，但是文化创意产业是一个庞大的体系，某个环节出问题，都会严重影响到整个产业的发展。产业优化的实施就显得尤为重要。首先要明确文化创意产业的部门划分，这是推动产业发展首先面临的问题。需要明确建立一整套完备的产业分类体系，详细列出文化创意产业包括哪些实际的产业活动，考虑到各地区产业发展的重点不同，应适当保留产业分类弹性，以便于调整产业项目或者是增加新兴的产业内容。其次优化产业机制，在组织管理上建立专门的创意产业机构，具体制定相关产业发展政策、产品的设计生产、市场的宣传推广等工作。在产品体系上，要根据市场需求生产适销对路的创意产品，集中力量打造品牌产品，整体强力推销，获取品牌市场效应。

4. 特色发展是根本

发展文化创意产业，文化是内涵。没有文化的产业就像是没有基石的楼房，不可能坚固扎实。所以在发展本国的文化创意产业时必须结合本国本地的特色文化，走出一条具有当地特色的发展之路。因此我国在发展创意产业中必须继承和弘扬中华传统先进文化，充分开发和挖掘创意资源。例如，美国的文化历史资源相对贫乏，但是它们的科学技术、电脑特技等高科技水平是全球第一的，于是美国充分利用这一优势资源，创建了世界著名的好莱坞电影产业(如图 14.12 所示[35])，依靠电脑特技和相关的高新技术，电影产业为美国每年带来巨大的经济效益。他们不仅从现实社会中寻找创意，还将创意产业延伸到童话世界，迪斯尼乐园就是成功的经典案例，如图 14.13 所示。[36]中国不仅拥有丰富的物质资源还有深厚的历史文化资源，在对资源与特色有清醒认识的基础上，对人文、自然、产业等资源做出全盘性的调查，充分利用和开发好这些资源，实现"中国创造"的目标。[37]

图 14.12　好莱坞电影

图 14.13　迪斯尼乐园

14.3　中国文化创意产业的发展

文化创意产业是市场经济发展到一定阶段的产物，在日新月异的社会和经济发展中，科学技术不仅改变着人们的生活和工作方式，也给文化发展带来了新的机遇和契机。尤其是现代网络技术的运用，大大活跃了文化消费市场，促进了文化产业结构的优化升级。

14.3.1　中国文化创意产业的发展现状

我国的文化创意产业便是在科技发展的潮流中应运而生的。我国的文化创意产业虽然

---

[35] http://image.baidu.com/i?ct=503316480&z=0&tn=baiduimagedetail&word=%BA%C3%C0%B3%CE%EB%D0%C7%B9%E2%B4%F3%B5%C0&in=7280&cl=2&cm=1&sc=0&lm=-1&pn=12&rn=1&di=14712731568&ln=2000&fr=&ic=0&s=0&se=1&sme=0.

[36] http://image.baidu.com/i?ct=503316480&z=0&tn=baiduimagedetail&word=%B5%CF%CB%B9%C4%E1%C0%D6%D4%B0&in=14859&cl=2&cm=1&sc=0&lm=-1&pn=5&rn=1&di=27263675070&ln=2000&fr=&ic=0&s=0&se=1&sme=0.

[37] 佟贺丰. 英国文化创意产业发展概况及其启示[J]. 科技与管理，2005，(1).

起步较晚，但是由于国家相关政府部门的重视和自身的产业优势，得到了突飞猛进的发展。

1. 发展势头迅猛

目前，我国的文化创意产业已经进入了新的高速发展时期，相比较传统的文化产业发生了新的变化，逐渐与世界水平接轨。文化创意产业在国内各大城市的 GDP 中所占的比例和绝对利润值都在逐年增长，新增文化创意产业企业和从业人数逐年增多，整个创意文化产业呈现出一片欣欣向荣的景象。以北京市为例，2006 年，北京市文化创意产业从业人员 89.5 万，占全市 GDP 的 10.3%，比 2005 年增长 15.9%。2007 年，北京文化创意产业从业人员已达 90 万。截至 2007 年 9 月，北京市 2006 年 12 月挂牌的 10 个文化创意产业集聚区入驻企业 4687 家，其中，挂牌后新入驻企业 1101 家。[38]从数据上来看，文化创意产业的市场需求量大，其高速发展在一定程度上带动了国民经济的繁荣，创造了更多的就业机会。

2. 区域优势显著

尽管我国的文化产业发展总体还处于初级阶段，各地区在探索文化创意产业的发展之路过程中不断总结经验，并结合自身特点，形成了风格独特的产业特色。例如北京、上海、深圳、杭州、广州等正在迅速形成规模不等、风格各异的创意产业基地。

中国香港地区就是亚洲的创意中心。经过多年的发展，香港的文化创意产业逐渐形成了包括文化艺术类、设计类和电子媒体类完整的产业体系，对我国内地乃至整个亚洲地区具有广泛的影响力。中国香港的文化创意产业已经成为其经济增长的驱动力，对内地创意产业发展具有很好的借鉴作用。

上海是我国创意产业的发祥地，创意产业在短短几年时间里得到了快速发展。上海凭借深厚的历史资源和优秀创意人才资源的优势，探索出了一条发展和保护历史建筑相结合的独特模式，通过建立文化创意园区，实现了科技和创意的完美结合，推动了上海文化创意产业的整体提升。上海通过开发改造和利用老厂房、老仓库，建立了一批具有很高知名度的创意产业园区，聚集了一批具有创造力的优秀创意人才，通过有形的高科技发展和无形的人才创意实现了上海文化创意的整体增长。据有关数据统计，2006 年上海创意产业，包括大陆 38 个中类、55 个小类，总产出达到 2297 亿元人民币，同比增长 16%，增加值达到了 674.59 亿，人民币同比增长 22.8%，占上海全市 GDP 总量的 6.55%。[39]通过数据显示，上海文化创意产业的发展水平并不亚于世界发展国家的创意产业水平，其发展程度有望进一步提高。

北京是我国政治文化中心，拥有悠久的历史和深厚的文化底蕴。凭借文化底蕴和文化资源两张大牌，北京正在努力打造"文化创意之都"。北京的文化市场、图书零售、影视制作、广告会展、文艺人才等种种文艺资源，也在全国范围内占据绝对优势。特别是 2008 年奥运会的成功举办，更将北京文化创意产业发展推到了一个新的高度。借助奥运会的举办、奥运经济的辐射，发展文化创意产业一方面可以给北京带来巨大的经济效益，同时北京的国际化城市形象也可以通过城市宣传、吉祥物宣传等得到很大的提升。据有关专家估计，奥运会大约每年可为北京创造 100 多亿元的 GDP 贡献，其所带来的持续和长期的收益

---

[38] http://www.douban.com/group/topic/6202619/.
[39] http://news.xinhuanet.com/classad/2007-11/09/content_7038724.htm.

将延续到 2008 年以后。

国内其他城市也都借助自身优势发展本地文化创意产业，云南的《印象刘三姐》(如图 14.14 所示[40])红遍大江南北，乔家大院凭借同名电视剧成为国内知名旅游景点，获得很可观的经济和社会效应。可见，各地的文化产业都在如火如荼地开展着。[41]

图 14.14　印象刘三姐

3. 行业潜力无限

我国文化创意产业共分为九大类别，包括新闻、广播电视及电影、文化艺术等行业，目前各行业发展迅速，前景广阔。

广播电影电视业：广播影视业已经初步形成了广播产业、电影产业、电视剧产业和网络产业等蓬勃发展的格局。特别是直播卫星、网络电视、手机电视等新业务的产生和发展，对传统的影视发展环境和格局产生了革命性的影响。

广告业：市场份额逐年增加，网络广告发展势态良好。2005 年营业额高达 1416.3 亿元，比上年增长 151.7 亿元，增长了 12%，值得注意的是，手机短信广告由于其发送方便、成本低等优势，已经得到各相关企业的广泛关注，发展潜力不可小觑。

出版业：在我国，互联网的普及和应用对出版业造成了重大的影响，推动了我国出版业的发展，2005 年全行业实现直接收入接近 82.4 亿元，带动相关产业如 IT、通信、媒体和教育等行业收入增长 500 多个亿，在互联网游戏出版和互联网学术文献出版等领域已经形成了比较完善的产业链，互联网教育出版也逐步走向规模化经营。[42]

14.3.2　中国文化创意产业的存在问题

我国文化创意产业经过 30 多年的发展，取得了令世人瞩目的成就。但是与国外发达国

---

[40] http://image.baidu.com/i?ct=503316480&z=0&tn=baiduimagedetail&word=%D3%A1%CF%F3%C1%F5%C8%FD%BD%E3&in=17668&cl=2&cm=1&sc=0&lm=-1&pn=3&rn=1&di=22978413303&ln=2000&fr=&ic=0&s=0&se=1&sme=0.

[41] 张瑞琴. 浅谈中国文化创意产业的发展[J]. 科技创新导报，2008，(9).

[42] http://image.baidu.com/i?ct=503316480&z=0&tn=baiduimagedetail&word=%A1%B6%B9%FE%C0%FB%B2%A8%CC%D8%A1%B7&in=2108&cl=2&cm=1&sc=0&lm=-1&pn=39&rn=1&di=25184547843&ln=2000&fr=&ic=0&s=0&se=1&sme=0.

家的产业相比，还仅仅处于初步发展阶段，还有一些制约我国创意产业发展的因素，更应当值得关注。

1. 宏观环境层面

1) 文化创意产业发展存在体制性障碍

我国文化创意产业在体制改革中取得了很大的进步，但是发展还是相对迟缓，与我国的经济发展水平存在着较大差距，严重束缚了文化生产力的发展。我国原有的文化体制是计划性质的，带有高度强制的特性，将经营性文化产业与公益性的文化事业相互混淆，缺乏有效竞争力和活力，同时也影响了人们对文化需求的满足，导致文化服务业的总体增长速度缓慢，其文化展业发展中体制方面的弊端主要体现在以下几个方面。

(1) 文化产业具有垄断性，效率低下。我国的文化创意产业具有高度的集中性和计划性，由政府包揽，游离于社会主义市场经济体制之外，这使得文化企业的参与相当困难，缺乏活力和竞争力。由于政府的严格控制，导致市场不能充分发挥其资源配置的作用，文化资源不能有效快速整合与利用，最终使得整个文化产业市场发展缓慢，落后于其他发达国家的产业。

(2) 管理部门职能不清，政出多门。我国现行的文化管理体制是在计划经济基础上建立起来的，是一种"微观管理"，由政府主导和垄断，管理范围涵盖了文化产业的方方面面，甚至是文化单位的人员安排，管理内容过多，手段过于单一，缺乏灵活性。同时在产业政策体系上不够完善，文化市场零散，流通渠道不畅，导致在政策的宣传和推广上存在一定的难度，难以形成统一的产业政策贯彻体系。

2) 文化创意产业的国际竞争力不强

(1) 竞争机制缺失。目前我国文化创意产业市场机制不完善，文化产业条块分割，行业壁垒严重，投资主体单一，难以形成有效的市场竞争机制。文化产业内部缺乏相关激励机制，外部国有企业垄断，使得文化产业发展缓慢。

(2) 竞争能力较弱。目前我国文化创意产业的发展仍然处于初级阶段，不论在资金、技术方面还是在创意人才培养上都与世界创意产业发达国家存在着很大差距，竞争能力不足。人才的严重短缺是制约我国创意产业发展的一大瓶颈，也是导致我国创意产业竞争力较弱的根本原因。根据相关数据统计，我国真正从事动漫行业的人员至今仅有7000至1万人，而全国影视动漫人才缺口在15万人左右，游戏动漫人才缺口在10万人左右，缺少专业创意人才，特别是具备技术与艺术双重能力的高素质复合型的专业人才更是凤毛麟角。

2. 微观环境层面

1) 文化创意产业链欠完善

我国文化创意产业目前没有形成集群性、有序性的产业链，各项产业表现出单打独斗、各自为政的局面。众所周知，一条完整的产业链对发展文化创意产业具有巨大的推动作用，它所带来的规模效应是十分客观的。以美国的影视产业为例，影视产业是美国文化创意产业的支柱之一，对经济和社会的贡献巨大。美国对影视产业具有一整套完整的产业模式，形成高效有序的产业链，首先是影视作品的创作，紧接着就是电影的拍摄，最为不可或缺的是手法独特的造势宣传，吸引大量观众的眼球，最后是电影作品的推出和其他衍生产品及品牌授权等。以《哈利波特》系列为例，培育了一大批哈迷。仅系列小说被译成近 70 多种语言，在 200 多个国家累计销量达 3.5 亿多册，如图 14.15 所示。[42]2009 年上映的《哈利波特 6》，在国内上映首日票房就超过 2000 万，除了书籍，还涉及电影、音乐、游戏等产业的繁荣，同时这些衍生产业的繁荣又反过来提高和促进书籍本身的知名度，这样就形成了一个良性循环的发展链条。

图 14.15　哈利波特

2) 文化创意产业环境不浓厚

(1) 文化资源利用不充分。

文化创意产业发展的根本就是通过对文化资源的充分利用，将其文化优势转化为物质优势。可以说没有文化的支撑，创意产业就是无源之水、无本之木。我国历史悠久，文化资源丰富多样，但是目前这种资源优势并没有转化成产业优势和核心竞争力。一方面对传统文化开发空间有限，工艺落后，另一方面缺乏创意，缺乏对文化内涵的深度吸收和挖掘。例如，美国迪斯尼制作的电影《花木兰》，其人物形象却是中国传统故事中著名的典型人物，国人在羡慕其 2300 万美元票房收入的同时，也应该深刻反思中国自身的文化产业意识缺乏的问题。

(2) 科技和人才资源支撑不够。

一方面我国在文化创意产业的科技运用上与发达国家相比具有很大差距，很多创意产品采取的是低水平、粗放式生产，不仅造成资金和资源的浪费，而且产品质量差，缺乏市场竞争力。与美国好莱坞通过高科技营造的美轮美奂的电影场面和日本韩国场景逼真的游戏相比，我国高科技含量的创意产品却是凤毛麟角。从根本上来说，我国缺乏深层次的创意产业改革，以及提升科技转化为文化创意产业核心竞争力的能力。

另一方面，我国文化创意产业亟须创意人才的智力支持。目前我国创意人才市场存在人才缺乏、精英较少、结构失衡的现象。就是现有的创意人才往往也不是专业出身，缺乏应具备的创新意识，能力水平欠缺。在发达国家，与文化产业相关的专业是大学传统专业，而中国直到 1993 年才成立了"文化艺术事业管理"本科专业，培养的人才数量与市场上的人才需求相比存在很大的缺口。人才的创意是提升我国文化创意产业竞争力的关键。

14.3.3 中国文化创意产业的发展对策

"创意具有裂变效应,一盎司创意能够带来难以计数的商业利益和商业奇迹。"好的创意可以提高企业知名度,提升产业的附加值,带给传统企业产品新的生机。因此发展文化创意产业是今后产业发展的趋势之一,也是推动我国经济发展的潜在动力。

1. 培养创新意识

创新意识的培养是发展文化创意产业的前提。未来中国文化创意产业的发展、国民经济的增长、综合国力的提升,必须改变观念,提升创新意识。

(1) 要树立我国具有深厚文化底蕴和历史内涵的意识。我国有五千年的文化根基,历史内涵深厚,但是这并不代表我国文化资源是取之不尽,用之不竭的。不能够仅仅依赖传统文化资源,简单地将文化加以包装出口,而是对传统文化要进行深入理解和掌握,进行深度开发与利用,在创新利用的基础上加以保护,避免文化资源的过度开发和浪费。

(2) 关注创新意识的培养和建立。只有在意识上认识到创新的重要性,不断地将产品进行创意开发,才会为产业发展源源不断地注入活力。

北京奥运吉祥物的设计就体现出了独具匠心的创意。福娃在造型中融入了鱼、大熊猫、藏羚羊、燕子和奥林匹克生活形象,名字的选取也是朗朗上口——贝贝、晶晶、欢欢、迎迎、妮妮,连在一起便是"北京欢迎您",体现了北京对世界的盛情邀请。福娃在设计手法上既有传统设计元素又有现代设计手法,满足了不同年龄层次、不同性别爱好者的要求,同时福娃的设计向世界各地的人们传递了友谊、和平、积极进取的精神和人与自然和谐相处的美好愿望。"福娃"的成功深刻体现了创意在文化产品开发中的作用,如图14.16所示。

图 14.16 福娃邮票和纪念币

2. 延伸创意产业链

文化创意产业是一个知识密集型的新兴产业,代表了文化产业的最新成果。作为新兴产业，文化创意必须与市场运作相结合，增加传统产业的文化附加值，改变传统产业粗放增长方式，创新出新的文化衍生品，延长产业链，提高产品开发的深度。如"哈利波特"的产业链包含了图书出版、电影制作、广告传媒、服装、日用品等多个行业中的企业。中国"超级女生"的产业链也包括了节目制作、节目品牌运营商、电信运营商、广告代理商等企业。由此可见，成功的文化创意产业发展，不能单单把重点放在一个企业上，而是要整合产业链，实现产业链上企业之间的资源共享、优势互补，最终达到企业间的共赢。[43]

3. 注重产业集群效应

产业集群化发展是当今产业发展的趋势之一。文化创意产业由于其产业融合性决定了发展过程中需要信息沟通和资源整合，因此文化创意产业的集群化趋势更为明显。同时产业集聚可以充分发挥规模效应，为产业发展提供了优势竞争力。伦敦是英国创意产业发展的中心区，早在2003年，伦敦就将增强伦敦作为"世界卓越的创意和文化中心"的声誉，成为世界级文化城市，作为自身文化产业发展的战略目标。创意产业不仅成为伦敦的经济支柱产业，同时也提供了大量的就业机会，成为该地区增长最快的产业之一。

目前我国文化创意产业园和产业基地虽然初具规模，但是特色不明显，存在一定的缺陷。在今后的发展过程中需要加强对创意产业园区的特色化开发，建设一批特色明显，具有较强竞争力和实力的企业集聚区，充分发挥产业园区的规模优势。

4. 打造创意产业品牌

创意品牌是文化创意产业的无形资产，是我国文化创意产业抢占世界市场的利剑。一方面需要对我国文化资源结合时代特征进行深度开发，打造出具有中华民族特色的创意品牌，名扬海外。另一方面需要培植一批具有中国特色和市场竞争力的企业，并且做大做强，与世界知名企业竞争合作，把中国优秀的文化创意产品推广到全世界。《西游记》是我国著名的古典小说，不仅是中国人民宝贵的文化遗产，也是世界人民喜爱的作品，在国内外广为流传。其中的主角之———孙悟空机智与勇敢的形象更是深得民心，成为人们所喜爱的英雄形象。珠海天行者文化传播公司就紧抓悟空形象，全力打造"悟空"品牌，同时为了符合国际化发展潮流，悟空形象在传统动画片为蓝本的基础上，既有披着条形旗的打扮，也有穿着裙子扮梦露的性感，借着北京奥运会的中国风，悟空又变成各个中国历史代表人物，真正实现了七十二变。目前"悟空"品牌产品，已经打入欧美市场，形成了与史努比等媲美的知名度。"悟空"的成功正是说明了"传统的文化＋足够的创造力"就有可能打造出产业优势，实现文化双赢。[38]

5. 培养创意人才

要产生新的思想和创意，就需要有创意人才。目前我国的创意人才在数量和质量方面存在着很大的问题，远远不能适应文化创意产业的发展，这就需要国家制订相关的人才培养计划，在高等院校和学府中设立相关课程，企业中开设文化创意的培训课程，同时加大创意人才的引进力度，向国外先进地区进行学习，提高我国人民群众整体创意素质，创造良好和谐的文化创意氛围。

---

[43] 孙启明，郭玉锦，刘宁，曾静平. 文化创意产业前沿——希望：新媒体崛起[M]. 北京：中国传媒大学出版社，2008.

6. 加强科技创新

科学技术是文化创意产业发展的支撑力量。必须紧跟科技发展的脚步，将先进的技术广泛运用于文化产业的开发和发展过程中，将数字、信息技术等应用于创意产品的生产、传播等各个环节，加大数字化内容产业的开发力度。作为目前全球最大的中文搜索引擎，百度在成功实现了诸多业务的同时，说明了一个道理：创意再好，也需要有科技做支撑，只有将科技转化为现实生产力后才能获得价值的实现。

14.4 文化创意产业的商业模式与价值提升策略

目前我国的文化创意产业大都面临着同质化的局面，缺乏新意和创造力，产品趋同，竞争力差成为文化创意产业发展的重要瓶颈。如何重新定位产业发展模式，使企业走出困境获得赢利，是我国今后考虑和研究的重点和难点。

14.4.1 文化创意产业模式创新

1. 商业模式创新的概念界定

何谓商业模式？要理解商业模式创新，首先要对商业模式的定义有清楚的了解。商业模式是指企业价值创造的基本逻辑，即企业在一定的价值链或价值网络中如何向客户提供产品和服务，并获取利润的，通俗地说，就是企业如何赚钱的(Timmer，1998；Linder 等，2000；Rapper，2001)。商业模式是一个系统，由不同组成部分、各部分间连接关系及其系统的"动力机制"3 个方面所组成(Afuah 等，2005)。[39]

何谓商业模式创新？商业模式创新涉及企业内外部环境多种因素，贯穿于企业经营的整个过程，如资源配置、研发、制造、营销、市场、融资、人力等。每一个环节和因素的创新，都有可能演变成为一种新的成功的商业模式。Tucker(2001)从客户价值角度出发定义商业模式创新，认为商业模式创新过程就是从客户角度出发，发挥想象力来看怎样让事情变得更好的过程。通俗地说，商业模式创新就是将新的商业模式引入到企业中去，从而创造出更多的价值。[44][45][46]

2. 文化产业企业商业模式创新的探讨

1) 基于价值链的商业模式创新

根据波特的对"价值链"的定义，企业的价值创造是通过一系列活动构成的，这些活动可分为基本活动和辅助活动两类，基本活动包括内部后勤、生产作业、外部后勤、市场和销售、服务等；而辅助活动则包括采购、技术开发、人力资源管理和企业基础设施等。

---

[44] 张京成，周学政. 创意为王——中国创意产业案例典藏[M]. 北京：科学出版社，2007.
[45] http://baike.baidu.com/view/1974811.htm?fr=ala0_1#2.
[46] 郭毅夫，李玉莺. 文化创意产业商业模式创新研究[J]. 商业研究，2009，(7).

这些互不相同但又相互关联的生产经营活动,构成了一个创造价值的动态过程,即价值链[47]。企业可以多种手段延长或缩短甚至是创新价值链,形成新的商业模式。例如,通过延长自身基础价值链,或对自身的基础价值链进行分拆或重新整合,或者采取外包等手段缩短价值链等。如美特斯邦威实际上是借鉴了 NIKE 的运作模式,将工作重心放在服装设计、品牌运营、渠道建设上,而将生产全部外包给其他企业,见表 14-3。[46]

表14-3 基于价值链的商业模式创新的分类

价值链变化	创新型商业模式的特点	作用或功能
价值链延伸	增加了企业的价值活动,而且扩大了企业与各利益方的关系网络	可以节省大量的交易费用,提高企业的整体反应效率
价值链分拆	企业只保留那些核心价值活动和相对优势价值活动	降低总成本,提高企业敏捷性和柔韧性,增加企业超额利润
价值创新	只针对基础价值链上的价值活动进行创新	可以产生很强的协同效应
延展与分拆相结合	兼具了前两类企业商业模式的优点	实现整体的协同效应
混合创新型		最复杂、最具竞争活力而且又最难被模仿

2) 基于资源的商业模式创新

这种商业模式主要通过选择、吸收、内化和外化等一系列过程,对企业资源进行有效整合,寻求资源的最优利用效率。通过提供必要的产品、服务和技术支持的内部整合来提升竞争优势,通过满足客户一致性要求的外部整合来促进竞争优势的发挥。在文化创意产业中,有许多文化企业通过与非文化企业的合作,实现规模经济、有效的风险管理、成本有效地进入市场和从合伙人处学习等,从而增强竞争能力。例如,日本的索尼公司,早期是以经营电子和电器产品起家,而后在音像业、游戏业、电影业等文化领域进行不同行业间的整合,实现企业的成功运作。索尼的成功在于准确地把握市场变化趋势,及时调整公司发展战略,抓住时机进行商业模式的创新。可以将资源整合的商业模式创新的分类、特点及代表案例归纳成基于资源整合的商业模式的分类,见表14-4。[46]

表14-4 基于资源整合的商业模式的分类

资源整合的类型	特　　点	代表案例
整合顾客	更好地满足顾客需求 直接听取顾客建议,吸收其创意	腾讯QQ
整合产品或渠道资源	通过直控终端,集成优化供应链整合产品和渠道资源,从而迅速形成丰富的产品系列和强有力的渠道网络	贝发文具
整合不同企业	分享资源,分散风险 快速扩张,寻求规模经济和垄断利润	分众传媒
整合不同行业	突破行业的现有限制与竞争规则,改变行业的价值链构成,形成差异性	百泰传媒

3. 基于先进技术的文化产业商业模式创新

信息技术的高速进步为文化产业企业的发展带来了新的机遇。将先进技术融合到文化

现代文化创意产业发展与管理 第14章

产品和服务的创作、生产、传播、服务等各个环节，有助于增强企业的赢利能力，培养新的赢利增长点，满足社会对文化创意产业的需求，推动文化产业的深入发展。一方面通过高新技术作用于互联网等电子商务产业，开创新的宣传途径，另一方面，将技术运用于客户关系、伙伴关系，以及组织结构方面，在后期的服务中加以保障。

14.4.2 文化创意产业价值要素构成

1. 空间价值——地理集聚

文化创意产业由于其依托的文化资源具有较强的地域性和历史性，在发展过程中要求地理区位上相对集中，因此文化创意产业表现出很强的集群化特征。地理集聚和产业集群化的发展，一方面使集群的企业降低交易成本，获得外部经济效应，另一方面通过集群内部的资源、品牌、信息等要素，进行优势互补，实现群体效益大于单个企业的个别效益，实现"1+1>2"的协同效应，同时文化创意产业集群为自身的发展提供了一个开放的沟通网络平台，确保创新技术的持续性发展，实现网络创新效益。

2. 时间价值——时尚把握

从产业运作模式上看，文化创意产业的发展具有动态化，它是市场经济运行的高端方式，更多地依靠市场和消费自身的推动，而不是计划经济方式，通过不断分析市场需求，生产出适销对路的文化创意产品，产业才能生存、发展与繁荣。目前消费市场追求的是个性化、特色化、以消费者为中心，这就需要文化创意产业从根本上改变过去固化的稳态工业发展模式，对产品的策划、设计、营销等方面不断变动和创新，以适应时代需要。文化创意产业在不断关注市场中，创造消费惯例、涵养消费人群、引导消费时尚潮流。它不断在创意中寻找热点、利润和机会，运用"蓝海战略"，捕捉机会、放大机会，重新开创一片销售领域，重新制定竞争原则，获得高额的市场利润和价值。[47][48][49]

3. 文化价值——人才资源

马克思在揭示物质生产的生产力要素时，曾指出劳动力、劳动对象、生产资料是物质生产力的三要素，然而在非物质经济的文化服务生产力要素中，"劳动力"已变为人力资源与资源动员能力的文化资本与知识资本。文化创意产业中人力资源是最为重要和活跃的价值创造因子，创意人才本身就是一种价值的载体。文化创意产业是新兴的知识密集型产业，特别强调发挥个人的创造和创新能力。可以说创意人才是创意产业繁荣的根本保障。

14.4.3 文化创意产业价值提升策略

1. 优势富集

优势富集效应是一种全新的发展现象，它是指在起点上仅有微小优势，经过关键性的发展，可能产生出级数发达的优势积累。这就要求在发展文化创意产业的时候，尽可能地

---

[47] http://baike.baidu.com/view/263271.htm.
[48] 王刚. 集群式创新在文化创意产业集聚发展中的应用[J]. 科学与管理，2008，(6).
[49] http://finance.jrj.com.cn/biz/2010/03/2215457153108.shtml.

创造优势，这些优势包括资金优势、人才资源优势、产业集聚优势等，哪怕开始只是微弱的优势，也有可能带来后续的扩大化优势聚集效应。深圳龙岗区大芬村从一个名不见经传的小村庄一跃成为"文化产业示范基地"，就是充分利用产业集聚优势的成功案例。它的成功在于集聚村内总舵的小企业分工协作，形成了产供销一体化的完整产业链，形成了我国最大的油画生产基地，年销售额高达1.4亿元。

2. 产业融合

产业融合的特点是用新的技术与新的运营方式，改变传统行业的运作模式，形成一种新产业与传统产业结合的模式，最典型的如中国华侨城，携程网等。深圳华侨城开创了旅游地产的发展先河，采取的是"旅游业+房地产业"的产业组合模式，取得了巨大的成功。携程网通过整合航空公司、银行、酒店等资源，使自身迥然不同于行业领先者，跨行业整合资源必然会突破行业既有的限制与竞争规则，改变行业和企业价值链的构成，这也就在商业模式上同竞争对手形成了差异性。[45]

3. 品牌创新

文化品牌力是"形"和"意"的统一。文化创意品牌的"形"是指其外部形象系统，即由视觉、听觉、触觉、味觉等感觉器官共同参与体验的消费者整体印象。而"意"则是指其风格系统，即由创作者主动选择、消费者共同感应的由文化符号、审美意蕴、心理暗示组成的格调体系。每一个有生命力的文化创意产品都是形和意的统一。只有具备清晰的文化取向，鲜明的美学风格和深刻的情感烙印的文化创意产品，才能够立足长久，影响深远。通过具体、操作性强的途径，如加强产品质量，推出产品特色的活动和展示等坚固品牌力，力求品牌附着，不仅体现了产品的经济价值，更突出了"绿色"价值、文化价值、技术价值和外向价值等，最终建立了文化创意品牌与消费者之间的黏合力。

案例

精英文化遭遇边缘和冷落

2009年7月19日，数千人自发聚集在八宝山革命公墓，胸前佩戴白花，参加季羡林先生的遗体告别仪式。同年，八宝山革命公墓还先后举行了任继愈、丁聪、林斤澜、杨宪益、王世襄等数十位文化名家的遗体告别仪式。一批文化老人相继离去，引发了大众的广泛关注，2009年甚至被称为"告别大师的一年"。大师们只有在离开之后才引起公众和社会舆论的关注，这件事本身更让人伤心、无语。

著名红学家周汝昌在季羡林、任继愈逝世后写文章动情地说："我们几个上年纪弄学问的人虽然同住京城，但是几年也难得一见，我们都深感孤独寂寞，希望有关单位关注这个现象，若创造为老年学者定期会晤的条件，让他们有机会交流切磋，是会谈出若干有价值的文化问题的，而这种价值未必很微末。"文化老人的寂寞之情流露无遗，但其声音却不受人关注。

"大众不会主动关注精英文化，现在娱乐消费文化盛行，大众更关注明星、时尚，不爱关心文史哲学这类厚重的话题。"批评家张柠感慨，在文化

现代文化创意产业发展与管理 第14章

高度市场化的今天，严肃、高雅的文艺创作、传播和学术研究等精英文化的边缘化已成事实。精英文化遭到冷落，根源在于在文化产业化的过程中，所有的文化活动都被当成了经济活动。由于大众不关注，精英文化很难带来直接的经济效益，结果陷入自说自话的困局，生存空间日渐缩小。

"现在大多数学术图书单本能印1000册就不错了，这还得靠科研基金的资助，出版社是不愿意出的，出了也卖不动。"现代教育出版社资深编辑马先生介绍，普通学者想出书很困难，除非自己掏腰包。与此相似，现在从事严肃文学和社科图书翻译的人才也流失严重，很多人转行搞商业翻译去了。一个典型的例子就是，德国女作家赫塔·米勒获得诺贝尔文学奖，国内对其人其作几乎一无所知。

不仅学术图书出版困难重重，艺术电影、传统戏剧的生存也颇为艰难，一些高档电视文化节目也往往无疾而终。当前国内电影市场高速发展，银幕总数接近5000块，但这些银幕是商业片的天下。艺术电影即使能够进入院线，也被安排在上午等非黄金时段，且影厅有限。贾樟柯的《二十四城记》、王小帅的《左右》等文艺片都逃不脱这种命运，最终以内地票房惨败收场。这迫使导演集体转向拍商业片，文艺片创作普遍萎缩，以至于2009年内地影片在欧洲三大电影节颗粒无收。如此情形之下，张艺谋却还在呼吁"大家不要扬文抑商"。

由于生存空间受到严重的挤压，精英文化要么边缘化，要么被迫市场化。如传统戏剧本来是高雅文化，现在，为求生存也流行唱段子、搞杂耍。"大众也不是完全排斥精英文化，需要政府、社会各界的政策和扶持，给精英文化以生存空间，积极向大众介绍精英文化，让两者产生良性循环。"张柠认为，只图一时的经济效益，而看不到精英文化对整个文化生态的提升作用，显然是不明智的。

思考：对于传统文化，我们应该做些什么？

(资料来源：http://www.ccitimes.com/redian/redian/2010-01-05/76081262670241.html)

本 章 小 结

本章共分四小节。第一节是文化创意产业的基础知识，主要包括文化创意产业的基本概念和内涵、发展的历史阶段、文化创意产业的分类和特点、文化创意产业的发展意义；第二节主要阐述了国外现代文化创意产业的发展现状，主要选取了欧美和亚洲等文化创意产业发展的成功案例，并分析了其发展措施，在此基础上深入解析了中国文化创意产业，重点阐述了这些国家文化创意产业发展的基本情况以及可以值得我国学习的管理经验；第三节主要阐述了我国文化创意产业发展的历史、现状、存在的主要问题以及未来发展的文化创意产业价值的创新策略。

思 考 题

1. 文化创意产业的内涵是什么？
2. 国外文化创意产业发展的成功经验对我国的启示有哪些？
3. 我国文化创意产业发展的趋势是什么？
4. 现代文化创意产业价值提升策略有哪些？

第 15 章 现代会展服务业发展研究

导　读：

从 1894 年德国莱比锡样品博览会到今天的国际性展览贸易活动，现代会展业已走过了 100 多年的历程。如今，会展活动正在朝着产业化、国际化、专业化、规模化的方向迅速发展，作为一种新的经济形式，会展受到越来越多国家和地区的重视。本章将具体阐述现代会展的起源与发展，国内外会展业发展现状与趋势以及现代会展业的赢利模式与价值提升策略概况。

关键词：

现代会展业

15.1　会展业发展沿革

自产生之日起，展览和会议就注定了与人类社会的经济或文化交流不可分割。尽管几千年来展览活动的基本原理没有改变，即通过展示来达到交换的目的，但在市场经济和国际贸易高度发达的今天，展览和会议早已超出了传统的物物交换或宣传展示的范畴，绝大多数参展商或与会者都把其作为展示产品、开拓市场和沟通信息的手段。换句话说，对于现代会展活动而言，"交换"的对象更多的是指产品、技术等各式各样的信息，甚至包括生活理念、业界动态等。根据产生时期、举办形式、活动目的、组织方式等的不同，展览活动的发展历史大致可分为 4 个阶段，见表 15-1。

表 15-1　展览发展的历史阶段

阶段	标　　志	活动范围	典型形式	活动目的	组织方式
原始	原始社会	地方	物物交换	交换物品	自发
古代	工业革命前	地区	集市	市场	松散
近代	1798 年法国工业产品大众展	国家	工业展览会	展示	有组织
现代	1894 年德国莱比锡样品博览会	国际	贸易展览会和博览会	市场、展示	专业组织

本书所指的现代会展业也是以 1894 年德国莱比锡样品博览会为标志的。

15.1.1 古代集市

1. 中国古代集市的发展

具有商业性质的集市最早出现在古代中国的奴隶社会，2000多年前，《吕氏春秋·勿耕》便有"祝融作市"的记载。集市包括市、集、庙会等多种市场交换形式。

"市"指人们交换产品的场所，到西周时发展成为官府控制的市场。在此后的几百年里，市坊制曾一度流行，即市的设立或撤销由官府决定，市是商业区，坊是住宅区，市区不建住宅，坊区不设店铺。在宋朝，市的地域、时间限制都被打破，官府控制的市逐渐消亡，市进入了一个新的发展阶段，商业色彩也越来越浓。

"集"大约形成于公元前11世纪，它是随着社会分工的深入和经济交流的扩大而发展起来的。与市相比，"集"的地点比较固定，举行时间具有明显的周期性，参加者主要是农民和手工业者，且彼此之间的交易活动实质上是生产者之间的产品流通，这些特点已经构成了展览活动的雏形。

"庙会"的产生源于宗教活动的开展，正如《妙香室丛话》中所记载："京师隆福寺，每月九日，百货云集，谓之庙会。"比起乡村的集，庙会的内容更加丰富多彩，除了传统的产品交换外，还包括宗教仪式、文化娱乐等活动。

2. 欧洲古代集市的发展

欧洲古代集市的产生时间比中国稍晚，但它在发展过程中表现出明显的规模性和规范性。在英文中，集市和博览会同为 Fair。欧美展览界普遍认为展览会起源于集市，因为集市已具备了展览会的一些基本特征，如在固定地点、定期举行等。然而，集市只是松散的展览形式，规模一般较小，并具有浓厚的农业社会特征，还处于展览的初级阶段。

许多西方学者认为，欧洲集市起源于古希腊的奴隶市场，以及后来的奥林匹克运动会和城邦代表大会。在中世纪，展贸以特许集市的形式出现，通常是每年季节性(主要在宗教节日)举行的集市，由城市或地方长官、国王或教皇授予举办展贸的权力。展贸的影响是跨地区的，促进了地区间经贸活动的发展。展贸期间，参展者和来访者都能享有一些特权(如税务减免、人身财务保护等)，这样可以吸引更多的人来参与展贸活动，还成立了展贸法庭处理交易纠纷和交易证明登记。大规模的展贸活动始于11~12世纪，其中最重要的是在法国伯爵领地"香槟地区"的展贸(Champagnemessen)，成为欧洲的重要集贸中心。由于产品的交易引起资本交易的进行，展贸带动了资本流通，如德国教区的主教就通过香槟展贸向罗马教廷交纳贡银。到1320年，香槟展贸已成为欧洲最大的资本中心。中世纪晚期，欧洲已形成发达的展贸网，由过去单一地区举行展贸发展到由更多城市季节性的承办。在重要的集贸活动中，资本交易也同样促进交易发展，并导致了各国间汇率和外汇交易的发展，及强大国际货币的确定，从而又使资本与商品的交易相对独立，逐步分化形成金融中心和展贸中心。

因此，相比较中国集市，欧洲的集市虽然产生稍晚，但发展相对较为成熟。一方面，欧洲集市在规模上相对集中，举办周期较长，且功能相当齐全，包括零售、批发甚至国际贸易、文化娱乐等；另一方面，各国政府先后制定了有关集市管理的法规。如英国的法律规定，每个臣民从家步行不超过1/3天的时间便可达到一个集市；若两个集市有冲突，历史长者优先，历史短者必须搬至距前者20英里之外等。

由此看来，无论是从举办形式上，还是从基本性质上来评判，"集"和"庙会"都属于展览业的范畴。诚然，从原始社会的物物交换到具有明显规律性的集市是展览发展历史上的一大飞跃。

15.1.2 近代展览活动

1. 欧洲近代展览活动的发展

18世纪60年代工业革命的爆发，推动了欧洲经济的迅速发展，同时也引起了展览业的一系列变革。工业革命带来的影响使展贸业从货物交易变为了样品交易。行业自由化、工业化技术的发展及交通手段的改善使商人们无须在特定的时间、地点提供产品，而只需带样品来参展，拿着订单回去，并通过工业化的生产及时提供交易。于是展贸会的功能开始有所调整，由于国家间的贸易自由化，使展贸会丧失了它的特权，并逐步有了一种"展览"功能。

1798年，在内务部长德纳夫沙托(De Neufchateau)的提议下，法国举办了世界上第一个由政府组织的工业产品大众展(Exposition Publique des Produits de I'lndustrie)。尽管在此之前欧洲也出现过一些工业展览会，但规模普遍较小且未连续举办，因而西方学者倾向于把这次展览作为近代工业展览会的开端。此后的近50年时间里，许多国家都模仿法国举办过工业展览会，然而由于当时保护主义盛行，这些工业展基本没有外国参展商。

1851年，英国在伦敦举办了"万国工业大展览会"(The Great Exhibition of the Industries of All Nations)。该展览会在海德公园的水晶宫举行，展出面积达到10万平方米，参展商有1.7万多家，其中约50%来自国外，观众人数超过600万人次。这是第一个真正具有国际规模的展览会，其目的是通过展览活动促进国家间的贸易与合作，以实现全球资源和市场的共享。这次展览会便是后来世界博览会的前身，因此西方展览界把其看成第一个世界博览会。世界博览会成为展览活动的一种高潮形式，伦敦、巴黎、维也纳、芝加哥、圣路易斯和圣弗兰西斯科等城市因为博览会的举行，大大改变了城市的面貌。

从1798年法国工业产品大众展算起，近现代会展业已经有了200多年的历史。

2. 中国近代展览活动的发展

在近代，中国的社会经济发展明显落后于西方，反映在展览业上就是集市作为主导展览形式一直持续到19世纪末。中国的近代展览活动包括20世纪初举办的几次展览会和博览会，以及抗战时期的展览会。1905年，清朝政府在北京设立了劝工陈列所，北洋军阀农商部下属的劝业委员会也于1915年设立了商品陈列所，两者的目的都是为了鼓励生产和展示国产商品。1935年11月至次年3月，中国艺术国际展览会在伦敦举行，这是中国第一次出国办展。本次展览会共展出展品3000余件，观众达42万人次，在英国甚至整个欧洲引起了巨大轰动。在博览会方面，中国近代史上曾举办过武汉劝业会(1909年)、南洋劝业会(1910年)、西湖博览会(1929年)等几次具有一定规模的博览会，目的大都是为了促进工商业的发展。另外，抗战时期国共两党政府分别举办了一些展览活动，规模较大的如迁川工厂出品展览会(1942年)、四川省物产竞赛展览会(1943年)、重庆工矿产品展览会(1944年)等。上述这些展览会对近代中国的经济发展起了一定的推动作用，但在流通领域的作用远没有发挥出来。

15.1.3 现代会展业

传统的集市虽然具有市场功能，但由于规模过小且组织手段落后，所以无法满足大批量流通的需要；工业展览会则强调宣传展示，缺乏市场功能。这种尴尬的局面急切呼唤新型展览形式的出现。1894年，德国莱比锡样品博览会的举办打破了这种"僵局"。样品博览会兼具集市的市场性和工业展的展示性，即以展示为手段，以交易为目的，因而被认为是现代贸易展览会和博览会的最初形式。

现代贸易展览会和博览会的发展过程大致可分成两个阶段，第一阶段是两次世界大战期间综合性贸易展览会的发展，第二阶段是第二次世界大战后专业展览会的出现与成长。第一次世界大战使许多国家陷入经济困境，同时也破坏了此前的国际自由贸易环境，各国不得不寻求新的途径来促进本国经济的发展，综合性贸易展览会和博览会应运而生。例如，在1916年和1919年之间，法国就举办过三届国际博览会，并取得了较大的成功。由于这段时期各国举办了过多的展览活动，展出水平和实际效益普遍下降，展览业出现了混乱的局面。1924年，国际商会在巴黎召开了国际展览会议，以此为基础，国际博览会联盟(Union des Fairs Internationales，UFI)次年在意大利米兰成立。该组织的成立对提高国际展览会的质量标准、维护全球展览业的正常秩序做出了重要的贡献。

第二次世界大战后，世界各国都着力进行经济建设和发展科技教育，劳动分工越来越细，产品更新速度明显加快，综合性的传统贸易展览会已难以全面、深入地反映工业水平和市场状况。在这种背景下，现代贸易展览会和博览会开始朝专业化方向发展，并在20世纪60年代成为展览业的主导形式。专业展览会在展览内容、参展商和观众上具有明显的专业性，这有利于反映某个行业及其相关行业的整体发展状况，因而具有更强的市场功能。

现代展览业经历了近一个半世纪的发展历程，形成了以欧洲和美国为龙头，以亚太地区为强大新生力量的全球化产业，拥有了全球性的行业组织——国际展览局和国际博览会联盟。这个被称为"无烟工业"的现代化产业为全球科学技术的传播，经济贸易的增长，为加快城市建设、交通、能源、通信、旅游和就业等事业的发展以及促进人们思想观念的更新与交流均起到了强大的推动作用。如果把科学技术比作现代人类文明发展的火车头，那么作为传播科学技术手段的展览业就是驱动这列现代文明列车的一个重要车轮。

目前，世界会展业正朝着国际化、专业化、高科技化等方向发展，前景一片灿烂。随着会展活动对社会经济特殊作用的进一步体现，会展业必将受到越来越多国家和地区的重视。而且，伴随会展活动的发展和会展理论研究的深入，统一的会展管理制度、会展技术标准等将在世界范围内逐步建立起来。

15.2 国外会展业发展现状及运作模式

自人类迈入21世纪以来，会展业所表现出来的强劲的经济增长趋势和产业带动能力已经引起人们的广泛注意，世界各国和地区纷纷把会展业作为支柱和先导产业来培育或发展。从国际上看，在瑞士日内瓦，德国汉诺威、慕尼黑，美国纽约，法国巴黎，英国伦敦以及新加坡和中国香港地区等这些世界著名的"展览城"，会展业为其带来了巨额利润和经济的空前繁荣。通过对这些国家和地区会展业发展现状和管理模式的分析，对于我国会展业的发展具有一定的借鉴意义。

15.2.1 欧洲会展业

欧洲是世界展览业的发源地，经过 100 多年的积累和发展，欧洲会展经济整体实力最强，规模最大。欧洲展览经济以其数量多、规模大、国际化程度高、贸易性强和管理先进闻名于世。目前国际上公认的 300 多个最知名的、展出面积在 3 万平方米以上的专业贸易展览会，其中 2/3 都在欧洲举办。欧洲的展览强国主要聚集在西欧，德国、法国、意大利、英国等都是世界级的会展业大国。地处欧洲中心、交通便捷的德国，位居世界展览国家之首，是世界头号会展强国。东欧会展业的发展则主要是以俄罗斯为中心。

1. 德国：世界头号会展强国

德国是世界展览业的发源地。地处欧洲中部的便利交通条件，贸易展览的悠久历史，以及重要工业国的基础共同造就了德国会展业的大国地位。伴随着二战后的迅速重建、全球经济贸易活动的繁荣以及两德的合并，德国又重新确立了国际会展业头号强国的地位，并一直保持着良好的增长趋势。

(1) 展览规模。每年在德国举办近 140 个顶级的国际、国内交易会和展览会，占全球展会总数的 2/3。净展面积 690 万平方米，每个展览会平均展出面积超过 5 万平方米。同时德国展会的国际参与度很高，国外参展商平均比例达 48%，国外专业观众的平均比例达到 25%。

(2) 展览场馆。德国几乎所有的重要城市都有自己的会展中心，德国拥有全球 20%的展览面积。目前德国共拥有 24 个大型展览中心，可供展览使用的场馆总面积达 245 万平方米，其中超过 10 万平方米的展览中心就有 8 个，超过 5 万平方米的有 5 个。世界最大的 4 个展览中心有 3 个在德国，最大的汉诺威展览中心展馆面积达到 47 万平方米。

德国展览中心不仅面积大、设施齐全，还十分注意与周围设施的配合，其周围的铁路、巴士、地铁、货运站、航空、住宿、城市旅游、娱乐、文化等条件都很便利。

(3) 展览企业。按营业额排序，世界十大知名展览公司中，德国企业占到 6 位，分别是汉诺威展览有限公司、慕尼黑国际展览公司、法兰克福展览集团、柏林展览公司、科隆国际展览集团和杜塞尔多夫展览集团。在出国办展方面，目前德国展览机构在全世界的办事机构近 400 个，已形成了全球化网络。

(4) 展览效益。德国展览业从业人员 10 万人，会展业年平均营业额为 25 亿欧元，其带动的经济效益高达 230 亿欧元，经济带动比例达到 1∶9.5，并可以提供 25 万个工作岗位。

(5) 主要展览城市。德国主要的展览城市有汉诺威、慕尼黑、杜塞尔多夫、法兰克福、科隆、柏林、莱比锡、纽伦堡、汉堡等。这些城市都是国际著名的展览城市，它们都将展览业视为支柱产业进行发展，出台一系列鼓励措施和优惠政策，吸引参展商和观众。

汉诺威是世界上最著名的"展览之都"，其拥有世界上两个最大的博览会，"汉诺威工业博览会"和"信息及通信技术博览会 CeBIT"，以及其他重要的博览会如"汉诺威电脑与通信博览会"、"汉诺威地毯及地面铺装博览会"、"欧洲机床博览会"和"汉诺威国际林业木工机械展览会"等。

在德国慕尼黑举办的重要博览会有"建筑及建筑机械专业展览会 BAUMA"、"电子电脑新材料展览会"、"国际体育用品博览会 ISPO"以及"饮料技术展览会 DRINKTEC-INTERBRAU"等。

杜塞尔多夫的重要展览活动有"印刷与纸张、塑料博览会"、"计量技术与自动化博览会 INTERKAMA"、"包装技术博览会 INTERQUCK"以及"国际时装博览会"等。

法兰克福也是世界上最重要的展览城市之一,每年举办的展览会超过 50 个。法兰克福拥有消费品博览会"AMBIENTE"和"TENDENCE"、"国际汽车——小轿车展览会 IAA"、"国际礼品展览会"以及"国际卫生—取暖—空调"专业博览会。最具有吸引力的是每年秋季的法兰克福书展,成为世界各地出版商、书商以及作家的聚会场所。

在科隆举办的著名博览会如"国际食品市场 ANUGA"、"国际图像博览会 PHOTOKINA"、"国际家具博览会"以及其他如时装、家庭用具、五金制品、自行车与摩托车等方面的专业博览会。

柏林在世界上引起广泛影响的博览会主要有"绿色周(农业与食品业)"、"柏林国际建筑贸易展"、"国际旅游展"、"国际电子消费品展"以及"国际航空航天展览会 ILA"等。

纽伦堡国际展览有限公司举办的"纽伦堡国际玩具博览会"、"国际制冷及空调设备展"等在世界上也有重要影响。

2. 法国:精耕细作的会展业

法国地处欧洲中心,交通便捷、气候温和、风景秀丽,具有一流的展馆和服务系统以及国际交流传统,这些得天独厚的条件使之成为全世界展览业最为发达的国度之一。

法国每年举办 140 个展览会和 100 个博览会,其中全国性展会和国际展达 175 个,专业展 120 个左右。国际专业展的主要参与国及地区分别是比利时、意大利、西班牙、英国、德国、荷兰、瑞士、美国、葡萄牙和日本。主要的展览集团有爱博展览集团、博闻集团、巴黎展览委员会、励展集团等。国际著名展会有 BATTMAT 建材展、SIAL 食品展、SIMA 农业展、EMBALLAGE 包装展、VINEXPO 酒展、EUROPAIN 面包糕点展、AERONAUTIQUE 巴黎航空航天展以及 POLLUTEC 环保展等。

1) 巴黎——国际展览之都

法国拥有 160 万平方米的展馆,分布于 80 个城市,其中巴黎占 55.4 万平方米。巴黎是法国展览业的中心城市,其次为里昂、波尔多、里尔等城市。法国每年举办 300 多个展览,有近一半集中在"展览之都"巴黎,巴黎是世界第一大国际会议中心,每年接待各类国际会议占全球国际会议市场的 2.61%以及欧洲会议市场的 4.62%。就国家而言,美国是世界最大的国际会议接待国,占全球会议市场的 12.7%,法国位居第二,占 5.26%。

巴黎凡尔赛展场及北展场,虽有 40 万平方米的供展规模,但为了保住"世界三大展览胜地"的桂冠,巴黎进行了老展场的改扩与南展场的兴建,使得展览总面积翻一番,达到 80 万平方米。

2) 法国国际专业展促进

法国会展业发展的最大特点是法国的主要展览公司共同组织成立了法国国际专业展促进(Promosalons),理事会由巴黎工商会、法国外贸中心、法国专业展联合会、法国雇主协会、巴黎市政府、法国外贸部以及展览中心和专业展览公司的代表组成。这一由商会和政府牵头的民间组织为促进国外专业人士来法国参观交流起了很大的作用。

Promosalons 的经费来源主要有两个途径，一是由诸如巴黎工商会和展览场地公司等主要理事单位提供的年度补贴，占少部分；另一部分是由参加促进会的展览公司按所需促进的展会数目及促进宣传工作量而定的促销经费，这占促进会经费的大部分。

法国的任何一家展览公司均可申请加入促进会，但促进会对于同一个专题的展会只接纳一个展会加入，而且优先接纳质量最好的展会。促进会为了向这些展会提供国际促进业务，在近 50 个国家和地区建立办事处。这些办事处的任务是在各自负责的国家和地区展会开发形式多样的促进业务。

这种展会国外促进的方式很有意义，因为单个的展览公司，哪怕是财力强大的展览集团，都没有足够的实力在世界上 50 个国家建立属于自己的办事机构网络，但是从属于不同展览公司的 65 个展会把其中销经费集中到一起，就能组成一个有效的展会国际促销网络，这是世界上独一无二的促销网络。

3) 加强和中国展览业的合作

作为法国第一大展览公司和世界第四大私营展览公司，爱博展览集团已和中国贸促会农业行业分会合作于 1999 年 4 月底成功地举办了北京国际农展(Agro Foodtech China)，为中国农展市场注入新的活力。2000 年，分别在北京和上海推出第二届国际农展，首届国际食品展与首届国家包装和食品加工技术展，为中国的农业-畜牧业-食品加工工业-包装工业-食品业这一纵向系列化经济领域带来大批的新技术，为中国的开放大业带来众多的商机。

3. 意大利：兴旺发达的会展业

意大利地处欧洲南部，历史悠久，经济实力强大。但意大利是一个以加工业为主的国家，其产品主要用于出口，因此促销工作十分重要。同时由于意大利享有"中小企业王国"的称号，众多的中小企业是意大利的经济支柱，其无力单独承担向国际市场促销的巨额广告费用。因此为了扩大出口，意大利每年在全国各地举办无数次各种类型的展览会，各类展览会对宣传本国产品、加强技术交流与合作以及推动出口发挥了重要作用，同时因展览会上聚集大量厂商，便于直接交流，大大降低了企业的促销费用，缩短了时间。

1) 展览概况

意大利每年举行约 40 个国际交易会，约 700 个全国和地方交易会，是欧洲办展最多的国家。展出内容多为领导市场潮流的新产品新技术，范围广泛，几乎涉及了各个生产领域。重要的生产领域，如时装业、家具与室内装饰业、机床和精密机床、木材加工和纺织机械等都把国际博览会作为向国际扩展的跳板。

意大利展览会服务周全。参展者可享用带有空调的展厅、自动电梯和活动通道、翻译服务以及信息交流服务(复印机、传真机、电话、计算机、因特网以及国际信息库)。自动接待系统可以永久性地把观众的资料登记下来，使参观者可以定期收到已参观过的参展交易会的信息，参展公司的文件、名录和小册子。

2) 展览协会

意大利的展览会大都不是由展览会场地所有者举办，而是由专业人员组织，往往与该领域的企业协会或贸易协会联合。意大利的专业博览会协会主要有以下几种。

(1) 意大利工业展览委员会 CFI(Comitato Fiere Insustrie)。它是意大利最大的行业代表性很强的专业展览会机构,其成员是工业家联合会中所有与展览有关的组织机构。CFI 的任务是,在国内和国外提高意大利展览业的重要性,其最终目标是促进本国企业的国际化。为了实现这一目标,CFI 力图通过优质的展览设施和服务水平及管理水平,使意大利展览会保持在欧洲先进水平,积极争取国家支持,尤其考虑中小企业的实际需要,因为对它们来说,展览会是主要的促销工具和向国际市场开放的途径。为此,意大利工业展览委员会代表意大利企业界,作为主要对话者,与国家和地方政府部门洽谈,并与管理展览场所的展览公司及国营和私营展览工作者接洽。CFI 的展览会集中在米兰(44%)、佛罗伦萨(8%)和帕尔马法举办(7%),总展览面积为 80.6 万平方米。主要展会有机械展、家具-建筑展、服装-纺织展、制鞋展、食品展、化妆品展、农业展、光学仪表展以及电子-安全展。

(2) 意大利展览协会。意大利展览协会由若干展览公司组成,这些公司每年组织约 30 次专业展览,主要租用米兰展览中心,平均每年租用面积 55 万平方米以上。意大利展览协会在意大利全国展览业举足轻重,其成员公司和所举办的主要展览如下。

展览促进会 ASSOEXPO,其业务是促销和组织专业展览,经营范围为伦巴底地区的工业、服务行业、商业和科技领域。组织的展览有:两年一次的 MAC-国际化工器、分析化验、研究、监控仪器及生物技术展(欧洲本行业最重要的展览会之一);MOCAN-全国医疗卫生展;IBTS-MEM-国际声像广播电影电讯;SICOF-国际照相电影录像光学声像及照相修版器材展。

意大利家具展览组织委员会 COSMIT,该公司从 1961 年开始组织米兰国际家具展览会,此外还组织 EUROLUCE 照明器材双年展,SALONEUFFICIO/EIMU 办公家具展,SALONCOMPONENTI/SASMIL 家具工业附件、半成品及家具部件双年展,SALONE COMPLEMENTO 室内装潢展。

其他展览公司:EIOM 组织电子、微电子、自动化、仪器仪表、工业化学、实验室设备、技术和附属产品等行业的专业展览;BIAS 组织国际自动化、仪器仪表和微电子展;RICHEMAC 主要组织国际化工展及国际化工业机械、分析化验、研究、监控仪器及生物技术展;SMAU 则承办了国际信息与通信技术展览会,包括信息系统、软硬件、电讯办公室系统和用品、企业管理软件及多媒体等。

(3) 意大利展览公司联合会(AEFI)。意大利展览公司联合会(AEFI)成立于 1982 年,有 31 家会员,它们均为拥有展览会场地产权的展览公司,各成员公司每年至少举行一次国际性展览会。联合会会员共占有展览场地面积 340.37 万平方米,每年举办 136 个国际展览,238 个全国性展览,140 个地方性展览。成员公司有马二凯大区展览公司、东方展览公司、波洛尼亚展览公司、波尔扎诺展览公司、切赛纳衣农业展览公司等。

3) 展览城市

意大利大型国际展览会举办地点主要集中在米兰、波洛尼亚、巴里和维罗纳 4 个城市,每个城市都有设施良好的展览会场地。此外,这些城市同时又是著名的旅游城市,历史悠久,风景优美,名胜古迹多,文化艺术活动丰富。参展商和观众不仅能从展览会上获取信息、联系业务,还能在业余时间浏览市容、参观古胜,享受多彩的文娱生活。这也是这些城市作为展览城市成功的另一个重要条件。

4) 展览中心

(1) 米兰国际展览中心(FIERA-MILANO)。著名的米兰国际展览中心,有 65 万平方米的38个展馆,是世界三大展场之一。为在竞争中立于不败之地,米兰国际展览公司对老馆进行了大修,兴建了20万平方米的新馆、10.4万平方米的屋顶和3万平方米的地面停车场,使展场面积达到百万平方米。米兰国际展览中心配备有最先进的技术设备,采取了最先进的环保措施,所有展厅均为两层,展厅之间均用20米长和30米宽的玻璃封闭高架桥相连,下方是市区街道。展览中心还十分重视场地的服务和货物搬运工作,运货车在展厅内部开行,行车路线为专线,与观众的路线分开。在货物装卸区有功率强大的通排风装置,还有许多货运升降机,这些设施足以使米兰展览中心在21世纪保持领先地位。

(2) 波洛尼亚展览中心(Bologna Fiere)。波洛尼亚展览中心是欧洲主要展览中心之一,每年举办大约30个专业展览会,其中15个具有国际领先地位。可供展览的74座展厅中有一个事务俱乐部和一个贵宾俱乐部,11个内部会议厅,一万个车位的停车场。展览中心位置优越,交通方便,从波洛尼亚展览中心站下车,直接来到展区。1995新建的20号展厅具有展览、会议、集会和演出多种功能,总建筑面积33000平方米,上下两层,设备更加齐全,现代化程度更高。

(3) 维罗纳展览中心(BERONAFOERE)。维罗纳展览中心是意大利最古老、传统最悠久的展览场所,拥有12座展厅,20.3万平方米的展览面积,其中9.7万平方米配备各项服务设施,还有一个车位众多的停车场。该中心除了举办各类展览以外,还在"欧洲与古罗马剧场会议中心"中组织各种会议。该会议中心拥有8个会议厅,1300个座位,还有一个模块式自由组合结构的礼堂,总容量超过2000人,并配有声像录放设备和电视电话会议设备。

(4) 东方展览中心(EA-FIERA-DEL-NEBANTE)。东方展览中心位于意大利东南端城市巴里,是意大利展览面积最大的展览中心之一。占地30万平方米,每年举办20多个展览会,其中许多是国际展览。每年从意大利国内外来巴里的参展商超过5000家,观众约为200万人。展览涉及的行业有:信息、出版、休闲、摄像、黄金制品、时装、机械、企业服务、运输、农业和建筑等。在此举办的知名展览会主要有国际样品博览会、东方农业博览会和东方建筑博览会以及意大利最大的国际休闲展览会EYPOLEVANTE。

4. 俄罗斯:欣欣向荣的会展业

俄罗斯是世界上领土面积最大的国家,其国土从波罗的海一直绵延到太平洋,前苏联留下的沉重负担在严重影响俄罗斯经济发展的同时,也阻碍了其会展业的发展。然而在俄罗斯政府和企业的共同努力下,俄罗斯会展业重新焕发出生机。

1) 发展概况

近年来,俄罗斯展览业发展迅速。据业内人士分析,俄罗斯展览业的市场额每年约为2亿~3亿美元,58个展览联盟成员所创造的经济效益于2004年达到5千万~6千万美元。同时,展览业在带来巨大的经济效益同时也为俄罗斯创造了大量的就业机会。目前,俄罗斯展览从业人数还不是很高,直接从事展览活动的人员大约有2万人左右,加上临时性工作岗位(展会临时搭建及装修等基础工作),共计15万人左右。

目前俄罗斯发展较为迅速的是专业展览,占全年总展览数量的85%,包括:信息通信、办公设备、组织技术设备、教育、电子游戏技术、食品、饮料、烟草产品、酒店、饭店技术及设备。根据展览类别,各类展览比例分别为:国际展览约占47%;面向国际的展览约为27%,区域性展览占25%;国家性展览(由其他国家举办)约占1%。

2) 主要展览公司

(1) Expocentre 股份有限公司。Expocentre 股份有限公司位于莫斯科,是俄罗斯最大的展览公司,有超过 33 万平方米的展览场地可供出租,外国参展商租用了其中的 2/3。这里举办了 59 次展览会,总共接纳了 15.173 万家参展商,其中一半以上来自国外。资料显示,共有大约 250 万名观众前往参观。

(2) GAOVVC。莫斯科第二大展览公司,共举办了 48 次展览会,租出了 10.4 万平方米的场地。

(3) Sokolniki 有限责任公司。莫斯科第三大展览公司,其出租场地面积为 5.6 万平方米。从出租面积的大小来看,这个公司是俄罗斯的第三大展览公司。不过其国际化的程度只勉强达到了 20%。

3) 主要展览场地

俄罗斯展览业各地区基础设施发展极不平衡。目前,俄罗斯共有 16 个展览场馆基本符合国际展览局的场馆要求标准,总面积约为 37 万平方米,其中 80% 的场馆面积集中在莫斯科、圣彼得堡与下诺夫格罗得 3 个中心城市。俄罗斯联邦的 9 个地区(叶卡捷琳堡、伊尔库茨克、喀山、加里宁格勒、新西伯利亚、彼尔姆、萨马拉、乌法、切博克萨雷)展览馆面积仅约为 1000~5000 平方米。目前只有莫斯科、圣彼得堡及下诺夫格罗得拥有超过 1 万平方米的展览场馆。俄罗斯 16 个符合国际技术标准的场馆见表 15-2。

表 15-2 俄罗斯符合国际技术标准场馆一览表

序号	场馆名称	地点	室内展览面积/万平方米	室外展览面积/万平方米
1	全俄展览中心	莫斯科	10.85	15.81
2	国际展览中心	莫斯科	6.5	3.5
3	萨科尔尼基文化展览中心	莫斯科	1.6	0.5
4	莫斯科展览馆	莫斯科	1.5	0.2
5	国际贸易中心	莫斯科	0.2	0.05
6	列宁格勒展览馆	圣彼得堡	2.5	6
7	下诺夫格罗得展览馆	下诺夫格罗得	12	23
8	喀山展览中心	喀山	0.67	0.1
9	西伯利亚展览馆	新西伯利亚	0.65	
10	西伯利亚展览中心	伊尔库茨克	0.45	0.1
11	巴什基尔展览馆	乌法	0.4	0.2
12	伏尔加展览馆	萨马拉	0.6	0.45
13	乌拉尔展览中心	叶卡捷琳堡	0.11	0.25
14	彼尔姆展览馆	彼尔姆	0.27	0.09
15	波罗的海展览中心	加里宁格勒	0.2	0.09
16	切博克萨雷展览馆	切博克萨雷	0.8	0.5

(资料来源:中国贸促会驻俄代表处《俄罗斯会展业情况调查》)

4) 主要展览协会

为了更好地协调各类展览活动,促进高效发展,俄罗斯卫生部、农业部、工业科技部及核工业部都成立了展览委员会,对各自领域的展览活动进行协调。

地方政府也成立了专门机构负责展览事务,其中包括彼得堡政府展览委员会和"西北"联邦区经济地区联盟展览委员会。

俄罗斯也成立了一些民间机构来促进完善展览市场的有序发展,这些组织包括:独联体国家展览事务委员会、俄罗斯联邦工商会展览委员会、展览联盟(拥有58个成员)。俄罗斯联邦工商会展览委员会与俄罗斯经济贸易发展部签订协议,相互协调共同促进俄罗斯会展业的发展。同时,在会展领域工商会还同科技工业部、农业部、国家建筑委员会建立了密切的合作关系。俄罗斯展览联盟迄今已发展会员企业58家,整体上涵盖了整个俄罗斯展览业。其主要职能包括为展览企业提供必要信息、市场调研、行业统计以及对展会经济效益的评估等。同时,该组织还负责对展览公司进行专业资格评测,以保证展览活动的质量。

5) 著名品牌会展

目前俄罗斯得到国际展览局UFI认可的有国际花卉展、森林木材设备展、国际鞋类展览会、国际化妆品展、印刷技术及设备展、医疗保健展、国际民用消费品展览会、食品及食品原料展、安全设备及技术展、冷冻及低温设备技术展、国际商标标签展、纺织及轻工产品及设备、批发展销会、玩具及游戏展、欧洲家具展、国际化工展、木材加工及产品展、国际包装材料及工艺展、西伯利亚建筑、卫浴及陶瓷产品展、西伯利亚医疗设备展、彼得堡家具展、信息技术展、家具及室内装饰展、信息通信展、波罗的海展览会、家具展共计27项展会。

15.2.2 北美会展业

1. 概况

从目前世界范围会展业的发展来看,北美地区会展业的发展水平仅次于欧洲。美国和加拿大的会展经济都相当发达,每年举办展会、论坛近万个,并形成了北美地区独特的办展模式和风格。其中最著名的会展城市主要是多伦多、拉斯维加斯、芝加哥、纽约、奥兰多、达拉斯、亚特兰大、新奥尔良、旧金山和波士顿等。由于北美特别是美国强劲的经济实力以及国内巨大的市场容量,北美会展业的发展水平从世界范围来看依然处于领先地位,北美展览对于海外参展商仍然具有较大的吸引力。

北美展览会开始于18世纪,最早起源于专业协会的年度会议。因此北美会展业在发展初期,展览只是作为年会会议的一项辅助活动,仅仅是一种信息发布和形象性展示的媒介,展览会的贸易成交和市场营销功能曾在很长一段时间里并不为企业所重视。直到目前,仍有很多美国展览会与专业协会的年度会议合在一起同时举办。

北美会展业主要以美国和加拿大为代表,2000年在美国和加拿大举办的展览会达到13185个,会展集中程度也较高。2000年,美国和加拿大的10个主要会展城市举办了4540个展览会,见表15-3。美国和加拿大是世界会展业的后起之秀,每年举办的展览会近万个,其中,净展出面积超过5000平方英尺(约为460平方米)的展览会约有4300个,净展出面积5亿平方英尺(约4600万平方米),参展商120万,观众近7500万。

表 15-3　2000 年美国和加拿大 10 大会展城市举办展览会数量

排　名	城　市	举办展会数量
1	奥兰多(New Orlando)	625
2	拉斯维加斯(Las Vegas)	589
3	多伦多(Toronto)	582
4	芝加哥(Chicago)	493
5	新奥尔良(New Orleans)	447
6	亚特兰大(Atlanta)	422
7	达拉斯(Dallas)	382
8	纽约(New York)	346
9	圣地亚哥(San Diego)	331
10	华盛顿(Washington，D.C.)	323

(资料来源：《中国会展经济报告》，2002)

2. 主要会展城市

1) 会展新星——奥兰多

海水、沙滩、棕榈树和四季宜人的气候，以及海洋世界、迪斯尼、环球影城三大主题公园，再加上对公众开放的肯尼迪航天中心，使美国佛罗里达州的奥兰多成为一个纯粹的度假胜地。除此之外，交通便利，水陆空立体的交通网络，尤其是世界各国特别是欧洲各大航空公司都有直达奥兰多的航班。倚仗这些得天独厚的条件，奥兰多在美国众多会展城市中脱颖而出，也成为赫赫有名的"会展之都"。

然而这些都还不是奥兰多最终成为会展名城的独到优势，奥兰多会展业最显著的特点是其优质的服务。奥兰多的主要会展场馆，桔县会议中心是全美仅有的几个由当地政府经营的场馆之一。该中心的经营口号就是"为用户提供卓越的服务，激发他们回来举办会展的欲望，提高优秀集体的名誉"。为激励员工热情地为客户服务，该中心长期举办一项由客户和员工参与的活动，发给每位来到该中心的客户一枚印有标志的硬币，凡是得到一次满意的服务，客户可以给工作人员一枚硬币。年终时，得到硬币多的工作人员将受到中心的奖励。这项活动有两个好处，员工得到硬币的同时客户得到了优质的服务。为用户提供宾至如归的服务和帮助，成为奥兰多在会展业竞争中取胜的至上法宝。

2) 沙漠中的展览城——拉斯维加斯

长期以来，拉斯维加斯一直是热门的旅游目的地，每年接待的旅游者数以万计。1955年拉斯维加斯所在的内华达州政府同意财政资助原克拉克县博览会与娱乐委员会，现"拉斯维加斯会议与访问者局"发展会展业。资金来源是将饭店和汽车旅馆中的客房税提取出来投资于会展业。客房税是住店的外来旅游者支付的，而不是当地居民。这项资金用于建造和运营了拉斯维加斯有史以来第一座会展中心——拉斯维加斯会议中心，1959 年 4 月该中心正式营业，以及之后的一系列会展市场开发和宣传工作，而没有用当地居民的任何税款。

拉斯维加斯作为沙漠中人造的展览之城，已经成为美国著名的会展城市，重要的会展场所，在拉斯维加斯会议中心，许多著名的展览如 Comdex 电脑展、汽车售后服务展、MAGIC、全美五金展等都在这里定期举办，每年接待的会议代表和观展人数以千万。会展业成为拉斯维加斯城市经济增长的关键，甚至整个南部内华达州经济发展的三大支柱产业(饭店、娱乐和会展业)之一。拉斯维加斯的成功来自于对独有优势的了解、准确的产业定位以及政府的政策支持。

3) 经济中心——多伦多

多伦多是加拿大第一大城市，位于加拿大心脏地区，接近美国东部工业发达地区，汽车工业、电子工业、金融业及旅游业在多伦多经济中占有重要地位。多伦多是加拿大最受欢迎的展览城市，每年举办的展览3倍于加拿大排名第二的竞争者。仅国家贸易中心就有超过100万平方英尺的展览面积，1年举办展会180多个，另外还有国际中心、多伦多会议中心和多伦多国会中心以及多伦多地铁会议中心。多伦多因举办多个著名的国际博览会而蜚声遐迩。

4) 美国的十字路口——芝加哥

芝加哥是摩天大楼的故乡。麦考梅会议中心可为参展商提供220万平方英尺展出面积，到2007年，展出面积将扩大到280万平方英尺。

芝加哥有著名的芝加哥博物馆、工业与科学博物馆、菲尔德自然博物馆、格兰特公园、谢特水族馆、芝加哥美术馆、里格利棒球场以及北哈尔特俱乐部等。

5) 可口可乐的家——亚特兰大

亚特兰大主要有佐治亚世界会议中心和亚特兰大城市会议中心。扩建后的佐治亚世界会议中心展出面积达到140万平方英尺，中心周边的酒店可接待1.2万名游客。154条公交线路和38条地铁线路，交通便利。亚特兰大城市会议中心的展出面积为30万平方英尺。

马丁·路德·金纪念馆向游客充分展示亚特兰大的特色；石头公园的巨大纪念雕像是美国历史的缩影，大学城餐馆别具一格；芬妮大婶的小屋有南方最棒的炸鸡。

6) 商业之都——纽约

纽约被看成美国的缩影，是全球商业与文化的中心。它可以为游人提供6.6万间(套)客房服务。每年有100万个航班往返于纽约与世界各地之间。位于曼哈顿中区的杰维斯会议中心，拥有81.44万平方英尺展出面积。

著名的自由女神像、联合国总部、时代广场、大都会艺术博物馆、中央公园、第五大道商业区、洛克菲勒中心、百老汇剧院区、唐人街等都在这里。

7) 东部名城——波士顿

位于市中心的退伍军人纪念会议中心，可提供19.3万平方英尺展出面积，周围有140家商店和餐馆，可为与会人员提供3000间(套)客房服务。

波士顿会议中心于2003年动工，造价为7亿美元。这个巨型的会议中心，可提供51.6万平方英尺展位，座落在波士顿南边的港湾区，主要入口位于夏日街上。该中心由出生于阿根廷的建筑师Rafael Vinoly先生设计，显著特色在于又长又浅的拱形圆屋顶。主要展示厅相当于13个足球场，地下停车场有1000个停车位。

8) 梦幻之都——洛杉矶

洛杉矶是美国最大的城市之一，头上顶着好莱坞的光环，令全世界的参展商心仪。星光闪耀的贝弗利山庄给人无限遐想，它是事业腾飞的具体象征。看一场代表世界电影时尚的好莱坞电影，走进环球电影公司的摄影棚，亲眼目睹大腕明星的风采，是每位参展商难以拒绝的诱惑。晚上光顾班尼餐馆，还可以获得明星的签名。同时洛杉矶还拥有自然历史

现代服务业管理原理、方法与案例

博物馆、圣马利诺汉丁顿图书馆与艺术画廊,这里面陈列着莎士比亚的原始手稿。

洛杉矶会展中心的展会面积达 87 万平方英尺。

9) 汽车城——底特律

近年来,底特律先后共投资 170 亿美元兴建和扩建会展中心。复兴会议中心耗资 5 亿美元,包括周边的 17 座餐馆和可容纳 1298 个客位的停车场,与 3 家大型娱乐场所和许多零售商店毗邻而居。科博会展中心占地 17 万英亩,展出面积达 70 万平方英尺。在这里举办的每年一度的北美汽车展,成为世界汽车业的风向标,也是车迷的朝圣地。

底特律还有哈特广场、亨利·福特博物馆、格林菲尔德村以及底特律艺术研究院等著名的旅游景点。

10) 小牛城——达拉斯

达拉斯不仅是美国西南部的金融与商业中心,同时还堪称美国的艺术之都。由法兰克·洛依德·怀特设计的著名的达拉斯戏剧中心、达拉斯交响乐团以及达拉斯的乡村音乐和西部音乐都在世界闻名遐迩。这都是达拉斯成为会展之都的独特优势。

达拉斯会议中心的展出面积达 72.6 万平方英尺。

11) 宇航城——休斯顿

休斯顿是名副其实的宇航城,林登·约翰逊宇航中心,是人类首次登陆月球的地面控制中心,这都对参展商形成巨大的吸引力。新建的乔治·布朗会议中心,可提供 85.3 万平方英尺的展出面积,再加上复兴会议中心 70.63 万平方英尺的展出面积,休斯顿的办展条件如虎添翼。

15.2.3 亚太地区会展业

亚太地区是世界会展经济的后起之秀。以中国、日本、新加坡为代表的亚洲国家和地区以及澳大利亚等,是世界新兴的充满活力的展览市场,其以增长速度快、辐射面广、专业门类齐全以及广阔的市场前景而引人注目,成为世界展览经济中最具发展潜力的地区之一。

亚太地区主要是指东亚及太平洋地区,是世界旅游组织(WTO)根据世界各地的旅游发展情况和客源集中程度而划分的世界六大区域旅游市场之一。实际上,亚太地区不仅是世界上旅游业发展速度最快的地区,也是会展业发展最快的地区之一。

大洋洲会展经济发展水平仅次于欧美,但规模则小于亚洲,该地区的会展业主要集中于澳大利亚。亚洲会展经济的发展水平在欧美和大洋洲之后,但从会展经济发展的规模上看,则仅次于欧美,整体水平高于拉美和非洲。会展经济的发展水平与地区经济的发展水平相适应,日本的会展业发展水平在亚洲处于领先地位。中国和新加坡,凭借发达的基础设施、较高的服务业发展水平、较高的国际开放度以及较为有利的地理区位优势,并借助广阔的市场和巨大的经济发展潜力,也发展成为著名的展览地区。东南亚的泰国以及西亚的阿联酋会展业的发展速度也正在不断加快。

目前,亚太地区竞争最激烈的要数中国和新加坡,形成了区域性的展览模式。新加坡在展览硬件和软件以及政府扶持等方面做得较为完善;中国成功地操作了许多以贸易出口为主的品牌展览会,其优势是借助于完善的服务设施,有广阔的市场空间。另外,日本的东京和韩国的汉城以及中东的迪拜也是亚太地区区域展览中心市场强有力的竞争者。

1. 澳大利亚会展业

澳大利亚是一个后起的发达资本主义国家。尤其是近年来,由于政府办事有实效,劳动市场灵活,澳大利亚经济实现了高增长、低通货膨胀和低利率,经济表现更加具有竞争力、灵活和富有生机。澳大利亚的经济实力目前已经超过了欧洲的部分国家,在南半球各国经济中举足轻重。其在原来以农牧业、采矿业和制造业为主的经济发展格局基础上,服务业在国民经济中的比重逐渐增加,会展业作为服务业的重要组成部分,也得到了快速发展。

1) 会展连带效应显著

澳大利亚展览主要分为专业性展会和公众性展会,全国整个展览行业每年的经济贡献平均大于25亿澳元,经济效益显著,这主要是得益于会展连带效应的充分发挥。

其中专业性展会的观众无论是来自澳大利亚本土还是海外,包括住宿、餐饮、娱乐、购物、交通等方面的花费在内,每人在展出城市的平均消费大约达到700澳元/天。来自展览城市本身的观众的平均消费大约达到130澳元/天。据统计,从参加专业性展会观众的比例来看,每个展会至少有30%左右的观众是来自海外或澳大利亚其他地区。

公众性展览会来自澳大利亚其他地区或者海外的观众,其每人每天在澳大利亚的平均花费大概是350澳元,来自展览城市本身的观众每人每天的花费平均为110澳元。据统计,澳大利亚每年大约举办300个大型展览会,共吸引约500万观众,其中参加专业性展览会的观众比例为30%左右,参加公众性展览会观众的比例为70%左右。

2) 专业展竞争力较强

澳大利亚专业性展览会的竞争力十分强劲,每年专业性展览会都会吸引大批高素质、十分具有购买力的专业买家,这是其会展业经济效益显著的重要原因之一。

据统计,澳大利亚专业性展会观众中,63%来自企业的管理层,每10个观众中就有4位是CEO或者董事会成员,另外还有24%来自公司采购和市场营销部门的经理层。因此,在这些专业观众中,具备最终购买决策权的占45%,能够影响最终购买行为的占4%,决定可以作为考虑购买选择的占5%,可以建议最终购买的占11%,这样总计有88%的观众能够影响购买行为,超过了据EXHIBITSURVEY公司发布的美国展览行业的同项指数85%。专业展会每个买家的平均购买力达到近4万澳元(3.74万澳元),由此可见澳大利亚专业性展会的强势竞争力。

3) 展览协会富有成效

澳大利亚展览和会议协会是澳大利亚展览和会议领域唯一的行业组织,成立于1986年,其前身是澳大利亚展览行业协会,后改名为澳大利亚展览和会议协会,总部由墨尔本迁至悉尼。澳大利亚展览和会议协会下设多个工作委员会,业务范围涉及市场调研、数据统计、出版物发行、展览场馆联络、教育培训、会费收集等。澳大利亚展览和会议协会每年举办一次展览和会议行业年会,邀请全澳大利亚同行业的会员参加。

这一协会为主导型商会组织,具有民间性质,是以服务为宗旨,由企业自愿设立、活动自主、经费自筹的民间非营利性组织,代表行业或地区整体利益向政府提出建议,以促进贸易发展和会员企业利益的实现。政府一般不干涉协会的活动,并在制定有关工商业政策时需要征求协会的意见。澳大利亚展览和会议协会同美国展览经理人国际协会、英国展览组织者协会和美国展览行业研究中心等建立了合作关系。

澳大利亚展览和会议协会采用会员制，经营范围还覆盖新西兰，会员来自澳大利亚和新西兰的展览和会议行业，包括展览会主办者、展览场馆经营者以及会议展览服务行业相关企业。目前拥有会员225家，其中新西兰会员8家。

由于澳大利亚展览和会议协会是非营利性组织，它的主要宗旨是提供有效并且专业的服务，以促进整个澳大利亚展览和会议行业的发展。该协会的收益十分有限，2002年的财务报告显示，2002年该协会毛利约为25万澳元，但净利润仅为约7000澳元。

4) 展览公司发展迅速

在澳大利亚，目前共有展览场馆107家，展览会主办机构106家，展览服务性机构120家左右。澳大利亚的展览主办机构一般不拥有展览场地，一般通过租用展览场地来举办各类展览会。展览服务公司主要涉足除展览会主办和场馆经营外的其他配套服务业务，包括展台搭建、展览设计、展品运输、展览会餐饮、展览配套旅游等。澳大利亚展览行业目前全职的从业人员人数大约为3000人左右。

目前澳大利亚能够举办规模较大的展览会的主要有两家，分别是澳大利亚展览服务有限公司和励展(澳大利亚)公司。

澳大利亚展览服务有限公司成立于1982年，总部位于墨尔本，目前是澳大利亚最大且最有实力的展览会主办公司。该公司已经组织了约250个较大的专业贸易展览会，同世界很多同行业机构和企业建立了广泛的合作关系。该公司每年举办约15个大型展览会，展览会涉及建筑、食品饮料、信息技术、电子、电子工程、工业自动化、特许经营、金融投资、房地产、纺织品、礼品和家庭用品等行业。

励展(澳大利亚)有限公司是世界著名跨国展览集团——法国励展集团在澳大利亚的分公司，公司总部设在悉尼。励展集团在全世界46个国家拥有分公司和办事处，每年在32个国家举办430个不同行业的展览会，吸引了约15万家企业参展和900万观众前往展览会采购。励展(澳大利亚)有限公司的展览运作全部通过励展集团庞大的全球网络进行，2003年举办了27个展览会，展品范围涉及制造、矿产、礼品、体育用品、工艺品、酿酒等多个领域。

2. 新加坡会展业

新加坡的会展业发展起步于20世纪70年代中期，虽然并不早，但新加坡政府对会展业十分重视，专门成立了新加坡会议展览局和新加坡贸易发展委员会负责对会展业进行推广，使会展业获得了空前的发展并取得了显著的成绩。

1) 得天独厚的展览业优势

新加坡位于亚洲的中心地带，具有四通八达的国际交通网络，同时由于政治稳定、经济政策完善、商业环境良好，具有较高的国际开放程度和较高的英语普及率，使新加坡成了国际贸易中心，目前已有了3000多家跨国公司在此建立国际领导中心。这些条件以及新加坡较高的服务业水平共同为新加坡展览业的发展奠定了良好的基础。

2) 显著的国际展览业地位

新加坡连续17年成为亚洲举办会展的首选地区，举办国际展会的规模和次数居亚洲第一位。每年举办的展览和会议等大型活动达3200多个，前来参加这些会议、展览的人数达

现代会展服务业发展研究　第15章

40多万。2000年新加坡市被总部设在比利时的国际协会联合会评为世界第五大会展城市。

3) 先进一流的展览会场馆

新加坡主要的展览馆有两个，一个是新加坡展览中心，另一个是新达城会展中心。

新加坡展览中心 SINGAPOREEXPO 耗资2.2亿新加坡元，已建好的一期工程室内展览面积达6万平方米，分为6个大厅，可以为各种规模的展览会使用，各展览大厅还各自设有办公室、会议室和出入口；室外展览面积为15000多平方米。展览中心的二期工程还将增加4万平方米的室内展览面积。新加坡展览中心一流的装备，最强的功能特性和最大的灵活性的设计追求，使之成为除日本 INTEX 大阪展览馆外，亚洲最大的展览中心，这更加确立了新加坡作为国际展览城市的重要地位。

新达城会展中心 Suntec Singapore 总建筑面积2.8万平方米，展览面积2万平方米，会议中心可容纳1.2万人。新达城会展中心设计别具特色，4座45层和一座18层的大楼环立，象征人的五指，中间一座世界上最大的喷泉，寓意财源滚滚；建筑物的雨水汇集系统，提供灌溉花草和洗车用水，既环保又有"肥水不外流"之意。中心配备先进的翻译、通信、传播系统，每年在这里举办的各种会议、展览等活动有1200多个。

4) 灵活实效的展览业机构

新加坡的展览业机构主要有两个，分别是新加坡会议展览局和新加坡贸易发展委员会(TDB)，都是官方机构。会议展览局和贸易发展委员会对于新加坡会展业的推广和促进作用是积极卓越的。

尤其是在亚洲金融危机期间，危机对新加坡等许多东南亚国家的经济和对外贸易造成了不利影响，展览业也未能"幸免于难"。1997年7月到1998年6月的一年间，从邻国前来新加坡参展的公司数量和观众人数减少，分别比上年同期降低了1.8%和9%。而在会议展览局和贸易发展委员会的努力下，新加坡展览业依然有所作为，使来自印度次大陆西亚国家的参展商和观众成为新加坡国际展览会新的成员来源。

新加坡贸易发展委员会于1998年10月派团前往欧洲，访问了罗马、米兰、慕尼黑、汉堡、法兰克福等重要的展览城市，目的是为了扩大和密切与欧洲有关企业和组织的联系，树立欧美展览公司和参展商对新加坡展览业发展前景的认识，鼓励它们来新加坡参展和组展。现在几个著名的欧洲展览公司如 Montgomery Network、Need 展览公司及杜塞尔多夫展览公司都已经在新加坡打下了良好的基础，它们把欧洲重要的展览会带到了新加坡。这不仅大大促进了新加坡会展业的发展，也有力地推动了新加坡和欧盟的双边贸易发展。

3. 日本会展业

日本对会展业的发展相当重视，日本国家旅游机构——国际观光振兴会(JNTO)官方指定负责商务会议和奖励旅游的机构，其下设的日本会议局负责会议的统一管理。

日本以其雄厚的经济实力、良好的基础设施、发达的交通网络、周到的服务、特有的民族文化，赢得了许多重要国际会议、展览会和世界典型节事活动的主办权。日本会展业的快速发展极大地推动了日本经济和旅游业的发展。如1970年大阪举办世界博览会之后形成了日本关西经济带，该区域其后连续10年保持经济快速增长。根据国际会议协会统计，2001年，日本在国际会议市场所占份额为3.6%，位居世界主要会议国家的第9位。日本全年举办138个国际会议，其排名从世界第9位上升到第4位。日本首都东京在世界主要会议城市排名为第27位。

15.2.4 其他地区会展业概况

1. 非洲地区

整个非洲大陆的会展业主要集中于经济较发达的南非和埃及。南非凭借其雄厚的经济实力及对周边国家的辐射能力,其会展业在整个南部非洲地区处于遥遥领先的地位。北部非洲的会展业以埃及为代表,埃及凭借其在连接亚非欧和沟通中东、北非市场的极有利地理位置,会展业近年来发展突飞猛进,展览会的规模和国际性大大提高,每年举办的大型展览会可达 30 个。当然,由于种种条件所限,大型展览会一般都集中在首都开罗举办。除南非和埃及外,整个西部非洲和东部非洲的会展经济规模都很小,一个国家一年基本上举办一个到两个展览会,而且受气候条件的限制,这些展览会不能常年举办。

2. 拉美地区

经济贸易展览会近年来在中美洲和南美洲逐步发展起来。据估计,整个拉美的会展经济总量约为 20 亿美元。其中,巴西位居第一,每年办展约 500 个,经营收入 8 亿美元;阿根廷紧随其后,每年约举办 300 个展览会,产值 4 亿美元;排在第三位的是墨西哥,举办的展览会近 300 个,营业额 2.5 亿美元。除这 3 个国家外,其他拉美国家的会展经济规模很小,很多国家尚处于起步阶段。

15.3 中国会展业现状分析与趋势展望

中国会展业的发展与改革开放同步,是改革开放为中国会展业注入了生机和活力,使之以年均近 20%的速度增长并在短短 20 年中成长为一个新兴产业。会展业在贸易往来、技术交流、信息沟通、经济合作诸方面发挥着日益重要的作用,在中国经济舞台上扮演着越来越重要的角色。中国会展业已经形成了百舸争流、千帆竞渡的发展态势,各类为展会服务的运输、搭建、广告等公司如雨后春笋纷纷涌现,形成了百花齐放、春色满园的喜人局面。

北京、上海、广州、大连、厦门、深圳、成都等城市的展馆建设日臻完善,同时由于具备在经济、人才、信息、技术、市场等方面的突出优势,这些城市的会展功能开始凸显,展览业蓬蓬勃勃、蒸蒸日上,占据了我国会展业的半壁江山。在这些城市的带动和示范下,我国会展业的发展开始从沿海走向内地,从国内走向国际,不断向纵深发展。

中国目前形成了北京、上海、广州三大会展区域中心,三大城市在全国会展业市场占有率分别是北京 25%、上海 18%、广州 8%,形成了三足鼎立、互相竞争的局面。

15.3.1 北京会展业:一马当先

北京是我国的首都,是全国的政治、经济和国际交往中心,科技、文化、经济、设施、旅游、人才等各方面的资源优势为北京会展业的发展提供了独特的条件和环境。尤其是中国加入 WTO 和北京申奥成功,为北京会展业的发展带来了更加广阔的发展空间。北京市已将会展业列入未来 5 年的重点发展产业,希望将北京建设成为"亚洲会展中心",可与香港、新加坡等城市相媲美的国际会展中心。北京市 2002—2005 年展览数量如图 15.1 所示。

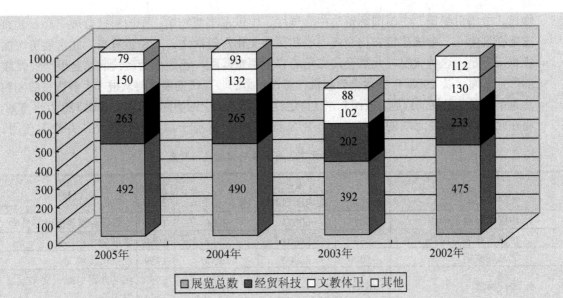

图 15.1 北京市 2002—2005 年展览数量

北京的会展业是伴随着改革开放逐步发展壮大的,特别是进入 20 世纪 90 年代以来,北京会展业呈现出了繁荣发展的景象,在国民经济中所占的比重不断提高,对首都经济的促进作用日益明显。总体看来,北京会展业的发展呈现出以下发展态势。

1. 会展数量全国领先

中国加入 WTO 和北京申奥成功,为北京展览业发展带来了新的历史性机遇。"十五"期间,北京会展业保持了较快增长速度,有关调查和统计资料显示,"九五"期间的年增长率超过了 20%;根据北京市统计局 2002 年、2003 年行业统计和 2005 年经济普查的数据,"十五"期间北京展览业增长速度也基本保持在 20%左右。2005 年,北京市会展收入 61.09 亿元,比上年增加了 20.3%,占全市第三产业收入的 0.3%。在会展活动收入中,展览收入 20.85 亿元,比上年增加了 19.7%;2005 年在北京举办的展览活动共有 492 个,2004 年 490 个,2003 年 392 个,2002 年 475 个,其中以经贸科技展览会为主,每年都占总数的 50%以上。

2. 会展场馆加速建设

北京市现在拥有大型单体展览场所 13 座,总建筑面积 359499 平方米,其中室内展厅面积 258099 平方米,室外展览面积 101400 平方米(详见表 15-5)。其中展览面积超过 1 万平方米的有 8 个,会展设施总量居全国第四位。这 13 座展览馆已经形成了一定的规模效应和市场集聚效应。其中国家会议中心已于 2009 年 11 月正式开幕,是中国最大、最新、地理位置优越、周边配套设施最完善的会议、展览中心,其外形美观大方,总建筑面积 53 万平方米,会议中心主体建筑面积 27 万平方米,室内展出面积达到 81500 平方米,功能齐全,设施先进。中国国际展览中心面积也较大,达到 69073 平方米,室内面积达到 60073 平方米,隶属于中国国际贸易促进委员会;全国农业展览馆、北京展览馆、海淀鑫泰、中国国际博物馆、中华世纪坛、中国国际贸易中心展厅、中国军事博物馆、中国科技会展中心、北京国际会议中心、中国建筑文化交流中心和民族文化宫等次之。从总量看来，北京展览馆面积供应不足，这种状况与北京会展市场的容量不想匹配，已经成为制约北京会展产业发展的严重瓶颈。以 2008 年奥运会为契机，建设新型的、现代的展馆将从根本上解决目前制约北京市会展业发展的问题。按照北京《奥运行动计划》，中国国际展览中心新馆(20 万平方米)将在北京市中轴线北端的国家奥林匹克公园内建成，目前一期工程已经完工并投入使用。

表 15-4 北京主要会展场馆情况一览表

场馆名称	展览面积			建成时间	隶属单位
	合计/m²	室内面积/m²	室外面积/m²		
1. 中国国际展览中心	69073	60073	8000	1984	中国国际贸易促进委员会
2. 全国农业展览馆	49301	24301	25000	1959	农业部
3. 北京展览馆	35000	22000	13000	1959	北京市旅游局
4. 海淀鑫泰	26380	16080	10300	—	海淀鑫泰世纪—文化发展有限公司
5. 中国国家博物馆	9100	8100	1000	1959	中央人民政府文化部
6. 中华世纪坛	13785	7985	5800	2000	—
7. 中国国际贸易中心展厅	10000	10000	0	1989	外经贸部
8. 中国军事博物馆	9100	8100	1000	1959	国家各部委
9. 中国科技会展中心	8200	8200	0	2001	中国工程院
10. 北京国际会议中心	7400	4400	3000	1990	北京北辰实业有限公司
11. 中国建筑文化交流中心	6000	6000	0	1964	中国建设部
12. 民族文化宫博物馆	3960	3660	300	1959	民族文化宫
总计	242999	176599	66400		

3. 会展企业

北京的会展行业主体发育较早。由于历史原因，我国的展览主办单位主要是各类行业协会组织。全国共有约 500 个国家级行业组织，其中一大半在北京。由原国家对外经济贸易部核准的具有主办国际展览资格的单位有 143 家，占全国的 60%以上。目前在北京工商部门注册等级具有经营会展业务的公司已经超过 2000 家，在全国具备举办大型国际展览资格的近 250 家展览公司中，北京就有 130 多家，占据了半壁江山。在北京，各类会展企业已经初步形成了由场馆、广告、装修、运输、旅游、咨询、法律等为会展提供综合服务的配套服务体系。

4. 品牌特征日益明显

北京市会展业在全国起步较早，20 世纪 90 年代以来，北京先后成功地举办了世界妇女大会、国际档案大会、国际建筑师大会、万国邮联大会等几十个国际大型会议，以及大运会、亚运会、奥运会等国际大型盛会，北京已经具备了举办大型会议的成功经验，得到世界的公认与赞扬，这成为北京培育国际会展名牌的重要前提。而且北京是我国的首都，北京地区中央国家机关、大型国有企业总部、跨国公司、全国性科研机构和行业协会在华总部云集，权威机构集中，市场资源集中，北京会展业的发展从一开始就定位于大型、高档次、国际化的会议展览上，这为北京会展业的品牌化发展奠定了坚实的市场基础。目前，北京品牌展会中得到 UFI(国际展览联盟)认证的展览会有 18 个，居全国首位。这些展览会主要集中在工程机械、纺织机械、印刷、石化、食品、通信设备、医药、安全生产等专业领域，为促进行业内的国际交流与合作发挥了重要的作用。

5. 奥运经济提供契机

2001 年 7 月 13 日，中国成功申办 2008 年奥运会，既表示着世界对北京举办大型会议的承认、赞同和信赖，也为北京会展业的腾飞带来了巨大的契机。奥运经济在为北京市会展业发展提供历史机遇的同时，也与北京会展业的发展相互影响、相互促进。

(1) 奥运理念为北京会展业发展提供了新的主题。
(2) 奥运宣传为北京会展业打开了走向国际的窗口。
(3) 奥运模式为北京会展业的管理体制、观念和机制提供了丰富经验。
(4) 奥运建设为北京会展业发展创造了良好的硬件条件。
(5) 奥运目标为北京会展业的发展提供了新的增长高潮。

北京会展业发展总体定位是：中国政治、文化、科技会展的首位城市，国际经济贸易、社会环境、科技文化、专业品牌会展的主要亚洲会展城市，北京市第三产业的支柱产业之一。[1]

根据国际大会及会议组织(ICCA)统计，目前在全球举办会议最多的城市排名中北京仅仅位列 54 位。伴随着我国加入世贸组织和北京举办 2008 年奥运会的机遇，北京会展业市场开放步伐将明显加快，国外知名会展公司、高水平的国际会展将大量涌入北京，北京会展业的规模和水平将有大幅度的提高，同时也面临着严峻的挑战。

15.3.2 上海会展业：迅速崛起

上海的展览业起步于新中国成立之后，改革开放之前，开始主要举办的是一些友好国家成就展和国内的工业展，每年举办的展览会数量只有 20 来个，那时展览会还是人们眼中的"稀罕事"。随着上海改革开放的扩大，特别是党中央、国务院开发、开放浦东的决策在国际上取得了重大的影响，海外对华的经贸发展重点移向上海，上海成为我国的经济与金融中心。上海人颇具头脑和细致的办展观念，使上海会展业迅速崛起，其发展思路明晰、大度大气，近年来取得了骄人的业绩，会展规模以每年 20%的速度递增。上海正在为跻身国际会展城市积极努力。

1. 会展效益初见端倪

上海会展业的发展在 20 世纪 90 年代后进入快速增长期。据上海市对外经济贸易委员会的统计，1993 年在上海举办的各类展会总数为 61 个，1994 年为 72 个，1995 年为 85 个，1996 年为 98 个，每年以 17%的增幅递增。1997 年以后，展览会的数量更是跳跃地增长。

---

[1] 中国国际贸易促进委员会北京市分会，《奥运经济与北京会展业发展》课题组.

1997 年为 118 个；1998 年为 130 个；1999 年数量达到 147 个，其中国内展 32 个，展出面积 34.16 万平方米，国际展 115 个，展出面积 91.2 万平方米。从 2000 年开始，上海会展数量的年增幅达到 20%，2000 年 1 月到 2002 年 12 月，上海举办各类展会 600 多个，其中 40% 为国际性展会。随着上海市会展数量的增长，会展业的巨大经济效益与社会效益也初见端倪。2001—2006 年上海举办国际展会情况如图 15.2 所示。

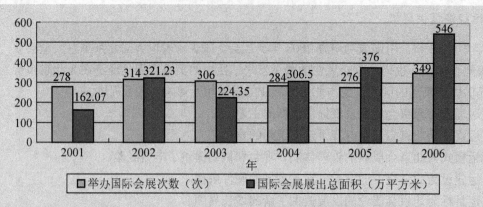

图 15.2　2001—2006 年上海举办国际展会情况

"十五"期间，上海的会展在质量和规模上都不断提升，2001 年，在上海举办的国际展共 278 个，展出面积 162.07 万平方米；2002 年举办国际展览 314 个，展出面积上升到 321.23 万平方米；2003 年受非典影响，展出面积较 2002 年有大幅度下降；尽管 2005 年举办的国际展览只有 276 个，较前一年有所下降，但是展出面积增加到 376 万平方米。

上海市目前已拥有一批通晓外语、管理、贸易、营销和国际惯例的会展专业人才队伍。与会展相关的企业达 2600 家，已经初步形成完整的会展及相关产业链。在场馆的建设及规模、会展人才的素质、相关配套行业的整体服务水平、国际性大展比重等方面，上海与会展发达国家和地区的差距正在慢慢缩小。

上海会展业的高速发展大大增强了上海作为经济中心城市的枢纽功能、窗口功能、集散功能和服务功能，有力地促进了中外技术合作、信息沟通、贸易往来、人员互访和文化交流，创造了良好的经济和社会效益。上海市委、市政府非常重视会展业的发展，已将会展业列入今后 5～10 年重点发展的都市型服务业，制定了将上海建成"国际性会议展览中心"的战略目标，推出多项鼓励政策，培育其成为上海新的经济增长点。

2. 场馆建设初具规模

目前，上海场馆建设初具规模。现已拥有大型展馆 12 家，分别是上海新国际博览中心（展览面积室内 20 万平方米，室外 5 万平方米）、上海光大会展中心（室内 3.5 万平方米，室外 0.2 万平方米）、上海展览中心（展览面积室内 2.45 万平方米，室外 1.5 万平方米）、上海世贸商城（展览面积室内 1.98 万平方米）、上海国际会议中心（展览面积室内 1.35 万平方米，室外 2 万平方米）、上海国际展览中心、上海国际农展中心、上海东亚展览馆、上海商城、上海博物馆、上海美术馆、上海城市规划展示馆，展出总面积达到 47.3 万平方米，见表 15-5。

表 15-5　上海会展场馆面积统计表

名　称	室内展览面积(万平方米)	室外展览面积(万平方米)
上海新国际博览中心	20	5
上海光大会展中心	3.5	0.2
上海展览中心	2.45	1.5
上海世贸商城	1.98	—
上海国际会议中心	1.35	2.0
上海国际展览中心	1.2	
上海国际农展中心	0.76	0.1
上海东亚展览馆	0.45	3.5(东亚体育文化中心)
上海商城	0.41	
上海博物馆		—
上海美术馆	近3万平方米	—
上海城市规划展示馆		—

(资料来源:"十五"期间(2001—2005)中国展览业发展报告)

3. 品牌培育初见成效

目前上海市会展业的竞争已经趋于国际化和白热化。从《财富》论坛、APEC 会议、亚行年会、《福布斯》全球 CEO 论坛到汉诺威亚洲信息技术展(CeBIT Asia),上海会展业已经逐步走上国际化、规模化与品牌化的道路,"中国国际模具技术和设备展"已加入国际展览联盟(UFI)。上海会展经济已呈稳步融入世界会展经济发展格局的态势,上海作为会展城市的国际形象和知名度得到了空前的提升,开始彰显"会展之都"的风采。上海重要国际展会品牌见表 15-6。

表 15-6　上海重要国际展会品牌一览

类　别	展会名称
汽车、工业、机械类	上海国际汽车展、上海国际工业博览会、中国国际模具技术和设备展览会、上海国际汽车文化及一站式服务展览会、中国国际车用轮胎及相关产品展览会、中国国际汽车、汽车零部件及相关产品展览会、中国国际汽车零部件及相关产品展等
贸易、轻工业类	上交会、华交会、国际礼品及家用品交易会、中国国际数码影像技术展、中国国际体育用品博览会、中国国际婚纱摄影及用品展览会、中国国际加工、包装及印刷科技展览、国际塑料和橡胶工业展、上海国际纸业、纸制品瓦楞纸加工包装工业展览会、上海国际纸浆纸工业设备展览会及研讨会、上海国际食品饮料加工包装工业展览会、世界纺织大会、上海国际珠宝展览会、亚洲宠物展等
IT 类	上海国际信息展、CeBIT 展、中国国际半导体工业展览暨研讨会、上海国际电子生产设备暨电子工业展览会、上海国际商用软件及开放技术博览会及研讨会、上海国际软件及系统集成展、亚洲消费电子展览会、国际集成电路研究会暨展览会等
建筑类	世界顶级建筑设计事务所中国峰会、上海国际居室装潢节、上海国际建材及室内装饰展览会、国际地面材料及技术展览会、中国国际房地产商务博览会及论坛等
生物制药类	上海国际制药机械及医药包装展览会、IP/BC&E2004、世界制药原料中国展(上海)、全国新药、特药、非处方药展览会等
其他	中国国际海事会展、海洋博览会、中国国际环保、能源和资源综合利用博览会、中国(上海)国际环保技术设备展览会等

(资料来源:"十五"期间(2001—2005)中国展览业发展报告)

目前，上海市会展业的特点主要表现为以下两个方面。

(1) 展览会数量已呈现加速扩容的态势，涉及工业、教育、服装、建材等各个行业的会展连续举办。华交会、国际电子元件展、国际服装博览会、国际客车展、菲律宾贸易展、国际建筑装饰展、国际染料展等数十个展览会如期举行，国际船艇展和酒店展、国际生物医药展、国际花卉展、国际自行车展、国际汽车工业展即将开幕，境内外客商踊跃参展、参观或采购。

(2) 开始引入了不少会展新概念，会展业发展形式日趋丰富。如上海世贸商城与美国达拉斯市场管理中心达成合作协议，将国际上采购商和生产商普遍采纳的"常年展览中心"新模式引入上海。即在提供短期展览场所的同时，导入企业办证、审计、商务融资、产品认证等常年展览贸易服务。

尤其是2010年世博会的申办成功，成为上海会展经济发展的"添加剂"，为上海建设世界级会展城市提供了历史性机遇。以展示世界先进科学、技术和文化成果为内容的"世界博览会"，是和奥运会、世界杯并称为"三大盛会"的世界上最富声誉的博览会。世博会体现的是政治和经济的双重效益，有头脑、有雄心的上海会展界抓住了机会，可以借此跃上国际会展城市的舞台，上海正在迅速崛起为"亚洲会展之都"。

4. 体制改革率先突围

与北京的努力相比，上海会展业更多的是借助开放的市场环境和灵活的市场机制，从会展业体制改革方面入手来提升自身在会展业方面的竞争力。首先是大力转变政府职能，政府致力于聚焦场馆建设与规划，协调展商与服务商之间方方面面的关系，从而进一步强化展览公司的市场主体地位。同时，2002年上海市率先成立了全国第一家会展行业协会——上海市会展行业协会，促使会展业市场体系运作规范的形成。到2002年止，上海市国营企业76家、民营企业380家、外资企业达到24家，其中展览主承办企业84家、场馆企业13家、会展配套企业383家，见表15-7。

表15-7 2002年底上海市会展企业统计

	国营	民营	外资	合计
展览主承办企业	55	15	14	84
场馆	9	0	4	13
配套服务企业	12	365	6	383
合计	76	380	24	480

(资料来源："十五"期间(2001—2005)中国展览业发展报告)

目前，由上海市政府法制办和市外经贸委牵头，涉及多个委办参加的展览法规调研组。正在制定国内第一个展览法规——《上海展览法》，该法规将考虑到理顺行政主管部门和海关、商检、工商、税务等部门之间的法律关系，克服会展业多头管理的弊病，以及展览公司办展的资质要求和法律程序，通过展览协会来加强行业管理。

15.3.3 广州会展业：百展争雄

广州是华南政治、经济、文化的中心，也是国内会展业发展最早、会展经济最活跃的地区之一。展览的数量、展览面积、展会规模和影响，都位居全国前列，开放程度高是广

现代会展服务业发展研究 第15章

州会展业最大的特点。依托广交会的影响力和优势产业的强劲支撑,广州地区会展业出现了百展争雄的格局。在各类展会中,区域性展会成为广州展览会的主流。同时也包括国家级的会展、国外的来华专业展,还有民营展览机构所办的各类专业展。

1. 展馆优势

广州目前有7个展览馆,分别是广州国际会展中心、广交会展馆、广州锦汉展览中心、广东国际贸易大厦展览中心、广东东宝展览中心、广州花城展览中心,展览总面积达到473000万平方米,其中广州国际会展中心(如图15.3所示)、广交会展馆为超大型展馆,展览面积达到16万平方米。另外还有可以办展的广州体育馆和各大酒店、宾馆的会议中心等场地,全市的场馆硬件设施在国内国际居于前列。广州主要专业展览场馆见表15-8。

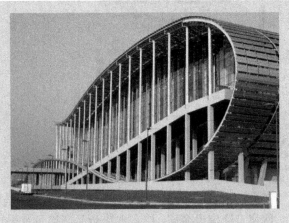

图 15.3 广州国际会展中心

(图片链接 http://photo.gdcic.net/PictureDetails.aspx/?pid=000700000001/2010-5-18/)

表15-8 广州主要专业展览场馆

名 称	展览面积	隶属单位
中国出口商品交易会展览馆	160000	中国对外贸易中心集团
广州国际会议展览中心	160000	中国对外贸易中心集团
广州锦汉展览中心	43000	东泰骏城集团
广东国际贸易大厦展览中心	17000	—
广东东宝展览中心	15000	东宝集团
广州花城展览中心	38000	三鹰实业展览中心
中州花城展览中心	40000	益武展览有限公司
总计	473000	

(资料来源:"十五"期间(2001—2005)中国展览业发展报告)

2. 品牌优势

"中国第一展"广交会已走过50个春秋,举办了100届,展览面积达16万平方米,是中国目前历史最长、层次最高、规模最大、商品种类最全、到会客商最多、成交效果最好的综合性国际贸易盛会,该展会已经位列汉诺威通信及技术博览会之后,居世界第二大展览,在国内外享有很高的威信和影响力。广交会标志的含义如图15.4所示。

图15.4 广交会标志的含义

广东省电子及信息制造产值连续9年居全国第一,因而广州有华南地区最大的计算机、网络及通信设备展;广东省化妆品产销量占全国1/3,广州美容美发博览会成为全国最大的美容美发化妆品展;广东省家具业产值占全国1/3,出口占2/3,遥遥领先于各地,因此广州的家具展春季达到5万平方米,秋季3.5万平方米。在广州地区每年举办的上百个各种展览会中,国际性展览已占到1/3。广州会展业也正在向品牌化方向发展。

广州会展业的发展在改善城市基础设施、环境整治、市容美化、强化城市功能等方面都取得了显著成效。广州将以"中国第一展"为龙头,通过与香港、深圳强强联合,尽快打造成为珠江三角洲的会展航母,建成国际性的会展城市。

15.3.4 香港会展业

近20年来,香港把无污染、高效益的展览业作为服务业的发展重点。由会议、展览、文娱、商务等活动构成的会展经济在香港迅速崛起,越来越活跃,其与旅游、购物、饮食、宾馆、交通等相关行业产生的强烈互动效应使香港受益匪浅,也增色不少。香港借助四通八达的交通、自由充足的资金、旅游名城的人流和发达便捷的信息流,以及公开、公平、公正的展览环境和竞争秩序,规范化的管理和操作,设施优良的展馆和完善周到的服务,使香港成为亚太地区重要的会展中心之一,赢得了"国际会展之都"的美誉。

香港每年举行的大型展览活动超过80项,参展商多达2万家;每年在香港举办的大型会议超过420个,来自世界各地的与会代表多达3.7万人。除了本行业的可观收入之外,展览业的潜力在于它巨大的辐射效益。据香港展览会议协会提供的资料,访港旅客于展览业消费1港元,即可为其他相关行业带来额外4.2港元的收入。此外,参观展览人士平均在港逗留时间一般为 5 天,他们平均每天在零售及娱乐方面的消费分别是普通游客及本地市民的 2 倍及 13 倍。

香港赢得"国际会展之都"的美誉,主要得益于以下几个优势。

1. 区位优势

香港位于亚洲的中心,背倚中国内地,面向南中国海,是我国华南的门户,远东国际航海和航空交通的要冲。并且,香港地区拥有发达的国际航空运输业和繁荣的国际航海运输业,距离亚洲各个主要商业城市的飞机航程最多不超过 5 个小时,是沟通亚洲各地、联结欧美和大洋洲的枢纽,地理位置十分优越。良好的区位、便捷的交通是香港地区成为亚太地区会展中心的基础。

2. 资源优势

(1) 经济资源。由于香港政府一直采取自由的经济政策,金融市场全部放开,外币自由兑换,资金进出完全自由,从而大量的外资涌入香港,这大大推动了香港经济的发展,加速了香港经济迈向国际化和自由化的进程,使香港成为银行多、资金多、股市繁荣、金市兴旺的国际金融中心。加上先进的设备,完善的金融、保险、通信等服务系统,使香港成为世界贸易中心,转口贸易、进出口贸易异常发达。作为国际性的金融中心和贸易中心,为香港会展业的发展提供了良好的经济环境。

(2) 政策资源。香港一直坚持自由的贸易政策,大量商品免除关税,进出口贸易手续简便,不设置任何关税或非关税壁垒,是世界上开放度最大的自由港城。

(3) 信息资源。香港配备了现代化的通信设备,并且和美国、加拿大、英国等国家建立了国际联机情报检索系统,拥有完善的资料库,资讯来源四通八达,畅通无阻,是世界上信息产业最发达的地区之一,为置身其中的客户提供了多元化、现代化的选择。同时,世界上普及率最高的两种语言——汉语和英语作为中国香港地区的官方语言,使香港与各国参展商沟通无极限。卓越的资讯中心地位是中国香港地区发展会展业,吸引参展商与观展商的重要原因之一。

(4) 旅游资源。中国香港地区作为亚热带的天然良港,其拥有宜人的气候和迷人的自然风景,并且香港融中西文化于一炉,文化底蕴深厚,人文景观丰富,这使其成为赫赫有名的世界性旅游胜地。发达的旅游业也为香港地区吸引了大批的商务客人,大大地促进了香港国际会展业的发展。据香港旅游协会的统计资料表明,商务与会议客人占香港游客的 30%之多。

同时,中国香港地区的酒店业十分发达,具有一大批文华、丽晶、半岛等世界级的名牌酒店集团,拥有现代化的设备、先进的经营管理和一流水准的服务,接待能力较强,能满足商务客人的多种需要。这都成为香港地区大力发展会展业的先决条件。

3. 产业优势

香港回归祖国后,香港与内地的经济往来日益密切。随着内地改革开放步伐的加快,特别是中国开发西部战略的实施、"入世"的成功以及 CEPA 协议的签署,更为香港展览业的蓬勃发展提供了坚实的产业基础,有利于不断巩固香港展览之都的地位。

实际上，香港的展览展会以消费品商展为主，展商以港商为主体，加上台商，国内企业组成大的展商群，展品是中国内地生产的档次高的消费品。因为香港是很小的市场，针对本地市场做展览效益不高，主要针对全世界的买家，中国商品现在已打进全世界的消费市场，全世界的百货店、超级市场都充满着中国生产的产品，这个市场是无限的。2003年10月份香港的秋季电子展港商1264家，国内企业326家，台商237家，占1950家的93%，这已经说明问题了，本地买家21877人，海外买家26414人，占了54.7%，而本地买家很多也是国际买家在香港的采购办。

4. 管理优势

香港展览业的崛起，是与其高效、合理、先进的管理机制密不可分的。在这一过程中，香港贸易发展局(以下简称香港贸发局)扮演了重要角色。

香港贸发局是香港投资展览的主要机构，在30多年的发展历程中，贸发局以"市场宣传"和"客户服务"为中心，积极推动了香港会展业的发展。贸发局已在全球设立42个分处，包括我国内地的11个办事处，从而便于与海外商会联系，组织买家组团来港参加展览。另外，贸发局还积累了一个非常庞大的资料库，组成了一个包括60万家世界各地买家制造商的目录。其中中国香港10万家，中国内地12万家以及海外买家38万家。通过这些资料的累计，在办展时有针对性地发出邀请，并且定期组织买家的联谊就会、论坛以及商情的新闻发布会等。

同时，为了使更多香港中小企业通过参加展览活动走向海外市场，香港贸发局已经从2001年4月起，将参展收费降低3%到20%。并且展场的收费仍然将淡季与旺季区分开来，收费差异按照会展业市场机制进行调节。

在展馆使用方面，展览的场地、时段的安排，由展览馆管理机构按国际惯例协调，香港贸发局并无特权，权利由掌管会展场地的私人商业机构——香港新世界管理公司掌握，从而确保展览安排的公平、公正与合理。

香港会展业的行业协会是香港展览会议协会，于1990年成立，目前有会员44个，包括展览会主办者、承建商、货运、场馆、贸发局、旅游协会、生产力促进局、酒店及旅行社(包括香港中国旅行社)等。

5. 服务优势

优质的硬件设施与软件服务也为香港会展业的蓬勃发展奠定了良好的基础。

香港会展场馆主要就是香港会议展览中心，分为旧翼和新翼两部分。投资16亿港元的香港会议展览中心(旧翼)于1988年落成。于1994年投资48亿港元的香港会议展览中心(新翼)一期工程已经完成，并投入使用，展览面积达6.3万平方米。二期工程已经于2005年完成，展览面积扩展到10万平方米。

香港会议展览中心不仅具备一流的设备，其先进的服务也备受称赞。香港会议展览中心(新翼)总面积达24.8万平方米，其中展览场地的面积仅为总面积的1/4，其他3/4是用来做配套服务设施的。同时，香港会展业还为会展客户提供全方位的服务。如展会开始时，政府官员通常会到现场进行政策、法规解答，银行会到现场服务；会展的主办者会与酒店、旅游机构密切合作，从而为会展参加者提供较完善的服务；等等。

香港会议展览中心从1988年启用至今，荣获多项国际荣誉，其获奖情况见表15-9。这些荣誉和成就充分体现了香港会议展览中心人的拼搏精神与服务客户的热诚态度。中心的每位管理者和员工专心致志实现其经营宗旨，共同努力成就了香港会议展览中心今天锋芒尽露、蜚声海内外的国际地位。香港会议展览中心的经营宗旨正是"承诺透过个人及团队对优质服务的肯定，并采用先进及创新的操作技术，确保香港会议展览中心的顾客能时刻享受超值及喜出望外的一级服务"。[2]

表15-9 香港会议展览中心获奖一览表

年份	评选机构	获奖名称	备注
1997年	澳洲杂志《推广会议及奖励旅游》(Convention & Incentive Marketing)	CIM荣誉大奖	
1998年	亚洲博闻有限公司	旅游业大奖	最佳会议及展览中心
1998年	《亚太会议》杂志(Meetings & Conventions Asia/Pacific)	年度业界服务金奖	最佳会议/展览中心
1998年	美国网络营销协会(US Web Marketing Association)	1998年网页设计卓越大奖	香港会议展览中心网页
1999年	美国杂志《超越界限》(Beyond Borders)	国际成就大奖	连续第二届被推举为"世界十大最佳国际会议及展览中心"
1999年	《亚太会议》杂志(Meetings & Conventions Asia/Pacific)	年度业界服务金奖	最佳会议中心
1999年	香港电台、香港建筑师学会及香港经济日报	香港十大优秀建筑	
2000年	《亚洲奖励旅游及会议》杂志(Incentive & Meetings Asia)	亚洲奖励旅游及会议大奖	最佳会议及展览中心
2000年	香港工程师学会、康乐及文化事务署及香港科学馆	香港十大杰出工程项目	
2001年	香港生产力促进局	香港生产力促进局服务业生产力奖	
2002年	英国权威杂志《会议及奖励旅游》(Meetings and Incentive Travel)	会议及奖励旅游业大奖	连续9年被读者推选为"全球最佳会议中心"

(资料来源：香港会议展览中心 www.tdctrade.com/tdc-hkcec)

6. 品牌优势

香港服装节是世界"七大时装展览之一"，也是亚洲历史最悠久和最具规模的时装展销活动。此外，香港还相继举办了首届国际文具展、大型玩具展、资讯基建博览会、亚洲规模最大的家庭用品展和礼品展、国际钟表展、国际美容美发展、国际旅游展等大型国际展览。

除了知名展览外，许多大型国际会议也在香港召开，如2001全球《财富》论坛、2001科技世界国际会议、世界服务业大会、第12届世界生产力大会、第14届太平洋经济合作组织会议等。香港的名牌展会充分造就了香港会展业的发展优势。

---

[2] 世界四大会展之都形成评析，中国经济信息，2004年第8期。

15.3.5 中国会展业发展的趋势

会展经济是第三产业发展成熟后出现的一种新型经济形态,它已成为世界上许多发达国家国民经济的新的增长点。改革开放以来,中国会展业从无到有、从小到大,以年均近 20%的速度递增,行业经济规模逐步扩大,专业场馆建设日臻完善,成为国民经济发展的新亮点。1999 年 8 月,国际大会和会议协会(ICCA)主席及执行董事访华,标志着国际会议组织已开始瞄准中国市场。霍尔顿先生发表了自己对中国会展业前景的看法:中国是一个具有巨大潜力的国际市场,我们决定从高层次上进入中国会展市场,以协助中国成为世界上新的会议目的地。的确,尽管目前中国会展业的发展现状与自身的大国地位和资源条件极不相称,但在新的世纪,随着世界经济格局的变化以及我国改革开放的深入,中国会展业将赢得众多发展的契机,尤其是加入 WTO 会使中国会展业在管理体制及运作机制上发生一系列变革。概括而言,在未来一段时期,中国会展业发展将呈现出以下八大趋势。

1. 全球化趋势

加入 WTO 后,国内各个行业面临的最大现实问题就是全球化,会展业也不例外。与其他行业相比,中国会展业是一个壁垒相对较少的行业。因此,入世后会展业所受到的冲击肯定不会像金融、农产品、制造业等行业那样强烈,但不强烈不等于没有影响。服务贸易总协定要求各成员国对服务贸易执行与货物贸易相同的无歧视和无条件的最惠国待遇,作为一种特殊的服务行业,会展业自然也要受此协定的约束。

另外,入世能给国内会展业带来先进的管理经验和办展技术,尤其是在会展业的配套服务部门怎样分工协作、会展业与旅游业如何实现有效对接等问题上可以提供新的参考依据,这势必会提高国内会展管理部门的调控水平。面临入世所带来的机遇和挑战,中国会展界应做好两方面的准备,即对内抓紧制定行业法规,对外尽快熟悉国际规则。

2. 信息化趋势

信息化既是中国会展业与国际接轨的一个重要衡量标准,也是会展业发展的必然趋势。这里的"信息化"有两层含义,一是要尽可能地掌握国际会展业最前沿的东西,包括行业最新动态、理论研究成果、展会信息或专业设备等;二是在会展业中充分利用各种信息技术,以提高行业管理和活动组织的效率。

人类社会已经迈入知识经济时代,作为第三产业成熟后迅速兴起的会展业更应该跟上时代的步伐。知识经济的主要标志就是信息化,正如美国微软公司总裁比尔·盖茨所说——"世界正在变成一个小家"。中国会展业要实现信息化发展还有许多事情可做。首先是加强与国际会展组织或世界知名会展公司之间的交流与合作,并定期向国外发布我国的会展信息,以及时掌握全球会展业的最新动态。其次,在会展业中积极推广现代科技成果,逐步实现行业管理的现代化、会展设备的智能化和活动组织的网络化。最后,充分利用国际互联网,推动国内会展业的信息革命,如开展网络营销、举办网上展览会等。

3. 集团化趋势

集团化是国内各个产业部门急需解决的共同问题,它是伴随市场竞争而产生的一种企业经营战略。尽管会展经济的概念在中国提出是最近几年的事情,或者说会展业在中国还是一项新兴的产业，但中国加入 WTO 已成为铁的事实，在这种产业背景下会展业必须从开始就走集团化发展的道路。

中国推进会展业集团化的最终目的是为了使会展企业之间实现优势互补，从而提高全国会展业的国际竞争力。会展企业的集团化不是企业和企业的简单相加，而是整个行业在资产、人才、管理等方面全方位的融合与质的提升。我国会展行业的集团化可以分三步走：①采取横向联合、纵向联合、跨行业合作等灵活多样的组织形式，组建会展集团；②开展品牌竞争，即会展集团应以统一的企业文化和品牌开展经营管理，以逐步提高品牌的知名度及价值含量；③实行海外扩张，积极向海外扩张是会展企业集团化达到较高水平的一项重要竞争策略，它能使国内会展企业在国际市场竞争中保持主动，海外扩张主要有设立办事机构、合作主办展览、移植品牌展会、投资兴建展馆等 4 种形式。

4. 品牌化趋势

品牌是会展业发展的灵魂，也是中国会展业在 21 世纪实现可持续发展的关键。综观世界上所有会展业发达国家，几乎都拥有自己的品牌展会和会展名城。例如，在德国慕尼黑每年要举办 40 多个重要展览会，其中有一半以上是本行业的领导性展会，高档次的展览会为慕尼黑赢得了大批参展商，也增强了对旅游者的吸引力。为增强中国会展业的国际竞争力，品牌化是必由之路。

值得欣慰的是，国内已初步涌现出一批具有知名品牌的会展企业或展会，如北京国际会展中心、上海国际会议中心、大连星海国际会展中心、北京国际汽车展、深圳高交会等，这些品牌企业或展会为我国其他城市发展会展业积累了宝贵的经验。然而，这些民族化的会展品牌与德国、意大利等国家的国际性会展公司或展览会相比，无论在品牌的知晓度上，还是在品牌的无形价值或扩张程度上，均存在着巨大的差异。由此可以预见，品牌化将作为一项重要任务提上中国会展业发展的日程。而且，中国会展业的品牌化应主要围绕三方面内容来进行，即培育品牌展会、建设会展名城和扶持领导企业。

5. 专业化趋势

"只有实现专业化才能突出个性，才能扩大规模，才能形成品牌"已成为国内会展界的共识。在过去的相当长一段时期，我国会展业追求的都是综合化，强调小而全，并希望以此吸引更多层次、更多类型的参展商，结果造成展览会特色不鲜明、规模普遍小、吸引力不强。而且，主要是由于这个原因，我国的国际知名展会才比较缺乏。专业化是中国会展业发展的必然选择。近几年来，国内会展界已在这方面做了大量有意义的探索，主要在以下几个方面。

(1) 展会内容的专题化。展会必须有明确的主题定位，否则就吸引不了特定的参展商和观众，国内绝大多数展会主办者都意识到了这一点。目前，在全国每年举办的 1300 多个展览会中，有 75%以上是专业性的。以我国著名的海滨旅游城市大连为例，1996 年全市专业展览会只占展会总数的 48%，而到了 1999 年便上升为 80%。

(2) 场馆功能的主导化。除了会议或展览需要有明确的定位外，场馆也应该有比较清晰的主导功能定位。在会展发达国家，一些国际性的品牌展会总是固定在某个或几个场馆举行，这样既便于会展公司和场馆拥有者之间开展长期合作，又有利于培育会展品牌，我国会展企业应吸取其中的成功经验。

(3) 活动组织的专业化。随着中国会展业的发展尤其是与国际会展市场的进一步接轨，国内会展业必将在展会策划、整体促销、场馆布置、配套服务等方面走上一个新台阶，各类专业会展人才也会越来越多，组展过程将呈现出专业化、高水平的特点。

6. 创新化趋势

21世纪是创新的世纪，在这样一个追求个性的时代里，一种事物如果不能常变常新就不能获得持续发展的能力。会展业在中国是一项新兴的经济产业，并且与会展发达国家相比竞争力明显不足，因而唯有不断创新才能突出自身的特色，最终达到"以弱胜强"的效果。

中国会展业的创新可分为4个主要方面，即经营观念创新、会展产品创新、运作模式创新和服务方式创新。经营观念创新是指我国会展企业应树立"不求最大，但求最佳"的经营思想，即在最大限度地满足参展商和观众需求的前提下，实现企业综合效益的最大化；会展产品创新主要包括不断开发新展会和大力培育品牌展会；运作模式创新即在组织方式或操作手段上进行变革，以适应新的市场形势，如推进会展企业上市、向海外移植品牌展览会、开展网上展览等；服务方式创新则指按照"以人为本"的原则，并充分利用各种现代科技成果，为参展商和观众提供更超前、更便捷的配套服务。在今后的一段时间里，推进创新将成为我国各主要城市发展会展业必须坚持的一项重要原则。

7. 生态化趋势

可持续发展是人类社会永恒的话题。任何一项经济产业要获得持续、健康的发展，都必须寻求经济效益、社会效益和生态效益的统一。可以预见，生态化将成为会展业发展的必然趋势。中国会展业的生态化主要体现在以下4个方面。

(1) 注重场馆的生态化设计。投资者在兴建会展场馆时将从会展场馆选址、建筑材料选择到内部功能分区，突出生态化的特色，有关管理部门也会对此制定相应的规范。目前，"绿色会展场馆"的概念在国内已经相当时兴，例如，上海世博会主题馆垂直生态绿墙设计，就是考虑到上海四季分明，夏季西晒太阳炙热的气候因素，在5000平方米的东西外墙上种植绿色植物，进行生态化处理，如图15.5所示。有人评论说，"在展馆历史上，那么大面积的生态墙，是古今中外都没有的。"

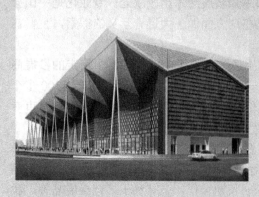

图15.5 世博会主题馆生态绿墙

(2) 大力倡导绿色营销理念。会展城市在组织整体促销或展会主办者在对外宣传招徕时，都将更加强调自身的生态特色和环保理念，以迎合参展商和大众的环保需求心理。

(3) 强化环境保护意识。除积极建设绿色场馆外，展会组织者和场馆管理人员将比以前更加注重节能降耗和三废处理，在布展用品的选用上也应做到易回收的材料优先。

(4) 以环保为主题的展览会将备受欢迎。随着中国会展业的日益成熟，国内会展产品中必将涌现出大量与环保相关的专业会议或展览，并且这些展会具有极大的市场潜力，如上海世博会的主题口号为"城市，让生活更美好"，这一口号就直击环保主题。

8. 多元化趋势

从整体上看，世界会展业正在向多元化方向发展，具体包括产品类型的多行业化、活动内容的多样化和经营领域的多元化。首先，会展业的蓬勃发展对会展产品类型提出了越来越高的要求。中国会展企业应根据当地的产业经济基础和自身的办展实力，积极开发新的专业性展会。专业内容可涉及汽车、建筑、电子、房地产、花卉等各个行业，关键是要尽快形成自己的品牌。其次，会展形式正在从传统的静态陈列转向融商务洽谈、展会参观、旅游观光、文化娱乐等项目于一体，这是全球会展业发展的必然趋势。最后，面临激烈的行业市场竞争，我国的绝大多数会展公司都会努力拓展本企业的经营项目，形成"一业为主，多种经营"的格局，以分担经营风险，增强企业综合竞争力。

案例

凹凸会展网的赢利模式

目前，国内针对会展行业的电子商务平台，绝大部分是基于B2B的Web平台，几乎还没有能摆得上台面的，更别提赢利。

基本上现在的会展行业网站都是照抄传统B2B网站的赢利方式：广告和收费会员收入两部分。有部分网站还会销售某些会展的附属产品，如展商名录、会展杂志、会展刊物等。传统的电子商务网站赢利模式看起来似乎已经很成熟，可真正凭着网站本身的资源赢利的少之又少，更何况会展行业更是特殊。那么传统的B2B网站的赢利方式在会展行业上是否可行，现在就简单地对会展行业网站的赢利模式做个探讨。

广告赢利：所有电子商务网站都离不开广告收入，做推广、引流量、提升网站口碑、打造网站品牌，最后吸引广告商。但可以发现，会展行业电子商务网站在吸引广告商方面少有做得好的。这些网站大多数广告都是给某展会的举办做宣传，这些广告很大部分还都是免费做的，目的还是增加网站点击率。为什么会展行业网站吸引不到企业来网站做广告呢？这说明网站的黏性与品牌效应不够，企业认为在网站做广告不足以为自己带来更高的知名度和利益。而说到底还是网站本身整体策划与内容整合出现了问题，不能吸引会展行业相关企业。在这方面，最近上线的会展行业网站——凹凸会展网运营不久就在广告招商方面做出了不错的成绩，网站首页广告很快就被几个在会展行业的龙头企业(企业名录)签下广告位。下面简单分析一下凹凸会展网在这方面的成功之处。

收费会员：在 B2B 行业网站中，重中之重是收费会员，网站能否赢利就在于收费会员的多少。而绝大多数会展行业网站不能赢利就是因为没有做这部分的工作。在此不得不再提凹凸会展网，一直有稳定的会员加入收费会员中。

分析凹凸会展网如何能在上线不久就能获得赢利，无非有以下几点。

(1) 网站定位清晰，打开首页就能看到网站定位：中国会展经济营销服务商。所谓会展经济是指通过举办会议、商品展示、展览等活动来求得经济发展的一种经济形式。凹凸会展网就是定位于会展所有活动为企业提供各种营销服务的。

(2) 网站用户结构清楚，凹凸会展网定位用户结构为：会展场馆、主办机构、会展服务商、参展商。针对不同类型的用户，提供贴心的服务，使其能够在享受服务的同时产生效益。

(3) 网站策划与设计到位，可以看出，凹凸会展网对于网站策划、网站设计确实下了不少工夫。网站内容全面、导航合理、搜索到位，速度也不错。网站 UI 设计大方、清晰，可以说在会展行业网站设计中已属佳品。

(4) 网站服务全面、到位，通过把会展行业各类资源详细整合加以修正，实现传统业务与创新业务的无缝隙连接，使网站成为一个为会展相关企业提供行业各类资讯和贸易撮合的平台，并依托这个平台为会展相关企业提供各种会展定位、市场调研、品牌推广、渠道与客户资源共享等服务，又向展商做各种推荐服务。

本章小结

本章回顾了会展业 100 多年的发展历程，介绍了欧洲、北美地区、亚太地区以及中国会展业发展的情况，阐述了会展发达地区的会展业运作模式。并对我国的北京、广州和上海 3 个城市的会展业发展状况进行了概述，在此基础上进一步对中国会展业未来发展趋势进行了展望。

思 考 题

1. 简述德国会展业发展及其对中国的启示。
2. 简要阐述中国会展业未来的发展趋势。
3. 试说明上海会展业发展对中西部地区会展业发展的借鉴意义。
4. 发达国家的会展业运作模式有何特点？

第 16 章 现代信息服务业的发展与管理

导　读：

近年来，随着全球一体化信息高速公路的进一步对接，先进的通信应用终端的出现，行业融合的加强，信息产业得到了迅猛的发展。而现代信息服务业作为国民经济新的增长点，不仅是现代服务业和信息产业的重要组成部分，更是决定国家现代化水平和综合国力的关键因素之一，进而也已成为当前世界各国争相发展的战略性高端产业。2007 年 3 月国务院正式出台的《国务院关于加快发展服务业的若干意见》，将积极发展信息服务业作为优化产业结构的步骤之一，这为我国现代信息服务业的进一步发展指明了方向。

关键词：

信息服务　现代信息服务业　典型发展模型　发展趋势

16.1　现代信息服务业的发展概述

伴随着信息技术的进步，现代服务业的信息化程度不断加深，同时信息业与服务业行业间的进一步融合，使得信息服务业总是围绕最新的核心技术、最热的关注焦点，不断地向现代信息服务业跨越式发展。对这一发展过程的系统梳理，有助于更好地理解现代信息服务业的特征以及现代信息服务业与传统信息服务业的区别。

16.1.1　信息服务的发展及定义

1. 信息服务的历史沿革与发展

1) 信息服务意识的社会溯源与历史沿革[1]

在人类社会形成和发展的初期，生产力的发展水平仅限于满足人类的生存需要，人类信息活动也仅限于人类的衣、食、住、行和适应自然环境的交往，此时为他人提供信息等方面的服务活动目的在于使人类得以繁衍和生存，因而处于自然发展状态。随着生产力发展、剩余劳动量逐渐增大，人类信息的内涵逐步延伸到包括自然研究、生产、产品交换、战争及维持社会稳定、组织活动，以及其他方面的社会活动中，进而不断地演化。

---

[1] 胡昌平，黄小梅，贾君枝. 信息服务管理[M]. 北京：科学出版社，2003.

现代服务业管理原理、方法与案例

在人类文明的近代发展中,知识的积累、科学的进步与经济的发展,使得处于分散状态的信息服务走向了社会发展的规模。19世纪末至20世纪初,在社会需求的推动下,作为人类知识财富收藏和传播中心的图书馆工作取得了新的重大进展。1905年奥特莱(Paul Otlet)在伦敦召开的一次国际会议上,发表了关于经济资料情报文献工作的组织管理报告,首次提出了"文献工作"的概念,并对文献服务做了专门的论述,进而标志着文献信息服务在图书馆管理服务中功能的加强。与此同时,自1830年德国《药学文摘》创刊到1940年美国《数学评论》的问世,以提供文献检索服务为主体的、世界上权威性的、涵盖各知识门类的检索期刊体系已被完整确立。加上新的文献信息服务形式的开拓,现代意义的文献信息服务体系业已形成。这一时期的信息服务,总体来说处于从分散向社会化协调发展的状况,虽然各部分信息服务之间的联系松散,但是在服务业务的开展上相互补充、相互促进,为20世纪中期开始的现代信息服务体系的建立奠定了可靠的行业发展基础。

20世纪中期以来,由于第二次世界大战后各国经济建设的需要、科技现代化对信息服务的推动及国际社会发展新秩序的建立,使信息服务业得到迅速发展,也使传统的信息服务向现代信息服务业方向发展过渡。

2) 信息服务业发展的基本历程[2]

(1) 世界信息服务业的发展。从世界信息服务业发展的整个历程看,信息服务业的发展主要分为5个阶段,第一阶段是从17世纪到第二次世界大战,以图书馆时代作为开端;第二阶段是第二次世界大战后到20世纪50年代,为图书-文献-科学-轻便时代;第三阶段是20世纪80年代到20世纪90年代,属于信息高速公路及数据库联机时代;第四阶段是20世纪90年代末到21世纪初,属于网络时代;第五阶段即数字化时代。

(2) 中国信息服务业的发展。我国信息服务业的发展起步比较晚,但发展迅速,20世纪90年代中后期,我国的信息才作为一个行业,从一般的经济活动中分离出来,而成为独立的行业部门。到1994年,我国拥有信息服务机构3万余家,各种类型的信息经营企业也纷纷成立,一个多层次、多渠道、多形式的信息市场经营网络体系初步形成。到2000年底,我国信息服务业销售额已到达350亿元。目前,我国信息服务业发展正处在从信息高速公路及数据库联机时代与网络时代之间的阶段。

2. 信息服务的定义

1) 信息服务定义及内容[3]

信息服务(Information Service)是信息管理活动的出发点和归宿,是信息管理学研究的重要内容和领域,是用不同的方式向用户提供所需信息的一项活动。该活动通过研究用户、组织用户、组织服务,将有价值的信息传递给用户,最终帮助用户解决问题。从这一意义上看,信息服务实际上是传播信息、交流信息、实现信息增值的一项活动。

信息服务的内容主要包括以下两个方面。

(1) 对分散在不同载体上的信息进行收集、评价、选择、组织、存储,使之有序化,成为方便利用的形式。

---

[2] 谭仲池,向力力. 现代服务业研究[M]. 北京:中国经济出版社,2007.
[3] http://baike.baidu.com/view/188053.htm?fr=ala0_1_1#/2010-05-08.

(2) 对用户及信息需求进行研究,以便向他们提供有价值的信息。

2) 信息服务业的定义及分类[4]

(1) 国内外对信息服务业相关产业的认识。信息服务业是一个随着信息技术应用不断深化的行业,传统的信息服务业各个业态都发生了新的变化,新兴的信息服务业态也在不断涌现,信息服务业的内涵和外延也因此在不断变化和调整。国内外很多机构和学者在研究中都涉及了信息服务业相关产业的概念和范围。

① 北美产业分类体系。1997 年,美、加、墨三国联合制定了《北美产业分类系统》(NAICS)。该分类体系首次将信息业作为一个独立的产业部门。NAICS 规定,信息业包括 4 个部分:出版业、电影和音像业、广播电视和电讯业、信息和数据处理服务业。这里的信息和数据处理服务业包括新机构、图书馆、档案馆、网上信息服务、数据处理服务等活动。2007 年,对 NAICS 进行了修改,把互联网出版发行归并到其他信息服务中作为一个小类。NAICS 规定的信息业既包括信息生产、处理和发布活动,也包括使用可利用的信息和信息技术进行更有效生产的各项活动,强调信息的可传播性和服务性,主要是指有关信息传播与服务的产业。

② OECD 关于 ICT 产业的定义和分类。经济合作与发展组织(OECD)是最早对信息社会和信息通信技术 ICT(Information & Communications Technology)进行界定与描述的组织,OECD 认为 ICT 产业是以电子技术获取、传播和演示数据信息的制造业和服务业的集合,其中制造业部分包括为了实现信息处理和通信(包括传输和显示)的产品或活动,或者是通过电子的方式发现、显示、记录物理现象或者控制物理过程的活动;服务业部分是通过电子方式进行信息处理和通信的服务。可以看到,OECD 对 ICT 的定义中服务业的范畴同通常理解的信息服务业关系极大。

③ 联合国对信息通信业的分类。联合国制定的《全部经济活动的国际标准产业分类》(ISIC),是国际经济产业分类标准,是各国用于衡量各国产业发展水平,并进行比较对照时的公认国际标准,2008 年公布了 ISIC 第四版,确定了几大类(信息通信业)与信息服务业有较密切的关系,具体包括出版业、动画、视频及电视节目生产、音频及音乐出版、节目和广播、电信、计算机软件、咨询及相关等。

④ 国家统计局对信息服务业的界定和分类。与国外其他国家相比,我国较为重视信息服务业,并将其作为现代服务业的重要组成部分。2003 年 12 月 29 日,国家统计局发布《统计上划分信息相关产业暂行规定》。《暂行规定》将信息产业分类为 5 个部分——电子信息设备制造、电子信息设备销售和租赁、电子信息传输服务、计算机服务和软件业、其他信息相关服务。一般可以认为上述后三者,即电子信息传输服务、计算机服务和软件业、其他信息相关服务,就是信息服务业的内容。

(2) 信息服务业的含义。由于信息服务本身的宽泛性和关注该问题的不同侧重点,实践中给出的信息服务业相关产业在概念定义上则是有宽有窄,其间常存在很大差异。考察国内外不同研究者和管理实践中形成的不同理解,发现即使已经有国家或国际组织给出比较综合的定义,信息服务业在范围定义以及可操作性上仍然有进一步讨论的空间。一般可

---

[4] 匡佩远. 信息·服务业:定义和统计框架[J]. 统计教育,2009,(5):21-22.

现代服务业管理原理、方法与案例

以认为，信息服务业是指从事信息的采集、存储、加工、传递、交流，向社会提供各种信息产品或服务的行业。

针对这个定义可以从以下几个方面进行理解。

① 关于信息服务业总体涵盖范围。围绕信息服务形成的经济活动和经济交易多种多样，并非所有与信息服务有关的经济交易都属于信息服务业范畴，只有通过"投入—产出"生产过程、提供信息服务产品的活动才属于信息服务业。

② 信息服务业顾名思义属于服务业即第三产业范畴。国际上一些研究从分工形成的产业链上定义信息产业，将信息设备制造业作为关联产业与信息服务业共同构成一个大产业，这种分类有其合理性，但随着服务业的发展，专门针对信息产业中服务业部分(即信息服务业)进行研究，在当前的形势下则更具理论和现实意义。

③ 应该澄清信息服务业与一些相关产业间的关系。一是信息产业。关于信息产业的概念目前并没有形成一致意见，一般认为，信息产业是与电子信息相关联的各种活动的集合。根据这个理解信息产业包括制造业部分和服务业部分，是一个跨越了第二产业和第三产业的概念。二是现代服务业。"现代服务业"一词最早出现于1997年9月党的十五大报告中，主要是指在工业化比较发达的阶段产生的，依托信息技术和现代管理理念而发展起来的，知识和技术相对密集的服务业，可以认为是服务业的现代化。从这个意义上讲，信息服务业是现代服务业的重要组成部分和产业基础，它与现代金融业、现代商业、现代物流业等共同构成了现代服务业。

16.1.2 现代信息服务业的内涵

1. 现代信息服务业的定义与分类[5]

当前国内外关于现代信息服务业的内涵和分类体系尚未达成共识，尚且缺乏国际可比性和统一性，结合前文对信息服务业的定义与解析，可以根据依托载体和技术手段的不同，将信息服务业分为传统信息服务业和现代信息服务业两大类。其中传统信息服务业是以印刷文本为主提供服务，如传统的档案、新闻报道、图书出版、图书馆、文献情报、专利标准、邮政电信等；与此相对应，现代信息服务业(Modern Information Service Industry)就是指充分利用计算机、通信和网络等现代信息技术对信息进行生成、收集、处理加工、存储、检索和利用，为社会提供信息产品和服务的专门行业的集合体。包括数据库业、信息提供业、信息处理业、软件开发与处理业、系统集成服务业、咨询服务业。

很明显，现代信息服务业应是当今信息服务业的主流，那么具体而言，仔细观察国内外对信息服务业相关产业的产业分类，可以发现，信息服务业可以比较清晰地划分为三大部分：信息网络服务业、信息技术服务业和信息内容服务业。其中，信息网络服务业主要包括电信、互联网、广播电视、卫星通信服务等；信息技术服务业主要包括软件产品开发、维护服务、信息咨询与集成服务、服务外包等；信息内容服务业主要包括数字内容和传统内容服务两大块，详细分类见表16-1。

---

[5] 匡佩远. 信息·服务业：定义和统计框架[J]. 统计教育，2009，(5)：22-23.

现代信息服务业的发展与管理 第16章

表 16-1 现代信息服务业产业分类

分 类		说 明
信息网络服务业	电信	主要包括通过有线和无线等手段提供的电信服务,如固定通信服务、移动通信
	互联网	通过互联网提供的互联网传输与接入服务及相关信息服务
	广播电视	有线和无线广播电视信号传输服务,还包括尚未得到广泛发展的增值服务
	卫星	通过卫星信号传输的电信服务
信息技术服务业	软件产品	软件设计、程序编制和销售等,不含嵌入式软件
	维护服务	包括硬件支持和维护、软件支持和维护、网络支持、技术培训等
	信息咨询与集成服务	包括IT系统的结构设计、IT和业务咨询、系统的集成和实施等
	营运服务	包括IT服务外包和业务流程外包
信息内容服务业	数字内容服务	包括数字影音的生产和制作、动漫网游的开发、数据库服务等
	传统内容服务	包括传统的新闻出版、广播影视、信息咨询、市场调查等

2. 现代信息服务业的特点[6]

现代信息服务业作为现代服务业中最具活力和发展前景的一支生力军,对于新技术的快速推广与运用、加快技术创新的速度、促进经济发展以及资源的合理利用方面都有很明显的带动作用。同时也利于减少投资的浪费和促进市场竞争的有序化。因此,区别于传统信息服务业的现代信息服务业也具有很多新的特点,主要有以下几点。

1) 服务方式个性化

传统信息服务"以一适全"的模式难以有效地满足用户的个性化信息需求,因而现代信息服务业个性化的特点正好弥补了传统服务方式的不足。它通过现代信息服务系统进行高效、便捷的用户分析,交流与反馈机制为用户量身定做合适的信息内容和系统服务,服务方向与措施都依据用户的各种个性化特征和需求为牵引,因而也能更好地适应和扩展市场。

2) 服务手段智能化

现代信息服务系统是在充分考虑用户的检索知识和经验相对不足的基础上,用更人性化的智能信息服务手段,利用各种智能化信息技术,如个性化定制、数据挖掘、人工神经网络等提供智能化的信息服务。例如,Agent 智能代理技术就是目前能实现数字图书馆的智能化服务的重要技术之一。它能跟踪用户的信息活动,自动捕捉用户的兴趣爱好,主动搜索可能引起用户兴趣的信息并提供给用户。

3) 信息提供知识化

现代信息服务业强调由信息提供向知识提供的转化,以及隐性知识的挖掘和显性转化,即信息提供的知识化。建立知识化的资源库群和服务体系,从而能够更好地用于决策支持、科学研究和解决问题的知识化、个性化服务。

4) 服务模式集成化

集成化是指针对某特定领域或特定用户群的信息需求,集成多种信息技术把多种服务

---

[6] http://www.lydxw.com/dxgllw/317.html/2010-05-10.

形式与分布式管理的信息资源集成为有机的整体，使用户得到面向主题的"一站式"信息服务，即信息的系统化服务的过程。

5) 服务形式主动化

现代信息服务还具有信息服务主动化的特点，其通过建立用户模型，对用户的个性化特征和信息需求进行分析，把握用户的专业方向，调整服务角度和内容，利用智能代理技术、信息推送技术、信息过滤技术等，及时主动地将符合用户兴趣和需求的信息随时推荐给用户，不必等待用户的信息请求，这样既节省了用户的时间，又提高了服务效率。

16.2 现代信息服务业的典型发展模式

随着现代信息服务业的不断发展，其中各个新业态也不断创新发展方式，形成了一定的规模，产生了一些典型发展模式，本节就以介绍国内外的几个具有代表性的现代信息发展典型为主，以便对现代信息服务业有一个更为直观的认识。

16.2.1 现代信息服务业的产业集群发展模式[7]

硅谷作为美国信息社会"最完美的范例"、"世界微电子之乡"，是美国最为成功的高技术开发区之一。硅谷的崛起使美国社会从工业时代过渡到信息时代，开辟了人类社会进入知识经济时代的先河。硅谷位于美国加利福尼亚州旧金山以南，包括圣塔克拉拉郡以及其与圣蒙特尔、阿拉米达、圣塔克鲁兹等郡邻近的部分，总面积约 3880 平方千米，成立于 50 年代，现已成为世界信息技术和高新技术产业的中心。高技术杂志《WIRED》评出了全球最具影响力的高技术园区，而美国硅谷以其硬件、软件和网络开发领域的优势在排序中名列榜首。硅谷不但开拓了新的产业，更重要的是开拓了高新技术产业的发展模式：风险投资、孵化器、股份期权、科技园等。作为信息产业的典型代表，进而成为世界一流信息服务园区的典型代表，硅谷当仁不让地成为世界其他国家和地区所效仿的对象。因而，通过学习硅谷的集群化优势，能更好地帮助人们理解现代信息服务业的内涵。

1. 不断产生新的产业、新的机制和新的要素——成为全球最有"创造力"的集群

(1) 硅谷不断产生新的产业形态，引领世界产业发展的潮流。从 20 世纪 60 年代的半导体、20 世纪 70 年代的计算机到 20 世纪 90 年代的互联网再到 21 世纪的创新服务，硅谷诞生了一系列新的产业形态并牢牢占据着产业链的高端环节。

(2) 硅谷诞生了产学研结合的机制，是率先创建产学研一体化的创新模式和率先实现知识创新与技术创新协同发展的主要地区之一。硅谷和斯坦福大学在知识、人才等方面的互动带动了硅谷经济的发展，产学研相结合的创新机制的诞生大大促进了科技成果的转化。

(3) 硅谷是现代风险投资的发源地。世界上第一家现代风险投资公司在硅谷成立，伴随着硅谷经济的发展，风险投资也取得了大规模发展，并成为了硅谷成长的"发动机"。硅谷是世界上最大的风险投资中心。

---

[7] http://www.ssfcn.com/wenzhang_detail.asp?id=69897&wordPage=all/2010-05-14.

2. 大量新创企业和人才的广泛流动、创新创业的文化——成为全球最有经济活力的集群

硅谷每年有大量的创业企业诞生。新增企业的数量反映了一个地区的经济活力。硅谷每年有一万多家新企业诞生，占地区企业总数的 20% 以上。

硅谷人才流动比率高。硅谷的人才流动比率达到了 30%，是世界平均人才流动比率的 2 倍。硅谷开明的意识、开放的环境、活跃的人才流动使得人们有机会学到更多新的知识和专业技能，提高了地区的经济活力。

硅谷知识流动频繁。伴随着人才的流动，知识，尤其是创新性的高新技术在硅谷区域内由政府、学校、研究机构、公司以及一些培训机构之间建立的复杂网络关系中不断产生、流动、传播和再创新，极大地促进了硅谷的发展，成为了硅谷迅猛发展的"血液"。

特色鲜明的硅谷文化。硅谷形成了开放的、鼓励创新创业、容忍失败等有利于技术创新、具有地区特色的地区文化。

3. 大量的跨国公司、高端人才、技术和资金——成为全球高端要素的集群

硅谷是跨国公司诞生的摇篮。创造出 10 余家世界性的跨国企业，如惠普、Intel、太阳微、思科、甲骨文、安捷伦、苹果电脑等年销售收入均超过或接近百亿美元。2002 年，在硅谷销售收入超过 10 亿美元的企业就达到了 39 家。

硅谷是高端人才的集聚地。硅谷汇聚了 40 多位诺贝尔奖获得者、上千名国家工程院和科学院院士、几万名工程师。此外，这里还诞生了许多著名的企业家。

硅谷资金类型多样。从企业创业初期的天使资金、风险债券、职业投资人、风险投资到企业成长期的纳斯达克上市等，硅谷有一整套企业融资渠道，这些成为了硅谷经济发展的重要保障。

美国硅谷——现代信息业的集群如图 16.1 所示。

图 16.1　美国硅谷——现代信息业的集群

16.2.2 现代信息服务业的 IT 软件服务外包模式

在现代信息服务业发展的过程中，软件外包服务是信息产业发展到一定的阶段后产生的。当一些高新产业的发展已经具备了规模，为了更好地降低软件开发的成本，就将他们的一些非核心软件项目通过外包的形式交给人力资源成本相对较低的国家的公司进行开发。这种软件服务外包的发展方式在现代信息服务业中将发展得更为成熟。以下就以比较有代表性的软件服务外包在印度和中国上海浦东区的发展，对现代信息服务业中的这个业态做些具体的了解。

印度信息服务产业的发展始终以软件业为核心，是真正从产业的角度而不是从科研的角度来抓软件，近10年来，以软件为主的信息服务产业每年以大于30%的速度增长。在政府的大力支持下，印度计算机软件业近10多年来一直以年均50%以上的速度增长。据世界银行的调查评估显示，印度计算机软件出口的规模、质量和成本等综合指数排名世界第一。在全球按客户要求设计的计算机软件开发市场上，印度占据了18.5%的份额，成为仅次于美国的全球第二大计算机软件国家。软件外包在印度国民经济中发挥着越来越大的作用，在国民经济中的影响力较大，是印度信息服务产业发展最为突出的特点。

印度信息技术产业的发展主要得力于其软件技术园区的建设。20世纪80年代后期，印度政府根据现代信息技术发展的潮流，特别是美国信息高速公路发展的趋势，制定了重点开发计算机软件的长远战略，并于1991年6月5日首先在印度著名的科技中心——班加罗尔建立了全国第一个计算机软件技术园区。为了鼓励海内外投资，印度政府对进入这些高科技园区的海内外公司都实行优惠政策，免除进出口软件的双重赋税，放宽中小企业引进计算机技术的限制，允许外商控股75%至100%，全部产品用于出口的软件商可免征所得税等。这些优惠政策大大刺激了国内外投资。世界上许多著名的信息业公司，如微软、英特尔、苹果、IBM等都在印度设有研制中心和生产基地。一些公司甚至已经把它们在全球一半以上的软件研究和开发项目转移到印度进行。[8]

经过多年的发展，印度的 IT 外包服务出口取得了很大的成就，如塔塔咨询(Tata)、维普罗(Wipro)、萨蒂扬(Satyam)、信息系统(Infosys)等公司，其业务规模和国际影响力日益增强，员工规模均达到数万人，年产值也都基本达到几亿甚至十几亿美元。印度的 Infosys 公司、Wipro 公司分别如图16.2、图16.3所示。

图 16.2　印度 Infosys 公司

图 16.3　印度 Wipro 公司

---

[8] http://www.xfet.cn/softdown/2007-12-04/167145.shtml/2010-05-15.

现代信息服务业的发展与管理 第 16 章

作为我国改革开放、承接国际服务贸易战略转移的前沿，浦东新区发展服务的外包已经初步形成了 5 个先发效应。经过 16 年来的扩大开放、先行先试和招商引资，浦东新区已经成为上海国际服务外包的主要承接地、国内服务外包的主要集聚区，并初步形成了企业的集聚效应、产业的规模效应、基地的综合效应、总部经济的带动效应和综合改革的先行先试效应等 5 个先发效应。

浦东新区已经出现 3 类企业集群，分别是跨国公司集团内部服务承包机构的集聚、跨国公司第三方服务提供商的集聚、承接离岸外包的国内大中型企业和民营企业的集聚，主要集中在信息技术服务、研发设计服务、现代物流供应链服务和金融后台服务等领域，并集聚了一批财务结算中心、银行数据中心、客户服务中心、人力资源服务中心等 BPO 服务机构。此外，浦东新区还吸引了 200 多家世界 500 强企业的 300 多个投资项目，集聚了 80 多家跨国公司地区总部及一批功能性地区总部。这些地区总部既是承接服务外包的主要载体，也是发包服务外包的重要媒介，一方面推动浦东增强承接国际服务外包业务的竞争力，另一方面通过在外设分公司的形式，将低端服务进行外发，使浦东本土企业服务业务承接逐渐高端化。[9]

外包网、上海信息服务业信息服务专栏分别如图 16.4、图 16.5 所示。

图 16.4　外包网

图 16.5　上海信息服务业信息服务专栏

16.2.3　现代信息服务业的集团化发展模式[10]

产业的发展离不开其中各个业态规模的不断扩大，现代信息服务业的大跨步发展理所当然离不开大型集团企业的支撑，因此集团化的发展，不断地扩展产业链必然是现代信息服务业未来的发展方式，那么可以通过对中国现在较有代表性的赛迪网集团化发展介绍，来体会集团化带来的信息服务业的发展。

赛迪网(www.ccidnet.com)成立于 2000 年 3 月，是中国最权威的 IT 门户网站之一，是工业和信息化部直属中国电子信息产业发展研究院(CCID，即赛迪集团)旗下最具影响力的

---

[9] http://www.hddrc.gov.cn/tcyj/200912/t20091216_169910.htm/2010-05-16.
[10] http://news.ccidnet.com/art/1032/20070627/1126369_1.html/2010-05-17.

网络媒体。秉承"专业创造价值"的理念，赛迪网致力于通过新媒体手段，构建一个以互动媒体为基础，以中国市场情报中心、赛迪教育、赛迪无线三大增值业务为支撑的综合性IT信息服务平台。在互动媒体领域，赛迪网建有资讯中心、通信产业、IT产品、IT技术和信息化五大子站，以及IT博客、技术社区两大互动交流平台。

赛迪网五大子站以资讯报道为龙头，从新闻视角揭示市场商机；以案例库、产品库、技术库为基础，全方位呈现IT产业最新解决方案；以IT技术应用、产品评测为手段，深度报道方案及产品的技术优势与实用性，为用户提供集方案、产品、技术需求为一体的综合性服务，形成立体化、一条龙式、环环相扣的专业信息服务链。为提升IT企业的产业影响力及产品销售提供直接帮助。互动交流平台以IT博客、IT技术社区为先导，强化赛迪网"IT人家园"的服务宗旨，已成为IT产业、技术开发、信息化人群最理想的学习、互助、交流与展现自我的平台，在业界具有广泛的知名度和良好的服务信誉。

目前赛迪网互动媒体平台是国内最具影响力的IT专业资讯提供商，IT新闻转载率居国内首位；IT产品库、方案案例库拥有国内IT企业用户万余家，覆盖产品、服务、集成、经销等各个领域；库内企业产品及服务信息数十万条，均为企业最新的第一手资料；赛迪网已成为目前国内唯一专注于IT服务并提供IT全方位产业服务链的综合门户。

赛迪网的主要投资方——中国电子信息产业发展研究院(即赛迪集团)直属于工业和信息化部，是中国最大、最权威的IT信息服务机构。主要业务涵盖传媒、顾问咨询和信息技术等领域，旗下《中国计算机报》、《中国电子报》、《中国计算机用户》和《中国电脑教育报》等16家权威IT媒体的500余名记者同时作为赛迪网的记者，将第一手资讯在最短时间内上传至赛迪网，使赛迪网拥有行业顶尖的IT新闻快速反应能力和权威、全面的报道能力，赛迪集团旗下的赛迪顾问、中国软件评测中心、赛迪评测和赛迪数据等知名IT咨询服务机构是赛迪网高质量增值服务的强有力支撑，借助赛迪集团近20年的行业积累，赛迪网将在中国信息化建设和中国信息产业发展中日益凸显其专业价值。赛迪网咨讯中心如图16.6所示。

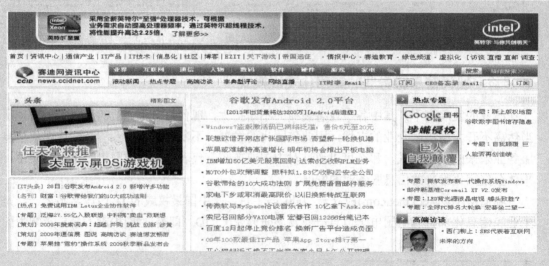

图16.6　赛迪网咨讯中心

16.3 现代信息服务业的发展趋势分析

通过对各个国家信息服务业特征的分析和对现代信息服务业未来的发展进行展望，充分估计其趋势。

16.3.1 各国信息服务的特点[11]

1. 日本的软件开发服务和受托计算服务

日本的信息服务业中最大的一项是软件开发服务，占总销售额的 60%。软件服务中向大型计算机用户"定做软件"的受托服务是压倒各国的，此外，还有对已有信息系统的保持、维护业务。受托计算服务是日本信息服务中"特殊服务"项目中的一个内容。受托计算服务就是计算事务等信息处理服务，这项服务占日本信息服务业的 15.4%，是日本信息服务业的特色之一。

2. 法国多种类型的科技信息服务部门

由于语言应用的限制，法国的科技信息市场局限于法国国内和法语地区。法国的科技信息资源主要为各种期刊报纸、各种图书、各种专利文献、多种数据库、法国各驻外使馆人员撰写的报告和各种会议研讨报告，以及各公司的年度报告等。

法国的信息服务部门类型多是一大特色。最主要的科技信息数据库服务中心是 QUESTEL ORBIT，具有 200 多个专业数据库，拥有世界上最完整的数据库。中心有职工 190 多人，年营业额为 2.1 亿法郎，是世界上首屈一指的服务器中心。法国的公共科技信息服务机构绝大部分是公立部门，形成纵横交错的全国性网络。最著名的有 1988 年成立的法国国家科技信息研究所，是法国全国性的科技信息收集、发行和传播机构，隶属于法国国家科研中心；武器文献中心是收藏和提供航空和空间技术文献的机构，隶属于法国国防部；法国技术信息推广署，是具有工商性质的官办信息机构，执行一种技术跟踪政策；还有国家研究成果推广署等。此外，法国各大区的工商会均设有专门的地区科技信息处，它们在面向中小企业的科技信息传播方面起着很大作用。各大区的地区信息转让中心也是科技信息传播的权威性机构。其他的全国性信息机构都在通过各自的文献中心向外部提供专业性很强的信息。各大公司内部的文献信息资源也构成了另一种被广泛查询的科技信息源。此外活跃在法国的信息机构还有新兴的技术经纪(中介)市场、技术转让经纪公司(咨询事务所)和技术经纪人，早在 1992 年法国就创建了一家专门的技术转让经纪公司——法兰西科创转让公司(FIST)。

3. 英国的有偿信息服务业

英国的信息服务业是英国第三产业的重要组成部分，也是最绚丽多彩的一部分。英国

---

[11] http://www.ssfcn.com/kcnews_detail.asp?id=6871/2010-05-17.

的信息服务业起步早，信息市场十分发达。信息市场的主要形式有：图书馆的文献信息服务和部分有偿服务、科技文献的出版和数据库生产及服务、商业及技术咨询、技术投资与技术转让，还有世界贸易中心的产品供求信息服务。

英国图书馆信息服务的特点是有偿服务很普遍，不仅在专业的服务公司，就连全球普遍义务服务的图书馆也很多。如著名的英国大英图书馆，这是世界上最大的图书馆之一，藏书1200万种，也是世界上最大的专利收藏者，馆藏专利4000万项。大英图书馆每年的有偿服务创收为3000万英镑，是大英图书馆30%经费的来源。它的有偿服务主要是：出版图书杂志、文献提供(复印科技文献和专利)、为其他图书馆提供专业服务。

4. 韩国的数据库产业

韩国的数据库产业是韩国信息服务业的重要组成部分，虽然起步较晚，但由于政府和民间的重视，发展很快。始于1978年的建库工作，到了1993年全国已有数据库提供单位200家，建成了400多个数据库。以后韩国政府采取了如下措施：政府扶持和民间参与相结合；政策领导和财务支援双管齐下，1996年数据库的应用金额已提高到3亿美元；公布了有关的法令，促使公用电信向私营化方向发展；1994年前又筹建成立了"数据库振兴基金"，为数据库生产者提供资助。同时加强数据库的应用服务，使联机数据库的利用率骤增，并努力发展数据通信网，使韩国的数据产业迅速崛起。

5. 匈牙利的当代商业信息服务

匈牙利的当代商业信息服务是匈牙利信息服务业的主要特色，它之所以能发展是与匈牙利信息界人士对发展国家商业信息网络的热情和投入分不开的。匈牙利的某些商业信息服务机构依附于现存的图书馆网络，如计算机化服务机构 OMK 设在布达佩斯的匈牙利国家技术图书馆；布达佩斯的经济大学开发了自己的数据系统"ECONINFO"，而它的图书馆则为这个数据库提供商业远程检索，用户多为公司和机构；其他图书馆也在提供较小的联机服务。匈牙利的当代商业信息服务，对匈牙利国家向市场经济转变，对随之而来的国家众多社会变革，对支持成长中的中小型私有企业集团等发挥着巨大作用。

6. 在科技兴国中成绩斐然的新加坡信息服务业

新加坡现在的发达是与它信息服务业的发展和很好的应用分不开的。新加坡是靠电子工业振兴的，电子工业的三大产品是磁盘机、电脑及外围部件、多媒体产品，尤其是磁盘机，新加坡的产量占全球产量的一半，所以新加坡誉称"磁盘之都"。而这些电子产品正是信息服务业的基础设备。

新加坡信息服务业为新加坡发展成为"国际采购中心"和"国际展览与会议中心"做出了巨大贡献。1992年，新加坡已淘汰了人工处理商业文件的方式，一切技术信息的商业处理和商业信息的提供全部计算机化，它的商业信息网络中心已将数千家商业公司与政府机构联机，极大地加速了商业信息对用户的服务，许多服务实现了免费提供，到1994年底已有105个国家的采购中心在新加坡设立。加之新加坡铺设3条海底电缆，投资建设卫星通信网，筹建"智慧岛"工程，这些又促进了新加坡采购中心的业务，扩大了它的国际采购知名度。先进的设备和发达的现代通信业务，特别是出色的信息服务业，使新加坡建成

现代信息服务业的发展与管理 第16章

了多个现代化的会议厅,仅 1989—1993 年,新加坡就举办了各种商务展览和商务会议 2500 多个,与会人员 120 万。在 1993—1994 年的两年中,每年平均有 100 个国家的贸易展览会和 700 多个学术研讨会在新加坡举办,23 万商人和 3.5 万学者从世界各地来新加坡参加这些活动。在全世界主要的会议城市中,新加坡排名第七位。这些活动使新加坡经济收入大增,为新加坡科技兴国发挥了重要作用。

7. 美国"同时提供硬件和软件"的综合信息服务业和网络化服务

美国基于国家雄厚的财力资源和信息资源,信息服务业很早就是硬件和软件同时服务。最著名的有以下 3 种服务。

(1)"交钥匙系统"服务,即为满足用户要求综合提供计算机、软件及专业的信息服务。美国依靠硬件和软件两方面标准化的进展,发展了这种信息服务。目前的主要买主有 Intergraph、Reynolds & Reynolds、Mentor Graphics、ASK Computer Systems、Triad Systems 等。

(2)"系统集成信息服务",即综合提供系统设计、编程、计算机选择、网络管理、硬件与软件的引进、教育教训,或提供其中若干项业务的综合服务。估计今后 5 年内,这项服务的市场会有平均 16%的增长速度。企业试图通过降低成本、提高服务质量、缩短制品开发周期,使产品质量与生产性能处于优越地位,这种倾向在民间企业更加显著。SI 的主要买主有 IBM、EDS、DEC、Anderson Consulting Computer Sciences 等。

(3)"系统操作服务",即通过长期合同,对用户的信息系统承担全部或部分运营的信息服务业务。也有的承包其他应用软件的开发和维护服务。由于信息技术飞速发展,用户对维持用户信息系统感到困难,加上复杂信息处理的必要性,用户将系统操作的任务委托给信息服务公司的做法变得盛行起来,估计今后有较高的增长率。另外,还有"软件产品的信息服务",包括系统控制、数据中心的管理、应用开发工具的系统软件等;"信息专业服务"指承包主机和外部设备的设计与选择、网络连通、系统与网络的管理及用户培训;"处理服务"包括事务处理和应用处理、数据录入及灾害恢复等。

美国的信息服务网络化是尽人皆知的。它们建设了全球性的国际计算机网络——Internet,还有在这之前和之后推出的无数的、各种各样的计算机网、书目网、情报网和地区网及局域网。这些信息网络的汇集,构成了浩瀚无边的信息资源库,它们通过 Hyperlink 将全球范围内的信息资源以链接的方式连接起来。这些高技术的文献信息服务网络,以灵活的检索方式和友好的界面,对全球用户提供了最好的网上信息服务,凭借着这些现代化的信息服务技术,人们就可以在现代信息的汪洋大海中进行文献信息的"人海捞针"。

美国的信息服务网络化极大地方便了人们的工作学习和生活,它使边远地区的学生可随时获取大都市提供的教育资源,参加各种培训课程;各种专业人员可随时同世界各地的同行或专家探讨各种问题;医院可集中不同医疗资源或专家,对病人进行全球会诊治疗。网络服务使人们坐在家中或办公室就可以办理各种公务申请,在网络上选择上班的最快捷路线,根据市场动态进行商业贸易或购物服务。总之,人们的一切工作和活动都可以在网络服务的环境下高效进行。

8. 丹麦的信息服务全民性

丹麦政府为确保全体国民拥有平等的获取信息的权利,正在使图书馆在信息社会中扮演新的角色,即使其成为信息社会的信息发布中心。为此,丹麦文化部专门成立了一个"信息社会图书馆委员会",主持调查及改善图书馆电子出版及发布的条件。同时对信息技术比较薄弱的教育部门,在师资、硬件等方面给予保证,以确保在今后的信息社会中不致有一部分丹麦人落伍。

16.3.2 现代信息服务业发展展望

1. 规模扩大逐步强化

产业的发展离不开企业的发展与规模的扩大。随着全球信息化进程的加快,全球信息服务产业中各个企业的规模也呈现出不断强化的趋势。例如,信息产业园的建立与完善使得信息服务企业逐步呈现规模经济,企业间交易成本、企业与用户间服务产品使用成本降低。在中国,以北京中关村——"光谷"为龙头的高科技信息产业园以及最近才被国家批准的"武汉东湖国家自主创新示范区",一方面聚集了全国各种科技、智力、人才和信息资源,为信息服务业的发展提供了良好的平台;另一方面,这种类似美国光谷的信息产业园区建立的聚集效应和规模效应的发挥,将大大降低企业交易成本,提高其信息服务企业的竞争优势。

2. 产业融合步伐加快

现代信息服务业无论是从字面上理解,还是深挖其内涵,都能充分体现出产业融合的特点。它作为现代服务业与信息产业的融合,是两者相互支撑、相互促进、相互配合的较好体现。一般来讲产业融合的类型主要有以下几种。[12]

(1) 产业间的延伸融合。即通过产业间的功能互补和延伸实现产业间的融合,这类融合通过赋予原有产业新的附加功能和更强的竞争力,形成融合型的产业新体系。这种融合更多地表现为服务业向第一产业和第二产业的延伸和渗透。

(2) 高新技术的渗透融合。信息技术的不断创新、扩散、发展与融合,带动了一系列关联产业的产生与变化,形成了各传统产业之间一种强的联结而使传统产业实现了融合。信息技术、信息产业融入传统产业之后,传统产业纷纷相互出现分化、解体和重组,不断催生新兴产业。

(3) 产业内部的重组融合。这一方式主要发生在各个产业内部的重组和整合过程中,工业、农业、服务业内部相关联的产业通过融合提高竞争力,适应市场新需要。与一般的产业纵向一体化不同的是,这种融合最终产生了新的产业形态,其过程既包括技术创新,又包括体制和制度创新,其结果是促进了产业的升级换代。

(4) 创新产业取代传统旧产业进行融合。新产业和旧产业融合的不是"混合物",而是"化合物",具有自身的特殊性质。最典型的可以说是现代信息服务业中的电子商务,它同一般的电子网络技术产业和一般的商务都不可同日而语。电子商务虽然具有电子网络和商务的一般属性,但从本质上讲是一个新生事物,是电子网络技术应用于商务活动的新产业,即可称为交叉产业或边缘产业。

现代服务业与信息业的融合趋势主要也是针对以上几个方面来进行,使得两者在发展

---

[12] http://www.docin.com/p-1701193.html/2010-05-18.

现代信息服务业的发展与管理 第16章

中相互促进、取长补短，从而充分发挥两个产业的优势、转换弱势，从而实现信息服务产业的现代化以及现代服务业的信息化发展。

3. 产业链完备化成为重点[13]

目前信息服务业的产业链构成还不是特别的完善，那么在其未来的发展过程中如何进一步完善产业链必然成为重点。首先，了解到产业链是由具有特定内在联系的产业环节共同构筑的行业集合。这种行业集合由围绕服务与特定需求，或进行特定产品的生产与服务所涉及的一系列互为基础、相互依赖的行业构成。产业链的形成，基于产业内部分工的细化，产业内部分工发展到各个环节，在规模上取得相互匹配的进展，且在各环节之间保持一定的行业关联，比各环节封闭独立发展，更有利于提升各自的行业竞争力，在形成竞争优势的前提下，才能形成较为稳定的产业链。

对比以上提出的产业链定义，信息服务业的相关产业，的确是各有分工、互为基础、相互依赖，已经具备了产业链的基本特征。但是目前我国的信息服务业产业链，还有待进一步完善，其主要特征表现在以下几个方面。

(1) 信息服务业整体：价值链网状化程度加深，链条稳定性待加固。随着信息服务业的不断发展，产业内部的分工在逐渐细化，价值链不断拉长、细分和开放，链状转变为网状，各环节之间的利益联动关系越来越强。产业链的稳定性还需要进一步发展，各环节的行业关联性还不很稳定。各个部分的发展还没有达到相互匹配的程度，如有些环节发展强势，有些环节则发展缓慢，导致各部分发展不协调。虽然产业各环节已经意识到协调发展比单独发展更有竞争力和获利可能，但产业链的真正成熟，还有待磨合。

(2) 信息内容制作环节：产业地位基础兼被动，开发力度待提升。内容制作是信息服务产业链的基础环节，在整个链条中地位很重要。信息服务简言之，就是通过各种技术手段，将信息内容传递给用户的过程，因此内容的种类、数量、质量等，将直接影响信息服务的效果。但在信息内容和用户之间，存在较多环节，技术距离使其在产业链中主动权较少，也制约了内容环节的获利空间。目前影像、音乐等数字化发展较为领先，已经能够提供相对成熟的服务形式，但整体上信息内容的丰富程度与用户需求的快速增长，还存在落差。另外，信息内容产权保护的不完善，也在一定程度上影响了内容供应商的开发热情。

(3) 信息服务提供环节：市场竞争激烈，盈利能力受限。信息服务提供商主要为内容运营商，包括新闻/娱乐类门户网站、数字影音供应商、软件开发商、数字出版商、游戏动漫企业等，将信息内容整合、集成和包装后，通过网络运营提供给用户。从现状看，信息服务提供商产品和服务的同质化现象较为普遍，致使市场竞争程度大，而激烈的市场竞争，势必会限制其赢利水平。除部分领域的龙头外，大部分企业难以避免地为争取用户而卷入价格战。

(4) 信息传输环节：行业壁垒较高，观念与意识有待提高。传输是将信息服务予以实现的关键环节，是整个产业链的技术基础，位于价值链的核心地位，在很大程度上控制着利润分配。在3种主要传输方式中，互联网服务的市场竞争较为充分，有大量规模和实力，为处于多个层级的ISP和SP提供服务。而对于电信和广电而言，出于体制、政策、资金等

---

[13] http://www.blnews.com.cn/gb/node2/node342/node344/node350/userobject7ai67317.html/2010-05-18.

方面的壁垒，基本属于垄断性领域。

此外，传输服务提供商正在逐步向内容制作、运营领域渗透，进而形成更强的垄断优势。而长期的垄断地位，使得传输环节的市场观念和服务意识相对欠缺，封闭性发展痕迹仍然存在，不利于产业链的协调发展。电信行业已经意识到这一点，并开始积极从传输商向服务商转变。而广电领域更趋保守，在转变观念并改变发展策略方面，还有很多的路要走。

(5) 信息技术服务环节：服务领域与专业分工双向延展，赢利水平两级分化。技术服务作为技术支持环节，和其他环节不同的是，所提供的服务不是内容而是技术，其服务对象不仅限于信息用户，还包括产业链内部各个环节，如内容制造商、提供商、网络运营商等。IT 服务业正在逐步走向成熟，能够提供从设备、系统维护到咨询、培训、监理等全方位的服务，同时专业分工也更为清晰。从赢利角度看，传统 IT 服务业务利润不断下滑，如 IT 维护与支持、系统集成等，而新型业务，如 IT 咨询、BPO、ITO 等赢利能力较强，也是 IT 服务商努力转型的方向。

6. 品牌化发展备受关注

无论是信息产品还是服务产品，产品的品牌化路线显然都是各个产业发展的关注热点，品牌意味着知名度、关注度和较好的产品品质，因而在现代信息服务产业发展的进程中，围绕着品牌建设无疑是必选之路。

早在 2007 年，在中国的"IT 两会"上，全球知名安全产品品牌"安博士"就曾经荣获"信息安全优秀服务品牌奖"，作为国际知名的安全产品品牌，"安博士"入主中国以来一直走的是"产品和服务两手抓"的路线，并自 2007 年起在中国成功建立"网络安全服务加盟体系"，以在 200 多个地市发展服务加盟合作伙伴的方式建立遍布全国的销售和服务体系，因此，可以说是现代信息服务业中品牌构建的典范。

案例

中国电信集团号百信息服务有限公司

中国电信集团号百信息服务有限公司是中国电信股份有限公司的全资子公司。2007 年 8 月在上海注册成立，注册资本 3.5 亿元，主要经营多媒体通信与信息服务；设计、制作、发布、代理国内外各类广告；黄页电话号簿及信息增值业务、咨询业务；经营与通信及信息业务相关的号码百事通及声讯业务。

中国电信集团号百信息服务有限公司将聚焦中国电信集团从传统基础运营商向现代"综合信息服务提供商转型"的转型战略，立足"全面创新、求真务实、以人为本、共创价值"的企业核心价值观，以客户为中心，逐步满足社会的多样化信息需求，成为中国权威的信息发布综合解决方案提供商、先进的商业信息搜索引擎提供商及专业的生活消费信息服务提供商。"号码百事通"是一切基于中国电信 114 台的增值业务的统称，其目的就是要在充分挖掘和整合用户号码信息的基础上，延伸和拓展传统的查号业务，满足用户现实和潜在的各类信息查询需求，使 114 台成为一个综合类信息服务平台。

网络百事通是"号码百事通"的网络呈现方式，它对内有效利用和发挥中国电信在各地号码百事通、互联星空、信息港、黄页等媒体平台中的信息资源优势，对外基于号码百事通对信息内容细分、加工、整合的能力，联合行业内领先的信息服务提供商，通过网络平台和搜索服务，深入互联网信息服务市场和垂直搜索领域，实现信息应用层和服务层的融合。

(资料来源：http://baike.baidu.com/view/3512240.htm/2010/05/18)

思考：中国电信在其现代信息服务的发展中体现了哪些特点？反映出了当今现代服务业的哪些趋势？你对其现代信息服务业的进一步发展有什么创新的建议？

本 章 小 结

本章共分三小节：第一节是信息服务的基本介绍，主要包括信息服务的社会起源、发展的历史沿革，在阐述这些基本知识的基础之上，又重点阐述了现代信息服务业的概念、分类和特征；第二节主要阐述了国内外比较典型的现代信息服务业的代表，主要选取了美国、印度和中国等现代信息服务比较值得借鉴的发展模式作为代表，以此对现代信息服务业有个比较直观的了解，便于下面一节的学习；第三节主要阐述了目前各国现代信息服务业的基本特点，在分析特点的基础上，展望了未来信息服务业的四大发展趋势。

思 考 题

1. 现代信息服务业的内涵可以从几个方面进行理解？
2. 目前国内外信息服务业的发展模式有哪些？
3. 现代信息服务业未来发展的趋势有哪些？

第17章 现代咨询服务业发展与管理

导　读：

咨询业因其能客观地为社会发展进行大到社会科学企业发展战略研究的制定，小到家庭理财、人生进程设计、消除心理障碍等方面进行咨询及方案实施工作，帮助社会、单位、家庭、个人在发展进程中少走弯路、少付代价，而被国际社会广泛重视。现代社会专业化分工的结果使得企业认识到企业不可能也没有必要拥有一切领域的专家，企业可以通过市场获得专业化的管理知识和服务来保证企业的高效率运作。咨询服务业应运而生的原因正是其能为市场提供专业的管理知识和针对性的解决方案，如麦肯锡、德勤、毕马威、安永、普华永道、波士顿、罗兰贝格、埃森哲、安达信、邓白氏等。

关键词：

咨询　咨询服务业　特征　发展现状　趋势

17.1　咨询服务业

17.1.1　咨询业的起源与发展[1]

自人类开展经济、政治、文化等管理活动以来，就有了"咨询"的产生，它有着十分悠久的历史。从历史的角度来考察社会咨询活动，大体上可以划分为3个历史阶段。第一阶段是古代咨询，时间是工业革命之前，这是一个非社会化、非产业化的咨询活动的雏形阶段。这一阶段的咨询对象主要是政权的统治者和军队。第二阶段是近代咨询，时间上始于18世纪60年代的工业革命至19世纪末，是咨询行业兴起阶段。这一阶段管理咨询的对象除了政治集团外，主要是工程建筑项目和生产管理活动。第三阶段是现代咨询，时间为20世纪以来，这一阶段是咨询业高度社会化、产业化的迅速发展阶段。这一阶段的咨询对象，几乎为社会上所有发生管理活动的人和事，其中以经济领域为主。

1. 古典咨询阶段——工业革命之前的咨询活动

咨询作为一种社会活动，已有几千年的悠久历史。经考证，我国在春秋战国时期的一

---

[1] 古木. 咨询业起源与发展[OE/BL]. http://www.xzw.net.cn, 2006.7.20.

现代咨询服务业发展与管理　第17章

些书籍中，就出现过"咨询"两字。如《诗·小雅·皇皇者华》中："载驰载驱，周爰咨询"；汉王符《潜夫论·叙录》写道："先圣亦咨询"。同时，在浩瀚的古代著作中也能见到"咨"、"询"的用词。例如，《诗经》、《尚书》中提到了"询于四岳"，诸葛亮在《前出师表》中说："愚以为宫中之事，事无大小，悉以咨之，然后施行，必能裨补阙漏，有所广益。"当时社会统治阶级需要一些有聪明才智的人为其献计献策、辅佐政权、献计公益；早在公元前16世纪，足智多谋的伊尹为商汤王出谋划策，在灭夏建商过程中就发挥了十分重要的"咨询"作用。从事咨询工作的人，被称为"养士"或"军师"，据说春秋战国时"四君"（孟尝君，平原君，春申君、信陵君），各人有"养士"二三千之多。公元前10世纪的西周，出现了我国最早的"军师"。《史记》称，周文王发现吕尚以后，"载与俱归，立为师"。这是有明确记载的第一个军师。周武王继位后，尊其为"师尚父"。到了春秋战国时期，军师在各国军队已成普遍，但这时的军师还是临时指派或聘请的。著名的田忌赛马的故事，就是讲孙膑帮助田忌与齐王赛马，最后一举赢了齐王。孙膑是见诸于史书的第一个专职参谋人员。后来，军师为各国的常设官职。在以后数千年的封建社会中，统治政权和军队都设有"军师"、"长史"、"主薄"、"赞军"、"幕僚"、"参谋"等，为国家、军队的管理活动出谋划策。可见，在那时咨询活动已有了一定的规模。

国外咨询活动的开展要比我国晚得多。国外最早的咨询工作出现在军队中。17世纪30年代，瑞典国王古斯塔夫二世在他的军队中以不正规的形式设置了助手，在需要的时候叫去咨询意见。几乎在同时，路易十四在法国军队中设立了参谋长的职位。1805年，拿破仑军队中出现了以柏特尔元帅为参谋长的参谋部，这是一个由6名将军、8名上校组成的班子。1806年10月14日，普鲁士军队在耶纳战役中遭到拿破仑军队的重创，普鲁士元帅布留赫尔的参谋长香霍斯特将军就任普鲁士军事改革委员会主席，致力于普鲁士军事制度的改革。在香霍斯特的影响下，普鲁士军队建立了参谋本部体制，成为普鲁士君主政体及其政治制度的支柱。随着普鲁士军队1870年在普法战争中的胜利，参谋本部的体制成为各国效法的榜样。美国陆军在1903年，英国皇家军队在1906年，都前后建立了参谋本部。参谋本部作为一种组织，以集体的智慧协助指挥官做出决策，拟订详细的计划，以便实现指挥官的决策，把指挥官的决策变成指挥军队行动的畅通渠道，以便及时获得情报和所需的其他报告。参谋本部的出现，标志着军事统帅的决策过程已经需要以参谋集体的咨询来支持。

接着，咨询活动进入到了政治领域。1828年，美国总统杰克逊启用一批人才，安置在白宫中为他提供咨询建议。这些人喜欢在白宫的厨房内议事，一些建议又经常影响杰克逊的政策，因此，人们称之为"厨房内阁"。杰克逊的做法，成为以后每届总统不做明文规定的法律。

以上这些咨询活动可以称为古代咨询，就是最早的"咨询"活动的雏形。

2. 近代咨询阶段——工业革命到19世纪末

作为一个专业化行业，管理咨询是近代大工业的产物。18世纪60年代，西方国家开始了工业革命。这场革命使以手工业为基础的资本主义工厂向采用机器的资本主义工厂制度过渡。产业革命推动生产力有了较大的发展，企业规模不断扩大，劳动产品的复杂程度与工作专业化程度日益提高。随之而来的是管理思想的革命，产生了泰勒科学管理、法约尔一般管理等管理思想。工业革命的兴起，推动了近代自然科学的飞速发展，社会对科学的依靠和需要日益增多。工业革命也促进了资本主义社会市场经济的快速发展，市场竞争日益广泛、激烈。在经济管理日益复杂、科学技术快速发展、市场竞争的外在压力不断加大的情况下，人们在经济生活、社会生活当中遇到了许多个人能力、企业内部能力难以解决的管理性难题，迫切需要一些有经验有知识的人出谋划策，向他们提供咨询。

在这种情况下，最先由一批同行业的专家组成的学会组织便应运而生。如 19 世纪中期，F·詹金组成了工程顾问公司；尤其要提到的是，19 世纪 90 年代，英国建筑学家约翰·斯梅硕组织的"英国土木工程协会"，咨询界认为，此为咨询业的鼻祖。但必须指出，当时的工程师学会并非像以后那种具有法人地位的咨询公司，它仅仅是一种学术团体。这一组织一方面是为了保障个体咨询者的合法权益，另一方面可以在某些大型项目的咨询过程中集中力量，采取联合行动，提高咨询效益。此后的咨询业也大都以土木建筑工程咨询为主，从这一角度讲，工程咨询是现代咨询业的先驱。这些咨询性质的顾问公司、工程协会等组织联合了较多的专家，凭借自己的丰富经验，为社会其他行业提供工程考察、专利权调查、伪币检验鉴定等咨询活动。在美国、德国等国，一些专门着重解决企业生产管理中一些基本问题的管理咨询组织也发展起来。整个 19 世纪是管理咨询行业兴起发展的初始阶段。由于在这一阶段中，咨询工作的特征是咨询专家利用其自身丰富的经验进行活动，因此，人们又将这个阶段称为经验咨询或个体咨询阶段。

3. 现代咨询阶段——20 世纪初以来

现代管理咨询业的迅速发展。进入 20 世纪后，咨询业开始由传统的经验阶段逐渐转为以智力服务为核心的现代管理咨询阶段。在第二次世界大战前的美国，政府的总统逐步建立起一种智力依靠机制，如杰克逊总统聘请一批学者、专家在白宫，为其制定政府政策提供咨询；罗斯福总统集聚经济学家蒙德·莫利等一批多学科、高智力、勇于讲真话的复合型学者、专家和教授，组成总统的"智囊团"，为当时美国度过周期性经济危机提出了一系列对策，有效地促进了美国经济、科技和社会的新发展。这种依靠智力集团制定政策法令的形式，为现代咨询业的发展奠定了基础。

第二次世界大战以后，随着科学技术和社会经济的飞速进步，信息量与日俱增，社会分工不断细化，越来越多的项目需要多学科、多领域的协调配合；市场竞争日趋激烈，企业管理不断复杂，企业领导者需要聘请高参、顾问为企业提供管理咨询服务，以便把项目投资、企业战略等重大决策建立在科学可靠的基础上，进而促进了咨询业从工程建筑扩展到生产技术、资本投资、经营管理、金融贸易乃至社会生活的方方面面，咨询范围也从工程咨询延伸到科技咨询、战略管理咨询以及各种专业咨询。咨询业在多数发达国家得到了较快的发展，到 20 世纪的 60 年代至 20 世纪 70 年代初，已经形成了一个独立的新型行业，成为社会经济组织体系中的一个重要部门之一。

17.1.2 咨询服务业的内涵及特征

1. 咨询服务业的内涵

汉语中"咨询"的含义是询问、谋划、请教，与之对应的英文 Consult 或 Consultation，也是磋商、会诊、评议之义。从狭义上来讲，咨询服务是一种顾问及相应的客户服务活动，其内容是为客户提供咨询服务，这种服务的性质和范围通过与客户协商确定，客户(请教方或咨询方)提出问题或疑难，服务主体(答疑方或服务人)给出建议或解决方案，双方通过协议对彼此的责任和义务进行约定。从广义上来讲，咨询业是指专业咨询机构依托信息和专业知识优势，运用现代分析方法，为解决各类社会、经济和科技的复杂问题，进行创造性思维劳动，向客户提供决策依据和优化方案的智力服务业。

咨询服务(Consulting Service)在国外的理解就是利用外界的脑力资源和人力资源，解决自己无法解决的问题。从这一点可以看出，咨询服务企业提供的就是一种知识服务产品，它的核心是人力资本，具有知识密集型和智力性的行业特点。

咨询的本质是知识的扩大再生产。现代咨询业已经成为一个独立的行业，成为社会经济体系中的一个重要组成部分。由于咨询业是服务性智力活动，通常人们将它划入第三产业；因为咨询业具有知识密集型的特征，出产"软件"产品，所以又被称为知识产业(第四产业)。

2. 咨询服务业的特征

咨询业不同于传统产业，它具有如下特征：①综合性，即它在机构层次和人员层次上具有综合性，要求拥有较齐全的学科结构配置和博学多才、一专多能的人才队伍；②实用性，即咨询产品要有实践性和可操作性，咨询过程是针对具体问题和课题的诊断和研究过程，咨询结果具有可行性；③独立性，即咨询过程和结果具有客观性，不受狭隘利益和立场的左右；④科学性，即现代咨询是建立在专业化的基础上，运用科学的理论和方法，按科学的程序运作。

小知识

2008年英国《金融时报》全球MBA排名
(Financial Times Global MBA rankings 2008)

英国《金融时报》每年发布全球MBA排行榜，2008年全球共计156所符合参评条件的商学院接受了调查。其中一项指标是毕业生薪资水平，方法是根据世界银行(World Bank)提供的购买力评价(Purchasing Power Parity, PPP)比率，将毕业生薪资数据换算成具备同等购买力的美元数据，调查结果显示从事咨询服务业的毕业生薪资水平最高。以下是MBA排名前十名的学校。

(1) 哈佛商学院
(2) 宾夕法尼亚大学沃顿商学院
(3) 麻省理工学院斯隆商学院
(4) 达特茅斯学院塔克商学院
(5) 芝加哥大学商学院
(6) 欧洲工商学院
(7) 哥伦比亚大学商学院
(8) 纽约大学斯特恩商学院
(9) 西北大学凯洛格商学院
(10) 伦敦商学院

(资料来源：www.edutime.net 教育时空，2010.5.1)

17.1.3 现代咨询服务业的分类

1. 按照行业领域分类

从理论上讲,任何一个行业都存在咨询服务机构。现代咨询服务业主要集中在企业管理领域,但逐渐延伸至其他专业性较强的领域,如软件咨询(用友软件)、财务咨询(毕马威)、企业管理咨询(麦肯锡咨询)、物流咨询(亿博物流咨询)、法律咨询(德恒律师事务所)、心理咨询(金拐杖)、职业咨询(威士敦职业咨询)等。

1) 管理咨询服务

管理咨询服务是指具有丰富的管理知识和经验,并且掌握了咨询技法的人所从事的高智能的服务工作,是咨询人员在企业提出要求的基础上深入企业,并且和企业管理人员密切结合,应用科学的方法,找出企业存在的主要问题,进行定量和确有论据的定性分析,查出存在问题的原因,最终提出切实可行的改善方案,进而指导实施方案,使企业的运行机制得到改善,提高企业的管理水平和经济效益。

管理咨询业的历史起点到现在为止似乎都还没有一个明确的说法。要说到世界上第一家管理咨询公司,那应该是 1886 年由麻省理工学院教授阿瑟·利特尔(Arthur Dehon Little)创立的 Arthur D. Little(ADL)公司,不过它当时的咨询领域主要是在工程和技术领域。而 1914 年成立的博思艾伦(Booz Allen Hamilton)公司则声称自己在全球第一个提出了"管理咨询(Management Consulting)"的概念。[2]笔者认为,现代管理咨询服务业最早出现在美国,1926 年,芝加哥大学教授 Mckinsy 创建了一家以自己名字命名的咨询公司,它的出现标志着管理咨询业的诞生,后来这家公司发展成为鼎鼎有名的国际管理咨询服务公司——麦肯锡管理咨询公司。

2) 信息咨询服务

信息咨询服务业就是以信息作为产品,利用现代的计算机和通信网络作为手段,实现对信息的采集、处理、传递、提供、利用和服务,最终转化为推动社会和经济发展的驱动力。主要包括综合型、传媒型、专业型、文献型和政府型五大类信息。[3]

3) 市场咨询服务

市场咨询主要是通过市场调查、市场分析与研究等,为客户提供行业、市场进入可行性、新产品开发、竞争对手研究、市场及品牌发展策略等咨询服务。

4) 工程咨询服务

工程咨询主要从事基本建设、技术引进和技术改造项目的可行性研究、项目评估,制定交通运输、能源开发等规划,还包括工程设计、招标、管理、监理、验收等业务内容。工程咨询包括的门类很多。中国国际工程咨询公司是目前中国最大的咨询集团。

---

[2] [美]丹尼尔·A·雷恩. 李柱流, 赵睿, 肖聿, 等, 译. 管理思想的演变[M], 北京: 中国社会科学出版社, 1997.

[3] 曲成义. 美国信息咨询服务业概况及启示[OE/BL]. http://www2.ccw.com.cn,2008.11.

现代咨询服务业发展与管理　第17章

背景知识

国家发展改革委关于印发工程咨询业
2010—2015年发展规划纲要的通知

根据国务院领导同志批示精神和国务院颁布的"三定方案"，国家发展改革委是工程咨询业的归口管理部门，负责指导工程咨询业发展。为明确工程咨询业发展目标、战略和重点，规范行业管理，引导市场主体行为，促进工程咨询业持续健康发展，发展改革委编制了《工程咨询业2010—2015年发展规划纲要》。

工程咨询业发展状况　新中国成立以来，我国工程咨询业从无到有、由小到大，取得了长足的发展。随着改革开放的深入和社会主义市场经济体制的确立，工程咨询产业化、工程咨询单位市场化步伐明显加快，行业规模显著扩大，人员素质不断提高，服务质量和水平稳步提升。1996年，中国工程咨询协会代表我国工程咨询业加入国际咨询工程师联合会(FIDIC)后，工程咨询国际交流与合作逐步拓展，行业国际影响力日益增强。至2007年底，全国具有工程咨询相关资质的单位约2万家，从业人员已超过200万人，其中国家注册执业人员50万余人。工程咨询业的发展，有力地推动了我国投资决策的科学化、民主化进程，在保障工程质量、提高投资效益、规避投资风险、优化重大布局、调整产业结构、加强和改善投资宏观调控、促进经济社会可持续发展等方面做出了重要贡献。

5) 技术咨询服务

技术咨询主要是指技术服务，为客户提供技术信息、措施、方案和论证，还包括产品设计、工艺流程改造和新产品开发等。这是中国咨询业起步较早的领域，重点是中小企业和乡镇企业。

6) 软件咨询服务

基于客户的实际需求为其户提供一套完整的计算机软件解决方案。目前市场上主要有三大群体，一是SAP、Oracle等国际大型软件公司，以及德勤、毕博、汉思、汉普等著名咨询公司；二是Microsoft、用友、浪潮、金蝶、新中大等国内外中、小型综合软件公司；三是像医药行业的英克、嘉软，流程行业的富基旋风、五奥环、双惠软件，服装行业的锐步等专注于某些领域的行业软件公司。

7) 决策咨询服务

在决策咨询(综合咨询)领域，涉及国家和政府的重大政治、经济和社会发展决策、企业发展战略等诸多方面。决策咨询带有未来性、全局性和整体性及复杂性的特征，因此，难度较大。在这个领域中的政策咨询基本上是由研究院(室)大学和信息中心完成。这部分机构资源较多，但由于受机构影响，官方色彩较浓，直接影响了咨询能力的发挥。

8) 心理咨询服务

心理咨询是由专业人员即心理咨询师运用心理学以及相关知识，遵循心理学原则，通过各种技术和方法，帮助求助者解决心理问题。心理咨询借助语言、文字等媒介，给咨询对象以帮助、启发、暗示和教育的过程。使咨询对象在认识、情感和态度上有所变化，解决其在学习、工作、生活、疾病和康复等方面出现的心理问题和障碍，促使咨询对象的自我调整，从而能够更好地适应环境，保持身心健康。

9) 法律咨询服务

为客户提供详细法律帮助，解决实际问题，维护代理人的合法权益。主要包括民法、经济法、房地产法、刑法、婚姻法、公司法、国际经济法、国际私法等。

10) 职业咨询服务

职业咨询是包括求职、就业、创业指导、人才素质测评、职业生涯规划、职业心理咨询等一系列相关业务的人力资源开发咨询服务。

11) 设计咨询服务

设计咨询主要包括各种规划与设计方案，如建筑设计、平面设计、艺术设计、工业设计、服装设计、景观设计、城市规划、旅游规划等。

12) 其他专业咨询服务

在专业咨询领域，包括市场中介组织，如法律、会计、公证、审计、资产评估等，也包括金融投资、信息服务、房地产、无形资产、教育培训等专业咨询领域。

2. 按照业务深度分类

1) 信息咨询服务业

信息咨询业是咨询产业的基础层。主要从事市场信息调查、收集、整理和分析业务，为企业决策提供准确、完善的辅助信息。

2) 管理咨询服务业

管理咨询业是咨询产业的核心层。包括：投资咨询业务，主要从事投资的可行性分析、项目论证等，现代著名的咨询公司有摩根斯坦利、高盛和美林等；人力资源咨询，主要围绕企业的人力资源管理，如企业流程再造、薪资体系设计、基础管理体系建设、人力资源开发培训等；营销咨询业务，主要是对企业市场营销的各种策略、营销组织体系进行设计或评价，此外也组织营销方面的培训；财务会计咨询，主要是为企业提供会计、审计、资产评估和税务等方面的咨询服务；管理信息化咨询，主要是对企业管理进行一次全方位的系统改造，该领域国际上最著名的咨询公司就是安盛及国际"五大"会计公司中的管理咨询部。

3) 战略咨询服务业

战略咨询业是咨询产业中的最高层次。主要是为企业提供战略设计、竞争策略、企业并购、业务领域分析与规划设计等服务，同时也面向政府提供政策决策。战略咨询是一项政策性很强的服务活动。而且，它能够预测企业环境的未来变化，指明企业经营活动的方向。因此，战略咨询项目是探索性的，提出的方案是有风险的。由于从业风险较大，专门公司较少。只是写在纸上的战略是没有什么用的，也没有一个战略是永久有效的，市场环境急速变化的步调意味着战略的形成和检验必须是不断前进的过程。因此，咨询师不仅要保证咨询方案在一定程度上顺利实施，还要帮助培养客户对新机会和压力的战略适应能力。

17.2 国外咨询服务业发展现状与启示

17.2.1 国外咨询服务业发展态势与特征

1. 国外咨询服务业的发展态势

美国咨询业起源于 19 世纪中期。随着动力进步和技术革命，产生了许多新产业，社会急需得到这方面的咨询。于是，咨询工程公司便大量涌现，到 19 世纪中期，将近 10000 家咨询公司其中只有 10 家公司开业到 100 年的记录。从整个 20 世纪来看，40 年代以前咨询业发展缓慢，第二次世界大战后才快速发展。70 年代，咨询业产值平均年增长率为 25%～30%，80 年代受西方经济衰退的影响，咨询业发展有所下降，进入 90 年代以后，咨询业得以恢复并呈现出良好的发展势头。1992 年美国咨询业产值达 2030 亿美元，占国民生产总值的 20%，占全球总咨询产值的 27%，上升势头强劲，现已占全球咨询份额的 60%～70%。美国的咨询活动涉及科技、经济、教育、外交、军事、医疗卫生、体育等几乎社会生活的各个领域。美国 2/3 的大型公司和更多的中小企业利用咨询服务，咨询提供的意见和方案实施率高达 70%。

美国现有咨询公司 1 万余家、"智囊团"的综合机构 500 余家，咨询服务中心和服务站数以万计，其中 60%为赢利性质。咨询公司一般分为责任有限公司、合伙人公司和个人公司。大的公司有几千人，小的只有一两人。美国咨询业有一批实力雄厚的大型公司，咨询机构庞大、人才集中、经费充足，能担负起全局性、战略性、综合性的研究课题，具有很强的国际竞争力，效益非常好。如兰德公司 1977 年收入达 4200 万美元。斯坦福国际咨询研究所，有专职人员 3000 多名，约 2000 人在工程、管理、社会科学等 100 个学科方面各有专长，每年完成国内咨询 1200 多件，每年接受国际的咨询合同约 2000 余件，与世界 65 个国家 300 多家公司保持联系，每年收入达数亿美元。

2. 国外咨询服务业的市场规模

2003 年，美国咨询服务业市场占世界市场的最大份额，约为 53.3%；欧洲其次，约占 37.6%；亚太地区所占的比例为 5.7%；其他地区，3.4%。就世界咨询服务业市场的组成部分看，2003 年运营服务部分(Operations Sector)所占份额最大，约为 34.6%，市值达到 484 亿美元；信息技术咨询服务其次，占 23.0%，市值为 321 亿美元；接下来依次是：公司战略服务，15.5%；人力资源服务，14.2%；外包服务，12.8%，如图 17.1 所示。

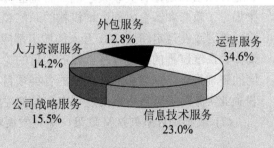

图 17.1 2003 年世界咨询服务业市场组成结构图

据 Datamonitor 预测，2008 年世界咨询服务业市值将达到 1594.1 亿美元，比 2003 年增长 14%。2003—2008 年复合增长率约为 2.7%，世界咨询服务业将进入良好增长阶段，预计 2008 年是世界咨询服务业发展的最强劲年，年增长率将达到 3.3%，如图 17.2 所示，亚太地区咨询服务业的发展仍将是拉动世界管理与市场咨询服务业发展的强大动力。

由于咨询业对当代社会发展整体质量和效益增长的显著支持作用，各发达国家均将其视作国家核心竞争力的重要组成部分多方给予扶持，现已成为世界信息化和经济一体化进程中最为活跃的产业。在美、日、欧，咨询业相当发达，几乎涉及社会生活的各个领域，而且市场运作规范，专业化程度高，如工程咨询、管理咨询、技术咨询、决策咨询、法律咨询和税务咨询等。在欧洲 45 个国家中，德国的咨询业发展最快、规模最大。2005 年欧洲咨询业 21 亿的营业额，德国占 28%，英国占 26%，法国占 17%，三国共占欧洲总营业额的 71%。

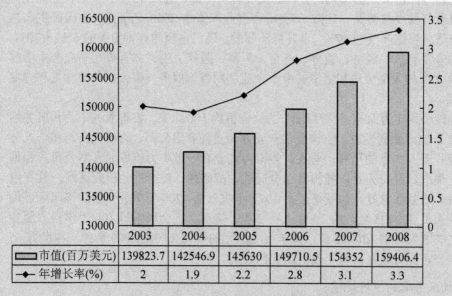

图 17.2　2003—2008 年世界咨询服务业市值及年增长率预测图

3. 国外咨询服务业的产业特征[4]

（1）咨询机构的法律地位高。咨询活动符合决策科学化、民主化的时代要求，发达国家通过立法和制定有关政策，确立咨询业在国家政治、经济中的作用和地位。如日本以法律规定了政府和国会内部咨询机构的职能和地位，也为社会咨询机构提供了良好的比照环境。美国政府规定超过 100 万人的城市都应建立关于区域发展的综合咨询机构。政府将咨询作为决策过程的法定程序，政府项目的论证、投资、运作、完成等各个阶段，都要有不同的咨询报告。联邦和地方政府的各类项目公开招标，并向咨询机构发邀标文件。在行业和企业实施新经营方案审批过程中，须加注咨询机构的意见。

（2）政府制订系列扶持政策，优化发展环境。为保证研究的客观性和超脱性，咨询机

---

[4] 任西佚. 发达国家咨询业的特点与我国咨询业的发展制约因素[J].决策咨询通讯，2008.

构虽实行企业管理，但很多不以赢利为目的，也不由政府包办。为此，国外政府制定了多方面的扶持政策和措施，既包括财政方面的直接间接补贴、税收方面的减免、信贷方面的低息贷款，又包括市场开发、人才培养、信息支持等方面的倾斜。例如，英国政府资助的综合性咨询机构达 170 多个。20 世纪 70 年代，德国政府建议各部门、各行业、各研究所都建立咨询机构，由政府资助 5 年，并对 10 家非营利的半官方机构给予 50%的经济补助，还资助建立了几十家技术咨询机构，免费为中小企业服务。咨询活动是跨学科、多层次、综合性科研工作，美国政府研究与发展的经费 20%以上用于各种"智库"的研究项目。对于赢利性机构，没有特殊扶持，但采用鼓励企业咨询需求的措施，规定企业咨询费用计入成本，免征所得税。

(3) 健全产业立法，规范咨询活动。政府通过一系列措施来建立公平竞争、规范运作的咨询市场，对咨询人员的资格及职业道德的规定极为严格，制定咨询规范，对服务细则、程序、方法、工作方式均有具体规定。咨询机构在项目投标、运作及完成中都要依程序进行。此外还有：咨询项目组不与客户发生利益关系；由相对独立、持有不同意见者参加小组审查工作质量和进度；研究成果尽可能向社会公开，这有利于提高成果的质量，保持研究的独立性，使更多的人分享。广泛建立专业咨询协会，发挥指导和培训等职能。完备的法制化管理促进了咨询业的健康发展。

(4) 研究工作的独立性。发达国家咨询机构崇尚客观、公正，鼓励研究人员要有独立见解和创新。研究结果即使与官方意图或权威意见截然相反，也能得到谅解或受到充分注意。咨询机构通常向委托方提供几个可供选择的方案，而不是凭一些不完整的资料附和客户意见或政府政策。即使是与政府关系密切的咨询机构，研究工作也讲究独立。如兰德公司认为，它的研究工作不限定必须支持某种特定政策和计划，不依附任何单位或个人的意见。当然，它也不倾向要影响政策，只是关心决策后果与自己的预期是否吻合。像日本受政府较多控制、相对保守的咨询机构，也提倡中立和开放。日本综合研究开发机构(NIRA)是个半官半民的政策研究机构，它坚持和平、中立、公开三原则，宣称不偏向政党、政府和企业，要争取国民和社会的支持，不受政府和企业的干涉。

17.2.2 国外咨询服务业知名企业例举

在西方发达国家，管理咨询业已有 100 多年的发展历史，已从第三产业中分离出来形成了独立的第四产业。在美国，60%的企业要和咨询公司合作，管理咨询业每年创造的产值高达几千亿美元。从名义测验、市场调查到企业定位、形象设计，从政策分析到企业发展战略规划，咨询业早已成为某些发达国家企业生存和发展不可或缺的一部分。

咨询行业的发展与会计行业有着非常密切的关系，麦肯锡是一个会计学教授，而泰罗也是在掌握了一套会计方法后才开始尝试从事顾问工作。从某种意义上可以说，是会计业在引领着咨询业的发展。事实上，会计业的历史也比咨询公司要长，如普华永道的前身是 1848 年成立于英国伦敦的普华(Price Waterhouse)会计公司和 1898 年成立于美国费城的永道(Coopers & Lybrand)会计公司，安永的前身是 1903 年成立于美国克利夫兰的 Ernst & Ernst 会计公司和 1894 年成立于美国纽约的 Arthur Young 会计公司，毕马威的前身是 1897 年成立于美国纽约的 Peat Marwick International(PMI)会计公司和 1979 年成立于欧洲的 Klynveld Main Goerdeler (KMG)会计公司。

背景知识

2008年全球前50名咨询企业排行榜

2008年，美国著名的招聘网站拱桥网(www.vault.com)邀请了全球3640名咨询顾问对自己心目中最优秀的咨询公司进行评分，按照分值高低发布了全球50大咨询公司排行榜，下文摘录了其中的前20名。排名再次证实，美国咨询业就是全球咨询行业的标准。

(1) McKinsey & Company 麦肯锡咨询公司 8.4271 New York, NY
(2) The Boston Consulting Group 波士顿咨询公司 8.0372 Boston, MA
(3) Bain & Company 贝恩咨询公司 7.8093 Boston, MA
(4) Booz Allen Hamilton 博思艾伦咨询公司 6.6004 McLean, VA
(5) Monitor Group 摩立特咨询公司 6.3925 Cambridge, MA
(6) Mercer Management Consulting 美世咨询公司 6.2366 New York, NY
(7) Mercer Oliver Wyman 奥纬金融策略咨询公司 6.0527 New York, NY
(8) Deloitte Consulting LLP 德勤咨询公司 5.85610 New York, NY
(9) Mercer Human Resource Consulting 美世人力资源咨询公司 5.7428 New York, NY
(10) The Parthenon Group 5.6049 Boston, MA
(11) IBM Global Business Services IBM咨询公司 5.56413 Armonk, NY
(12) Gartner, Inc. 高德纳咨询公司 5.49216 Stamford, CT
(13) L.E.K. Consulting 艾意凯咨询公司 5.46311 Boston, MA/London
(14) Accenture 埃森哲咨询公司 5.40315 New York, NY
(15) A.T. Kearney 科尔尼咨询公司 5.38814 Chicago, IL
(16) Katzenbach Partners LLC 卡岑巴赫咨询公司 5.33619 New York, NY
(17) Marakon Associates 5.25212 New York, NY
(18) Towers Perrin 韬睿咨询公司 5.21920 Stamford, CT
(19) Mercer Delta Organizational Consulting 美世德尔塔组织咨询公司 5.193 NR New York, NY
(20) Roland Berger Strategy Consultants 罗兰贝格咨询公司 4.93517 New York, NY/Munich

1. 麦肯锡管理咨询公司开辟新天地[5]

麦肯锡公司是世界级领先的全球管理咨询公司。公司的使命是帮助领先的企业实现显著、持久的经营业绩改善，打造能够吸引、培育和激励杰出人才的优秀组织机构。公司的主要业务是为客户特别是为企业设计、制定相配套的一体化解决方案、战略开发、经营运作、组织结构。它采取"公司一体"的合作伙伴关系制度，在全球44个国家有80多个分

---

[5] 佚名. 管理咨询业的起源和麦肯锡公司, http://www.i-in.com.cn,2001.

现代咨询服务业发展与管理 第17章

公司，共拥有 7000 多名咨询顾问。麦肯锡大中华分公司包括北京、香港、上海与台北 4 家分公司。在过去 10 年中，麦肯锡在大中华区完成了 800 多个项目，涉及公司整体与业务单元战略、企业金融、营销/销售与渠道、组织架构、制造/采购/供应链、技术、产品研发等领域。

美国的安德鲁·格劳斯教授在他 2001 年的一篇论文《美国管理咨询业回顾》中指出："虽然人类的管理实践像文明一样古老，但管理理论只有不到 100 年的历史，而管理咨询的历史则不到 75 年。管理咨询是在美国诞生的，而具体的时间则应该从詹姆斯·麦肯锡开始向芝加哥的马歇尔·费尔德百货公司提供建议的时候开始计算。"[6]

1935 年，马歇尔·费尔德百货公司的批发业务陷入了困境，为此公司邀请麦肯锡提供帮助。麦肯锡对公司的诊断博得了百货公司董事会的赞赏，并且表示希望他亲自负责执行。麦肯锡答应了下来，并决定出任该公司的董事长和总裁，开始进行大刀阔斧的改革。很快，企业利润是上去了，可是内部的矛盾冲突却很大，有些人由于利益受损开始唱起反调。公司的董事有点不高兴，对麦肯锡说，3 个月之内你如果不能够改变这个现状的话，到年底就要辞职。结果还没到年底麦肯锡就病了，而且一病就没能再起来。

麦肯锡在 1937 年去世的时候，留给继任者的却谈不上什么遗产，甚至可以说就是一个烂摊子。但使麦肯锡公司成为传奇的也正是他的继任者马文·鲍尔(Marvin Bower)。正是鲍尔第一次确立了麦肯锡公司的价值观和行为规范，他说："我所关注的是为管理者提供管理上的建议，并以一个领先的律师行业的专业标准去做。"需要说明的是，鲍尔正是哈佛的法学院毕业生。同时，他还感到麦肯锡公司在有些方面与审计公司存在利益冲突，因此在 1934 年他当了麦肯锡公司纽约事务所经理的时候，就说服麦肯锡放弃了审计业务而专业搞咨询。看来鲍尔确实有先见之明，他在 20 世纪 70 年前就已经预见到了审计公司做咨询必然会面临巨大的问题。

鲍尔还为麦肯锡公司确定了工作的原则，它包括：应把客户利益放在增加公司利润之上；顾问应为客户的事情保密；应对客户诚实并随时准备对客户的意见提出质疑；只应接受对双方都有益并且自己可以胜任的工作。从刚毕业的学生中聘用能够学习如何成为一个好的解决问题的专家和顾问的人，这一个长久以来统治着咨询界的招聘政策，也是由马文·鲍尔所确立的。正因如此，很多人把鲍尔视为"管理咨询之父"。

2. 科尔尼公司创始人自立门户

麦肯锡迎来的第一个对手是他的"兄弟"——科尔尼公司(A.T. Kearney)。科尔尼公司介绍自己"成立于 1926 年"。事实上，在那个年代，科尔尼公司与麦肯锡公司就是一个公司。科尔尼的创始人 Andrew Thomas Kearney 作为一个会计和预算专家，是麦肯锡最早的创业伙伴之一。他当时负责的是麦肯锡的芝加哥分部，主要从事会计业务；由于不满纽约分部的亏损，科尔尼一直希望独立。最终，双方在 1939 年达成协议，正式分家：由纽约分部享有"麦肯锡"这个当时并不值钱的品牌并由鲍尔管理，而芝加哥分部则从此以 A.T. Kearney 的名义对外运作。

经过 80 年的发展，科尔尼咨询已发展为一家全球领先的高价值管理咨询公司，科尔尼

---

[6] [美]Andrew C.Gross.Overview of the U.S Management Consulting Industry, 2001.

在所有主要行业都拥有广泛的能力、专门知识和经验，并且提供全方位的管理咨询服务，包括战略、组织、运营、商业技术解决方案、企业服务转型和高级猎头服务。科尔尼公司在全球37个国家和地区、60多个城市设有分支机构，在全球拥有5000名员工。科尔尼的员工拥有广泛的行业经验，均毕业于一流商学院和各地著名大学。全球坚持一致的聘用原则来吸引世界一流人才。

3. 波士顿咨询公司分庭抗礼

1963年，布鲁斯·亨德森(Bruce D. Henderson)离开ADL公司，从波士顿平安储蓄信托公司的首席执行官那里接受了一项难以想象的挑战，着手建立为银行业提供咨询的部门——这就是波士顿咨询的前身。亨德森一直致力于改变企业界思考竞争的方式，他运用的工具正是公司战略。在明茨伯格的《战略管理历程》一书中曾经这样评价："在(兜售战略理论的)这些战略商店出现之前，咨询活动很少看重战略本身。麦肯锡公司有强大的管理定位，SRI这样的企业也发展了计划技术。但他们从未把战略当成他们的工作重点。这种现象直到波士顿咨询集团(BCG)出现之后才得到了改变。"所以，虽然大家公认麦肯锡是战略咨询领域的霸主，但事实上BCG才是第一家真正意义上的战略咨询公司。

在亨德森的领导下，BCG成为一家"真正的思想驱动"的公司。他们不断推出新的理论、模型，引领着世界的咨询公司乃至世界管理思想的进程。他们推出的第一个模型是"经验曲线"，而真正使亨德森和波士顿顾问公司成名的模型是在1970年提出的增长/市场占有率矩阵，即众所周知的波士顿矩阵。另一方面，亨德森又具有一个推销员的闯劲。为了使这些思想广为人知并扩大公司在客户中的影响，他给企业不断邮寄他称为《管理新视野》的短文。他甚至以公开信的形式给尼克松总统和卡特总统邮寄过他的《管理新视野》。虽然这可能并没有引起总统们的注意，但是却引起了美国企业界的关注。BCG这个一开始只有一个人的公司，很快声名鹊起，最终与麦肯锡分庭抗礼。

4. 美世人力资源公司专业制胜

美世人力资源公司(Mercer Human)可以追溯到1937年美国威达信集团公司(Marsh & McLennan Company，MMC)的一个部门。1959年，威达信集团兼并了William M. Mercer有限公司后，公司开始采用"伟世"(William M. Mercer)这个名字。2002年，公司更名为"美世人力资源咨询公司"。威达信集团是一家年收入超过110亿美元的提供专业服务的国际集团，美世人力资源现在属于它旗下的美世咨询。美世咨询还包括美世管理咨询(Mercer Management Consulting)、美世组织咨询(Mercer Delta Organizational Consulting)等公司，它们都是国际上非常著名的咨询公司。美世人力资源独创出全球著名的3P管理系统，它将人力资源功能划分成三块独立而相互依赖的子系统，即职位薪酬(Position)、绩效薪酬(Performance)、能力薪酬(Power)，以便分析和重新整合进而达成公司战略。从规模来说，美世人力资源咨询公司应该是全球人力资源咨询服务中规模最大的。

5. 凯捷安永咨询公司珠联璧合

凯捷安永(Cap Gemini Ernst & Young)总部位于巴黎。2000年5月由凯捷集团和安永咨询公司合并而成，是全球最大的咨询、技术和外包服务公司之一，业务涉及能源、公用事务、化工、金融、医学、制造、零售、运输、电信传媒网络等行业，主要是帮助企业实施

现代咨询服务业发展与管理 第17章

成长战略及合理运用最新技术，为企业提供扩展和资源利用计划、供应链和客户链管理、战略和转型等解决方案。

Ernst 和 Young 分别指两位著名的会计师事务所合伙人 AC Ernst 和 Arthur Young。有意思的是他们却从未见过面。扬(Young)1863 年生于英国的一个名门望族，毕业于格拉斯哥大学。出于对投资和银行业的兴趣，扬步入了会计职业界。当他移民美国并定居芝加哥后，设立了 Arthur Young 会计师事务所。恩思特(Ernst)生于美国俄亥俄州，曾做过簿记员，后于 1903 年同其兄弟成立了 Ernst & Ernst 会计师事务所。恩思特推崇会计信息应当有助于商业决策的理念，并成为最早提供专业咨询服务的人。恩思特和扬均较早地意识到全球市场的重要性，早在 1924 年就先后同英国的大型会计师事务所建立联盟：恩思特同 Whinney Smith & Whinney 合作，而扬则选择了 Broads Paterson。巧合的是，尽管两人生前从未谋面，但却在 1948 年相隔数天内相继辞世。1989 年，两人各自创立的会计师事务所实现合并，今天的 Ernst & Young 成立。

全球战略咨询和人力资源咨询巨头的比较见表 17-1。

表 17-1 全球战略咨询和人力资源咨询巨头比较表

公司名称	公司历史/年	全球分支机构/个	2003 年雇员数/人	2003 年收入/百万美金
ADL	119	40	1000	—
博思艾伦	91	100	15000(2004 年)	2700(2004 年)
麦肯锡	79	83	11000	3300(2002 年)
科尔尼	79	60	4000	857
BCG	42	60	2600	1120
贝恩	32	30	2800(2004 年)	
罗兰贝格	38	34	1700	625
摩立特集团	22	28	1000	
韬睿公司	71	78	8300	1500
HAY 集团	62	73	2200	
翰威特	65	92	15000	1980
华信惠悦	127	89	6300	710
美世人力资源	68	150	13100	2700

17.2.3 国外著名咨询公司成功秘诀

1. 具有较强的独立性

美国咨询服务机构和政府保持着密切的联系，但它们不隶属于政府部门和企业集团。无论是各政府部门，还是研究机构或企业公司需要咨询服务时，一般均采用招标方式，委托咨询服务机构自主进行，咨询人员或机构不受任何社会力量和利害关系左右，而是站在独立立场上，凭借自己智力和信息处理、加工分析手段及相应的职业准则提供服务，确保行业的独立性和超脱性，保证了服务结果的客观性和科学性。[7]

---

[7] 邹逸安. 国外著名咨询公司成功秘诀[J]. 中国工程咨询，2003(4).

2. 具有良好的社会基础

美国是西方市场经济高度发达的国家,充满了激烈的竞争。经济生活和社会生活很难全面掌握正确决策的知识和信息,使咨询服务成为一种客观需要;所以,在美国从工程咨询、决策咨询、管理咨询到会计、法律、医药等,从政府决策、企业活动到个人生活,都找到相应的咨询公司提供服务。随着分工的细化,咨询专业化程度越来越高,为咨询业的发展提供了良好的社会基础和环境。[8]

3. 具有高素质人才

咨询业号称"脑库"、"思想库",靠咨询人员的知识、技术、经济、智力为用户提供咨询服务。高素质的人才对咨询业的发展起着决定性的作用。美国对从业人员资格要求严格,不但要求从业人员有较高的专业知识,还要能通晓有关法律、心理、社会及相关科学知识,强调人员的职业道德。美国重视对咨询人员的培养,大学在高年级、硕士研究生和博士生中开设咨询选修课,还派学生到咨询公司实习,费用由咨询公司支付,有的咨询公司本身还设有研究生院,从事咨询人员的专门培训工作。

17.3 我国咨询服务业的发展历程

17.3.1 我国咨询服务业发展历程

中国咨询业是随着市场经济的兴起而出现的,改革开放以后,企业和政府的领导者都面临着激烈的竞争和复杂多变的外部环境,同时也面临着内部运作机制和管理上的许多复杂而又棘手的难题,在这种情况下仅凭借他们自身有限的知识和经验来进行决策是远远不够的,他们需要专业能力强、知识结构广、视野更开阔、信息资源丰富的专家帮他们出谋划策,从而催生了我国的咨询业。我国咨询业从20世纪80年代初开始,经历了从官办咨询企业到信息咨询业再到今天开始与国际接轨的管理咨询业几个历程。

1. 萌芽阶段——官办咨询企业

在20世纪80年代,为了解决投资、科技以及财务等领域的科学决策问题,国家各部委创办了一批附属于政府的咨询企业,如国家计委系统的"投资咨询"和"工程咨询"公司,科委和科协系统的"科技咨询"企业,财政系统的"财务会计咨询"公司和"会计师事务所"等。改革开放后,日渐增多的法律、财务和工程方面咨询机构逐渐形成了咨询产业。20世纪80年代中期,研究机构中面向市场首先开展咨询业务的是科研院所和大学研究机构,形成了一大批各领域的专业咨询队伍。

2. 成长阶段——信息咨询业

踏进20世纪90年代,一批外资和国内私营的"信息咨询"公司和"市场调查"公司

---

[8] 李耀先. 试论咨询公司的成功因素[J]. 经济天地, 2004(1).

现代咨询服务业发展与管理 第17章

开始涌现出来，经过几年的市场考验，以"零点调查"、"盖洛普(中国)咨询"、"华南国际市场研究"等为代表的一批运作、服务较为专业的信息咨询公司站稳了脚跟。

3. 发展阶段——管理咨询服务

在信息咨询业进入发展阶段之时，管理咨询业也开始起步。最初是所谓的"点子公司"，接着是形形色色的"策划公司"，主要是由一些新闻工作者、广告人创办。尽管也有成功的例子，但大多因操作不规范，缺乏系统和理论的支撑，很快就被市场淘汰出局。直到20世纪末，国外管理咨询公司大批进入中国市场，真正意义的管理咨询为企业所认识和接受，一些受过管理学教育和训练的人引进了国际咨询业的模式，并结合中国实际，建立了一批管理咨询公司，涉及管理咨询、财务咨询、法律咨询、工程咨询、心理咨询等多个领域，如"汉普管理咨询"、"远卓战略"、"博峰营销"、"派力营销"、"博通经纬"等。

17.3.2 我国咨询服务业发展现状与问题

1. 我国咨询服务业的产业基础

我国咨询业起步于20世纪70年代末，经过近30年的发展，咨询业从无到有，从小到大。目前已发展成为覆盖范围广泛、门类齐全的高智力密集型行业，服务范围上覆盖了工业、农业、商业、科技、教育、金融、卫生、法律等国民经济主要部门，服务内容上包括经济、技术、管理、工程、法律、会计、审计等诸多领域。我国的咨询业虽然发展时间短，但是发展迅速，已经形成一定的产业规模，中国国家统计局第一次工业普查的数据表明，2005年中国咨询业收入达到503亿元人民币。随着国民经济的快速发展，咨询业正成为发展前景良好的新兴行业。从咨询机构的类别来看，我国咨询业主要有管理咨询、工程咨询、信息咨询、决策咨询和技术咨询等。从咨询机构的性质来看，我国的咨询机构可分为本土咨询机构、外商独资咨询机构和中外合资咨询机构，其中以本土咨询机构为主。

2. 我国咨询服务产业的三大群体[9]

1) 有资质的专业咨询机构和企业

如法律咨询、工程咨询、财会咨询、管理质量认证咨询等，这类咨询群体有以下4个特点。

(1) 咨询机构(包括它们的从业人员)都是具有特许资格的(即有资质的)。
(2) 它们是非常专业化的。
(3) 它们开展的咨询业务都是严格遵照本领域的专业标准进行操作，而这些标准大都已经相当规范化甚至国际化了。
(4) 它们的市场是相对封闭的，业务性质也是相对稳定的。

2) 纯商业类咨询服务企业

目前，中国较有影响力的策划公司可以分为京派、海派和粤派等，如艾加中国品牌顾问机构、上海联纵智达咨询顾问机构、北大纵横管理咨询集团、北京精锐纵横营销顾问有限公司、北京友邦前景营销顾问有限公司、北京方圆润智营销策划有限公司、北京创意村

---

[9] 孙旭. 中国咨询业发展战略研究[D]. 北京：首都经济贸易大学，2005.

营销策划公司、深圳王志纲工作室、深圳采纳品牌营销国际顾问机构、深圳南方战略营销咨询机构等,如图17.3所示。这种咨询企业也有4个明显的特点。

中国咨询业十大领导品牌	1	北大纵横咨询集团	中国咨询业十大专业品牌	1	深远顾问机构
	2	华夏基石咨询集团		2	盛高咨询公司
	3	李光斗品牌营销机构		3	东方大成管理咨询公司
	4	和君创业管理咨询有限公司		4	合众资源(3A企管)顾问有限公司
	5	理实国际咨询集团		5	中和正道管理咨询公司
	6	思捷达企业管理咨询有限公司		6	汇智卓越企业管理咨询公司
	7	采纳品牌顾问机构		7	汉捷研发管理咨询有限公司
	8	华景咨询顾问机构		8	卓越成长管理顾问有限公司
	9	研成顾问机构		9	仁达方略管理咨询有限公司
	10	零点研究咨询集团		10	天高管理发展有限公司

图17.3 2006年中国知名咨询服务企业排名

(1) 它们的业务大都是直接面向市场为企业进行商业性操作的咨询服务,如品牌策划、营销策划、广告策划、市场推广等。

(2) 这类企业对从业人员和业务资质都没有什么特别的要求,注册资金和运行成本也不需要太多,成立起来也比较容易,因此目前这类企业在咨询业中所占数量较多,但单体规模都不大。

(3) 由于这类企业面对市场需求比较明确,因此它们的业务操作和咨询方法也不断走向规范化和标准化,已逐渐形成了专业化的特色。

(4) 这类企业所面临的市场十分开阔,且市场需求与日俱增,因此这类企业之间的竞争十分激烈。

3) 研究和咨询相结合的咨询机构

例如,科研院所和大学里的研究中心,既有研究的性质,同时也将科研成果服务于社会,为政府和企业提供咨询。中国社会科学院、中国工程院、高校中的国家实验室和研究基地等都属于这种类型。这类机构有以下5个特点。

(1) 它们基本上都是在原有研究机构的基础上成长起来的,是原有研究机构面向社会市场化运作的产物。

(2) 它们研究的对象一般是各级政府和大企业,咨询的课题相对来说也是比较宏观的,如发展战略、发展规划、体制及政策设计、重大项目科研、重大资产运作等,也可以说它们所做的咨询大量都是高层决策性的咨询。

(3) 由于这类机构所面对的需求比较广泛,课题的性质往往差别很大,并不局限在某专门的领域内,因此它们的咨询是一种复合性的咨询。

(4) 它们所使用的咨询方法基本上是以研究为依托,以研究带动咨询,再以咨询推动研究。

(5) 由于这类咨询机构在政府决策中起着重要的作用，因此一般来说它们与政府的关系比较密切。

从我国现代咨询服务业形成以来，3类咨询群体各自有着不同的专业分工，但从最近的发展趋势来看，我国的三大咨询产业群体之间开始出现交叉和融合，一方面表现在彼此业务间的相互延伸，如一些研究咨询机构的业务在向低端延伸，开始更多地直接面向市场和企业，进行操作性的咨询和策划，而不少有实力的商业性咨询公司则开始向高端延伸，开始进行宏观和政策研究，开始做战略和规划的咨询业务。同时，这两个群体也正在不断向专业咨询的领域渗透。另一方面，三大群体之间的合作关系越来越紧密，正在形成越来越多互补互利的业务联盟，发挥各自在相关领域方面的优势，共同承接咨询服务项目和任务。[10]

3. 我国咨询服务业发展中存在的问题

(1) 运行机制缺乏活力。作为咨询业主体的党政部门隶属的决策咨询机构、软科学研究机构和情报信息机构，虽然多为事业单位，但体制上仍呈行政管理色彩，缺乏竞争动力和咨询经营特点，服务方式被动，与社会经济活动脱节。这种封闭型运行模式既阻碍了咨询机构的经营活力，也不利于保持咨询活动的中立客观。它们太多依附自己所属的部门，条块割据，没有全国性的归口管理组织，形成"小而散"的状态。[11]

(2) 管理不规范。咨询并非普通服务性行业，而是一项专业性和科学性较强的事业。它既要求机构建设合乎一定标准，有严谨的活动准则服务方式，又要求从业人员具备较高的素质和专业技能。由于疏于宏观管理，我国咨询行业缺乏法规标准，没有统一的从业资质认定和审批制度，也无质量监督的保障。行业内部缺少共同遵守的业务规范，咨询工作流程无序。由于没有项目招标、评估、审批制度，机构资质等级、资格范围不明，市场因缺失规则而混沌。咨询协会的发展也不完善，不能起到自律协调和促进发展的作用。

(3) 显性需求不足。尽管当前企事业单位是主要客户，但国内众多企业还是缺乏咨询意识。据调查，一年中接受过咨询服务的企业仅为75%，这还是北京的状况。要启动社会的有效需求，政策干预是必要的。此外，在发达国家，政府是咨询业的重要客户。而我国政府部门咨询需求明显太少，且呈半封闭性。应确立政府重大决策及科研课题必经咨询的程序制度，落实决策责任。可参照国际惯例明确规定：项目总投资的1%～2%用于咨询论证。咨询机构本身由于业务能力低，未能根据市场需求的变化提供服务，缺乏稳定的客户和新业务，更多的是靠初级服务求生，这在一定程度上也抑制了咨询需求。因此，咨询服务的市场机制和技术支撑培育有待强化。

(4) 功能不全，业务结构不均衡。首先是层次低，大多仅能从事单一的常规咨询，无力承担大型项目。其次是业务面窄，主要为技术咨询、工程咨询和市场研究，决策咨询少，缺少竞争策略、物流管理、企业诊断、形象设计等业务，农村科技咨询、生活咨询、涉外咨询严重不足。国有机构往往同时承担着大量非咨询业务。有些机构主要从事中介性质或认证性质的服务。

(5) 知识结构不合理，服务质量不高。咨询业依靠从业人员的知识、经验和智力进行

---

[10] 孙旭. 中国咨询业发展战略研究[D]. 北京：首都经济贸易大学，2005.
[11] 任西优. 发达国家咨询业的特点与我国咨询业的发展制约因素[J]. 决策咨询通讯，2008.

生产,因此,员工素质至关重要。但国内机构对员工重使用,轻培训。虽然人员整体上学历较高,但多为半路出家,不具备咨询专业知识和业务技能,知识面窄,缺乏战略眼光和系统分析能力。现代咨询业务要求多学科协同研究,需要由各种专才组成项目团队。而我国咨询机构中多以工程技术人员为主,经济、法律、管理等人才很少。机构缺乏再开发和深加工能力,难以提供优质高效的智力成果。

17.3.3 现代咨询服务业的发展趋势

中国经济体的成长基本上是30年左右,中国企业的历史也大多如此,它们即将面临一次全新的变革,这个时候非常需要咨询公司的帮助。纵观国外咨询服务业的发展历史和现状,中国咨询服务业的市场前景广阔,随着社会专业化分工的不断深入,咨询服务将为政府、企业和个人提供更多的思想和解决方案,总体来说将呈现以下发展趋势。

1. 专业化

咨询服务的价值在于提供专业化的智力服务。国外的咨询业发展有几十年,甚至是上百年的历史,但到今天也并不都是大公司的天下。大大小小的咨询公司都有自己核心的优势和品牌,首先在理论、方法、工具这些方面都有各自的独到之处,特别是方法与工具方面;还有就是它的数据库,有很强的数据库,可以把全球客户的各自特点和顾问为不同客户所提供的方法、经验都承接下来,然后全球的顾问都可以共享;再就是企业的人才、客户关系和自身的品牌。比如说,提到人力资源咨询公司,大家都知道华信惠悦、美世、汉威特、韬睿等,但是仔细一比较,有的比较专注于做外包,有的薪酬数据做得比较好,有的更擅长于提供管理咨询服务等。专业化、规范化和个性化将成为我国咨询服务业的主要发展趋势。

2. 品牌化

当前国内的咨询公司为了生存什么都做,大小通吃,还缺少像麦肯锡、波士顿这样的知名管理公司。如果没有自己核心的东西,你抢我夺,结果谁都做不出来。因此,咨询公司必须建立和发挥自己的核心能力,竞争的结果到后来一定会是有的企业在某方面形成了自己的核心优势。通过一定时间的经验积累和市场关系维护,来创建和培育企业品牌以提升咨询服务的价值。因此,在专业化的同时,建立自己的核心能力、打造自己的品牌,是将来咨询业发展的一个趋势。

3. 市场化

与我国大多数行业一样,我国咨询公司虽然数量众多,但是个体力量薄弱、重复建设严重、专业化分工不明确,没有明确的产业层次。大量民间咨询机构的兴起大大促进了我国咨询业的市场化进程,同时也由于我国企业及整体经济环境的不成熟,而暴露了很多问题,但这同时也推动了我国咨询业向更加科学化、专业化和规范化方向发展。参与市场竞争才能培育公司的核心优势和创新意识,发现自身与企业真实需求的差距以及同行间的差距,通过创造高品质的服务去获得市场的认知和认同。市场化是我国咨询服务业长足发展的必然趋势。

4. 项目化

传统公司的管理经过了直线职能型结构向矩阵式管理结构的转变。咨询公司也一样，为了适应全球化的要求，目前全球性的咨询公司一般采取的都是矩阵式、三维制结构。这种结构在组织上有 3 个体系，即区域行政体系(如欧、美、亚国家地区等)、行业/产业体系(如交通、运输、钢铁、能源、金融等)、功能中心/专业体系(如企业管理、会计、审计、技术、战略等)。一个项目小组的成员就由来自于这 3 个体系的顾问组成。特殊的组织结构为咨询服务业的项目化运作提供了保障。

案例分析

麦肯锡的学习机制与知识管理

一、公司概述

1926 年，芝加哥大学 James Mckinsey 教授创立了麦肯锡咨询公司。随后，这家以他的姓氏命名的会计及管理咨询公司得到了迅速发展。到了 20 世纪 30 年代，麦肯锡已逐渐把自己的企业形象塑造成一个"精英荟萃"的"企业医生"，把麦肯锡的远景规划描绘成致力于解决企业重大管理问题的咨询公司，聚集最优秀的年轻人，恪守严格的道德准则，以最高的专业水准和最卓越的技术，为客户提供一流的服务，并不断提高公司在行业中的地位。

麦肯锡公司在 20 世纪 50 年代实现了快速发展，成为美国国内咨询业首屈一指的领先者，并为其随后于 20 世纪 60 年代在国际市场上的拓展做好了充分的准备。到 20 世纪 60 年代末，麦肯锡公司已成为一家在欧洲和北美市场享有盛誉的大型咨询公司。

二、公司发展中遇到的困境和面临的挑战

(一) 10 年危机

从 20 世纪 70 年代初开始，内外部环境的变化导致麦肯锡公司陷入了困境。在这 10 年里，外部环境和公司内部都出现了许多不利于公司发展的因素，如 20 世纪 70 年代初的石油危机导致欧美各国经济衰退，因而也给公司业务量带来急剧减少；公司对客户的管理越来越复杂化；波士顿咨询公司等新的竞争对手又不断从其锁定的细分市场中争夺麦肯锡的顾客；等等。诸多内外问题交困，使得麦肯锡公司原本发展起来的自信和满足情绪仿佛在一夜之间就荡然无存，取而代之的是自责、自我怀疑与否定。

这时，麦肯锡的高层领导认识到，欧洲及北美的经济衰退并不只是周期性经济危机问题，消极地寄希望于经济复苏是无济于事的，必须主动采取行动摆脱萧条对公司业务的影响。在这样的形势下，麦肯锡公司召集了公司内最精锐的咨询专家组成一个专门的研究委员会，分析当时的宏观经济问题及公司的出路。1971 年 4 月，研究公司目标及使命的委员会在一份分析报告中

指出：麦肯锡公司现在所陷入的困境，在很大程度上是因为公司前期发展速度过快。他们认为，前一阶段公司在地域上扩张过快，并不断拓展新的业务领域，使得公司无暇顾及提高自身的业务水平，导致公司现在发展后劲不足。这份报告还指出，麦肯锡公司过去接受过多例行程序性的咨询业务，把时间浪费在很多琐碎的工作上，因此很难从每个新增客户身上学到更多的新经验和新技能；缺乏有一定难度的咨询任务来提升公司的水平和实力。

此外，报告还指出，麦肯锡公司的专业人员结构也不尽合理。尽管绝大多数的咨询人员都是很有效的问题解决者，但大都只是一些"通才"；而客户在解决实际问题的过程中往往需要该领域非常专业的知识，但能适应这种需求，具有某些特定领域深入、全面、具体的专业知识的"专才"型咨询专家公司非常紧缺。这就导致公司在解决特定领域的客户问题时缺乏针对性，难以提出有深度的高度专业化的调研分析和咨询方案。这个缺陷为麦肯锡公司在人才储备和发展方面指出了调整方向，公司开始吸引一些具有特定行业背景知识的专才型专家，和通才型的咨询专家一起，组成公司的"T"型人才结构。

(二) 与波士顿咨询公司的竞争激发了公司经营方式的变革

在这份关于公司的目标及战略调整方向的报告提出之后的9年时间里，一共有5任公司领导先后为实现报告提出的目标而努力。在这段时间里，麦肯锡与波士顿两家咨询公司的竞争也越来越激烈。两者的运作方式有着很大的差别。麦肯锡依靠各地的办事处或分支机构在当地发展良好的客户关系来拓展业务。通常，针对该项业务的咨询服务也在当地完成。而波士顿咨询公司则是在公司总部建立起高度集中的智力资源中心，并致力于成为咨询行业具有许多代表性的先进理念和技术的创立者，成为这一行业内的"思想领袖"。在这一理念的指导下，波士顿咨询公司发展了一些虽然简单却在实践中非常有效的咨询分析工具，如著名的经验曲线；增长—份额矩阵分析模型，即波士顿矩阵；等等。这些分析工具在实践中的广泛应用大大提高了波士顿咨询公司的声誉。并且，波士顿咨询公司还牢牢占据了战略管理咨询这一细分市场。这些有效的策略使得波士顿公司在与麦肯锡的竞争中占据上风，麦肯锡的客户和员工不断流失，纷纷投靠波士顿公司。

竞争的失利使麦肯锡的高层领导者认识到，公司原有的经营模式已经不能适应咨询业的发展趋势和竞争要求，公司战略和组织结构的调整已经势在必行。麦肯锡首先对在纽约的分支机构进行了改革，试点成功后再将改革方案在全公司范围内迅速推广。主要的改革举措是，在原来按地域设立的分支机构的基础上，推行针对不同行业顾客的行业分类事业部制，以便弥补麦肯锡在专业知识上的弱势，强化行业背景的分析。按行业划分的部门涵盖了日常消费品部门、工业品部门、银行业和保险业等。这项改革举措将公司原来解决顾客具体问题的模式改为产品(服务)驱动模式，弱化了原来分区制下的当地分支机构与客户之间的紧密联系,因而在公司内部遭到来自前任领导的批评和反对。但是,在公司现任领导者的坚决推动下,这种以行业划分为基础的事业部制得以顺利实施,并很快发展起各自的客户基础。

同时,公司更加重视管理职能型专家。在管理职能方面,战略制定、组织规划和政策执行等都需要灵活多样的知识和经验。麦肯锡公司加强这方面专家的培养,并在每个领域组成专门的专家团队。麦肯锡把两个至关重要的领域——战略和组织作为公司业务发展的战略重点,分别任命了该领域领先的专家负责其发展。经过一系列的改革与调整,麦肯锡公司终于于20世纪80年代初走出低谷,重新开始复兴和繁荣。

三、通过完善的学习机制来建设学习型组织

麦肯锡公司从1980年开始就把知识的学习和积累作为获得和保持竞争优势的一项重要工作,在公司内营造一种平等竞争、激发智慧的环境。在成功地战胜最初来自公司内部的抵制后,一个新的核心理念终于在公司扎下根来,这就是:知识的积累和提高,必须成为公司的中心任务;知识的学习过程必须是持续不断的,而不是与特定咨询项目相联系的暂时性工作;不断学习过程必须由完善、严格的制度来保证和规范。公司将持续的全员学习任务作为制度被固定下来以后,逐渐深入人心,它逐渐成为麦肯锡公司的一项优良传统,为加强公司的知识储备,提升公司的核心竞争力打下了坚实的基础。

有效的学习机制为麦肯锡带来了两个方面的好处:①有助于发展一批具有良好知识储备和经验的咨询专家;②不断充实和更新公司的知识和信息资源为以后的工作提供便利的条件,并与外部环境日新月异的变化相适应。麦肯锡的领导人还意识到,公司里最成功的员工往往都拥有庞大的个人关系网络。因此,对原先公司内部这种建立在非正式人际关系基础上的知识传递方式并不能简单地加以取缔,而是应该很好地加以利用,以作为对正式学习机制的有益补充。由核心的学习领导小组在每个地区的分支机构里发掘并利用这种内部的关系网络作为信息和知识传播的渠道,实现全公司范围内的知识共享。

为了进一步促进知识和信息在组织内的充分流通,麦肯锡公司还打破了以往建立在客户规模和重要性基础上的内部科层组织体系,取而代之的是以知识贡献率为衡量标准的评价体系。这样组织内的每一个部门和每一个成员都受到知识贡献的压力,而不是仅仅将工作重点放在发展客户方面。

四、通过卓越的知识管理建立公司的知识储备基础

知识管理是当前企业界的热门话题。据美国《商业周刊》的一项调查,在158家跨国公司中有80%的企业正在着手建立正规的知识管理程序。而麦肯锡公司被公认为是知识管理领域的领路人。麦肯锡把知识管理的重点放在了对隐性知识的发掘、传播和利用上。尽管公司内很多咨询专家在工作中发展

起来的许多富有创造的见解和思想都已成文，并发表于诸如《哈佛商业评论》等影响广泛的学术性期刊、杂志和报刊上，甚至还有一些畅销著作出版，如麦肯锡公司负责企业组织发展的专家Peters和Waterman的合著《追求卓越》；负责战略管理发展的专家Ohmae的《战略家的思想》等，在学术界和实务界均受到极大的欢迎。但是，相对于公司内大量有价值的经验和深邃的学术思想而言，这些已成文流传的论文不过是"冰山的一角"。更多的知识和经验是作为隐性知识存在于专家们的头脑中，没有被整理成文，更谈不上在公司范围内交流与共享。

为了解决这个问题，麦肯锡创办了一份内部刊物，专门供那些拥有宝贵经验却又没有时间和精力把这些经验整理写成正式论文或著作的专家，把他们的思想火花简单地概括出来，并与同仁共享。这种不拘形式的做法降低了知识交流和传播的门槛，使许多重要实用的新思想和新经验能够在短短一两页的摘要里面保存下来，并用于传播。在每一篇这样的短文后面，都附有关于作者的详细信息，便于有兴趣的读者按图索骥，找到可以请教的专家。这种灵活的交流方式不仅使有益的知识和经验在公司内得到有效的传播，激励创新和坦诚的交流，而且也有助于提高知识提供者的个人声誉，为他们在公司里的发展提供良好的环境和机会。这种自由选择的方法还有助于甄选真正富有价值的点子和思想。

为了使上述信息在公司内更加有效地交流和传播，麦肯锡公司还建立了一个储备经验和知识的专门数据库，用以保存在为客户工作过程中积累起来的各种信息资源，还委派全职的专业信息管理技术人员对数据库进行维护，确保库中数据的更新；在数据库的内容管理方面，特别重视公司"T"型专家队伍结构中负责专业领域的专才型专家，从他们那里可获取有关专业领域的知识和经验，加强数据库中专用知识的完善，使数据库成为更为全面的信息资源。经过数月的努力，这个数据库搜集了2000多份文件，为这个名为"麦肯锡实践发展网络"(PDNet)的数据库的正式运行提供了充足的资料储备。

20世纪90年代以来，人类社会进入知识经济时代，环境的变革和组织的发展对每一家公司都提出了新的挑战，对于像麦肯锡这样知识密集型国际著名大型咨询公司来说，更是如此。1996年4月，麦肯锡公司的领导者Rajat Gupta就曾断言，随着科技的进步和时代的发展，麦肯锡公司将面临更加严峻的挑战：如何管理好麦肯锡公司在全球84个分支机构的7000多名咨询专家，有效整合知识资源，并使组织高效率地更好地满足客户的需要，已变得越来越复杂。

为此，麦肯锡公司必须继续致力于完善公司的学习机制和知识管理，才能适应知识经济时代所面临的严峻考验，在激烈的竞争中立于不败之地。

(资料来源：http://zh02.bokee.com/)

问题：麦肯锡的成功对中国咨询业的启示是什么？

现代咨询服务业发展与管理　第17章

本 章 小 结

> 本章共分三小节。第一节详细介绍了国内外咨询业的起源与发展，我国咨询活动的出现远早于西方发达国家，早在春秋战国时期就出现了，主要是为国家、军队的活动出谋划策。总体来看，咨询业经历了古典咨询、近代咨询和现代咨询3个阶段。本节简要介绍了咨询服务的内涵与特征，在此基础上简要介绍了现代咨询服务业的分类，除了管理咨询服务之外，信息咨询、工程咨询、心理咨询、法律咨询等活动越来越常见。第二节主要阐述了国外咨询服务业的发展现状及其成功经验，西方发达国家咨询服务业已经形成了一定的产业规模，以美国为首的咨询服务强国，诞生了世界上一流的咨询公司，如麦肯锡、科尔尼、波士顿、美世凯捷安永等。第三节回顾了我国咨询服务业的发展历程，简要介绍了我国咨询服务业的产业基础和三大类型的主体，分析了我国咨询服务业发展中存在的问题，并对其发展趋势进行了展望。

思 考 题

1. 简述咨询服务业的发展历程。
2. 现代咨询服务业的主要类型有哪些？
3. 国外知名咨询服务公司的成功经验是什么？
4. 简述我国咨询服务业的发展现状与问题。

后　　记

本书从选题到完成撰写已近三年，在全书文稿的撰写过程中可谓历尽艰辛并遭遇过不少困惑，正是由于得到各位同仁的鼎力相助，于今年7月完成全书初稿的撰写和修改定稿。由于现代服务业管理在我国尚处于理论和实践探索阶段，为了使本书在理论和实践方面具有更好的总结研讨价值，本书在撰写过程中广泛查阅了国内外在现代服务业管理方面的大量文献资料，并注重吸纳了一些专家学者成熟的学术观点和研究成果，在此一并表示感谢！

此外，还有武汉工业学院管理学院的黄猛、周霄两位教师参与了本书第17章的撰写，湖北大学商学院研究生李芳参与了本书第13章、14章的撰写，高雅参与了本书第16章的撰写。除此之外，本书在撰写过程中还得到了王宏坤、颜琪等人的许多帮助。尤其是本书从选题策划到出版发行一直是在北京大学出版社林章波和李虎两位知名编辑的指导下完成的，在此一并表示衷心的感谢！

由于时间和水平有限，书中缺点和错误之处在所难免。因此，恳请各位读者和广大公众对本书提出批评和指正意见，以便我们能不断完善。

编著者

2010年7月